人民·联盟文库

人民·联盟文库

文明论

人类文明的形成发展与前景

孙进己　干志耿 著

黑龙江人民出版社
人民出版社

出版说明

人民出版社及全国各省市自治区人民出版社是我们党和国家创建的最重要的出版机构。几十年来，伴随着共和国的发展与脚步，他们在宣传马克思列宁主义、毛泽东思想、邓小平理论、“三个代表”重要思想，深入贯彻落实科学发展观，坚持走有中国特色社会主义道路方面，出版了大量的各种类型的优秀出版物，为丰富人民群众的学习、文化需求作出了不可磨灭的贡献，发挥了不可替代的作用。但由于环境、地域及发行渠道等诸多原因，许多精品图书并不为广大读者所知晓。为了有效地利用和二次开发全国人民出版社及其他成员社的优秀出版资源，向广大读者提供更多更好的精品佳作，也为了提升人民出版社市场联盟的整体形象，人民出版社市场联盟决定，在全国各成员社已出版的数十万个品种中，精心筛选出具有理论性、学术性、创新性、前沿性及可读性的优秀图书，辑编成《人民·联盟文库》，分批分次陆续出版，以飨读者。

《人民·联盟文库》的编选原则：1. 充分体现人民出版社的政治、学术水平和出版风格；2. 展示出各地人民出版社及其他成员社的特色；3. 图书主题应是民族的，而不是地区性的；4. 注重市场价值，要为读者所喜爱；5. 译著要具有经典性或重要影响；6. 内容不受时间变化之影响，可供读者长期阅读和收藏。基于上述原则，《人民·联盟文库》未收入以下图书：1. 套书、丛书类图书；2. 偏重于地方的政治类、经济类图书；3. 旅游、休闲、生活类图书；4. 个人的文集、年谱；5. 工具书、辞书。

《人民·联盟文库》分政治、哲学、历史、文化、人物、译著六大类。由于所选原书出版于不同的年代、不同的出版单位，在封面、开本、版式、材料、装帧设计等方面都不尽一致，我们此次编选，为便宜读者阅读，全部予以统一，并在封面上以颜色作不同类别的区分，以利读者的选购。

人民出版社市场联盟委托人民出版社具体操作《人民·联盟文库》的出版和发行工作，所选图书出版采用联合署名的方式，即人民出版社与原书所属出版社共同署名，版权仍归原出版单位。《人民·联盟文库》在编选过程中，得到了人民出版社市场联盟成员社的大力支持与帮助，部分专家学者及发行界行家们也提出了很多建设性的意见，在此一并表示诚挚的感谢！

《人民·联盟文库》编辑委员会

目录

前　言

文明是人类历史上达到的高度的人文境界。

在跨进文明的门槛之前，人类曾经历了漫长的蒙昧时代和野蛮时代。迄今人类已有几百万年的历史，而蒙昧时代和野蛮时代却占去了人类整个历史的大部分时间，即几百万年，而文明时代却姗姗来迟。文明时期，即使把文明形成时期算在一起，也不过上万年，而文明时代只有几千年的时间。文明时代从开始到现在，时间极短，但它是整个人类历史的崭新高峰。

在人类文明史的古代时期，世界上分布着若干个文明古国。这些文明古国，后来多数已消逝在历史的尘埃之中，只有少数国家则是不间断地延续下来，并且发扬光大。中世纪以后进入文明时代的那些晚文明国家，在进入文明时代后，它们之间的不同文明和文化，也曾进行了不断的碰撞和交流。

近代和现代文明则把人类历史的发展推向一个高度发达的新的阶段。对于多数国家和地区来说，人们把建设高度发达的物质文明、精神文明作为自己建国的基础。“科学催生文明，既包括物质文明，也包括精神文明。”“千百年来，不断发展的科学技术极大地推动了人类对自然的认识和利用，同时，也有力地增进了不同民族和不同文明的交流和合作。”（胡锦涛语）

从文明起源到文明发展再到建设高度文明，这是人类历史的一条主线，所以对文明问题的研究，无疑是一件有历史意义和现实意义的工作。

我们接触文明问题，最早是在学校读书的时候。我们在课堂上学习和讨论文明起源问题，讨论文明的诸要素和进入文明社会的标志等问题。这些问题，在我们后来的研究工作中也经常接触到。近些年来在建设高度物质文明和高度精神文明的环境中，我们更多地从理论上思考和探索文明问题。在学习研究这个问题时，我们写了一些关于文明问题的笔记和文章，试图清理和探讨在学习过程中所遇到的诸多问题。我们深感文明问题十分重要，它不仅是一个理论问题、学术问题，还是一个世界观的问题。十多年来，我们一方面仍然坚持手头的史学方面的研究，另一方面又逐个研究有关文明的一系列专题。在研究过程中，我们发现原来国内还没有一本专门讲文明问题的专著。于是，我们把研究过程中接触到的诸多专题梳理了一下，逐个收集资料和研究探索，归结为几个方面，大致是：文明的概念，文明的内涵，人类文明以往的分类和新的分类，实践在人类文明发展中的动力作用，劳动在文明形成、发展中的基础作用，科学技术在人类文明发展中的标志作用，文明形成发展与人类群体的巩固扩大，群体间联系的加强对文明发展的作用，人类文明发展的总规律，文明的起源和萌芽，人类文明形成的过程，人类文明的发展和分期，人类文明初期各阶段的标志，未来文明的生产力、生产关系，未来文明的上层建筑和意识形态，走向未来文明的不同道路和模式等。

在研究过程中，国内已发表的关于文明问题的研究成果给了我们很大的启示。对于这些成果，本着学习的精神，本着为广大读者提供信息的目的，我们都尽量撷入本书之中，在此谨向学界同仁表示深切感谢，并希望批评指正。此书最初研究的目的，仅是为了自己搞清问题；但既然写出来了，也不能不公之于众，请大家指正。如果能给大家一些启发、参考，就超出我们原来的期望了。

最后，我们感到人类文明研究既然如此重要，但全世界对文明的研究却远远和文明的重要性不相适应。目前在世界范围内关心文明的人、研究涉及文明的人很多，但真正专门研究文明的学者却很少，而专门研究文明的著作更为少见。因此，有关文明的许多问题的研究极不平衡，有许多重要领域，至今没有得到很好研究。我们认为这一状况亟须改变，为此我们建议应该创建一个“文明学”。这是一个新型的综合学科，它研究的不是人类文明的某一方面、某一时期、某一地区，而是从整个人类全部文明历史中形成的文明整体，研究文明的含义，文明的本质、文明的内涵、文明的形成和发展，文明形成发展的基础、动力、标志、载体，文明发展的规律、人类文明的前途及许多有关问题。这是一门综合哲学、自然科学、社会科学以研究人类文明为对象的学科，它必须综合利用各学科中与文明有关的理论知识，而形成自己的知识体系。

我们认为这一学科由于众多学者在各方面的研究和积累，尤其是马克思主义经典作家在文明研究方面所做的大量工作，及人类文明发展的状况，已有可能和必要建成这一新型学科。我们并不认为我们能完成这一历史任务，但我们愿意为这一新型宏观学科的建立添砖加瓦，略尽绵薄之力，希望在不久的将来，在全世界学者的共同努力下，这一新型的宏观的综合性的学科能够建成，并在未来文明的发展中发挥巨大作用。

干志耿

2005 年 2 月

导　言

人类的历史是一部纷繁复杂的历史。它包括漫长的岁月中许多国家民族方方面面的历史，但概括起来说，整个世界史实际上是一部人类文明形成发展的历史。因此近些年来许多世界史学家纷纷集中精力于世界文明史的研究。但由于对世界历史有许多重大理论问题存在着各种不同的看法，因此迄今为止虽然写了不少种文明史，至今却还没有一种文明史能为大家所普遍接受。因此，要写成一部为大家都能接受的、真正的人类文明史，必须先有一本比较科学的文明论。我们不敢妄想我们就能完成这一任务，但我们愿意抛砖引玉，拿出我们对文明问题的一些认识和看法，来供大家讨论，以促进文明论的研究深入发展。我们认为当前的关键是要从研究全世界纷繁复杂的历史中归纳总结，形成一些基本理论，再用这一理论去撰写世界历史，并用世界的丰富复杂历史检验这些理论，修订发展这些理论。在这一过程中，当然必须参考世界各国长期以来对文明理论的研究，继承他们学说中正确的东西，批判修订他们的不足之处，集其大成才有可能形成这样一部文明理论著作。我们试图这样做了，但自知距离这一要求还差得很远。仅希望我们的工作不至付之流水，而能成为前进的基石之一，我们就心满意足了。

一、本书总的构思

据我们所知，本书是国内外第一本用马克思主义理论系统阐述人类文明形成、发展过程及其前景的理论著作，也是第一本系统阐述世界历史理论的著作。本书试图从总结世界各国文明形成发展的具体史实出发，从理论上论证世界文明形成发展的一般过程。在阐明实践、劳动、科技、群体四者在世界文明发展历史中的重要作用基础上，归纳总结出人类文明发展的总规律，并依据这些规律，展示人类文明的前景。本书试图对世界纷繁复杂的历史进行分类和分期研究，试图把人类史纳入一个科学的体系，一个合乎规律的发展过程。这个科学体系是以马克思主义的辩证唯物主义和历史唯物主义的方法为指导，继承了马克思主义研究文明理论的成果，也批判吸收了世界各国学者研究文明的大量成果而形成的。

我们认为本书作为第一部以马克思主义来指导研究人类文明理论的著作，应在马克思主义指导下科学阐明人类文明理论，并用这些理论来证明马克思主义的科学性，为捍卫发展马克思主义而努力。因此，本书不得不对形形色色的唯心的形而上学的文明理论进行讨论和批驳，来论证马克思主义文明理论的科学性。

本书还是世界上第一部创建文明论的理论体系之作。过去虽有不少论述文明的著作，但大都是穿插在其他论述之中，或者只是论述某几个方面，而没有形成系统的理论，因此，本书还有待于逐步完善。

本书不是世界文明史，不具体阐述各国各时期的具体历史，而是探讨世界文明的理论，即有关世界文明的基本概念、原理和规律。本书关注的是人类文明的共性而不是某一时期某一国家文明的个性，即使是像对文明的分类研究似乎已是研究文明的个性，但仍是研究个性中的共性，研究的是如何分类及分类的一般依据和一般标准。

本书的特点是大胆创新，敢于拿出自己的看法。我们愿意和所有关心人类文明发展的学者和读者讨论，以共同促进对人类文明的研究。

本书不拘泥于现有的理论，主张一切理论都应从具体历史中归纳总结而得出。对前人提出的各种观点，既不轻易肯定，也不轻易否定。我们主张必须一一经过具体历史验证，能通过的才加以继承，通不过的，则努力寻求新的解释，一时找不到新的解释，则存疑以备考，而不轻易认定某一说法。对我们自己提出的新观点新理论，也不主观论定，凡是证据不充分的，都暂时作为我们的假说，待以后大家进一步验证。

二、本书中自以为创新之处

大凡一本书都有它的创新之处。但有时一些创新淹没在全书的大量篇幅中，别人一时难于发现。特别是所谓创新，都是前人没有论述过的，不经过全面比较前人成果，往往一时难于确定是否是创新。因此，为方便读者，我们就把自以为创新之处一一标出。有可能我们孤陋寡闻，自以为创新，实际上前人早已提出过；也有可能我们自以为创新，实际上却是错误的。这样标出也便于大家给予指正。

全书分四部分：第一部分包括第一、二、三、四、五章，这一部分讨论的是文明的定义、内涵、分类。第二部分包括第六、七、八、九、十、十一、十二、十三、十四、十五章，是从分析实践、劳动、科技、群体在文明发展中的作用着手总结人类文明发展的总规律。第三部分包括第十六、十七、十八、十九、二十、二十一、二十二章，这一部分论述了文明的形成、发展和前景及世界走向文明的不同类型。第四部分是附录一至六论述了与文明有关的宇宙及人类等问题。各部分既自成体系，又互有联系，这样就形成了一个新的文明论体系。

本书第一章，我们首次概括总结了世界各国学者关于文明的各种定义，去其错误和重复，归纳为四个不同角度的定义：（一）文明是人类改造自然、改造社会及改造自身所达到一定进步程度的积极成果。（二）文明是文化发展的高级阶段。（三）文明是文明时期中各个时期各个群体的各种类型的表现。（四）文明是评定行为制度进步与否的标尺。这四项文明的定义，是迄今为止所有论述文明者中第一次较全面的概括。

本书在第二、三章中系统论述了物质文明和精神文明的内涵。我们提出把政治设施、文化设施归入物质文明，而把政治制度、文化制度归入精神文明，否定了制度文明作为两种文明中间形态的提法。

我们进一步阐明了物质文明和精神文明互相渗透、互相转化、互相促进的规律。我们对过去普遍认为的两个文明两手抓，一手抓物质文明一手抓精神文明提出了我们的质疑。认为应是两手同时抓两个文明，抓物质文明的一手要抓物质文明转化为精神文明，也要抓精神文明转化为物质文明；抓精神文明的一手也要抓精神文明转化为物质文明、物质文明转化为精神文明，这样才能做到两手都硬。

本书第四、五章讨论了人类文明的分类，对既往各国学者的文明分类方法作了批判，指出存在的根本缺点，提出了要以民族作为分类的基本单位，以代替地域和国家。我们提出要在按地域国家民族分类前先按时代分类，并对汤因比提出的从属的文明、不从属的文明、独立文明、卫星文明等分类方法进行了讨论，指出其缺点。我们提出从前后继承关系上，应把文明分为延续型、同化型、影响型、中断型四类；从文明的横向关系上，应将文明分为中心文明、近亲文明、远亲文明、独立文明四种。我们又引入多种新的分类方法，如按经济类型的发展先后分为牧业文明、农业文明、工业文明、信息文明；按经济类型分为牧业文明、农业文明、海洋文明；从生产力的发展分为青铜文明、铁器文明、机器文明、电子文明四类；按生产关系分为奴隶制文明、农奴制文明、资本主义文明、社会主义文明；按群体发展分为王国文明、帝国文明、单一民族国家文明；按民族分为小民族文明、大民族文明、近代民族文明；按国际关系的发展分为朝贡册封体制文明、殖民体制文明、经济文化圈文明、共同体文明。提出了应考虑从文明发展的不同类型、不同道路分类。考虑了从各种文化领域对文明分类，但认为按宗教分类不能用来代替按地域分类。

本书在第六、七两章中进一步丰富发展了马克思主义的实践论，把恩格斯的合力思想引入了实践，提出了只有人类总体的实践才是人类文明发展的总动力，个人的实践只是起部分作用。并把“三个代表”思想引入到实践论中，提出了只有体现“三个代表”的实践才能在历史发展中起积极作用。这样就使实践论增加了新的内容。同时首次把实践和矛盾结合一起，提出了一切矛盾产生于实践，又通过实践来解决。而本书最主要的创新是首次提出了客观规律是随时间条件而转变的，人类可以改造规律、创造规律。否定了过去认为只能按照客观规律办事的机械唯物论。充分体现了人在改造自然、改造社会、改造自身中的主观能动性。

在本书第八、九章中对马克思主义的劳动学说作了大量订正补充，提出了一系列新观点。首先认为活劳动转化为物化劳动和技术，是人类文明发展的重要前提，物化劳动和技术一样能创造价值和新价值。我们认为先进工具中包含的先进技术是创新劳动的结晶，是剩余价值产生的主要源泉。否定了过去把剩余价值的创造仅归之于简单劳动者的重复劳动。我们认为劳动生产力的提高不会使劳动产品贬值，因为它是比以前更为复杂的劳动所创造的。因此，同一劳动时间产品价值不同，是因为同一时间所含劳动的复杂化而加大了。

在这两章中我们的另一重要创新是提出了公共必要劳动。我们认为劳动者除了创造个人必要劳动，还为扩大再生产、公共福利、公共管理创造了公共必要劳动，除去这两者才是真正的剩余劳动。过去把公共必要劳动算入剩余劳动中是不妥的。而且个人必要劳动只能保证文明的存在，只有公共必要劳动才能保证文明的发展。在阶级社会中公共必要劳动为剥削阶级掌握，是当时历史发展的需要。一个剥削阶级是否能把劳动者的劳动转化为公共必要劳动是它是否进步，是否能存在的依据。

在这两章中我们还提出了强制劳动也是历史发展所必需，是为了保证劳动者能产生足够的公共必要劳动。强制劳动从超经济强制发展为经济强制、道德强制是历史进步的必然过程。

本书第十、十一章论述了科学技术在人类文明发展中的地位与作用，及科技的性质、科技的发展条件、手段和过程。本书首次提出了科技不仅是人类改造自然的技能和知识，还应是人类改造自然、改造社会、改造自身的技能和知识，首次提出了社会科学也有应用部分，也应属科学技术的范畴，迄今为止仅把科学技术和自然科学联系起来是不全面的。本书也首次论述了科学技术在历史上三大文明中的不同特点，并提出了未来生态文明的科技特点。本书认为未来的生态平衡是人造自然的新的平衡，人类不可能回到天然自然的固有的生态平衡。本书认为“可持续发展”是一个相对于科学发展一定阶段的概念，在科学发展的不同阶段，会有不同的能源、资源，亦会有不同的“可持续发展”的概念，不可能有什么“极限”的存在。本书强调要真正实现生态平衡，必须首先改变现行的社会制度，在全世界建立起更合理的社会制度——社会主义。没有这一点生态平衡是不可能真正实现的。

在本书第十二、十三章中，我们创立了一个新的理论，即人类群体的不断扩大是文明发展的保证，并分别论证了人类群体由于联系加强而扩大，部族发展为小民族，小民族发展为大民族，国家则由王国发展为帝国。群体每扩大一步都促进了文明的发展。我们还论证了在各个时期群体之间联系的加强也是文明发展的保证。我们总结形成了一个国际关系发展的系列：从朝贡册封体制、殖民体制发展为经济文化圈，共同体最后走向全球化。这就把过去这方面的点滴零散的观点系统化，形成了一个系统理论。

本书第十四、十五章论述了人类文明发展的总规律，认为人类文明的发展存在总的规律，总的规律体现在各时各地的具体规律中。我们总结引入了马克思主义关于生产力生产关系等规律作为文明发展的总规律，另外又补充了以下几条为总规律，如认识规律、创造规律是人类文明发展的总规律，人类总体全方位的实践是人类文明发展的总动力，物质文明和精神文明互相渗透、转化、促进是文明发展的总规律。个人和公共必要劳动的按比例发展是文明发展的总规律，人类劳动的复杂化是文明发展的总规律，文明通过创造、积累、吸收加速发展的规律，人类文明的发展是消灭野蛮残余的过程，阶级社会各国文明的繁荣、危机、再繁荣的规律，文明发展不平衡的规律，不同人群文明的差异是文明丰富发展的源泉，人类群体的扩大促进文明的发展等。

这些总规律是本书首次提出的，过去曾有人对这些规律的局部有所论述，但很少有完整的论述，也没人把这些引入到文明发展的总规律中去。

本书十六、十七章系统论述了文明形成的理论，对恩格斯的文明形成理论作了大量补充修改，指出经典作家认为野蛮高级阶段已经是铁器时代的错误，也指出现今关于文明形成的三要素、四要素、五要素等说法的不足。我们系统总结了文明形成的生产力、生产关系、上层建筑、意识形态的各项标志。我们不同意经典作家把野蛮向文明的过渡时期混入野蛮高级阶段，因而特殊划出一个从野蛮到文明的过渡时期，并总结了过渡时期各方面特征，首次提出了这一过渡时期就是亚细亚生产方式。

本书第十八、十九章系统论述了文明的发展过程及马克思主义历史发展观和分期观的形成。阐明了历史时期、社会形态的关系和区别及过渡时期和过渡形态的关系和区别。我们首次提出了人类文明史包括文明萌芽、形成、发展的历史，人类文明时期的历史不包括文明萌芽形成时期，首创了在阶级社会中各个历史时期，不是仅有一种生产力标准，各个时期（奴隶制、农奴制、雇佣制）的早、中、晚各有三种不同的生产力水平。而前一社会的末期和后一社会的早期却可能属同一种生产力水平，只有在新的生产关系确立后，才促使生产力发展到另一高度。并试图创建各时期生产力发展的不同特点的系统。本书还首次论证了各个历史时期存在的社会形态是多种的，不是单一的，并系统整理了每个时期存在的多种社会形态，以订正过去认为每个历史时期仅有一种二种基本形态的简单认识，为正确理解马克思主义历史分期理论作出了贡献。同时，我们首次论证了文明初期三个时期上层建筑的特点，认为等级分封制、中央集权制、民主共和制分别是三个时期的上层建筑，否定了过去认为等级分封是农奴制的上层建筑，因此称之为封建制的错误。这是因西欧日耳曼人在罗马废墟上从原始制向农奴制发展的结果，因而把适应奴隶制的上层建筑带到了农奴制时代初期。最后也首次尝试论述了三个时期在意识形态上的特点。

本书第二十、二十一章论述了人类文明的前景，首次提出了信息时代是社会主义的物质基础，要实现无紧缺社会必须以实现社会主义为前提，并从美国、瑞典等发达国家的社会发展论证了未来社会只能是以公有制为主，多种经济并存，各尽所能，多劳多得，商品经济依然保留，是和谐、民主、法治、精神文明高度发展的社会。

本书第二十二章论述了世界各国走向社会主义的不同模式、不同道路，把世界各国分为不同的走向：资本主义的市场经济型和福利型、社会主义的计划经济型、中国特色社会主义型四种基本类型。

本书附录中论述了宇宙的发展规律，是引力引起的物质集中，而发生大爆炸。大爆炸的抛力引起的膨胀，到抛力被引力超过为止，又转入收缩的发展过程。论述了这里所称的宇宙只是我们所存在的一部分宇宙，宇宙的大爆炸是各部分此起彼伏的爆炸过程。对从猿到人的发展提出了补充，对恩格斯的正在形成中的人，和完全形成的人中间加上已经形成的人三类两个阶段，并论述了当前人类最重要的任务是如何逃避毁灭的可能。

三、本书尚存在的问题

本书虽然经过我们十余年的思考研究，有些问题研究的时间还更早，已达数十年，在这次撰写中又反复认真思考和修订，但仍有许多问题没有得到解决。

第一，本书虽归纳总结了文明的四种定义，并分别作了阐述，但却没能将四种定义归纳总结，阐明它们之间的关系。现在本书的前两个文明定义：文明是人类改造自然、改造社会的积极成果发展到一定阶段的总和，文明是人类文化发展的高级阶段，是有固定内涵的；而本书所述的后两个文明定义，即文明是指各时期各个国家民族的具体文明，文明是一定时期确定制度、行为的标准，却是因地点时间而变的，没有统一的规定。这两类文明定义如何统一？使文明有个总的能概括各种定义的定义，我们开始时尚未解决，在最后一次修改时，试图进行过统一，但是否全部能说通尚待讨论。

第二，本书论述了物质文明和精神文明的各个部分，并阐明了其内涵，但却未能把所有这些部分在总体上有机地组成两个文明的或者说两个文明是如何会分化成这些具体领域的，本书却未能很好阐明。

第三，本书在有关实践的第四、第五两章中，提出了规律是在不断随时间条件而变化的，人类可以改变规律、创造规律，还未能把这一思想贯穿到两章的各节中去，进一步阐明人类的主观能动性在实践中的作用。由于这一认识是在第三次修改时才初步认识，第四次修改设了专节，却未来得及把这思想贯穿各节，甚至全书。

第四，本书在有关劳动的第八、第九两章中，提出了一系列新观点，但尚未能把这些新观点和马克思主义劳动学说的原有内容融合，形成一个新的劳动学说体系。

第五，本书在论述群体的第十二、十三两章中，创建了一个新的群体理论，揭示了民族、国家、国际关系的发展与文明的关系，却未能进一步全面深化这一理论。究竟除以上群体外，还有没有其他群体在文明发展中有同等重要作用，需要继续探讨。同时对已提出的民族、国家、国际关系在文明发展中的作用的一些提法要放在各个民族史、国家史、国际关系史中去检验，并用这些具体历史事实丰富补充这一理论，这些工作我们还没有来得及做。

第六，本书关于文明形成的理论基本上是以恩格斯的理论为基础。我们在研究中发现恩格斯关于文明形成的生产力标准定得偏高，世界各国并不都在文明形成以前就进入铁器时代。希腊和日耳曼人也未必是如此。因此我们由此进一步用世界各国历史检验了恩格斯的其他文明形成标准，并初步提出了我们的标准，这些新的提法还有待进一步用史实来检验。

第七，本书综合研究了关于文明发展及分期的理论，试图提出一个系统的标准，但还有很多问题未解决。首先，本书虽然提出了各时期早、中、晚期应有不同的生产力水平，但我们却始终没有得出一个合理的总结。其次，本书对关于生产关系发展的各基本形态、派生形态、过渡形态做了全面论述，但还没有在此基础上总结出几种基本模式，即在什么状况下这些形态会组合成一些什么样的模式？第三，本书对各时期的上层建筑、意识形态的不同标志做了初步探讨，但毕竟这方面前人的研究成果太少，我们的研究仅是开端，还要进一步深入全面地研究各时期在上层建筑及意识形态方面还有哪些特点，并把它们形成体系，放在世界各国历史中进一步检验、补充。

第八，本书虽对现存的各种文明分类观点做了分析和修订，并提出了很多前人未提出的对文明分类的标准。但很多新提法还有待于深化和系统化，并在此基础上形成一个文明分类系统。特别是按文明发展的各种模式分类的方法，还仅是提出，远远没有形成一个完整的方法，更谈不到形成一个分类系统。

第九，本书虽然总结了前人提出的各个文明发展的总规律，并从实际历史中总结出不少新规律，但绝不能说已经全面了，可能还有不少规律未提出来。同时对已提出来的各个规律还有一个系统化，归并，分列，并形成一个逻辑体系的工作。这个工作只是第一步，还要把很多新提出的规律放在更多的具体历史中去运用，去检验、修订。

第十，本书对人类文明发展的前景做了预测，补充修订了马克思主义的社会主义学说。但很多论证还不够充分，不能用更多事实给人一个确定无疑的证明，因此还有不少地方要补充深化。

第十一，本书虽论证了走向未来文明的不同道路和不同模式，但论证显得太单薄，没有做到全面总结世界各国发展的现况和各方面问题及各种方案。这一章是全书最关键的一章，也是目前最薄弱的一章。

第十二，本书虽首次提出了一个文明论的体系，但毕竟这是迄今为止还无人做过的工作，因此这个体系是否完整，是否正确，还要在大家的讨论中进一步验证，或许还有不少问题我们没有纳入进去，或许还能创造一个更好的理论体系。

总的来说，本书还有不少问题有待研究深化。但这都不是一年半载所能解决得了的，需要长时期认真研究。设想如果能对本书的三大基础理论：实践、劳动、群体分别写三本专论，对人类文明的发展历程写一套系列专著，对以上各问题进一步深化，或许能好一些，但不知道来不来得及做完这些事。

我们设想在五年后再作最后一次修订。希望那时能多解决一些问题，使此书达到一个新的水平，或许写成一本全新的书。

如果老天不让我们自己完成这一工作，就只好指望后人了，因此把我们想到的问题列出来，供后人参考，或许会有点用。

第一章 文明的概念

什么是文明？这是本书必须首先要阐明的问题，但长期以来，对文明的概念说法不一，我们不得不综合各家之说，归纳总结。我们初步总结出了四种不同的文明定义，分别论述于下，并试图对这四种定义加以整合。

第一节　文明的语源和定义

一、“文明”一词的语源

“文明”一词在中国最早出现在先秦时期的典籍中。中国是世界上最早使用“文明”一词的国家。“文明”一词的出处，学术界往往征引《易经》和《尚书》。《易经》中曾多次出现“文明”的字样。如《易·大有》云：“其德刚健而文明，应今天下而时行，是以元亨。”《易·文言》：“见龙在田，天下文明。”孔颖达疏：“天下文明者，阳光在田，始生万物，故天下有文章而光明也。”《尚书·舜典》云：“睿哲文明，温恭永塞。”疏曰：“经天纬地谓之文”，“精行四时谓之明”。或曰：“经天纬地曰文，昭临四方曰明。”这里可理解为“文”、“明”是两个单字，也可以认为是"文明"一词的起源。晋檀道济曾说过"文明之世"，唐睿宗也曾以"文明"为年号，清李渔《闲情偶寄》有"辟草昧而致文明"句。近人梁启超《文明之精神》一文中说："文明者，有形质焉，有精神焉，求形质之文明易，求精神之文明难。"[①] 不管这些说法、用法当时针对什么，或者"文明"两字是单音节的字还是双音节的词，这一词语的本意都是美好、清明的意思。"辟草昧"，则是开化、进步的意思。"形质之文明"、"精神之文明"就是今天我们讲的物质文明与精神文明的初始表达形式。

"文明"一词在欧洲出现于文艺复兴时期。在这一时期的法语中最早出现了一个词汇 Civilisé（有教养的），其含义与 Policé（文明的、开化的）大体相同。这个词与 Politesse（礼节、礼貌）和 Civilité（谦恭、礼仪）是意义相近的。1756 年，米拉波在《人类之友》一书中，正式引用 Civilité 一词。随后，狄德罗将之收录于《百科全书》。在英语里，"文明"一词被写作 Civilization。不管是法语里的 Civilité，还是英语里的 Civilization，都来源于拉丁语的 Civis（市民）一词[②]。在拉丁语中，Civis（市民）、Civilis（市民的）、Civitos（有组织的社会）等词属同一词根。

"辟草昧"是开化、教化的意思，而 Civilization 是由含有"开化"、"教化"意义的动词 Civilize 衍化成的名词，表明文明是人类脱离蒙昧无知和野蛮状态，达到较高的社会发展阶段，标志着社会的进步。无论在东方还是在西方，尽管语言不同，但他们的思想概念如出一辙，说明人类思维是共通的，他们之间具有非常明确的一致性。

二、不同学者对文明含义的不同提法

"文明"一词含有开化、教化的意思，而开化、教化的结果是人类

① 哀时客：《文明之精神》，《清议报》第三十三册上。

② 〔日〕小学馆：《万有大百科事典·文化》，1974 年版。

的觉醒，使自己达到了较高的社会进步阶段，就是进入了文明社会。

当近代科学兴起，在文艺复兴和资本主义上升时期，一些资产阶级历史学家开展了对文明概念的研究。法国历史学家基佐从正面为文明下了一个较为科学的定义。他说："'文明'一词天然含义是进步、发展的概念，它是以运动着的人民为前提的。这就是公民生活和社会关系的完善化，这就是在所有成员间进行最公正的力量和幸福的分配。"① 这是关于文明的最早的一个定义，无疑具有开创性和合理性的因素。法国的空想社会主义者十分重视对文明的研究。圣西门最早提出了无产者是文明的创造者的论断。卡贝曾断言革命是新文明的产婆。布朗基把文明与共产主义直接联系起来，指出："共产主义的发展和文明的发展是并行不悖的，这两个概念是统一的"，"文明的最高峰必然是共产主义"。②

摩尔根的《古代社会》把人类社会历史发展规律从低级向高级的发展过程，分为蒙昧期、野蛮期、文明期三个阶段③，说明文明社会是人类历史发展到一定阶段才出现的。

西格蒙特·弗洛伊德在《图腾与禁忌》一书中对文明作解释道："'文明'只不过是意指人类对自然之防卫及人际关系之调整所累积而造成的结果、制度等的总和。"④ 这种解释有其合理性，然而也有其消极的一面。弗洛伊德片面夸大本能在文明发展中的地位，不懂得文明与本能的辩证关系：文明限制本能而不否定本能，只是使本能以文明的方式表现出来。

马克思和恩格斯在他们的著作中曾广泛地使用了"文明"这一术语，表达了极为丰富的关于文明的思想，对文明这一概念做了多层面的精辟的论述。

"文明时代是社会发展的一个阶段，在这个阶段上，分工，由分工

---

① 转引自《文明与科学》，《世界科学》1983 年第 3 期。

② 同上。

③ 摩尔根：《古代社会》，商务印书馆，1977 年版，第 3 页。

④ 〔奥〕西格蒙特·弗洛伊德：《图腾与禁忌》，中国民间文艺出版社，1986 年版，第 11 页。

而产生的个人之间的交换，以及把这两个过程结合起来的商品生产，得到了充分的发展，完全改变了先前的整个社会。”①

“物质劳动和精神劳动的最大的一次分工，就是城市和乡村的分离。城乡之间的对立是随着野蛮向文明的过渡、部落制度向国家的过渡、地方局限性向民族的过渡而开始的，它贯穿着全部文明的历史并一直延续到现在。”②

“它是由分工方面的一个新的进步开始的。在野蛮时代低级阶段，人们只是直接为了自身的消费而生产；间或发生的交换行为也是个别的，只限于偶然留下的剩余物。在野蛮时代中级阶段，我们看到游牧民族已有牲畜作为财产，这种财产，到了成为相当数量的畜牧群的时候，就可以经常提供超出自身消费的若干余剩；同时，我们也看到了游牧民族和没有畜群的落后部落之间的分工，从而看到了两个并列的不同的生产阶段，也就是看到了进行经常交换的条件。在野蛮时代高级阶段，农业和手工业之间发生了进一步的分工，从而发生了直接为了交换的、日益增加的一部分劳动产品的生产，这就使单个生产者之间的交换变成了社会的迫切需要。文明时代巩固并加强了所有这些在它以前发生的各次分工，特别是通过加剧城市和乡村的对立（或者是像古代那样，城市在经济上统治乡村，或者是像中世纪那样，乡村在经济上统治城市）而使之巩固和加强，此外它又加上了一个第三次的、它所特有的、有决定意义的重要分工：它创造了一个不从事生产而只从事产品交换的阶级——商人。”③

“文明时代是学会对天然产物进一步加工的时期，是真正的工业和

① 恩格斯：《家庭、私有制和国家的起源》，《马克思恩格斯选集》第四卷，人民出版社，1972年版，第170页。

② 马克思、恩格斯：《费尔巴哈》，《马克思恩格斯选集》第一卷，人民出版社，1972年版，第56页。

③ 恩格斯：《家庭私有制和国家的起源》，《马克思恩格斯选集》第四卷，人民出版社，1972年版，第162页。

艺术产生的时期。”① “从铁矿的冶炼开始，并由于文字的发明及其应用于文献记录而过渡到文明时代。”② “国家是文明社会的概括……”③ “当文明一开始的时候，生产就开始建立在级别、等级和阶级的对抗上，最后建立在积累的劳动和直接的劳动的对抗上。没有对抗就没有进步。这是文明直到今天所遵循的规律。”④ “随着在文明时代获得最充分发展的奴隶制的出现，就发生了社会分成剥削阶级和被剥削阶级的第一次大分裂。这种分裂继续存在于整个文明期。奴隶制是古代世界所固有的第一个剥削形式，继之而来的是中世纪的农奴制和近代的雇佣劳动制。这就是文明时代的三大时期所特有的三大奴役形式。”⑤ 以上大致列出了马克思和恩格斯构成他们的关于文明理论体系的基本观点。

邓小平提出：“社会主义要赢得与资本主义相比较的优势，就必须大胆吸收和借鉴人类社会创造的一切文明成果，吸收和借鉴当今世界各国包括资本主义发达国家的一切反映现代化生产规律的先进经营方式、管理方法。”⑥

文明，作为一种社会历史现象，与其他的历史现象不同。文明，不是人类出现就与生俱来的。人类学展示，人类至今已经有 440 万年的历史，而人类的文明史为时短暂，只有五六千年的历史。人类历史中有 439 万年的时间，是人和自然界处于物我不分、相感相生的蒙昧、混沌的状态之中。大概距今一万年到五六千年之间，是文明的孕育、起步阶段，至距今五六千年内才是有文明的历史。文明时代的到来是人类历史上的崭新阶段。从总体上观察，当人类文明出现以后，就会不断发展，

① 恩格斯：《家庭私有制和国家的起源》，《马克思恩格斯选集》第四卷，人民出版社，1972 年版，第 23 页。

② 同上书，第 21 页。

③ 同上书，第 172 页。

④ 马克思：《哲学的贫困》，《马克思恩格斯全集》第 4 卷，人民出版社，1974 年版，第 104 页。

⑤ 恩格斯：《家庭、私有制和国家的起源》，《马克思恩格斯选集》第四卷，人民出版社，1972 年版，第 172 页。

⑥ 邓小平：《在武昌、深圳、珠海、上海等地的谈话要点》，《邓小平选集》第三卷，人民出版社，1993 年版，第 373 页。

从古代文明逐步走向更高一级的文明，而不会像别的一些历史现象那样，如昙花一现，随着存在条件的消失而逝去。当然，也有局部地区的古代文明没有延续下来而成为历史遗迹。文明是随着社会发展而不断进步的，从混沌走向有序，再从新的混沌走向新的有序。低一级的文明，是随着人类社会出现大分工，即农业与畜牧业的分工，农业与手工业的分工，脑力劳动与体力劳动的分工，城市与乡村的对立，剥削阶级与被剥削阶级的对立，国家与社会的对立而出现的；而高度的文明，则是在工农业结合，城乡结合，脑力劳动与体力劳动的对立消灭，阶级消灭，国家与社会统一，在人类创造的全部文明成果的基础上建设起来的。

总括起来说，人类从蒙昧、野蛮走向文明，意味着人类社会从低级走向高级，从自在阶段走向自为阶段，从必然走向自由，从混沌走向有序，正是人类文明史的一次新的飞跃。文明产生以后，人类经历了漫长的文明发展史，但是以对立为其基础，因而不是真正的、普遍的、高度的文明。这种文明，仍然是较低层次的文明。从人类较低的文明程度走向高度的、真正的、普遍的、新型的文明，正是从新的高度和层次上，又在经历着新的混沌向新的有序的过渡。文明，是人类从混沌转化为有序的不断反复前进过程中自觉地改造世界和改造自身的、生生不息的实践所创造的成果和进步的总和。

三、我们对文明的看法

关于文明的定义，国内外学者所提出的论说有数百种之多，我们未能全部研究，仅研究了其中一部分。我们感觉其中不少内容提法是大致相同的，仅是一些词句不同而已。归纳一下，大致有四种定义反映了对文明从四个不同角度的界定，是值得我们提出作为研究文明考虑的。①

① 这里表述了：一、把五千年文明史同史前史区分开来；二、“两个改造”是文明的本质，文明产生和发展的原动力是人的智能性、能动性、创造性的集中体现；三、原有的文明只是开辟未来文明的道路，而不是终结；四、文明的价值是进步发展的总和，而不是一时一事的成果。

两种是从文明的共性去研究人类文明的总体：一是认为文明是人类改造自然社会及自身的一定进步程度的积极成果，这是对文明从成果的角度研究的；二是认为文明是文化发展的高级阶段，这是对文明从阶段时期角度研究的。两种是从文明的个性来研究的：一是认为文明是一定时期一定地区、国家、民族的特殊模式，这是从不同文明的模式角度研究的；二是认为文明是一定时期评定某一制度行为的标准，这是以文明作为评价标尺来考虑的。

第二节　文明是人类改造自然、社会及自身达到一定进步程度的积极成果的总和

文明是人类改造自然，改造社会、改造自身达到一定进步程度的积极成果，这里所说的文明首先是指成果，是指人类改造自然、改造社会、改造自身所取得的成果，这种成果还必须是积极的成果，还必须发展到一定进步程度的成果，这才构成了人类的文明。

一、文明是人类改造自然、社会、自身所取得的成果

文明是人类改造自然、改造社会、改造自身所取得的发展到一定程度的积极成果，因此：

第一，文明不包括天然存在的自然界，因为它未经人类改造，只有人造的自然界才是文明的组成部分。

第二，文明包括人类改造自然所取得的一切积极成果，即人类所生产的物质产品，也包括人类改造自然的能力——生产力，这都是文明的体现。

第三，文明还包括人类改造社会所取得的成果。人类的生产关系，其中已包括人类对社会改造的成果。人类进一步发展所形成的新生产关

系及各种政治、经济、文化成果更日益增强了人类改造社会的烙印，因此，都是人类改造社会的成果，都属于文明。

第四，人类改造自身的成果主要表现为精神文明的各个方面，但人类在改造客观世界的过程中同时改造主观世界，因此精神文明中一开始就有物质文明的因素，改造自然和改造社会所取得的成果。随着两个文明的互相渗透，互相转化，精神文明中越来越包含更多的物质文明因素，如科学、艺术、教育等所包含的物质文明因素。

人类创造的文明，就是由以上这些成果综合而成的，但又必须是这一切成果中的积极成果，并发展到一定的程度。

二、文明是人类改造自然、社会及自身创造的积极成果

文明和文化不同，文化包括人类改造自然、社会及自身所创造的一切成果，不论积极的，还是消极的，进步的还是反动的，而文明仅指人类改造自然、社会和自身所创造的积极成果，它不包括腐朽、落后的成果。

因此，要确定何谓文明，就必须区分人类改造自然、社会和自身所取得的成果中，哪些是积极的、进步的，哪些是消极的。不能错把腐朽没落的东西也作为文明的成果。要作这种区分有时是比较容易的，有时却是相当困难的，因为有时一项成果中往往同时包含着积极的和消极的两种不同成分。

例如奴隶制度是一种野蛮的、残酷的制度，可以说是野蛮在文明时代的一种残余。但奴隶制度比起原始社会对俘虏、敌人全部屠杀甚至吃掉，又是一种巨大的进步。而人类最初的文明正是建筑在奴隶制度基础上的，正是奴隶为公共必要劳动创造的大量财富，创造了古代的辉煌文明。因此，奴隶制度又曾经有其积极的一面、进步的一面。或者可以说在一定时间是一种积极的进步的制度，在以后发展中却成为野蛮的落后制度了。

又如国家既成为组织管理人民的一种工具，保卫一定人群文明生存发展的力量，因此说它起着积极进步的作用，但国家又曾成为统治压迫人民的工具，侵略的工具，就又有反动的一面。同时国家在其初建时，曾发挥过巨大进步作用，积极作用，成为文明形成的主要标志，但文明发展到一定阶段，国家将为历史抛弃，成为文明进一步发展的障碍。

因此在人类改造自然、改造社会、改造自身所取得的成果中，完全是积极的，永远是进步的成果是很少的，大都是积极和消极混杂在一起，在历史的一定时期是积极的，到另一时期就成为消极的了。因此文明具有时间性，我们所说的文明都是一定历史时期的产物，在这一时期是文明的成果，在下一时期就可能不是文明的体现了。

三、文明是一切积极成果发展到一定进步程度的产物

文明不仅是人类改造自然、改造社会、改造自身所取得的一切成果，还必须是这些成果积累发展到一定的进步程度。在原始社会中就已产生了文明的要素，但只有当这些文明要素积累发展到一定程度，才能称为文明，或者说只有当人类改造自然、改造社会、改造自身所取得的积极成果，积累发展到一定程度，使人们终于摆脱蒙昧、野蛮进入文明时期，这时的所有成果才能真正成为文明。在此以前只能认为这些成果作为文明要素在原始社会中出现萌芽，却不能说它们已构成文明。

文明是一个整体，不能把某一项成果单独看做文明，人类经过几百万年的非文明时期最后才形成了文明。在这里文明不是指这一时期，而是指这一时期文明所取得成果的进步程度，是指这一时期积极成果的总和。而以前各时期人类所取得的成果还不足以称为文明。

因此，文明必须具备这三个条件，一是文明是人类改造自然、改造社会、改造自身所取得的成果，二是文明是这些成果中的积极成果，三是这些成果的总和必须发展到一定的进步程度，三者缺一就不成为文明。

第三节　文明是文化发展的高级阶段

在西方的某些国家，文明与文化这两个词的使用是含混的，但德语使用文明一词是指物质生产和物质生活①。虽然在英语中文明一词为Ccivilization，文化一词为Culture，是两个词，但在使用上并无严格区别。西方有一些辞书，有“文化”的条目而无“文明”的条目②。即使有的辞书有“文明”的条目，其释义也各有异同③。国内辞书大多有“文明”和“文化”两个词目，解释往往是一样的，没有明确区分开来，但有些文章强调了这两者是有区别的。据统计，关于文明的定义有三百余种④，没有统一的释义。对文化的定义，同样也有多种解释。这里主要强调一下文明与文化是有联系的，但同时也是有区别的。

一、文明与文化的联系与区别

文明与文化既有联系又有区别。联系表现在：第一，两者都属于社会历史现象，都属于人文科学范畴；第二，文化的产生和发展是文明的

---

① 〔德〕《迈尔大百科辞典》释“文化”，1978年修订本。

② 〔德〕《迈尔百科辞典》，1971年版；〔法〕《迈尔大百科辞典》，1978年修订版；〔日〕世界文化社：《世界文化大事典》，1973年版；〔西〕《世界大百科全书》，1978年版；〔日〕平凡社：《世界大百科事典》，1981年版；《法国大百科全书》，1981年版；《苏联大百科全书》，1975年版；《不列颠百科全书》等。

③ 1961年《法国大拉罗斯百科全书》解释“文明”一词为：一指教化；二指一个地区或一个社会所具有的精神、艺术、道德和物质生活的总称。1973年至1974年《大英百科全书》解释“文明”一词为：一种先进民族在集体生活或某一历史阶段中显示出来的特征之总和。1978年《苏联大百科全书》解释“文明”一词为：社会发展物质文明和精神文明的水平程度，继野蛮时代之后社会发展的程度。1979年德国《大百科词典》解释“文明”一词：“广义的指良好的生活方式和风尚，狭义的指社会脱离了人类群居的原始生活之后，道德知识和技术形成等完善起来的物质和社会状态。”〔日〕《国语大辞典》解释“文明”一词说：“所谓文明，是指文化教育兴盛，人的智慧开化，从而使我们的生活在物质和精神两方面达到舒适。”

④ 刘李胜：《制度文明论》，中共中央党校出版社，1993年版，第16页。

基础，如果没有文化的产生和发展，就不可能出现文明。没有以前数百万年的人类文化史，也就没有以后一万年前的文明起步和5千年的文明史；第三，文化的内容与文明的内容往往有重合之处，这主要是文化的先进部分，也即是文明的表现。文明产生于文化，又高于文化。但两者的区别是明显的：第一，史前有文化，然而并非文明。人类为了生存而创造文化，文化是人类的独特创造。文化的出现与人类的出现是同时的。而文明则是随着人类社会走出混沌而出现的。人类为发展自身而创造文明。文化出现比文明出现要早数百万年。第二，文明的性质是倒向一面的，即是指人类改造世界的积极成果和社会进步、发展的状态，而文化则具有两重性或多重性，如有先进与落后、积极与消极、优秀与低劣、高尚与庸俗、精华与糟粕、革命与反动等的区别。第三，文明不能包括文化，反过来应是广义的文化包括文明，而狭义的文化则仅指文明形成以前的原始文化。“原始文化的一切成就已经包含着文明的潜在因素和萌芽，孕育着人类文明历史形成和发展的内在机制，是人类文明的源头。但是，犹如树木和树苗的概念有所区别一样，文明与文明的萌芽——原始文化又是有所区别的。”

二、文明是文化发展高级阶段的产物

“文明”和“文化”两个词虽在有些民族语言中可以相通，但在多数民族当中和多数学者当中看来是有区别的。对这种区别虽然也众说纷纭，但多数人认为：文明是文化发展高级阶段的产物。“文化是人类为了满足自身的各种物质和精神需要通过体力和脑力劳动所创造的一切财富。”① 从有人类起就有文化，也可以说有无文化是人类与其他动物的区别。但文明却并非是从有人类就有，人类形成以后，在相当长的阶段虽然已有了文化，却还没有进入文明时期；只有在文化相当发展时，才

① 尼·切博克萨罗夫等：《民族、种族、文化》，东方出版社，1989年版，第200页。

进入文明时期。摩尔根曾提出："文明社会始于拼音字母的发明和文字的使用，直至今天。"① 马克思认为："文明时期开始于拼音字母的发明和文学作品的编写。石刻象形文字具有同等重要性。"② 恩格斯指出："从铁矿的冶炼开始，并由于文字的发明及其应用于文献记录而过渡到文明时代。"③ 又说："蒙昧时代是以采集现成的天然产物为主的时期，人类的制造品主要是用作这种采集的辅助工具。野蛮时代是学会经营畜牧业和农业的时期，是学会靠人类的活动来增加天然产物生产的方法的时期。文明时代是学会对天然产物进一步加工的时期，是真正的工业和艺术产生的时期。"④ 他们的提法虽各有侧重，但有一点是共同的，都不认为从有人类就进入了文明社会，而是认为只有人类文化发展到一定阶段才进入文明社会。文明社会始于铁矿的冶炼及文字的发明，文明社会是学会对天然产品进一步加工的时期，是真正的工业和艺术产生的时期。

人类至今已有440万年的历史，因此文化的产生也已有440万年的历史。但人类进入文明社会的历史只有五六千年，即使把文明的形成阶段算在内也不过一万年的历史⑤。

总括起来说，人类从蒙昧、野蛮走向文明，意味着人类社会从低级走向高级，从自在阶段走向自为阶段，从必然走向自由，从混沌走向有序，正是人类文明史的一次新的飞跃。文明产生以后，人类经历了漫长的文明发展史，但是仍以阶级对立为其基础，因而不是真正的、普遍

① 摩尔根：《古代社会》上册，商务印书馆，1977年版，第12页。

② 马克思：《摩尔根〈古代社会〉一书摘要》，人民出版社，1965年版，第2页。

③ 恩格斯：《家庭、私有制和国家的起源》，《马克思恩格斯选集》第四卷，人民出版社，1972年版，第21页。

④ 同上书，第23页。

⑤ 在此以前《世界上古史纲》的提法是："人类社会经历了三百几十万年的蒙昧时代，又经历了六七千年的野蛮时代，而后在很有限的古代世界，地中海至中国海、中美洲与安第斯出现了古代文明，它的历史不到四千年，有些地区长些，有些地区短些。"此处据干志耿等《文明论笔记》改正。

的、高度的文明。这种文明，仍然是较低层次的文明。从人类较低的文明程度走向高度的、新型的文明，正是从新的高度和层次上，又在经历着新的混沌向新的有序的过渡。文明，是人类从混沌转化为有序的不断反复前进过程中自觉地改造世界和改造自身的、生生不息的实践所创造的成果和进步的总和。

三、文明是人类争取发展的斗争

文明是人类改造世界和自身所创造的进步成果发展到一定阶段的产物。人是万物之灵，灵就灵在人具有改造世界和自身的创造力量。人类能够创造出自然自发衍化所不能生成的物质客体，即人造的世界。只有具有灵悟巧思的智能生命的人类，才能创造出一个自然界所不能生成的人造的客体。“人类的进步史归根结底是一部创造史。创造是人的最为鲜明的社会特性，是历史进步的强大动力。没有创造能力的人不能称之为全面发展的人，没有创造能力的社会不能称之为进步的社会。”① 人的创造力主要体现在人通过实践产生了灵悟巧思，即具有智能。人的创造才能的表现，是从科学与艺术两个方面突出展现开来的。全部人类社会的历史证明，文化起源于人类为了争取生存的斗争，即是原始的、直接为了寻求生存而斗争的技术经验，原始的人群关系和社会生活，以及原始的、淳朴的风俗习惯等方面的感知和升华。文明则不同，而是萌发于超越直接寻求生存的需要，是为了寻求发展的科学技术，高级的社会关系，以及信仰、艺术等方面的意境的创造。众所周知，在人类历史早期的原始社会阶段，即存在着争取人类生存的斗争，也已创造了文化，但还不存在文明。所以，文化发生于人类争取生存的斗争，而文明则发生于人类争取发展的斗争。

① 孟广震：《创造性——科学研究的灵魂》，《中国科学报》1994年2月7日。

第四节 文明指各个时期各个群体的不同类型

上两节论述了文明是人类改造自然、社会和自身所取得达到一定阶段的积极成果，文明是文化发展的高级阶段，这两者都是从整体上来研究文明的共性。但文明不仅有共性，还有个性。即文明在一定时期一定群体中形成多种特殊类型的文明。要从文明的个性角度研究各种不同的文明类型。

一、文明的共性和个性

从人类文明的总体来看全人类的文明是一个整体，因为不论任何时代任何国家民族的文明都是互相联系的，因此构成一个文明的总体，而且文明不论发生在那个地方，只要是人类创造的文明，它们就有共性，都具有相同的内涵，都包括物质文明和各种精神文明，都按共同的规律沿基本相同的道路向前发展，这就必须把文明从总体上来研究其共性。但共性寓于个性中，不研究不同时期、不同地区的不同文明，不对它们进行比较研究，就无法认识文明的共性。同时对各时期、各地区不同文明的比较研究，不仅帮助我们认识人类文明的共性，也帮助我们认识不同地区不同文明的各自特点，帮助我们认识文明的个性。

文明的共性和个性是相对的，从全人类文明而言，这一总体文明有一系列共性，它具体可以分为不同时期，不同地区若干大的文明类型。这些不同的文明类型对于人类文明总体而言，它表现的是文明的个性。但每一文明类型中还包括很多国家民族的文明，它们虽有相同处形成一定文明类型的共性，但各自又具有各国各民族文明的具体个性。而每个国家，每个民族既是有其文明的共性，而这个国家这个民族的不同地区、不同时期，又表现为一定的文明的个性，这是相对而言的。

布罗代尔提出："所谓'西方'文明，指的既是美国的'美利坚文明’，又是拉美、俄罗斯等文明，当然也包括欧洲文明。欧洲本身又包括若干个文明……波兰、德国、意大利、英国、法国，诸如此类。更不用提及如下这个事实了——这些民族国家性质的文明是由诸如苏格兰、爱尔兰、加泰罗尼亚、西西里，巴斯克地区等更小的文明组成的。”①

他所说的文明可以划分为更小的文明，这正体现了文明的共性与个性的辩证关系，西方文明对整个人类文明而言，反映这一文明的个性，而对美国、英国文明而言，它又体现为这些国家文明的共性。英国文明对西方文明而言，它体现为这一国文明的个性，但它对苏格兰、爱尔兰诸民族的文明而言，它又体现为英国各族文明的共性。

二、文明的基本单位是内部具有最大共性的民族

虽然文明可以因其个性而划分为一些更小的文明，但在所有这些大大小小的划分中，最基本的单元是民族，即民族在所有这些群体中含有最大的内部统一性，而其他群体大都是内部的共性小于个性，即还可分为若干个性更大的群体。汤因比认为："一个文明一般包括若干个同类的民族国家，历史研究的可以自行说明问题的单位既不是一个民族国家，也不是另一极端的人类全体，而是我们称之为社会的某一群人类。"② 这里他不仅否认了从整体上研究人类文明，也否认了以更小的单元来研究文明。实际上汤因比所说的由一群民族国家组成的文明在客观上是不存在的，只有正在形成中的西欧共同体文明勉强可以看做他所说的这种文明，而迄今为止，历史上任何时期、任何地区尚未形成这种共性大于个性的地区文明，不论是西方文明，还是东方文明，不论是西亚文化圈，或是东亚文化圈，都是一群不同国家、民族文明的联合体，他们都各自有自己本身独特的文明，即使汤因比也承认他们有自己独立的文明，不过被他贬称为"卫星文明"。这些地区文明也包括资本主义

① 〔法〕费尔南·布罗代尔：《文明史纲》，广西师范大学出版社，2003年版，第32页。

② 汤因比：《历史研究》(上)，上海人民出版社，1986年版，第14页。

国家建立的殖民体制文明、封建帝国建立的册封朝贡体制文明，所有这些包括若干国家民族构成的文明内部都是个性大于共性。当然可以把它们当做一定层次的文明来研究，但决不能认为这一层次的文明就是最基本的单元。

实际上每个国家也不是文明的基本单位，除非它是单一民族国家，而凡是多民族国家，虽然这一国家有一定文明的共性，但一国之内的各民族却都有本民族文明的特点。一个多民族国家的文明实际上也是众多文明的联合体。

在历史上，所有一切群体中，唯一一种文明共性大于个性的群体是民族，在民族内部也可分为若干小地区小群体，但他们已是共性大于个性了，所以要能作为文明基本单元的只能是民族，文明个性研究的基点就应放在民族这一层次上，而其他各个层次，只能作为研究的辅助。而且，汤因比也好，其他跟随他研究文明分类的学者也好，都有一个共同的缺点，即不考虑不同时代文明的差异，而实际上即使是同一民族的文明在不同时期也可以有巨大差距，可以看做两种不同文明，而其他层次的群体，诸如国家、地区文明，他们在不同时期的文明差异更大，因此要对文明做个性研究，决不能不考虑不同时代同一地区、国家、民族文明的差异。

三、各地区、国家、民族文明的具体内容

要研究一个地区或一个国家、民族的文明，就要研究他们文明的各方面，这究竟包括哪些方面呢？汤因比认为：“文明乃是整体，它们的局部彼此相依为命，而且都互相发生牵制作用……在这个整体里，经济的、政治的和文化的因素都保持着一种非常美的平衡关系。”[①] 用经济的、政治的、文化的三方面来研究人类历史，是历史学家通常使用的方

① 汤因比：《历史研究》（上），上海人民出版社，1986年版，第463页。

法，但要研究文明史，用这三者就不如用物质文明、制度文明、精神文明来代替经济、政治、文化更为合适，更能反映文明的内涵。同时汤因比认为在文明的几个方面中文化是文明的核心，决定政治、经济，这显然也是不妥当的。按照马克思主义的观点来说起决定作用的是经济，是物质文明，汤因比用唯心论观点把这三者的关系颠倒了。

尤其有意思的是，汤因比认为："我也认为各种文明形态就是此种文明所固有的宗教的反映。还有，使各种文明产生，使其延续下来的生机源泉，也在宗教。"① 他显然过分夸大了宗教在文明中的地位和作用。宗教按其本质是建立在蒙昧基础上的，是反文明的。它虽然在文明时期形成发展寄生于文明社会，甚至影响到文明社会的许多方面，但它绝不是文明的核心，它只是附着于文明的一个毒瘤。

因此，辛向阳在评价汤因比的文明定义时提出："很显然，汤因比的文明定义有两个根本性的缺陷：一方面是历史唯心主义，在他的文明中文化决定政治、经济；另一方面他所界定的文明实际上是一个什么都可以往里装的筐，是很多与文明相关的事物现象的集合。"② 很显然把某一地区、某一国家民族的文明作为一个模式来研究总体，包括方方面面的互相联系是对的，但必须从历史唯物主义去研究这一文明各方面的相互关系。同时，必须严格地科学地论述文明的各方面，而不能任意地放入一些仅仅有关的东西。

总的来说，在这一种文明用法中，文明被看做不同地区、不同国家、不同民族的不同文明，因此就会有"文明的冲突"的提法。但如果从文明的共性来看，不管不同时代，不同民族的文明有多少差异，仍具有我们上述所说的文明基本特征，所谓文明的差异只是文明的共性在不同时代、不同环境下的不同表现形式，不能一研究文明的个性，就忽视

---

① 汤因比、池田大作：《展望21世纪》，国际文化出版公司，1985年版，第363页。

② 辛向阳：《文明经受着检验——评汤因比的〈历史研究〉》，参见《世界文明论研究》，山东人民出版社，2001年版，第77页。

了文明的共性，不管哪一时代哪一民族的文明，它们都是人类改造自然、改造社会、改造自身发展到一定阶段的积极成果的总和。

第五节 文明是一定时期确定制度行为的标准

如果说上节已是从文明的个性去研究，但究竟还是研究某地区，某一国家民族的文明模式，本节所说的文明，则更为个性，仅是把文明作为某时期对某一制度、某一行为的评定标准，即何种制度何种行为是文明的？何种制度行为是不文明的？由于文明在不断发展，这种评定标准也在不断变化。有些原来并不认为不文明的后来却认为不文明了，甚至有些本来认为文明的，后来也认为不文明了，其中有的在当初就是不文明的，但当初却认为是文明的，后来终于认为不文明了，有些当初确实是文明的，当初认为文明也是对的，但后来对文明的认识提高了，也认为属不文明了，文明就在这样发展中，不断形成新的更高的标准。

一、以文明作为评价某种制度和行为的标尺

人们看见一些落后、简陋的住宅、交通工具，常会自然地评价说：“太落后了，够不上文明的标准。”看见一些简陋的生产工具和设备，也会说：“这哪够得上文明生产?”看见随地吐痰、扔废物。也认为太不卫生、不文明。有些人不讲礼貌，在公共场所衣帽不整、大声喧哗，不给老人让座等，也会被认为不文明。有的看见历史上的残酷的奴隶制，也会认为太不人道了，不文明，是野蛮行为。这里文明成为评价各方面行为和制度的一种标尺，甚至可以说一切不如某种标准的行为、制度都可以称之为“不文明”。

诺贝特·埃利亚斯认为：“文明这一概念涉及到的是完全不同的东西：技术水准、社会礼仪规范、宗教思想、风俗习惯以及科学知识的发

展等等。它既可以指居住状况男女共同生活的方式，也可以指法律惩处或食品烹调。仔细观察的话，几乎每一件事都是以‘文明’或‘不文明’的方式进行的。”① 在这里埃利亚斯也是把文明作为人们评价某种行为某种制度的标尺而提出的。

二、文明标准随时间环境而不同

在这里“文明”这一概念就和我们在二三节所说的文明概念有着明确的不同内涵，它虽作为一种评价人们行为和制度的尺度，但却不是固定的标准，而是随时因环境的不同而不断变化的。

随地吐痰在中世纪并不被认为是不文明的行为，现今却已被认为是不文明行为了。奴隶制度在开始实行之时也不被认为是不文明的行为，而现也被认为是不文明的了。这就是说随着文明的发展，人们的条件变了，认识变了，因此就有了和以前不同的尺度。

福泽谕吉说：“文明开化这个词也是相对的，现代世界的文明情况，要以欧洲各国和美国为最文明的国家，土耳其、中国、日本等亚洲国家为半开化国家，而非洲和澳洲的国家算是野蛮的国家。这种说法已经成为世界的通论。”他又说：“文明对半开化来说固然是文明，而半开化对野蛮来说，也不能不谓之文明。例如：以现在的中国与西洋各国相比，不能不说中国是半开化。但是，中国与南非各国相比，或取更近的例子来说，以日本近畿地方的人民与虾夷民族相比，那么前者就可以称作文明了。现在称西洋各国为文明国家，这不过是目前这个时代说的，如果认真加以分析，它们的缺陷还非常多……只是大体上看来，西洋各国有朝向文明发展的趋势，而决不可认为目前已经尽善尽美了。假如千百年后，人类的智德已经高度发达，能够达到太平美好的最高境界，再回顾现在西洋各国的情况，将会为其野蛮而叹息的。由此可见文明的发展是

① 诺贝特·埃利亚斯：《文明的进程——文明的社会起源和心理起源的研究》，三联书店，1998年版，第61页。

无止境的。”① 福泽谕吉的这一文明概念也是把文明作为一定时期衡量人类行为和制度的标尺，它随着时间而转移，不同于我们在第三节所说的文明是文化发展的高级阶段，是从人类进入文字时代、国家时代开始，具有固定的时间范围。

福泽谕吉等的论述有一定的范围，即文明和不文明在不同时期可能有不同标准，他过分强调文明标准的相对性而忽视文明在一定历史阶段的稳定性，即在一定历史时期文明能相对稳定地形成一种固定的标准。实际上如果我们为便于认识文明的发展，更应该把文明的标尺在一个较长的历史时期中稳定下来，而把他们所说的曾是文明，而今称为不文明的现象称为不够文明，即文明程度不同和不文明的区别，文明和不够文明的区别，这或许可以在相当时期内和我们前几节中说的文明定义相统一。

三、文明这种标尺变化的三种类型

第一，本来不认为是不文明的制度、行为以后被认为是不文明的。例如砍伐森林，在当初并不认为是不文明的行为，但在现代文明发展了，人们的认识提高了，知道了砍伐森林造成了水土流失、土地沙化，这一行为就成了破坏生态文明的行为，就成为不够文明的行为了。这种看法具有相对性，是从今天而言。

又如随地吐痰、扔废物、过去长期间并不认为是不文明的行为，但现在人们认识到这是污染环境，破坏公共卫生，这些行为就被认为属于不文明行为了。诺贝特·埃利亚斯曾专门考查了随地吐痰如何被人们认为不文明行为的历史，这也是一种从现今文明发展的程度来观察过去的表现。但也可以说，只是由于当时人们尚未认识到这种行为不文明，现在认识到而已。②

---

① 福泽谕吉：《文明论概略》，商务印书馆，1959 年版，第 9、10、11 页。

② 〔德〕诺贝特·埃利亚斯：《文明的进程——文明的社会起源和心理起源的研究》，三联书店，1998 年版，第 247 页。

第二，本质上就是不文明，但当初却认为是文明的，以后才被认为不文明，例如奴隶制度本身是一种野蛮的不人道的制度，但在其刚产生时，人们却认为是一种仁慈的文明行为，因为它保存了俘虏的生命，不再屠杀，甚至吃掉，奴隶制度也曾为最初的文明，提供了公共必要劳动，成为最初文明发展的基础，因此在当时看来却是文明的制度，是一种进步。但在以后发展中，人身不完全被占有的农奴、人身完全不被占有的工人，逐步代替了奴隶，奴隶制度逐渐被认为是不文明的制度，甚至因而引起废除奴隶制度的美国南北战争。又如国家本质上是一种阶级压迫的工具，是一种不文明的制度，但在其刚刚产生时，却是文明时期到来的主要标志，有了国家才标志进入文明时期，但在将来的一天，国家就会被当做不文明的制度而被抛弃。

又如宗教按其本质应是蒙昧无知的产物，它根本不是什么文明，但至今还有不少人把宗教当做文明最重要的内容。总有一天，宗教的本质会为人类所认识，而把它作为一种非文明的东西抛弃掉。

这不能理解为这些事物和制度的本质当时不为人认识所以误认为是文明的，而在以后人们逐渐认识其不文明的本质就视为不文明了。因为有很多事物在当时是文明发展所必需，而且比起以前的制度显见是一种进步，因此应视做文明的结果。但以后文明发展了，形成了更进步更文明的制度，就自然被后代认为不文明的制度了。

第三，当时确实是文明的一部分，但从新的水平看，已不文明了。如文明初期简陋的住宅、食品、服装、车具等，在当时都是文明进步的产物，在当时也确实是人类改造自然的成果，但现今人们面对这种简陋的住宅、衣服、食品、车具，肯定已认为这些条件太不文明了，太落后了。这表明时代变了，生产发展了，提供人们的物质产品改善了，丰富了，人们对文明的要求也高了。

又如人们集中居住的城市，城市的扩大，当初曾是工业化所必需，是工业化现代化的标志，也是文明进步的标志。但随着后信息化社会的到来，这种城市化已逐渐为人们所认为不符合现代文明发展的要求了。

又如三纲五常，一度曾是封建社会的道德标准，也当然是文明与否的标准，但随着封建制度的没落，这些三纲五常的道德观念不再为人称颂了，甚至被认为是不道德不文明的行为了。但是否还可以作为合理成分保留呢？这几种状况是同时存在的，但有些时候不好区分，如三纲五常或许应作为第二类。但许多本来视为文明的或视为不文明的，在发展中视为不文明的事实是大量存在的。这里仅举了一小部分例子，诺贝特·埃利亚斯还论述了好些。

因此，文明与否是人类衡量各种行为制度的一种标尺，但不同时代有不同的文明观念，人们对同一事物、行为、制度就有不同的评价标准，这是随着文明的不断发展而发展的。原来并不以为不文明的，后来也可能认为不文明了。文明仍旧是衡量人们各种行为的标尺，但标准不同了。同时，如果把历史时期放长，我们不仅从某一时看，而是从整个人类文明史来考虑，对每种行为、制度是否文明，就可能更客观，更全面地观察，这也就仍离不开我们在第二节提出的文明的总的标准。

第二章 文明的内涵（上）

——物质文明

我们在上一章里讨论了文明是什么，在这两章我们将讨论文明包括哪些内容：它是由哪几方面组成的？这几个方面的相互关系又是如何？我们不仅要弄清文明组成的几大部分：物质文明、制度文明、精神文明、生态文明的内涵及其相互关系，还拟进一步探讨物质文明、制度文明、精神文明中各部分的内容及其相互关系。

这是上一章内容的深化及展开，在这一章的研究中，特别是对物质文明、精神文明间相互渗透、相互转化的进一步认识，将使我们对文明的认识有很大提高，这一认识事实上贯穿于物质文明和精神文明的各个领域，认清这一关系对当前两个文明的建设具有很大的实际应用价值，能帮助我们认清两个文明必须两手同时抓它们的互相渗透、互相转化，才能做到互相促进、共同发展，决不能两手分开抓两个文明，那样必然两手都不硬。

第一节 物质文明的属性

物质文明是人类文明的主要成果，是人类文明的主要形式。物质文明具有一些基本属性，即物质性、人造性、相对持久性。

一、物质文明具有物质性

凡属于物质文明范畴的一切事物，它都必须具有物质性，这就是它的第一个特点，也就是它的第一个属性。

生产力是以物质形态存在的，因此它具备物质文明属性，是物质文明的一部分，生产关系当它具体表现为人与人的关系也就具有物质的形态，也成为物质文明的一部分。

一切物质产品不管它们使用价值各不相同，但也都具有物质形态，因而具有物质文明的属性，因此是物质文明的一部分。

一切精神文明的生产工具及具有物质形态的精神文明产品，也就都因其具有物质形态，而成为物质文明的一部分。

一切政治设施、文化设施也是以物质形态出现的，也就当然都属于物质文明的一部分。

反之，凡是不是以物质形态存在，而只是以精神形态存在的，就不属于物质文明，而属于精神文明范围。

二、物质文明具有人造性

并不是所有物质形态的事物，都属于物质文明，自然界的万物，包括各种生物，都是在人类产生以前就存在的，大都未经人类劳动改造过，这些都属于天然自然，它就不是人类创造的物质文明的一部分。

凡是属于物质文明的事物都是人类改造自然、改造社会、改造自身的产物，都是“人工自然”的一部分，都是经过人类加工改造过的。因此它同时又是人类观念的产物，精神文明的产物。

凡是属于物质文明的事物，都是人类的某一目的的产物，具有某种使用价值，是为人类某一种需要服务的。或许第一次是在无意识中偶然产生的，但当人们再次重复地制造这种事物或改造自然物为某种形式时就都带有目的性，都是为一定使用服务的，因此物质文明的人造性是另一个特点。

凡属人类物质文明的事物，无一不含有一定的科学技术水平，是一定科学技术水平的产物；凡属人类物质文明的产物都含有一定的艺术水平，是一定艺术水平的产物。科技水平决定其内在，艺术水平决定其形式。因此，物质文明的人造性，也就体现为它具有科技性和艺术性。

需要指出的，不是所有人造的，就都是物质文明的一部分，当人造的事物，仅以人的观念、行为表现之时，而不具备物质形态之时，它就属于精神文明范畴，而不属于物质文明范畴，因此政治观念、政治制度不是物质文明。只有政治观念、政治制度物化为政治设施后才是物质文明。

当人们的思想观念、道德标准、艺术创作、风俗习惯没有物化之前，没有体现为物质形态前，也不属于物质文明而属于精神文明。

三、物质文明具有相对持久性

凡属于物质文明的一切事物，都具有这一属性，即它的存在具有相对持久性，即能存在一个较长的时期。当艺术家表演时，这种表演结束后，这种物质形态就不存在了，当它通过录像、录音、记录下来后，就能长期保存下去，就具有了相对持久性，就属于物质文明的一部分了。

所谓存在的持久性，只是相对的，世界上没有不损坏的物质，钢铁制品也要锈蚀，伟大的宫殿、古代七大奇迹也都在长期历史中不断被损坏，所以任何物质文明产品只是具有相对持久存在，不可能永久存在，这是人造的事物的特点，事实上天然自然的一切事物也不是永久存在的，也会变化消亡。而人类文明的产物，就更是相对地持久存在。

凡是属于物质文明的事物，都具有这三个属性；反之，凡具有这三个属性的事物，就都属于物质文明的一部分。

第二节 物质文明和精神文明的互相渗透、互相转化

文明是人类改造世界的积极成果发展到一定阶段的总和。文明通常分为两大类：物质文明和精神文明，但物质文明和精神文明又是互相渗透、互相转化、互相依存、互相促进的，或者说是你中有我，我中有你，谁也离不开谁。

一、两个文明产生于同一过程

物质文明和精神文明都产生于人类改造自然、改造社会的同一过程中。郝怀明主张："物质文明是人类产生之后，在改造客观世界，创造自己的生存条件的实践中产生的，是人类对自然界加工改造的结果，是人类智力劳动的结晶。打上了人的意志的烙印的物质，是在人的智能、意志、精神的作用下形成的'第二自然界'或'人化的自然界'，这个'第二自然界'或'人化的自然界'，就同文明有关了，就可以称之为人类社会的物质文明。"他又说："物质文明和精神文明是同时产生的，人类对自然界的认识和改造，最初都同时发生于物质生产劳动的同一过程。能制造工具的动物与能思维的动物是统一的。所以作为社会发展进步的同一过程，物质文明和精神文明二者是互相依存、互相渗透、互为条件、不可分离的。"①

这个提法是正确的，一切文明都是人类的主观精神在认识和改造客观的物质世界过程中产生的，物质文明的产生已经包括着人类精神的作用在内，精神文明的产生也有物质世界的客观存在参与其中，因此物质文明和精神文明是同一过程的一对双生子。

过去说物质文明是改造客观世界的结果，精神文明是改造主观世界

---

① 郝怀明：《物质文明、精神文明及其相互关系》，《关于精神文明建设理论探讨》，光明日报出版社，1986年版，第1页。

的结果。但改造客观世界和改造主观世界的过程是不可分的，人们正是在改造客观世界的过程中改造了自己的主观世界。改造客观世界的成果中渗透了改造主观世界的成果，没有对主观世界的改造也不可能取得改造客观世界的成果；而改造主观世界的成果中渗透了改造客观世界的成果，没有改造客观世界的成果也不可能取得改造主观世界的成果。精神文明的产生也有物质世界的客观存在参与在其中。

有人说物质文明的产生过程是物质过程，而精神文明的产生过程是精神过程。但事实上物质文明的任何一种产品的生产都离不开精神文明，没有科学的物化就不可能有包含一定科技含量的物质产品；没有艺术应用于生产，就不可能出现各种美观的物质产品。即使丑陋的产品，实际也并非不包括艺术，也是某种艺术观的产物。

精神文明的生产也离不开物质，科学和哲学的生产首先是人类认识物质世界改造物质世界经验的总结。而科学和哲学的生产资料如图书资料、笔墨、计算机，科学家的工作地点及各项设备包括实验设备无一不是物质的。音乐家没有乐器就无法奏乐，即使歌唱也是人这一物质器官的产物。美术家要画、要雕塑，离不开笔、离不开刀，没有一件艺术产品是离开物质而生产的，其他精神文明产品无一不是如此，当精神文明仅在人头脑中时，似乎是纯精神的，但事实上思维的头脑也是物质的，是一种特殊的物质在思维，而思维的过程也是某种物质的信息波。

二、两个文明存在的形态既是物质的也是精神的

过去认为物质文明是以物质形态存在的文明，精神文明是以精神形态存在的文明。但实际上在任何以物质形态存在的生产资料和生活资料中，无不包含着精神文明在内。它的内在包含着一定的科技含量，物质产品的使用价值和价值都是由它内含的科技含量决定的，没有不包含内在科技含量的物质文明产品。同时任何一种产品也包含有一定的艺术水平，这艺术水平决定了产品的形式。

同样，任何精神产品也都是具有一定物质形式的。科学作品产生后必然表现为书刊、光盘等。艺术产品或者表现为图画，或者表现为雕塑，音乐舞蹈产品则通过录音、录像、电视等形式表现出来，即使单纯唱歌，它的声波实际上也是物质的一种形式，舞蹈更体现为人体的一种物质的动作；教育通过教材、讲课体现出来，它也都具有物质形式。因此可以说没有一种不以物质形态表现的精神产品。

可见，物质文明和精神文明都是同时以物质形态和精神形态存在的，只不过前者是以物质形态为主，后者则是以精神形态为主而已。

三、两个文明同时满足物质需求和精神需求

过去通常说物质文明是用来满足人们物质需要，精神文明是用来满足人们的精神需求，但实际也并非完全如此。如作为物质文明主要内容的衣、食、住、行等产品，当然是为满足人们的物质需求。但人们的衣、食、住、行早已不是单纯的物质需求，人们要考虑吃什么？怎么吃？穿什么？什么样式？住要考虑住什么？它的结构和外貌怎样？行要考虑坐什么？它的舒适程度、美观程度怎样等，这一切都早已超出了单纯物质需求的范畴，已有大量精神文明的内涵了。

精神文明也同样如此，如最简单的读书，这是为了满足精神需求，但人们读书不能不考虑书的印刷方式、装帧质量，就又是物质需求。又如看剧、听音乐是为了满足精神需求，但对歌剧院的设备条件的要求，已是物质需求了。而科学、艺术的应用于物质生产更不仅是满足精神需求，从来物质需求和精神需求都是共存的。没有单纯的物质需求，也没有单纯的精神需求。

因此物质文明和精神文明是互相渗透的，只不过物质文明、精神文明各以何者为主而已。通常主要以物质形态存在的，主要是通过物质生产过程产生的，主要用来满足物质需求的产品就归之于物质文明中；而主要是以精神形态存在的，主要通过精神生产而产生的，主要是用来满

足精神需求的种种产品，就都归入精神文明之中。

四、物质文明和精神文明的互相转化

首先，物质文明提供精神生产者衣、食、住、行等各种物质产品，使精神生产者的物质需求满足后才有条件进行精神文明的生产。

其次，物质文明能够提供精神文明的生产资料，精神文明有了物质文明提供的生产资料才得以生产精神文明的产品，这样精神文明的产品中也就含有物质产品转化而来的价值。

再次，精神文明的生产是以物质资料、物质生产为基础的。科学技术是人类物质生产劳动经验的总结，艺术是物质形象的反映，教育传授的是物质生产中形成的知识。

最后，精神文明建筑在物质文明基础上，精神文明生产者的世界观和意识无不受物质生产方式的影响。

这些都体现了物质文明转化为精神文明，而同时精神文明又能转化为物质文明。

首先，科学能通过技术物化为生产力，因而转化到物质生产中去，而物质文明产品中也就含有了精神文明转化来的价值，艺术能通过应用美术转化到物质生产中去，使物质产品中含有艺术创造的价值；教育为物质生产培养合格的劳动者，物质劳动者在其创造的个人必要劳动中，就含有教育费用在内。

其次，精神文明的思想教育作用，能影响物质劳动者的劳动态度、劳动积极性。这也是精神文明作用于物质文明的体现，精神文明转化为物质文明的体现。

再次，精神文明中各种文化艺术，都能使物质劳动者获得精神享受，恢复精力，陶冶心情，为新的劳动创造更好的精神状况。这也是精神文明对物质文明的转化。

最后，精神文明生产的产业化，使精神文明同样创造使用价值和价值，同样获得利润。过去通常认为物质文明是挣钱的，精神文明是花钱的，只有靠物质文明挣来钱才能发展精神文明。这是一种片面的理解。精神文明同样可以产业化，当前世界文化的产业化已成为时代的发展趋势。因此，不应该是一手挣钱两手花，结果精神文明化了物质文明的钱影响了物质文明的生产，而精神文明不会自己挣钱，仅靠物质文明供给也发展不起来。应该是两手挣钱两手花，互相促进共同发展。

从物质文明、精神文明互相渗透互相转化的关系，可以告诉我们：过去都认为物质文明和精神文明是分开两手抓，这并未真正体现两者的关系，应该是两手都同时抓两个文明。抓物质文明这一手既要抓物质文明，也要抓物质文明转化为精神文明，精神文明转化为物质文明；而抓精神文明的一手，也要抓物质文明转化为精神文明，精神文明转化为物质文明。这样才能真正实现两个文明两手抓，两手都能硬。过去两手分抓两个文明，精神文明靠物质文明养，是不可能做到两手都硬的。

第三节　生产方式是物质文明的一部分

一、生产方式是文明产生的基础

物质文明由哪些方面组成，对此，学者的论述颇有出入。

文明是在一定生产方式的基础上产生的。马克思说："人们在自己生活的社会生产中发生一定的、必然的、不以他们的意志为转移的关系，即同他们的物质生产力的一定发展阶段相适合的生产关系。这些生产关系的总和构成社会的经济结构，即有法律的和政治的上层建筑树立其上，并有一定的社会意识形式与之相适应的现实基础。物质生活的生产方式制约着整个社会生活、政治生活和精神生活的过程。”①

在这里有一点必须讨论，我们通常都说物质生产方式是经济基础，这里就必须回答是否精神生活另有一种生产方式？历史上有没有另一种精神生活的生产方式？还是物质生活的生产方式是怎样，精神生活的生产方式也就是怎样。马克思说“物质生活的生产方式制约着整个社会生活、政治生活和精神生活的过程”，也就是物质生活的生产方式制约着精神生活的生产，因此可以推论物质文明和精神文明是建筑在同一生产方式之上的。但这种生产方式首先是物质生活的生产方式，其次，才是精神生活的生产方式。因此，马克思说：“人们在自己生活的社会生产中发生一定的、必然的、不以他们的意志为转移的关系，即同他们的物质生产力的一定发展阶段相适合的生产关系。”在这里马克思并未分开说这种生产力、生产关系仅是物质生活的生产力和生产关系，只是说这种生产力是物质生产力，这种生产关系是必然的、不以人们意志为转移的关系，因此也是物质的。

这种物质的生产力和生产关系构成物质生活的生产方式，也由它决定了精神生活的生产。

二、生产方式是物质文明的一部分

虽然一定的生产方式产生了全部文明，但因为构成生产方式的生产力和生产关系都是物质的，因此，它们都是物质文明的一部分。

生产力包括三个组成部分：从事生产的劳动者，劳动者使用的生产工具，劳动者使用生产工具进行加工的劳动对象。

劳动者——人，本来是自然界的产物，但从成为人之时，已是人类劳动的产物，是劳动使动物变成了人。在任何生产过程中的人，他已经是具有一定劳动技能和技术的人。这些劳动技能和技术知识不是任何动

① 马克思：《〈政治经济学批判〉序言》，《马克思恩格斯选集》第二卷，人民出版社，1972年版，第82页。

物所具有的，而是人类在长期劳动中积累形成的。所以劳动者本身是劳动的产物，它又作为一种物质产品而存在，因此劳动者首先是人类物质文明的组成部分。

劳动工具是人类在劳动中所创造的，是经过人类劳动加工改造后的自然物，是包含着人类的劳动技能和技术知识的产品，它不是用来直接提供人类生活的物质，而是人类用来改造自然界，产生更多产品的一种特殊产品。任何劳动工具都是以物质形式而存在的，不仅是从事物质资料生产的工具是物质的，就连生产精神资料的工具也是以物质形态而存在的，因此，生产工具也是物质文明的组成部分。

劳动原料本来是自然界固有的自然物，但它进入生产过程时，已很少是未经过人类加工改造过的自然物。产品中的谷物本来是自然物，但转化为食品时，已经多次加工。矿产品本身也是自然物，但在进入生产时也是经过人类开采劳动而来的。因此几乎所有的劳动原料都必然成为物质文明的一部分。

由于生产力中的劳动者和劳动工具都是包含着一定生产技术的，而这种生产技术是在人类劳动中自然积累和发展的，因此，生产力就成为生产中最活跃的因素。

在一定生产力基础上人们必然形成一种生产关系，这种生产关系是不以人们意志为转移的客观存在。人类在生产中一方面和自然形成一定的关系即生产力，又在人们彼此之间形成一定的生产关系。这两者是同时形成的，不能分割的。只要进行生产就必然同时形成生产力和生产关系。没有脱离一定生产力的生产关系，也不存在脱离一定生产关系的生产力。

生产关系不是只存在于人们的头脑中，而是一种客观存在，它具体表现为劳动者在生产中的地位，这是一种看得见、摸得着的物质存在，因此，它也是物质文明的组成部分。

李秀林等认为："物质文明的概念不包括社会经济制度即生产关系在内，这个概念是在历史上形成的，有自己固有的规定性，不宜人为地轻易附加其他成分。”①

这里李秀林等是把社会经济制度和生产关系相混了，社会经济制度是在生产关系基础上经过人的精神而形成的一种制度，它属于制度文明，不属于物质文明。但生产关系却属于物质文明，我们并没有看到在哪里存在历史上形成的这个概念，也没有其他人说过生产关系不是物质文明的一部分，这不是我们人为地轻易附加。生产关系和生产力是生产方式的两个组成部分，是不能分割的，不能把它分开说成生产力属于物质文明，生产关系则属于制度文明。

三、生产力和生产关系的辩证关系

在生产力和生产关系两者的关系上，是生产力的发展决定生产关系的发展。马克思说：“社会的物质生产力发展到一定阶段，便同它们一直在其中活动的现存生产关系或财产关系……发生矛盾。于是这些关系便由生产力的发展形式变成生产力的桎梏。那时社会革命的时代就到来了，随着经济基础的变更，全部庞大的上层建筑也或慢或快地发生变革。”②

而新的适应生产力的生产关系又重新成为“生产力的发展形式，继续促进生产力的发展”。通常，生产关系应该适应生产力的发展，同步前进。生产力前进了，生产关系也随之而变动。但一定的生产关系必然会经过人的头脑而形成一定的经济制度，这种社会经济制度代表一定社会集团的利益，他们会根据本集团的利益去维护固有的制度，而代表新的先进的生产关系的阶级就要推翻旧的制度，建立适应新生产关系的新的经济制度。因此在阶级社会中，生产力和生产关系的矛盾、新生产关

① 李秀林、郭湛：《略论从物质和意识到物质文明和精神文明的历史逻辑的演进》，《社会科学战线》1987 年第 2 期，第 1—9 页。

② 马克思：《〈政治经济学批判〉序言》，《马克思恩格斯选集》第二卷，人民出版社，1972 年版，第 83 页。

系和旧生产关系的矛盾，就会表现为阶级对抗。这种阶级对抗，就使得在一定时期，受社会经济制度的影响，旧的生产关系滞后于生产力的发展，成为生产力发展的桎梏，这时生产关系和生产力的矛盾，新的生产关系和旧的生产关系的矛盾会表现为“人们借以意识到这个冲突并力求把它克服的那些法律的、政治的、宗教的、艺术的或哲学的，简言之，意识形态形式”①，这就进入了精神文明的范畴。

生产力和生产关系在各个国家各个民族各个地区的发展是不平衡的，有先进、有落后，它们相互之间会互相影响，或是互相促进，或是互相阻碍。先进国家先进民族的生产方式传播到落后民族之中，在一定时期新的先进的生产力和生产关系与原有的旧的生产力、生产关系就会发生矛盾。一方面原有的落后的生产力会接受先进生产力影响而逐步发展起来，原有的落后的生产关系也会相应地改变。而在落后的生产力还没有发展起来前，原来适应旧的生产力基础的旧的生产关系就会顽固地保存下来，而且往往会影响先进的生产关系，使之改变而适应原来的生产力基础。

在落后民族进入先进民族地区时，落后民族就会把自己的落后生产方式强加于先进民族之上，破坏阻碍甚至使先进民族的生产力生产关系倒退，直到落后民族的生产力生产关系接受先进民族的先进生产方式影响而改变了自己原有的落后生产方式。

生产力和生产关系组成的生产方式，不仅产生了物质文明，也产生了精神文明。因此它本身虽主要是物质文明的组成部分（因为也包含着物化的科学技术，因此也有精神文明的成分），但却成为整个文明（包括物质文明和精神文明）产生的基础。这充分体现了物质文明和精神文明互相渗透、互相转化的辩证关系。

---

① 马克思：《〈政治经济学批判〉序言》，《马克思恩格斯选集》第二卷，人民出版社，1972 年版，第 83 页。

第四节　物质产品是物质文明的表现形式

上节讨论了生产方式是文明产生的基础，是物质文明主要的内容，但物质文明更普遍的表现形式却是物质产品。

一、物质产品是物质文明的主要表现形式

物质文明的特点：第一，它是文明，因此它不是天然的自然物，而是人类改造自然的产物。第二，它是物质，即它必须以物质形态而存在，而物质产品正好符合这两个特点。它是以物质形态而存在的，也是人类所生产的。因此物质产品当然是人类物质文明的主要内容。

齐振海也认为："物质文明固然也是一种客观实在，但它不是那种与人隔绝的自在之物，而是凝集着人类的意志和智能的已被人改造和利用的客观存在，是人类的创造物。"① 这种创造物正是人类生产的物质产品。

包括生产工具在内的物质产品，都是人的创造物，因此也都是物质文明的表现形式。物质产品包括所有的生产资料，既有物质生产的生产资料，也包括精神生产的生产资料中属于物质形式的，也包括所有以物质形式存在的消费资料，以物质形态存在的精神文明产品，如图书、书画、雕塑、音像制品等，也包括为备用而储备的消费资料。

二、物质产品的形成渠道

物质产品的形成，来源于第一产业和第二产业，也有第三产业。

有人认为只有第二产业、工业制造业等所生产的产品才是物质产品，因为正如恩格斯所说："文明时代是学会对天然产物进一步加工的

① 齐振海：《物质文明的认识论考察》，《北京师范大学学报》1983 年第 4 期，第 70 页。

时期，是真正的工业和艺术产生的时期。”①

诚然，第二产业的产品都属于经过人类进一步加工的天然产品。都属于人类创造的物质产品。不论是重工业还是轻工业，不论是纺织工业、食品工业、医药工业、建筑工业……所有属于第二产业的各行各业都是对天然产物做进一步加工的。它们的产品都是以物质形态出现的，因此毫无疑问它们构成物质产品的重要来源，是物质文明的重要组成部分。

有人认为第一产业的产品不全部包括在物质文明之内，因为它大部分都是天然产品。恩格斯说：“野蛮时代是学会经营畜牧业和农业的时期，是学会靠人类的活动来增加天然产物生产的方法的时期。”② 按此似乎包括在第一产业之内的农业、畜牧业等生产的是天然产品，只不过是“靠人类的活动来增加天然产品”而已，不是对天然产品的加工。似乎只有工业才是使天然产品经过人类加工，属于物质文明的范畴。但事实上农产品成为人类食品的过程，无不经过人类加工。稻米成为食品要经过脱粒、去皮、煮熟，小麦更要经过磨粉制作而成各种食品，这都是对天然物的加工。因此真正成为我们消费资料的农产品，已经不是原来的天然物，也是人类加工的产物，也是物质产品的一部分了。从这个意义上说，人类采集的野菜在食用前，也无不经过人类加工，不全是天然的了。现在甚至连水、空气这样的天然物，在很多地方也已经不再是天然物了。我们饮用的自来水、矿泉水就是人类加工的产物。因此也是物质产品的一部分。

过去有人把第三产业的产品都归之于非物质文明，但实际上第三产业的产品也有不少是物质产品。根据我们的分析，第三产业可以分为三类：

---

① 恩格斯：《家庭、私有制和国家的起源》，《马克思恩格斯选集》第四卷，人民出版社，1972年版，第23页。

② 同上。

第一类，是对物质产品进一步加工。如传统的看法认为饮食业是典型的服务行业，但实际上饮食业是属于食品加工业，它把各种食品原料加工成各种美味可口的菜肴、点心，这里也存在一个精细加工的过程，仅一块肉就可以做成许多种菜肴。许多服务业实际上都属于这类进一步加工以为消费者服务的行业。如饮食业虽然它制作的产品当时就被吃掉了，但在未被消费以前是物质产品，是对原来的原料更进一步加工的产品。

有些服务业如旅馆业，它们一方面提供服务产品，另一方面也提供物质产品。旅馆本身就是一种物质产品，而每个房间的各种设施的准备、布置、清扫实际上也是将各种工业产品进一步加工以提供旅客居住。这些设施都是物质产品。

又如交通运输业，也作为第三产业的一部分，但交通运输业的飞机、汽车、火车、轮船，既是生产资料又是消费资料，它提供某一种物质产品，供给旅行者使用，缩短了旅行者的旅行时间，减轻了旅行者的疲劳。这些飞机、火车、汽车、轮船就产生了使用价值，也取得了交换价值。只是它提供的物质产品不是使用一次即收回全部价值，而是使用多次才逐步收回全部价值。同时它也是把工业生产的各种运输工具经过加工成为实际的运输工具。它的全部设备、运输工具都是物质产品的组成部分。

第二类，是属于纯粹服务性行业，如咨询业、信息服务业等。但至少这些企业的房屋设备是物质产品的一部分。当它们的服务通过一定的物质形式出现时，如信息必然以某种物质形式体现时，它们的产品也应纳入物质产品之内。

第三类，文化产业、文化事业。它们的设备工具都是物质产品。它们有的产生物质产品，有的产生非物质产品，或者两者兼而有之。如学校的教材，歌舞院的录音、录像制品都是物质产品。

三、精神文明产品的物质化，物质文明产品的精神化

随着科学的发展，越来越多的精神文明产品从无形资产转为有形资产。过去唱歌、跳舞还没有发展到可以用物质形式保存下来，因此转瞬即逝，现在已可以保存下来了。而过去大量的非物质文化遗存无法保留，现在也可以通过物质形式加以保存下来。即使教师的讲授也不是转眼即逝了，现在也能用录音、录像保存下来，而过去科学研究的成果是用印刷书籍保存下来，现在可以上网，可以存储在软盘和光盘中，也就具有了物质形式。

因此，一切精神文明的产品正在物质化，同时一些文化事业也在逐渐产业化，并带动了很多物质工业的发展。如医疗卫生事业本身是文化事业，它带动了医药工业的发展，却属于物质生产。学校、科研部门本身是精神文明的生产地，但它却带动了印刷企业、计算机打字等物质行业的发展。

从另一方面看物质产品所包含的精神文明含量也越来越丰富，这正是文明进一步发展的表现。现在的物质产品许多已经不是过去的简单加工即成为我们的消费资料。过去一件衣服经过个体手工简单操作即可供给人们穿用，而现在一件服装，经过精心设计制作，凝结了大量人类的复杂劳动，其价值数百倍于一件普通衣服。过去面粉用来做成饼或面条就吃了，现在制作成高级点心，也无不凝结了无数人的复杂劳动。因此，物质文明产品所含的精神文明内涵越丰富，它所体现的人类文明发展程度就越高。

齐振海提出："人类物质生产有三个主要的领域，即材料领域、能量领域、信息领域。"① 实际上我们过去大都仅把材料领域的物质生产包括在物质产品之列，现在看来电力工业产生的能量及信息领域产生的信息也应属于物质产品。能说能量、信息不是物质吗？这样物质产品将

① 齐振海：《物质文明的认识论考察》，《北京师范大学学报》1983 年第 4 期。

包括更广阔的领域。

总之，传统的第三产业的范围太广太杂，范围的界定也不明确，需要进一步研究，作出科学的划分，但应该说大部分第三产业的产品也属于物质产品。

同时随着知识经济的到来，精神文明和物质文明的进一步互相渗透、互相转化，对一些新产品的界定也就必须重新考虑。同时传统的物质产品精神产品的界定，在未来一定有新的变化，这对我们进一步认识物质文明和精神文明的内涵也是必要的。

第五节　一切政治、文化设施都是物质文明

物质文明的另一种表现方式是一切生产设施、政治设施、文化设施。关于生产设施属于物质文明，似乎人们认识上没有多大分歧。但对于政治设施、文化设施也属于物质文明范畴，人们认识上却有较大分歧。有人把政治设施、文化设施归入于精神范畴，有人则归之于既非物质文明，又非精神文明的制度文明之中。我们却认为政治文化设施是以物质形态存在的，应归入物质文明之中。

一、政治设施是物质文明的一部分

关于政治设施属于什么范畴，过去斯大林是把它归之于精神观念范畴的。斯大林在《辩证唯物主义和历史唯物主义》中指出："这就是说：形成社会的精神生活的源泉，产生社会思想、社会理论、政治观点和政治设施的源泉，不应当到思想、理论、观点和政治设施本身中去寻求，而要到社会的物质生活条件、社会存在中去寻求，因为这些思想、理论和观点等等是社会存在的反映。"斯大林又说："社会存在怎样，社会物

质生活条件怎样，社会思想、理论、政治观点和政治设施也就怎样。”①斯大林在这两段话中把政治设施与社会思想列入同一范围。译者在注中说：“政治设施……系指和一定的理论观点相适应的组织和机构。”②

当然政治设施按其产生源泉来说，是从一定的政治制度所派生出来的，从这个角度斯大林把政治设施归之于精神范畴并不错。但政治制度之转化为政治设施。是一个从精神转化为物质的过程，政治设施按其存在形态而言，正是物质的。军队、法院、监狱，所有的国家机器都是以物质形态存在的。因此政治设施和政治制度不同，政治制度是属于观念形态，因此，它是属于精神文明范畴，而政治设施既以物质形态而存在，当然属于物质文明范畴。

或许有人会认为既然政治设施是由政治制度派生，似乎也应属精神文明范畴。但要知道物质文明不同于物质，物质是纯物质的，而物质文明却是“人化的自然物”，它已经渗透了精神因素。所有一切文明都是精神和物质结合的结果，因此，政治设施由政治制度这种精神文明派生并不影响其为物质文明，只要它已经物化，而以物质形态而存在。

二、政治设施不应混入政治制度中

有人因为政治设施是政治制度的产物，因而把其列入于政治制度中，并因此认为制度文明既非物质文明又非精神文明。如侯朝栋认为：“政治法律设施属于政治制度的范围。而政治制度的进步是人类改造社会的成果，属于制度文明之列。”③ 而马润青、陈仲华认为：“经济制度和政治制度是作为物质文明和精神文明的两个中间环节讲的，它并不包

① 斯大林：《辩证唯物主义与历史唯物主义》，《斯大林选集》下卷，人民出版社，1979年版，第436页。

② 同上。

③ 侯朝栋：《两个文明在历史唯物论科学体系中的位置》，《历史唯物主义论丛》第4期，第224页。

括在物质文明和精神文明概念之内。”①

政治制度很明显是属于精神文明范畴的，有些人所以认为制度文明是属于精神文明之外，是因为他们误把政治设施列入政治制度中去了，而政治设施却明显是物质形态的，应属于物质文明范畴。因此就认为政治制度既不是纯物质文明的，也不是纯精神文明的，但如果把政治设施和政治制度分开，则两者一属精神文明，一属物质文明就没有必要制造一个两个文明的中间物的概念了。

因此，政治设施不应混入政治制度之中，它是政治制度的物化形态，它具有物质形态，所以必然属于物质文明范畴。

三、文化设施也属物质文明

过去习惯地把文化设施都列于文化之内，因此就都属于精神文明范畴。但学校、医院、教堂、剧院、纪念物都是以物质形态存在的，它们分别是教育、卫生、宗教、艺术等精神文明的物化，因此它们虽都含有精神文明的成分，但主要都是物质文明的体现。

这种既有精神文明因素，又有物质文明形式的事物，正是人类文明的特点，人类文明无一不是物质和精神结合的产物，所以才称为人化的自然物。

物质文明和精神文明的区别，并不在于前者是纯物质的，后者是纯精神的，而在于物质文明以物质形态为主，精神文明以精神形态为主。

因此，可以得出结论说：所有一切具有物化形态的设施，不仅是生产设施，也包括政治设施、文化设施都是物质文明的一部分。

---

① 马润青、陈仲华：《研究物质文明的方法论问题》，《北京师范大学学报》1983 年第 1 期，第 56—58 页。

第六节 精神文明的生产工具及物质产品都属物质文明

既然凡具有物质形态和属于人类加工改造形成的事物都属于物质文明，那么精神文明中所使用的物质的生产工具及所产生的具有物质形态的精神文明产品，就都应属于物质文明的一部分。过去因为这些生产工具是为精神文明服务的，或是由精神文明生产的，就都仅列入精神文明范畴显然是片面的。

一、精神文明的生产工具是物质文明的一部分

精神文明的生产同样需要生产工具，而所有的精神文明的生产工具，也都具有物质的形态，因此按其属性应属于物质文明的一部分。

科学是精神文明的重要内容，但科学的生产过程，需要科学实验设备，需要笔墨纸张、印刷设备，需要电脑、复印机、扫描机………这一切都是物质文明的产品，都是以物质形态存在的，因此都属物质文明的范畴，人们离开了这些物质的生产工具，是无法进行精神文明生产的。一个人可以冥思苦想，但他思想的资料必须通过物质生产工具才能摄取到电脑之中。

艺术是精神文明的重要内容，但艺术的创造也要笔、刀、纸、颜色、雕塑的原料，这一切也都是物质的，都属物质文明。

教育是精神文明的重要内容，但纯粹口传的教育是人类文明产生前的方式。从人类文明产生以来，教育就必须通过一定的教育手段——书本或者更原始的竹牍来传授，它需要一定的场所，这些也都是物质形态的。

习俗是精神文明的重要内容，但体现一定习俗特点的服装、食品、屋宅、交通工具也都是物质的，纯精神形态的习俗在整个习俗中占极少

一部分。

因此，精神文明的生产工具是物质文明的一部分，过去因为精神文明的生产工具是为精神文明服务，就把这些仅列入精神文明范畴是不当的。

二、精神文明的物质产品属物质文明

精神文明和物质文明一样有自己的产品，精神文明的产品有以精神形态存在的，但大都却是以物质形态存在的，而这些以物质形态存在的精神文明产品，同样也应属于物质文明。

科学当其以纯知识形态存在于人们头脑中时，它是纯精神文明范畴的，但当它表现在书本上、电脑中时，它就有了一定的物质形态，就应属于物质文明范畴，而当科技物化于生产过程中体现出它的生产工具性和一定的劳动者的技能时，它更是物质文明的一部分。

艺术的产品，当它以文学作品、美术作品表现出来时，它就具有了书籍、图画等物质形态，已属于物质文明范畴。音乐、舞蹈似乎表演完就不存在了，与物质文明的属性相对持久性不符，但当它以录像、录音形式保留下来后，就也具有了物质形态和相对持久性，也就成为了物质文明的一部分。

过去把精神文明的产品都看作仅属精神文明范畴是不当的，应该说大量精神文明产品是具有物质形态的，同时也是属于物质文明范畴的。

三、文明越发展，精神文明的工具和产品越物质化

随着人类文明的发展，精神文明的生产工具也越来越发展，具有更多的物质性，精神文明的生产也越来越依赖于更具有物质内容的物质的生产工具，从简单的笔墨纸张到现代化的电脑就是最好的实例。同样，随着人类文明的发展，精神文明的产品也越来越多地表现为物质形态，

以便于保留和广泛使用。人们对非物质文明的保护也就是在物质文明发展的新条件下，将其从非物质形态转化为物质形态的过程。

这一切就使得精神文明得以在人类文明发展中发挥更大的作用，更好地促进人类文明的发展。

第三章 文明的内涵（下）

——精神文明

精神文明在其长期发展中，分化为许多种范畴，在人类文明的发展中都占有重要的地位。如科学、艺术、思想、道德、情感、习俗、教育、宗教等，我们不能详细讨论每一种，只能简单说明它们的一些主要问题。

第一节 科学是精神文明的重要支柱

科学在人类文明发展中起着重要作用，是精神文明的重要支柱。科学又能通过技术和管理转化到生产力之中，因此对物质文明的发展也起着重要作用。

一、科学的性质和作用

科学分为自然科学和社会科学。自然科学是人类改造自然中所取得的认识上升到理论，形成对自然发展规律的认识而形成的知识体系。社会科学是人类改造社会中所取得的认识上升到理论，形成对社会发展规律的认识所形成的知识体系。

《中国大百科全书·哲学卷》对科学的定义为："科学是以范畴、定理、定律形式反映现实世界多种现象的本质和运动规律的知识体系。"①

科学既然是一种知识体系，它自然属于精神文明的范畴。科学既然是人类改造自然、改造社会所取得的认识的结晶，自然是精神文明中最重要的支柱。但科学技术存在两种形态，一种是知识形态，这就是我们通常所说的属于精神文明领域的科学知识体系；另一种是它的物化形态，是体现在生产力中的科学技术水平，这种科学技术的物化形态才是我们通常所说的第一生产力。两者可以相通，可以互相转化，却不能相混，不能把知识形态的科学直接说成是第一生产力。

对此马克思有许多论述，早已加以区别。马克思提出："科学既是观念的财富，同时又是实际的财富的发展所表现的一个方面的一种形式。"② 马克思又提出："自然并没有制造出任何机器、机车、铁路、电报、自动纺棉机等等。它们都是人类工业底产物……都是物化的智力。固定资本的发展表明：一般的社会知识学问，已经在多大程度上变成了直接的生产力。它表明社会生产力已经在多么大的程度上被生产出来，不但在知识底形态上，而且作为社会实践底直接器官，作为实际生活过程底生产器官被生产出来。"③

在这里马克思明确区分科学为两种形态，一种是"知识底形态"，是"观念的财富"、"社会知识学问"，而另一种是"生产器官"，是"实际的财富"，是"物化的智力"，是"直接生产力"。

毛泽东、周恩来、邓小平也分别就两个不同形态论证过科学。

毛泽东说："什么是知识？自从有阶级的社会存在以来，世界上的知识只有两门，一门叫做生产斗争知识，一门叫做阶级斗争知识。自然

① 《中国大百科全书·哲学卷》，大百科全书出版社，1985 年版。

② 马克思：《政治经济批判学大纲（1857—1858 年草稿）》，《马克思恩格斯全集》第 46 卷下，人民出版社，1979 年版，第 34 页。

③ 同上。

科学、社会科学，就是这两门知识的结晶……”[①] 周恩来也说：“科学是从实际中总结出来的系统知识，是客观真理。”[②] 他们两人都是从知识形态上论证科学。

邓小平则从另一种形态——物化形态来论述科学技术。他指出：“生产力的基本因素是生产资料和劳动力。科学技术同生产资料和劳动力是什么关系呢？历史上的生产资料，都是同一定的科学技术相结合的；同样，历史上的劳动力，也都是掌握了一定的科学技术知识的劳动力。我们常说，人是生产力中最活跃的因素。这里讲的人，是指有一定的科学知识、生产经验和劳动技能来使用生产工具，实现物质资料生产的人。”[③] 这里邓小平正式明确地表明他谈的是物化形态的科学技术，体现在生产力中的科学技术。以上说明科学的知识形态和物化形态是有区别的，但同时又是相通的，可以互相转化，而转化的桥梁是技术。

二、科学和技术、生产的辩证关系

科学技术最初产生于从直接生产中形成的经验，这时还没有成为独立的知识体系。马克思指出：“而在以前的生产阶段上，范围有限的知识和经验是同劳动本身直接联系在一起的，并没有发展成为同劳动相分离的独立的力量，因而整个说来，从未超出制作方法的积累的范围。”[④] 这说明，最初，科学技术是和劳动直接结合的，还未形成为知识体系，而与劳动分离以后，科学才成为独立的知识体系。

自从科学成为独立的知识体系而和劳动分离后，就产生了科学和劳

---

① 毛泽东：《整顿党的作风》，《毛泽东选集》第三卷，人民出版社，1991 年版，第 815 页。

② 周恩来：《在全国高等教育会议上的讲话》，《周恩来选集》下卷，人民出版社，1984 年版，第 16 页。

③ 邓小平：《在全国科学大会开幕式上的讲话》，《邓小平文选》第二卷，人民出版社，1994 年版，第 88 页。

④ 马克思：《政治经济学批判大纲（1857—1858 年草稿）》，《马克思恩格斯全集》第 46 卷下，人民出版社，1979 年版，第 34 页。

动的中间形态和桥梁——技术。

对科学、技术、劳动三者的关系，马克思主义经典作家们还有很多明确的论述。

邓小平有时把科学和技术分开来论述，如他在科学大会上的讲话中说："现代科学为生产技术的进步开辟道路，决定它的发展方向。"[①] 这里现代科学和生产技术是分为两者的。在同一讲话中又说："社会生产力有这样巨大的发展，劳动生产率有这样大幅度的提高，靠的是什么？最主要的是靠科学的力量、技术的力量。"[②] 在这里邓小平也是把科学、技术、生产力三者分开来谈的。只是在 1988 年的一次讲话中，他把科学技术合在一起，提出："马克思讲科学技术是生产力，这是非常正确的，现在看来这样可能不够，恐怕是第一生产力。"这里说的第一生产力是科学技术的合称。

江泽民在国际工程科技大会上的讲话中完整地阐明了科学、技术和生产力的关系。他指出："科学发现推动人们在认识世界的过程中形成科学原理，工程科技的使命则是把科学原理变成改造世界的能动力量。工程科技架起了科学发现与产业发展之间的桥梁，是产业革命、经济发展和社会进步的强大杠杆。"[③]

中国工程院 2000 年 12 月举行主席团会议，强调了一些基本观点，其中提出："工程科技是科学知识化为生产力的保证，是推动经济发展和社会进步的直接动力。"[④]

他们都把科学、技术、生产力作了明确区分。

不论自然科学还是社会科学都产生于人类改造自然和社会的实践，虽然今天科学技术在生产力中发挥着重大作用，甚至被称为"第一生产

① 邓小平：《在全国科学大会开幕式上的讲话》，《邓小平文选》第二卷，人民出版社，1994 年版，第 87 页。

② 《邓小平文选》第三卷，人民出版社，1989 年版，第 275 页。

③ 江泽民：《论科学技术》，中央文献出版社，2001 年版，第 225 页。

④ 中国工程科学院 2000 年主席团会议报道。

力”，文明进步的“生命力量”①，还必须认识到：是生产力中积累的点滴经验上升为科学理论，形成科学知识体系，科学反过来又通过技术物化为生产力，起着推动生产力发展的作用。最近颁布的《国家中长期科学技术发展规划纲要》中重申了：“科学技术是第一生产力，是先进生产力的集中体现和主要标志”，中央关于实施纲要的决定也强调指出：“科学技术是第一生产力，是推动人类文明进步的革命力量。”是生产发展的需要，推动了科学技术的巨大发展。劳动产生技术，技术上升为科学的知识形态，科学的知识形态通过技术物化在生产力过程中，成为第一生产力，这就是三者的辩证关系。

三、哲学社会科学的重要作用

哲学、社会科学是人们认识社会、改造社会的重要工具，是推动历史发展和社会进步的重要力量。江泽民指出：“哲学社会科学的研究能力和成果，也是综合国力的重要组成部分。在认识和改造世界的过程中，哲学社会科学与自然科学同样重要。”②

长期以来，社会科学在人类文明发展中起着重要的历史作用，尤其从马克思主义形成以来，第一次在历史上真正使社会科学成为科学，起着指导革命和社会发展的重要作用。从某种意义上说：社会科学比自然科学起着更重要的作用。因为自然科学仅是指导一个部门、一个企业的生产，它的失误只会带来一个部门、一个企业的失误。而社会科学通常是指导一个国家、一个地区的发展，它的失误往往会带来一个国家、一个地区全局的失误，会造成难以弥补的损失。

管理科学是人们在劳动生产实践中逐渐总结出来的。最初仅是管理

① 《国家中长期科学技术发展规划纲要》，《中共中央国务院关于实施科技规划纲要、增强自主创新能力的决定》，《沈阳日报》2006年2月10日。

② 江泽民：《必须高度重视哲学社会科学的发展》，《江泽民文选》第三卷，人民出版社，2006年版，第495页。

经验的总结，以后上升为管理科学。管理科学同样可以物化到生产力之中，在生产中通过管理的科学化，发挥其重大作用。社会科学的其他部分则不是直接作用于生产力，而是通过作用于生产关系而间接作用于生产力。

哲学通常和社会科学合在一起，但实际上哲学是研究社会科学和自然科学总的规律的科学，是人们对自然和社会规律认识的总的理论体系，是自然科学和社会科学规律的高度概括和总结、形成的总的世界观和方法论，是指导社会科学和自然科学发展的重要工具。实际上不仅社会科学离了哲学不可能很好发展，自然科学离了哲学也不可能很好发展，当前强调科学技术的作用及自主创新就更离不了哲学。

第二节　艺术是精神文明的重要组成部分

一、艺术的性质和功能

艺术是一定社会生活条件下人的思想感情的反映，艺术通过真实地反映客观世界，体现了自然界和谐的美，也体现了人性的真、善和美。人们通过对艺术的欣赏不仅获得一定的美的享受，也感染到艺术家的思想感情，艺术正是通过美的表现来传达一定的思想感情的。恩格斯说过，艺术是客观地、真实地、本质地反映现实，不仅仅反映了细节的真实，还表现了典型环境中的典型性格。

孙幼兰认为：“艺术作为意识形态和生产形态的突出特点之一，是它要求生产者主体把强烈的主体意识、强烈的主观因素——思想、情感、意向、心境、愿望等渗透到生产过程里，物化到产品对象中去。艺术生产的过程，情感意向始终是一个不可缺少的最活跃的要素……艺术……的特点之二，那就是它要求生产者主体将自己独特的艺术个性和气质、艺术风格和语汇、艺术天才和情感符号‘物化’于产品之中，从而获得艺术生产对象化的、现实的、活生生的、独特的存在方式。独创性是艺术的生命，个性是艺术的灵魂……艺术的特点之三，是它要求生产者主体将自己主观世界的审美情致、审美经验以及自创的恰当得宜的美的形式构成物化于产品之中。”①

艺术包括的种类繁多：有美术，包括绘画、雕塑、建筑；有音乐，包括歌曲及各种器乐；有舞蹈，包括各种舞蹈形式；有戏剧，包括各种剧种及曲艺；还有电影等，我们也把文学归在艺术之中，它们的基本性质是一致的，只是表现手法不同而已。

艺术的作用表现在多方面。它首先表现在能满足人对美的享受。客观世界本身是美的，但通过艺术表现，就更好地表现了客观世界的美，使人得以获得对美的更高享受。其次，艺术又表现为帮助人们更深刻地认识世界。科学是人类认识世界的一种手段，而艺术又是人类认识世界的另一种手段，它通过艺术手段，帮助人们更深刻地认识世界。再次，艺术起着沟通人们思想感情，使人们思想感情上升到更高层次的作用，艺术的特点就是有强烈的感染性，能表达人们的崇高感情，它通过艺术美，纯化人们的心灵。

因此，一些庸俗的、丑陋的、卑鄙的东西根本不能称为艺术，这是人类社会发展到一定阶段对艺术的异化，它玷污了艺术，玷污了人类心灵。

艺术丰富人类精神生活，不仅体现在它提供美的享受，也体现在它能感染情感。艺术通过这两个方面不仅巨大地丰富了人类的精神生活，也起着改造人类精神世界的作用。

艺术促进人类物质生活，表现为艺术应用于生产，体现为物质产品的艺术形式。物质产品的内容是由它的科技含量决定的，而物质产品的形式是由它的艺术含量决定的。一件物质产品价值的高低，不仅与它的

---

① 孙美兰：《艺术概论》，高等教育出版社，1989年版，第2页。

科技含量有关，也与它的艺术含量有关。因此，我们一方面要发展高科技产品，以提高产品的科技含量；另一方面也要发展高艺术产品，以提高产品的艺术含量。

艺术体现在人的衣、食、住、行的各个方面。菜肴的色、香、味就体现了高度的艺术含量。服装设计的发展，也是艺术物化在服装中的过程。各种建筑的设计无不体现了高度的艺术性。艺术物化到生产中，使物质产品艺术化，更美化了人类的生活。

二、科学和艺术的统一性与差异性

科学与艺术的关系，是思想家、科学家和艺术家们普遍关注的问题。他们或从科学与艺术的社会功能方面着眼来论述其重要性，或者从两者之间的关系着眼来论述其重要性。列夫·托尔斯泰曾说过："科学和艺术活动，促进了人类的进步。"① "科学与艺术，都是人类了不起的成就。"② "科学和艺术就如同肺和心脏一样，两者互相紧密地连接在一起，只要其中的一个出故障了，另一个就无法正常地运作。"③

赫胥黎说："如果我的理解不错的话，那么科学和艺术就是自然这块奖章的正面和反面，它的一面以感情来表达事物永恒的秩序，另一方面，则以思想表达事物的永恒秩序。"④

关于科学与艺术的关系，应分为两个方面来考察，即两者的统一性和差异性。《文明论笔记》（续）对科学与艺术的统一性概括为以下两点：科学与艺术是统一的，科学与艺术也是互相结合的。这主要表现在三个方面：一是科学本身包含着美学，艺术本身包含着科学；二是科学

① 林郁选编：《托尔斯泰如是说》，中国友谊出版社公司，1993年版，第165、155页。

② 同上。

③ 同上。

④ 赫胥黎：《科学与艺术》，《中国青年》1995年第6期。

是与艺术密切结合的；三是用科学手段表现艺术，用艺术手段表现科学，这实际上应该说也是一种科学与艺术的统一。①

科学本身包含着美学。科学，例如化学、物理、生物等，对自然科学的现象进行新的准确的抽象，这种抽象通常被称为自然定律。定律的阐述越简单，应用越广泛，科学就越深刻。这就是一种科学的美。那是一种深奥的美、理性的美，美在事物的内在和谐，美在宇宙的严格秩序。当沃森和克里克发现了生物的遗传物质——DNA 脱氧核糖核酸的双螺旋结构时，曾被那和谐的精美的结构激动得拍案叫绝！爱因斯坦一生以统一性、简单性、对称性、完备性、数学化等自然科学美学特征来构筑自己的科学理论体系。盖耳曼的夸克理论和“复杂的自适系适应系统”理论则闪耀着自然界的复杂性的辉煌！自然科学美学例证很多，是不胜枚举的。自然科学如此，社会科学也是这样，《资本论》就是一部显示了统一性和复杂性和谐地结合在一起的伟大著作，体现着社会科学的美学风采。

三、艺术的科学化

艺术本身包含科学。如“百花争艳”，“锦雉展翅”，“孔雀开屏”，“鸟语花香”等这些描绘自然的美好的文辞，实质上反映了自然界动物之间的内在联系，反映了生物生长发育摄食求偶的需要。花显得鲜明美艳易于招引昆虫。凡风媒花通常都没有鲜艳的花冠。从另一方面讲，我们承认有大量的雄性动物，固然是为了美观而长得美丽，一切色彩鲜艳的鸟类也是选择的结果，并不是为了取悦于人类，因为最美丽的雄体，往往为雌体所选择。鸟类的鸣叫，亦是如此。

中国古代的玉器“璧”、“琮”、“璇玑”，不仅是象征“天”、“地”的精美绝妙的艺术品，而且是古老的观测天文的仪器的艺术表现。屈原

① 干志耿、孙进己：《文明论笔记》（续）；《东北亚文化研究》，中州古籍出版社，1994 年版，第 18—24 页。

的《天问》与柳宗元的《天对》同样具有其典型性，这两部著作既是文学作品，又有科学思想的体现。郦道元的《水经注》是一本地理科学著作，又是文学经典。

科学和艺术的结合。如作为古代文明象征的金字塔、神庙、长城等，既有建筑艺术的美，被称之为“凝固的音乐”，又有建筑力学的科学美。又如象征古代青铜文明的青铜器，既是精美的艺术品，又凝结着古代青铜冶炼和铸造技术的智能。红山文化和良渚文化的玉器，都是精美的玉石雕刻品，有着灵巧的艺术构思又显示出制玉匠高超的研磨技巧，这方面的例证也比比皆是。

世界古代七大奇迹，就是科学与艺术的结合；现代人类创造的诸多奇迹，如价值 10 亿美元以上的所谓世界超级工程，无一不是科学与艺术相结合的产物。

用科学的手段表现艺术，即“科学技术应用到各个艺术领域，制造出许多新的艺术形式。胶片和放映技术的发明，诞生了电影电视，激光音乐、激光绘画等在现代艺术中大显身手，全息摄影在未来艺术领域中将放射出异彩；通过电子计算机和电光技术制作电影、作诗和写小说的尝试已经开始”① 等。

用艺术的手段表现科学，即科学技术更多地用艺术的形式表现，如利用电视普及科学已成为一个重要手段。或者用画卷的形式反映物理科学前沿的多种题材，如高温超导、超弦、量子引力、相对论性重离子碰撞、粒子物理等，由著名画家创作绘画，这也是用艺术手段表现现代科学知识的一种新形式。这仅是举例，用艺术表现科学的手段还有很多。

科学与艺术的差别表现在：“科学表现为科学思想、科学理论、科学概念、科学体系、技术路线、精确资料、各种社会关系的理顺和工程、产品、作物等，艺术表现为作品、展示、表演等；科学影响人的理性、人与自然的能量交换、人际关系调整，艺术影响人的感情及其交

① 殷堰工：《人类文明的极地：科学与艺术统一》，《科技潮》1994 年第 4 期。

流；科学随着时间不断更新，艺术往往是永恒的；科学必须承前启后，艺术有时可以突发；科学往往是发展、发明、创造，艺术主要靠创作；科学强调共性，艺术强调个性；科学的真理标准是客观实践，艺术判断在主观感受；科学家多用逻辑思维，艺术家多用形象思维；如此等等。”① 科学与艺术的这种差异性，正是它们统一性的基础，哲学上叫做互补性，差异性相互补充是统一性的体现。科学与艺术的统一性，以上已做了说明，科学与艺术的结合点是不胜枚举的。这种科学与艺术的结合，体现在人身上，则是科学家往往是艺术爱好者，或者是诗人、作家、音乐家，而艺术家往往是科学事件、科学时代的反映者、歌颂者。两者的和谐正是体现着人类创造的文明。

“为什么科学与艺术有着奇妙的同一性呢？这来源于人类的两种基本思维方式——艺术思维与科学思维的统一性。艺术是用感觉经验的形式传达人类理性思维的成果，而科学则用理性思维的形式描述人类的感觉经验；艺术是以美启真，科学是以真求实，虽然方式不同，实质为一。艺术、科学的统一，归根结底在符号性上。科学是提示隐秘的物质世界运动规律的符号体系，它把物质世界符号化，从而对世界的质和量的关系达到精确的把握，重建世界的和谐性。而艺术则是披露隐秘的精神世界运动规律的符号体系，它使人们在它上面‘再现自己’、‘直观自身’，从而完善和提高人类的本质。在更大的意义上来讲，科学和艺术有着共同的根，它们都是把造福社会作为自己的目标，它们远远地超越自己的时代，最敏感地捕捉着社会变革，总是处在事变的风口浪尖上。”并认为：“科学艺术化，艺术科学化”②。建立科学、技术和艺术的完整而统一的世界，是人类文明进步的历史规律。文明就是人类的创造，科学、技术和艺术正是这种创造力的体现。“艺术和科学的共同基础是人类的创造力。科学和艺术是不能分割的，它们的关系是与智能和情感的

---

① 龚镇雄：《新世纪科学与艺术》，《科学日报》1996 年 1 月 21 日。

② 殷堰工：《人类文明的极地：科学与艺术的统一》，《科技潮》1994 年第 4 期。

二元性密切关联的。伟大艺术的美学鉴赏和伟大的科学观念的理解都需要智能，而随后感受升华和感情又是分不开的。没有感情的因素，我们的智能能开创新的通路吗？没有智能，感情能达到完美的成果吗？艺术和科学事实上是一个硬币的两面。它们源于人类活动最高尚的部分，都追求着深奥性、普遍性、永恒和富有意义。”①

第三节　思想、理想是精神文明的灵魂

科学、艺术在精神文明中占有重要地位，但科学和艺术只是知识和手段，决定每个人目的动机的却是思想和理想，因此思想和理想可以说是精神文明的灵魂。

一、思想是人们在实践中形成的认识和态度，指挥着人的行动

思想是人们在实践中形成的对客观世界（包括自然和社会）的认识，并形成对客观事物的一定态度，支配着人们的行动。

思想和科学都产生于实践，都是人们对客观世界的认识。但两者又有区别，科学是对客观世界的客观认识，而思想却属于人对客观世界的主观认识和主观态度，因此思想是人们行动的指南。

思想在实践中产生，但通常却滞后于实践，必须随着新的实践而不断更新。一般思想的发展过程是通过实践而产生对客观世界的一定认识，由这种对客观世界的认识，形成了人们的某种主观认识，表现为一种主观态度，指使人们从事新的实践。新的实践产生新的认识，形成新

① 孙伟林：《大象无形心有灵犀——李政道与艺术家共同探讨创作的科学画卷》，《科技日报》1994年11月20日。

的思想，思想就随着实践和认识而不断发展，也不断指导着人们进行新的实践。

一般情况下，思想滞后于实践，即使新的实践已经产生了新的认识，但在人的主观上一时还接受不了新的认识，仍旧保持旧的思想，而必须经过不断的新的认识，才能形成新的思想，甚至还需要经过新旧思想的斗争，新的思想才能战胜旧的思想感情，然后人们在新的思想感情下开始新的实践，这是思想感情演变的一般规律。但有时思想能够超越现实，观察到或者可以说猜测到事物的本质及未来的发展，但这种天才的思想也有待于实践的验证。

在阶级社会中，思想的演变就不能不受一定的阶级立场、阶级利益所支配。在这种情形下，一方面是由于一定的阶级立场、阶级利益的支配，使人们不能正确认识客观世界，产生了一些不符合客观的认识，并形成了不符合客观实际的思想；另一方面，即使认识到了客观世界，但由于这种认识不符合主观的阶级利益，就不愿意接受这一新的认识，改变自己的思想，而顽强地维护着旧的思想。这样就只能由代表先进生产力的阶级，能够正确认识客观世界，而且愿意形成新的思想的人们，和代表旧思想的人们展开思想斗争，促使维持旧思想者不得不改变自己的旧认识，形成新思想，或者抱着旧思想而走向灭亡。这是人类思想演变过程在阶级社会中的具体体现。

历史的发展决定了人们的不断实践必然不断形成新的思想，新的思想必然战胜旧思想。代表新思想的人必然战胜代表旧思想的人，人类文明正是在这新旧思想的不断交替中向前发展的。而新的思想对于一些尚停留在旧的实践、旧的思想的人们而言却又起着先导作用。

在新旧思想交替的一定阶段，会产生一种特殊现象，即思想和言行的不一致，也就是思想还没有改变，受形势所迫，不得不在言论上先虚假地随从新思想，但在行动上仍受旧思想的支配。或者在行动上也由于大势所趋，不得不随大流，于是他的行动就不是受自己思想的支配，而是随别人的思想而行动，而在内心却保持着和自己言行不一致的思想，一旦条件改变，他就自然仍按自己的思想而言行。同时也出现了一些特殊的人，他们不是被迫跟随他人的思想而言行，而是从主观上伪装接受别人的思想而言行，由于他的思想被伪装而显得隐蔽，就一时不易为人发现，但无论如何思想支配人的行动，到一定时机，他的真实思想还会通过他的真实行动暴露出来。

二、理想是一种特殊的思想，具有强烈的长远的目的性

理想是思想的一种类型，但它是一种特殊的类型，具有强烈的长远的目的性。一般思想只是支配人们近期的活动，而理想却是支配一个人长远的活动。人们的活动无法不带有目的性，一般只是每一件事有每一件事的目的，但理想却具有长远性，因此在相当时期内人们做一切事都是为着一个共同的长远的目的，这种目的就是人们的理想。

理想有大有小，有正确有错误，有高尚有卑劣。判别一个人的理想既要考虑人的主观动机，又要考虑是否符合客观的发展规律。高尚的理想不符合客观规律也不能实现，卑劣的理想符合客观规律却可能实现。理想的大小取决于个人的努力和客观环境，许多人限于客观环境和没有太大的毅力，往往就满足于较小的理想甚至随波逐流，终其一生；有的人由于客观环境的影响及主观的巨大努力，就提出并实现了较大的理想。但反过来，理想又会产生巨大的意志和毅力，远大的崇高的理想能产生惊人的毅力。这就是人的理想发展的辩证法。

一般情况下人的理想大都是依据个人的主观条件和客观环境来确定的，只要大体正确，经过一定努力，大都能实现；即使稍有出入，在客观发展中稍加修订，或是缩小，或是扩大，也总会实现的。但有时由于错误估计自己的主客观条件，确定了错误的理想，就必然陷于失败。而有些人更因受其阶级地位限制，不能也不愿正确认识客观发展规律，因而决定了违背客观发展规律的错误理想，其失败当然是必然的。但也有人从正确认识客观形势发展出发，否定了自己的错误立场，确定了正确

的理想，走上了正确之路。

一个人的理想有时可能是较复杂的，是多种理想交织在一起，有为人类崇高事业奋斗的理想，但也夹杂一些个人名利的理想，这两种不同理想交织在一起，在一定条件下，可以使人从事同一行动。但在某些条件下不同的理想就产生了矛盾，要求有不同的行动，就必然会有某一理想战胜另一种理想，使人走上了不同道路。

科学家由于探索客观世界的执著，往往会在科学实践中形成一种追求真理的理想。凡是形成这样理想的科学家，就必然会指导他执著地探索，终于取得较大的成绩。

由于理想在思想中的特殊地位，它会激起人们长期的巨大努力，因此它的作用也更巨大，在人类精神文明中具有特殊重要的地位。

三、理性是随着文明发展的人类特有的产物

人是宇宙中唯一的具有理性的动物，理性是人类特有的思想方式。人类具有了理性，就使自己的思想、行动不再具有盲目性，不再任凭本能行事；人类具有了理性，不同人之间才有了交流的可能。有了理性就是表示人们的思想，行动都是有一定道理的或者可以说是符合客观规律，至少是符合主观认识的客观规律，这种主观认识通常也是客观世界的一定反映。既然大家都有了基于实现规律形成的理性认识，彼此就有了交流认识的可能，而不同认识的交流使人们的认识更符合客观，也就是更理性化，因此理性是人们认识发展的结果，也可以说理性是人类文明发展的结果和标志。

在人类文明形成以前，就已有了理性的萌芽，而随着文明的形成发展，人类的理性就更为发展，人类的思想就更进一步符合客观规律。理性的发展是人类文明最重要的成果之一。

人类文明越发展，理性就越发展，反之，理性越发展，人类文明也就越发展。

理性是人和动物的根本区别之一，失去理性的人也就不成其为人，更谈不到成为一个文明时代的人。

第四节　道德与情感在文明中的地位

情感与道德是人类在文明中形成的人际关系的两种特殊表现形式，它们各自分别形成于人际关系中，又互相促进，互相影响。

一、情感是人类文明最伟大的成就之一

情感是人类所特有的，其他动物也有情感的萌芽，特别是一些与人经常接触的动物，也会感染人的感情，但从本质而言，情感还是人类所特有的。而情感发展到高度丰富复杂，深刻细腻，可歌可泣，却只有人类才具备。因此人们常说“人类是情感的动物”，而从另一角度说，也可以说“情感是文明的产物”。只有在文明时代，人类才形成了各种丰富复杂的感情。

人类世界没有了感情，也就失去了它的意义。人类文明最美丽的花朵——艺术，没有情感也是不可能产生的。各种艺术的产生，正是为了表达人类各种复杂的感情。也正是各种情感成为人类活动的巨大驱动力。许许多多的伟大的可歌可泣的活动，往往都是受一些伟大的感情所驱动。感情可以使人类活动的一切动力，发挥到顶峰，显示最大的力量。

理性和情感是人类精神世界的两大特色，而且是互相依存的，人类不能没有理性而仅有感情，人类也不能只有理性而没有感情。

情感是产生于人际关系之中，是人类关系长期发展的产物。人们在长期接触中由于互相关心互相帮助就逐渐升华为人的感情，人类最基础的感情是父母子女之爱、夫妇男女之爱、兄弟朋友之爱，并在此基础上

形成了对家乡、民族、国家的爱。情感和道德不同，道德是一种对人际关系的理性认识，是由这种理性认识形成的人类行为规范，感情却是人们在日常生活中逐渐形成的一种非理性关系，但是道德可以促进或阻碍情感的发展，促进人类情感向某种对象以某种形式发展，阻碍情感向另一些人以某种方式发展，即指示人们什么人可以爱和应该怎样爱？就是说情感不能逾越道德的规范，只能在道德规范的基础上按照道德规范的要求去发展，但情感可以成为支持道德的重要力量。情感和道德成为决定人类行为的两大精神杠杆，成为人类精神文明的两大重要内容，在组成人类复杂的精神世界中起着重要作用。

随着人类文明的发展，人类的情感会更加复杂丰富，更加深刻，更加持久，更加细腻。而人类情感的丰富发展会使人类文明更加丰富，开放出美丽的花朵。

二、文明发展最大限度满足人的一切合理欲望

欲望是任何人都有的，而且欲望有多种类型。有些欲望是人本能所具有的，如过去所说的“食、色，性也”就是说人对食物的要求，对性的要求是人类本能所具有的；但人的有些欲望却是在文明发展中形成的，如人的金钱欲，权力欲，这都是在文明发展中逐步发展起来的。

人的欲望复杂多样，有好有坏，如人的求知欲，好奇心，就是一种应该肯定的良好的欲望，人的好胜心基本上也应加以肯定，但它的另一表现形式妒忌心，就不能肯定了。人对金钱，权力，名声的追求，在一定时期可以成为文明发展的一定动力，但它在更多情况下却成为阻碍文明发展的力量，而为满足个人欲望，损害他人甚至杀害他人就更无法肯定了。

欲望和情感是有区别的，最根本区别点是情感是为他的，而欲望则是为我的。因此一些自私自利的感情，实际上只不过是个人欲望的一种表现形式。因此，人类的许多伟大的情感在文明的发展中，将得到充分

发展的机会，但个人的欲望却在文明发展中，必然受到社会利益的约束。

文明的发展一方面将最大限度地满足社会每个人的一切正当需求，但另一方面又必将使人类自觉地遏制自己一切不利于社会超出社会发展所能允许的欲望。

人们会逐渐在文明发展中，对自己的一切不符合社会利益的欲望，超出社会实际能满足的欲望进行克制，从接受社会的强制到逐步实现自觉自愿。人类文明发展正是人类逐步遏制自己一切不利于社会发展的个人欲望的过程，这也是人类之所以形成发展人类文明的重要保证，甚至可以说没有人类对自身不利于群体欲望的克制就不可能有人类今天文明的发展。而与此同时，为实现人类一切符合群体利益的欲望的实现，又成为推动人类文明形成发展的巨大力量。而在这里，道德就成为约束人的欲望按照文明发展需要规范发展的重要保证。

三、道德是历史上形成的人际关系的行为规范

道德也是精神文明的重要组成部分，道德是历史上形成的人际关系的行为规范。在历史上人与人之间形成各种关系，要正确处理这些关系，就逐渐形成了一定的行为规范，这就是道德。

道德首先是社会公共道德，是一切人都必须遵循的行为规范。只有遵循这些行为规范，才能正确处理好父母、子女、兄弟姐妹、夫妻、朋友及各种人际交往。这种道德规范也就是传统道德中的一些伦理道德格言，如孝、悌、忠、信、礼、义、廉、耻，“己所不欲，勿施于人”，这和《新旧约全书》载的“欲施诸己者，必施诸人”何其相似。又如以善报恶，仁爱待人，都是中外古今通行的道德格言和行为规范。人道主义也是历史上形成的一种普遍道德。

但在历史发展中，由于不同阶级的不同地位，道德又被打上阶级的烙印，各个阶级按照自己的利益来解释来实行这些道德。这样孝就成了

“父为子纲”，忠就成了“君为臣纲”。这些符合一定历史阶段、一定阶级利益的道德发展到新的阶段，出现了新的阶级，形成了新的道德观念，旧的道德就被否定。现在仍旧谈孝，但其具体内容就有了变异，和以前根本不同了。就以人道主义为例，过去奴隶不是人，是会说话的工具，当时的人道主义是不包括奴隶在内的。封建社会的农奴虽已被承认是人，却是低等人，可以同情但不可以平等待之。到现在人道主义已发展成不分肤色，不分种族、不分国家、民族，所有的人一律平等。这就是说同一公共道德在不同历史时期不同阶级有不同的解释。随着历史发展这些特殊的解释被历史否定了，但总的要求仍会沿袭下来，这就是传统道德的继承性。

既然一定历史时期、一定的阶级有对道德的不同理解，这样道德就会出现进步性和反动性。当某种道德所反映的阶级是一个进步阶级，符合历史发展的要求时，这种道德就具有进步性。即使在后人看来，当时的道德观念是如何愚蠢、不合理，但在当时它是符合历史发展要求的，因此是进步的道德。当某种道德不符合历史发展要求时，这种道德就具有反动性，必然为历史所否定。

在新旧道德交替之际，旧道德被否定了，新道德尚未确立，就会产生道德的虚无主义。人们感到没有必须遵行的道德，就会出现普遍的道德沦丧，但这是新旧交替时的暂时现象，在新道德普遍为人们接受后，就会改变。

与此同时也会出现另一种现象，即道德的虚假性，也就是在道德上的言行不一。这种状况本来就是剥削阶级的道德特点。他们在口头上不得不承认社会的公共道德，但这种社会公共道德又不符合其阶级利益，公开地并赤裸裸地宣扬他本阶级的道德观念，又无法为广大人民所接受。因此剥削阶级就自然形成了它在道德上的虚伪性，口头上忠君孝父，行动上却弑君杀父，这种统治阶级特有的道德虚伪性，也会留传到新社会中的一些人身上。口头上全心全意为人民服务，廉洁奉公，实际上却是全心全意为个人服务，贪污盗窃无所不为。这种道德的虚假性对道德建设破坏性最强，使人根本不相信还有什么真实的道德可言。

道德产生于一定的历史时代，但有些社会公共道德可能有一定的超时代性，它符合未来社会的道德观念，可能为一些先进分子所奉行。但历史尚没有发展到新的时期，这种道德要求很难为所有人普遍接受。道德是自愿接受的，是靠榜样作用推行的，是不可能强制的；脱离实际强制推行某种超越时代的道德，也会产生道德的虚伪性、二重性，言行不一是其主要特征。

实际上建筑在小生产基础上的私有经济尚大量存在，却要批判私有观念，甚至有人认为“可以从个人利益出发，但必须符合集体利益”，也被批判为合理个人主义。实际上能够做到个人利益服从集体利益，就比损人利己是巨大进步。这种观点有它产生的历史必然性，是个人主义的道德观念向集体主义道德观念过渡的产物，只要消灭了个体生产和私有经济，自然会逐步转向集体主义道德。

道德是人类行为的规范，制约着人的各方面的活动，因此在精神文明中有极重要的地位，它和思想、理想共同构成了精神文明的灵魂。

第五节　习俗与礼仪也是精神文明的重要组成部分

习俗和礼仪是精神文明的重要组成部分，它们是历史中长期形成的体现一定精神观念的行为习惯和行为方式。它体现在亿万人民的日常生活之中，体现为一定集团的行为习惯和礼仪方式。

一、习俗的性质

习俗是一定历史时期人们普遍遵循的生活方式的反映，这种习俗建基于这一历史时期的经济基础，并受一定地理环境及文化传统的影响。但习俗的形成相对落后于当时的经济基础，因此在每一个时期中，旧的长期遗留下来的习俗，和在新的经济基础上形成的新习俗还会混合在一起，长期共同存在。

习俗体现在亿万人民的生活方式中，在人们的衣、食、住、行中无不体现一定集团的习俗，在服饰中体现一定的服饰习俗，在饮食中体现一定的饮食习俗，在居住中体现一定的居住习俗，在交通中体现一定的行走习俗，在生产中体现一定的生产习俗。但不能因此把衣、食、住、行、生产工具等都说成是习俗，它们首先是物质产品，只是其中体现一定的习俗，而各种习俗本身却不是物质的，而属于精神文明的范畴。

我们认为习俗是在一定物质文明生活方式基础上形成的人们的行为规范，它是属于精神文明范畴的，但是它又具体体现在人们的各种行为之中，体现在人们创造的一切物质产品之中，它并不是纯粹的心理现象。

习俗是共性和个性统一的产物，任何习俗都存在于一定历史时期，属于一定集团所特有，每一时期每一集团的习俗，都与其他时期其他集团的习俗有区别，这就体现了习俗的个性。而每一种习俗又必然是某一时期某一集团的人们所共有的，这又体现为它的共性，它绝不仅是个别人特有的习俗。

一定的经济基础、一定的地理环境、一定的经济类型会产生大致相同的习俗，即使相隔万里，也会有不约而同的习俗。不同的经济基础、不同的地理环境、不同的经济类型，习俗自然会出现差异区别，即使是咫尺相邻仍旧不同，这又表现为习俗的个性。

但习俗又有传播性，只要生活在大致相同的条件下，就很容易接受符合这一条件的各种习俗，这就是习俗的传播、交流和融合。但在一定时期不同民族已接受了新习俗的传播，却还保留了自身固有的传统习俗，这就会出现不同习俗的共存。最后通常不会是旧的传统习俗完全被新的外来的习俗所代替，而会是两者交融一起，新习俗融入旧习俗之中。

习俗的形成既有很大的偶然性又有很大的必然性，通常是在一定的生产水平、一定的地理环境和一定的经济类型上形成一定的习俗。由于习俗是通过人们的头脑形成的，因此在习俗最初产生时又往往会带有很大偶然性。但只要这种习俗符合一定的经济基础、地理环境、经济类型，它就会逐渐传播，成为这一经济基础、地理环境、经济类型上的集团的共同习俗。

在陈建宪和陶立璠所著的《民俗学概论·绪论》中也认为："民俗，指民间风俗，指一个国家或一个民族中广大民众所创造、享用和传承的生活文化。民俗起源于人类社会群体生活的需要，在特定的民族、时代和地域中不断形成、扩充和演变，为民众的日常生活服务。民俗一旦形成，就成为规范人们的行为、语言和心理的一种基本力量，同时也是民众习得、传承和积累的文化创造成果的一种方式。""民俗的特征有：(一）民俗的集体性，（二）民俗的传承性和扩布性，（三）民俗的稳定性和变异性，（四）民俗的类型性，（五）民俗的规范性和服务性。""民俗主要有四种社会功能，教化功能、规范功能、维系功能、调节功能。"①

二、习俗的分类

习俗表现在多方面，因此也有许多种。

根据孙进己的民俗分类提纲，民俗大致可分以下几类："（一）服饰习俗，包括服饰的种类、服饰的样式；（二）饮食习俗，包括食品的种类和制作方法、饮食用具、饮食仪礼、饮食嗜好、饮食禁忌；（三）居住和建筑习俗，包括村落和住房位置的选择的有关信仰，建筑材料、结构、样式的选择和建筑禁忌，居住习俗和礼仪；（四）生产习俗，包括不同生产部门的习俗，不同劳动工具的品种、样式、质料、形式、功用、生产过程、生产组织的习俗及与生产有关的仪式、禁忌、行话；

① 钟敬文主编：《民俗学概论》，上海文艺出版社，1998 年版，第 1—27 页。

（五）商业交通习俗，包括经商方式、组织、招牌与商标、叫卖方法等，交通工具设施习俗，交通职能习俗，道路桥梁习俗；（六）婚姻习俗，包括婚姻的形态、范围、方式、礼仪及离婚习俗；（七）丧葬的习俗，包括丧葬的位置、种类、方式、结构、礼仪等；（八）节令和礼仪习俗，如年节习俗，各种礼仪：家礼、客礼、祭礼、社交礼仪；（九）民间文艺习俗，如民间文学习俗、语言习俗，民间艺术习俗、民间工艺等；（十）游艺体育习俗，如游艺习俗、赌博习俗、体育习俗；（十一）医药与教育习俗；（十二）信仰习俗，包括信仰种类、信仰仪式、迷信职业；（十三）社会习俗，包括村落习俗、家族习俗、行业习俗、会社习俗、乞丐盗贼等特殊集团；（十四）其他习俗，如各种民族、地区、阶级、性别习俗、年龄的不同习俗等。"①

按照孙进己对习俗的这一分类，它几乎包罗万象，渗透到人类生活的各个领域，既表现在精神文明的各个方面，也表现在物质文明的各个方面，就连礼仪也认为是习俗的一种。

而钟敬文的《民俗学概论》对民俗的分类则为："（一）物质生产民俗，包括农业民俗、狩猎游牧和渔业民俗、工业民俗、交通民俗；（二）物质生活民俗，包括饮食民俗、服饰民俗、居住建筑民俗；（三）社会组织民俗，包括宗教组织民俗、社团和社区组织民俗；（四）岁时节日民俗；（五）人生礼仪，如诞生礼仪、成年礼仪、婚姻礼仪、丧葬礼仪；（六）民俗信仰；（七）民间科学技术，如民间工艺和民间医学；（八）民间口头文学；（九）民间语言习俗；（十）民间艺术，如民间音乐、舞蹈、戏曲，民间工艺美术；（十一）民间游戏娱乐习俗，如民间游戏、杂技、杂艺等。"②

其内容与孙进己的提法大致相同，种类之多有过之而无不及，可见

① 孙进己：《关于民俗理论的研究》，《东北亚文化研究》，中州古籍出版社，1994年版，第51—53页。

② 钟敬文主编：《民俗学概论》，上海文艺出版社，1998年版，第1—27页。

习俗是精神生活的重要方面，包括极为丰富的内容，并且许多方面与物质文明又有紧密联系。

三、礼仪也是精神文明内容之一

钟敬文、孙进己都把礼仪包括在习俗之中，但礼仪本身也包括许多方面，可自成一大类。试以《礼仪全书》所列各种礼仪为例，包括：（一）礼节礼仪，如见面礼节礼仪、介绍礼节礼仪、称呼礼节礼仪、仪式礼节礼仪、告别礼节礼仪；（二）交际礼仪，包括舞会礼仪、聚会礼仪、约会礼仪、交换名片礼仪、男性交际礼仪、女性交际礼仪；（三）言谈礼仪，包括言谈的基本礼仪、言语的技巧、礼貌用语、演讲礼仪；（四）称谓礼仪，包括家人亲属的称谓、对单位和社会的交往对象的称谓、礼貌称谓；（五）举止礼仪，包括仪态礼仪、男性和女性举止礼仪、礼态礼仪；（六）餐饮礼仪，如中餐礼仪、西餐礼仪、宴会礼仪、饮酒饮茶饮咖啡礼仪、中国各地餐饮礼仪；（七）恋爱礼仪，如订婚礼仪、结婚礼仪、离婚礼仪、再婚礼仪；（八）寿诞礼仪，包括生育礼仪、寿诞礼仪；（九）丧葬礼仪，如丧葬文书、祭扫礼仪；（十）庆贺礼仪，如出生庆贺礼仪、升学庆贺礼仪、从业庆贺礼仪、退休庆贺礼仪、获奖庆贺礼仪、迁居庆贺礼仪、开业庆贺礼仪；（十一）馈赠礼仪，包括社交馈赠礼仪、亲友馈赠礼仪；（十二）节日礼仪；（十三）家庭礼仪，包括夫妻礼仪、父母子女礼仪、邻里间礼仪、家庭待客礼仪；（十四）娱乐礼仪，包括体育礼仪、文艺礼仪、游戏礼仪；（十五）公共礼仪，如饭店旅馆礼仪、旅游礼仪等；（十六）通信礼仪，如发电报的礼仪；（十七）宗教礼仪，如佛教、道教、基督教、伊斯兰教礼仪及宗教节日礼仪；（十八）职业礼仪，如求职、写作公文、会议等礼仪；（十九）商业礼仪，如商业接待洽谈仪式、迎宾礼仪；（二十）学校礼仪，学生、教师及学校的仪式等；（二十一）涉外礼仪，如涉外接待、涉外会谈、涉外仪式、涉外宴请、涉外参观等。此外并附录有民族礼仪、各国礼仪、禁忌知识①。

可见礼仪同样也是包罗万象涉及人类生活的各个方面，也是人类文明长期发展积累形成的精神文明的重要内容。它和上面所举习俗有的相同，有的则有区别，有很多未包括在内，因此似乎应与习俗分开来另成一类，正如《礼仪全书》作者在前言中所说："礼仪作为人们的行为准则，在现代文明社会中占有极其重要的地位。"但有一点是相同的，即习俗、礼仪都是一种行为准则，都是在物质生活和精神生活中长期形成的，都是精神文明的重要部分，因此我们把它们归在一起讨论了，基本的原理也大体相同，就不再重复论述了。

第六节　教育是传承人类文明的手段

教育是精神文明的重要组成部分，是人类传承文明的手段，没有教育，人类文明将无法继续保存和发扬光大，下一代人所以能继承上一代人创造的物质文明和精神文明，全靠教育的传承来保证。

一、历史上的社会教育和学校教育

教育分学校教育和社会教育两大类。在历史上，长期以来，教育的基本方式是社会教育，是靠在实际生产生活中，由父母和长辈的直接传授和示范使年青一代获得了上一代的生产生活知识。大致在前资本主义时期，全部人类的 90％以上是没有接受过学校教育的，资本主义社会才普及学校教育。但在学校受教育也仅是十余年时间，一个人所需的大部分知识和本领也还是从实践中获得的。

随着科学技术越来越发达，人们需要掌握的文化科学知识越来越

① 于明、田丽娜主编：《礼仪全书》，国际文化出版公司，1993 年版，第 1 页。

多，必须由专门的教育工作者进行专门传授以代替父母及长者的兼职业余教授。过去那种子承父业、世代相承的情况也完全改变了，父母已无法再承担对子女的教育任务，学校教育承担起教育的主要责任。为完成识字教育、常识教育、专业教育、成人再教育，建立了各级各类学校来分别完成不同的教育任务。

学校教育主要承担了智育教育的任务，而德育教育仍由父母、社会、学校共同来承担，学校只是以教师以身作则的示范作用来完成部分德育教育的任务。

二、当前教育的基本矛盾

当前教育的基本矛盾是迅速增长的文化科学知识和学生有限的学习时间的矛盾。知识不断增加，但学生接受教育的时间不能延长，要保证下一代有足够时间来为社会作贡献，这就需要不断改进教育手段和改进教育方法，以提高教育效果，用更短时间获得更多更新的文化科学知识和专门知识、专业技能。

新的教育制度将人类的知识划成几大类：一类是作为一个人必须终身牢记的知识，这是人们思维的基础、生存的基础；另一类是大量的辅助知识或可能会用到的知识。前者是教育必须通过各种手段使学生牢固记忆，不能考过即忘的，后者是知道即可，不必记住，但以后能在最短时间内查找到的。

在实际教育中这两者并没有很好区别，一些教师、学校和教育领导者往往不仅要求学生牢固掌握第一类知识，而且要求学生全部记住第二类知识，因而增加了学生的负担，降低了学生对第一类知识的牢固掌握。据我们了解，通常绝大多数学生在考试前全部记住的内容，考试后一个月即忘了70%左右，一年后所记住的仅10%，因此实际上学生是从事了大量无用的劳动，只是自欺欺人地自以为掌握了这些知识，自以为有考试成绩为证，教师、学校也以为学生掌握了这些知识，但实际上他考试后不久已还给教师了。因此，必须依据学生的学习时间和记忆规律，科学地划定学生学习期间应该牢固记住的知识范围，过高的要求反而不能保证学生记住起码的知识。

同时，教育者必须利用一切现代化的手段，积极改进教育方法，以提高和扩大学生对基本知识的牢固记忆，要提高学生学习的兴趣和积极性。一个对学习有兴趣、有主动性的学生对所学知识的记忆和理解程度往往比对学习缺乏兴趣、缺乏自觉性的学生高得多。但我们有相当多的教师却不是去启发提高学生的学习兴趣和自觉性，相反在实际上扼杀学生的学习兴趣和自觉性。另外，教育的形象化和逻辑性往往会大大提高学生对知识的理解和记忆。一堂极为生动形象的课可能使学生记住一辈子，知识讲述的高度逻辑性也会使学生更好地记住这些知识。现在一方面是要求学生记住的太多，另一方面是学生实际记住的太少，要尽力消除这种差距。要求学生记住的应比现在少，学生实际记住的应比现在多，这样才能保证学生成为一个掌握必要的现代文化科学知识的合格的人。另外，必须教会学生迅速查找到自己虽不记得、但却有用的知识。现在多数学生不具备这种本领，面对庞大的知识宝库不知从何着手，或者费了九牛二虎之力才找到一小部分。如今通过计算机及网络已能补救这一缺点，但网上知识与要求还有很大的差距，学生还必须学会从书本或用其他方式迅速获得所需的知识。除了培养学生获得知识的能力，教育还承担着培养学生初步运用所学知识解决问题的能力。知识学了是为用，为解决实际问题，学了知识不会用等于白学。但目前在学校的教育中对培育学生运用知识的能力很差。

对大学以上的学生及成人，教育还承担着传授另外两种知识的任务。其一是学生未来要从事的专业劳动的生产知识。由于学校培养的目标和学生将来实际从事的工作往往不一致，所以往往所学非所用，而所用又未学。即使在专业对口的情况下，由于学校课程设置的不合理及生产发展太快，也会有所学的没有用，用的没有学的矛盾。这只有在以后工作中通过实际学习和根据实际需要再学习才能解决。通常在工作固定的情况下，经过反复应用，会形成人们第二种永久性的知识——专业知识，这和学生时代人人必须永远掌握的人生常识不同，不同岗位的人可以掌握不同的知识和能力。另一种知识是在实际生活实际工作中临时需要的各种知识，这些知识通常是现用现学，用过即忘，没有必要也没有可能永远记住。同时，学校为了使下一代能继续发展文明，还要培养学生的自我创新能力，在这方面我们的教育做得非常差。

三、教育的信息化

目前已发展到知识经济的新时代，要求教育不断更新其内容、方法、制度才能适应新时代的需要，因此提出了教育的信息化。教育信息化是“在教育过程中比较全面地运用以计算机多媒体和网络通讯为基础的现代化信息技术，促进教育的全面改革，使之适应于未来信息社会对于教育发展要求的过程……教育信息化的主要特点，是在教育过程中广泛应用以电脑多媒体和网络通讯为基础的现代化信息技术，其表现为教材多媒体化、资源全球化、教学个性化、学习自主化、活动合作化、管理自动化、环境虚拟化……教育信息化可以从以下方面促进教育现代化。其一，教育信息化有助于加快知识更新速度；其二，教育信息化有助于培养学生的高级思维能力；其三，教育信息化能够突破教育环境的时空限制，有助于加强课堂与现实世界相联系”。①

教育信息化还可以帮助学生迅速地获得临时所需要的知识，用计算机来帮助学生减轻记忆的负担，教育信息化可以发展远程教育，用更节省的方式、最快的方式培养更多的人。过去认为只有课堂教育才能因材施教，但实际上一班五十个人，一个教师是很难做到因材施教的，而远程教育可以根据学生不同的类型、程度来进行不同的教育，实际上更能因材施教，这将在未来社会带来教育形式和教育制度上的一场革命。

① 游五洋、陶春：《教育信息化》，《信息化与未来中国》，中国社会科学出版社，2000年版，第328—339页。

第七节 宗教在精神文明中的特殊地位

宗教是文明特定时期的产物，是人类精神文明中的一个特殊部分。宗教是建筑在蒙昧基础上的，宗教统治是一种野蛮的、黑暗的、非理性的统治，因此其本质是反文明的。但它却是随着文明的产生而产生，并随着文明的发展而发展，只有在文明发展到高级阶段，它才最终结束。因此虽然本质上是反文明的，却又成为文明的产物，并成为一定时期文明的重要组成部分，影响到文明的许多领域，在人类生活中扮演重要的角色。

一、宗教的产生

宗教产生的基础是人类对自然界的无知。当人类还无法解释自然界中应该用科学规律解释的许多现象，人类还无法正确解释社会生活中许多现象的根源和规律，人类的目的还不可能按照自己的愿望完全实现，经常为一些不可知的因素所影响，这就使人们不能不相信在这未知世界中有一种神的力量存在，是神的意志使自然和社会按一定要求发展。神的意志是人所无力违抗的，人只有信仰神的力量，依靠神的力量才能达到自己的目的，实现自身的愿望，这就是宗教产生的基础。

从人类文明开始萌芽之时，就出现了万物有灵论，人们相信自然界都是和人类一样有智慧、有神灵的，这种力量不可轻侮，因此逐渐产生了对自然界万物的祈求仪式、讳避方式，以致产生图腾等。

随着人类文明逐步形成，万物有灵转化为对一些神灵的崇拜、对祖先的崇拜，开始有固定的宗教仪式，有祭坛，有宗教组织的雏形，开始形成一些固定的神职巫者，他们开始作为神人联系的媒介，他们的言行逐渐被看作为神的言行，他们的利益被看作为神的利益，他们也逐渐成为以榨取人民为生者。

真正宗教的产生是在文明时期，在全世界产生了基督教、佛教、伊斯兰教三大宗教及许多小宗教。它们有了明确固定的崇拜对象，有了自己的教义，有了宗教组织，有了专门的宗教工作者。宗教控制了相当大一批群众，控制了一大批财产，宗教成为一种堪与国家匹敌的世俗力量。真正意义上的宗教产生了。

二、宗教的特点和本质

宗教是利用人类对自然和社会客观规律的无知，宣称有一种神的力量在支配一切，人们只有信仰神，依赖神的力量才能实现自己的目的。

宗教是建筑在非理性基础上的，神的存在、神的力量是无法用科学证明的，也无须去证明，只要信仰就行，信仰就产生力量。

人们把本来由自然和社会规律产生的一些结果看做是神的意志、神的力量，同时一些先知凭借他们的一些知识作出的科学预见，也被看做神的预见，就增强了人们对宗教的信念。

宗教答应人们可以赐福免祸，如果真的获得了福或解除了祸，即使本来也会发生或者是依靠人的力量实现的，却被看做神的力量的显现。如果未能赐福、未能免祸则归罪于信神不诚，责任在己。

此外宗教要人不去计较现实的幸福、痛苦，而去关心死后到天堂的幸福和到地狱的痛苦，或者来生的报应。但是谁真见过天堂、地狱？谁见过来生？这是无法验证的，因此宗教是用虚假的幸福来骗取人们放弃现实的幸福，骗取人们忍受现实的痛苦。

宗教似乎也在劝善贬恶。但宗教所宣扬的善恶标准只是一定时代社会道德的反映。这些社会道德都是维护一定阶级利益的，维护现实秩序的。因此当所处社会是向前发展时，宗教所起的稳定社会秩序的作用也在一定意义上具有进步意义。当宗教所宣扬的道德是代表一个没落的社会，它也就同样起反动作用。

宗教鼓励人为善，劝告人勿为恶，但同时却又把伪善引入到宗教之中，因此宗教是要求信徒为善，但宗教人员和某些信徒却可以伪善，即嘴上说得很好，实际上做的却是另外一套。而且可以一面继续作恶，一面信奉宗教，只要忏悔了，做礼拜了，念佛了，布施了，人们的恶就已得到宽恕了，明天可以继续为恶然后再忏悔，再礼拜，再念佛，又再次获得赦免。因此为恶和信教是不矛盾的，甚至可以说两者是有机结合在一起的，互相支持的。所有宗教都把向寺院捐献，视为最大的善行，这实际上是寺院获取财富，满足个人奢欲的一种手段。他们是假借神的意志来掠取财富，满足私欲，这就是典型的伪善的表现。

宗教是人们无力的产物，但宗教发展起来，却依凭所谓神的力量和人的力量的结合，成为一种强大的世俗力量，可以与政府并驾齐驱，甚至其权势凌驾于政府权力之上。宗教统治是一种残暴的无理性的统治，这种统治在中世纪曾发展到顶峰，现在虽已逐渐失去了这种权力，但其潜在影响仍然存在。它的特点是一部分人成为了神的代言者，它的意志就成为神的意志，而庞大的宗教组织，广大的信徒就结合成为一种强大的世俗力量。

因此，历代政府都不能不一方面利用宗教的力量，一方面限制宗教的力量，否则它就无法统治。因为当一部分人假借神的名义控制了广大群众时，它就成为可怕的力量，有些信徒甚至会为实现所谓神的意志而献身。

三、宗教的功能

宗教是建筑在无知和虚妄基础上的，它引导人们用信仰不可知的力量，来代替依靠人本身的力量，它用虚妄的幸福，来替代人们现实的幸福，让人们信仰不可知而不去探索求知。

宗教是把一部分人的意志用神的意志表现出来，因此它的功能就受这部分人意志的影响，当这部分人是为统治阶级效力时，他们的宗教就作为统治压迫人民的工具。当宗教的一部分为少数真心为善者掌握时，它能成为劝人为善的工具。但多数情况下，宗教却往往是被一些伪善者所掌握，因此在多数情况下宗教虽主张为善却实际上成为了为恶的工具。

宗教从本质上是反科学、反理性的，因此就这方面而言，宗教始终阻碍人们去认识世界改造世界，起着反文明的作用。但有时它也假借神的意志来要求人们去改变社会，客观上起过一定的促进文明发展、人类进步的作用。

归根到底，人们只有依靠自身的力量去认识世界，改造世界，发展文明，因此人类要发展文明，就必须限制宗教，最终消灭宗教。使科学在一切领域中把宗教驱逐出去，使它无藏身之地。

宗教是一种人的造神运动，是用人造的神来作为一种神圣的力量要求人们绝对信从。这种造神运动不仅在宗教中存在，在政治中、文化中都存在，这种造神运动在某些时期使政治领袖神化，“要相信到迷信的程度”，这就要求人们放弃理性，去迷信个别人的独断专行。同样对一些学说，如儒家学说，也把一些先哲的言论奉为万世不变的经典。因此，儒家学说也成了儒教。

这种造神运动是文明发展到一定历史阶段的产物，也是文明不发展的产物。人类只有依靠科学理性、民主来战胜这种造神运动。“与时俱进”就是其中最有力的一个武器。

四、宗教的消亡

宗教是一定历史发展阶段的产物，也必须发展到一定历史阶段才能消亡。

只要我们还不能完全解释自然和社会的客观发展规律，只要人们的目的和客观规律还不能达到真正的统一，个人的力量和集体的力量还不能达到真正的统一，总有一种不可知的力量干扰人们实现自己的愿望，宗教就有藏身之地，宗教就会利用这种不可知的力量而继续迷惑一部分人。

宗教是一种思想文化现象，用政治暴力是消灭不了的。历史证明政治暴力只能暂时压服，而无法真正消灭宗教。

对宗教的批判能起一定作用，能使一些习惯于理性思考的人认识宗教的虚妄。但是不论如何对宗教进行批判，总会有相当数量习惯于非理性思维的人，仍会接受宗教这种无法证明的力量存在。

有人预言即使到了未来社会、信息时代，宗教还将存在，这是很可能的。大约要到文明高度发展的共产主义社会，宗教才能最终完全消亡。在此之前它会日益缩小市场，首先从政治生活中退出去，其次逐步从文化领域中退出去，信教的人也会越来越少。

目前信教的人大致可分三类：第一类是宗教的虔诚信徒。这种人会在相当时期中存在，并坚定地信下去。第二类是通过宗教可以获利者，这包括相当多宗教人士，这种人利之所在，他们是不会放弃宗教的。第三类也即大部分信教者都是受习惯影响，他们半信半疑，既不全信，也不敢完全不信。因此，在生活中极大部分时间他们并不按宗教信念行事，但在有些场合、有些事情上，仍不得不信宗教。就如一些科学家、无神论者，在一定场合也对宗教应付一下。这种人随着文明的发展会越来越多地摆脱宗教的影响。社会也将用努力安排各种社会生活，如结婚、葬礼、周末生活等，找出代替宗教仪式的世俗方式，不再让习惯势力使宗教继续在这些领域中发挥影响。

第八节　政治文明等制度文明是精神文明的一种

制度文明是人类精神文明的一个重要的组成部分，包括经济制度文明、政治制度文明、文化制度文明，过去有人认为它是属于物质文明和精神文明之外的另一种文明，但实际上它仍是精神文明的一种，过去有些人是把属于物质文明的政治设施等混入制度文明而产生了混淆。

一、制度文明是精神文明的一种

过去大都把文明划分为物质文明和精神文明，有人把制度文明划归入物质文明和精神文明之外。

苗启明就认为："物质文明……它指的是由于劳动的凝结而具有了价值和社会属性的物体，或者说是人化的物。因此，物质文明概念不能把'制度'这一要素包括在内。另一方面，'制度'也不能包括在精神文明的范围内。所以当以物质文明和精神文明划分文明这一概念时，并没有穷尽概念的外延，引入制度文明可以克服这种局限。"①

侯朝栋提出："精神文明和上层建筑不能等同，上层建筑是和经济基础相对的一个范畴，它是人们把社会作一个有层次结构的整体，借助生产中的用语形成的概念。这个概念有它自身的历史发展，而其基本内容是社会的政治法律设施和意识形态的统一。政治法律设施属于政治制度的范围，而政治制度的进步是人类改造社会的成果，属于制度文明之列，就这一点来说，就已经把精神文明和上层建筑区别开来。"②

贺培育认为："制度既不是纯物质的，也不是纯精神的，它是一定的物质活动和一定的精神活动结合的有机系统。"③ 马润青、陈仲华认为："经济制度和政治制度是作为物质文明和精神文明的两个中间环节讲的，它并不包括在物质文明和精神文明概念之内……我们分析物质文明和精神文明的关系时，既要看到经济政治制度是作为中间环节起作用

① 苗启明：《论社会主义文明的三维结构》，《河北学刊》（石家庄）1985 年第 6 期，第 9—11 页。

② 侯朝栋：《两个文明在历史唯物论科学体系中的位置》，《历史唯物主义论丛》第 4 辑，第 224 页。

③ 贺培育：《论制度文化》，《河北学刊》1990 年第 2 期，第 28 页。

的，又不能把经济的、政治的制度消融在物质文明和精神文明之中。”①

刘李胜在总结以上诸人的论述后，认为：“许多研究者从制度的内部构成、外部联系和纵向发展三个角度考察了它与物质文明和精神文明的联系，对制度文明进行了界说。从制度文明的内部构成来说，它既包括有精神性的组成，也包含有物质性的成分，而且这些精神性的、物质性的成分并不是指物质文明和精神文明全部，而是指物质文明和精神文明中的特殊成分。从这个意义讲，制度文明是一种包含了某种物质文明和精神文明的特殊成分而不等于物质文明和精神文明的合成文明。”②

以上论者都没有认真分析制度文明的本质，并且把政治设施这种物质文明和政治制度、政治观念这种精神文明混淆在一起，因而才产生了制度文明既不属物质文明，又不属精神文明，是两者的中间形态之说。

苗启明认为制度文明不是人化了的物，因此不属物质文明是正确的。但他认为“制度文明也不能包括在精神文明范围内”，却缺乏根据。制度按其本质而言是一种观念，是物质世界经过人头脑而产生的一种观念，它当然属于精神文明范畴。

侯朝栋则把由政治制度派生的政治设施列入于政治制度范围之内，因而就无法正确说明制度文明的本质。政治设施与政治制度不同，它是以物质形态而存在的，虽然它不是天然的物，而是人造的物，但物质文明的特点就在于它不是天然存在的物，而是人造的物。因此政治设施是物质文明的一部分，而政治制度还没有物化为设施时，作为一种制度，它是以观念形态存在的，因此，它显然属于精神文明。

贺培育认为“制度是一定的物质活动和一定精神活动结合的有机系统”。这并不错。凡属于文明范畴的一切都必然是物质活动和精神活动结合而成的，但仍旧能以它表现的形态主要是物质的还是观念的，而分

① 马润青、陈仲华：《研究物质文明的方法论问题》，《北京师范大学学报》1983 年第 1 期，第 56—58 页。

② 刘李胜：《制度文明论》，中共中央党校出版社，1993 年版，第 34 页。

属物质文明或是精神文明。无论如何我们无法认为制度是以物质形态而存在的。

刘李胜的看法，实际上也是把政治设施这种物质文明混入制度文明中，因而才认为制度文明并不能仅属精神文明，而忽视了政治制度和政治设施完全可以分开，仅把政治制度看做精神文明的一部分。至于说政治制度并不包括精神文明的全部，而仅包含其中一部分，这是完全可以的。没有理由要求制度文明包括精神文明的全部内容才是精神文明。因此，我们认为应把制度和设施分开，前者属精神文明，后者属特质文明，根本没有必要再提出中间形态等概念了。

二、制度文明的三种类型

制度文明一般分为三类：经济制度文明、政治制度文明、文化制度文明。刘李胜认为："经济制度文明是指历史发展特定阶段上的关于物质生产关系的制度的进步状态和积极成果，这是决定整个社会制度文明系统生成和发展的内在基础，是最根本的制度文明。马克思主义创始人曾经将经济制度和经济基础、经济结构在同一意义上加以使用，其着眼点是决定整个社会形态性质的根本性的生产关系体系。"①

刘李胜对经济制度的前半段分析我们是同意的，但后半段他却把经济制度和生产关系相混了，他似乎接纳了其他人的类似观点。生产关系和经济制度是完全不同的两回事，经济制度是一定的生产关系通过人的头脑而形成的制度，生产关系才是真正的经济基础。经济制度和政治制度一样都属于上层建筑，只不过在制度中，反映生产关系的经济制度更起着基础性的作用。

关于政治制度文明，刘李胜认为："政治制度文明是指历史发展特定阶段人们政治关系的制度的进步形态和积极成果，是表现和反映经济

① 刘李胜：《制度文明论》，中共中央党校出版社，1993年版，第148—149页。

制度文明的性质和内容的上层建筑，是制度文明系统的主体的部分。”①他引证马克思的话说：这一特殊物即政治制度具有规定和管辖一切特殊的普遍物的意义。

关于文化制度文明，是人们在一定的经济基础上形成的文化生活，经过人们的头脑而形成的一种相对成形化的东西，如教育制度、卫生制度等。

三、政治制度文明的形成和发展

政治制度文明或简称“政治文明”，是制度文明中最重要的一种文明。马克思就单提过政治文明，现在有的文件也把政治文明单提出，而不提制度文明。

政治制度文明的形成发展是和国家的形成发展联系在一起的，但近期却有人提出了不同看法，认为：“长期以来，人们认为只有国家的社会才能成为政治制度的基础，而日前人们倾向于抛弃这种观点，首先是因为人们承认在国家以外也存在着政治权力，其次是因为人们发现：在无国家形式的社会和有国家形式的社会间存在中间类型。因此人们大致同意把无文字社会的政治制度分为三类：散落社会制度、中央集权国家社会制度以及散落国家社会的中介制度。”②

这种看法显然是错误的，无文字社会尚未最后进入文明社会，城邦国家虽不是正式的国家，它已开始向国家过渡，并已具有国家的雏形，同时它并不属无文字社会，它已具有文字的雏形，而把散落社会制度说成是政治制度显然也是不妥当的。真正与中央集权国家相并列的政治类型，应当是早期的等级分封制和后期的资产阶级民主共和制，这才是政治制度的三种类型，所以不应当把中央集权的类型作为无文字社会的政

---

① 刘李胜：《制度文明论》，中共中央党校出版社，1993年版，第148—149页。

② 〔法〕莫里斯、迪韦尔热：《政治社会学——政治学要素》，华夏出版社，1987年版，第257—267页。

治制度，这是完全违背历史史实的。

恩格斯说："国家并不是从来就有的。曾经有过不需要国家、而且根本不知国家和国家权力为何物的社会。在经济发展到一定阶段而必然使社会分裂为阶级时，国家就由于这种分裂而成为必要了。"① 政治制度文明正是在阶级和国家形成之时产生，随着阶级和国家的发展而发展，也将随着阶级和国家的消亡而消亡。正如恩格斯所说："以生产者自由平等的联合体为基础的，按新方式来组织生产的社会，将把全部国家机器放到它应该去的地方，即放到古物陈列馆去……"②

关于政治制度文明，有人提出政治进展的目标"是政治科学化、政治民主化、政治社会化、政治公开化和政治现代化"③。五化意味着政治文明的发展。

其实，用不了这么复杂，五化最根本的是两条：科学化和民主化；社会化和公开化都是民主化的体现，现代化也就是科学化，但更根本的目标是通过政治的科学化、民主化，逐步消灭阶级，消灭国家，最终消灭政治制度文明，这才是政治制度文明发展的终极目标。当然要达到这一步，会经过一系列阶段，而在这些过渡阶段上，政治的民主化、科学化是必需的手段和保证。

---

① 恩格斯：《家庭、私有制和国家的起源》，《马克思恩格斯选集》第四卷，人民出版社，1972年版，第170页。

② 同上。

③ 冯参、王文承：《社会主义政治文明》，西南财经大学出版社，1990年版，第13页。

第四章
对人类文明以往分类的讨论

人类文明既有共性，也有个性，前面几章我们主要讨论了人类文明的共性，本章则主要讲文明的个性，即把各个国家、各个民族及各个地域看做分别具有一定个性的文明，来进行分类。

第一节　人类文明是个多面体，可有多种分类

由于文明是个多面体，就有必要从不同侧面，不同角度对文明进行不同的分类，既往学者对人类文明分类的研究，往往就由于没有认识到文明是个多面体，而只注意了从某一角度对文明进行分类，因此这样形成的文明分类就必然是不全面的，也是不科学的。我们在综合研究世界各国学者对人类文明分类研究的基础上，继承了他们已有的成就并对他们的缺点做了补充改进，基本上形成了一个比较完整的分类系统，对人类文明分类的研究提出了许多我们的新见解。希望这些看法能对人类文明分类的研究起一定促进作用。

一、文明是一个多面体

文明是一个多面体，每一种分类标准，都只是研究文明的某一个面，不能把不同面上的文明放在同一平面来考虑，但可以把人类文明的不同的面综合起来研究，用多种文明分类方法形成一个立体的框架结构。相信随着对人类文明分类研究的发展，对文明这一多面体的研究，必然会有更全面的认识。而世界的进一步发展，文明的进一步发展，会帮助对文明研究的深入和全面，最后逐渐形成一个对人类文明的总体的立体的框架的认识。

我们认为对人类文明分类的研究，是我们进一步全面认识世界文明的重要过程，它会帮助我们进一步认识世界文明的总体，并帮助我们更好认识人类文明的发展规律及前途，为我们预示人类文明的发展前景。

二、不同分类不能相混

我们认为虽然文明分类的方法有许多种，虽然有些分类方法可以兼容，但都是从不同角度进行分类，不能混杂。如游牧文明以奴隶文明为主，农业文明以封建文明为主，工业文明以资本主义文明为主，但往往有跨越，如农业文明就跨越了奴隶文明和封建文明，但却不能把某个农业文明和某个封建文明混杂在一起分类，加以并列。这就是说可以从不同角度作多种分类，但不可以把不同角度分类混杂。就如我们可以把人按性别分为男、女；按年龄分为老年人、中年人、青年人；按职业分为工人、农民等，我们却不能把这些不同分类混杂一起，说人有男人、老人、工人。这三者可以合并在一个人身上，即他既是男人，又是老人，又是工人，但却不能说人可以分成这三种。又如朝鲜文明可以从纵的关系说成是属于影响型文明，这是从文明的起源上曾受中国文明影响而言，又可以从横的关系上，认为朝鲜文明是中国文明的近亲文明，这是从朝鲜文明和中国文明的关系而言，但不宜混杂在一起。所以我们认为汤因比在文明分类系列中，把牧业文明作为卫星文明与独立文明并列一起是不伦不类的。牧业文明只能和农业文明、工业文明作为另一分类，至于牧业文明中有几种曾是某一文明的近亲文明，这又属于另一种分类，不能混杂。

过去多数人仅从地域上把若干古代文明分成几大文明，而不考虑近现代文明和古代文明的区别，显然不当，是很不全面的。亨廷顿虽列出了近现代的八个文明，把这些文明和古代已不存在的七个文明混在一起，称至少有十二个文明。我们认为应该分开古代和近现代，即在古代世界有几大文明，近现代世界有几大文明，而不把古代文明和近现代文明混合分类，因为它们并非同类。

至于用王国文明、帝国文明、文化圈文明、共同体文明进行分类，这又是从另一角度划分，它所划分的诸文明，在王国文明、帝国文明时代可能和古代文明的分类接近，而在近现代则和文化圈文明的划分接近。亨廷顿在划分近现代几大文明时，实际上使用的文化圈作为分类的标准，这些不同的分类不应该混杂。

三、我们的基本看法

我们综合各国学者对文明的分类，归纳补充形成了五个方面的分类。

其一，我们在各国学者对人类文明用地域国家分类的基础上，提出了应加上按时代划分文明，这样就使这一分类具有科学性。我们认为首先应把人类文明分成古代、中古，近代三大时期，再按各个时期划分当时存在几大文明，这就克服了过去把古代文明和中古文明、近代文明混杂在一起的缺点，避免了在过去那种方法中，古代文明和近代文明的不可比性。

其二，我们在汤因比、巴格比等人的基础上，把文明从纵向继承关系上划分为延续型文明、同化型文明、影响型文明、中断型文明，指出了这四种类型的区别，及过去汤因比把延续型，同化型，影响型不加区分，统称为有从属关系的文明的不够科学的划分。

其三，我们同时又把文明从横向影响上分为：中心文明、近亲文明、远亲文明、独立文明，指出了过去汤因比把各文明之间的近亲关系远亲关系不分的缺点，同时也提出了不应把一些近亲文明说成是卫星文明，否认它们有自己独特的文明的不当。这就使得原有的汤因比等人的文明分类法更为科学了。

其四，我们把经济形态及经济类型两种分期方法引入文明分类之中，提出奴隶制文明、封建文明、资本主义文明虽是一种文明的分期方法，但由于它们发展的不平衡，往往先后不同时期的文明出现在同一时期，因此也可以作为一种文明分类方法。引入此一分类也可以补充按时代划分文明的不足。

我们同时又将牧业文明、农业文明、工业文明、信息文明，作为另一种分类方法引入人类文明分类系统。我们指出了过去对人类文明分类的研究偏重于农业文明、工业文明，而对牧业文明忽视的缺点，强调牧业文明在古代文明中是一大类，它起着重要的作用，有众多的古代牧业文明国家过去都被忽视了。

其五，我们创建了一个按人类群体发展扩大进行文明分类的系统。过去仅有个别学者提到王国、帝国、文化圈、共同体等概念，但始终无人将其汇集一起形成一个系统，我们首次将其集中在一起，形成了三个新的文明分期分类系统，并指出了过去把两种地域文明混为一谈的缺点，增加了中古的朝贡册封体制文明，及相继而来的近代殖民体制文明。我们还指出了文化圈文明是和古代朝贡册封体制文明是根本不同的另一种文明，是在近代殖民体制文明瓦解基础上形成的。这三种新分类系统的创建对人类文明分类的研究是一个新的补充。

其六，我们提出了应研究按文明发展不同模式不同道路建立一个新的文明分类系统，过去马克思只提出过亚细亚、古典、日耳曼模式的区别，恩格斯也提出过希腊、罗马、日耳曼等国家形成的不同道路。汤因比也提出过希腊模式和中国模式的区别，这种从各国文明发展的不同道路不同模式进行文明分类研究，是一些非常有价值的探索，可惜目前这一研究还未能贯穿到世界各国全部历史之中，形成一个完整的体系。我们将在其方法基础上，进一步探索，逐步创建一个按人类文明发展不同道路、模式进行分类的体系，这将会使人类文明分类的研究，踏上一个新的高度。

第二节　按地域、国家、民族对文明分类

按地域和国家、民族将文明分类这是一种目前最为普遍流行的对文明的分类方法。有按地域把世界文明分为两大文明、三大文明的，也有按国家把世界文明分为八至十个主要文明的。但这种分类方法由于没有和时代划分联系在一起，把一些古代国家的文明和近现代国家的文明混杂在一起分类，并且对地域划分的大小也没有明确的标准，就使得这种分类显得混乱而不科学，因此我们试图引进按时代分类方法，将原有的按地区国家分类加以重新划分，试论述之。

一、分为两大文明

采取这一种划分的一些学者仅简单列举世界几大文明，通常把世界文明分为西方和东方两大文明，这是世界上很多学者的做法。其中如福泽谕吉提出了西方文明和东方文明①，梁漱溟指出了东西文化的区别和对立②，而近年岸根卓郎更把东方文明和西方文明看做既相互对立又相互补充的两极，认为东西方文明以 800 年为周期反复进行对称旋转，形成了一个双螺旋结构的文明节律，并认为 21 世纪将是西方文明衰亡、东方文明复兴的世纪③。雅斯贝尔斯（1883—1969）则将中国、印度及希腊分别作为东方、西方的代表④。神川彦松（1889—1988）则将中世以来的

---

① 参见〔日〕福泽谕吉：《文明论概略》，商务印书馆，1959 年版。
② 参见梁漱溟：《东西文化及其哲学》，商务印书馆，1999 年版。
③ 参见岸根卓郎：《文明论——文明兴衰的法则》，北京大学出版社，1992 年版，第 237 页。
④ 〔德〕卡尔·雅斯贝尔斯：《历史的起源与目标》，华夏出版社，1969 年版，第 66 页。

世界分为三大文化圈：东亚文化圈、西亚文化圈、欧洲文化圈①。

以上这些分类没有对世界文明进行具体划分，太过简略。而且实际上，整个世界如按地域分类，绝不只两三个地区有文明，非洲、美洲也有文明，把它们划分到西方文明还是东方文明呢？同时西方文明和东方文明，虽然内部有一定共性，但实际上仍可以分为好几个独立的文明。东方文明中，印度文明和中国文明的差异之处太多了；而西方文明之中，西欧文明和东欧文明也有很大差别，此外，西亚文明及非洲的埃及文明应归之于东方文明，还是西方文明呢？因此，这种简略地划分东方、西方只是在某种论述时可用作对比，但不能作为科学的文明分类。

二、按国家把世界文明划分为八至十个

这是一种比较流行的文明分类方法，他们所划分的文明数大致相近，试列表介绍于下：

学者	丹尼列夫斯基②	斯宾格勒③	威廉·杜兰④	爱德华·麦克诺尔·伯恩斯、菲利普·李·拉尔夫⑤	梅尔科⑥	阮炜⑦	陈钦庄等⑧
文明分类	中国文明	中国文化	中国文明	中国文明	中国文明	中国文明	

① 〔日〕神川彦松：《近代国际政治史》，原书房出版社，1989年日文版，转引自吴潜涛：《神川彦松文明论研究》，《世界文明论研究》，山东人民出版社，2001年版，第317页。

② 〔俄〕丹尼列夫斯基：《俄罗斯与欧洲》，1971年版。

③ 〔德〕斯宾格勒：《西方的没落》，商务印书馆，1991年版。

④ 〔美〕威廉·杜兰：《世界文明史》，台湾幼狮文化公司1972年版。维尔·杜伦：《东方的文明》，青海人民出版社，1998年版。

⑤ 〔美〕爱德华·麦克诺尔·伯恩斯、菲利普·李·拉尔夫：《世界文明史》，商务印书馆，1987年版。

⑥ Melko，Nature of civilizationsv p. 133.

⑦ 阮炜：《文明的表现》，北京大学出版社，2001年版。

⑧ 陈钦庄等：《世界文明史简编》，浙江大学出版社，2000年版。

续表

学者	丹尼列夫斯基	斯宾格勒	威廉·杜兰	爱德华·麦克诺尔·伯恩斯、菲利普·李·拉尔夫	梅尔科	阮炜	陈钦庄等
文明分类	埃及文明	埃及文化	埃及文明	尼罗河诸文明	埃及文明	埃及文明	埃及文明
	希伯来文明		犹太文明	希伯来文明		犹太文明	希伯来犹太文明
	阿拉伯文明	阿拉伯文化			伊斯兰文明	伊斯兰文明	阿拉伯伊斯兰文明
	印度文明	印度文化	印度文明	印度文明	印度文明	印度文明	印度文明
	迦勒底文明	巴比伦文化	苏美尔·巴比伦文明	美索不达尼亚文明	美索不达尼亚文明		两河流域文明
	伊朗文明		波斯文明	波斯文明		波斯文明	
	希腊文明	古典文化	希腊文明	迈西尼文明 希腊文明	克里特文明 古典文明	希腊文明	古希腊文明
	罗马文明		罗马文明	罗马文明		罗马文明	古罗马文明
	欧洲文明	西方文化	西方文明	西方文明	西方文明	西方文明	西方中古文明
	斯拉夫文明					俄罗斯文明	
				拜占庭文明	拜占庭文明		
			日本文明	日本文明	日本文明	日本文明	日本中古文明
		墨西哥文化		非洲文明	中美洲文明 安第斯文明		近现代文明

这几种划分基本都差不多，埃及文明、中国文明、古典文明（有的称希腊文明、罗马文明）、美索不达尼亚文明、印度文明、西方文明，这六者每位学者都列了。希伯来文明、伊斯兰文明、日本文明则大都列了，有个别没有列。墨西哥文明有的称中美洲文明，有的另列了安第斯文明。其他个别的列了拜占庭文明，个别的列了斯拉夫文明或俄罗斯文

明，还有的加上一个非洲文明。

亨廷顿的分类基本与梅尔科的分类相同，只是另外加上东正教文明、拉丁美洲文明、非洲文明，共 15 个文明。其中 7 个文明已不复存在，尚存的文明有 8 个。他的这种分类法是最全的，比起很多学者仅重视古代文明、中古文明，他比较看重近现代文明。他列出八种文明，比起陈钦庄近现代文明仅列出一种，要强得多①。

三、这种分类的主要缺点

上面这种分类虽然比较通用，但实际上却很不科学，存在一系列严重缺点，试分析于下：

第一，这种分类不分时代，把古代文明和近现代文明混杂在一起，但近现代文明和古代文明显然有许多不同特点，同时在时代上悬隔，有些古代文明今天已不存在，而有些近代文明在古代又不存在，混在一起非常不科学。

如上表多数人所划分的几大文明，实际上都是古代文明，只有西方文明（或称欧洲文明）一种属中世和近代文明，列入其中不仅不伦不类。而就近代文明而言，也很不全。

亨廷顿虽增加了若干近代文明，但也和其他古代文明甚至已消失的古代文明混杂一起。而他的拉丁美洲文明、非洲文明是否包括一些早期与今天不同的文明，如玛雅文明等也不清楚。因此，也必须进一步精确化。

第二，以上这些学者的划分都以国家或地域为划分范围，而不是以民族为划分范围。如亨廷顿所说的："所有学者都承认存在着一个单一的独特的中国文明。"② 但实际上大家都知道中国有许多民族，各民族

---

① 〔美〕塞缪尔·亨廷顿：《文明的冲突与世界秩序的市建》，新华出版社，2002 年版，第 29 页。

② 同上。

都有自己独特的文明，它们虽有共性，但显然不能称为单一的文明。

西方文明也不是一种单一的文明，而是多种文明的复合体，布罗代尔就认为："西方文明包括欧洲、美国、俄罗斯、拉丁美洲等次一级的文明。这些次一级的文明，如欧洲文明又包括法国、英国、德国的文明等更次一级的文明。这些更次一级的文明，如英国的文明以下更包括还要次一级的文明，如苏格兰、爱尔兰、卡塔洛尼亚的文明。"[①] 在这些不同级的文明中，都有它的共性，又有它的个性，有些级别的文明如西方文明和欧洲文明都是其中各部分文明的个性大于共性，只有像苏格兰、爱尔兰等级别的文明才是内部共性大于个性。我们认为要将文明分类，其基本分类必须以内部共性大于个性的级别为基础，这就是民族。而比民族更大范围的国家、地域，其内部各文明的个性都大于共性，因此都不能作为基本的分类。

因此，目前这种以国家为基本划分，甚至混杂一些地域在内（如斯拉夫，拉丁美洲），是非常混乱的，是把不同层次的文明放在一起。要科学地划分，必须按基本处于同一级别的民族来统一划分，而不能有的按地域、有的按国家、有的则按语族。

第三，正由于划分的标准不一致，有时往往把几个文明并在一起，而漏掉了一些主要文明。如不少人漏掉了波斯文明和犹太文明，有些人把希腊文明、罗马文明并入古典文明等，这就很难说是一种完全的分类。又如大多数人都仅列了一些农业文明，而许多牧业文明都未列入。

第四，大多数这些文明分类者都没有列举各种文明的特点，即使有些人举了一些特点，也不完全，如把中国文明说成是儒教文明就不确切，儒学从来不是一种宗教，哪来儒教文明。

因此，要按地域分类就统一按地域分类，要按国家分类就统一按国家分类，但最好统一按民族分类，同时必须把古代、中世、近代的不同文明分开来分类，不要混杂一起。应该把每一时代的所有有影响的独立

① 〔法〕费尔南·布罗代尔：《文明史纲》，广西师范大学出版社，2003年版，第32页。

文明都列入，而不要遗漏太多。最好能分别概括说明各个文明的基本特点。

第三节　按时代将文明分类

我们认为按时代将文明分类，应该作为按地域、国家、民族分类的一个前提。只有先按时代分，再按地域、国家、民族划分，这种划分的文明才有可比性。不同时代的文明是没有可比性的，但也必须承认世界各地文明发展是不平衡的，同一时代的文明，也可能分属不同种类的文明，因此按时代划分，也只是一种外在的划分，这种划分只能进一步证明同一时代，不同地域、国家、民族文明发展的不平衡，很难作进一步的实质上的比较。

下面大致按古代、中世、近代划分各地文明。

一、古代文明

实际上所有各家对文明分类者，都主要是列举了古代的几大文明，偶或混入一二个中世、近代文明。如上节表中所列丹尼列夫斯基就列了中国文明、埃及文明、希伯来文明、印度文明、迦勒底文明、伊朗文明、希腊文明、罗马文明八个古代文明，还杂入了中世纪和近代的阿拉伯文明、斯拉夫文明和欧洲文明。爱德华·麦克诺尔等也列了中国文明、尼罗河文明、希伯来文明、印度文明、美索不达尼亚文明、波斯文明，古典文明——希腊文明罗马文明几个古代文明，和丹尼列夫斯基一样，另外加入西方文明，拜占庭文明、日本文明、非洲文明。其他人大抵如此。因此，似乎把古代文明确定为中国文明、印度文明、波斯文明、希伯来文明、美索不达尼亚文明、埃及文明、希腊文明、罗马文明，这八大文明并无疑义。其他文明不是发生时间较晚，就是影响不大，可以不列入。而且这八大文明，都属于奴隶制文明，性质也相近，只是各有其地域特点。

二、中世纪文明

关于中世纪文明很少有人系统论述。同时首先有一个问题，像中国文明、印度文明等从古代发生一直延续到中世纪，是否应重复出现，同时中世纪的中国文明、印度文明是否可以和古代的中国文明、印度文明分作两种不同的文明，似没有人认真讨论过。我们认为中国文明既然继续存在到中世纪，就应继续列入，而且古代的中国奴隶制文明和中世的中国封建制文明分作两个文明也完全可以。这样中世纪文明，就有中国文明、印度文明、阿拉伯文明（这是中世纪新产生的）、西欧文明、拜占庭文明（俄罗斯文明也应属此类）五个，加上中美洲文明和南美洲文明、非洲文明，似乎也是八个。其他没有继续或已融入其他文明的就不应列入了。

中世纪的前五大文明可能都已属封建制文明，但中美洲、南美洲、非洲的三种文明似乎发生较晚，还属奴隶制文明。

陈钦庄把西方文明分出西方中古文明是对的，但把日本中古文明也列入是否合适，就值得研究。因为日本文明在中古是否已经成为一个在世界上有独立影响的文明还值得考虑。同时，是否可以考虑把以上名称都换上民族名称，如中国文明改称“中国汉族文明”等。

三、近代文明

近代文明以亨廷顿所列最多，他提出有五个继续存在的文明：中国文明、日本文明、印度文明、伊斯兰文明和西方文明，并加上东正教文明、拉丁美洲文明、非洲文明，也是八大文明。

他把一些大地区的许多文明如拉丁美洲文明、非洲文明、西方文明各归为一种文明的做法未尝不可，但是和中国文明、日本文明、印度文明都是以国家划分，显得不一致。同时他又把西亚文明称为伊斯兰文明，把东欧文明称为东正教文明，又以宗教作为划分标准，也显得不统一。是否统一按地区划分，这样统一把近代文明分别称为西欧文明、东欧文明、西亚文明、南亚文明、东亚文明、非洲文明、拉丁美洲文明更为合适。但有一个困难，日本文明在近代显然属一个独立类型，不能和中国文明合并于东亚文明中，如何分才合适，还要考虑。此外美国文明是否打入西欧文明，统称欧美文明，也要考虑。

总之，先按时代划分，然后再按地域、国家划分，显然眉目要清楚些，也可以帮助我们把中世和近代的几大文明都列出，不致因侧重古代而忽视了中世、近代，这样在进行文明比较研究时，也更为方便。我们还是主张最好按民族划得更细些、更全些。

第四节　从各文明的承继关系分类

从时代和地区分类仅是一种外在的文明分类，有些学者试图从各文明的内在关系如先后文明的继承关系，同一时期文明的相互关系上去分类，从事这一尝试的首创者是汤因比。

一、汤因比等人的分类

汤因比大概是许多研究文明分类学者中较多注意到各文明之间的前后延续或影响关系，并以此来划分文明者。他据此把世界各种文明划分为发展充分的文明和失落的文明两大类。而在发展充分的文明中又分为独立的文明和卫星文明两类，又把独立的文明再分为“与其他文明没有关系的文明”，“不从属于其他文明的文明”及“从属于其他文明的文明”三类。他所谓“不从属于其他文明的文明”是指各自有独立起源没有接受其他文明影响的文明。如苏美尔—阿卡德文明、埃及文明、爱琴文明、印度河文明、中国文明。他所谓“从属于其他文明的文明”是指该文明曾接受以前某一文明影响的文明。如他认为：叙利亚文明是从属于苏美尔—阿卡德文明、埃及文明、爱琴文明和赫梯文明。希腊文明从属于爱琴文明。印度文明从属于印度河文明。非洲文明起初从属于埃及文明，之后从属于伊斯兰文明，再后从属于西方文明。东正教文明、西方文明、伊斯兰文明从属于叙利亚文明和希腊文明。所谓“失落的文明”有最初的叙利亚文明为埃及文明所取代，基督教聂斯脱利（景教文明）为伊斯兰文明所取代，基督教一性教文明为伊斯兰文明所取代。远西基督教文明为西方文明所取代。中世纪西方城市文明为近代西方文明所取代。即原有的文明为另一种不同的文明所取代，原有文明中断了失落了。①

这一划分显然是有重大科学意义的。但他把受前一文明影响的后来文明统称为从属于前一文明的文明却不妥当。一般所谓从属文明，应该属直接继承前一文明的文明，是具有亲子关系的文明。但汤因比所谓有从属关系的文明却包括许多仅受前一文明影响的文明，而且他并不区分这种影响的大小。

二、我们对各文明继承关系的分类

我们认为根据各文明前后关系的不同，应该区分为四类。

第一种是延续型文明，即后一种文明是前一种文明的延续，不能把它们分为两种文明，而应该称之为同一种文明，如中国的唐文明、宋文明只是中国文明的两个阶段，而不能分为两种文明。

第二种是同化型文明，后一文明虽是另一民族所创建，但从其文明的内容看，主体还是继承了前一文明。有时可能两种文明还相持并存一个时期，最后才被前一文明所同化。有时新的文明虽也带进一些新的文

① 〔英〕汤因比：《历史研究》修订插图本，上海人民出版社，2000年版，第52—53页。

明因素，但后来新的民族的文明仍是基本继承了前一文明，因此两者只能算作同一文明。如中国辽、金、元、清的统治者都是与原有汉族不同的民族，他们的文明最初和汉族文明都有一定区别，初期保持了两元文明，但最后都被汉族文明所同化了。因此，我们只能把辽、金、元的文明看做中国文明的一部分、一个阶段。又如苏美尔、巴比伦、亚述、新巴比伦四种文明是四个民族所建，但他们大体上延续了前一民族的文明，所以我们通常不把他们看做四个不同的文明，而统称之为美索不达尼亚文明。

第三种是影响型文明，即前一文明影响了后一文明，有大量文明因素为后一文明所吸收。但它并非和前一文明属于同一文明，而属于一种新文明。汤因比也归之于“从属于其他文明之文明”，实际上都应归之于此类①。这些文明都曾接受前一文明的重大影响，吸收了前一文明的许多因素，但不能把这些文明说成是前一文明，而只是接受了前一文明的影响，是一种新的文明。如雅利安人创建的印度文明可能接受以前印度河文明的一些影响，但不能称之为从属于印度河文明。叙利亚文明接受了苏美尔文明、埃及文明等的影响，也不能因此说叙利亚文明从属于以上文明。赫梯文明、波斯文明、希伯来文明虽然都在不同程度上接受苏美尔文明的影响，但都是分别形成具有不同内涵的单独文明，这些文明都应归入影响型文明。

第四种是中断型文明，汤因比称为“失落的文明”，即前一文明因某种原因中断了、夭折了，后一文明并未能继承前一文明的内容，哪怕部分因素。汤因比归入此类的有：最初的叙利亚文明为埃及文明所替代。基督教一性论文明为伊斯兰教文明所替代，基督教聂斯脱利（景教）文明为伊斯兰文明所取代，远西基督教文明为西方文明所取代，斯堪的纳维亚文明为西方文明所取代，中世纪西方城市文明为近代西方文

① 〔英〕汤因比：《历史研究》，上海人民出版社，2000年版，第52页。

明所替代[1]。

从这一意义上来说，汤因比所谓七个“失落的文明”恐怕一个也算不上真正的失落，因为前一文明的某些因素都在为后一文明所取代时吸收了。真正称得上“失落的文明”的，或许墨西哥的阿兹忒克文明、玛雅文明能算？复活岛的文明能算？或许印度河文明和雅利安人创造的印度文明中间也中断了，并无关系，也可列入此类。总之，完全失落和中断而未为以后文明所承继或部分吸收的文明不多。

三、拉丁美洲文明和非洲文明的归类

对拉丁美洲的文明，有些学者仅提到墨西哥文明或称中美洲文明，显然不够全面，中美洲文明（即墨西哥文明）实际上包括阿兹忒克文明、玛雅文明两支。虽然有人认为两者都受奥尔梅克文明的影响，并把奥尔梅克文明列为前阿兹忒克文明[2]，但奥尔梅克文明是为玛雅文明所承继，因此可以和玛雅文明归为同一文明。但阿兹忒克文明却仅受奥尔梅克文明影响，就不能看做同一种文明，而应看做另一种文明。而秘鲁的印加文明（即安第斯文明）显然和阿兹忒克文明、玛雅文明是不同的文明，应把它们分开。汤因比把安第斯文明和中美洲文明分作两个文明是正确的。但汤因比又从安第斯文明中分出南安第斯文明和北安第斯文明作为安第斯文明的卫星文明，是否有必要就值得讨论。因为南安第斯文明和北安第斯文明最后都为印加帝国所统一了，实际上已成为一种文明。至于汤因比把美国的密西西比文明和西南部文明也作为中美洲文明的卫星文明，因为缺乏详细资料，无法确定。但似乎这两者也应列入影响型文明之中。

关于非洲文明，很奇怪，许多研究者都仅列埃及文明，此外都不再涉及，似乎此外非洲就没有其他单独的文明。这显然是不对的。汤因比

---

① 〔英〕汤因比：《历史研究》，上海人民出版社，2000 年版，第 52 页。

② 赫名玮、徐世澄：《拉丁美洲文明》，中国社会科学出版社，1999 年版，第 40—46 页。

在其书中提到了非洲文明，并认为起初从属于埃及文明，之后从属于伊斯兰文明，最后从属于西方文明，又提到麦罗埃文明是埃及文明的卫星文明[①]。他是把非洲的几个文明混为一个文明了。实际上受埃及文明影响的是麦罗埃文明，受伊斯兰文明影响的是东非的斯瓦里希文明，受西方文明影响的是现代非洲文明，这是三个不同的文明，不能统称为非洲文明；并且还应加入一个其影响来源不明，更可能是土著的西非文明。这样非洲应该有五种文明。[②]

第五节 从各文明的相互影响进行分类

世界上往往同时存在着许多文明，这些文明彼此间形成种种不同的关系。各国学者就试图依据文明的不同关系进行分类，如分成独立文明和卫星文明，主要文明和边缘文明，基本文明和周边文明，主级文明和次级文明等。

一、汤因比等人的划分

汤因比认为："中国文明作为一方，朝鲜文明、日本文明、越南文明作为另一方，这两方面之间则存在十分紧密的关系。后三个文明受到中国文明的启发，但它们沿着自己的道路发展了从中国文明借来的东西，这足以将它们明显地列入一级分支文明当中，我们可以将它们称为'卫星文明'。"并认为："密西西比文明是中美洲文明的卫星文明；西南部的文明也是中美洲文明的卫星文明；北安第斯文明是安第斯文明的卫星文明；南安第斯文明也是安第斯文明的卫星文明；埃拉米文明是苏美

① 〔英〕汤因比：《历史研究》，上海人民出版社，2000年版，第52页。
② 艾周昌主编：《非洲黑人文明》，中国社会科学院出版社，1999年版。

尔—阿卡德文明的卫星文明；赫梯文明是苏美尔—阿卡德文明的卫星文明；伊朗文明，先是苏美尔—阿卡德文明，后是叙利亚文明的卫星文明；麦罗埃文明，埃及文明的卫星文明；朝鲜文明、日本文明、越南文明，中国文明的卫星文明；早期意大利文明可能是希腊文明的一部分或卫星文明；东南亚文明，先是印度文明的卫星文明，后归在印度尼西亚和马来西亚出现伊斯兰文明的卫星文明；俄罗斯文明，先是东正教文明，后为西方文明的卫星文明；邻近欧亚与亚非大草原地带的各土著游牧文明”①。

第二位从事比较文明的学者是美国学者菲利普·巴格比。他的《文化·历史的投影——比较文明研究》也是对文明分类做了较多研究的书。他提出“要能够比较各种文明，首先就必须区分它们”；而要进行区分，就要“选择那些看来富有意义的标准，然后系统地运用这种标准”②。巴格比把世界文明划分为两种，一是拥有九个（或十一个）成员的主要文明以及另一种是尚不能确定其成员数量的次等文明，他虽然严厉批评汤因比在研究中拙劣的想象和非科学的方法，但他的主要文明和次等文明，实际是汤因比独立文明、卫星文明的翻版。巴格比列举了九个主要文明：秘鲁、中美、西欧、古典、埃及、近东、巴比伦、印度、中国。他还列举了若干次要文明或称“边缘文明”，它们借用了相邻主要文明的一些特征，尤其是艺术风格和技术，但并未采纳其基本制度的全部项目，所以不能被视为主要文明的一部分。它们的许多特征是固有的，有些甚至可能被相邻的主要文明借用。这些次要文明在埃及、巴比伦地区有赫梯、密坦尼利亚、叙利亚—腓尼基以及爱琴海（克里特—迈锡尼）文明；在巴比伦以东有印度河文明，在介于印度和中国之间的地区有缅甸、锡兰、逻罗、高棉、柬埔寨、马来亚—印度尼西亚、安

① 〔英〕汤因比：《历史研究》，上海人民出版社，2000 年版，第 52 页。

② 〔美〕菲利普．巴格比：《文化·历史的投影——比较文明研究》，上海人民出版社，1987 年版，第 211—215 页。

南等文明，尼泊尔文明；在中国文明的边缘则有朝鲜文明和日本文明。近东文明周边则有公元第一千年的西欧条顿文明及埃塞俄比亚文明，后一千年则有俄罗斯文明及印度穆斯林文明①。

第三位主要从事比较文明研究的学者是日本的伊东俊太郎（1930—　）。他认为，世界上大体产生了 17 个基本文明，即有其自身独特的风格，得到独立发展，寿命长 900 年以上的文明，有美索不达尼亚、埃及、爱琴、印度、中国、希腊、罗马、波斯、非洲、叙利亚、中美洲、安第斯、拜占庭、阿拉伯、俄罗斯、日本、西欧、美国，实际上是 18 个。在其周围还有若干周边文明。如埃及的周边文明有努比亚，印度有锡兰、尼泊尔、缅甸、泰国、柬埔寨、印度尼西亚，中国有朝鲜、越南，阿拉伯周边有伊朗、巴基斯坦、马来西亚等。他的基本文明和周边文明大体和汤因比的独立文明和卫星文明，巴格比的主要文明和次等文明是相同的分类。但他强调现在既要研究“基本文明”对周边文明的影响，而且又要同等重视“周边文明”给“基本文明”带来的影响。这是有积极意义的。

他还提出了一个“文明交流圈”的概念来代替“文化圈”的概念，认为这是一种在一定时代的一定地域恒常地历史地交流的场所，如“地中海文明”②。

伊东俊太郎认为：“所谓‘基本文明’，即有其自身独特的风格，得到独立发展，寿命长 900 年以上的文明。”不符合这些条件的则是周边文明。③ 他们三人的看法大体是一致的，都把独立发展的文明称为“独立文明”、“主级文明”、“基本文明”，而把接受其他文明影响的称为“卫星文明”、“边缘文明”、“次等文明”。

---

① 〔美〕菲利普·巴格比：《文化·历史的投影——比较文明研究》，上海人民出版社，1987 年版，第 202—206 页。

② 〔日〕伊东俊太郎：《比较文明》，东京大学出版社，1985 年出版，第 50、162 页。

③ 同上书，第 50 页。

二、我们对他们观点的评价

文明是互相交流的，并不仅是所谓独立文明、基本文明、主要文明才对所谓卫星文明、周边文明、次级文明有影响，所谓卫星文明、周边文明、次级文明也对所谓独立文明、基本文明、主级文明有影响。这一点巴格比和伊东俊太郎也都承认。巴格比就曾说："次要文明有些甚至被相邻的主要文明借用。"① 伊东俊太郎更强调既要研究基本文明对周边文明的影响，又要同等重视周边文明给基本文明带来的影响。可见，文明的影响是相互的，不是单向的，不能简单认为仅是一方对另一方的影响，只不过是一方受到另一方的影响多一些，而另一方受到的影响少些而已。而且，这种相互影响的多少也不是固定不变的，可能这一段时间甲文明对乙文明影响大一些，而另一段时间则是乙文明对甲文明影响大一些。如在古代，中国文明对日本文明影响多些，而在近代则是日本文明对中国文明影响多些。如伊朗文明前期受苏美尔—阿卡德文明影响多些，但在后期伊朗文明又反过来对巴比伦地区文明的影响大些。赫梯文明也是如此。又如希腊文明前期对罗马文明有较大影响，但后期罗马文明又反过来对希腊文明影响较大。

因此所谓独立文明、主要文明、基本文明并非永远处于独立地位、主要地位，所谓卫星文明、周边文明、次级文明也并非永远处于次级地位，永远是卫星文明。可见，这种划分并非是固定的，不能把这种区分作为一种固定的分类。同时按伊东俊太郎的定义，"所谓基本文明即有其自身独特的风格，得到独立的发展，寿命长 900 年以上的文明"，按此三点而言，难道说日本文明、朝鲜文明没有自己独特的风格，没有得到独立的发展？难道他们寿命不都在 900 年以上？为什么他们就不能算基本文明呢？而且卫星文明、次级文明含有一种贬义的意味，我们没有

① 〔美〕菲利普·巴格比：《文化·历史的投影——比较文明研究》，上海人民出版社，1987 年版，第 254 页。

理由把某一些文明看成低于其他文明的卫星文明。奇怪的是：欧洲文明（西方文明）、伊斯兰文明、俄罗斯文明（东正教文明）同样都包含多种文明，为什么不对它们进行区别，其中何国文明是独立文明、基本文明、主级文明？何国文明是卫星文明、周边文明、次级文明？难道它们中间的相互影响就没有多少之分？

三、我们把文明分为中心、近亲、远亲、独立四类

就世界各文明的相互影响而言，不能把世界文明简单地分为独立文明和卫星文明、基本文明和周边文明、主级文明和次级文明。所以汤因比、巴格比、伊东俊太郎等人对文明的划分，还有可商榷之处。我们认为可以把世界文明按其相互关系划分为四类：中心文明、近亲文明、远亲文明、独立文明。

所谓中心文明和汤因比所说的独立文明、巴格比的主要文明、伊东俊太郎所说的基本文明差不多，是指一种对其他文明有较大影响的文明，但它不是完全独立发展的独立文明，而只是接受其他文明影响较少而已。而且在不同时期，同一地区可能有不同的文明充当中心文明的角色。中心文明的不断地变移是世界文明发展的普遍规律，而固定不变的某一文明始终充当主要文明、基本文明的角色却是在世界文明发展史中很少见的。巴比伦文明、埃及文明、希腊文明、罗马文明都只是在一定时期充当过中心文明的角色，但随后就让位给别的文明来充当中心文明。西方文明在近代充当了中心文明的角色，但随着世界各文明的发展，它的中心位置也会被别的文明所替代。这不是所谓“西方的没落”，而是中心文明随着发展不断转移的体现。在西方文明中也有一些国家先后充当中心文明，如早先是法国、西班牙，以后是英国，一度是德国，现今是美国等。伊斯兰文明、俄罗斯文明中也有某些国家充当中心文明的角色。

二是近亲文明。我们不打算用卫星文明、次级文明等含有不平等意

义的称呼，而把一些文明互相影响较多的称为“近亲文明”。汤因比、巴格比、伊东俊太郎等所说的卫星文明、周边文明、次级文明，大都属于近亲文明。像希腊文明和爱琴文明，与其说是从属关系，不如说属于近亲文明更合适些，朝鲜文明、日本文明与其说是中国文明的卫星文明，不如说是中国文明的近亲文明。

三是远亲文明。这是指一些文明间虽有一定影响，但影响不大。如日本文明和中国文明一度属于近亲文明，但以后却成了远亲文明。俄罗斯文明和西欧文明也可算远亲文明。实际上所谓独立文明、基本文明之间，有许多文明相互间也有相当影响，并非完全独立发展，因此都应归入远亲文明中。就如中国文明和印度文明之间难道就能否认它们的相互影响，就能都称为独立文明？应该说它们也属远亲文明，就连中国文明和西方文明之间也不能说没有相互影响，说它们没有远亲关系。

四是独立文明。真正的独立文明是和其他文明几乎没有任何联系，完全独立发展的。这样的文明是不多的，恐怕只有中美洲文明和安第斯文明，它们和东西方文明极少联系是事实，却不能说它们彼此之间就全无联系，或许可以认为中美洲文明和安第斯文明也应属远亲文明。而中美洲的阿兹特克文明、玛雅文明及北美洲诸文明，很可能属于近亲文明。安第斯文明和南安第斯文明、北安第斯文明似乎也应看做是一组近亲文明。这样看来，真正独立发展的文明是极少的，或许为了强调彼此的独立发展，也可把中国文明和西方文明的古代关系划为独立文明，但近代无论如何也有密切的联系了。

这四种类型只能是对各文明之间关系的分类，而不是对文明的绝对分类，只是从这一文明对另一文明的关系而言，并不能因此就确定某一文明只是属于某类文明，这种分类是相对的，是在不断变化的。

第五章
人类文明的新分类

以往对人类文明的分类，仅提到以上这几种，但实际上远不止这些。而且以上这些分类都仅从外在作粗疏的分类，而未能进一步研究各种文明一些实质性的区别。所以本章拟补充一些新的分类方法，当然也只是举一些例子，要真正对人类文明进行全面、科学分类，还有很多分类方法有待研究和提出。

第一节　从社会经济类型对文明分类

对人类文明的分类除以上几种外，还有一种是从人类社会经济的发展来划分的。即从经济类型的不同对文明分类，这种分类同时也应称为“文明的分期”，因为这些社会经济类型既出现于同一时期，又先后出现于不同时期，甚至应该说这种经济类型主要是用以文明的分期，但由于发展的不平衡，有些地区早些进入这类，有的晚些，就形成了不同类的同时并存。

一、从经济类型对文明分类

可以把世界文明分为牧业文明、农业文明、工业文明、信息文明四个类型。按说在游牧文明、农业文明之前尚有采集、狩猎等经济类型，但它们的生产力水平都不足以达到文明阶段，因此只能称为“采集文化”、“狩猎文化”，而不能列入文明之中。关于游牧文明、农业文明论述者颇多，但作为文明分类来研究尚未看到。这就使得许多研究文明分类的学者在其研究中带有很大片面性，所列举的大部分为农业文明，而很少论及游牧文明、工业文明等，这就很难全面地研究人类文明，现分别讨论于下。

1. 游牧文明

有人认为：“游牧文明与农耕文明是世界文明史上的两大主要文明。”① 然而奇怪的是以往许多讨论文明分类的学者几乎都仅列举了许多农业文明，而根本不提游牧文明，只有汤因比在卫星文明中提到了有“邻近欧亚与亚非大草原的土著游牧文明”，② 他明明知道游牧文明包含许多种，却合并为一个，且作为卫星文明，这与农业文明占三十多个一点也不相称，而且也无法说是何种文明的卫星文明。

事实上游牧经济无疑能建立文明社会，而且有很多游牧民族早就进入文明社会。匈奴人在公元前 3 世纪到公元 5 世纪已进入文明社会阶段。突厥人进入文明阶段，约在公元 5、6 世纪，蒙古人则在公元 12、13 世纪。塞人与古希腊同时，哥特人与古罗马同时进入文明阶段③。其他还有很多游牧民族都进入了文明阶段，没有理由不把他们看做一种单独的文明。

2. 农业文明

迄今为止历史上许多主要文明都属于农业文明。张海洋曾提出：

---

① 项英杰等：《马背上的文化》，浙江人民出版社，1986 年版，第 1 页。
② 〔日〕汤因比：《历史研究》，上海人民出版社，2000 年版，第 513 页。
③ 项英杰等：《马背上的文化》，浙江人民出版社，1986 年版，第 7 页。

“以农业文明为基础，人类不但能安居乐业，而且能积聚财富，发展技术，创造出前所未有的文明。”① 因为农业具有较高的生产率，能提供相当的剩余劳动，发展文化和工商业，建立整套的国家机构，从而创造伟大的文明。同时农业给定居提供了可能，使一切文明设施有了建筑的可能，并且便于长期传承下去积累发展。因此，古代的、中世的许多文明，如埃及文明、巴比伦文明、印度文明、中国文明、希腊文明、罗马文明，以及中世纪日耳曼民族创造的欧洲文明等无一不属于农业文明，也正是农业文明为以后工业文明的发展奠定了基础。

3. 工业文明

工业文明是在农业文明基础上发展起来的近代文明。在工业文明中，城市人口已占全国人口的多数，工业产值也远远超过农业产值。从近代以来，西方各国率先进入了工业文明，近年东方各国如日本、韩国等也相继进入了工业文明。工业文明和农业文明是两种截然不同的文明，不能因为它们是同一民族国家文明的不同阶段，就看做一种文明，应该明确区分成两种文明。但是如陈钦庄等把所有的工业文明统称为一个文明——近现代文明也不妥当②。近现代文明虽大都属工业文明，但不同国家、民族的工业文明也并非完全相同，仍是分为许多不同的文明，因此，必须把近现代文明仍按其不同国家、民族的区别分成若干种。

4. 信息文明

也有人称之为“高科技文明”、“后工业文明”。自 20 世纪后期以来，一些先进的国家如美国等，已经从工业文明向高科技文明、信息文明发展。这是一种新的文明，与过去的工业文明又有所不同，虽然目前真正进入高科技文明、信息文明的国家还不多，但逐渐会增多起来，所有的国家都会进入高科技文明。

因此，在现今世界，既有残留的游牧文明，而相当数量的发展中国

① 林耀华主编：《民族学概论》，中央民族大学出版社，1997 年版，第 93 页。
② 陈钦庄、詹天祥、计翔翔：《世界文明史简编》，浙江大学出版社，2000 年版。

家正在从农业文明向工业文明过渡，又有相当多国家已进入工业文明，更有的已向高科技文明过渡。当今的世界呈现出一多种文明并存的局面。正由于如此，把世界各文明划分为游牧文明、农业文明、工业文明、高科技文明更为必要。这不仅是从历史发展中对各文明进行划分，也是对同时存在于当今的各文明按其发展的不同状况进行划分。而以上许多学者的分类都没有考虑这个方面，因此，他们所列举的文明，都只是农业文明，而没有把游牧文明、工业文明、信息文明区分出来，这显然有很大片面性。

二、牧业文明和农业文明的关系

牧业文明、农业文明是否有先后次序？即把牧业文明、农业文明、工业文明作为依次产生的三个阶段的标志是否可以？

我们认为：畜牧业和农业都是在野蛮时代中级阶段产生的，农业的产生可能略晚于畜牧业，但也不会晚一个历史时期。奴隶社会时期有很多民族是建立在畜牧业基础上的，但在奴隶社会早期很多民族也是建立在农业文明基础上的。因此畜牧业和农业都能产生奴隶社会，但在封建社会中，生产的基础却主要靠农业，畜牧业由于它的生产特点，需要很大的土地面积才能养活少量人。它不能像农业那样供养大量人口，因此畜牧业社会有个特点，当它进入文明时代时，会很快侵入农业民族居住地，因而接受农业文明，发展为农业文明。东亚的匈奴人、鲜卑人、突厥人、回纥人、蒙古人都是如此。西亚的阿莫里特人、喀西特人、亚述人、加勒底人都相继作为游牧民族而入居两河流域，过渡为农业文明；日耳曼人在进入罗马帝国以前也是游牧民族，入居罗马故地才转化为农业文明。因此，是否可以这样说：一般来说游牧民族只能进展到奴隶时代，这些民族进入封建时代，是在改营农业经济之后。真正在原有畜牧业基础上进入封建社会的是个别现象。这样，似乎也可把牧业文明、农业文明、工业文明作为三大时期的三种代表。同时，事实上许多古代文明，都是游牧民族进入农业地区后和原有的农业民族共同创建的。美索不达尼亚文明就先后由巴比伦人、迦勒底人等游牧民族入侵后，在继承原有民族文明基础上有所发展而形成的。印度文明是游牧民族雅利安人入侵印度河流域中，在印度河文明基础上创建的。希腊文明是游牧民族在迈锡尼文明基础上创建的，中古欧洲文明是游牧民族哥特人和其他日耳曼人在罗马文明基础上创建的。中国文明也先后有许多游牧民族带着他们的文明与原有的农业文明融合后发展成后来的文明。这些游牧文明进入农业文明地区，一方面当然起了一些破坏作用，但另一方面也都带入了新的文明因素，促进了固有农业文明的发展。游牧文明这种对世界文明发展的作用，不能低估。

汤因比却把欧亚大陆的游牧文明作为停滞文明的突出例子。因此，吉尔格勒认为："汤因比对游牧文明是停滞的文明的定位和定论的致命弱点在于：任何文明都不可能是停滞不前的文明。"① 他并列举了突厥汗国和蒙古汗国较高发展的文明来证明游牧文明并非停滞的文明。

应该认识到：游牧文明的发展有一个特点，通常是一部分人先发展起来了，建立了较高的文明，然后进入农业地区和该地区的农业文明汇合，而留下来的另一些落后的游牧民族就按照原有的路子继续发展。实际上是不同的游牧民族在反复走相同的路，给人看来就似乎游牧民族永远停留在原有的文明阶段，发展停滞似的。但应该认识到公元 5、6 世纪的游牧民族是突厥人，不是公元前 3 世纪的匈奴人。公元 12、13 世纪的游牧民族是蒙古人，不是公元 5、6 世纪的突厥人。因此，把不同民族的相同文明发展阶段来比较，而认为游牧文明是停滞文明是不能成立的。

三、对海洋文明、农业文明、牧业文明的划分

徐晓望提出了把文化划分为海洋文化和内陆文化，并提出了："内

① 索尔只斤·吉尔格勒：《游牧文明史论》，内蒙古人民出版社，2002 年版，第 12 页。

陆文化和海洋文化的根本区别在于：前者是‘静’态文化，定居性、苟安性、封闭性、忍耐性，全是静止性的曲折反映；而后者却是‘动’态文化，一个‘动’字在不同场合下，转化为流动性、冒险性、开放性、斗争性。二者反映了不同的社会适应性。”①

这给我们一个启发，似乎文明也应分为海洋文明、内陆文明。但内陆文明实际上包括农业文明和牧业文明两大类。而他所说的海洋文明的特点：流动性、冒险性、斗争性等似乎都与牧业文明相同。如果不把内陆文明分为农业文明和牧业文明，他提出的内陆文明与海洋文明的比较就无法成立。因为他所说的内陆文明仅限于农业文明。因此，我们认为可以另分一类，即海洋文明、农业文明、牧业文明，这实际上是把不同经济类型从横向分类。

我们承认农业文明具有定居性、保守性等特点，但不能偏颇。农业文明有其缺点，也有优点，它有利于经济文化的积累和发展。世界上古代几大文明古国主要都是在农业文明基础上建立起来的，这不是偶然的，即使希腊海洋活动很发达，但它的文明还是建立在农业文明基础上的，而世界上无数文明古迹保留下来的基本上也都是农业文明创造的。

海洋文明在早期以渔业、商业为主时，并未发展形成多高的文明，它的发展是随着资本主义的发展，对外贸易的扩展，才逐渐增强了海洋文明的地位。但没有内陆发展的农业、工业文明为基础也不可能有发达的海洋文明。

牧业文明虽落后于农业文明，但它所创造的牧业产品，也是农业文明发展所不可缺少的，就是海洋文明，它就能离开农业文明而独立存在吗？

应该说，三种文明都有长短，它们在经济、文化上是互补的，即使

① 徐晓望：《论中国历史上内陆文化和海洋文化的特征》，《东南文化》1988 年第 3、4 期合刊。

在今后进入工业时代、信息时代，也不能缺少哪一种。它们只是在新条件下有了新的发展，或者互相融合为一种新文明而已。但至少迄今为止，三大文明的同时存在是事实，应该作为文明分类的一种。

第二节 按社会形态和生产力分类

按不同的生产方式，从生产力和生产关系将文明分为若干种，这实际上是一种历史分期方法，但由于历史发展的不平衡，同一时期可以同时存在多种不同生产方式，因此不论从纵向发展或横向比较，这也应是一种分类办法。但生产方式是由生产力和生产关系组成的，它们在发展时一般生产力比生产关系发展快些，所以可以分别分类，理解它们之间的关系和区别。

一、按生产关系（即社会形态）分类

按马克思主义常用的一种分类方法社会性质分类，可把人类文明分为奴隶制文明、封建文明、资本主义文明及未来的共产主义文明。在过去有些人的文明分类中，由于没有引入这一分类原则，就把奴隶文明、封建文明和资本主义文明混在一起。如他们所说的西方文明，实际上是包括了西欧的封建文明和资本主义文明。而对中国文明则更把古代的中国奴隶文明和以后的中国封建文明、半封建半殖民地文明看做一种文明。这种划分实际上是把不同发展阶段的文明混为一种了，虽然都是中国文明、西方文明，有它的继承性但又必须看到它的阶段性。

有的马克思主义学者在论述马克思主义的文明分类时，虽然提到了“文明时代是阶级对抗的时代。这个时代包括三个以阶级对抗为基础的社会形态，即奴隶社会、封建社会、资本主义社会”，却没有明确指出这是三种不同的文明形态，并认为“资本主义是文明时代的最高和最后

阶段”[①]，同时却又说：“共产主义文明是崭新的文明。”按前面的提法，文明时代到资本主义文明为止了，共产主义文明不再是文明时代。但按后一提法又承认共产主义是文明时代。应该说共产主义仍是文明时代。同时从现在看社会主义不仅是共产主义的初级阶段，而且是一个独立的相当长的时期。因此也应该分称社会主义文明，这样大致可以按不同生产关系（社会形态）分成几种文明。

二、按生产力分类

按生产力对文明分类，显然是和用生产关系对文明分类的另一个主要补充。但由于生产力包括方面较多，迄今尚无一个明确的统一标准。由于一般以生产工具作为生产力中的主要标准，我们试用按生产工具的不同性质，分成以下几类：青铜文明、铁器文明、机器文明、电子文明。

我们认为：青铜文明以前的黄铜时代、石器时代不能构成文明，因此不列入文明分类之中。而以青铜文明作为文明时代的第一种文明，因为青铜虽最早出现于原始时代，但却是奴隶制时代的主要特征。

铁器文明是继青铜文明而形成的第二种文明。铁器文明形成于奴隶制发达阶段，到封建时代得到更进一步发展。过去认为铁器文明仅指封建时代或奴隶时代都是一种片面的提法，与世界各国历史的实际状况不符合。

机器文明是文明的第三种形态，但我们这里所说的机器不是仅指用蒸汽、电流带动的机器，也包括了用人力、自然力（风力、水力）等带动的各种机器。这种机器产生得很早，在封建时代就有相当发展，而为资本主义的产生做了准备。在进入资本主义时代后有了更高的发展，并开始用蒸汽、电力来带动。通常仅把机器文明的后一阶段称做机器时代

① 刘建军：《马克思恩格斯的文明论》，《世界文明论研究》，山东人民出版社，2001 年版，第 16—19 页。

是不全面的。

电子文明是第四种文明，它出现于资本主义的发达阶段，它的发展为信息时代的到来准备了条件，并通过信息时代进入社会主义文明时期。钱学森把从 18 世纪到 21 世纪，分成五个阶段，列举了各方面的发展，这种划分过细。（见 14 章 5 节）实际上，他的三、四时期应属机器文明时期，蒸汽机的发明，电动机的发明都是机器的进一步发展；他的第五时期以后才进入电子文明时期。

三、不能把生产关系分类和用生产力分类强行套在一起

虽然马克思主义一再强调一定的生产关系必须适应一定的生产力，但通常生产力总是首先发展起来，一定的生产关系就从适应和促进生产力发展而成为新生产力的桎梏，这样在实际发展中，一定的生产力必然是和旧的生产关系并存，以后又和新的生产关系并存。这样就不能把按生产力分类和按生产关系分类形成的两种分类系统，机械地强行地合为一种分类。长期以来由于没有正确理解生产力与生产关系这种辩证关系，而机械地把一种生产力和一种生产关系硬行联系在一起，反而造成了混乱。按生产关系、生产力分类的方法，应该说比按时代分类的方法前进了一步，更进一步揭示了不同时代文明的不同特点。

第三节 从国家、民族、国际关系分类

这是在以往按地域、国家、时代、文明相互关系基础上提出的几种新的分类方法。过去按地域分类的方法，因不同时代地域有不同的大小，很难确定统一的标准，因此并不科学。而过去按国家分类，又不考虑不同时代的国家有不同范围，有王国、帝国、单一民族国家，多民族国家之分，因此也是一种极为模糊的分类。而过去按时代分类，又没有

明确的各时代的不同标准，这种分类也较粗疏。而按各国相互关系分类，文明的相互关系在不同时期也形成不同关系，而过去往往把不同时代的不同关系混杂而分，当然也不科学。下面我们试在以上诸分类基础上，提出两种新的分类方法。

一、按国家的不同性质分类

国家和民族都是在历史上形成的，而且是不断发展中的，不同时期的国家和民族是有不同的性质，不同的大小、不同的结构，笼统地按国家、民族将文明分类就很难达到科学分类的目的。

国家在其发展中，大致有三种类型，即古代分封制的王国，中世中央集权式的帝国，近代共和制的单一民族国家。我们在划分不同时期的文明时，就必须按不同时期的国家来进行划分。如对古代文明通常所列举的几大文明，大都是以古代王国为划分对象的。古代王国的特点，是由一个中心城邦统治了一大群向其朝贡，受其分封的城邦组成的。各个城邦都有各自的文明，它们在不同时间受统治或不受统治，它们的文明和王国文明有共性但程度不同。因此通常我们所说的某王国的文明，实际上只是该王国主体民族的文明，往往由于王国主体民族的不同，使这一王国的文明发生变异。

而在古代末期开始形成几大帝国，都延续到中世纪。帝国文明和王国文明不同，因为大多数帝国采取了中央集制下的郡县制，帝国内各部分融成一个总的文明，只是在帝国边疆地区统治一些其他民族，还保持着各自的文明特点。所谓帝国文明通常就是指构成这一帝国基础的主体民族的文明。帝国在发展中有些会瓦解，有些主体民族会有变异，而带来该帝国文明的变异。

近代则各国通常都成为了单一民族国家，这或者是原有国内各民族融合为一个单一民族了，或者是国内各民族分别独立建立本民族国家了。这样通常每个国家都是单一文明，只有少数多民族国家存在多种文明。

二、按民族的不同性质分类

在近代通常按国家和民族分类，大体上是相同的，因为近代大多是单一民族国家。但在古代、中世按国家分类和按民族分类就有区别。一般说按民族分类更合适些，因为一个民族大都是单一文明。

民族在发展中也分若干不同类型，从最初向文明过渡时期出现的部族，到奴隶制时代中代都转化为小民族，在奴隶社会向封建社会发展中小民族发展为大民族，在向资本主义过渡时，又形成为资本主义民族。在中世纪有一些刚由若干小民族融合而成的大民族，虽然已有统一的文明，但其中各原有小民族的文明特点，还以地区文明的特色存在，实际上，这时民族文明的共性已大于各地区文明的个性，就不必再以原有的小民族地区再作分类了。但如英国的爱尔兰、苏格兰仍作为一个民族而存在英国之中，分类就必须考虑到它们的特殊情况。而像美国虽然由许多种族组成，也各有自己的特点，但由于是交错杂居，并已形成一个统一的经济，已形成为统一民族、统一文明，就应把美利坚文明看做一种文明了。

三、按国际关系在不同时期形成的不同体系分类

近年，很多人喜欢用“文化圈”来划分世界文明，甚至把这种文化圈一直推到古代。但实际上在古代世界并没有形成真正的文化圈，所形成的是以一个国家中心文明为核心形成的一群文明组成，它们在文明上有一定共性，但又各有自己的独立文明，即保持一定个性。通常这些国家在政治上形成一种册封朝贡体系，这种册封朝贡体系，并非仅东亚有，南亚、西亚、西欧、东欧都存在。这种朝贡册封体系与今天的文化圈不同。这种册封朝贡体制文明并没有延续下来，到近代被殖民体制文明所冲坍了。

近代的殖民体制文明是以一个先进的资本主义国家为主，征服了若干落后国家，形成了一个以统治国家文明为主体文明的文明体系，但大

多数情况下殖民体制并不能消灭殖民地的文明，被统治的殖民地还保留着自己的固有传统文明，只是在某些方面受到同化而已，这种殖民体制文明的特点和过去册封朝贡体制文明不同之处，是他们往往不是由相邻地区、相近文化组成的，而往往是由东西相隔、文明极端不同的国家、地区组成的，这也是使它难于融合成一个单一文明的原因。

殖民体制文明在第二次世界大战后被各殖民地半殖民地的民族解放运动冲垮了。各殖民地半殖民地人民为了复兴本民族的传统文明，加强了相邻地区相近文明间的联系，这种联系成为当今世界形成各文化圈的基础。同时各地区经济联系的加强，也使这些文化圈成为一个经济文化圈。这种经济文化圈通常没有任何政治上的相互隶属关系，是一种平等国家的联合。这和过去册封朝贡体制、殖民体制建立在不平等关系基础上不同。有些人把这种经济文化圈看做是古代朝贡册封体制文明的继续，这是不对的，它是重新形成的一种关系。就目前而言，很多地区的经济文化圈还正在形成中，彼此的经济联系和文化交流还有待发展，过去遗留下来的诸多矛盾，还有待逐步消除，不能认为现在已经普遍形成经济文化圈了。

至于各地域文明共同体，是一种建立在经济一体化基础上的，政治、文化多方面的密切结合，它和经济文化圈中各国文明个性大于共性不同，它们之间文明的共性已大于个性，但目前在世界上还仅出现一个西欧共同体，其他共同体文明的形成，还需要相当长时期。这不能由某些人的主观愿望而定，这是历史发展的自然趋势，也是历史到一定时期才能出现的结果。起码在 21 世纪上半期还不可能出现更多的共同体。21 世纪上半期所能形成的只是各地的经济文化圈文明。

这种分类是有价值的，但不能在没有形成经济文化圈的地区主观地划出一个经济文化圈，也不能在古代根本不是这种经济文化圈的地方硬性把古代的朝贡册封体制说成是今天的经济文化圈。

第四节 从各国文明发展的不同模式分类

从各国文明发展的不同模式进行分类，目前只有一些尝试，还未形成一个完整的分类方法。但显然这将是一种极有价值的分类方法，值得进一步认真探索，而加以体系化。

一、以往对不同模式文明的一些提法

最早试图用文明发展的不同模式进行研究的是马克思和恩格斯。

马克思在《前资本主义形态》一书中，把亚细亚的、古典的、日耳曼的三种公社的不同模式，进行了对比研究。恩格斯则在《家庭、私有制和国家的起源》一书中对希腊、罗马、日耳曼三个民族形成国家的不同模式进行了对比研究。马克思还多次将东方的专制政体，土地国有与西方作了对比研究。恩格斯则对日耳曼人在罗马废墟上未经充分发展如奴隶制度而形成封建制作了分析。但他没有列举哪一个国家是经过充分发展的奴隶制而进入封建制的。我们认为或许中国可以算作经过充分发展的奴隶制而进入封建制的典型模式。此外，汤因比在《历史研究》一书中，把希腊模式和中国模式做过对比研究。

二、世界文明的发展具有多种模式

要把人类文明按不同模式分类研究必须弄清几个问题，这也正是本问题研究的意义所在，即世界各国文明的发展是单线的，还是多线的？具体来说是按同一道路同一模式发展的，还是按不同道路不同模式发展的呢，或是基本是按同一道路，但存在各种具体差异而形成不同模式？

从远古开始，如果各地区公社就按不同模式发展，国家形成又存在希腊、罗马、日耳曼的多种类型，甚至还有其他类型，那样是否人类文明的发展就存在不同道路呢？

我们认为应该肯定人类文明无论千差万别，但基本上是按同一基本相同的规律、同一基本相同的道路发展的，都经过公社，都发展成国家，都经过奴隶制、封建制、资本主义，即基本道路是共同的。

就像全世界物质种类有无数种，但本质上只是那些种元素的不同组合。文明的发展也是如此，尽管有多少不同类型，也只是几种基本形态的组合有所不同。所谓文明发展的不同模式，只是几种形态组合上的具体差异。所谓西方文明发展由某几种形态组成，而东方却存在一些完全不同的形态，东西方是走着两条根本不同的道路，这种观点笔者不能同意。

所谓亚细亚的、古典的、日耳曼的三种类型的公社，实际上只是由于具体发展条件不同，公社所有制这种具有二重性的过渡形态中公有制和私有制的比例不同而已。所谓国家形成的希腊、罗马、日耳曼的不同道路都是氏族社会过渡到国家形成的不同道路。可能还有东方的，甚至东方还不止一种模式，但并非是氏族以外的另一种东西形成国家以外的另一种东西。

封建农奴制的形成，显然日耳曼的道路和中国的道路有区别，即使中国，汉族的封建农奴制的形成道路和女真族、蒙古族、满族的封建农奴制形成道路也有区别。但都是封建农奴制形成发展的不同道路，而不是另外一种宗法制或什么制的发展，宗法制按其本质仍是氏族制和封建制的一种特殊组合方式而已。这就是说实际上，人类文明发展中只存在几种基本形态，最基本的是公有制和私有制，私有制又分为劳动者的个人私有制和剥削阶级的大私有制，后者又分为奴隶制、农奴制、雇佣制三种不同的形态，而各种基本形态又相互组成为许多种过渡形态，仅公有制和私有制的比例不同，就组合为多种公社所有制。

在人类文明的发展中各国大体都经历着同样的基本进程，但在具体发展中有的时期长一些，有的时期短一些，有的形态发展典型一些，成熟一些，有的形态发展得不够典型，不够成熟，而由于具体环境的影响，迅速向另一形态过渡了。

这只是依据现有的史实作为初步分析。具体历史发展要远为复杂得多。我们对世界各国各时期的各种发展模式，研究的还不多，还未形成一个完整的科学的分类体系。因此，对这种按不同模式进行文明分类的进一步研究，将会解决历史上许多重大分歧问题，使历史发展真正呈现出科学的清晰的过程。

三、对开展这一分类研究的设想

我们设想要真正把这一分类研究深入下去形成一个科学的体系，大致应从以下几方面做起。

其一，是汇集所有以往对人类文明史所作的各种不同模式的比较研究，进一步分析各种模式差异形成的原因。

其二，要广泛研究各国历史分期问题，研究比较是否在已知诸模式之外，还有别的模式，以形成一个完整的体系。

其三，要把各个时期各个不同模式的前后发展联系起来，观察其是否殊途同归，或同途殊归？这就是说是否存在自始至终的东方和西方的两条不同道路？

第五节　用各种文化领域的差异来划分

用各种文化领域的差异来划分世界文明的做法还不多，目前在实际中所用的仅一种，即用宗教来划分。但也有很多问题。而用其他文化领域的差别来划分人类文明则至今还没有，也可能在各文化领域中已有一些划分，但还无人把它们引进到文明分类系统中来，这是今后要加强研究的一个新领域。

一、用宗教来划分文明

宗教作为一种思想意识，在其产生以后，它就和文化的各个领域——道德、艺术、教育、习俗、礼仪等方面密切结合，形成一种特殊的文明体系。不同的宗教形成了具有不同特色的文化体系，如在基督教影响下形成的道德、艺术、教育、习俗、礼仪等，既具有西方文明的特点，又都打上了基督教的烙印，具有基督教文化的特色。伊斯兰教也是如此，它使西亚文明具有了伊斯兰文化的特色。而佛教文化的色彩，又由于其传播地区的不同，在南亚文明和东亚文明中都带上了不同的文化特点。

因此，有些研究文明分类者依据不同的宗教把世界文明分成基督教文明、伊斯兰教文明、佛教文明几大类，甚至将中国的儒学也称为儒教。把儒教文明作为宗教文明的一个类型。

在汤因比的文明分类中就多次提到伊斯兰文明，东正教文明、基督教聂斯脱利文明、基督教一性论文明等，并把这些与其他按地区、国家划分文明并列。①

亨廷顿用过伊斯兰文明、西方基督教文明与其他地域文明并列。并把中华文明称为儒教文明等。②

这种按宗教划分文明和按地域划分文明的方法标准不一致，显然不可取，而纯按宗教来划分文明以代替按地域划分文明也不妥当。因为一种地域文明包含了文明的多方面内容，这并非按宗教划分的文明所能包括得了的。如西方的科学就不能包括在基督教文明之中，西亚的科学同样也不能包括在伊斯兰教文明中，而中国的儒学文明更不能称为儒教文明，儒学从来不是一种宗教。同时宗教是否能称做一种文明还应考虑。因此用宗教来作为划分文明的基本标准显然是不可取的。

---

① 〔英〕阿诺德·汤因比：《历史研究》，上海人民出版社，2000年版，第52—53页。

② 〔美〕塞缪尔·亨廷顿：《文明的冲突与世界秩序的重建》，新华出版社，2002年版，第29页。

由于在宗教影响下各地的一些文明有了一定的宗教色彩，用宗教来划分这些文明，来研究它们的不同宗教特点，却是可以的。这也许能为研究各地域文明的特色提供参考。

二、用教育来划分文明

目前还没有人尝试过用教育来划分文明，但不同地域、国家、民族的教育无疑是有其特点的。

高明士曾著书论述唐代东亚教育圈的形成，他提出："随着唐代文化的远播而摄取中国教育特点的新传统、建立基本国学制，于是以唐为中心的教育圈依次在东亚逐渐形成。"他还强调说："东亚世界的政治秩序常随着中国国力的强弱而有所变化，但其教育圈却经常存在。只要教育圈不崩溃，东亚世界就不会解体。"①

没有人研究南亚教育圈、西亚教育圈、西欧教育圈，以配合成一个分类体系，不过研究各地区各国教育特点者是有的，只是无人把它系统化，引入文明分类体系中来。

三、用其他文化差别对文明分类

文化还存在许多个领域，如艺术、习俗、科学等，都可以用来对不同文明分类。因为实际上不同文明在这些不同领域都具有不同特点，而且在研究世界艺术史、世界科学史、世界民俗史时研究者也似乎都已做了世界各地区科学、艺术、民俗各方面的比较研究，把这些研究引入文明分类，就可以形成一些新的文明分类方法。或许有人会认为按地域、国家、民族对文明分类的方法之中，已经包含了这些方面特点的成分。但在那种大的分类中，很难具体研究到各地域、各国家、各民

① 高明士：《唐代东亚教育圈的形成》，国立编译馆中华丛书编审委员会，1984年版，第464、466页。

族的多方面文明特点，很难做到全面比较。而把文化各领域的各种分类引入文明分类中，就可帮助我们对文明分类有更细、更全面、更深刻的认识。

这是使我们做到全面研究文明这一多面体的重要手段，需要我们设法加强这方面的研究。

第六章
实践是人类文明发展的动力（上）

——实践的作用

文明是人类创造的理性的人文境界，而不是自然界自然发生的混沌实体。作为宇宙发展的一种特殊形态，人类文明经历着从无到有，从低级到高级的发展过程。人类文明发展的这一历史过程也就是人类社会发展的历史过程。这一发展过程的动力，历来是人们长期关注的问题，思想界曾提出过无数种不同的看法，长期以来争论不休。

第一节　以往对文明发展动力的研究

一、远古及近世对文明发展动力的看法

从远古时代起，基于当时人类还在极大程度上依赖于自然，因此那时人们把人类历史发展的动力归之于自然界，归之于天、神。人们认为人类是神创造的，历史是按神的意志而发展的，帝王将相和杰出人物按照神的意旨来推动历史发展。这具体表现为中国历史上的“天命论”和欧洲的经院哲学。

在近当代，随着资产阶级革命的发展，人们开始抛弃这些客观唯心论观点，强调了人在历史发展中的作用，但他们大都以“人性”、“理性”、“善恶”、“爱和情欲”等人的主观意愿作为人类文明发展的动力。

马克思主义的产生才对人类文明发展的动力问题作了历史唯物主义的解释。马克思主义认为决定人类社会发展的不是人们的意识而是形成意识的社会存在，是生产力决定生产关系，经济基础决定上层建筑，并指出了生产关系对生产力、上层建筑对经济基础的反作用，同时强调了人民群众的生产斗争和阶级斗争在人类历史发展过程中的决定作用。

二、我国学术界对文明发展动力的几次讨论

中华人民共和国成立后对历史动力问题曾展开过两次大讨论。50年代至60年代的第一次大讨论，提出了社会矛盾是推动社会前进的动力。当时有的学者强调物质生产是社会发展的主要动力，有的强调阶级斗争是文明历史发展的真正动力，而以后一种观点占了压倒优势。70年代至80年代又掀起了第二次大讨论，在这次讨论中认为生产力和生产斗争是历史发展根本动力的主张占了优势。但也有不少学者主张社会各种矛盾的合力是历史发展的动力。有人还提出了“系统动力说”，有的学者则提出“实践动力论”，认为“人的实践活动是历史发展的动力”；有人则认为物质利益和人的需求是历史发展更根本的动力。

20世纪90年代以来，在继续认为社会基本矛盾是社会发展根本动力，生产方式是人类赖以存在和发展的基础和决定力量的同时，一些学者更多地强调了人的主观能动性在历史发展中的作用。不少学者强调了理想、信念、道德的重大作用。随着科学技术是第一生产力的提出，很多学者越来越强调科学技术在人类社会发展中的作用，并进而探索推动科学技术发展的原动力，提出了人的求知欲、好奇心是推动科学技术乃至人类社会文明与进步的原动力。

我们认为，推动人类文明发展的力量是众多的，不是单一的。但在

这多方面的动力中必然有一个体系，这个体系只能是人类的实践。虽然以往早有学者提出了实践是历史发展的动力，但并未深入论证实践和其他诸多动力、动因的辩证关系及实践的本质和特点。[①] 因此，这一正确提法长期未为学术界所认同。

这里的关键是，我们必须将文明发展的动力体系集中提炼升华到哲学高度进行考察，升华到物质与精神、客观与主观、宇宙与人类的矛盾与统一这一高度去理解。物质形态的进化，客观事物的发展，宇宙洪荒的演变，是无穷无尽的。在漫长的演化、孕育过程中，出现了具有智慧的生物——人类，发生了精神的东西、意识的东西、主观的东西，人类是物质形态进化过程中必然要出现的一种高级物质形态，也是宇宙进化阶段至今为止的最高级的形态。而人类的精神和意识正是在实践过程中产生的，实践是人类这一主观存在的精神和宇宙这一客观存在的物质之间联结的唯一桥梁。人类正是通过实践去认识世界、改造世界，并由此而创造和发展了文明。

三、我国几代领导人对实践是动力的论述

人类对文明发展动力的探索经历了一个漫长的历史进程。随着人类创造文明、发展文明实践的进展，人类终于摆脱了客观唯心论和主观唯心论的影响，在众多复杂的动力中，逐渐认识到只有本身的实践才是推动文明发展的动力，并逐步自觉地运用本身的实践去能动地认识世界、改造世界。在这个过程中，马克思主义经典作家和许多学者做了大量工作。马克思、恩格斯早就指出了各种实践的巨大意义及其在推动文明发展中的作用，中国共产党的几代领导人更为此作出巨大努力，并成为发

① 宋士堂：《试论历史前进的动力问题》，《近代史研究》1979 年第 2 期；宋士堂、李德茂：《关于历史前进的主要动力及其转化问题》，《近代史研究》1980 年第 2 期；杜绍顺：《三大实践活动交替表现为历史发展的主要动力》，《华南师院学报》1980 年第 3 期；蒋大椿：《历史的内容及其前进的动力》，《近代史研究》1981 年第 4 期。

挥实践作用的典范。

毛泽东同志指出了实践在人类认识世界、改造世界中的巨大作用，把实践提到第一的地位，毛泽东同志指出："通过实践而发现真理，又通过实践而证实真理和发展真理。从感性认识而能动地发展到理性认识，又从理性认识而能动地指导革命实践，改造主观世界和客观世界。实践、认识、再实践、再认识，这种形式，循环反复以至无穷，而实践和认识之每一循环的内容，都比较地进到了高一级的程度。"[①] 邓小平同志一再强调"坚持实践检验真理的标准，这就是我们党的思想路线"[②]，并以此指导了拨乱反正、改革开放，取得了近年改革开放的伟大成就。江泽民同志指出："社会实践是不断发展的，我们的思想认识也必须不断前进，不断根据实践的要求进行创新。"[③] 又指出："我们一定要适应实践的发展，以实践来检验一切，用发展着的马克思主义指导新的实践。"[④] 胡锦涛同志强调："在新的历史条件下，我们必须从理论和实践相结合的角度，坚持解放思想、实事求是、与时俱进，紧紧围绕建设中国特色社会主义这个主题，准确把握时代特征和中国国情，认真研究和回答我国社会主义经济建设、政治建设、文化建设、社会建设和党的建设面临的一系列重大问题，不断总结实践经验，不断扩展理论视野，不断作出理论概括。这既是推动党和人民事业发展的紧迫任务，也是坚持和发展马克思主义的必然要求。要自觉发扬理论联系实际的优良学风，坚持以最广大人民的实践为理论创新的不竭源泉……善于把党和人民在实践中创造的新鲜经验升华为理论成果，努力回答改革开放和现代化建设进程中亟待解决、人民群众普遍关心的重大理论和现实问题。

---

① 毛泽东：《实践论》，《毛泽东选集》第一卷，人民出版社，1991 年版，第 296—297 页。

② 邓小平：《坚持党的路线改进工作方法》，《邓小平文选》第二卷，人民出版社，1989 年版，第 278 页。

③ 江泽民：《不断根据实践的要求进行创新》，《江泽民文选》第三卷，人民出版社，2006 年版，第 68 页。

④ 江泽民：《在中央党校省、部级干部进修班毕业典礼上的讲话》，《人民日报》2002 年 6 月 1 日。

要瞄准当今世界的学术前沿，着力用马克思主义指导哲学社会科学提高学术创新能力，努力形成贯穿马克思主义立场观点方法、体现中国特色社会主义事业发展要求、吸收当代人类文明有益成果的哲学社会科学的学科体系和学术体系，不断增强马克思主义的吸引力和感召力。”① 由此可看出胡锦涛同志非常重视实践在发展马克思主义中的重要作用。正是在几代领导人关于实践的光辉思想指导下，我国许多学者一致认同，人的各种实践在历史发展中的巨大作用是历史发展的动力。

我们正是在这些基础上，才认识到：实践是人类接触世界、认识世界、改造世界活动的总和，实践是人类生产斗争、阶级斗争、科学实验等多种形式实践的有机整体，实践是全体人类包括各民族、各阶级活动的合力，实践是人类活动的目的性和客观规律性的统一。我们还认识到：实践是社会诸矛盾产生的基础，又是解决矛盾的手段；实践是人类利益和需求产生的基础，又是实现各种需求的手段；实践是产生求知欲、好奇心不断发展科学技术的基础，又是运用科学技术改造世界的手段；实践是人们道德、信念产生的基础，又是在道德信念驱动下改造世界的手段。因此，我们才得出结论，实践是人类文明发展的动力。认识到实践是人类文明发展的动力，可以使对文明发展的众多动力有一个完整统一的理解，而不致片面强调某一动力的作用。

目前世界步入知识经济的新时代，能否继续坚持马克思主义实践第一、生产第一的唯物论认识论，是使我们面对科学技术巨大发展所形成的巨大力量，坚持马克思主义对人类实践在改造世界中起主观能动作用的关键。

人类终于逐步认识到自身实践在创造文明发展文明中的重大作用，并自觉地凭借实践去能动地改造世界，创造发展文明。使人类终于从必然王国走向自由王国，开始了人类文明史新的一页。人类将从此自觉发

① 胡锦涛：《坚持马克思主义理论同中国实际相结合，为全面建设小康社会提供科学理论指导》，《人民日报》2005 年 11 月 27 日。

挥实践的巨大作用，促使文明向更高级迅速发展。

第二节　社会诸矛盾产生于实践并通过实践起作用

长期以来，在国内讨论人类文明发展动力时，所提出的诸观点以“社会矛盾是社会前进的动力”提出最早，也最占优势。

1956 年胡绳的文章引证了毛泽东在《矛盾论》中的一段话“按照唯物辩证法的观点，自然界的变化，主要的是由于自然界内部矛盾的发展。社会的变化，主要的是由于社会内部矛盾的发展，即生产力和生产关系的矛盾、阶级之间的矛盾、新旧之间的矛盾，由于这些矛盾的发展，推动了社会的前进，推动了新旧社会的代谢。”胡绳然后得出自己的结论，认为：“社会生活内部存在着矛盾，矛盾的发展引起了社会的前进，这是一个独立于人们意识以外的客观事实。这就是说，不管人们是否承认，社会生活总是存在着这种或那种矛盾，矛盾的发展总是会引起社会的变动和进步。”①

宋士堂提出“社会的基本矛盾是社会发展的基本动力”②。田崇勤则认为“社会基本矛盾是社会发展的根本矛盾”③。巢峰提出“社会发展的基本动力是生产力与生产关系这对社会基本矛盾，而不是阶级斗争”④。戎笙提出“生产力和生产关系的矛盾，就是人类社会发展的动力。人类社会的历史可以说就是在生产力和生产关系的矛盾运动中发展的”⑤。

① 胡绳：《矛盾是推动社会前进的动力》，《关于社会历史发展动力问题论文选辑》，求实出版社，1980 年版，第 1 页。

② 宋士堂：《试论历史前进的动力问题》，《近代史研究》1979 年第 2 期。

③ 田崇勤：《社会基本矛盾是社会发展的根本动力》，《安徽师大学报》1979 年第 4 期。

④ 巢峰：《阶级斗争是阶级社会发展的基本动力吗?》，《文汇报》1979 年 8 月 21 日。

⑤ 戎笙：《只有农民战争才是封建社会发展的真正动力吗》，《历史研究》1979 年第 4 期。

诚然，社会矛盾在社会发展中起着重要的作用。但是我们不能不提出：社会矛盾是如何推动社会发展的呢？社会诸矛盾又是如何产生的呢？不阐明这两个根本问题，就无法正确阐明“社会诸矛盾是推动社会前进的动力”这一命题。

一、社会矛盾通过实践起作用

胡绳曾提出：“社会矛盾总是通过人来实现的”，并阐述道：“当人们能够按照事实承认客观存在着的社会矛盾，并且正确地认识它的发展规律的时候，人们就有可能最大限度地发挥自己的主观能动作用来促进社会的进步发展。在这种情形下，可以说，人们不是受客观矛盾的支配，而能够支配客观矛盾”。但他没能进一步阐明社会矛盾是如何通过人来实现的。事实上社会矛盾所以能发挥作用，确实只有通过人来实现，即通过人的实践才能改造自然、改造社会、改造自身。离开了人们的实践，社会矛盾是不可能直接作用于社会的发展，成为人类文明发展动力的。宋士堂等阐述说：“解决社会的矛盾，必须通过人们的历史实践……大量的历史事实表明，解决人和自然的矛盾，主要是通过人们的生产斗争以及后来从生产中分化并发展出来的科学实验的实践活动。解决人与人之间的矛盾，在阶级社会中，主要是通过阶级斗争的实践活动。”[①] 蒋大椿认为：“客观的社会因素、力量的矛盾运动……导致各种方向不同的人的实践活动。”“人们实践活动这个历史动力与支配这个动力的动力即动因。前者从人创造社会历史的角度，指人的实践活动是推动历史发展的力量；后者从社会环境创造人的角度，指出社会历史条件（最终是生产力的发展）是决定人的实践活动的客观力量。”[②] 因此，我

---

① 宋士堂、李德茂：《关于历史前进的主要动力及其转化问题》，《近代史研究》1980 年第 2 期。

② 蒋大椿：《历史的内容及其前进的动力》，《唯物史观与史学》，吉林教育出版社，1991 年版，第 1 页。

们认为真正成为文明发展动力的是人的实践。人的实践才是真正改造自然、改造社会、改造自身、解决众多矛盾的力量，才是文明发展的动力。

二、社会诸矛盾产生于实践

有些人把矛盾这一动因，理解为原动力，认为人的实践是文明发展的动力，而社会矛盾却是这种动力的动力，是社会矛盾驱动了人们去进行各种实践，从而推动文明的发展。事实是否真是如此呢？这就提出了一个问题，社会矛盾是如何产生的？它们是完全离开人而存在的纯客观吗？我们认为，只有自然界的矛盾是离开人而独立存在的，而社会矛盾包括生产力的内在矛盾、生产力与生产关系的矛盾，生产关系的内在矛盾、阶级矛盾、经济基础与上层建筑的矛盾等，这一切矛盾都是人在改造自然、改造社会的实践过程中产生的。没有人类改造自然和改造社会的实践，就不可能产生生产力、生产关系的内在矛盾及生产力与生产关系之间的矛盾。正是由于人们改造自然的实践形成了人和自然的一定关系，也就产生了人和自然的矛盾即生产力的矛盾；正是由于人们改造社会的实践，形成了人们在生产中的相互关系和生产关系中的矛盾。没有人的实践就不可能有各种社会矛盾，因此社会矛盾不是完全脱离人的实践的纯客观存在。这就是文明的特点，人类从自然界中分离出来后成为主体而存在的特点。没有作为主体而存在的人类与作为客体而存在的自然之间的矛盾，也就没有所有的社会矛盾，而实践正是这种主体和客体的矛盾的存在形式。是一切矛盾产生的基础和总和。

三、矛盾和实践的辩证关系

只要人们去从事改造自然、改造社会的实践，就必然产生了人作为主体与客观世界的矛盾并表现为多种多样的矛盾，就出现了生产力与生产关系的矛盾。这些矛盾是人类实践活动的结果，也是人类实践的具体表现。人类从事了实践也就产生了矛盾，实践和矛盾是不可分的，而人类要解决各种矛盾，其途径也只有通过实践。实践是解决矛盾的唯一途径，人类从实践中产生矛盾，又通过实践去解决矛盾，这就是实践和矛盾的辩证关系。只要有了人类，就有了脱离自然而形成的主观意识，也就形成了主客观的关系——实践。在实践中产生了各种矛盾，矛盾又驱动人们去通过实践解决矛盾，而不是先有了生产力与生产关系的矛盾才有人类的实践。

这是否意味着矛盾是客观存在的，而实践却是人的主观行为呢？不是，矛盾是客观存在的，而实践也是客观存在的。实践作为人类改造自然、改造社会、改造自身的一种活动，是一种群体的活动，对于每个个体来说，都是一种不以他个人意志为转移的客观存在。

第三节 人们的物质利益和需求产生于实践

长期以来，有一种说法：认为人们的实践是由人们的物质利益和需求所驱动，因此“人类的物质经济利益是历史发展的根本动力”①，或“物质利益是人类社会发展的原始动力”②，有人则提出“实践活动的需求动力论根据”，认为“人的所有实践活动的产生，不可能没有相应的需求动力”③。

一、人们的物质利益产生于实践

许多学者都引证马克思和恩格斯的一段话：“人们为了能够‘创造

① 严钟奎：《人类的物质经济利益是历史发展的根本动力》，《光明日报》1980年1月15日。
② 丘成义、高秀波：《论物质利益在社会发展中的作用》，《求是学刊》1980年第1期。
③ 王永昌：《实践活动的需求动力论根据》，《实践活动论》，中国人民大学出版社，1992年版，第32页。

历史'，必须能够生活。但是为了生活，首先就需要衣、食、住以及其他东西。因此，第一个历史活动就是生产满足这些需要的资料，即生产物质生活本身。同时这也是人们仅仅为了能够生活就必须每日每时都要进行的（现在也和几千年前一样）一种历史活动，即一切历史的基本条件。"[①] 据此严钟奎得出结论说："生产力是历史发展的动力借以表现出来的形式，是历史水平的标志，而不是历史发展的根本动力……生产力的发展是受人类生存和发展的物质需要推动的，在人们去发展生产力的时候，首先是为了满足物质生活的需要，而不是为了去推动历史发展。至少在马克思主义产生以前人们是不会有这样的自觉性的。因此，与其把生产力看成是历史发展的根本动力，倒不如说人类生存和发展的物质需要是历史发展的根本动力，因为后者比前者更彻底，更能抓到事物的根本。"[②]

丘成义、高秀波说："由于人们生存的物质利益需要，才有了进行物质生产活动的必要，由此才产生与生产力水平相适应的生产关系和经济关系，以至整个社会形态。可见，人们的物质利益需要，是社会历史发展的最初基因。"[③]

按他们的观点看，似乎人类的物质经济利益是历史发展的根本动力。但如果追问一下人类的物质经济利益又是如何产生的呢？是人类的本能吗？是人类与生俱有的吗？为什么动物也要生活，它们的需求却未能促使文明的形成和发展呢？为什么不同时代的人们会有不同的需求，会产生不同的作用呢？为什么不同人们的物质经济利益会有所不同，从而使人们在改造自然和社会中产生不同作用呢？严钟奎的文章未能回答这些问题，因此他所说的"人类的物质经济利益是历史发展的根本动力"这一论点并未得到证明。

---

① 马克思、恩格斯：《费尔巴哈》，《马克思恩格斯选集》第三卷，人民出版社，1972 年版，第 32 页。

② 严钟奎：《人类的物质经济利益是历史发展的根本动力》，《光明日报》1980 年 1 月 15 日。

③ 丘成义、高秀波：《论物质利益在社会发展中的作用——也谈历史发展动力问题》，《求是学刊》1980 年第 1 期。

二、物质生活发展需要不同于物质生活的生产方式

斯大林曾说过：“马克思列宁主义的力量和生命力在于，它在自己的实际活动中正是以社会物质生活发展的需要为依据，任何时候也不脱离社会的现实生活。”① 斯大林这段话是含糊的，他承认了以物质生活需要为依据，而没有说明这种物质生活需要是如何产生的。斯大林又指出：“那末在社会物质生活条件体系中，究竟什么是决定社会面貌，决定社会制度性质、决定社会从这一制度发展到另一制度的主要力量……这种力量就是人们生存所必需的生活资料的谋得方式……物资资料的生产方式。”② 这一提法就与上一提法不同，物质资料的生产方式是物质的，说它起决定作用是对的。但“物质生活发展的需要”就具有了主观性，只能是第二性的。

人类的物质经济利益不是与生俱来的，也不是由人的本能产生的，而是人们在改造自然和改造社会、改造自身的实践中产生的，是人们在实践中所遇到的不同客观条件产生了人们的各种不同需求，是人们在实践中的不同地位产生了人们的不同物质经济利益，由此决定了他们在实践中的不同作用。人类的物质资料生产方式就是在人类实践中形成的。人类的实践是人们和动物的根本区别。动物为满足本身的需求只能靠本能、靠改变自己去适应自然，而人类却能通过改造自然和改造社会的实践来满足本身的需求，而且在实践的发展过程中不断形成新的需求，因此历史发展的根本动力不是人类的物质经济利益，不是人们的需求，而是产生人们不同需求和不同利益的实践。这里实践才是更根本的。

① 斯大林：《辩证唯物主义与历史唯物主义》，《斯大林选集》下卷，人民出版社，1979年版，第441页。

② 斯大林：《辩证唯物主义与历史唯物主义》，《斯大林选集》下卷，人民出版社，1979年版，第133页。

三、物质利益通过实践才能起作用

人类的物质经济利益和需求既产生于实践，又只能通过实践才能起到推动人类历史发展的作用，才能成为文明发展的动力。因此是人类的实践产生人类的物质利益和经济需求，然后人们的物质利益和经济需求又反过来驱动人们去进一步实践，不满足于已经获得的物质利益和经济需求。不同人们在不同客观环境中从事不同的实践，产生不同的物质利益与经济需求，也就形成了人们的不同实践。

人类文明正是在实践中不断产生更高的需求，推动人们不断从事新的实践，从而不断发展了人类文明。

第四节　科学技术产生于实践，求知欲、好奇心都产生于实践

由于“科学技术是第一生产力”的提出，一些学者纷纷特别强调科学技术在社会发展中的巨大作用。如有人提出：“科学最重要的目标之一是寻求其自身的动力，即‘第一推动’，而这种追求精神又成为社会发展和人类进步的最基本的推动。所以科学堪称人类进步的第一推动。”① 有人则认为：“现代科学为生产技术的进步开辟道路，决定文明发展方向。”② “自然科学基础性研究奠定人类文明的科学支柱和基础。”③ 还有人认为：“如果我们对人类文化系统作一番考察，以自然界、大文化为母系统，那么科学始终是最重要、影响最深远的子系统。”④ 或

---

① 董光壁：《科学是人类进步的第一推动力》，《中国科学报》1987 年 5 月 28 日。

② 何祚庥：《联系实际，深入贯彻第一生产力理论》，《科技日报》1997 年 1 月 8 日。

③ 路甬祥：《关于我国的自然科学基础性研究》，《光明日报》1997 年 10 月 24 日。

④ 周光召：《眺望 21 世纪——评 21 世纪科学发展趋势》，《科技日报》1996 年 8 月 1 日。

提出："科学技术在整个生产力发展中起着决定性作用。"① "科学技术是最有活力的人类文明的推动力量。"②

一、科学技术产生于实践

科学技术作为生产力的一部分、科学实践作为三大实践的一部分，无疑在文明发展中起着巨大的作用，是重要的动力，但是否是"第一推动"，是"奠定人类文明"、"决定文明发展方向"，却值得探讨。这涉及科学技术的本质及其产生的基础。科学技术按其本质而言存在两种形态：知识形态和物化形态。就科学技术的知识形态而言，科学技术是一种知识体系，属于人的理性认识，是建基于人类实践中产生的感性认识。它是属于第二性的，实践才是第一性的。就科学技术的物化形态而言，是指科学技术转化为生产力，成为生产力的一部分。这是人类认识的能动作用，人类认识产生于实践，又反过来转化为生产力能动地改造世界。社会生产的发展水平决定科学的发展水平和进程，这反映科学来源于生产，生产是科学发展的基础。可是当科学实验从生产实践中分离出来而成为一种独立的社会实践以后，科学又走在生产的前面，反过来能动地指导和推动生产的发展并决定着生产发展的水平。因此所谓"科学技术是第一生产力"是指科学技术能够从知识形态物化为生产力的一部分，在生产力中起着重要作用。这个第一是指它在生产力中的重要作用而言，不是哲学意义上主客观关系中的第一性，不能据"科学技术是第一生产力"就认定科学技术成为"第一推动"，决定文明发展的方向。科学实践作为三大实践的一部分，无疑起着重要作用，但无论如何"马克思主义者认为人类的生产活动是最基本的实践活动，是决定其他一切

① 杨承训、承谕：《一条重要的经济规律——论科学技术是第一生产力》，《人民日报》1999年2月23日。

② 张静宇：《科学无止境》，《光明日报》1997年10月24日。

活动的东西”[①]，不能把科学实践置于生产实践之上，成为“第一推动”，“决定文明发展的方向”。

二、求知欲、好奇心产生于实践

有些学者在强调科学技术在社会发展中的作用时，又突出强调了“求知”和“好奇心”在推动科学技术发展中的作用，如提出了“求知是人的本性”[②]，“原动力为求知”[③]，“人类创造欲望总是推动人向往追求更高更完善的东西，不断创造出新的历史与文化”[④]。有的学者则提出了“基础研究的原动力是人的好奇心，发现新的事物，了解自然现象。基础研究是新技术和工业发展的原动力”[⑤]，“世界上没有人类不可认识的事物，人类对世界的认识永远也不会终结，正是这种对自由王国的憧憬，推动着人类在认识自然、改造自然的斗争中走向文明与进步。从某种意义上说，没有好奇心就没有新的发现、发明与创造，也没有人类社会的文明与进步。”[⑥]

如果按以上这些提法，人的求知欲、好奇心就成为人类创造文明、发展文明的原动力。这就不能不提出一个问题，人的“求知欲”和“好奇心”是怎样产生的呢？是人类与生俱来的本能吗？应该指出，人类的“求知欲”和“好奇心”不是与生俱来的，而是在改造自然、改造社会、改造自身的实践中产生的。人们通过实践认识了世界，也发现了自己对世界的未知，由于认识世界、改造世界实践的需要，人们就产生了“好奇心”和“求知欲”。因此，实践才是原动力，人们的“好奇心”和“求

① 毛泽东：《实践论》，《毛泽东选集》第一卷，人民出版社，1991年版，第282页。
② 亚里士多德语，转引自苗力田：《求知是人之本性——亚里士多德全集总序》，《中华读书报》1997年5月28日。
③ 吴大猷：《这数百年我国科学落后于西方的原因》，《中国科学报》1997年3月31日。
④ 马毅：《实践的人与文化的人》，《社会科学战线》1992年第6期。
⑤ 丁肇中：《探索物质和宇宙奥秘》，《科技日报》2001年7月20日。
⑥ 刘占锋：《正确对待“好奇”》，《人民日报》2000年10月12日。

知欲”对科学实践和认识世界的推动作用，只是人类主观的反作用力。

人们在实践中的不同地位，人们的不同实践，形成了人们不同的求知欲和不同的好奇心，驱使不同的人探索不同的事物。当这些探索符合客观实践的需要和客观实践提供的解决的可能性时，就能有所发现、有所发明，发挥较大作用，否则探索终生也不得其解，不得其用。因此，不是人的求知欲、好奇心决定了科学技术的发展，而是人们的实践决定了求知欲和好奇心在发展科学技术中的作用。

有人认为：“社会文化教育水平的提高，知识的积累，探索自然手段的进化是推动科学技术发展的原动力。”[①] 无疑，这一切对科学技术的发展都起着积极的推动作用，但却都不是推动科学技术发展的原动力。因为文化教育水平的提高，知识的积累，探索自然手段的进化，都是由生产力发展水平所决定，是人类生产实践的结果。因此，科学技术发展的原动力只能是人的生产实践。

三、创新的源泉来自实践

自从近年提出了“创新是一个民族进步的灵魂，是国家兴旺发达的不竭动力”，各报刊连续发表了大量论述创新重大作用和创新源泉的论著，对创新能力从何而来提出了各种不同的看法。如张丰乾提出：“创新的能力有一部分是天上掉下来的，来自于不断发明的能力和坚持不懈的精神，有的人生来具有打破砂锅问到底的思维模式，这一点必须承认。”董光壁认为：“创新最关键的条件是要解放自己。因为一切创造力都根源于人的潜在能力的发挥……教育的根本目的就在于解放人的潜能。”金吾伦则不同意上述观点，认为：“创新能力是培养出来的，不是人生来就有的。”[②]

我们认为前两种提法把创新能力说成是与生俱有的，根源在于人的

① 张静宇：《科学无止境》，《光明日报》1997 年 10 月 24 日。

② 聂北茵：《创新的本质是什么》报道，转引自《科技文萃》2001 年第 2 期。

潜力，是违背历史唯物主义的，后一种说法虽否定了创新能力是人生来就有的说法，但如何培养出来却没有回答。事实上，毛泽东同志在《实践论》中早就指出："通过实践而发现真理，又通过实践而证实真理和发展真理。从感性认识而能动地发展到理性认识，又从理性认识而能动地指导革命实践，改造主观世界和客观世界。实践、认识、再实践、再认识，这种形式，循环往复以至无穷，而实践和认识之每一循环的内容，都比较地进到了高一级的程度。这就是辩证唯物论的全部认识论，这就是辩证唯物论的知行统一观。"① 坚持马克思主义最重要的就是要坚持马克思主义的科学原理和科学精神、创新精神，善于根据客观情况的变化，不断从人民群众的实践中汲取营养，不断丰富和发展理论，使理论更好地指导我们的工作。

因此，创新的源泉来自实践，来自新的实践、人民群众的实践。这表明人的新认识只有在不断实践中产生，人的创新能力也只能在不断实践中培养，因此创新能力不是人与生俱来的，不是人的潜在能力的发挥。科技的发展创新、制度的改革创新，也只有从实践中形成新的认识、新的创造，然后在实践中实现。

人类正是在实践中不断发展了科学技术，增强了自己的好奇心和求知欲，推动了人类不断从事新的更高的实践，而不断使文明向更高发展。

第五节　实践是思想、道德、信念产生的基础

一、近年来人们对思想、道德、信念作用的强调

从近代以来，随着充分重视人的作用，就有不少学者强调人的理

① 毛泽东：《实践论》，《毛泽东选集》第一卷，人民出版社，1991年版，第296—297页。

想、道德、信念在人类历史发展中的作用。近年来国内一些学者在论述人的思想、道德、信念的巨大作用时，也特别强调了人的思想、道德、信念在人类历史发展中的作用。如有人提出了“从一定意义上说，人的力量就是思想的力量……思想的力量即改变世界的力量……人的意识不仅反映客观世界并且创造客观世界”①，或提出了“无私是力量的源泉”②。有人则提出了“为人民的利益而奋斗，没有这样的信念就没有凝聚力，没有这样的信念就没有一切”③。有人认为“奋斗的动力来源于定下的伟大目标，喜人的成功归功于孜孜不倦的投入”④，有人则主张“人生追求的目标越高，也就可能获得越大的成功，对社会的贡献也就可能越大”⑤。有人还提出：“一心向着自己目标前进的人整个世界都给他让路。”⑥

二、实践是思想、道德、信念产生的基础

这些提法从一定角度看，似乎都是正确的，但要从研究文明发展的动力来说，却具有一定的片面性。我们在充分肯定人的思想、信念、道德的巨大作用时，必须进一步探讨人的思想、信念、道德产生的基础。毕竟不是社会意识决定社会存在，而是社会存在决定社会意识。应该肯定人的道德、思想、信念都是人在物质生产实践中产生的。马克思和恩格斯曾指出：“甚至人们头脑中模糊的东西也是他们的可以通过经验来确定的、与物质前提相联系的物质生活过程的必然升华物。因此，道德、宗教、形而上学和其他意识形态，以及与它们相适应的意识形式便失去独立性的外观……那些发展着自己的物质生产和物质交往的人们，

① 江源：《思想的力量有多大》，《人民日报》1997年9月16日。
② 吕长玄：《无私是能量之源》，《信报》1997年2月22日。
③ 周端：《最根本的凝聚力》，《人民日报》1997年7月5日。
④ 米利：《生命清单》，《中国青年报》1996年8月23日。
⑤ 向尚：《进步是一种超越》，《海口晚报》1997年6月30日。
⑥ 杜博郎星：《不再害怕失败》，《青年人报》1997年5月30日。

在改变自己的这个现实的同时也改变着自己的思维和思维的产物。”①人们在实践中形成了对社会和自然的感性认识，又从感性认识上升到理性认识。人们的道德、思想、信念正是在这些感性认识和理性认识的基础上产生的，一旦产生后，又反过来指导推动人们的实践。诚然，人们的道德、信念、思想对人们的实践有巨大的推动作用。但这些都只是反作用，而不是第一动力，不是原动力。所谓为人民利益的奋斗的信念，奋斗的目标来源于伟大的目标，一心向着自己目标前进的人，整个世界都得让路等都有一个前提，这些信念产生于一定的客观基础。

三、思想、道德、信念只有通过实践才能起作用

人们的思想、道德、信念等在未与实践相结合时，也只是存在于人头脑中的思想认识，只有通过实践，这些思想认识才能作用于人类历史的发展，成为人类文明发展的动力。因此，与其说它们是动力，不如说是动因更为恰当，真正的直接动力只能是实践。

不同历史时期、不同阶级阶层的人们有不同的道德、思想、信念。恩格斯指出：“人们自觉地或不自觉地，归根到底总是从他们阶级地位所依据的实际关系中——从他们进行生产和交换的经济关系中，吸取自己的道德观念。”② 不同的思想、道德、信念使人们在实践中起着不同的作用，或是推动历史前进，或是阻挠历史前进，而这些不同的思想、道德、信念也正是由于人们在不同历史条件下不同阶级的不同实践而产生的。这就是说是物质条件提出了要解决的任务，就反映到人们的思想道德观念中，思想道德才发挥它的作用。人们正是在实践中不断形成发展自己的思想、道德、信念，这些又反过来推动人们从事新的更高的实践，因而推动了人类文明不断向更高发展。

① 马克思、恩格斯：《费尔巴哈》，《马克思恩格斯选集》第三卷，人民出版社，1972 年版，第 30—31 页。

② 恩格斯：《反杜林论》，《马克思恩格斯选集》第三卷，人民出版社，1972 年版，第 133 页。

第七章
实践是人类文明发展的动力（下）

——实践的本质

上章论述了实践的作用，是人类文明发展的动力。本章将进一步论述实践的本质，以进一步说明实践何以能起这样的作用。关于实践的本质，过去毛泽东在《实践论》中有过论述。但他只提到了实践是人们接触世界、认识世界、改造世界所有活动的总和，实践是多种形式实践的有机整体。本书进一步补充论述了，实践是人类总体的实践，实践是人们目的性和客观规律性的统一，实践能在认识客观规律基础上改造规律、创造新规律。这些新提法丰富发展了毛泽东的实践论。

第一节　实践是人们接触、认识、改造世界活动的总和

实践之所以能成为文明发展的唯一动力，正因为实践是人们接触世界、认识世界、改造世界全部活动的总和。实践是人类接触世界、认识世界的唯一手段，也是人类改造世界的唯一手段，又是人检验和发展认识并进一步改造世界的唯一手段。

一、实践是人们认识世界的手段

实践是人们作为主体接触客观世界的唯一桥梁。动物作为自然界的有机部分，并不独立于自然界而存在。而只有人，才作为能够认识世界改造世界的主体从自然界这一客体中分离出来。而实践则是人这一主体与自然界这一客体联系的唯一桥梁。

实践是人类认识客观世界的唯一手段，人类正是在实践中开始接触世界，获得了丰富信息，从而产生了对自然和社会的认识。毛泽东在《实践论》中指出："任何知识的来源，在于人的肉体感官对客观外界的感觉，否认了这个感觉，否认了直接经验，否认亲自参加变革现实的实践，他就不是唯物论者。"又指出："如果要直接地认识某种或某些事物，便只有亲身参加于变革现实、变革某种或某些事物的实践的斗争中，才能触到那种或那些事物的现象，也只有在亲身参加变革现实的实践的斗争中，才能暴露那种或那些事物的本质而理解它们。这是任何人实际上走着的认识路程……"①

实践不仅是人们感性认识产生的源泉，也是人的认识从感性认识上升到理性认识的催化剂。有人认为人的感性认识上升到理性认识的过程是离开实践的另一种活动，认为"实践永远是思想的物质化，是从观念东西变为物质东西的方向"，并因而提出"实践不等于人的全部活动，即不包括人的理论活动"②。这种提法是不正确的，人的认识从感性上升到理性的过程同样离不开实践。毛泽东在《实践论》中指出："原来人在实践的过程中，开始只是看到过程中各个事物的现象方面，看到各个事物的片面，看到各个事物之间的外部联系……社会实践的继续，使人们在实践中引起感觉和印象的东西反复了多次，于是在人们的脑子里生起了一个认识过程中的突变（即飞跃），产生了概念。"又提出："我

① 毛泽东：《实践论》，《毛泽东选集》第一卷，人民出版社，1991年版，第288、287页。

② 康斯坦丁诺夫主编：《马克思列宁主义的历史过程理论》，苏联科学出版社，1981年版，蔡振扬等译，上海人民出版社，1986年版，第179—181页。

们的实践证明：感觉到了的东西，我们不能立刻理解它，只有理解了的东西才更深刻地感觉它。感觉只解决现象问题，理论才解决本质问题。这些问题的解决，一点也不能离开实践。”①

这就是说，人的感性认识上升为理性认识的过程是人们继续实践的结果，是人们的反复实践才使人们逐步认识到了自然和社会发展的规律，从而产生了理性认识。因此，人的理性认识不是脱离了实践而在人的头脑中独立形成的，不存在一个离开了实践而独立存在的理性认识过程。

二、实践是人们改造世界的唯一手段

实践是人们改造世界的唯一手段，人们认识世界的目的是为了改造世界，人和动物的根本区别也就在于人类能通过认识世界进而改造世界。毛泽东指出：“认识从实践始，经过实践得到了理论的认识，还须再回到实践去。认识的能动作用，不但表现于从感性的认识到理性的认识之能动的飞跃，更重要的还须表现于从理性的认识到革命的实践这一个飞跃。抓着了世界的规律性的认识，必须把它再回到改造世界的实践中去，再用到生产的实践、革命的阶级斗争和民族斗争的实践以及科学实验的实践中去。”② 这里充分肯定了实践在能动地改造世界中的重要意义。事实上实践是人们改造世界的唯一手段，是人们改造世界的根本动力，而人类正是在改造世界的实践中创造和发展了文明。

三、实践是人们检验和发展认识并进一步改造世界的手段

毛泽东在《实践论》中指出：“人们的认识，不论对于自然界方面，对于社会方面，也都是一步又一步地由低级向高级发展，即由浅入深，

---

① 毛泽东：《实践论》，《毛泽东选集》第一卷，人民出版社，1991 年版，第 284、285、286 页。

② 同上书，第 292 页。

由片面到更多的方面。”又指出：“不论在变革自然或变革社会的实践中，人们原定的思想、理论、计划、方案，毫无改变地实现出来的事，是很少的。这是因为从事变革现实的人们，常常受着许多的限制，不但常常受着科学条件和技术条件的限制，而且也受着客观过程的发展及其表现程度的限制（客观过程的方面及本质尚未充分暴露）。在这种情形之下，由于实践中发现前所未料的情况，因而部分地改变思想、理论、计划、方案的事是常有的，全部地改变的事也是有的。即是说，原定的思想、理论、计划、方案，部分地或全部地不合于实际，部分错了或全部错了的事，都是有的。许多时候须反复失败过多次，才能纠正错误的认识，才能到达于和客观过程的规律性相符合，因而才能够变主观的东西为客观的东西，即在实践中得到预想的结果。”又指出：“人们的认识运动是没有完成的。任何过程，不论是属于自然界的和属于社会的，由于内部的矛盾和斗争，都是向前推移向前发展的，人们的认识运动也应跟着推移和发展。”①

这就是说，人们通过改造世界的实践而检验自己的认识、修正自己的认识，随着自然和社会的发展而发展自己的认识，得以更好地改造世界。实际上，人类的文明就是人们不断认识世界、改造世界的结果。文明是人类改造世界的一切积极成果的总和，文明也是人类改造世界不断发展自己认识的积累。文明正是人们在认识世界和改造世界的实践中不断发展的。因此，邓小平肯定了“实践是检验真理的标准”的提法。

毛泽东指出：“实践、认识、再实践、再认识，这种形式，循环往复以至无穷，而实践和认识之每一循环的内容，都比较地进到了高一级的程度。”② 这种实践和认识的发展，并通过实践而使世界得到进一步

① 毛泽东：《实践论》，《毛泽东选集》第一卷，人民出版社，1991 年版，第 283、293、294 页。

② 同上书，第 296—297 页。

改造的过程，正是文明发展的过程。因此，在文明的发展中，实践才是最根本的动力。

第二节 实践是多种形式实践的有机整体

人类在认识、改造世界的过程中，有着复杂多样的实践，这各种各样的实践是一个有机的整体，虽然不同实践的作用大小不同，但却是不可或缺的。过去所说的三大实践，只是几种主要的实践，并不包括人类的全部实践。

一、人类的实践多种多样

人类在认识和改造世界的实践过程中和自然发生了一定的联系，形成了人类改造自然的能力，即生产力；同时也形成了人们之间的相互关系，即生产关系及各种社会关系，并在此基础上形成了上层建筑。自然和社会的多样性，形成了人类实践的多样性。

毛泽东在《实践论》中指出："人的社会实践，不限于生产活动一种形式，还有多种其他的形式，阶级斗争，政治生活，科学和艺术的活动，总之社会实际生活的一切领域都是社会的人所参加的。因此，人的认识，在物质生活以外，还从政治生活文化生活中（与物质生活密切联系），在各种不同程度上，知道人和人的各种关系。"① 他在这里明确指出实践具有多种形式，但过去有些人因为毛泽东曾从复杂多样的实践中归纳出三种主要的实践：生产斗争实践、阶级斗争实践、科学实验的实践，就认为实践仅此三种。有人因而提出："早在四十多年前，毛泽东就在《实践论》中把人类社会实践的内容概括为'物质生产'、'阶级斗

① 毛泽东：《实践论》，《毛泽东选集》第一卷，人民出版社，1991年版，第283页。

争’和‘科学实验’。”[①] 这都是没有正确理解毛泽东的本意，事实上与生产斗争实践相联系的生活消费实践也是人们的一种重要实践，而与阶级斗争实践相联系的政治实践还有多种。毛泽东就曾把民族斗争的实践与阶级斗争的实践相提并论，其他如国家之间的斗争，人类各种集团之间的斗争等都是，虽然其他各种实践在阶级社会中都受阶级斗争实践所制约，但并不能因此就否认其他实践的存在。此外在文化生活的实践中也有多种形式，科学实验只是其中一种，艺术实践也是毛泽东提到的(事实上艺术实践还有多种形式)，还有道德实践、教育实践等。如果要全面地概括人们的实践，大致可以概括为三大方面。即物质生活生产实践，这包括人的一切物质生活实践，而以生产实践为主；社会斗争实践，这包括人的各种社会生活实践，如阶级斗争实践、民族斗争实践等，而以阶级斗争实践为主；文化生活实践，这包括人们文化生活的各个方面（道德、宗教、科学、艺术、教育等)，而以科学实验为主。

因此，毛泽东所提出的三大实践只是举了三种主要的实践作代表，而不是否认其他实践的存在；只是强调了三大实践在人类历史发展中的主要作用，而不是认为人们其他实践在文明形成发展中就不起作用。因此，可以总结说：实践，包括人们所有的一切实践活动，都是文明发展的动力，而不能单一地提出某一种实践是文明发展的唯一动力，这是不完整的。至于何种实践是最基本的最主要的动力，这是在肯定了实践是文明发展的动力以后进一步提出的问题。

二、人类的所有实践是一个有机整体，是互相依存不能或缺的

实践对推动文明发展的作用也是所有实践结合在一起的总体作用，不能单纯片面地强调某一种实践才起作用。

---

① 宋士堂：《试论历史前进的动力问题》，《近代史研究》1979 年第 2 期。

就人的生产斗争实践和阶级斗争实践而言，两者就是不可分离的。

马克思指出："人们在生产中不仅仅同自然界发生关系，他们如果不以一定方式结合起来共同活动和互相交换其活动，便不能进行生产。为了进行生产，人们便发生一定的联系和关系；只有在这些社会联系和社会关系的范围内，才会有他们对自然界的关系，才会有生产。"①

这就是说，人们是在一定生产关系中生产的，人们在生产斗争中既改造了人与自然的关系，也改造了人与人之间的关系。同时，既没有脱离一定生产力而存在的生产关系，也没有脱离生产关系而存在的生产力。人们进行生产斗争推动了生产力的发展，也就必然相应地促使生产关系的变革。人们进行阶级斗争改变了生产关系，也必然相应地促进了生产力的发展。在生产关系适应生产力时，代表先进生产力的阶级是利用先进生产关系去促进生产力的发展；在生产关系阻碍生产力时，代表先进生产力的阶级是改造落后生产关系去推动生产力发展。生产斗争和阶级斗争是相互依存、相互促进的。

就生产实践和科学实践而言，也是相互依存、相互促进的。人们的生产实践推动了科学实践的发展，科学实践又反过来推动了生产实践的发展。

总的来看，人们的各种实践活动是一个有机的整体，互相依存、互相促进，共同推动了人类文明的发展。

三、人类各种实践的作用有基本从属之别、主次大小之分

人的多种多样实践在文明动力的有机体系中都发挥着各自的作用，互相依存，互相促进，构成一个统一的动力系统。但它们各自发挥的作用却有所不同，有基本和从属之别，有主次之分。

毛泽东曾把生产实践、阶级斗争实践、科学实验列为三大实践，即认为此三种实践在诸实践中起着主要作用，并认为"人类的生产活动是

① 马克思：《雇佣劳动与资本》，《马克思恩格斯选集》第一卷，人民出版社，1972 年版，第 362 页。

最基本的实践活动，是决定其他一切活动的东西”。但长期以来人们对此认识并不完全一致，前些年有不少人特别强调阶级斗争的作用，认为阶级斗争是历史发展的唯一动力。至 20 世纪 70 年代末曾掀起一场讨论，不少学者提出阶级斗争不是历史发展的唯一动力，生产斗争比阶级斗争更根本，生产力发展是社会前进的根本动力，如说“生产斗争是历史发展的最终动力”①。

有些人仍继续坚持阶级斗争是历史发展的唯一动力，如刘大年认为：“人类社会发展前进归根到底，决定于生产力的发展前进；但生产力的前进，不能自然而然地改变历史，要通过阶级斗争。因此，在私有制社会里阶级斗争是历史发展的动力”，不同意把“生产力作为阶级社会里直接决定历史前进的动力”②。漆侠则认为：“生产关系与生产力的矛盾运动是人类社会发展的根本动力。阶级斗争是阶级社会发展的根本动力。”“生产力或生产斗争的发展，不仅构成为人类社会的物质基础，而且为社会制度的变革创造了前提条件。没有这个前提条件，社会制度是肯定地变革不了的。有了这个前提条件，社会制度的变革就取决于阶级斗争而不是生产斗争了。”③ 持此论者并不否认生产斗争的根本作用，但认为生产斗争只能通过阶级斗争才能改变社会制度，推动历史前进。他们不承认生产斗争在社会发展中的直接作用，不承认改革社会制度以外的社会发展。事实上生产斗争对社会发展所起的作用是贯穿整个社会发展过程的，既有通过阶级斗争的间接作用，也有直接作用。因此，任何强调阶级斗争在阶级社会中的动力作用的提法，都不能否定生产斗争是更基本的动力。有些人主张“三大实践活动交替表现为历史发展的主

① 林章：《生产力发展是社会前进的根本动力》，《解放日报》1979 年 2 月 13 日；戴逸：《关于历史研究中阶级斗争理论问题的几点看法》，《社会科学研究》1979 年第 2 期；邢贲思：《生产斗争比阶级斗争更根本》，《中国青年》1979 年第 2 期；刘泽华、王连升：《关于历史发展的动力问题》，《教学与研究》1979 年第 2 期。

② 刘大年：《关于历史前进的动力问题》，《近代史研究》1979 年第 1 期。

③ 漆侠：《农民战争是推动中国封建社会历史发展的动力》，《光明日报》1979 年 12 月 18 日。

要动力”，提出“当生产力是矛盾的主要方面的时候，基本矛盾主要表现为生产斗争和科学实验，生产斗争和科学实验就是这种历史时期的主要动力；当生产关系是矛盾的主要方面的时候，基本矛盾主要表现为阶级斗争，阶级斗争就是这种历史时期的主要动力”①。他们认为主要动力在不同时期可以转化的提法是可以的，但不能混淆了主要矛盾和基本矛盾、主要动力和基本动力的区别。主要矛盾和主要动力的转化不能说成基本矛盾和基本动力的转化。不论任何时候，“人类的生产活动是最基本的实践活动，是决定其他一切活动的东西”②。在生产关系适应生产力发展时是如此，在生产关系阻碍生产力发展时也是如此，只不过在后一种情况下主要是生产斗争通过阶级斗争起作用而已。

近年，随着科学技术在生产中日益发挥重要作用，及“科学技术是第一生产力”的提出，有些人开始认为科学实践是实践中最主要的，提出了在最基本的生产实践活动中，科学技术是更为基本的实践活动，因为生产力中最主要的是靠科学的力量、技术的力量。如 1979 年人民出版社出版的《马恩列斯论科学技术》一书中所列标题为“科学技术的产生和发展是由生产决定的”，而 1991 年中共中央党校出版社出版的《马克思主义经典作家论科学技术和生产力》一书中标题却倒了过来，改为“科学技术在生产力发展中具有决定性作用”。同样是摘采马克思主义经典作家的语录，却得出了完全相反的结论。

这里就提出了一些问题，究竟生产实践是最基本的实践、决定性的实践呢，还是科学实践是最基本的实践、决定性的实践呢？科学实践是生产实践以外的另一种实践呢，还是生产实践以内的一种实践呢？

应该首先肯定科学实践不是生产实践的一部分，它是和生产实践并列的三大实践之一。科学技术具有两种形态，作为知识形态，它是客观

① 杜绍顺：《三大实践活动交替表现为历史发展的主要动力》，《华南师院学报》1980 年第 3 期。

② 毛泽东：《实践论》，《毛泽东选集》第一卷，人民出版社，1991 年版，第 282 页。

规律在人头脑中的反映，是人类认识中的知识体系，是属于精神文明范畴的，科学实践是人类文化实践的一部分，而不是人类生产实践的一部分。但科学技术可以转化为生产力，即在生产力中掌握一定科学技术的人和反映一定科学技术水平的生产工具。当科学技术处于这种物化形态时，它是生产力的一部分。这两者不能混淆。

马克思和恩格斯虽一再强调科学技术在生产发展和社会发展中的重大作用，但马克思却明确提出："科学的发展又和物质生产的发展相适应。"① 恩格斯也说："社会一旦有技术上的需要，则这种需要就会比十所大学更能把科学推向前进。"② 按照人类认识的发展过程看，也是人们在生产斗争中先积累点滴的感性认识，最后才上升为理性认识，形成科学。科学实验是人们检验已有认识进一步发展认识的手段。科学技术应用于生产并发挥巨大作用，是它对生产的反作用。科学实验对发展生产的巨大作用也是反作用，因此不能认为科学实验是最基本的实践活动，是第一性的实践活动。但它有时可以成为一定条件下的主要实践。而且科学、科学实践的作用是受生产实践的发展水平及它所能提供的物质条件决定的。在石器时代不能发明电灯，人们在当时的科学实验没有可能去解决当时生产发展没有可能提出和解决的问题。因此，不是科学实践决定生产实践，而只能是生产实践决定科学实践。

总的来说，经济是基础，是经济领域中的实践（生产斗争）决定政治领域中的实践（阶级斗争）和文化领域中的实践（科学实践），而不是政治领域、文化领域中的实践决定经济领域中的实践。但人类经济实践的发展，必然带动人类其他实践的发展，而其他实践的发展也必然反过来推动经济实践的发展。人类文明就在人类多种实践共同发展中，日益向更高的文明发展。

---

① 马克思：《政治经济学批判（1857—1858 年草稿）》，《马克思恩格斯全集》第 46 卷，人民出版社，1979 年版，第 217—220 页。

② 恩格斯：《致瓦·博尔吉乌斯》（1894 年 1 月 25 日），《马克思恩格斯选集》第四卷，人民出版社，1972 年版，第 505 页。

第三节　实践是人类总体的实践

我们所说的成为人类文明发展动力的实践，是人类总体的实践而不是某一个人的实践。任何个人的实践只能起着一定的作用，而不可能起决定性的作用。

一、所有人都参与了创造历史

恩格斯曾指出："历史是这样创造的，最终的结果总是从许多单个的意志的相互冲突中产生出来的，而其中每一个意志，又是由于许多特殊的生活条件，才成为它所成为的那样。这样就有无数互相交错的力量，有无数个力的平行四边形，而由此就产生出一个总的结果，即历史事变，这个结果又可以看做一个作为整体的、不自觉地和不自主地起着作用的力量的产物。因为任何一个人的愿望都会受到任何另一个人的妨碍，而最后出现的结果就是谁都没有希望过的事物……但是，各个人的意志——其中的每一个都希望得到他的体质和外部的、终归是经济的情况（或是他个人的，或是一般社会性的）使他向往的东西——虽然都达不到自己的愿望，而是融合为一个总的平均数，一个总的合力，然而从这一事实中绝不应作出结论说，这些意志等于零。相反的，每个意志都对合力有所贡献，因而是包括在这个合力里面的。"①

恩格斯在这里精辟地阐明了作为文明发展动力的实践不是某个个人的实践而是人们总体实践的合力。这里就涉及一个长期以来讨论的题目，是"人民群众是历史的创造者"②，还是"所有的人都参与了历史

---

① 《马克思和恩格斯：书信》，《马克思恩格斯选集》第四卷，人民出版社，1972年版，第478—479页。

② 吴玉章：《历史研究工作的方向》，《大公报》1951年9月28日；孙定国：《人民群众和个人在历史上的作用》，《历史教学》1958年第2期。

的创造"[①]？我们认为这个问题争论的关键在于何谓创造历史，是否只有推动历史前进的力量才是创造历史，人类创造的历史是否也应包括阻碍历史前进的力量的作用呢？在讨论文明发展的动力时也存在同样的问题，是否只有推动文明前进的力量才是文明发展的动力？还是也应包括阻碍文明前进的力量呢？是否只有促进文明向前发展的运动才是运动，推动这种运动的力量才是动力？而促使文明倒退的运动就不是运动，促使倒退运动的力量就不是动力呢？蒋大椿曾提出："人的实践活动中，有一部分是阻碍历史向前发展的，如历史上腐朽没落阶级在经济、政治、文化领域里的种种倒行逆施，这类阻碍生产发展的实践活动，自然也是在历史中起作用的动力，但不是历史前进的动力，而是阻碍历史向前发展的反动力。"[②] 因此我们认为历史的发展、文明的发展都不是单一力量作用的结果，而都是多种力量互相作用的结果。不仅人民群众是历史的创造者，还有剥削阶级在其上升阶段曾起过促进社会发展的作用，在其没落阶段起过促使社会发展停滞的作用。正是这些互相矛盾的力量创造了历史，成为文明发展的动力。因此，把人民群众是历史前进的主要创造者扩大为人民群众是历史的创造者，便使得这一提法失之偏颇了。

至于在创造历史的过程中是成为历史前进的动力，还是历史倒退的动力，这是由于一个群体或个体在实践中的不同地位而决定的。当这个群体或个体的实践符合历史前进的方向时，他或他们就起着推动历史前进的作用，反之则起着阻碍历史前进的作用。"三个代表的思想"给我们提出了一个最好的分界线。

二、代表先进生产力者推动生产发展

"三个代表"思想的提出，使我们进一步认识到不是什么笼统的生

① 黎澍：《历史科学必须在毛泽东思想的基础上前进》，《历史研究》1960 年第 5 期。
② 蒋大椿：《历史的内容及其前进的动力》，《近代史研究》1981 年第 4 期。

产力的发展是历史发展的根本动力，而明确指出了要“代表先进生产力的发展要求”。指出：“人类社会的发展就是先进生产力不断取代落后生产力的历史进程。”生产力是在不断发展中的，它不断形成新的先进的生产力，先进的生产力必然要代替落后的生产力并改造与旧的落后的生产力相适应的旧的生产关系及上层建筑。生产力和生产关系的矛盾正是由生产力中先进的生产力和落后的生产力，生产关系中先进的生产关系和落后的生产关系之间的矛盾组成的。先进的生产力和落后的生产力的矛盾是生产力的内在矛盾，与之相比，生产关系和生产力的矛盾是生产力的外在矛盾。从内因是决定因素，外因是辅助因素的哲学原理而言，先进生产力和落后生产力的矛盾是更根本的矛盾，它决定了生产力的发展、生产关系的发展和上层建筑的发展。过去在讨论生产力的内在矛盾时，认为是劳动力和劳动工具的矛盾，争论劳动力和劳动工具何者是更先进的因素。我们认为不如以先进生产力和落后生产力的矛盾作为生产力的内在矛盾更为合适。这样，谁代表了先进生产力的发展方向，谁就代表了人类历史的前进方向，谁就是人类历史发展的前进动力。历史上人民群众作为先进生产力的创造者，代表着历史发展前进的动力，各个剥削阶级在其刚出现时也曾是先进生产力的代表，因此，也曾成为推动历史前进的动力。但生产力在继续发展，当新的更先进的生产力出现时，原来曾一度代表先进生产力的剥削阶级转而成为旧的落后生产力的代表。他们走到了历史的反面，成为历史前进的阻力。只有始终代表先进生产力发展要求的阶级、集团、个人，才能始终成为人类历史前进的动力，始终推动着人类文明不断向前发展。江泽民同志关于代表先进生产力的发展要求这一光辉思想的提出，使我们对人类历史发展动力的认识进一步深化，达到了新的高度。

三、代表先进文化者的积极作用

生产实践虽是历史前进的基本动力，但不是唯一动力。我们不是机械唯物论者，我们既要肯定生产实践的基本作用，又要认识到适应生产力发展的先进生产关系和先进文化对促进生产发展、推动历史前进的巨大作用。但长期以来，在讨论人类历史发展动力时，人们较多地提到了生产关系的重大作用，阶级斗争的重大作用，却较少强调先进文化的巨大作用。“三个代表思想”提出“代表先进文化的前进方向”，充分强调了先进文化在人类历史发展中的巨大作用。这是中央一贯强调的“两个文明一起抓，两手都要硬”，“科教兴国”，“以德治国”等一系列光辉思想的高度概括。正是这一切构成了先进文化的主要内容，体现了先进文化在历史发展中的重大作用。把先进文化的前进方向列为三个代表之一，正是充分估价了先进文化在人类历史发展中的重要作用，使我们对人类历史发展动力能有一个完整的辩证唯物主义的认识。这是对马克思主义经典作家关于文化科学等一切精神文明在人类历史发展中重要作用认识的继承和发展。

四、代表广大人民的根本利益的实践是最根本的实践

在过去讨论人类文明发展动力时，提到了人们在实践中形成的不同利益对实践在历史发展中不同作用的关系，但人们的物质利益是包含许多方面的，人们由于在生产实践中的不同地位，物质利益是不同的。究竟是哪些人的物质利益，是哪些方面的物质利益起着主要作用呢？过去的阐述是不够明确的。在“三个代表”中提出的“代表广大人民的根本利益”明确回答了这一问题，不是任何一个阶级一个集团或某个个人的利益驱动历史前进，而只能是广大人民的利益；也不是广大人民的任何一种利益，而只能是“广大人民的根本利益”。因此，只有当某个个人、集团或阶级“代表广大人民的根本利益”时，才能成为历史前进的动力；而当某个阶级、集团、个人的利益与“广大人民的根本利益”相违背时，他们就不再成为历史前进的动力。一个先进的政党只有始终“代表广大人民的根本利益”，随时准备牺牲与广大人民的根本利益相违背

的部分人的某些利益，才能始终成为历史前进的动力。以往有些阶级、集团、个人所以不能始终成为历史前进的动力，就因为他们没有始终代表“广大人民的根本利益”。

因此，“三个代表”的思想，成为我们确定不同阶级、集团、个人在历史发展中作用的重要标志。我们必须“积极实践三个代表的重要思想”。

五、群众和英雄在实践中的作用

以上说的是不同的阶级、集团或个人在历史发展中的不同作用，但同样起促进作用，同样起促退作用，不同个人的作用也大小不同，这就涉及群众和英雄的关系。由于人们在实践中的不同地位，个人在反映阶级和集团利益中的不同地位及个人的主观能动性不同，每个人在历史发展中起着大小不同的作用。所谓历史上的英雄人物，正是由于他们在实践中的地位能够集中反映一定阶级和集团的要求，最大限度为他所代表的某个阶级、集团发挥作用，因此肯定英雄人物在历史中的作用与肯定群众在历史中的作用并不矛盾，不能把英雄或个人的作用与人民群众的作用对立起来，认为肯定了英雄和个别人物的作用，就是否定了人民群众的作用，也不能因此就认为是英雄和人民群众共同创造历史。英雄在历史中的作用，是群众在历史中作用的集中表现，是人民群众作用的一部分。不同的阶级和集团有不同的代表人物、不同的领袖或英雄，他们分别代表不同的阶级和集团在历史中发挥作用。

历史的发展正是由于实践中形成的不同阶级和集团及其代表人物的不同实践互相作用的结果，而不是某个人主观愿望和个人实践作用的结果。实践的客观性也就表现在个人的主观愿望不能离开实践而产生，表现在个人的主观愿望和个人的实践不能违背历史的要求和人类的总体实践而产生作用。作为个人的实践在某种程度上可能由个人的主观愿望所支配，但作为群体的实践就不是由任何单个人的主观愿望所能支配了。

因此成为文明发展动力的人类实践就只能是不以个人意志为转移的客观存在的人类的总体实践。

随着社会的发展，个人利益和集体利益的越来越一致，各个人的行动越来越和集体行动一致，人类总体实践的合力就越来越大，个人实践会更自觉地和总的实践趋向一致，使人类总的实践越来越带有自觉性。

第四节　实践是人们的目的性和客观规律性的统一

文明是人类改造世界和改造自己所创造的一切进步成果的总和。人类的进化、文明的创造是同人的改造世界和改造自己的实践分不开的。人类的实践一方面具有目的性，即按照人类的目的去改造世界，一方面又必须符合客观规律，只有符合客观规律的实践才能实现人类改造世界的目的，只有在实践的过程中实现两者的结合，才能改造世界，创造文明。实践的这种特性，是人类行动与动物的根本区别所在，也是人类所以能创造文明的根源。

一、人类实践的目的性

马克思曾说："蜘蛛的活动与织工的活动相似，蜜蜂建筑蜂房的本领使人间的许多建筑师感到惭愧。但是最蹩脚的建筑师从一开始就比最灵巧的蜜蜂高明的地方，是他在用蜂蜡建筑蜂房以前，已经在自己的头脑中把它建成了。劳动过程结束时得到的结果，在这个过程开始时就已经在劳动者的表象中存在着，即已经观念地存在着。他不仅使自然物发生形式变化，同时他还在自然物中实现自己的目的，这个目的是他所知道的，是作为规律决定着他的活动的方式和方法的，他必须使他的意志服从这个目的。"[①] 但这就提出一个问题，人类的目的是如何形成的，是不是人类先天就能形成这种目的。我们认为：人类最初接触世界认识世界时并未带有先天的目的，但是人在接触世界、认识世界的过程中，形成了改造世界以满足本身需求的想法。人们在进一步改造世界的实践中就不再是无意识的，而是有目的的。人的实践的这种目的性，是任何动物所不具备的。毛泽东说："社会的人们投身于变革在某一发展阶段内的某一客观过程的实践中（不论是关于变革某一自然过程的实践，或变革某一社会过程的实践），由于客观过程的反映和主观能动性的作用，使得人们的认识由感性的推移到了理性的，造成了大体上相应于该客观过程的法则性的思想、理论、计划或方案，然后再应用这种思想、理论、计划或方案于该同一客观过程的实践，如果能够实现预想的目的，即将预定的思想、理论、计划、方案在该同一过程的实践中变为事实，或者大体上变为事实……例如，在变革自然的过程中，某一工程计划的实现，某一科学假想的证实，某一器物的制成，某一农产的收获；在变革社会过程中某一罢工的胜利，某一战争的胜利，某一教育计划的实现，都算实现了预想的目的。"[②] 根据马克思、毛泽东的这些论述，证明了人的目的性产生于实践，又通过实践来实现。这种具有目的性的实践就成为人的实践与动物的本能性活动的根本区别，正是由于人具有这种有目的性的实践，才使人能够创造文明发展文明；同时也只有人类的实践，才能逐步形成实践的目的性，并发展完善这一目的性，使其符合客观规律。

二、目的性是客观规律性存在的反映

客观世界的发展存在一定客观规律这是问题的另一重要方面，就是说自然界和社会的发展都是按一定客观规律在变化着。春天来了，必然

① 马克思：《资本论》第一卷，人民出版社，1975 年版，第 202 页。
② 毛泽东：《实践论》，《毛泽东选集》第一卷，人民出版社，1991 年版，第 293 页。

随之而来的是夏天、秋天和冬天，白天过后是黑夜，这都是按客观规律发展所决定的。人类社会生产力的发展必然会带动生产关系的变革，上层建筑及意识形态的变革，在自然界和社会中到处存在着这种不以人们主观愿望为转移的客观规律。如果世界没有客观规律，人类也就不可能形成自己的目的。所谓目的都是被重复的实践证明了能达到预期结果才能形成，如果世界没有一定的规律，人的目的也就变成偶然性的行动，有可能实现也有可能不实现。人的活动就完全成为偶然性的，而不可能具有目的性行动。人们正因为知道打猎，会打死动物，获得它们的血肉以供食用，因此产生了打猎的目的；人们因为知道种下庄稼能获得更多的粮食以供食用，所以人们产生了种庄稼的目的。正因为人类知道了制造工具后，能弥补自身器官的不足，产生更好的效果，因此才产生了制造工具改进工具的目的。因此，人类的目的无一不是客观规律在人头脑中的反映，人具有目的性，也正好证明了客观具有规律性。客观没有规律，人类也无法形成目的。

三、文明的发展是人类目的逐渐符合客观规律的过程

人的实践所以能具有创造文明、发展文明的作用，不仅因为它具有目的性，还因为它符合客观规律。在人类改造世界的实践过程中，如果违背客观规律，人类就要失败，达不到预期的目的，甚至遭到惩罚；而如果人的实践符合客观规律，人类就能实现自己的目的，创造和发展文明。人类对于事物发展规律的发现和认识是一个漫长的过程，从认识事物发展的简单规律到认识事物发展的复杂规律，要经历千万年。这种发现本身和科学理论的建立，正是人类长期实践的结果。

恩格斯指出：“人离开狭义的动物愈远，就愈是有意识地自己创造自己的历史，不能预见的作用、不能控制的力量对这一历史的影响就愈小，历史的结果和预定的目的就愈加符合。但是，如果用这个尺度来衡量人类的历史，即使衡量现代最发达的民族的历史，我们就会发现：在

这里，预定的目的和达到的结果之间还总是存在着非常大的出入，不能预见的作用占了优势，不能控制的力量比有计划发动的力量强得多。只要人的最重要的历史活动，使人从动物界上升到人类并构成人的其他一切活动的物质基础的历史活动，满足人的生活需要的生产，即今天的社会生产，还被不可控制的力量的无意识的作用所左右，只要人所希望的目的只是作为例外才能实现，而且往往得到恰恰相反的结果，那末上述情形是不能不如此的。"①

人类劳动正是在其目的性进一步发展，进一步符合客观规律中创造发展了文明，使文明日益向更高的水平发展。

毛泽东指出："一般地说来，不论在变革自然或变革社会的实践中，人们原定的思想、理论、计划、方案，毫无改变地实现出来的事，是很少的。这是因为从事变革现实的人们，常常受着许多的限制，不但常常受着科学条件和技术条件的限制，而且也受着客观过程的发展及其表现程度的限制（客观过程的方面及本质尚未充分暴露）。在这种情形之下，由于实践中发现前所未料的情况，因而部分地改变思想、理论、计划、方案的事是常有的，全部地改变的事也是有的。即是说，原定的思想、理论、计划、方案，部分地或全部地不合于实际，部分错了或全部错了的事，都是有的。许多时候须反复失败过多次，才能纠正错误的认识，才能到达于和客观过程的规律性相符合，因而才能够变主观的东西为客观的东西，即在实践中得到预想的结果。"又指出："通过实践而发现真理，又通过实践而证实真理和发展真理。从感性认识而能动地发展到理性认识，又从理性认识而能动地指导革命实践，改造主观世界和客观世界。"②

人们就是这样在实践中形成自己的认识而产生了自己的目的，又在

① 恩格斯：《自然辩证法》，《马克思恩格斯选集》第三卷，人民出版社，1972 年版，第 457—458 页。

② 毛泽东：《实践论》，《毛泽东选集》第一卷，人民出版社，1991 年版，第 293、294、296 页。

实践中部分地实现了自己的目的（这是因为人的目的这时符合客观规律），部分地修改了自己的目的（这是因为部分目的不符合客观规律，需要修正以符合客观规律）。同时，人们也在实践中不断地改造客观世界的固有规律，创造更符合人们目的的新的客观规律，又不断在实践中修改自己对规律的改造和创造，更能符合人们的目的和规律。这是因为客观规律由于条件的不断变化，存在多种发展的可能性，最初人们只是尝试选择其中符合人类目的的发展可能性，这就改变了原有的规律。以后更创造了原来没有的新条件，这样人们也就创造了新的规律。

人们就在不断的实践中，不断使自己的目的与客观规律达到统一，从而更多实现自己原有的目的和新的目的。马克思指出："自由自觉的活动恰恰就是人类的特性。"① 人类不断在实践中更进一步认识客观世界的规律，有不断改造、创造规律，以使之更符合人们的目的。不断修正自己的目的，使其更符合客观规律，人类也就得以更好地实现自己的目的。正是由于人的实践这种特点，才使人得以创造文明和发展文明。

第五节　人类能创造文明就因为能改造旧规律创造新规律

长期以来，人们把是否承认规律的客观性，是否承认客观规律是不以人们主观意志为转移的，作为唯物论和唯心论的分界线。如果主张人们能够改造旧的客观规律、创造新的客观规律，就会被看做唯心论。但实际上只要承认规律的客观存在和客观世界的具有规律性就是唯物的。而且也只有承认人们在认识客观规律基础上利用客观规律发展的可能性，改造旧的客观规律，创造新的客观规律，才是真正的辩证唯物论。

① 马克思：《1844年经济学哲学手稿》，人民出版社，1979年版，第50页。

人类之所以能够创造文明，就因为人类能够改造旧的客观规律，创造新的客观规律。

一、人类改造旧规律、创造新规律是可能的

人们常说人类改造自然、改造社会，创造了人类文明，却不承认人能够改造旧的客观规律，创造新的客观规律，这是说不通的。如果人类不能改造旧的客观规律，创造新的客观规律，一切都按自然界固有的规律发展，哪会有可能创造一个人造的世界。自然界固有的规律只能产生自然界固有的事物，没有可能产生人造的新事物。人类所以会有今天文明的发展，就因为人类改造了客观世界固有的规律，创造了新的规律。

人类栽培植物，改良土壤，改造种子、施肥、灌水，从事田间管理，以达到增产的目的。这既是利用了自然界固有的客观规律，又给予了许多自然界原来没有的新条件，这就意味着人类已经改造了旧的规律，创造了新的规律。农作物是按新的规律生长，才得以实现人们增产的目的。

人类饲养动物，把它们从野生转为家养。这也是改变了动物固有的生长规律。让它们在新的人工条件下成长，创造了使动物家养的新规律。人们改良品种，改变饲养条件，使猪多长肉，使羊多长毛，使鸡多下蛋，都是改变了它们固有的生长规律，创造了新的规律。

工业制造更是人类发明创造了原先自然界没有的品种，虽然利用的是客观早已存在的物质，但却已通过工业加工变成了自然界没有的新事物。所有的工业产品，实际上都是改造了旧的客观规律，创造了新的客观规律，才能产生的。

人类改造旧社会、创造新社会，也是改造旧的规律，创造新规律的过程。按照固有的规律，一个落后的半封建半殖民地社会只能向资本主义发展。但我们却要使它通过新民主主义向社会主义过渡。这不是人类社会发展的固有规律，而是人们改造旧的规律后产生的新规律。

所有精神文明产品都是人类改造了客观世界固有规律，按人创造的新规律而生产出来的。人们创造了多种艺术形式，创造了丰富多样的艺术作品；人们创造发明了很多科学成果，产生了很多自然界从来没有的产品，这些都不是按客观世界固有规律所能产生的，都是人类改造了旧的规律，创造了新的规律的结果。

人们之所以能改造旧的规律，创造新规律，是因为规律产生于一定条件下事物发展的重复性，但事物的发展又都是以时间条件为转移的，条件变了原来的规律也要随着变。由于条件变化的多种可能，每一规律的发展也有多种可能。我们通常所说的规律的必然性，是指在时间条件不变的情况下，事物必然如此发展。而所谓偶然性，则是指时间条件变了，事物的发展也就不是按原有的条件形成的规律，产生原有的结果，而是按新条件，形成的新规律，产生了新结果。人们认为这未按原有的规律产生原有结果，就认为是偶然的。但按新条件产生的新规律而言，它的出现也是必然的。同时，既然“一切以时间条件为转移”，那么条件的变化有几种可能，客观规律的发展也就有几种可能，所有这些可能都是按客观规律的发展必然可能出现的。当人们认识了事物发展规律的多种可能性，预计了这多种可能性，也就不存在偶然性了。

人们利用客观规律，就是按照客观规律发展的必然性去确定自己的目的，实现自己的目的。

人们改造客观规律，就是利用客观规律发展的多种可能性，选择其中对人类有利的一种可能性，改变客观规律存在的固有条件，提供产生人类需要的可能所应有的条件。这样旧的客观规律就被改造成新的客观规律了，但这些条件和可能都是客观世界所固有的，因此，人们在这种情况下，只是改造了客观规律，而没有创造新的规律。

人们创造新规律，是人们在认识客观规律发展的多种可能后，改变了固有条件，给予了自然界没有的新条件，如温室栽培，这就创造了自然界不可能形成的新的客观规律。

人类改造自然、改造社会、改造自身、创造文明的过程就是人们认识、利用、改造、创造客观规律的过程。

二、承认人能改造、创造客观规律是辩证唯物主义的认识论

唯物论和唯心论的根本差别是在于唯心论不承认规律是客观存在的，客观世界是有规律的，而认为规律是人在主观意识中形成的，客观世界是没有规律的。但我们主张人们能改造客观规律、创造客观规律的前提，却是首先必须承认规律是客观存在的、客观世界的发展是有规律性的。人们改造客观规律、创造客观规律，只是在我们对客观世界规律认识的基础上的进一步利用、改造、创造，即使经过我们改造和创造后的规律，仍然是一种客观存在的规律，并非仅在我们的头脑中存在。承认人们对规律改造创造的可能，并不否认客观世界的规律性，只不过利用一切规律要以时间条件为转移，人工改变其条件，而形成新规律而已，客观世界仍得按规律发展。

只有人们能认识规律，利用规律，改造规律，创造规律，才能真正发挥人的主观能动性，充分认识人在认识客观世界的规律基础上，改造客观世界的可能性。这才是真正的辩证唯物论，而不是机械唯物论。按照那种认为人类只能认识客观规律，利用客观规律的说法，人们是不可能改造自然、改造社会、改造自身，由而创造人类文明的。

三、人类改造和创造规律必须认识规律发展的一切可能

过去人们常说：人们必须遵循客观规律办事，违背客观规律行事，人们就达不到自己的目的，就会受到惩罚。这个提法既有对的一面，也有不对的一面。人们的确必须遵循客观规律办事，不论是遵循自然界固有的规律，还是遵循人类改造过的规律，或人类创造的新规律，这些都是客观规律。但人们又不能不违背客观世界的固有规律，因为人们如果不能违背客观世界的固有规律，不去改造客观世界的固有规律，创造新

的规律，人类就不可能改造自然、改造社会、创造人类的文明。实际上人类并非因为违背客观规律，不能实现自己的目的，而受到惩罚。而是因为人们在改造客观规律，创造新的客观规律时，并未预计到改造和创造规律所会出现的全部后果。人们往往仅看到了改造客观规律创造客观规律所带来的有利后果，而忽视了这种改造和创造客观规律会带来的不利后果；往往只看到了改造客观规律，创造客观规律带来的近期后果、直接后果，而看不到改造客观规律、创造客观规律带来的远期后果和间接后果。

当人们砍伐树木、扩大耕地时，人们只看到了这样形成的新环境、新规律会带来耕地的扩大、粮食的增加，却未看到由于森林被大量砍伐带来了水土的流失、土壤的沙化和气候的失调。

又如人们在发展工业时，往往只看到发展工业带来的新产品，满足了人们的一些需要，却没想到会带来对环境的污染。

多年来，人们不断在改造旧规律，创造新规律，并不是所有这些活动都会带来惩罚，更多的还是人类实现了自己的目的，并未受到惩罚。只是有部分行动没有估计到改变旧规律，创造新规律后可能产生的不利后果。

但人们又无法因此不改变规律、创造规律，也无法要求人们都能事先预知将来发生的一切后果。因为人们改造旧规律、创造新规律的过程有些是自觉的，有些却是不自觉的，是在实践中摸索或偶尔改变了固有规律存在的条件，因而形成了新规律。人们不可能预知以后会发生的一切后果。要求人们早知改变规律创造规律的一切后果是不可能的。

但是人们应该对此有思想准备，当人们改变规律创造规律的活动刚产生不利后果时，就应有所察觉，就应立即采取措施防治。环境污染、生态破坏等，都非近年才为人们所知，早在很久以前就为人们所知，但人们只顾眼前利益，只顾有利的一面，而没有及时采取措施，才发展到今天的地步。因此受历史惩罚的，不是人们违背了自然界的固有规律，改造和创造了新的规律。受罚的是人们为目前短暂的局部的利益忽视了长远的整体的利益，受惩罚的是人们没有在问题已经露头时及时采取措施。人们不能因噎废食，因为怕受客观规律的惩罚，而不去大胆探索改变旧规律、创造新规律，没有这些，人类是不可能创造发展文明的。

第八章
劳动是文明形成、发展的基础（上）

上一章从哲学角度论述了实践和文明的关系，本章试图从经济学角度论述劳动与文明的关系，这是不同性质的两个问题。马克思主义的劳动学说是马克思主义理论的重要部分，一百多年的实践证明了马克思主义的劳动学说有很多内容至今还是科学的，但是有些必须更新，才能更为科学地阐明一些问题。这里，试将我们的一些新认识论述如下。

第一节 文明存在发展的基础是个人和公共必要劳动

一、文明存在的基础是个人必要劳动

文明要存在，其前提是创造文明的劳动者能生存下去，而使劳动者得以生存的基础就是个人必要劳动。马克思在《资本论》中把劳动者生产个人生活必需资料的劳动称为个人必要劳动，并指出了个人必要劳动是劳动者每个个人生存的基础。正是由于劳动者的个人必要劳动创造了所有劳动者得以生存的物质生活资料、精神生活资料，使劳动者得以不

断再生产自己的劳动力，不断再生产新的物质生活资料和精神生活资料，这样就构成了文明存在的基础。如果劳动者的个人必要劳动被侵占，劳动者就不可能再生产劳动力，文明就失去了存在的基础，文明就会衰亡。

个人必要劳动在总劳动中占的比例越大，社会发展就越慢，文明就越低；而个人必要劳动在总劳动中所占比例越小，社会积累就越快，文明发展程度就越高。

个人必要劳动的价值是由两个条件所决定的：其一是个人必要劳动时间所能创造的价值，这是由一定的劳动生产率所决定的；其二是产生个人必要劳动所需的价值量，即个人为生产他的劳动他所需要物质生活资料和精神生活资料的价值。这是由社会发展的水平所决定的。劳动生产力越高个人必要劳动所创造的价值越高，他的需要也随之而增长。今天的个人必要劳动所需的价值就远比古代的个人必要劳动所需的价值高得多。个人必要劳动所需的价值是由文明发展水平决定的，文明越发展产生个人必要劳动所需的价值就越高，必须提供更多的物质资料和精神资料才能保证个人劳动力的再生产，才能保证文明的继续存在发展。

二、文明发展的基础是公共必要劳动

文明的特点，不仅在于它能存在，能不断再生产，而且还在于它能否积累，能不断扩大再生产。文明是人类创造的物质文化和精神文化发展到一定阶段的产物。没有不断的积累，就没有文明的发展。而文明积累和发展的基础，却不是依靠个人必要劳动所能实现的。个人必要劳动的产品只能满足劳动者个人生活的必需品，只能维持简单再生产。但人类文明发展所需要的积累，却需要不断扩大再生产。而扩大再生产却不是靠个人必要劳动所能获得，因为个人必要劳动所生产的生活资料全部被消费掉了，不可能提供扩大再生产所必需的积累，而提供这种积累的基础只能是劳动者的剩余劳动，即提供维持个人生活所必需的生活资料的劳动之外劳动者所多创造出来的产品。因此可以说没有个人必要劳动以外的剩余劳动，就不可能有积累，不可能有人类文明的发展。这就涉及长期存在的一个认识上的误区，即认为所有剩余劳动都被剥削掉了，被剥削阶级消费掉了。如果真是这样，也就不可能有积累，不可能有扩大再生产，不可能有文明的发展。事实上，正因为劳动者的剩余劳动并未全部被挥霍掉，而是有相当大的一部分用于扩大再生产，用于社会公共管理，用于社会公共福利（包括救济、备荒）等，才提供了人类文明发展的可能。

因此，这些对个别劳动者而言是个人必要劳动以外的剩余劳动，但对整个社会而言却是社会发展所必需的公共必要劳动。这种公共必要劳动和个人必要劳动有区别，因为它不是劳动者维持个人生活所必需，它并不归劳动者个人所占有，但它却是社会发展所必需，是归社会所占有。过去王珏曾提出在社会主义社会中剩余劳动转化为社会必要劳动，并把这部分供社会扩大再生产、社会公共管理、社会公共福利费用的劳动称为社会必要劳动①。他的论述是有重大意义的，揭示了这部分劳动在社会主义社会的作用。但王珏认为这仅是社会主义社会才有，在社会主义社会以前仍应称剩余劳动②，却具有片面性，因为在社会主义社会以前的任何社会都存在扩大再生产，都存在社会公共管理，存在社会公共福利，没有这些就没有人类社会存在发展的可能。马克思在《哥达纲领批判》中说："如果我们把'劳动所得'这个用语首先理解为劳动的产品，那末集体的劳动所得就是社会总产品。现在从它里面应该扣除：第一，用来补偿消费掉的生产资料的部分。第二，用来扩大生产的追加部分。第三，用来应付不幸事故、自然灾害等的后备基金或保险基金。从'不折不扣的劳动所得'里扣除这些部分，在经济上是必要的，至于扣除多少，应当根据现有的资料和力量来确定……剩下的总产品中的其

① 王珏：《必要价值论》，人民出版社，1996年版，第80页。
② 同上书，第80—82页。

他部分是用来作为消费资料的。在把这部分进行个人分配之前，还得从里面扣除：第一，和生产没有关系的一般管理费用……第二，用来满足共同需要的部分，如学校、保健设施等……第三，为丧失劳动能力的人等等设立的基金……”① 马克思在这里所说的要扣除的部分，我们总称为“公共必要劳动”。这里除个人必要劳动归劳动者个人所得外，这部分公共必要劳动必须归社会公共所有，这是人类社会所有各阶段的共同点。

因此，实际上在任何社会中都有相当一大部分个人必要劳动以外的剩余劳动，转化为社会公共必要劳动，而且应该是剩余劳动中的主体部分。任何社会的发展迅速与否，就取决于剩余劳动中提供社会公共必要劳动所占的比例有多大，这也是对一切统治阶级进步与否的试金石。凡能把他们所掌握的劳动者的剩余劳动更多转化为社会公共必要劳动的，他就是有利于生产发展、社会发展的阶级。凡是把他们所掌握的劳动者创造的剩余劳动肆意挥霍，以供个人私欲的，他就是阻碍生产发展、社会发展的反动的阶级。而历史上许多地区文明的毁灭，正与这些地区的统治者不仅挥霍了劳动者的剩余劳动，甚至还侵占了劳动者的个人必要劳动有关。

为此，我们认为把劳动者个人必要劳动之外的劳动都笼统称为“剩余劳动”是不确切的，其中还存在相当大部分的社会公共必要劳动。真正的剩余劳动，应该是去掉个人必要劳动和公共必要劳动之后的剩余部分。

对这种公共必要劳动，王珏、孙梅都称为“社会必要劳动”②。但我们为了避免与马克思《资本论》中所说的社会平均必要劳动（也称为社会必要劳动）相混，因此在这里改称为“公共必要劳动”，既与个人

① 马克思：《哥达纲领批判》，《马克思恩格斯选集》第三卷，人民出版社，1972 年版，第 9—10 页。

② 孙梅：《剩余劳动是扩大再生产和社会进步的源泉》，《东方研究》第一辑，吉林文史出版社，2000 年版，第 316—322 页。

必要劳动有别，也与马克思的社会平均必要劳动相区别。

我们认为如果说个人必要劳动是文明存在的基础，那么公共必要劳动就是文明发展的基础。人类文明的特点就在于他们能在维持个人生存所必需的生活产品以外，还生产了剩余产品以提供人类社会扩大再生产的需要，提供社会公共管理费用的需要，提供社会公共福利的需要。正是因为有了这些，才保证了社会的发展、文明的发展，这也是人类社会和其他动物的根本区别。

三、阶级社会中公共必要劳动为剥削阶级所掌握

公共必要劳动及其产品在不同社会中由不同人所掌握，这是社会一定发展阶段的需要。奴隶社会之所以优于原始社会，就在于他们不再把俘虏杀掉而作为奴隶，以榨取他们的剩余劳动，创造了奴隶社会文明的发展。封建社会之所以优于奴隶社会，也因为它能更大程度地提高劳动者的生产积极性，攫取更多的剩余劳动以转化为公共必要劳动，创造了封建社会的文明发展。当封建地主阶级不再把他们取得的剩余劳动转化为公共必要劳动而是转化为满足个人私欲时，他们就被历史所抛弃。资本主义社会比封建社会优越，也在于资本主义的经济规律逼使资本家最大限度地把他们所榨取的剩余劳动用于扩大再生产，不如此做的资本家就必然由于技术的落后被淘汰。一些穷奢极欲挥霍所攫取的剩余劳动的资本家，必然遭到破产，而失去它作为资本所有者的资格。事实上各个社会的统治者所获取的剩余劳动，正是历史赋予他们的任务，让他们用以转化为公共必要劳动，用以促进人类文明的发展。他能完成这一历史使命，他就能暂时从中分得一部分剩余劳动，以供个人消费；一旦违背这一历史使命，就会被历史所淘汰。

社会主义社会的优越性，就应体现在它能最大限度地把所有劳动者的剩余劳动转化为公共必要劳动，以促进生产的高度发展、文明的高度发展。

文明就是这样靠着个人必要劳动维持，靠着公共必要劳动而发展。而且由于生产不断发展，公共必要劳动在劳动中所占比例越来越大，文明就更迅速地向高度发展。

第二节 活劳动的物化和转化为科学技术是文明发展的前提

一、活劳动转化为物化劳动是文明积累的前提

文明是人类物质文化、精神文化积累发展到一定阶段的产物。文明积累和发展的第一个前提是人类劳动能出现剩余劳动。没有剩余劳动就没有积累的可能，但仅有剩余劳动还不可能积累。人的活劳动是无法积累的，今天的剩余劳动没有使用，到明天就不存在了，明天的剩余劳动是明天新产生的。剩余劳动只有转化为剩余产品，才能储存、积累。因此，人类文明得以积累和发展的另一前提是人类的活劳动得以转化为生产资料、生活资料，用物化劳动的形式加以储存。这种物化劳动在生活和生产需要时又转化为活劳动，或作为生活资料为劳动者所消费，而保证了劳动力的再生产；或作为生产资料将物化劳动转化到新产品中去。可见，物化劳动是劳动的一种形式，它和活劳动是可以互相转化的。在资本主义社会中，物化劳动作为生产资料、生活资料被资本家所占有，表现为资本，而和劳动相对立。资本成了另一种生产要素，但这并不能改变生产资料和生活资料是劳动所创造的，是劳动的物化这一基本性质。不能因为这种劳动物化为生产资料后在某一时期为资本家所有，就否定它仍是劳动的一种形式，否定它和其他劳动形式一样，具有增值作用。认清物化劳动是劳动的一种形式，资本仅是物化劳动在一定历史阶段的一种表现形式，再去争论物化劳动能否增值、资本能否增值就毫无

意义了。只要是发展到一定阶段的劳动就应该能增值，这是人类劳动的基本性质，不管这种劳动以何种形式出现，不管这种劳动成果被谁所占有，都改变不了它是劳动者所创造的，是劳动的物化这一本质。

二、活劳动转化为科学技术是文明发展的前提

劳动转化的另一形式是科学技术，技术是人类改造客观世界的方法、手段和能力，是劳动经验的积累。正是劳动经验不断的积累，体现为科学技术的发展，表明了人类改造客观世界的方法、手段和能力的改进和增强。人类的劳动经验靠记忆而保持，靠科学而升华，靠教育而传承。这样，随着人类劳动经验的保持、传承、积累，科学技术也就日益发展起来。人类的劳动一方面创造了生产资料、生活资料等物质财富，使人类的劳动得以用物化劳动的形式积累起来；另一方面，劳动又创造了科学技术等精神财富，使人类的劳动以科学技术等形式保存和传承下去。

马克思也曾提出："科学这种既是观念的财富，同时又是实际的财富的发展，只不过是人的生产力的发展，即财富的发展所表现的一个方面、一种形式。"① 这种精神财富在新的生产过程中，又体现为生产工具和劳动者的技术水平，使人类在新的生产劳动中不断提高生产能力，能创造更多的劳动成果。因此，科学技术又转化为活劳动及转化为物化劳动。认清科学技术是劳动的产物，也是劳动的另一种形式，就根本没有必要因为科学技术日益发展，日益在生产中起着更重要的作用，而把科技和劳动对立起来。即使在一定历史阶段科学技术工作者成为和一般劳动者不同的人群，这也改变不了科学技术是由劳动所创造，是劳动的结晶，是劳动的另一种形式这一本质。

邓小平就曾说："科学技术同生产资料和劳动力是什么关系呢？历

① 马克思：《经济学导言》(1857—1858)，《马克思恩格斯全集》第46卷下，人民出版社，1979年版，第34—35页。

史上的生产资料，都是同一定的科学技术相结合的；同样，历史上的劳动力，也都是掌握了一定的科学技术知识的劳动力。我们常说，人是生产力中最活跃的因素。这里讲的人，是指有一定的科学知识、生产经验和劳动技能来使用生产工具，实现物质资料生产的人。”① 他明确指出了历史上的生产资料都和一定的科学技术相结合，先进的生产资料结合的是先进的生产技术，落后的生产资料结合的是落后的生产技术；而同样历史上的劳动力也都是掌握了一定的科学技术的，不同时期的劳动力所掌握的科学技术不同，随着历史的发展，人们积累的劳动经验越来越多，所掌握的科学技术也就越来越先进。

人类社会劳动生产率的提高，正是人类劳动经验的不断积累所致。人们改造客观世界的能力日益增强，也正体现科学技术的日益发展。人的劳动所以能增值，而且增值的幅度越来越大，正是科学技术进一步发展的结果。不同的劳动者为什么创造出的劳动价值不同？就是因为不同劳动者掌握的技术复杂程度和先进程度不同。使用不同的劳动工具为什么能创造不同的劳动价值？也就是因为不同的劳动工具所含技术的复杂程度和先进程度不同。

三、活劳动、物化劳动、科学技术都创造价值

从以上的论述中可以看出，当前学术界中有些人争论是活劳动创造剩余价值，还是物化劳动创造剩余价值，还是科学技术创造剩余价值，都是没有意义的，因为三者都是劳动的一部分。总的说，是人类的劳动创造了价值，也创造了剩余价值；是人类劳动中的技术含量决定了创造价值的多少、创造剩余价值的多少。落后的劳动力掌握不了先进的生产工具，创造不了较多的剩余价值。先进的劳动力使用落后的生产工具也创造不了较多的剩余价值。不能因为活劳动转化为物化劳动后就认为它

① 邓小平：《在全国科学大会开幕式上的讲话》，《邓小平文选》第二卷，人民出版社，1994 年第 2 版，第 88 页。

丧失了创造剩余价值的能力。总之，一切都取决于活劳动和物化劳动的技术含量，而这种技术含量的提高，正是劳动经验积累的结果，文明的积累和发展也正好以此为主要标志。

当然这里所说的技术是指物化于生产过程中的技术，即技术的物化形态，而不是指在生产过程以外的技术知识。当技术还仅表现为知识形态时，它还仅是一种潜在的生产力，它还不可能创造剩余劳动和剩余价值，只有当技术物化为生产过程中劳动者的劳动和生产资料中的技术含量时，才能起创造剩余劳动和剩余价值的作用。

人类的活劳动就是依靠它能转化为物化劳动和科学技术，这才使人类文明日益发展。而随着生产的发展，这种转化也越来越多，文明也就日益向高度发展。

第三节　劳动从简单到复杂是文明发展的过程

文明的形成发展过程是人类劳动创造的物质文明和精神文明积累的过程，而这一积累过程的形成及加速正是人类劳动从简单趋向复杂的过程。

一、复杂劳动是倍加的简单劳动

马克思曾说："比社会平均劳动较高级较复杂的劳动，是这样一种劳动力的表现，这种劳动力比普通劳动力需要较高的教育费用，它的生产要花费较多的劳动时间，因此它具有较高的价值。既然这种劳动力的价值较高，它也就表现为较高级的劳动，也就在同样长的时间内物化为较多的价值。"① 这里马克思指出了复杂劳动能在同样长的时间内物化

① 马克思：《资本论》第一卷，人民出版社，1975年版，第223页。

为较多的价值。但此处马克思仅是以同一时态中的简单劳动和复杂劳动作比较，而未从历史发展过程中作比较。从历史发展过程看，简单劳动和复杂劳动是在不断发展中的，不同历史时期的简单劳动和复杂劳动具有不同的含义。资本主义社会的简单劳动对原始社会而言，已是复杂劳动；而原始社会的复杂劳动对资本主义社会而言，却可能仅是简单劳动。

复杂劳动所耗费的劳动量和它所创造的劳动量不应相等，它所创造的价值应该大于它所耗费的价值。复杂劳动就因为它能创造较高的超出于投入的劳动量才吸引人们使自己的简单劳动发展为复杂劳动。

复杂劳动能创造出比它投入更多的价值，是因为它包含了更多、更高的技术，而技术中积累的劳动价值就通过劳动转化到复杂劳动者的劳动价值中去，因而使其增值了。

从实质而言，复杂劳动与简单劳动的根本区别就在于劳动中所有的技术含量不同，也就是人类改造自然的能力和水平不同、熟练程度不同。这种不同的能力，不同的技术含量，是随着人类生产的发展而不断积累不断发展的。人类在劳动中不断提高自己改造自然的能力，又不断将这种能力积累起来、传承下去，这样人类劳动的技术含量就越来越高，也就是说人类劳动的复杂程度就越来越高。准备创造这种复杂劳动所需投入的时间就越来越多，这种劳动所创造的价值也就越来越多，所创造的剩余价值也就越来越多，所能提供的积累也就越来越多。这就使文明逐步形成，并日益迅速发展，没有劳动从简单趋向复杂的过程，也就没有人类文明的发展。

二、不同时期劳动力的价值不同

马克思指出剩余价值的创造是由于劳动力在劳动过程中创造的价值大于劳动力的价值。这里存在两个关键因素，一是劳动力的价值，二是劳动力在劳动过程中所创造的价值增值。但这两者都是由历史发展的一定生产力水平所决定的。不同历史时期的劳动力的价值是不同的，也就是说在不同历史时期一个劳动力的个人必要劳动需要量是不同的。原始社会一个劳动力所需的衣、食、住、行等生活资料的量是有限的，更谈不到还有多少精神生活上的要求，但到资本主义社会，一个劳动力再让他去过原始社会的物质生活已根本不行了，而且他已不仅有物质生活的需要，而且还会有精神生活各方面的需求。原始社会的一个劳动力，无须经过专门教育，就可以再生产他的劳动力，而在现代社会，劳动力的培养起码得九年教育。这一切决定了现代的劳动力的生产比原始社会的劳动力的生产，需要花费较多的劳动时间。因此现代的劳动力，即使是现代最普通的、最简单的劳动力的生产费用，也远远高于原始社会最复杂的劳动力的生产费用了。如果一个现代的劳动力只具有原始社会的劳动力所能创造的价值，他就根本谈不到增值，谈不到创造什么剩余价值，连生产他的个人必要劳动也不可能。而现代的劳动力的劳动显然是远比原始社会的劳动更为高级更为复杂，能创造更多的使用价值和价值，才能维持他与现代社会相适应的生活水平，同时还能创造更多的剩余价值。这就是说现代劳动力由于它的复杂程度远远高于原始社会，所以就能在同样长的时间内物化为较多的价值。这就是文明发展的结果，也是文明发展的基础。

人类劳动从简单趋向复杂的过程，既表现为劳动力所掌握的科学技术水平的提高，也表现为劳动工具中包含的科学技术水平的提高，两者是不能缺一的。简单劳动者不能掌握复杂先进的劳动工具，无法创造更多的价值，而复杂劳动者也不能依靠原始的简单的工具创造更多的价值。也就是说只有复杂劳动者才能创造复杂的劳动工具，才能使用复杂的劳动工具，以比简单劳动所能创造使用的简单工具产生更高的劳动价值。因此人类文明发展的过程，就是人类劳动经验不断积累，不断从简单趋向复杂，并因此能不断改进劳动工具，使其从简单趋向复杂，而创造出更多价值的过程。

或许有人会强调劳动价值是以时间来衡量的，那么不论何种劳动，即使在质上不同，即使它们所创造的使用价值的性质和数量不同，但都同属于人的劳动力所支付的劳动时间，因此同一劳动时间所产生的应是同一劳动价值。但这显然违背复杂劳动与简单劳动的区别。复杂劳动和简单劳动的区别就在于两者同一劳动时间产生不同的劳动价值。不同种类的劳动在同一时间创造的价值不同，因此不同种类的劳动和不同复杂程度的劳动，工资报酬不同。不同历史时期的劳动即使在同一种类的劳动中所创造的价值也不同。甚至同一时期同一种类的劳动，技术水平不同、熟练程度不同，创造的价值也不同。因此商品交换虽是以劳动时间作为价值单位，但却是把不同复杂程度的劳动折算为同一简单劳动而进行的，并非不同复杂性质不同复杂程度的劳动都以同一劳动时间作为交换单位。一个纺纱工人的一小时劳动不可能换来一个珠宝细工一小时劳动所创造的价值。

三、劳动生产力提高创造更高的价值

马克思曾提出："总之，劳动生产力越高，生产一种物品所需要的劳动时间就越少，凝结在该物品中的劳动量就越小，该物品的价值就越小。相反地，劳动生产力越低，生产一种物品的必要劳动时间就越多，该物品的价值就越大。"① 这在理论上似乎是正确的，但在实际生活中如果劳动生产力的提高只会带来每件产品价值的降低，其总价值并不提高，就没有人会去努力提高劳动生产力了。在实际生活中由于以下原因，劳动生产力的提高，实际上是带来增值的。

劳动生产力的提高通常是由于劳动技术含量的增高及劳动的复杂化而取得的，因此虽然是同一劳动时间生产的产品，但复杂劳动由于它是倍加的简单劳动，就使得新产品虽然仍是在原来同一时间产生，但这是更复杂的劳动，比起原有的相对较简单的劳动而言，同一时间所创造的

① 马克思：《资本论》第一卷，人民出版社，1975年版，第53页。

价值是不同的，因此新产品的价值量也就并非像马克思所说的那样会显著减少。马克思在这里是把劳动生产力的提高与劳动从简单趋向复杂分开了，是假设劳动生产力提高后，劳动的复杂程度仍和原先一样。但这在实际生产过程中是不可能的。每一次劳动生产力的提高都意味着劳动的进一步复杂化，意味着同一劳动时间所含劳动量的增加、价值量的增加。

但一般因劳动复杂程度增加投入的劳动价值量低于因劳动生产力提高而增加的收入。因为产品虽增加了，产品的价值和市场价格并不会立即降低。马克思认为产品的价值通常是由该产品的社会平均必要劳动决定的，这是对的，就在这个意义上，在该产品的整个行业未因生产力提高，而降低产品价值时，它仍能按社会平均必要劳动的价值出售，而不是按它本身的实际价值出售，而且它的价格通常高于其社会平均必要劳动，因为产品的价格是由该产品的生产数量和市场需求量决定的。当产品的数量都是社会所需时，产品的价格是由产品中耗费劳动量最高的部分产品决定，而不是按社会平均必要劳动决定。如果按社会平均必要劳动出售，超过这一价格的产品都将因亏损而无法再生产。因此为满足市场需求，最贵的产品也能销出去。因此其他消耗劳动低的部分企业就得以也按高于社会平均必要劳动量来销售自己的产品。在生产劳动力提高的情况下，产品数量增加了就会把一部分耗费劳动最多、价格最贵的产品挤出市场，因此产品价格会降低，但不会降低到生产劳动力提高后实际消耗的劳动量，只有当全行业的劳动生产力普遍提高后，它的价值和价格才会下降。因此劳动生产力的提高对资本家是有利的。

劳动生产力的提高同时对工人也是有利的。因为工人的工资是以货币支付的，不是以实物支付的。一些产品虽因生产力的提高，每件产品所含劳动量降低，因而贬值，但因此工人同样的货币工资能售得更多的生活必需品。工人的生活应该因劳动生产力的提高而提高。只有当劳动生产力提高时，同一劳动时间生产的产品多了，而它的销售价格基本未降低的情况下，相对而言工人所得的工资在整个产品总值中的比例是降低了，但随着劳动生产力的普遍提高，产品总值逐步降低时，工人所得的比例也会逐步回到大致和以前相同的比例。因此，总的说来劳动生产力的提高，必然带来工人生活的提高，而不是更贫困，历史也证明了这点。

同时由于在劳动生产力提高过程中，工人的劳动复杂程度必然相应地增加，工人创造的价值加大，一般情况下，资本家不仅不能降低工人的工资，而且还必须适当增加，只是工资增加的幅度不能达到工人劳动创造价值量增加的幅度而已。

资本家在提高生产力过程中所以能增加收入，一方面来源于工人劳动的复杂程度增加，在同一时间内创造了更多的价值，另一方面，更重要的收入来源却来自资本家购得的先进生产工具所付的价格，远远低于这一先进工具所能创造的价值。因为在这一先进工具中所包含的创新劳动及前人劳动的价值，并未全都付给创新劳动者，通常前人为创新劳动所积累付出的劳动是没有支付的。因此生产资料不是不变资本，而是可变资本，而且是主要的可变资本，它的增值大于从事重复劳动的工人的增值。

马克思在这里说的随着劳动生产力的提高，一定的劳动时间所生产的产品增加了，但由于价值是由劳动时间所决定，因此总的价值并未增加，而每一物品的价值却因所需劳动量的减少而减少。但这是仅就价值而言，就使用价值而言却不同。只要劳动生产力提高了，一定劳动时间所产生的使用价值是必然增加的。马克思就说过“不管生产力发生了什么变化，同一劳动在同样的时间内提供的价值量总是相同的。但它在同样的时间内提供的使用价值量会是不同的：生产力提高时就多些，生产力降低时就少些”，“更多的使用价值本身就是更多的物质财富，两件上衣比一件上衣多”①。只有在整个社会产品中，仅有某一种产品由于劳动生产力提高，产品所含的劳动量降低，才会出现该产品价值的减少。

① 马克思：《资本论》第一卷，人民出版社，1975年版，第59、60页。

但是一般而言社会生产各部门的劳动生产力基本上是在普遍提高中，因此就不可能出现由于劳动生产力提高，这种产品单独降低价值的情况。马克思曾提出："麻布的价值只能相对地表现出来，即通过另一个商品表现出来。""生产麻布和上衣的必要劳动量可以按照同一方向和同一比例同时发生变化。在这种情况下，不管这两种商品的价值发生什么变动，仍旧是 20 码麻布＝1 件上衣……如果所有商品的价值都按同一比例同时增减，它们的相对价值就保持不变。它们的实际的价值变化可以由以下这个事实看出，在同样的劳动时间内，现在提供的商品量都比过去多些或少些。"① 如果原来每个工人一天生产 20 码麻布，它的价值能换取两件上衣，现在劳动生产力提高了，每天生产 40 码麻布，就可换 4 件上衣。价值并无降低，而是增加了。如果劳动生产力提高了，总价值不变，40 码麻布仍换 2 件上衣，那样，每件产品价值会比原先降低一半，但这种情况正如马克思所说是不会出现的。因此，单件产品的价值在劳动生产力提高的情况下仍是 10 码麻布换一件上衣，而总价值却能换来 4 件。

文明就是这样通过劳动的不断复杂化而创造越来越多的使用价值和价值，使文明日益发展起来。

第四节　文明是创新劳动和重复劳动的共同创造

人类文明是创新劳动和重复劳动所共同创造的，创新劳动具有价值含量的超出性、价值状态的潜在性和价值实现的间接性。剩余价值是由创新劳动和重复劳动共同创造的。创新劳动所创造的价值和社会价值大都归社会共有。

---

① 马克思：《资本论》第一卷，人民出版社，1975 年版，第 69 页。

一、人类文明是创新劳动和重复劳动共同创造的

近年赵培兴著有《论创新劳动及其价值定位》一书，对创新劳动和重复劳动的关系作了精辟的论述，兹摘引如下：

“所谓创新劳动，就是创造人类尚未有或部分尚未有的新使用价值的劳动。”“只有重复劳动才能把创新劳动的新使用价值变成标准化、批量化和商品化的产品，直接满足人们的需要和市场的需求。”“创新劳动和重复劳动是整个人类劳动中两种不可缺少的类型，又是人类劳动过程中两个必经的发展阶段。”“创新劳动集中包含和体现的创造性，是人类独具的一种主观能动性，而且是人类主观能动性的集中表现和最高形式。”“重复劳动在复制和批量生产人类创造劳动成果的过程中，也以量的形式积累着新的创新因素。”“任何创新劳动都是一种质变，进入重复劳动则开始量变而在任何重复劳动中都有一定的创新因素，它积累为主要成分时重复劳动就变为创新劳动。”①

因此可以理解为，有了创新劳动创造了新事物，才有重复劳动的可能，而重复劳动是推广创新劳动的成果，又在量上为新的创新劳动做积累，积累到一定程度，量变引起质变，重复劳动又产生了新的创新劳动。两者是互相转化、互相促进的关系，而就在创新劳动与重复劳动的互相转化、互相促进中，创造发展了人类文明。

创新劳动和重复劳动又是价值和剩余价值产生的两个主要源泉。

二、创新劳动的特点

“创新劳动创造的价值具有三个特点：

第一，具有超常性。不仅创造的使用价值具有超常性，而且创造的价值也具有超常性。其所以具有超常性，这是由于从事创新劳动的劳动力的更高价值决定的……从事创新劳动的劳动力比从事重复劳动的和一

① 赵培兴：《论创新劳动及其价值定位》，中央文献出版社，2002 年版，第 15—35 页。

般性复杂劳动的劳动力更加高级，具有更高的价值，因而在相同时间内转化到劳动成果中形成的价值也就必然更大。“二是由于创新劳动的劳动资料的更高价值含量决定的……进行创新劳动的劳动资料比进行重复劳动和一般性复杂劳动的劳动资料含有更高的价值量，因而在劳动过程中转移到产品中的价值也就更大。”“三是由于创造创新成果的劳动时间的超长决定的……它不仅包含集中劳动时间，而且包含非集中劳动时间。”“四是由于创新劳动中包含了前人的大量劳动、积累，其中既有前人为成功经验的积累付出的劳动，也有前人为取得失败教训所付出的劳动。”

“创新劳动者只有经过失败甚至多次失败，并科学地研究失败，进而通过创新过程中成功与失败的比较，才能认识和掌握应用所要创造的人类尚未有过或部分尚未有过的使用价值的客观规律。”创新成果价值的超常性与它吸收包含前人的大量劳动（包括成功与失败）是成正比的。

第二，“价值状态的潜在性……在于创新劳动创造的人类尚未有或部分尚未有的新使用价值中，形成了创新劳动成果的潜在价值；只有经过重复劳动，变成标准化、批量化、商品化产品，才能进行“释放”，并用正常价值标准和尺度准确地测算出来”。这种潜在性存量价值的‘释放’期是相当长的，“人类已经创造出数百年、数千年甚至更长的时间，而且其潜在价值的‘释放’期仍不见尽头的创新劳动成果，在人类的财富宝库中并非少见”。人类的一切创新劳动成果，在全部完成自己的历史使命之前，其潜在的存量价值是绝不会终止“释放”的。

第三，“价值实现的间接性。正因为创新劳动创造的超常价值在未‘释放’之前是以潜在的状态存在于创新成果中，因此，它不能直接进入市场……实现自己的价值；而必须通过重复劳动形成正常价值，变成标准化、批量化、商品化的产品，才能进入市场，完成由‘商品体’到‘金体’的转化，实现其价值”。

创新劳动创造价值的主要特征：“即价值含量的超大性、价值状态的潜在性和价值实现的间接性之间，是相互联系、相互制约的。其中，没有价值含量的超大性，就没有潜在价值‘释放’的长期性；没有价值状态的潜在性，则没有价值实现的间接性”①。

三、创新劳动对剩余价值的创造

我们通常只把剩余价值的生产看成是从事重复劳动者的劳动结果，这是不全面的。在重复劳动者使用创新劳动者的先进技术以及包含着创新劳动者的先进技术创造的先进生产工具中，已包含着创新劳动者创造的劳动价值。一个具有落后技术的劳动者，使用落后技术的工具，创造出来的使用价值和价值就比具有先进技术的劳动者使用含有先进技术的先进工具创造出来的价值低。因为使用先进技术后，它就可以获得更多的价值和剩余价值。而这种增加的价值和剩余价值，在劳动者的工作时间不变的情况下，就完全来源于创新劳动所创造的先进技术，是它创造价值的“释放”，而与重复劳动者无关；只有重复劳动者在延长工作时间，增强劳动强度时所创造的价值和剩余价值才是由重复劳动者所增加创造的，但这其中也有创新劳动者所“释放”的部分价值。因为只要重复劳动者从事劳动时使用了创新劳动者的劳动成果——先进技术，他比不使用创新劳动者所多创造的价值中就必然有创新劳动者成果的一部分。

过去讨论物化劳动——生产工具是只能转移其价值，还是能增值，我们认为当然能增值，如果使用先进工具仅能转移其价值，不能增值，谁还要买先进工具，甚至用更昂贵的价值来买更先进的工具？这样做就因为先进工具包含着物化在内的创新劳动所创造价值的“释放”，它所转移的价值是机器本身的价值，而“释放”的也就是增值的所含创新劳动的价值。

① 赵培兴：《论创新劳动及其价值定位》，中央文献出版社，2002年版，第55—69页。

通常使用一部先进的生产工具，资本家购买它的价格，往往远远低于这种先进生产工具使用后能创造的全部价值。这是因为创新劳动者创造这种先进工具时所投入的创新劳动（包括他本人的劳动和前人为此付出的劳动），并未在出售先进工具时全部收回，而只有在以后重复劳动者使用这种先进工具时，逐步释放出来。这部分价值实际上是创新劳动者在创新劳动中所吸收的大量前人的劳动所创造的，因为这些价值当初并未支付给以前的劳动者，就没有计入创新者的劳动价值中，但实际上这部分劳动价值是很大的，却以潜在形式一时未能计入。当其以后释放时这部分价值理应归社会所有，却暂时归购买这种先进工具的资本家所有了。

孙梅提出，创新劳动的价值不是以它投入的劳动量决定的，而应以它创造的使用价值的价值量决定，这似乎违背劳动产生价值的原理，但它作为一种超常性的劳动，它实际上也因为创新劳动者的创新劳动价值中往往并不包含创新劳动者所吸取的大量前人劳动所创造的价值，这就使得创新劳动实际创造的价值似乎远远大于它本身投入的劳动价值。

四、创新劳动所创造的价值大都归社会所有

创新劳动还有个特点，即很少创新劳动者能获得它应获得的价值。在近代部分创新劳动得到了专利法的保护、保障，而在有专利法之前和专利法无法保障的知识产权，这些创新劳动者的价值仍无法得到公平的补偿。重复劳动中所释放出来的价值和剩余价值，并未全返回到创新劳动者手中去，这部分价值和剩余价值是为资本家所占有了，主要构成了公共必要劳动的来源，应该说创新劳动创造的价值是社会公共必要劳动的主要来源。因此创新劳动所创造的价值通常是社会化了。与此相关，创新劳动者所创造的价值中有相当部分来源于前人成功的劳动积累和失败劳动的积累，通常从事创新劳动的量的积累的这部分劳动价值并未为创新者所得，不仅失败劳动者根本得不到，连成功劳动者当他仅是做量

的积累时，也得不到补偿。胜利的果实只归于最后成功者，因此创新劳动者也没有理由获得创新劳动的全部价值。这些也自然应该归之于社会，当然如果未来机制更健全的话，是应该让一切为创新劳动最后成果作出贡献的量的积累者，不论是成功者还是失败者都得到一定的补偿，才能更好地鼓励创新劳动的发展。创新劳动创造价值的实现及分配是一个很值得研究的课题，对促进创新劳动具有重要意义。

总之人类文明的创造发展，离不开创新劳动，也离不开重复劳动，但创新劳动具有更重要的作用。没有创新劳动就不会有重复劳动。人类文明正是在不断创新中前进，而且随着人类劳动经验的积累、智慧的发展，创新劳动也会越来越发展，体现为近代科学发明越来越增多。这样人类文明也就更快地向高度发展。

第五节　劳动从集体到个体再到集体的过程是文明形成发展的过程

劳动从集体劳动发展到个体劳动，再发展到集体劳动的否定之否定的过程，正是文明形成发展的过程。

一、劳动从集体到个体是文明形成的过程

人类从动物脱胎而来之时，是集体劳动的。当时由于劳动生产力的低下，人们靠原始的石器无法战胜周围的环境，只有靠集体的力量才能维持人类的生存。人类在集体劳动中渡过了几百万年的时间，逐渐改进了工具提高了生产力。特别是金属工具的发明和使用与农业和畜牧业的发展，使人们已经可以单独劳动以维持生存。而且单独劳动可以更好地提高劳动者个人的劳动积极性，保证劳动有更好的成果。这时集体劳动就必须转为个体劳动。原来氏族和大家族集体生产，这时由家庭个体生

产所代替了，正是由于从集体劳动转为个体劳动，提高了生产力，产生了相当数量的剩余产品，这就为文明的形成创造了基础，文明正是在集体劳动转化为个体劳动中逐步形成的。

最初的个体劳动并不能完全摆脱集体劳动的互助。因此最初的小家庭仍是联合为公社，在很长时期中个体劳动和集体劳动是结合的。反映在所有制上也是公有制和私有制的结合。

个体劳动是适合于个体生产工具的，凡是在生产工具只适宜于个体生产的地方，勉强地实行集体劳动，勉强地保持公有制是不可能的，它只能起束缚生产力发展的作用。

二、文明的发展使个体生产又发展到集体生产

经过几千年的个体生产以后，随着生产的提高、产品的剩余、商品经济发展起来了，原来自给自足的自然经济被打破了，生产者不再是为个人而生产，而是通过市场为了社会而生产。随着文明的发展，人类的分工越来越细，在新的工业的发展中，要靠个人独立完成全部生产过程，已是不可能了。在最初的手工作坊和农场中发展形成了个体生产者的协作劳动，而从工场手工业到机器大生产的发展，进一步促进了工人的分工合作，生产要求工人集中在同一场所劳动，大生产代替了小生产，集体劳动又代替了个体劳动，这是人类文明发展的结果，是人类文明发展的必然趋势。

三、集体劳动代替个体劳动又促进了文明向更高发展

没有劳动的集体化，就不可能发展大机器生产，而大机器生产又促进了人们劳动的集体化，出现了成千上万人的集体劳动。

随着生产目的的社会化，生产力的社会化就要求所有制的社会化。未来社会必将随着个体劳动转为集体劳动，所有制也由个体私有转化为社会公有。大机器生产带来了过去从未有过的高度生产力，而信息化的

发展更促进了生产部门联系的加强。适应这种社会化的大生产的生产关系，也进一步促进了人类文明的发展。公有制保证了丰富产品的合理分配，按劳取酬保证了充分调动每个劳动者的生产积极性，保证了人类文明可以克服过去的自私贪婪，而更健康地发展，这样人类进入了更高的文明时期。

人类文明正是在劳动从集体到个体，又从个体到集体的否定之否定的过程中，得到了充分的发展。

第九章
劳动是文明形成、发展的基础（下）

第一节　文明随劳动分工的发展而形成发展

劳动分工的发展对文明的形成发展具有重大意义，实际上文明的形成发展过程就是劳动分工发展的过程。

一、文明的形成发展过程是劳动分工发展的过程

动物也有简单的分工，即性别年龄的分工。人类在形成后很长时期中也仅停留在年龄性别的分工。只是到了大约一万年左右，人类发明了畜牧和农业，并开始形成了农业和畜牧业的分工，人类才开始了文明的形成过程。随着商业和手工业的分工，体、脑的分工，管理者与被管理者的分工的出现，人类才结束了文明形成过程，终于进入了文明时期。

而在文明时期几千年的发展过程中，人类分工的发展越来越细。特别是在工业的发展中形成了各产业的分工，甚至在一个企业中也形成各个工种、工序的分工，而随着精神文明的发展，精神文明的各个领域各个学科都有了极为细致的分工。有很多人终生就从事一种专业化的劳动。

在分工发展中，人类社会形成为一个复杂的有机整体。

二、劳动分工的作用

劳动分工的发展在文明发展中具有极为重要的意义。

首先，劳动分工的发展使人类社会成为了一个复杂的有机整体，作为人类文明发展的载体——群体得以进一步巩固发展了。群体内部的相互联系，相互交流巨大发展了，而这些正是文明发展的重要条件。没有劳动这些精密分工，就不可能有文明在多方面的创造和积累，也不可能有文明多方面的协作交流和总体文明的形成。

其次，劳动分工的发展提供了群体不断扩大的可能。劳动分工越细，要求越来越多的人参加各种专业的工作，这是最初形成的小规模的人类群体无法解决的。它必然要求群体的不断扩大，以保证各方面分工都有足够的人承担。它也为群体扩大后的进一步巩固创造了基础。所有新扩大的群体只要内部形成了密切的分工和交流关系，这个群体也就得到巩固了。

三、劳动分工的发展前途

劳动分工是在文明形成发展中得到形成发展的，但是否像有些人所认为的，分工将随着文明的发展而消失呢？特别是马克思在论述到人类未来的发展时，提到了未来人类的全面发展，那么这种全面发展是否意味着劳动分工将因此而消失呢？

毫无疑问，随着文明的发展，有些劳动分工将会消失，如脑力劳动和体力劳动的分工、管理者和被管理者的分工，都将随着文明的发展而消失。但极大部分分工，特别是不同产业的分工，不同工种、工序的分工，是不可能消灭的。当然随着人类文明的发展，每个人可能进一步全面发展，可以随时承担不同的工作，但一旦承担了这一工作，就得暂时放弃其他工作，一个人在同一时间仍只能承担分工中的某一具体工作，并不意味着分工的消灭。同时所谓个人的全面发展也绝不意味着一个人能够从事所有工作，实际上只是一专多能，因此未来社会的全面发展，不仅不全消灭劳动分工，而且正是以劳动分工的巨大发展为基础，正是劳动分工的越来越细，要求人们必须全面发展。否则随着分工的发展，人们也无法适应这种分工发展的要求。一个只能承担某一工种某一工序的劳动者，只能是一种简单的工具，无法适应未来分工巨大发展相互又密切联系的需要，也只有劳动者的全面发展才能为劳动分工的进一步发展创造条件。

因此，人类文明将随着劳动分工的发展而形成发展。而人类文明的发展又将促使劳动分工的更进一步发展。

第二节　文明是物质劳动和精神劳动共同创造的

一、物质劳动和精神劳动共同创造两个文明

物质劳动和精神劳动是劳动的两大部类，物质劳动主要是从事物质资料生产的，精神劳动主要是从事精神资料生产的，但两者又不能机械地分开，因为物质资料的生产不仅需要物质劳动，也需要精神劳动，精神资料的生产也需要物质劳动。因此，准确地说，物质资料和精神资料都是物质劳动和精神劳动共同生产的。过去说物质劳动是生产物质资料的，供给人们对物质资料的需求，精神劳动是生产精神资料的，供给人们对精神资料的需求，但实际也不仅如此。物质劳动不仅生产物质资料，也为生产精神资料服务；精神劳动不仅生产精神资料，也为物质生产服务。因此物质劳动和精神劳动虽是两种不同的劳动，却是互相依存，互相转化，互相促进的。

物质劳动的主要任务当然是供给人们所需要的各种物质资料，但不仅是供给从事物质劳动的人，同时也供给从事精神劳动的人。一切从事精神劳动的人也需要衣、食、住、行，而这些都是主要由从事物质劳动

的人生产的。同时从事物质劳动的人不仅生产物质劳动所需要的各种生产资料，也生产精神劳动需要的各种生产资料，包括大量房屋、设备乃至笔墨、纸张、乐器、图书，没有一种精神劳动能完全脱离物质劳动而进行。

精神劳动的首要任务是生产精神产品，在近代以前广大劳动人民被剥夺了享受精神产品的权利，但从近代以来，精神产品的享受已不是少数资本家和上层人物的特权了，广大劳动人民也有享受各种精神产品的可能。因此，精神劳动的产品也同样供给物质劳动者享受，已经形成了一种用精神劳动产品换取物质劳动产品的正常交换关系。

同时精神劳动不仅为精神资料的生产服务，也直接或间接为物质资料的生产服务。首先，科学技术的成果可以直接转化到物质生产过程中，促进物质生产的发展，现在物质生产的发展与科技转化到物质劳动的过程密切相关。其次，艺术也在相当程度上参与了物质劳动过程，很多产品的外观都需要艺术来加工，使其不仅实用，而且更美化。再次，教育现在对劳动者的成长起着决定的作用，没有教育，每个物质劳动者都很难操作现代化的生产工具。最后，思想道德也直接关联到物质生产者的劳动态度、生产积极性。因此，精神劳动直接也对物质劳动起着重要的作用。

二、精神劳动创造价值和使用价值

过去有些人说只有物质劳动才是生产劳动，才能创造价值，精神劳动属于非生产劳动，不能生产价值。现在看来，这种说法是难于成立的。精神劳动和物质劳动一样产生使用价值，精神劳动和物质劳动一样在劳动过程中支付劳动，因此其产品就体现精神劳动者的劳动，就含有劳动价值。精神劳动的产品也在实际交换中实现了自己的价值。一般精神劳动因为大都属于复杂劳动，因此其价值还普遍高于物质劳动。

过去有人说，精神劳动的产品是一次性的，无法保存。歌唱完就听不到了，舞跳过就看不见了，因此，这些劳动就不能创造价值，这样说是不对的。唱歌、跳舞之时，当时听者、看者就享受了这些歌舞的美，就获得了歌舞的使用价值，也就必须为歌舞者的劳动付出价值。凭什么否定其使用价值和价值？而且过去那些无法保存的劳动现在都可以用录音、录像保存下来，因此没有理由再以此否定精神劳动的价值，否定精神劳动是生产劳动，而且由于新技术的发展，现在很多精神劳动产品已经不仅为个别人服务，由个别人享受，而是为广大人民享受。作者写的一本书，可以有许多人看；音乐家奏的音乐可以通过录音和录像、电视等为很多人享受；一幅画，可以展出印刷出来供广大人民观赏，这样就增加了它的使用价值，也提高了它的价值。而物质劳动的产品极大多数只能一次性为某一个人服务，一件食品一个人吃了就不能提供给另一个人吃，一件衣服只是为某一个人制作，某人穿了，就不能再提供给别人穿。因此，它的使用价值反而变成只是一次性的，和过去音乐家、舞蹈家仅为某个人唱歌、跳舞，别人享受不到差不多了。

三、物质劳动、精神劳动和其他劳动的关系

物质劳动、精神劳动和体力劳动、脑力劳动有一定的关系。物质劳动多数是由体力劳动者提供，精神劳动多数由脑力劳动者担任，但也不尽是如此。物质劳动中的管理人员、技术人员大都是脑力劳动者，物质劳动离了他们就无法进行。精神劳动中有很多辅助工作都是体力劳动者担任，精神劳动离开了这些辅助工作人员，也无法进行。

物质劳动、精神劳动和简单劳动、复杂劳动有一定的关系，物质劳动者较多地是由简单劳动者来担任，精神劳动者较多地是由复杂劳动者担任，但也不尽然。物质劳动中也有大量工作需由复杂劳动者来担任，而且广大物质劳动者的劳动，也日益复杂劳动化，已经越来越不再是简单劳动者能胜任，而精神劳动中的很多工作也完全可以由简单劳动者来

承担。

总之，物质劳动和精神劳动是人类劳动的两种形式，它们都是人的劳动，只是分工不同而已。物质劳动和精神劳动既有分工，又互相依存、互相转化。

人类的物质文明、精神文明是由物质劳动、精神劳动两者共同创造的，因此说是物质劳动和精神劳动共同创造了人类文明，而且随着两者的日益互相渗透、互相转化，而促进了文明不断向更高发展。

第三节　文明的发展是体脑分离到结合的过程

一、脑力劳动和体力劳动的分离

人类的劳动本身就是体力劳动和脑力劳动相结合的，从来就没有纯粹的体力劳动，也没有纯粹的脑力劳动。马克思曾说："单个人如果不在自己的头脑的支配下使自己的肌肉活动起来，就不能对自然发生作用。正如在自然机体中头和手组成一体一样，劳动过程把脑力劳动和体力劳动结合在一起了。"① 我们通常所说的脑力劳动和体力劳动都只是指以脑力劳动为主或以体力劳动为主。

人类的最早阶段，脑力劳动和体力劳动还没有分离。正是在文明形成过程中，逐步形成了脑力劳动与体力劳动的分离，即分离出了一部分以从事脑力劳动为主的人群，这部分人承担起精神资料的生产，承担起社会的公共管理事务。这种状况的产生，是由于社会生产的发展、精神资料的生产和社会公共管理事务的增加，需要有人来承担；而当时的生产力水平还不可能使人人都具有从事精神资料生产和管理公共事务的能

① 马克思：《资本论》第一卷，人民出版社，1975年版，第555页。

力，也不可能和没有必要让所有人都来从事精神资料的生产和社会公共事务的管理。这样就分离出一部分以脑力劳动为主的人群，形成了文明时期长期脑力劳动和体力劳动分离和对立的状况。恩格斯曾说："当实际劳动的人口要为自己的必要劳动花费很多时间，以致没有多余的时间来从事社会的公共事务，例如劳动管理、国家事务、法律事务、艺术、科学等等的时候，必然有一个脱离实际劳动的特殊阶级来从事这些事务；而且这个阶级为了它自己的利益，永远不会错过机会把愈来愈沉重的劳动负担加到劳动群众的肩上。"① 在这里恩格斯正确地指出了脑体分离产生的历史必然性，但把这些脑力劳动者都称为"脱离实际劳动"者是不恰当的，这些人只是脱离以体力劳动为主者，他们仍参加脑力劳动，因此并未全脱离实际劳动。正是这些脑力劳动者所创造的精神资料，所进行的社会公共管理，既创造了精神文明又促进了物质文明，使文明得以形成。

二、脑力劳动创造价值

长期以来人们对脑力劳动是否是生产劳动有所争论，但迄今为止所有论证脑力劳动不是生产劳动的学者，实际上都只论证了脑力劳动没有直接生产物质资料，并未论证脑力劳动没有生产精神资料，也没有人否认脑力劳动对物质资料生产的间接作用。有些学者则强调脑力劳动有些不能变为物化劳动，如一个钢琴家的乐曲奏完后就不存在了，一个舞蹈家的表演结束后也不存在了，但这些只是一定生产条件下的产物，今天这些都可以通过录音、录像而保留下来，传承下去。即使在它们还未能保留之时，它们也满足了观众、听者的精神生活需要，因此在实际上产生了一时性的生活资料；科学家的科学技术知识，当它在头脑中时仅是精神财富，而当它体现于物质生产中时又成为了物质财富，因此认为脑

① 恩格斯：《反杜林论》，《马克思恩格斯选集》第三卷，人民出版社，1972年版，第221页。

力劳动不是生产劳动的观点是不能成立的。脑力劳动和体力劳动一样不仅能创造使用价值还能创造价值，而且因为脑力劳动通常都较体力劳动更为复杂，因此通常能创造出比体力劳动更高的价值。尤其一些创造性的劳动，通常都是由脑力劳动来完成的，而这种创造性劳动的复杂程度远远超出一般简单的体力劳动。它实际上是脑力劳动者长期积累的结果，更是长期吸收许多体力劳动者、脑力劳动者积累的经验和劳动成果的结果，是紧张复杂的脑力劳动——活劳动的一种形式，激活了许多人的物化劳动（包括体力劳动和脑力劳动产生的物质的、精神的成果）。这是一个从量变到质变的过程，是一个质的飞跃。这一刹那间创造的价值是巨大无比的。它通常与个人长期积累付出的劳动数量成正比，和它所吸收激活的前人劳动数量成正比。

三、体脑差别的消失

在文明的进一步发展中，随着劳动所含技术水平的提高和劳动的普遍复杂化，体力劳动逐步与脑力劳动进一步结合。同时，随着物质资料生产的发展，剩余劳动剩余产品的增加，广大劳动者对精神资料消费的要求的日益增长，已有必要和可能有更多人从事精神资料的生产，广大劳动者也已可能抽出较多的时间来参与社会公共事务的管理。特别是进入信息时代和知识经济的发展、民主制度的发展，更使体力劳动和脑力劳动的结合成为可能和必要。1956 年美国第一次出现从事技术、管理和事务工作的白领工人数字超过了蓝领工人。这表明了体力劳动者向脑力劳动者的转化，未来的知识经济时代将更以脑力劳动为主。当初在文明形成时期要求脑力劳动和体力劳动分离，而今天文明的发展又对体力劳动和脑力劳动的结合提供了必要和可能。正是由于体力劳动和脑力劳动的结合，才能保证两个文明的同步发展，互相促进，为进入文明高度发展的社会创造条件。

第四节 文明的发展过程是劳动从强制到自愿的过程

人类社会刚出现时，人们的劳动无所谓强制还是自愿。要生存就必须劳动，终日劳动还无法维持最低的生活。因此劳动是个人生存所必需，并不需要任何人去强制，也谈不上自觉自愿。

一、强制劳动产生的必然性

随着劳动生产力的发展，劳动在维持个人生活之外已有了剩余，这种剩余劳动在最初是为了公共福利，为了公共管理，为了扩大再生产，为了从事精神资料生产，因此是必需的，部分是人们自愿的，部分则是强制的。但随着其中部分逐渐被转化为统治者的个人消费，甚至统治者还会迫使劳动者做更多的劳动，以满足个人的奢欲，这样强制劳动就更成为必需了。马克思说："良好的自然条件直接给予他的，是许多闲暇时间……要他把这些闲暇时间用于为别人从事剩余劳动，需要外部的强制。"①

这种外部的强制当它是为了强制劳动者从事公共必要劳动时，曾是历史发展所必需，是文明得以形成发展的基础；只有强制是为了让劳动者从事除了公共必要劳动之外，仅是满足统治者私欲的剩余劳动和统治者为了侵占个人必要劳动、公共必要劳动时，才是不应该的。因此，有的学者将剥削界定为："剥削是采用超经济强制手段占有他人劳动成果的行为。"② 认为凡是存在超经济强制处就都是剥削，这是不正确的。当强制仅是为了使劳动者从事公共必要劳动时，这并非剥削。只有在强制是为了迫使劳动者从事个人必要劳动和公共必要劳动以外的真正剩余

---

① 马克思：《资本论》第一卷，人民出版社，1975 年版，第 563 页。

② 李步青：《剥削新释》，《宁夏党校学报》2000 年第 4 期。

劳动及为了占有劳动者的个人必要劳动和公共必要劳动以满足统治者的私欲时，才是剥削。

二、强制劳动的发展

强制曾是文明社会形成所必需，没有对奴隶的强制劳动，没有对广大公社成员的强制劳动，就不可能迫使他们从事大量超出个人必要劳动以外的劳动，也就不可能创造辉煌的古代文明。因此，监督管理在历史的一定阶段是必需的，执行强制职能的国家机器也是必需的。在封建社会中，如果没有强制，小生产者就会满足于自给自足，不可能为社会公共管理、公共福利及养活一部分专门从事精神生产者从事额外的劳动。这一时期的强制不能不主要表现为超经济强制。因此，强制劳动是封建文明产生所必需。但封建社会的强制已比奴隶社会的强制有所改善，已部分利用了农民改善个人生活的生产积极性，已开始从超经济强制转化为经济强制。资本主义社会的强制也更有所改进，采取更隐蔽的形式，似乎劳动者是自愿地出卖自己的劳动力，自愿地为资本家劳动。但实际上资本家占有生产资料，而劳动者一无所有，这本身就造成了对劳动者出卖劳动力的强制。而在工厂里资本家充分利用了强制来提高工人的劳动强度，来增加工人的劳动时间。这一切由于公共必要劳动的暂时为统治者所占有和他们代表社会来管理这部分劳动，就和统治者真正用来满足个人私欲的剩余劳动混在一起难以区别，因此很难区分在资本主义社会中强制是为了使劳动者从事公共必要劳动还是从事真正的剩余劳动。但资本主义强制的特点已主要是经济强制。

从文明形成以来，整个阶级社会中文明的发展是离不开强制劳动的，甚至可以说强制劳动是迄今为止阶级社会中文明发展所必需的。

三、强制劳动转化为自觉劳动

马克思曾论证，随着社会生产力的高度发展及劳动者的占有生产资料，劳动者不再为别人劳动，一切按劳分配，劳动者可以占有自己的应得劳动成果，那时劳动会成为人的第一需要，人们会喜爱劳动，不再需要强制。显然文明进一步发展会提供这种可能，这也是文明进一步发展所必需。但是把即将到来的未来社会想象成完全不需强制的社会，是太理想化了，似乎没有如此快，只要生产尚未高度发展，只要在未来社会中公共必要劳动和个人必要劳动还有区别，就不可能要求所有人都会自觉自愿地从事个人必要劳动以外的劳动。当然强制的方式会改变，更多地采取经济强制。实际上"不劳动不得食"、"按劳分配"也是一种经济强制，而且会日益形成道德强制，让人们逐渐意识到为社会多从事公共必要劳动是光荣，逃避是可耻。未来社会的强制会日益从经济强制过渡到道德强制。

这样新的高度文明社会才能使劳动逐步在更大程度上成为自觉自愿，而且没有真正的自觉自愿的劳动已很难适应新社会以脑力劳动为主、复杂劳动为主、以创造性劳动为主的需要。强制是很难产生创造性劳动的，因此也只有当劳动从强制转向自愿时，才能真正出现高度发展的文明。可见高度发展的文明出现的过程，也正是劳动从强制转向自愿的过程。而且从古到今有很多献身于科学的科学家，他们的劳动早已失去了强制的意义，而完全是在一种探索、创造的动机支配下，这种应该看做未来社会的劳动态度在历史上的萌芽，也证实了把劳动作为第一需要，实际上是可能实现的，这已有实证可以证明。

马克思说："在共产主义社会高级阶段上，在迫使人们奴隶般地服从分工的情形已经消失，从而脑力劳动和体力劳动的对立也随之消失之后；在劳动已经不仅仅是谋生的手段，而且本身成了生活的第一需要之后……"① 这样劳动就再也不需要任何强制了。人类文明正是在劳动逐步从强制转为自觉的过程中日益发展起来的，而随着劳动的变为自觉，向更高文明发展。

---

① 马克思：《哥达纲领批判》，《马克思恩格斯选集》第二卷，人民出版社，1972 年版，第 12 页。

第五节　文明是有效劳动创造的

劳动是创造文明的基础，但并非所有劳动都对文明的创造有贡献，只有有效劳动才对创造文明有贡献，无效劳动对文明的创造并不提供贡献。而事实上在人类历史中，无效劳动所占的比例却相当大，因此消灭或至少减少无效劳动是促使文明加快发展的重要手段，这就使得本问题的研究具有重要意义。

一、何谓有效劳动？何谓无效劳动？

凡是不能创造使用价值的劳动即使能创造交换价值，也是无效的劳动。

按理说，人类的劳动都应创造使用价值，但在有些情况下，有许多劳动却未能创造使用价值，而成为无效劳动。通常有以下几种情况。

其一，是不符合客观规律的劳动都属于无效的劳动。凡是违背客观规律的劳动即使其主观目的良好，但无法实现其目的，因此就成为了无效劳动。例如在一块漏水地上造一座水库，当然达不到蓄水的目的，建造水库的劳动就成为无效劳动。

或者在寒冷地区种植生长期长的作物，因此无法成熟，结果这种劳动也就成为无效劳动。人类在漫长的历史中所做过的这类无效劳动，是太多了，但这种无效劳动还有一定意义，就是可以为今后的成功吸取些教训。但如果完全因为主观，实际上人类早已有这种失败的教训，早已有所认识，还要主观地违背忠告，一意孤行，就纯粹属无效劳动了。

其二，是未完成的劳动都属无效劳动。劳动必须达到一定目的，才能实现其使用价值，但很多工程却半途而废，就成了无效劳动。如盖一座房子，盖了一半就中止了，未完成的房屋无法居住就成为了无效劳动；又如种庄稼，种了而不加管理，不去收获，这种种植劳动由于未能收获也就成为无效劳动了；又如一个科学家立志研究一个问题，但因故半途而废了，并未形成初步成果，其劳动也就成了无效劳动。至于有许多人为一个共同目标奋斗许多年，但最后却半途而废，这样以前的努力，甚至流血牺牲也就都成为了无效劳动。这类由于未完成而失效的劳动在人类史上太多了。

其三，对某些人说是为达到他们的某种目的，应该说实现其目的后应属有效劳动，但从整个人类利益来衡量所实现的目的毫无意义，就是无效劳动。

例如古代埃及法老为修筑豪华坟墓，修筑了金字塔，对法老而言这是有效劳动，但从人类文明的发展而言，是否值得耗费这么大的劳动量，仅为个人修筑坟墓。当然今天留下了一个值得观赏的遗迹，但就算有这点价值，仍是不值得。这就耗费了大量无效劳动。又如历代统治者为满足人的享受，修筑了豪华的宫殿，制造了无数的奢侈品。从他们个人而言这些都是有效的劳动，但就整个人类文明发展而言，仅为满足某个帝王的享受，这能否算有效劳动就值得考虑。又如战争从保卫国家民族不受侵略而言，这算作有效劳动；但从侵略而言，是否都能算有效劳动，也值得考虑。实际上历史上的很多劳动，是否能算作有效劳动，其中有些是从部分人而言是有效的，从人类整体而言是无效的；有些从主观上是有效的，而客观上是无效的，或反过来在客观上却是有效的，有些只能说部分有效，都必须具体分析。

其四，有很多劳动，从其实际效果而言本来是有效的，但却因各种原因，没有实际使用，就成了无效劳动。例如有的统治者在全国盖了许多别墅，就每座建筑而言，都已建成，可提供居住、应该都是有效劳动，但具体只有一个人住，一个人同一时间只能住一座，其他就都成了无效劳动。又如衣服每个人有一定量的需要，但太多了，根本穿不过来，本来是有效劳动，就变成无效产品。又如饮食有些未能及时饮用，过期坏了，就只好倒掉了，就成了无效劳动。又如机器是有效劳动，但放置不使用就成了无效劳动。原材料制成商品属有效劳动，但浪费了，成了废品就成了无效劳动。

其五，有些产品事先没估计市场需求超过了需求的部分，就卖不出去，就成为废品，原来的有效劳动就成了无效劳动。又如有些产品质量太差，使人无法使用，也就使有效劳动成为了无效劳动。

二、无效劳动对人类文明的影响

如果把所有这些无效劳动加在一起，在人类总劳动中属于无效劳动的究竟有多少，应该说是非常惊人的数字。以我们估计能达到总劳动的40％左右。如果人类尽可能少从事无效劳动，人类文明会发展快得多，应该说是大量的无效劳动延缓了人类文明的发展。

无效劳动有时会毁灭某一个文明，埃及古文明的衰落与大量耗费广大人民的劳动修筑金字塔恐怕有直接的关系，可以认为凡是在一些国家、民族文明衰退的地方，到处都能看到大量无效劳动的存在。

因此，可以得出一个结论，人类文明的发展是与有效劳动的多少成正比，无效劳动的多少成反比。

三、如何防止无效劳动的产生

防止无效劳动的增加，是促进人类文明发展的重要手段，根据多种产生无效劳动原因，大致应该注意以下几点。

其一，是努力使人类的劳动符合客观规律，防止因违背客观规律而产生无效劳动。

其二，是防止主观专断，有很多违反客观规律的事可以事先防止的，但往往有些人主观独断，就使得可能避免的错误发生了，因而产生了大量无效劳动。

其三，是尽量减少未完成的工作，做之前要考虑好是否能做完、做成，开始后就要下定决心克服一切困难去完成，这样就可以防止很多不必要的无效劳动。

其四，做一切事要从人类的根本利益出发，不要仅为个人的没有多大价值的需要，去耗费大量的劳动，产生大量无效劳动。

其五，尽可能减少浪费，做到物尽其用。

其六，应该尽可能让广大人民及时使用一切有价值的东西，不能因为某个人未使用而排除他人使用造成有效劳动变为无效劳动。

当然还有很多办法，但总的来说，一定要力争使人类的劳动更多成为有效劳动，就能促进人类文明的迅速发展。

第十章 科学技术是人类文明发展的标志（上）

——科学技术的性质和作用

科学技术是人类改造自然、改造社会、改造自身的手段和能力，是人类在改造自然、改造社会、改造自身的长期实践中的经验积累和创造发明。正是由于人类获得了科学技术这一重要成果，人们才得以创造了文明。人类文明的发展程度，最明确的标志就是科学技术，科学技术每发展一步，人类文明就向前发展一步。

科技、实践、劳动是从不同角度提出的，人类文明发展的三个既相通又有区别的概念。科学技术是实践的一种形式，而且是极为重要的一种形式；科学技术又是劳动的一种形态，是劳动能力、手段的表现形态，没有不包含一定科学技术含量的劳动。

因此研究科学技术的性质和作用及其发展是研究文明论的重要内容，本书没有可能具体讨论科学技术的所有问题，而只能从文明角度讨论科学技术的一些根本理论问题。

第一节　科学技术的作用

科学技术是人类改造自然、改造社会、改造自身过程中形成的技能、知识，是人类文明发展的标志。科学技术的作用是随着生产力和生产关系的发展而发展的。在不同的生产力水平和不同的生产关系情况下，科技发挥着不同的作用。它随着生产力、生产关系的发展日益起着更大的作用。但只有人类进入高级文明阶段，科技才能完全发挥其积极作用。

一、科技随着生产力发展而日益发挥更大作用

在人类刚产生时，还处于蒙昧阶段，人类还没有真正的科技，而仅有科技的萌芽，随着人类进入野蛮时期，科技开始形成。但即使在当时科技还处于萌芽形成状态时，科技已经是人类改造自然、改造社会、改造自身能力的标志，但由于当时人类在生产中所获得的改造自然、改造社会、改造自身的经验能力还极有限，因此当时的科技还不足以产生真正的文明。当时科技尚处于萌芽、形成状态，文明也正在萌芽形成过程中。

随着生产发展，人类学会了经营畜牧业和农业，学会了用人的活动增加天然产物的生产方法，人类终于进入了文明时期。在文明时期的初期，人类所形成的科技还只是在牧业和农业中形成的有限的经验、能力，还未形成对自然的科学知识，人们一般只是知道如何做，还不知道为什么这样做。这些较低的科技能力，还不足于创造高级、复杂的文明。因此，当时文明发展的低下状况，正是与人类的简单低级科技知识相适应的，当时人们还只能不自觉地积累传承所获得的技能，即使已形成一些文字记载的科技书籍，但所记载的也只能是已获得的简单经验，尚未形成对其科学原理的认识。

只有当生产发展，人类进入工业革命时期，人类获得的科技经验、技能日益增加，人类不仅有了层出不穷的新发明，也在这基础上逐步掌握了客观世界的发展规律，不仅知道如何做，而且知道了为什么应这样做，从技术中产生了科学，科学逐渐成为独立的知识体系，人们逐渐能够对科学原理具体应用，并通过科学实验来验证，形成新的科学发明，人们并把这些新的科学发明应用于生产，物化于生产，这时科学才真正成为了第一生产力，成为了推动生产飞跃发展的巨大力量。科学技术在人类改造自然、改造社会、改造自身的斗争中，日益发挥着更大的作用，这是与生产的发展，科技的发展成正比的。

二、科技对人类改造社会有重大作用

科技从其刚开始产生时就不仅是人类改造自然的能力，也是人类改造社会和改造自己的能力，这种改造社会和人类的能力随着生产关系的发展，而日益发挥更大作用。

人类在改造客观世界的实践中，不仅积累了生产斗争的技能、知识，同时也积累了阶级斗争的技能和知识，人类在改造社会的实践中，逐渐获得了更多的管理社会、管理生产的技能和知识，这实际上也是一种科学技术。同时工具不仅是生产斗争的武器，改造自然的武器，同时也是阶级斗争的武器，改造社会的武器。刀、剑从其产生之始，就不仅是用来征服自然，也是用来征服社会。武器是人类建立社会、确立统治的武器，也是人类用来改造社会、建立新的更高级社会的武器。在人类文明的发展中，一切最先进的科技，往往不是首先用于生产斗争，而是首先用于阶级斗争。从最初的青铜剑、斧、铁剑、铁斧到枪炮、原子弹的发明，这些人类获得的先进科技都是首先应用于改造社会的斗争。而且随着生产关系的发展，科学技术（包括军事科学、交通技术、通讯技术……）都更广泛应用于人类改造社会的斗争，科学技术日益成为人类改造社会的极为重要的力量，今天美国之所以能称霸世界，正因为它掌握了最先进的科学技术，而要与之对抗、制衡，也就必须掌握同样的，甚至更为先进的科学技术。可以说在今天没有先进的科技，人类就无从改造社会。

三、科技对改造人类本身也有重大作用

科技对改造人类自身起着重大作用。随着科技的发展，人类变得越来越聪明，越来越文明。人类正是主要依靠科技的发展，使自己逐步摆脱蒙昧的状况，越来越聪明，现在的人类头脑中所储存的信息，人类对自然和社会的认识能力及思维的敏捷程度，与远古的人类根本不可相比。现今人类已基本上摆脱了对神的迷信，人类也不再把自己的痛苦生活，归罪于工具的改进和科技的发展。人们逐步发明了语言、文字、造纸、印刷，使人们之间可以互相交流，人们的思维、科技得以传播，而近年电脑的发明，人工智能的发明，更使人类的智能在科技帮助下得到巨大发展。

人类的生命也依靠科学技术的发展，而日益延长。几千年来人类的平均寿命延长一倍以上。许多以前无法治疗的疾病，现在都已能治疗，基因的发现，更将为人类的发展开辟新的途径。

人类由于科技的发展，使人类越来越摆脱野蛮而走向文明。文明的主要表现在于人类知道了如何正确对待自然，对待人际关系。人类逐渐懂得不能对自然采取野蛮的掠夺，也逐渐懂得了不能对人类自身进行野蛮的屠杀和奴役。这一切没有科技的发展及作用，都是不可能实现的。有人说“科技是把双刃剑”，可以造福于人类，也可以危害人类。实际上，科技本身并不危害人类，它在有些方面之所以危害人类，一是因为使用科技的人具有危害人类的目的；二是由于科技本身的发展不够，还有一些不为人所知的缺陷，其责任却不在科技本身，而在于人类自身。这个问题只有在人类改造自然、改造社会中同时也改善自身，使人类中再不会有只顾自身而危害人类的目的和动机，使人类懂得只有完全了解

科技的作用时，才能正确使用科技；当一旦发现其副作用时及时采取防止改进措施，而不是任其危害人类。

因此，总的来说，科技对人类改造自然、改造社会、改造自身都有着巨大作用，人类已在利用科技改造自然、改造社会、改造自身中创造了文明。文明是人类利用科技，改造自然、改造社会、改造自身所取得的主要的积极成果。

第二节　科学技术的三个层次

科学技术在其发展过程中，分化为三个层次，而三个层次又各有其不同结构，由而形成了科学技术总的结构。研究科学技术三个层次的形成及其各自结构，对了解科学技术的发展过程及其与文明发展的关系具有重要意义。

一、科学技术三个层次的形成

人类最初形成的只是在生产、生活中的经验，并由此形成的一些改造自然的技能，当初还没有形成与生产经验相分离的独立的科学知识。随着文明的形成，初步形成了技术科学的一些门类：农学、工学、医学等技术。但最初的技术科学还仅是经验、技能的记载，只记载了如何做？而尚不能阐明为何如此做？如我国早期的农书、医学均属此类。经过长期的积累和研究，才逐渐形成了一些科技理论，同时也逐渐形成了关于自然界的理论知识，科学作为一种基础理论逐渐从技术科学中分化出来。

近代以来，自然科学作为一种基础理论取得了巨大发展，形成了自己的系统理论，并在这些基础理论指导下促进了技术科学的发展，帮助技术科学建立起自己的系统理论，形成了技术科学的体系。技术科学的发展和应用于生产，又形成工程科技的发展。这样从实践形成经验，积累为知识体系，发展形成科学理论，科学理论又促使了技术的发展和运用，形成了科学技术三大层次互相联系不可分割的关系。

二、科学技术三个层次的不同内涵

科学技术的三个层次有着各自不同的特定内涵。

作为基础科学的自然科学，是以天然自然及其规律为研究的主要对象，是研究关于天然自然的普遍规律，是人类对自然界认识的系统化、理论化的知识体系。它产生于人类实践中，是人类在改造自然中，对自然界知识的积累，而由科学家归纳整理而成，其对技术科学而言是属于基础科学。

技术科学则是以人工自然为主要研究对象，是人类运用自然科学知识改造自然过程中形成的系统理论，是人类改造自然中形成的劳动技能、技巧、操作方法的系统化，并上升为科学理论。这是人类依据自然科学这些基础理论在改造自然中发展起来的，它着重研究技术应用的共同问题和基本原理，并总结为应用科技的基本理论。它属于“一般社会生产力”，是“知识形态上的生产力”。

工程科技是把技术科学的原理变成改造自然的能动力量，是科学发现与生产发展之间的桥梁，是产业革命、经济发展和社会进步的强大杠杆，是综合运用自然科学、技术科学、经济科学、管理科学等理论，直接为改造自然服务的，它最接近于生产实践，它属于直接生产力，它直接进入生产过程中，表现为劳动者的技能，生产过程中的物质手段，工艺流程和操作方法。

有的学者把作为基础科学的自然科学与技术科学相混，把技术科学与工程科技相混，认为自然科学属于知识形态的生产力，而不理解只有技术科学才是属于知识形态的生产力。同时，又对技术科学与工程科技不加区别，认为都是直接生产力，这也是不确切的。只有工程科技才是真正的直接生产力①。

三、科学技术三个层次的不同结构

科学技术的三个层次内涵不同，因此其内部结构也不同。

自然科学即一般所说的理科或基础科学，因它的结构或者研究的运动形态不同而形成物理学、化学、数学；或依据研究的对象不同而分为天文学、地学、生物学；而各大学科中又可分为若干个学科，如物理学分为力学、光学、电学、磁学等；随着自然科学的发展正在形成一些新的学科，如思维科学等。

技术科学即传统所称工科等或应用科学，依据研究对象和技术手段的不同，可以大分为农业科学、工业科学、医学科学、信息科学等。而每一大门类又可分成若干小门类。如农学可分为农、林、牧、渔等，工业科学可分为建筑科学、纺织科学、食品科学等。医学分为内科学、外科学、妇科、儿科等。

工程科技则是以上这些技术科学的具体应用，因此它具体分为各种具体的工程学科，这些工程技术门类并和不同的产业，不同的劳动生产过程相对应、相匹配。

科学技术的三个层次是互相联系、互相影响的，自然科学的新发展增加新的分支学科，会带动技术科学、工程科技相应增加新的分支学科。技术科学和工程技术的发展，新的门类的产生，也会推动自然科学理论的发展，形成新的门类。

三个层次逐步在形成一些新型的综合学科，如生态学就是综合研究所有技术学科相互关系的综合学科，目前随着科学技术的发展，各学科正互相结合，互相渗透，不断形成更多的新型学科。

① 高达声等：《自然辩证法概论》，高等教育出版社，1989 年版，第 258—259 页。

第三节　科学技术的三个形态

科学技术存在三种形态，即物化形态、技能形态、知识形态。这三种形态其表现形式和作用各不相同，但又能互相转化，互相促进，这又是科学技术的一个重要特点。

一、科技的物化形态

科技的物化形态，包括反映一定科技水平的生产工具和物质产品，任何一种生产工具，哪怕是最原始的生产工具，都反映了一定的科技水平，任何一种物质产品也都反映了一定的科技水平，因此，科技的第一种形态——物化形态，就具体体现为具有一定科技水平的生产工具和物质产品。

二、科技的技能形态

科技又表现为人类改造自然和社会的一种能力，这种技能是由一定的劳动者所掌握的，任何一个劳动者都掌握一定的科技能力，劳动者正是由于有了这种技能才能制造生产工具，使用生产工具，创造物质产品。

一般来说，掌握一定技能的劳动者和体现一定科技水平的生产工具是互相结合的，两者是不可分的，没有一定技能的劳动者就不可能制造和使用相同科技水平的生产工具，就无法进行生产。单有生产者不能生产，单有生产工具也不能生产。

我们应把科技的物化形态作为第一形态，因为在一般情况下，科技的物化形态先于科技的技能形态，但在一定情况下，生产工具会先于劳动者而存在，因为通常是先有人创造一种工具，然后再培育一些人使用这种工具，这样就先有了生产工具，才有掌握使用这种生产工具技能的劳动者。或许有人会提出没有掌握一定技能的劳动者，怎么能制造出这种工具？这是因为通常在制造出第一件某种工具之前，人们虽有一定目的要制造某种工具，但他们还未获得这种技能，他们是在试验中，在摸索中偶然取得成功的。只有取得了第一次成功，制造出某种生产工具，被证实符合生产目的时，不断重复地制造第二件、第三件这种工具，这才总结形成了一定的技能，因此，技能形态通常是要晚于最早的物化形态。

同时，在科技发展起来后，逐渐制造修理生产工具的人和使用工具的人开始分化，多数人会使用某种工具，具有使用这种工具的技能但不具备制造、修理这种工具的技能，当然仅掌握使用这种工具的能力，就比掌握制造修理这种工具的技能要简单得多，也经常是在制造某种工具的人形成制造使用这种工具的技能后再转授的结果。

三、科技的知识形态

科技处于技能形态时，仅体现为个人的经验，当它脱离掌握这种技能的人时就不复存在，因此往往极难传播，经常是由于没有合适的人传承，随着掌握这种技能的人的死亡，这种技能就失传了。为了传承和传播的需要，出现了从科技的技能形态向知识形态的过渡。科技的知识形态是科技的三种形态中最高级的形态，当某种科技以知识形态出现时，表明了这种科技已达到成熟阶段，已适合于广泛传播和世代传承的阶段，而科技表现为知识形态，也就是为了适应广泛传播和世代继承的需要。

最初的科技的知识形态，还不是技术科学，更不是自然科学，它只能说明如何做？而不能说明为什么？它只能说明这一工具、产品是如何做，而还不能举一反三，推而广之。它的进一步提炼、发展才成为了真正的技术科学。一定的自然科学是在技术科学基础上形成，而又指导促进了技术科学的发展。

四、科技三种形态的互相转化

科技的三种形态既有区别，又有联系，它们能互相转化。一般在科技的产生过程中，特别是在古代都是从生产实践中人们探索制造出某种生产工具，出现了某种科技的物化形态，经过多次反复总结形成了一定的技能，出现了科技的第二种形态——技能形态，而在技能逐渐成熟后又上升为科技的第三种形态——知识形态。

当科技的第三种形态知识形态出现后，它又能通过传播而转化为科技的第二种形态技能形态，而再进一步由技能形态，转化为物化形态，产生一定的生产工具和物质产品。

如果说，最早的科技知识形态都是从物化形态、技能形态上升而来，那么后来的科技知识形态，却有不少已是从科学推理而来，有的是技术知识的形成规律后的举一反三，有的是自然科学原理的具体应用，往往通过科学实验以验证、成功后才向技能形态，物化形态转化，由于这样，技术科学就越来越在生产中发生重要作用，而且往往是先导的作用。

当科学技术以知识形态存在时，它是一种潜在的生产力，当它转化为技能形态，物化形态，它就成为实际的生产力。

第四节　科学技术和自然科学

物质文明是人类改造自然的成果，由于出现了文明，就有了经过人类改造过的“人造自然”而与“天然自然”相区别，而人类所以能改造“天然自然”为“人造自然”，就是依靠科技的力量。这样也就从自然科学中分出了技术科学，自然科学是研究“天然自然”的发展规律的科学，而技术科学则是研究“人造自然”发展规律的科学。“人造自然”

的发展规律在总体上是和“天然自然”的发展规律一致的，但在具体表现上由于它是经过人改造的又和天然自然的规律不同。

一、人造自然与天然自然

自然界在人类生产以前就已存在，自然界及其规律的存在是不以人的意志为转移的客观存在，但自从人类产生以后，人类对自然就进行了改造，这样由于人类改造的结果，就产生了“人造自然”，人类的物质文明就表现在“人造自然”。“人造自然”的一切是天然自然中不存在的，是已经过人类加工改造过的。天然自然中没有人工栽培的植物，没有人工驯养的动物，没有工业制造的各种工业品，所有这一切都是人工改造自然的结果，就构成了“人造自然”，构成了人类的文明，人类的文明就体现在把“天然自然”改造成了“人工自然”。而科学技术就是人类改造“天然自然”为“人造自然”中形成的能力和手段，及其凝结成的知识体系。

二、技术科学和自然科学

天然自然有其发展的客观规律，人们在实践中逐步认识了“天然自然”的客观发展规律，就逐步形成了自然科学。自然科学是天然自然客观规律的反映，这种自然科学规律是在人们认识它以前就客观存在于自然发展中，是没有经过人类加工改造的，因此自然科学是研究反映“天然自然”发展规律的科学。

自从人类产生以后，人类用自己的力量加工改造了天然自然，而形成了“人造自然”。“人造自然”中的一切是天然自然中不存在的，是人类加工改造天然自然的结果，因此，人类的活动也在一定程度上改造了“天然自然”的固有规律，使其按照人类的意愿去发展，以为人类服务。因此，“人造自然”的规律就与“天然自然”的规律具有不同的特点。研究“人造自然”的特有规律的科学就是技术科学。“技术科学”是研究反映经过人工改变过的自然规律，也是研究人类改造自然的手段、能力和知识。

三、技术科学和自然科学的异同

人造自然是由天然自然改造而成，但天然自然改造为人造自然，离不开天然自然的固有规律，它是在利用天然自然固有规律的多种可能性基础上，选择其中符合人类利益的某一种可能，改造和创造天然自然没有的具体条件，而使这种可能得以实现。“人造自然”的规律在总体上与天然自然的规律是一致的。因此，自然科学所反映的天然自然的规律和技术科学反映的人造自然规律有着同一性，认识反映天然自然的自然科学规律是认识利用改造创造人造自然的技术科学规律的基础，只有认识了天然自然的固有客观规律，才能利用、改造、创造人造自然的规律。但“人造自然”中的每一个具体规律又都是天然自然所不具备的，它反映了人类改造自然及其规律的结果。就是天然自然的规律虽提示了存在这种发展的可能，但由于天然自然中不具备这种条件，因此实际上并不会产生人造后的某一结果，而是人类改造了天然自然，提供了天然自然不具备的某种条件，才使天然自然的规律有了变异，形成了天然自然不具备的具体规律，产生了天然自然中不存在的某个结果。

因此，可以说科学技术是人类运用自然科学改变、创造自然科学局部规律以实现人类目的而形成的，技术科学的发展程度是人类改造自然中事物及其关系的过程，也是改造事物存在的客观条件的过程，人类能够在多大程度上改变客观事物存在的条件，就能在多大程度上改变自然界的固有规律，目前人类的能力还只能改变一些局部的较小的条件，因此，目前人们对自然界固有规律的改造创造也是有限的。但人类从采取天然物、增加天然物的产品，对天然物进行加工，到人工合成天然中存在过的，及不曾存在过的物质，是一个根本的飞跃，标志着技术科学已发展到一个新阶段，已不仅是改造天然自然的固有规律，而是开始创造天然自然没有的规律。技术科学这种创造新规律、新事物的能力随着人类对自然科学认识的发展，随着人类改造自然能力的增强，将是无穷的，就连改造天体运行的规律也已不是不可能了。

第五节 技术科学与社会科学

长期以来人们只认为技术科学是人类改造自然的技能，而忽视了技术科学也应包括人类改造社会的技能，人们应该从社会科学中分出一部分属于改造社会的技能知识划入技术科学的范围。

一、人造自然与人造社会

人造自然与人造社会是人类改造自然、改造社会所取得的两个方面的巨大成就。人造自然是人类改造天然自然而造成的。但社会是否有个天然社会和人造社会的区别呢？人类从其一产生伊始，就是一种社会的动物。这时的人类社会是不以人们意志而客观存在的，这就是天然的社会。随着生产的发展，人类在改造自然中，发展了生产力，同时也改造了社会，变革了生产关系，随之而改变了上层建筑和意识形态，因此以后文明社会的形成发展，实际上已是人造社会了。

人造社会和人造自然不同，人造自然出现以后，天然的自然还存在，人并没能全部改造自然，但人造社会出现后，经过长期改造，原始的人类社会已完全不存在了。因此，现存的社会已全是人造的社会。

人类在改造社会过程中，虽已使社会有了巨大变化，但由于社会的发展是人类集体合力所完成，不是任何个人意愿所能实现，而每个人的行动又是受他的物质生产方法决定的，因此，社会的发展迄今为止，基本上仍是遵循着客观存在的社会发展规律，人们只能认识这种客观规律，并局部地改变这种规律及其发展结果，但目前还不可能从根本上改变社会的客观规律，和自然科学一样，在社会中也存在着客观的规律，也形成了社会科学。

二、社会科学的不同层次

人类在改造自然中也在改造社会，就要更具体运用科学知识作为改造社会的工具。人们不仅在改造自然中形成了一套改造自然的知识和技能，即一般所说的技术科学，人们也在改造社会过程中，形成一套改造社会的知识和技能。这就是说在社会科学中也存在基础科学和应用科学，在社会科学中的基础科学是说明社会是什么样的？是按什么规律发展的？而社会科学中的应用科学，则是回答：怎样去改造社会？应如何做？我们认为，如经济科学、政治科学、人文科学（狭义的，是指一些以人的内心活动和精神世界及作为人的精神世界的客观表达的文化传统及其辩证关系为研究内容、研究对象的科学）等是否可视做社会科学中的基础科学。而如管理科学、外交学、军事科学、法律学①等则是社会科学中的应用学科。我们还找不到资料对社会科学中的基础科学和应用科学作全面具体的划分。同时似乎在社会科学中还没有发展形成像自然科学中，对基础学科和应用学科的严格划分。但我们认为这种划分是客观存在的。人类在改造社会中必然需要有改造社会的工具，技能知识，这些就自然构成了社会科学中的应用科学。

三、社会科学与技术科学

长期以来，人们往往仅把技术科学与自然科学联系起来，只认为技术科学是自然科学的应用，是人类改造自然形成的技能，但既然肯定了人类不仅在改造自然也在改造社会，改造社会也需要有它的技能，人类在长期改造社会的实践中也形成了一定的技能知识，这种技能和知识形成的科学就同样属于技术科学的范畴。只不过它不是自然科学范畴的技术科

---

① 吴鹏森、房列曙主编：《人文社会科学基础》，上海人民出版社，2000年版，第1页。

学，而是社会科学范畴的技术科学。不管它称为什么学科，并不因为它属于社会科学范畴，而改变了它作为技术科学的基本性质。因此，社会科学也有自身的技术科学，这样技术科学就不仅是人类改造自然形成的技能，还应包括人类改造社会形成的技能，以及人类改造自身形成的技能。这种对人类自身的改造技能应该既包括对自然的人的改造技能，如医学、保健学，也应包括对社会的改造的技能，如人文科学，也需要从人文科学中划分出一些属于改造人类自身作为社会的人的这部分技术科学。

人们现在常说“科学技术是第一生产力”，这也仅是从科学技术对改造自然，发展生产力的作用而言，并未包括人类改造社会的技能及其作用的论述。

诚然改造自然，发展生产力是改造社会、改造生产关系的基础，但改造自然和改造社会是无法分开的。人们必须在改造自然的同时改造社会，并通过改造社会来促进改造自然，因此，在当前大力发展科学技术之时，如何弄清人类在改造社会中究竟形成了哪些技能，认真地研究这些技能，应用这些技能，发挥这些技能的作用，来促进改造社会的顺利发展，具有同等重要意义。

我们认为，由于长期以来这方面的研究相对落后，在当前更具有突出的重要意义，过去那种笼统地认为改造社会的知识就是阶级斗争的知识，就是社会科学，显然已不适应今天改造社会的需要，改造社会不仅要懂得社会，也应懂得如何改造社会，需要哪些技能？通过掌握这些技能来加速对社会的改造和建设，只有这样才能使改造社会与改造自然同步前进，不至于拖改造自然的后腿。

第六节 科技的传承、传播与创新

人类文明随着科技的发展而发展，就因为科技是在不断发展中，而科技之所以能不断发展，就因为这不仅能产生，而且能传承、传播，并在传承、传播基础上推陈出新，互相启发，不断创新。

一、科学技术的传承

科学技术之所以日新月异，日趋发展，首先因为它能世代传承，不断积累，如果每一种科学技术虽不断发明，却不断湮灭，也就不可能有继承和发展。

科技的三种形态都能起传承作用。科技的物化形态，可以超过工具及产品的实际状况，提供仿制。一些简单的工具、器物只要了实物，虽不知其生产的工艺过程，大都经过一定研究就可仿制出来，但究竟没有直接传授技能来得方便。人类初期就是通过长者（父母或师傅）的言传身教把各种获得的技能传授给下一代。这就使下一代没有必要再花费重复劳动，重新发明，以获得这些技能。而科技发展成知识形态后，科技的传授就更为方便，可以由学校统一教授，可以通过自学书本知识以获得这种技能，再通过简短的实习就能掌握这种技能。

科技的传承是科技发展的基础，也是人类文明发展的基础。

二、科学技术的传播

科技的传承是上一代对下一代的传承。科技的传播则是这一地区对另一地区，这一人群对另一人群的传播。科技的传播同样可以通过科技的三个形态达到传播，在交流中，某一种工具或产品传播到另一地点另一人群中，另一地区另一人群就可以依据这一工具或产品制造出相同或相似的工具及产品。或者具有某种技能的人来到另一地区另一人群中，就会把所掌握的技能传播给另一地区的另一人群。当技能已上升为知识形态时，传播就更方便，更快捷。

科技能够不断传播，是人类文明得以普及、得以发展的重要手段。

在古代由于交往的不便，科技的传播范围较小，传播速度较慢。而近代由于交往的便利，科技传播的范围越来越广，传播的速度越来越快，某一地的发明很快就能传播到全世界，因此文明也以更高速度在全世界发展起来。

科学技术的传播是文明发展的保证，是一件对人类有重大贡献的手段，但人类在传播各种科学技术中，不得不考虑到首先发明者的权益和对其以前所创造的劳动价值的承认，因此逐渐形成了对专利和知识产权的保障。建立了专利法和知识产权的保障机制，也解除了过去为保证某一地区某一人群对科技发明实行保密措施的限制，在中世纪某些国家、某些人为了保障本国的利益本集团的利益，而采取严格的保密措施，这曾成为科技传播的极大障碍，有了专利，有了对知识产权的保障，也就使科技的传播有了合法手段的保证，也使科技的创造发明受到了更好的鼓励。

三、科技的传承、传播与创新

科技的发展主要靠创新，但创新不是凭空产生的，而是在前人和他人的基础上，推陈出新、互相启发的结果。人类只有很好地继承前人的成果，吸收他人的成果，才能使自己的认识得以更好发展。在继承前人基础上，在吸收他人基础上，创造出更多更好更新的科技产品、生产工具。历史证明凡是交流最频繁，继承最充分的地区和人群也就是科学技术最发达的地区；凡是闭塞的地区、人群，科技的发展就必然缓慢、停滞。

人类正是在不断继承和不断吸收前人及他人的科技成果基础上有所改进，有所创新，而每一次科技的继承和传播又往往引起了新的一代或新的地区的人群，把自己的智慧加入进去，改进发展了原有的技能。人类的科技就在这种不断继承、不断传播中，不断创新、不断丰富，得到了巨大发展，创造了人类越来越高度的文明。但如果只有继承和吸收，而不能自主创新，墨守成规，照抄照搬，科技也就不可能发展，文明也不可能提高。继承和吸收的目的是为了自主创新，即推陈出新，但创新也有一个量变到质变的过程，首先只是局部的创新改进，积累了相当多的局部创新才有总体的创新。

第十一章
科学技术是人类文明发展的标志（下）

——科学技术的发展

第一节　科技发展的条件

世界上一切事物都是互为条件，互相影响的。而科技作为自然、生产，自然科学和社会科学，自然和社会的中介，更是与各方面有着密不可分的关系。大体上可以把这些对科技发展有影响的条件，归纳为三大方面，即自然环境、生产力与生产关系、政治与文化。

一、科技发展与自然环境的关系

科技是人们在一定自然环境中进行生产所形成的经验、技能，在不同的自然环境中，由于面对对象的差异，形成了不同的科技知识，如由于不同自然环境的动物不同，植物不同，矿产不同，就形成了不同地区的不同科技特点和发展状况，不同地区驯养不同的动物，栽培不同的植物，开采使用不同的矿物，并形成不同的技术特点和传统。

不同的地理气候条件形成不同的技术，但通常条件最好的和最差的自然条件都不利于科技的发展，条件太好，使人们没有必要想方设法发展科技；条件太差，发展科技的困难太大。而是条件中等，丰富多变的自然环境，最适合于科技的发展。

交通闭塞的环境也不利于科技的发展，只有交通便利的环境，得以吸收四面八方人们创造不同技术，往往促使技术的发展。

自然界在人类发展早期，在刚形成文明的时期，对不同地点的人群科技发展的影响较大，但随着生产的发展，交流的发展，尤其是全球经济的逐步一体化，自然环境对科技发展的影响就越来越小了。

二、生产对科技发展的影响

人类发展科技的目的最终是为了发展生产，离开了生产，科技的发展就失去意义。生产的要求为科技发展提出了要解决的问题，促使科技为解决生产的需要去发明，科技是否能解决这些生产提出的课题，就表明了科技能否顺利发展。同时，生产又为科技的发展创造了条件。生产经验的积累是科技发展的重要源泉，正是人类在生产中获得的经验，技能的不断积累，促进了生产的发展，同时生产又为科技的发展提供了各种观察、检验各种科技信息，从事科学实验的条件和手段，没有生产所提供的这些条件和手段，科技是不可能发展的。

人们在生产中和自然发生一定关系，形成为一定的生产力，生产力实际上就是人类征服自然、改造自然能力的具体体现，也就是科技发展一定水平的体现，生产力发展的状况既体现了科技的发展状况，又决定了科技发展的状况，科技发展的状况一般总是与一定生产力的发展程度相适应的，超出现有生产力水平的科技是无法实现的，是没有价值的，但这不等于说科技只能悄悄地随从生产力的发展而发展。科技的发展应适应一定生产力水平时，它就能起着推动生产力发展的巨大作用。

人们在生产过程中相互间形成一定的生产关系，人们间的一定生产关系决定了一定时期人们对发展科技的主观需求和能提供的客观帮助，对发展科技所能提供的一定资金、手段、人员。不同的生产关系对科技发展产生不同的作用，如在奴隶制度下，奴隶没有任何生产积极性，既没有发展科技的兴趣，也没有发展科技的可能，因此在奴隶制生产关系下科技发展是极为缓慢的；小农经济有发展生产、发展科技的一定积极性，但它的生产个体性，阻碍了科技知识的积累和传播；因此只有在资本主义时代科技才能巨大发展，这是与资本主义生产关系的特点分不开的。或者说一种较为进步的生产关系之所以能产生，就因为它能更进一步促进生产的发展，科技的发展，一切阻碍生产发展、科技发展的落后生产关系必然要被淘汰。

也正是资本主义在生产关系上引导了科技向邪路发展，发展了不少危害人类科技发明，如一些污染环境的科技产品，残害人类的战争武器。所以一定的生产关系可以使科技向有利于人类方面发展，也可使科技向危害人类方面发展，要想使科技真正只向有利于人类方向发展，就必须有一个良好的生产关系才能保证。

三、政治、文化对科技发展的影响

政治作为一定经济基础上形成的上层建筑，对科技的发展也起着重要的影响，政治表现为一定统治集团对科技发展的某种要求，符合其要求的它可以通过其政治机构用各种政策及措施来促使科技的发展，而对不符合其利益的科技则可以采用各种政策、措施延迟或阻止其发展。随着国家机构的发展巨大，这些作用越来越大。由于政治权力为不同阶级所掌握，当其为进步阶级掌握时，就促使科技发展，并向正确方向有利于人类的方向发展，当政权为腐朽没落阶级掌握时，它就会阻止科技的发展，阻止科技为人类服务，甚至利用科技为害人类，使科技走上邪道。

文化包括了人类改造自然和社会的一切成果，也包括科技在内。文化对科技的发展也有一定需求影响。一定的文化产生对科技发展的一定需求。文化对科技的影响也表现为一定条件下形成的人们的价值观和行为方式，这也对科技的发展起着重大影响作用。一定条件下形成的一定文化对本国科技的发展起着促进或促退作用，对外来科技的传播吸收起着积极作用或推拒作用。

教育发展的程度也对科技的发展起着重要影响，教育发展可以促进科技发展及传播，教育滞后则阻碍了科技的发展和传播。

哲学、科学对科技的发展也起着重要的作用，在一般情况下，科学的发展程度决定着科技的发展程度，在古代，科技的发展促进了科学的发展，而近代以来则科学的发展日益成为推动科技的力量。哲学作为一种世界观、认识论、方法论，对科技的发展也有着直接影响。正确的先进的哲学思想起着推动科技发展的积极作用，而落后的哲学则束缚了科技的发展①。

第二节　科技发展的途径

科技发展日新月异，极为迅速，但为何科技能迅速发展，人类通常是通过什么途径，促进科技发展呢？我们认为有三个途径：一是生产经验的积累，二是科学的推理和实验的检验，三是学习吸收他国他族的先进技术。

一、生产经验的积累是科技发展的重要手段

人们在生产过程中，经常会获得一些新的技能、新的经验，经过量的积累，逐渐形成质的飞跃，人们就有了新的创造发明。应该说这是人类发展科技的基本途径之一，也是最早的途径。最初人们还没有可能大

① 以上参见《自然辩证法概论》，高等教育出版社，1989 年版，第 301—311 页。

量学习他人的先进科技来促进本身科技的发展，科学理论的形成及对科技发展的指导，科学实验成为检验证实科学设想的手段，也是近代才发展起来的。因此，长期间人们生产经验的积累就成为发展科技的主要手段。人们正是从农业生产、畜牧业生产、手工业生产中积累形成了初步科学技术。

即使到了近代，发展科技已有可能动用其他手段，通过其他途径，生产经验的积累仍旧是科技发展的重要手段之一。

二、学习吸收他人的经验促进科技发展

学习他人的先进科技是科技发展的另一重要途径，不同的人们由于他们所处环境不同，他们生产、生活的条件不同，因此在各自不同的环境中，创造了具有自己特有的科技。如在不同的环境中，人们栽培了不同的农作物，人们驯养了不同的动物，制作了不同的工具和物质产品。历史上不同地区的人们经常是从互相交往中，取长补短，促进了本人群科技的发展。近代各国各族各地区科技的迅速发展及广泛的交流，更促使了各国科技的巨大发展。互相学习、互相吸收成为发展科技的重要手段和途径，而凡是闭塞的地区，保守的人群，完全靠自身的努力，他们的科技发展必然缓慢。

学习吸收不仅是吸收现成的科技经验，学习制造别人已有的科技产品，更重要的是不同的发明，不同的思路会启发促进人们的思考。在吸收别人长处的基础上，结合自己的科技经验，作出更多的创造发明。历史证明吸收别人的东西越多，自己的发明创造也就越多。凡是善于吸收别人优秀成果的民族，也必然是极富于创造发明的民族；凡是故步自封不善于学习吸收他人长处的民族，也必然是缺乏创新的民族。因此自主创新通常是在大量吸收学习他人科技成果的基础上取得的。也只有吸收学习到一定程度，才能达到自主创新。

三、科学推理和科学实验促进科技发展

科学推理和科学实验是实现科技发展的另一条重要途径，从近代自然科学及技术科学巨大发展来看，实验手段日益先进以后，逐渐成为发展科技的最主要的手段和最迅速的手段。

科学实验和科学推理是分不开的，要从事科学实验，必须先从科学推理中提出一个设想，没有一定的设想去从事科学实验是不可能的，也是无意义的。从已有科学的发展中，举一反三，提出了一些有用的设想，不通过科学实验去检验、去证实也是没有意义的。人们正是在科学研究中提出了这样或那样的设想，形成方案，通过科学实验来验证，又通过科学实验不断修订，丰富原有的设想方案，最终实现了新的发明创造。

通过科学实验来检验证实人们从科学中形成的设想，更比直接以生产来检验迅速得多、方便得多，因此近代许多科技发明都是从科学实验中取得成功以后再投入生产的。这就加速了科技的发展，目前科学实验在科学发展中已成为主要的实现途径。但科学实验必须要科学发展到相当程度，能够提出各种设想方案；必须要生产发展到相当程度，能够制造出必需的科学实验设备。因此科学实验又离不开科学和生产的发展程度。

今天人们通过自身生产经验的积累，学习吸收他人的先进科技，运用科学理论指导通过科学实验、检验。这三个途径的有机结合，促进了当代科技的迅速发展。

第三节　科技史的分期

科学技术史实际上也就是生产力的发展史。它是文明发展史中的重

要部分。从一定意义上说科技发展史的分期实际上反映了文明发展史的分期。但是长期以来研究科技发展史的成果虽较多，但至今却没有形成一个科学的科技史的分期标准。这是因为科技内容丰富复杂，学者从不同角度出发，抓住科技的某一方面作为基本线索，对科技史分期，往往只能反映一定方面，很难反映全貌。我们认为从各个角度切入研究科技史的分期是正确的，只有先分析，才能综合，但从不同角度形成对科技史的分期后，不能就此为止，还必须进一步综合各方面的发展，形成一个综合的分期，才能反映科技的整个发展史及其分期。

一、以生产工具的发展为基本线索

在科技史的各项发展中，显然生产工具的发展是一条重要的线索，甚至可以说是基本线索。人类生产工具的发展大致经过了以下过程。人类最初发明的是石器，由于青铜器的发明，人类从原始社会进入了奴隶社会，在奴隶制生产关系推动下铁器代替了青铜器，奴隶制已不适应发展起来的铁器，促使封建制度发展起来，封建制度推动生产进一步发展，机器开始产生，代替简单的铁器，实际上机器是一种复杂的组合成的铁器，封建制度的科技发展就体现在简单的铁器被组合成的复杂机器所替代。机器的产生使封建制过渡到资本主义制度，促使笨重的机器被电子工业所代替，而电子工业的发展又促使了资本主义向新社会的发展。

因此似乎从工具的发展而分，可以用石器、青铜器、铁器、机器、计算机作为分期的几个基本标志。

二、以能源的发展做标志

能源的发展是科技史发展的一个重要方面，人类能源的发展，大体经历了以下阶段。第一阶段是人力能，是单纯靠人力。第二阶段是天然力能，人类在人力以外学会了使用各种自然力，如畜力、风力、水力、火力等。第三阶段是复合能，这时期人类仍用各种天然力作为原动力，但已不是直接使用天然力，而是把天然力转化为电能、热能等形成一种复合能，煤、石油等也是在这时期普遍成为能源。第四阶段是人造能，这时使用的能源已不是天然存在的，而是经过人类加工改造才产生的，如原子能、氢能的利用等。这一阶段还有一个特点，应该是逐渐过渡为循环能。即能可循环使用，或许这又属于第五阶段。

能源的发展和以使用工具区分不同，工具的发展是一种新工具产生后才代替了旧工具，基本上不再使用旧工具，但能源的发展则通常是一种新的能源产生后并不替代旧的能源，旧的能源还会继续利用，但各阶段的区别仍是很明显的，就是后一阶段虽会继续使用前一阶段的能源，但前一阶段绝不可能使用后一阶段的能源。

三、以加工对象、加工方式划分

恩格斯在《家庭、私有制和国家的起源》一书中曾引用摩尔根的分期法时指出："蒙昧时代是以采集现成的天然产物为主的时期，人类的制造品主要是用作这种采集的辅助工具。野蛮时代是学会经营畜牧业和农业的时期，是学会靠人类活动来增加天然产物生产的方法的时期。文明时代是学会对天然产物进一步加工的时期，是真正的工业和艺术产生的时期。"①

我们认为这也是科技发展史的一种分期标准。但是似应适当更动一下，摩尔根所说的野蛮时代应包括文明初期，他说的文明时代，仅是文明初级阶段，并应在恩格斯所说的"文明时代是学会对天然产物进一步加工的时期"之后，再加上一个"高度文明时期是人类已能进行人工合成人造物的时期"。

在这一分期中，后一种技能获得后，并不放弃前一种技能。现在人

① 恩格斯：《家庭、私有制和国家的起源》，《马克思恩格斯选集》第四卷，人民出版社，1972年版，第23页。

们还采集，还保留农业、畜牧业，还在对天然物加工，但每一种新的方法的出现则标志着进入了一个新时期。

把以上归纳一起可以认为：原始社会是使用石器的时期，是仅依靠人类体能的时期，是以采集天然物到初步发展农牧业以增加天然产品的时期。奴隶社会、封建社会是使用金属工具的时期，是利用各种天然能（如畜力、风力、水力等）的时期，是从经营农牧业逐步过渡到工业的时期，是从以人力增加天然产物的生产，到对天然物进行加工的时期。资本主义社会是使用机器生产的时期，是使用复合能的时期，是学会人工合成人造物的时期。而社会主义时期则是电子工业得到充分利用，是信息时代，是使用人造能的时代，是人工合成人造物的时代。

四、其他分期方法

除了以上三种划分科技发展的方法外，应该还有其他一些分期方法。如依据技术的复杂程度，分为单项技术、复合技术和技术群；又如依据人机关系分为，人工操作的手工技术，人监控的机器技术，到物理技术、化学技术、生物技术等，或分为以手工工具为基础的技术体系、以机器技术为基础的技术体系以及以信息技术为基础的技术体系①。

只有在全面考虑了科技史的各种分期方法，以后再综合为一个总的分期方法，才更科学更完备。

第四节　牧业、农业、工业三大文明的科技发展特点

人类在不同历史时期、不同地理条件下，因不同的生产发展，形成了人类历史上的三大文明：牧业文明、农业文明、工业文明。三大文明

---

① 高达声等：《自然辩证法概论》，高等教育出版社，1989 年版，第 290 页。

的科技发展状况各不相同，各有其特点，这构成了人类科技发展史的重要内容。

一、牧业文明的科技发展状况及特点

牧业出现于人类历史早于农业，但牧业文明的形成却落后于农业文明数千年，这是由于牧业生产力的发展落后于农业生产力，有些金属工具必须有待于农业民族的发明及传入到牧业民族之中。同时牧业的生产积累也比农业的生产积累来得困难来得缓慢。因此要在牧业基础上建立文明，需要比农业较长的时间，这就必然使牧业社会进入文明时期普遍晚于农业社会。

牧业生产的特点，完全是人力在不改变天然环境的情况下来增加天然物的生产。牧业劳动者只是选择良好的牧场，通过流动放牧来为牲畜提供较好的食物。牲畜的生殖、繁殖也完全是在天然环境中，靠其自身的力量自然繁殖，人类顶多只是协助牧畜，防止野兽的侵害，防止自然灾害的伤害。

在游牧生产中，人们积累了一些科学技术知识：如对水草丰饶与否地理环境的认识，对牲畜品种、生长特点的认识，对天文气候季节变化的认识。这些构成了牧业文明科学技术发展的主要内容，在牧业文明中也继承了一些从原始时代传留下来的采集野生植物和狩猎野生动物的经验，也积累了一定的农业栽培知识和手工业制作技术，如制车具、窝棚、武器及工具的知识，但这些都是处于简单低级的状况，在生产中只能起辅助作用，它不构成牧业文明科技的主要内容。

牧业社会虽然进入文明时期，但并未实现恩格斯所说的“文明时代是学会对天然产物进一步加工的时期”，而仍处于“野蛮时代是学会畜牧业和农业的时期，是学会靠人类的活动来增加天然生产物的生产方法的时代”①。

---

① 恩格斯：《家庭、私有制和国家的起源》，《马克思恩格斯选集》第四卷，人民出版社，1972 年版，第 23 页。

对恩格斯的这段话，应该这样理解，要学会这些，需要一个长期艰苦的过程，“野蛮时代是学会经营畜牧和农业生产的时期，是学会靠人类的活动增加生产方法的时期”，而学会了这些就进入文明时期了，但牧业文明并没有完成文明时代所必须学会的对天然产物进一步加工，因此它未能进入工业文明时代，很多手工业产品不是自己独立生产的，而是靠输入的，因此牧业文明只是缓慢地发展了有限的文明。

牧业文明所具有的科技发展程度是有限的，落后的，基本属于“利用人类的活动增加天然生产物的生产方法”，而不属于“对天然产物的进一步加工”。

但牧业文明也有一个优点，在一定人口条件下牧业文明的发展不会破坏人和自然的协调关系，当牧业文明的人口超出它所能允许的条件时，它就必须向农业地区入侵，因为靠牧业这种科技造成的生产力无法养活更多的人口，它也不可能发展更高的更发达的文明。通常牧业文明长期都未能创造自己的文字，而是借用农业民族的文字，只有到相当发展后才创建自己的文字，也由于同样原因，它的文学、艺术、科学的发展都受到相当限制。

二、农业文明的科技发展状况及特点

由于牧业的发生较早，但进入文明时期却比农业民族晚，因此农业文明实际上是人类创立的最早的文明。农业民族最早向文明时期过渡大约在五六千年前，而正式进入文明时期则在四五千年前，它们大都出现于一些肥沃的河谷平原，它依靠特殊有利的地理条件，利用农业创造了人类最早的文明。

农业文明的科技发展状况，比牧业文明要丰富得多。它包括制造的工具从青铜器向铁器的过渡，从锄耕向农业的过渡，从人力的利用到畜力的利用，耕作方法以实行休耕制到轮耕制到通过施肥实行一年二熟或二年三熟，及田间管理技术的发展，并为了使农不失时，在天文历算上也有了巨大进步，也为了生产的需要，很早就出现了文字。应该说农业文明时的技术已有丰富内容，已相当发展。

农业文明的科技发展已不仅是才学会增加天然物的生产，由于农业耕作需要的各种工具，已促使农业文明已学会了对天然物的加工方法，只不过这种对天然物的加工还是处于农业的辅助阶段，只是对用人类活动增加天然物生产的辅助。

农业文明的科技发展已经为了发展的需要在改变自然界的面貌，大批森林被斫伐烧光，开垦为农业地，这种农田在以前天然的自然界中是不存在的。在农业文明时代，人类已经在改变自然界的面貌，使自然界的生态平衡受到人力的改变，有向好的方面的发展，也有向不利方面的发展。

农业文明中也有自己的牧业，但在农业文明中牧业大都已从天然牧放改为人工饲养，已不是独立地成群牧放而是作为农业家庭劳动的副业，由剩余的农产品饲养牛、猪、鸡等，而又利用畜肥作为农田肥料，形成了一定的生态循环。

在农业文明时期，对天然产品进一步加工的手工业也发展起来，但初期大都仅作为农业的辅助部门，除了少数供给统治者奢侈生活需要的官营手工业外，大都是与家庭农业相结合的家庭手工业。到农业文明后期才形成了独立的城市手工业作坊，各种专业的手工业都发展起来，形成了各种加工天然物的科学技术。

工业文明正是在农业文明中发展起来的手工业基础上逐渐发展起来的。牧业文明由于它的不定居生活，由于它所需要的工业产品有限，是没有可能发展起各种具有一定规模的独立手工业的，因此牧业文明也没有可能直接过渡到工业文明。

三、工业文明的科技发展状况及特点

工业文明是第一个以对天然产物进一步加工为主的时期，在牧业文明、农业文明中也已有对天然产物的进一步加工，但都是有限的，处于从属地位，因此只能说当时仍处于“学会对天然物进一步加工的时期”。只有工业文明才使整个社会建基于“对天然物的进一步加工”，甚至原来主要是“以人类活动增加天然产物”的传统牧业和传统农业也被改造成工业化了。

工业文明是人类学会将自己的技能物化于生产工具中，将简单的手工工具，改造成复合的机械，进行连续生产的时期。

工业文明是人类从仅依靠人力及各种自然力转为将各种天然能源加工变为热能、电能进一步成为机械能的时期。工业文明已使人的能力远远超过了天然能力。如果说牧业文明还算局部地使牧畜从天然物转化为人造物，农业文明则也仅使农作物及农田转化为人造物。工业文明把牧业文明时期主要靠天然牧放的牧业和农业文明时期小型的人工饲养，改造为大规模的人工饲养，使其生产过程完全转为工业化。

工业文明也使农业文明时的主要在自然条件下的栽培技术转化为在人造环境（如温室）下的栽培技术，人工育种、人工管理的机械化，也使农业文明时期的传统农业改成现代工业化的农业生产。

工业文明改变了过去牧业文明、农业文明时的“靠天吃饭”为“靠人吃饭”。工业文明使牧业文明、农业文明时全民极多数人为吃饭而劳动变成了只有少数人从事农牧业就可维持全民的需求。

工业文明是科技高度发展及发展极为迅速的时期，在工业文明建立起来的短短百余年中，所创造的科技成就比以前数千年还多，文明时代科技的发展促使了这时期生产力的巨大发展，人们生活质量的巨大提高，改善了人类的劳动条件。

工业文明使科学技术从单纯的生产经验的积累发展形成独立的自然科学、技术科学、工程科技，在工业文明时期科技已不仅是生产经验的积累和传承，而已能通过科学原理及科学实验创造，反过来推动生产力巨大发展，科技成为巨大的生产力，第一生产力。

工业文明时期之初促使了科学与技术的分离和独立发展，而工业文明的进一步发展又使科学和技术密切结合起来：一是各种技术互相融合，形成新的综合技术；二是科学和技术互相结合，形成科学技术化和技术科学化；三是出现了自然科学技术和人文社会科学的结合，这种综合化形势成为工业文明时代科技巨大发展的重要推动力。

文明时代科技的特点是从对天然物的加工向人工合成人造物发展。首先在能源上，人工创造的新能源正在代替以天然物为基础产生的旧能源；其次是许多新产品已不是天然物的加工，而是在人工环境中合成自然界所不存在的新产物；第三，是自动化、智能化生产的发展，新的科技正逐步使人的智能转化到生产过程中去，物化为新生产力，应该说工业文明时代使科技向高度发展。

也正是在工业文明时代，科技逐渐由于一些人的错误引导走向了为害于人类，这表现为各种环境污染的日益加重，资源和能源的枯竭，生态平衡的破坏，具有毁灭人类的核武器的发明，这一切表明工业文明必须被更高级的生态文明所代替。

第五节　生态文明是文明高度发展的表现

近年随着环境污染的加重，生态平衡的破坏，学者纷纷提出了“生态文明”的概念或称“绿色文明”。但我们认为生态文明只是物质文明的一种表现形式，而且是物质文明高度发展的一种表现形式。

一、生态文明是物质文明的一种

单从生态而言，是属于自然界的客观存在，与文明无关。但生态文明却是人类对自然改造而形成的一种形态，因此毫无疑问，它应属于物质文明的一部分。因为所谓物质文明就是人类对自然界的改造的结果，是人化的自然界。而我们所要建立的生态文明就是要使人造的自然界不违背自然界本身的客观规律，得到协调、平衡的发展。这不是恢复自然界的本来面目，而是要靠人类的努力，人类的活动使自然界既不违背自身的发展规律，又能更适应人类的需要，构成一种新的生态文明，因此生态文明显然是物质文明的一种表现形式。

二、生态文明的提出是在资本主义时代

在前资本主义时代，人类的活动已经在破坏生态的平衡，已经开始污染环境，人类大量砍伐森林，盲目扩大农田，造成水土流失，土地沙化；人类无休止地捕杀各种动物，使许多种动物灭迹；人类燃烧煤碳污染大气层。但当时人口还不多，工业还不发达，人类对自然生态平衡的破坏还仅是初步的；当时科学也不够发达，人们对一些现象的出现还未能意识到是人类活动的结果，因此当时还不可能提出生态文明的问题。

随着资本主义的发展进入了工业时代，人类改造自然能力大大加强了，全球性的环境污染，生态破坏的危机已经成为威胁人类生存的最严重、最迫切的问题。地球人口的急剧增加已将达到目前地球所能容纳的负荷的极限，资源和能源的枯竭，二氧化碳的增加，地球温室效应的加剧，冰山融化，海平面上升，土壤的逐步退化。许多具体问题都提到人类面前。这样逐渐形成一门新兴科学——环境科学，提出了一个新的问题，人类必须要建立生态文明。

早在一百多年前，恩格斯就告诫我们："我们不要过分陶醉于我们对自然界的胜利，对于每一次这样的胜利，自然界都报复了我们。每一次胜利，在第一步都确实取得了我们预期的结果，但是在第二步和第三步却有了完全不同的、出乎意料的影响，常常把那第一个结果又取消了，美索不达米亚、希腊、小亚细亚以及其他各地的居民，为了想得到耕地，把森林都砍完了，但是他们梦想不到，这些地方今天竟因此成为荒芜不毛之地，因为他们使这些地方失去了森林，也失去了积聚和储存水分的中心……事实上，我们一天天地学会更加正确地理解自然规律，

学会认识我们对自然界的惯常行程的干涉所引起的比较近或比较远的影响。特别从本世纪自然科学大踏步发展以来，我们就愈来愈能够认识，因而也学会支配至少是我们最普通的生产行为所引起的比较远的自然影响。但是这种事情发生得愈多，人们愈会重新地不仅感觉到，而且也认识到自身和自然界的一致……”①

恩格斯当时的告诫并未引起人们足够的重视，直到上一世纪环境污染及灾害天气日益严重，生态平衡的破坏也日益明显，人们才日益意识到生态平衡的意义，逐步形成生态经济学、环境科学，各国政府开始采取了一系列防治措施，也形成了一种世界舆论，人们正在努力建立一种新型的生态文明。

三、生态文明是人类文明发展到高级阶段才能实现的一种文明

迄今为止，人类环境污染对人类的威胁，仍未消除，所有措施都只有局部的暂时效果，不能从根本上解决，甚至有的发达国家的资本家为了保持自己的高额利润，把一些严重污染环境的企业转移到一些不发达国家，虽然这种做法不直接影响本国的环境，但仍然污染地球，最终他们本国也逃不了最后的恶果。生态平衡的恢复也并非轻而易举，要使人工的生态系统实现自然界固有的生态平衡，并非一个地区一个国家暂时的努力所能解决。科学技术的发展进步也还做不到真正解决已出现的一系列问题。

美国学者内贝尔说：“我们在管理人类的生态时，通常违背三条基本原理。我们不是使资源重复利用（而这种重复利用的资源是我们社会的养分），而是主要从地壳中开采出有限的资源，然后在它们不能重复利用的地方处理掉它们。人口的继续增加已被看做是基础结构的不平

---

① 恩格斯：《自然辩证法》、《马克思恩格斯选集》第三卷，人民出版社，1972年版，第517、518页。

衡。最后，流经工业社会的能量不是来源于无穷的太阳能，而是来源于迅速减少、不可恢复的、储量有限的矿物燃料（煤、石油、天然气）。很明显，这些趋向的任何一个（更不用说这三个）如果继续下去将使我们的人类系统完蛋，这是众所周知的。”①

要解决这一切，还要依赖于高科技的进一步发展，人类文明进入更高级的阶段，人类已能制服部分人的贪婪和无知造成的对发展生态文明的破坏，全人类已能携起手来以全人类的共同力量来利用已有的财富，来集中力量为实现生态文明而努力，这时生态文明才能真正实现。因此，生态文明是人类物质文明发展的高级形态，只有在人类文明发展到更高阶段时才能真正实现。

第六节　生态文明的科技发展特点

生态文明是科学技术高度综合发展的产物，在生态文明时，科学技术的发展已不仅是表现在一时一地一事，而是综合考虑了全球的生态平衡和长久的持续发展。

一、生态文明的提出

在牧业文明时，人类所获得的有限的科技发展，只能形成有限的生产力，创造低级的文明，还谈不到对自然的真正改造。农业文明时科学技术了有相当发展，人类已不仅能用人工活动增加天然的生产，而且也学会了对天然物的加工，人类已对自然改造取得了巨大进展，许多森林被砍伐，开垦为耕地，在一些地区已经造成水土流失及土地的沙化，因

① 〔美〕B. 内贝尔：《环境科学——世界存在与发展的途径》，科学出版社，1987 年版，第 26 页。

此晚期的农业文明也并非田园牧歌式的。

工业文明时代，科学技术迅猛发展，人类不仅对天然物加工，而且学会了人工合成各种产品，人类生活的巨大提高，城市人口的高度集中，部分国家部分富有，生活的高度奢侈，环境的严重污染，牧业农业的工业化，生态平衡的破坏，能源的大量消耗，资源的贫乏，这一切提出：如果不建立一个生态平衡可持续发展的文明，人类文明将无法存在下去，人类已有的文明将会面临毁灭。

二、生态平衡是以人为主实现人造自然的平衡

虽然工业文明的发展，提出了建立生态文明的要求，但建立什么样的生态平衡却有着不同的认识。相当多人认为所谓生态平衡，就是恢复“天然自然”长期中形成的自然平衡。但实际上这是不可能的，千万年以来人类改造自然的结果已创造了一个“人造自然”，已无法恢复到原来的天然自然的平衡。如有些人提出了，地球是全体生物的地球，全体生物都有在地球生存的权利。因此提出了对野生动物的保护，但实际上前提和要求是不吻合的。如果要保证全体生物生存是全体动物的生存权利，人类就无法生活下去，因为这不仅是要保护野生动物，也要保证家生动物的生存权，人们以什么肉类为主呢？如何使家生动物恢复到原始的野居生活去呢？难道一面高喊保护野生动物一面继续对家生动物饲养屠杀就是合理的？何况动物是生命，植物也是生命，要都保证它们的生存权利，人造植物也无法食用，人类如何生存？因此实现生态平衡，只能是以人为本，从人的权利出发，一切对人类有利的就继续做，一切对人类不利的就不再做。所谓维护“生态平衡”就是实现“人造自然”的生态平衡而不是恢复天然自然的固有平衡。天然自然的生态平衡已在人类千万年的历史中改变了，已不可能再恢复了，当前需要研究是如何使“人造自然”实现新的人造平衡。确实，人类科技目前的发展往往还只能看到其活动的一部分后果，往往看不到其产生的另一些后果，人们只

能不断地破坏天然自然固有的平衡，却还不懂得人类创造的人造自然也需要平衡，还不懂得如何去实现“人造自然”在一定时期的相对平衡。要完全平衡是不可能的，人类的活动和自然的发展必然使旧的平衡被打破，但人类的过失要设法补救，防止严重失衡造成对人类的危害，而不应当已经发现了失衡的危害，却任其继续下去。

三、不同科技发展层次上的可持续发展

现在到处在说可持续发展，提出“人口极限”、“资源匮乏”、“能源枯竭”，但实际上从根本上说，这些都是不能成立的，人口没有什么极限，只有相对的暂时的限度，地球上容纳不下这么多人了，人类可以移民到地球外去，因此所谓人口的极限，只是在人类科技发展还不能移民到地球之外前的极限。

至于“资源匮乏”，按照物质不灭定律也是不成立的，所有人类使用过的资源还仍在地球上，只是人类科技发展水平暂时还无法再生利用而已，同时旧的资源用掉了，人类还可以开发新的资源，合成新的事物。

所谓“能源枯竭”也是不成立的。既然能量不灭，能量仍存在，只是人类目前科技发展程度无法使用那些能源而已。而且旧的能源枯竭了，人类可以寻找新的能源。

但这些又都能成立，在人类科技发展水平无法开发新资源新能源之前如果把现有资源能源用尽了，人类就会面临灭顶之灾。这样在一定科技发展条件下，就有个极限必须保持可持续发展，不能提前，只能延后。不能在新资源新能源未发现前先把旧能源、旧资源耗尽，这就是可持续发展。

四、实现生态文明的三种态度的不同对策

目前对实现生态文明有三种不同的观点和态度。

第一种是置若罔闻，我行我素。

这种人所考虑的只是个人的享受，个人的利益。为了满足个人的享受，可以继续以少数人耗费大多数的能源和资源，可以住用不了的大面积住房，可以一个人拥有数台数十台汽车，可以有穿不过来的衣服，可以扔掉大量吃不掉的食物，追求穷奢极欲的物质生活，根本不考虑生态平衡和可持续发展，为了利润可以继续生产污染环境的物品，为了利润可以继续生产毁灭人类的军火。

对持这类态度的人，要讲什么生态平衡，可持续发展是毫无意义的，只有从根本上消灭产生这种人的社会制度，才有可能改变这种状况。

第二种是幻想回归自然。

这种人，真心拥护生态平衡，可持续发展，他们也积极宣传呼吁，但他们的想法是建立在空想的基础上。他们呼吁回归自然，恢复天然的生态平衡，恢复田园牧歌式的生活方式，这是不可能的，历史不能倒退，已经人类改造过的自然不可能恢复到天然的自然。

对持这类态度的人，应该肯定他们的善良愿望，但也必须指出他们的空想是不可能实现的。

第三种是面对现实，积极发展。

这就要求首先要改革社会制度，从根本上改变那种产生个人可以不顾社会公众利益，制造环境污染危害人类的社会制度，改变那种只顾个人享受，追求穷奢极欲的消费观念，竞相攀比的社会制度。

其次，是要积极发展新科学技术，发明发现新资源、新能源，为人类开辟新的生活方式，这是从根本上实现可持续发展的保证。

第三，在目前要尽可能地维持人造自然的生态平衡和资源能源的节约，人口的控制，环境的保护等，这一切虽然不能从根本上解决问题，但可能缓解，可以给人类以时间争取从根本上解决。

建立生态文明是全人类面临的艰巨复杂任务，是标志着人类从低级文明向更高级文明的发展，但这绝不是轻易就能实现的。

第十二章
文明的形成发展是人类群体的巩固扩大过程

人类文明的形成发展与人类群体的巩固扩大，有着密切关系，从部落融合为部族、城邦，文明形成以后随着部族、城邦扩大为民族，王国及大民族帝国进一步发展。

第一节 人类文明的形成发展是人类群体巩固扩大的过程

一、文明的形成发展依靠群体的巩固扩大

人类不如猛兽有尖牙利爪，不如飞禽走兽能翱翔奔跑，不如细菌能迅速繁殖，但是人类却成为了万物之灵，成为了自然之主。靠的是什么？靠的就是人类的群体力量。正是由于人类能够联合起来，因而人类就能具有巨大力量战胜自然，维护了人类的生存，创造发展了人类文明。动物也有联合成群的能力，但一般只能形成一个不大的群体。动物中群体最大的是蚂蚁和蜜蜂的群体，但它们发展到一定规模就必须分

群，分离后的各群体之间就失去了相互联系，很少形成各蜂群、蚁群间的联系和组织。蝗群、鱼群能够形成大于蜂群、蚁群的集合，但蝗群、鱼群内部是没有任何组织的，它们是一盘散沙，严格说来它们并未能形成真正的群体。正是因为低级动物不能形成较大的群体，因此它们就不可能创造文明。

人类从其产生之前，就过着群体的生活，而且正是在群体的劳动中才逐步形成了人类。没有群体间的扩大交往也无法保证文明的传承和扩散。马克思、恩格斯曾说："某一个地方创造出来的生产力，特别是发明，在往后的发展中是否会失传，取决于交往扩展的情况。当交往只限于毗邻地区的时候，每一种发明在每一个地方都必须重新开始。"① 人类文明之所以能形成并不断发展，原因之一是因为人类形成了一个能够维护自身生存的群体，有了一个能够创造、继承、发展人类文明成果的群体。而人类文明的发展过程也正是人类群体不断巩固扩大的过程。

首先是因为人类能够通过劳动物化和转化为技术等各种物质和精神形态把上代群体创造的文明保存下来，继承下去。没有群体的继承就没有人类文明的延续。但单纯继承上代群体创造的文明，文明就将永远停留在原有水平上，不可能有新的发展。而人类文明所以不断有新的发展，就在于人类能在继承的基础上不断创造新的文明。因此，创造是人类得以发展文明的重要手段。人类如果只是在继承原有文明基础上创造，这创造就没有新的内容刺激启发，它的创造是有限的。因此，很多闭塞的文明所以发展缓慢、停滞，就因为没有新的文明不断刺激、启发。而要有更大的创造，就要在继承原有文明基础上，不断吸收新的外来的文明。各个不同集团的人，在其不同环境下所创造的文明，虽有人类文明的共性，却又有各地区、各国家文明的特性。正是这些不同人群创造的不同文明之间的互相交流、互相吸收、取长补短，丰富发展了各

① 马克思、恩格斯：《费尔巴哈》，《马克思恩格斯选集》第一卷，人民出版社，1972年版，第60页。

人群间的固有文明。而且在大量新文明的刺激启发下，促使了各人群产生了巨大的创造力，能推陈出新，创造出更新更高的文明，新的文明不仅继承了原有人群文明的优点，又吸收了其他人群新文明的优点，这就创造出一个新的更高的文明。这是一个否定之否定的过程。新的外来文化的冲击，使固有文化大量吸收新文明，就会出现一个对本民族固有文明否定的过程，而在吸收到一定阶段后，各民族在继承固有的传统文明基础上，就会吸收外来新文明，而产生一个创造过程，创造了新文明。这是否定之否定，这个新创造的文明通常不会完全以新的外来文明为基础，往往回归到以本民族传统文明为基础。因为固有的传统生活方式和思想理念有其顽强的生命力，这是传统文化继承发展的基础。但又不是简单的回归，而是已吸收了大量新文化的因素，因而发展了本民族的固有文化。人类文明就在是继承、吸收、创造的不断运动中，从低级向高级发展。而这一过程也正是人类群体不断巩固扩大的过程。

二、人类群体的发展过程

人类的文明正是由于这样在群体中萌芽形成，并随着群体的不断巩固扩大，而吸收更多新的文明成分日益发展。人类是随着部落、部落联盟转化为城邦和部族，开始了文明的形成过程。最早的仅具有文明雏形的是城邦和部族的文明。在文明时代之初则形成了国家和民族的文明。国家经历了从王国到帝国的发展扩大过程，民族也与此同时经历了从小民族到大民族的发展扩大过程。而人类群体的进一步扩大，又形成了地域文明，这种地域文明内部许多国家、民族联系的进一步加强，形成了若干具有文明共性的地域文明，而且不断促进同一地域各国家、民族文明的发展。随着资本制度的到来，这种地域文明转化为殖民体制文明。直至20世纪殖民体制文明瓦解，而形成了新的文化圈文明。文化圈文明是原有地域文明的恢复和在新的基础上的发展，有的文化圈文明更向前发展一步。各国间文明的共性进一步增加，又使文明发展为共同体文明，这是各国间文明共性已大于个性的一种文明，这种文明开始向全球文明过渡，将来还有可能发展为星系文明。

人类群体每扩大一步，随着不同人群创造的文明进一步交流会聚，就促使人类文明向前发展一步。因此，可以说：没有人类群体的形成发展，就没有人类文明的形成发展。凡是在人类群体长期处于较小规模的地区，我们就必然可以看到文明的落后和停滞；凡是文明夭折和失落的地区，也往往都是人群规模较小的地区。而反之凡是在人群规模较大的地区，我们就总能看到文明的发展和繁荣，看到对灾难、危机的一次次战胜而维护了文明的继续发展。

三、人类创造各种制度以巩固扩大群体

为了保证人类群体的不断巩固扩大，人类不断创造出各种各样的可以巩固、扩大人们之间联系的各种办法，并逐步成为一种制度。如外婚制、贡纳制、奴隶制等，又如民族、国家、文化圈等。

可以说，在人类社会发展中所创造出来的这一切处理群体关系的制度，都是随着文明发展的需要而逐步发明出来的。这都是动物群体之间从来没有的关系，是只有人类才有的关系。这也是人类得以创造出这样高度发展文明的重要条件。只有人类才能懂得这样才能实现群体的逐步扩大，并通过各个群体文明的汇合而进一步发展自己的文明。凡是不懂得如此做的人群，就必然因自己的闭关保守、因自己的妄图征服消灭其他人群，最后导致自己的灭亡，导致自身文明的毁灭。同时，我们也可从人类文明发展的历史中看到，凡是人类群体意识发达的地区，文明就必然发展繁荣，得以战胜灾害，战胜外族入侵，巩固发展自己的文明。而相反人类群体意识薄弱的地方，文明的发展就落后和脆弱，经不起打击。目前人类已面临一个新的关键时刻：是建立一种新型的、平等的而因此能为所有群体接受的新型关系，而实现人类群体的全球化，形成一个更高发展的文明呢？还是继续想维护群体之间的互相压迫、互相仇

恨，而导致人类的毁灭、文明的毁灭呢？人类群体通过不断地扩大联系而扩大并发明各种制度而巩固群体的扩大，这实际上是民族发展史和国际关系史的主要内容。人类群体扩大的几个阶段也可看做民族发展史和国际关系史的几个发展阶段，应该说民族发展史和国际关系史正是文明发展史的一种表现形式。

第二节　人类文明随着人类群体最初的扩大而形成

人类最初的群体也和动物的群体一样大小，在数百万年间只存在一些不大的原始群，一般只是数十人为一群。但在这最初的原始群中已逐步形成了不同性别年龄的分工协作。人类劳动的最初的发明——工具的制造，就是通过人类群体得到传播、继承。可以说没有群体间的传播、继承，人类所创造的工具，也不可能留传和不断改进发展，也就会不断产生又不断湮灭。因此，应该说工具是人类集体劳动的产物。

一、分工使群体巩固扩大

人类群体的巩固扩大不是人类与生俱来的。当人类最初从动物中分化出来时，人类还没有形成比动物群体更大的群体。人类正是在和自然斗争中，逐渐创造出各种维系人群联系的手段，巩固扩大了人类的群体。语言是人类群体的最重要的创造，正是由于人类创造了语言，使得人类群体内部有了交流联系的可能，才保证了群体的巩固发展。分工也是人类群体巩固发展的基础，最初仅是年龄性别的分工，这种分工在动物群中也已多少出现了。而人类却在此基础上进一步形成了不同经济部门的分工、不同经济职能的分工。在人类群体中逐渐形成了采集狩猎的分工、农业和畜牧的分工，以后又出现了商业、手工业的分工，出现了体脑的分工，管理者与被管理者的分工。分工使群体成为一个有机的整体，群体内部相互之间形成了一种互相依存的关系，因而巩固了群体的存在。同时随着分工的发展，也提出了群体进一步扩大的需要。

恩格斯曾说："这样，我们就走到文明时代的门槛了。它是由分工方面的一个新的进步开始的。在野蛮时代低级阶段，人们只是直接为了自身的消费而生产；间或发生的交换行为也是个别的，只限于偶然留下的剩余物。在野蛮时代中级阶段，我们看到游牧民族已有牲畜作为财产，这种财产，到了成为相当数量的畜群的时候，就可以经常提供超出自身消费的若干余剩；同时，我们也看到了游牧民族和没有畜群的落后部落之间的分工，从而看到了两个并列的不同的生产阶段，也就是看到了进行经常交换的条件。在野蛮时代高级阶段，农业和手工业之间发生了进一步的分工，从而发生了直接为了交换的、日益增加一部分劳动产品的生产，这就使单个生产者之间的交换变成了社会的迫切需要。文明时代巩固并加强了所有这些在它以前发生的各次分工，特别是通过加剧城市和乡村的对立（或者是像古代那样，城市在经济上统治乡村，或者是像中世纪那样，乡村在经济上统治城市）而使之巩固和加强。此外它又加上了一个第三次的，它所特有的、有决定意义的重要分工：它创造了一个不从事生产而只从事产品交换的阶级——商人。"①

恩格斯在这里具体论述了在野蛮低级阶段到高级阶段过渡到文明时期，人类群体中分工的加强。正是分工的这一发展，促使了人类群体的巩固扩大及文明的形成。

二、人类巩固扩大群体的最初制度

促使人类群体进一步扩大的另一重要发明，是人类发明了外婚制，

① 恩格斯：《家庭、私有制和国家的起源》，《马克思恩格斯选集》第四卷，人民出版社，1972年版，第16、162页。

人类排除了血亲间的内婚制而形成了外婚集团，这样人类逐渐在血亲关系之外又创造了促进群体联合的另一种关系——姻亲关系。正是由于这一发明，逐渐使人类超过了原始群的组织范围，形成了氏族、部落这种只有人类才具有的群体组织。这就使若干个群体能结合在一起，使他们各自创造的文化交汇融合在一起，使文化发展到更高层次，开始为形成文明做准备。

稍后，人类又发明了贡纳制和奴隶制，这是使不同种族的人群得以联合起来的新手段。在此以前，对另一种族的人群是无法把他们容纳进自己群体之中的，通常不是赶走就是消灭。但贡纳制和奴隶制的发明却使得他们通过这种新的关系得以共存了。虽然这些属于不平等的关系，但却是人类群体发展所必需的。也只有人类才能发明这种关系，以形成更大的人群。我们还没有看到动物能在自己的小群体之外和其他群体建立平等或不平等的联合，以扩大群体。

贡纳制是一种最初形成的不平等联合。它的产生比奴隶制、农奴制、租佃制、雇佣制更早。它是以不改变原有群体的公有制，不打破原有群体的一种群体间的联合形式。在贡纳制下，原有的部落、城邦、国家等各种群体组织都可以维持原状，而仅贡纳部分产品或劳力。这在当时是既能维护各部落、各民族、各国家原有生产方式、生活方式，而又能建立彼此之间和平交流的最好方式。贡纳制可以重到承担沉重的实际经济负担，也可以轻到仅是象征性的土特产。而真正的分封制度（不是指以后的农奴制），正是建筑在贡纳制经济基础上的政治制度，这是一种逐级的分封制和臣服制度。凡是在贡纳制和分封制得到最好发展的地方，都开始形成了庞大的王国和辉煌的文明。

这种贡纳制和分封制是人类产生的最早的维护巨大群体之间关系的制度，通常是在原始社会末期出现，而在原始社会向阶级社会的过渡中得到最充分的发展，但却可以在阶级社会中保留相当长时期，而且应用到帝国文明及地域文明中，作为维系帝国的统治民族和周边小国和民族的一种手段。

三、城邦文明是一种过渡文明

原始社会初期人类群体的最高发展，只是形成了氏族、部落。人口进一步繁殖时，就会分化出去形成一个一个的新部落，各部落之间是没有经常联系的。以后才逐步形成亲属部落间的松散联盟，氏族也扩大为胞族。正是由于以后各部落结成联盟，并转化为城邦和部族，才使人类群体扩大到可以形成文明的程度。文明是伴随着城邦和部族而一起形成的。人类最初形成的文明只能是城邦基础上形成的部族文明。城邦是一个政治体，在一个城邦中还有其他成员。真正形成的文明实体是部族，凡属一个部族的人都属同一文明。各城邦之间也是有联系的，但各城邦的文明是独立发展的，还没有经过交流会聚而"积一个总的文明"。这种城邦文明还是一种从野蛮走向文明的过渡性文明。汤恩比所说的26种文明形态中的米诺斯文明、安第斯文明、墨西哥文明、玛雅文明、苏美尔文明等都是属于这一阶段的文明。属于这一阶段的文明相当多，有的会聚成了国家和民族的文明，如中国、印度、埃及、希腊、罗马等，有的则夭折了。城邦是一个不大的脆弱的群体，它经不起天灾人祸的冲击，因此许多城邦部族文明往往就在天灾人祸冲击下夭折了，许多失落的文明大都属于此类。城邦部族文明也是一种闭塞的文明，大都孤立地发展，很少和其他城邦的文明交流，只有在部分地区，各城邦部族间文明得到相互交流，而且由于共同利害的需要促进了同种族城邦之间的联合，并通过互相征服形成了异种族城邦间的联合，这样逐渐形成了一些较大的城邦联盟，由城邦联盟而促使了民族和王国的形成。通过各城邦文明的会聚、融合，形成了较大规模的国家和民族的文明。这些国家和民族的文明汇集了各城邦创造的优秀文明，并在互相交流碰撞中促使文明进一步发展。

同时，在形成国家以后，原先各城邦的居民得以在统一国家内流动，通商和征服更使得不同血缘的人杂居在一起，逐渐地域联系代替了血缘联系。原先的城邦由国家所代替，部族（volk）转化为民族（Nation)。一种真正的文明产生了，人类进入了文明时期。

第三节　王国——小民族文明

一、王国——小民族文明的形成

这样，文明发展到了一个新的阶段——国家和民族文明阶段，这才进入了真正的文明时期。中国、印度、埃及、希腊、罗马这些古文明都已进入了国家和民族文明阶段。它们灿烂辉煌的文明是与它们都已形成一个较大的国家和民族分不开的，它们通常都是由若干个城邦部族文明的交流会聚而形成的。它们是以远比城邦更为庞大的国家的众多人口和财力智力为基础形成的。这些进入国家民族阶段的文明已经不像过去的城邦部族文明那样轻易被摧毁了，许多天灾人祸只能破坏这一国家和民族文明的一个局部地区，而很难全盘摧毁整个文明。即使王国被摧毁、被推翻，它们的文明通常也能保存下来、传承下去，而不会完全失落和完全夭折了。当然各个国家和民族文明在长期发展中能保存多少自己的文明传统是不相同的，有的保存得多一些，有的保存得少一些。像中国这样保存有较多文明传统的国家和民族是不多的。

在原始社会时，氏族、部落等群体是靠血缘联系，如血亲、姻亲等关系联结在一起的。但仅靠血亲、姻亲这种血缘关系，已无法使人类的群体进一步扩大，实现更广泛的文化交流和保证文明的形成。因此，人类发明了地域联系，开始形成地域性的经济组织——农村公社，并打破了以血缘联系为基础的氏族、部落、部族，开始形成以地域联系为基础的民族和国家。这些新的关系和新的群体，将比血缘联系更能容纳较多的人，形成更大的人群。这在最初或许不是有目的的建立这种群体，但只要有某个人群发明形成了这种关系，它就有了更大更强的生命力，使它迅速强大、发展。其他人群不是向他们学习，就是趋向灭亡。这样，很自然，国家、民族这种建立在地域关系基础上的联合，就会很快得到推广。因为正是在这基础上，得以建立比以前各种人群所能达到的更高的文明、真正的文明。

二、维系新群体的手段

与此同时，在许多国家、民族内部，奴隶制也作为把异族人纳入本族集体中的手段而发展起来。奴隶制是一种极残忍的剥削压迫制度，但它比原始社会对异族人的屠杀、消灭是一个巨大的进步。正是有了奴隶制，一些早期国家才靠剥削奴隶的劳动而形成了灿烂的文明。也正是这时期，在这基础上，一些新的道德观念逐步形成，产生了民族观、国家观、家庭观、主仆观、君臣观。这是与过去建立在血缘关系基础上的伦理观念有很多区别的观念。正是有了这些新观念，才能维护巩固这些新的更大更复杂的群体。与此同时，为了维护这些庞大国家的统治，法律成为必要了。法律与道德不同，是依靠国家机器来强制人们接受各种因群体的新发展而形成的新关系。宗教也出现了，它利用人们的信仰来维护新的人群关系。道德、法律、宗教成为维系新的庞大群体的三大主要手段，相辅相成。道德、法律、宗教也成为了新形成的文明的重要构成部分。

由于维护这种群体的巩固和扩大是当时人类文明发展所必需，因此维护这种群体所作的努力和牺牲受到了肯定，对这些事迹的歌颂也成为人类文明的一部分。而一切破坏这种群体间人际关系的行为则受到谴责、贬斥。道德通常就是靠这种舆论力量来传播并发挥作用的。

由于要发展当时形成的文明，维护这一群体和群体中的人际关系就成为必要，即使这种关系是不平等的，在今天看来是不合理的，但在历史发展的当时却是必需的，是合理的。在今天看来有些人的愚忠、愚孝似乎是不可理解的，似乎他们是受愚弄了，为少数人的统治作了不必要的牺牲，但在当时而言，他们的行为是正确的，是值得歌颂的，因为他们为巩固当时的群体作出了贡献。当时也有一些人为了个人的私利破坏了这种群体关系，虽然暂时个人得了利，但他们的做法却受到社会长期的谴责。因为如果社会承认了这些做法，就会导致社会公德的败坏、群体关系的破坏，最后带来国家和民族的灭亡，文明的毁灭，不少国家文明的夭折就是由此导致的。中华文明的永存不亡、持续发展是与中华民族一直有高度的群体意识和为集体献身的精神分不开的。

三、民族是王国文明的实体

在文明的发展中，若干城邦部族结成巩固的联盟，最后结为一体，并征服其他城邦和部族，建立了统治奴役关系，强迫其他城邦、部族入贡。这时城邦部族文明便过渡到王国和民族文明。王国和民族文明才真正进入文明时期，它由于融合了若干城邦部族的文明，已巨大地发展起来。实际上，希腊文明在公元前6世纪以后，埃及文明大约从中王国时代开始，中国文明从商周时期都开始已进入了王国文明时期，过去把这些文明的前期、后期都列入城邦文明是不妥当的。在这里城邦间的联合，如希腊诸城邦间的联盟和中国商周时期各国的结盟最初虽还未结合成完全统一的国家，但王国时期，各城邦之间已结合成统治奴役的关系，这是王国文明与城邦文明不同之处。虽然是各城邦部族文明间的初步结为一体，也已能集中许多城邦的剩余劳动创造出比城邦文明更高的王国文明，使王国文明成为人类的第一种真正的文明。

但王国只是一个政治体制，王国的建立并没有立即把各部族联合成一个民族。因此最初形成的王国并没有形成为一个完全统一的单一的文明，而只是以某一城邦的部族文明为主体形成的其他部族文明的联合。王国内诸文明的融合为一是逐步的，这种文明的融合为一，实际上和许多部族融合为单一民族的过程是同步的。民族本身属于一种文化共同体，它是以具有同一语言经济文化为基础形成的。而国家是一种政治共同体，统一国家的形成可以促进统一民族和统一文明的形成。但一般一个国家在其边缘地区总会统治着一些其他民族，他们和中心地区的民族有着不同的文明。尤其在王国时期，除了中心地区外，周边的分封地区，通常是一些其他民族和统治中心仅保持一种贡纳制关系，并未和中心地区融合为一体，也未形成一种统一的文明，所以王国通常不是一个文明的统一体，而仅是一个多种文明的联合体。真正的文明统一体是民族，只有一个民族才构成一个统一的文明，所谓王国文明一般是指这个王国中心地区主要民族的文明。

第四节　帝国——大民族文明

一、帝国——大民族文明的形成

由于贡纳分封制和联盟没有可能把各小群体真正融为一体，形成一个统一文明，这就需要有更好的制度来促使群体的发展。人类此时发明了赋税制和郡县制。随着各个诸侯国之间经济文化交流的经常化，开始形成了群体间的新关系。这就是用中央集权下的郡县制代替了原有的逐级分封制。如果说在分封和贡纳制下，各个分封的诸侯国还是一个实际上独立的群体，在新的制度下，它们已都成为一个统一国家整体的一部分。原来各诸侯国分别形成一个小民族，在分封贡纳制下，是一个民族统治剥削着其他民族，但现在却由许多小民族融合成一个大民族了，原来一个民族对其他民族的统治转变为一个民族内一个阶级对另一个阶级的统治了。所有的居民都是同一民族的成员，或者正在成为同一民族。国家机关成为维护这种阶级压迫的工具，而起着巩固新的群体的作用。被压迫阶级的阶级斗争起到了调节阶级关系的重要作用。这一切使原有的庞大群体进一步得到巩固和扩大，形成了一个庞大的统一民族的统一文明，但在帝国中心地区的周边因经济文化差异较大而形成的不同民族，统一的郡县制暂时还无法完全管理到这些周边地区。在这些地区还得保留过去的那种贡纳、臣服、分封的属国属部关系。同时，新的帝国仍在不断用新的征服来把一些新的国家、民族兼并进来，并让他们建立了对自己的贡纳和臣服，及接受分封，而对那些无法征服的群体，甚至无法臣服的群体，开始发明了所谓平等的外交来维系彼此的关系。不论是不平等或平等的外交关系都是维系、扩大人类群体间关系的一种手段。

帝国文明是比王国文明更大更高级的文明。如威廉·麦克高希已提到，“统治者通过军事征伐获得权力，他们将城邦发展为王国，将王国发展为帝国……公元 2 世纪统治旧的世界的四大帝国的形成，罗马帝国、帕提亚帝国、贵霜帝国以及汉帝国。”① 过去学术界对王国和帝国时常混用，不加区分，或仅以规模大小而分称帝国或王国。在这里我们试作为一对专门术语，来界定其特征。我们认为帝国和王国的区别不仅在规模的大小，而且在它的内部结构。在王国文明时期，内部除一个联合核心外，其他民族的文明并未完全被融合，它们各自保持其固有的生活方式、固有的文明，只是和王国的统治集团保持一定贡纳制关系，如中国商周时期各诸侯国对天子的贡纳关系；巴比伦王国中被征服地区和民族的贡纳关系等；但帝国却不然，它已把征服各族各文明融合成统一的文明，各地区已是帝国的某一行省、某一郡县，这种统治方式表示所统治各族已成为一个新的统一的民族，各个分立的文明成为一个总的文明，这就使文明发展到一个更高阶段。帝国文明的明显例证是公元前相继在世界上建立起的波斯帝国、秦汉帝国和罗马帝国。其他一些企图建立大帝国的尝试，由于未能形成统一的民族和文明，很快就瓦解了。而以上所提到的四大帝国内部的统一程度也各不一样，有些如罗马帝国崩

① 威廉·麦克高希：《世界文明史——观察世界的新视角》，新华出版社，2003 年版，总论第 1 页。

溃后就未能再重建，统一的罗马帝国四分五裂了。而中国却一再分裂，一再又重建同样规模的帝国，这是由于它内部经济文化的统一程度而决定的。

这种建立在中央集权制下的郡县制的形成过程也就是帝国文明的形成过程，中国秦汉帝国和古罗马帝国都是在奴隶制发达阶段实现的。只有在蛮族侵入的西欧却是在罗马奴隶制崩溃的基础上先建立了封建等级制的国家关系。而且这时日耳曼的公社农民不再破产沦为奴隶，而是破产沦为农奴。一些以西欧历史为范本的人就当然地把封建制和农奴制相结合，甚至以封建制作为农奴制的代名。在西欧，用中央集权制国家代替封建制国家，是在农奴制崩溃、资本主义雇佣制关系逐步形成之际出现的。这又与中国中央集权下的郡县制仍和农奴制相依存有所不同。

二、帝国文明的主体是大民族的文明

这里所说的帝国文明仍主要是指帝国中心地区主要民族的文明。这一主要民族的文明已不是原来王国时期的小民族文明，一些原来经济文化相近的小民族已经融合成一个统一的大民族了，原来各小民族分别存在小民族的文明现在已被统一的大民族文明所代替了。如中国在战国时期形成的齐、楚、韩、赵、魏、燕、秦七个小民族文明，现在为统一的汉民族文明所替代了，汉民族文明是汉帝国的主要文明。

在帝国的边缘地区还存在其他民族的其他文明或其他尚未发展到文明的文化。它们虽在政治上已属于汉帝国或罗马的统治范围，但却并未与帝国主体民族文明融合为同一文明。如汉代的越文化、夫余文化、高句丽文化、匈奴文化、西域文化，它们有的已进入文明阶段，也应是帝国文明的一部分，但它们却还不是汉文明的一部分。它们有的以后融入于汉文明之中，有的以后却发展为独立文明，罗马帝国由于分裂后未能再统一便形成了众多不同的文明。

三、帝国和大民族文明的发展

帝国和大民族文明的发展有两个前途，一是帝国的主要民族的文明逐渐融合其他民族的文明，使原来仅是帝国中心地区主要民族的文明逐渐成为整个帝国的唯一文明，帝国中的其他文明都消失了，融入了主要文明之中，同时原来多民族的帝国也就成为单一民族国家了。帝国和大民族文明发展的另一前途，是帝国其他民族的文明在帝国主要民族的文明影响下也发展起来并形成了独立的文明，开始摆脱帝国而独立，统一的帝国瓦解为许多民族国家，它们各自有各自的文明。帝国文明向哪一条道路发展，视原来帝国所包括各民族的文明的差异而定，一般原来文明差异小的就较易被主体民族的文明所融合；原来文明差异较大的，就有可能分立。

还有一种情况，即周边民族的文明发展起来，但不是分出去，而是打进来成为统治民族。甚至试图以自己文明同化原来的文明。这就要看它文明发展的程度和群体人数的多少而定。文明较发展、人口又较多，就可能把原来的文明融入自己的文明，原来的文明就中断了、消失了。有的原来文明较落后，人数较少，就被原来人数众多的先进文明所融合了，它们自己的文明因被融合而消失了。

第五节　近代民族和单一民族国家的形成与文明的发展

近代由于资本主义的发展，形成近代的资本主义民族，并由于一国内文明的交流融合，许多国家都逐渐成为单一民族、单一文明的国家。这标志着文明的发展，也进一步促进了文明的发展。

一、近代资本主义民族的形成

近代由于资本主义的发展，形成了民族内部的统一，统一市场的形成加强了民族内部的经济联系。在资本主义以前所谓民族的共同经济，仅是一个民族大抵处于同一经济类型、同一社会形态，还没有形成民族内部统一的经济联系，在民族内部还是自然经济占统治地位。而近代的资本主义民族则形成了内部的统一经济联系，这促使民族内部共同语言、共同文化的发展。以前由于自然经济占统治地位，很多小民族虽早已融合成一个大民族，但原来各小民族地区还长期保留了各自的地方方言和地方特色的文化。随着资本主义民族的形成，这些方言和地方文化特点被共同的语言、共同的文化代替了。这样更促使了一个民族形成一种统一的文明，它反过来又为民族内部经济联系的加强创造了条件。因此，资本主义民族是文明进一步发展的标志，又促进了文明的进一步发展。

二、单一民族国家的形成

由于一国之内经济联系的日益加强，原来一些多民族国家具有多种民族、多种文明，现在由于各个民族各种文明的频繁交流逐渐融合为一种文明，许多民族也逐渐融合为一个民族。日本、朝鲜本来都是多民族国家，但到近代都已成为单一民族国家了。中国按世界一般理论说，汉族已占全国人口 90％以上，也应算做单一民族国家。但由于中国地大人多，中国的一些少数民族虽然占全国比例不大，但占地都甚广，实际人数也相当多，因此中国始终认为，自己至今还是一个多民族国家。但中国各族也正逐步融合为一个统一的中华民族，形成一种统一的中华文明。这是世界各国民族的普遍发展趋势，是文明发展的必然结果。只有个别国家由于所包括的民族早已形成发达的独立国家或者各民族人口大抵相等，很难融合成一个民族一种文明，更由于没有正确的民族政策，采取了强迫同化政策和民族歧视政策，就渐使民族走向独立。统一的多民族国家分裂为若干单一民族国家，就没有形成统一的文明，而分别形成几个文明。但文明的发展要求各文明间加强联系，因此，有些民族虽然暂时分出去形成了独立国家，发展了独立文明，但最终由于它们地区相邻、文明相近，最终还会走到一起来。各族的融合是历史发展的趋势，是文明发展的必然要求。哪一国符合这一趋势，它的文明就得到最快的发展。美国是一个典型。它的种族构成、民族构成极为复杂，但各种族各民族处于共同经济生活中，逐步形成了一个新的美利坚民族，形成了一个统一的美利坚文明。正由于它是由多种文明交流融合而成，这就使它能吸收众多民族之长，成为世界上先进的民族之一。

三、在文明发展中民族的发展趋势

文明的发展要求各种不同文明互相交流融合，而这一过程也就是各民族互相交流融合的过程。因此随着文明的发展，民族必然逐步融合，民族的融合过程，也就必然是一些民族因融合而消亡的过程。但民族的融合和消亡是一个逐渐的过程，通常一些地理相近、文化相近、经济具有密切联系的民族会首先融合，第一是国内的各民族的交流融合；第二是各地域文化圈的各民族，经过共同体阶段逐渐融合；第三才是世界各地域民族的融合。但在民族的融合过程中，并不能完全消灭各民族文明的差异，被融合的各族只是在交流中产生一些文明的共性，逐渐文明的共性大于个性，就融合为一个文明，一个民族了。但民族的融合，并未完全消灭原有各民族的个性，只是个性已退居次要地位。在融合成的新民族中，原有民族的文明将仍以地区文明而保存其部分特点，它还会存在相当长的时期。同时由地区差异必然造成各民族文明的差异，因此旧的文明差异消失时，还会产生新的文明差异。因此，文明全球化并不会马上消灭一切差异。从部分民族的消亡，到所有民族的消亡，从所有民族的消亡到所有文明间基本差异的消亡，将是一个极为漫长的过程。但在这过程中，一切民族的所有优秀的文明都会保留下来，民族的融合扩大是文明发展的必然结果，也只有如此才能保证文明由于群体的不断扩大而进一步发展。

第十三章
群体间联系的加强对文明发展的作用

上章论述了人类群体的扩大和巩固对文明发展所起的重要作用。但群体的扩大通常是从群体间联系的发展开始，只有当群体间的联系发展到一定程度，群体才会融合为一。因此，群体的巩固扩大就表现为两种联系，一是群体内联系的加强促进了群体的巩固，一是群体间联系的加强促进了群体的扩大，而文明的发展既是人类群体由于内部联系加强进一步巩固的过程，又是群体间联系的加强促进群体扩大的过程。群体间联系的加强，并不立即发展为群体的融合扩大，而通常是长期间表现为不同群体文明的互相交流、互相影响、互相促进。因此，群体间联系的加强，正是文明交流发展的历史。所有族际关系史，国际关系史，实际上都是文明的交流发展史。从最初城邦、部族间的交流，经过王国、民族间的交流，帝国大民族间的交流，资本主义国家和殖民地间的交流，逐步发展到各文化圈，共同体内外的交流，最终走向全球化，这些族际、国际史正是文明的发展史。

第一节　从城邦、部族间的交流到王国民族间的交流

文明的最初形成是与城邦和部族的形成及城邦和部族间的交流联系

在一起的。而随着王国和民族的形成，王国和民族间建立交流联系，正式进入了文明时期。文明的最初发展是与王国和民族间联系的发展分不开的。

一、城邦和部族间联系的发展促进了文明的形成

城邦是从部落联盟发展为国家的过渡阶段，城邦是国家的雏形，但还保留了血缘联系和氏族机构。城邦间的联系则是国际关系的雏形。城邦间的联系如以雅典、斯巴达为首的两个城邦联盟，埃及古王国时期形成的上、下埃及的联盟，中国夏商时代的城邦联盟等。正是这些城邦的联合促进了各城邦文化之间的交流，为文明的最后形成创造了条件。部族（Volk）是部落联盟发展为民族的过渡阶段，它已具有民族的雏形，但它还保持着血缘联系，因此它还不是民族（Nation），最初的部族是和城邦同步形成的，基本是同一体，只是从不同角度而言。但城邦中还有部分其他部族的成员，并未融入这一部族之中。各部族间的联系基本上就是城邦间的联系，但部族间的联系侧重文化间的联系，城邦间的联系则是侧重政治间的联系。各部族之间不同文明的互相交流，促进了各部族的文明融合为统一文明，也促进了文明的最后形成。

二、各王国、各民族文明之间的交流

王国文明形成不久后，相邻各王国之间开始形成了王国之间的联系，或是敌对的联系，或是联盟的联系。王国之间的联系和城邦间的联系不同，这是一种真正的国家之间的联系。一般文明相近的一些王国会结成一种王国之间的联盟，而文明相异的王国则在一定时期保持敌对的关系，但也保持一定的文化交流关系，当文明相近时就会加入王国的联盟之中。

中国春秋时期的结盟其中有属于城邦之间的联盟，有属于王国间的联盟，但到战国时期的齐、楚、燕、赵、韩、魏、秦都已发展为王国

了，这时他们间的关系已是典型的王国间的关系。在春秋初期，楚、吴、越等国是被看做异文明国家不得与盟的，但到春秋后期，楚、吴、越等国的文明也发展起来，接近华夏文明了，因此也就参加了结盟。

在王国形成同时也形成了民族，民族的文明实际上就是王国主体民族的文明。王国文明通常就以主体民族的文明为代表，而不计王国内其他少数民族及部族的文明。因此民族间的联系基本上和王国间的联系相同，只是民族间的联系侧重文化间的联系，民族间的联系有时以王国间的联系形式出现，有时则以民间联系的形式出现。

各王国和各民族之间的联系促使了它们之间文明的交流，互相吸收丰富发展了自身的文明。

三、王国和民族之间联系的发展

王国和民族之间联系的发展一般有两种前途。一种是若干王国最后合并为一个大帝国，若干小民族融合为一个大民族，这样它们的文明也就融合成一个统一的文明。如中国的秦统一了六国，原来一些小民族融合为一个统一的大民族——秦族。

另一种发展前途是各王国继续独立存在，并更进一步发展了，各王国各民族的独立文明，继续保持各国各族间文明的交流关系。不过，国有大小强弱，小国弱国和大国强国间的交往不能不有一定不平等关系存在，这就体现为朝贡册封体制。

第二节　册封朝贡体制文明

朝贡册封体制文明，是在王国文明时期开始形成，而到帝国时期发展到鼎盛阶段的一种复合文明，它是由以帝国时期形成的大民族文明为中心，在帝国周边及相邻国家间形成的一种多民族文明的混合体，过去曾称为“地域文明”或“文化圈文明”，但地域有大小，许多层次不能精确反映这一文明的地域范围，而称为文化圈文明又易与今天正在形成的各地域文化圈文明相混，过去我们就曾把这两种文明混为一种，以后才发现这是不同时期性质不同的两种文明。因此最后直接定名为朝贡册封体制文明。

一、朝贡册封文明的形成、发展

在朝贡册封体制基础上各国之间形成了彼此之间文明的交流关系，先进的帝国文明扩散到周边国家地区，促使了这些国家地区文明的发展，而这些国家一般由于它的文明相对比较落后，因此往往模仿先进帝国文明的许多内容，因此就形成了大致与帝国中心文明有许多相同文明内涵的共同文明，但各自又有自身的文明特点，形成为一种独立文明，过去汤因比将这种文明类型称之为“卫星文明”是不对的。

这一地域的文明，过去被称为“文化圈文明”如“东亚文化圈”，但有时也因是以中国文明为中心，因此称之为“中国文化圈”或“汉文化圈”。现在我们为表示区别，别称为“东亚朝贡册封体制文明”。具体名称则可以简称为“东亚文明”、“西亚文明”。

帝国文明时期，在帝国的周边及相邻国家间就普遍形成了这种文明。如在中国周围形成了以中国文明为中心的东亚文明，包括了朝鲜、日本、越南等国；在印度文明周边形成了以印度文明为主体的南亚文明；以波斯文明为中心形成西亚文明；以罗马为中心形成了西欧文明。每个文明都建立在周边各国向帝国中心的朝贡册封基础上。过去认为朝贡册封体制主要建立在东亚，是围绕中国形成的，其实不然，这是在世界各国一定历史时期普遍出现的现象。

二、朝贡册封体制文明的作用及瓦解

朝贡册封体制文明出现得很早，大约在公元前 2000 年左右已在世界上许多地区普遍出现，但它的鼎盛时期是公元前后，世界出现各大帝国时期，才形成了以各帝国为中心的朝贡册封体制文明。它延续一千多年，到近代才被资本主义的殖民体制文明所冲垮。在它存在时期曾是当时先进文明带动周边落后文明向前发展的重要形式，它保证了古代中世纪先进文明的扩大和发展，在人类文明史上起着积极进步的作用。它基本上是起着扩散各帝国先进文明的作用，但也促进了周边各国创制自身独特的文明。它反过来又对中心文明起了促进作用，它的影响不仅是单向的，而且是相互的。

在当时的历史条件下，处于中心地位的帝国文明和周边的各国文明的关系不可能是完全平等的，周边国家不能不对帝国承担一定的经济义务和接受一定的政治隶属关系，但这种负担大都仅属于名义上的、是较轻的，只有个别时期个别帝国对周边各国提出了过高的要求，成为周边国家的沉重负担。有时甚至直接征服了周边的独立国家，试图同化它们，但这种企图往往在各国各族反抗之下，由于鞭长莫及，未坚持下去。总体在朝贡册封体制下压迫主要是形式上的。通过这种体制保持了各国文明的正常交流、共同发展，应该说是历史发展的必需。

在这种朝贡册封体制内，由于各国各族和中心帝国距离的远近不同，帝国对它们控制的程度不同，它们和帝国的关系形成不同的类型，从帝国的地方自治政权到基本独立的国家。以后也分别走上了不同的发展道路，有的逐渐被同化，有的加入到统一帝国中成为其中的一个民族，有的则逐步发展了自身的文明形成为独立的国家。不论它们走向何种发展道路，朝贡册封体制对它们文明的形成发展都起过积极作用。

朝贡册封体制文明是一定历史条件下的产物，当它发展到一定历史时期在新的历史条件下，也就必然瓦解。资本主义兴起后，在全世界范围内掠夺殖民地，把许多国家民族变为他们的殖民地，往往就冲垮了原有的朝贡册封体制文明，这样在世界范围内就由殖民体制文明代替了朝贡册封体制文明。

三、东西文明的对话

册封朝贡体制论述的是各地区内部各国之间的联系方式，并不包括各地区朝贡册封体制之间的关系。在古代由于各地区的相隔距离太大，当时没有可能建立起跨地区的朝贡册封体制，偶或有东西方的互相征服，如亚历山大的东征印度，匈奴、突厥、蒙古等族的西侵欧洲，都仅是暂时的。比较持久的只有东西方通过陆路和海上的交通贸易实现了东西方的经济文化交流，体现了东西文明的对话。

早在公元前，东西方已偶尔有过相互的交流，但真正在东西方建立起经常交往关系的，是所谓丝绸之路，这条交通贸易道路从公元以后几千年一直绵连不断。东到朝鲜、日本，西到北非、欧洲。中国、印度、中亚是其中重要的中转站。道路有陆上的，也有海上的，虽然一般称之为“丝绸之路”，但实际彼此贸易的并不仅是丝绸，有的称为“丝瓷之路”即还包括瓷器，但这也包括不了所有商品，而且这都是指从中国输出的商品，并不包括东西方其他国家输出的许多商品。同时这条道路的意义并不仅在经济上一些物品的交易，主要还在于通过这些载体实现了东西方文明的交流。因此最确切的说法应是一条“东西文明对话”之路。通过这些道路，印度的佛教传入了中国，中亚的伊斯兰教传入了中国，欧洲的基督教传入了中国；也是通过这些道路，中国的儒学和四大发明传到了西方。这些东西方文明的交流，对世界文明的发展起了重要的作用。

当然东西方文明各有其长期历史形成的许多特点，东西方的对话没有可能消除这种差距，但这些东西文明的对话促使了东西方的相互了解，互相取长补短，无疑对东西文明的发展都起了积极作用。虽然由于相隔距离的遥远，当时交通手段的落后，这种东西方的交流，还不可能是频繁的、普遍的，但还是起了巨大作用，为近现代东西文明的进一步交流做了准备。

第三节　资本主义殖民体制文明

殖民体制文明是资本主义时代群体关系的一种特殊形式，是资本主义国家将本身文明输入殖民地国家的一种方式。

一、殖民体制文明的产生

资本主义国家形成后为了寻找商品市场和原料产地，开始在世界范围内建立自己的殖民地，凡在建立起殖民地的地方，它就打破了当地原来存在的朝贡册封体制文明，而代之以殖民体制文明。这种关系跨越了地理的限制，甚至远隔重洋、相隔万里的资本主义国家和殖民地结成了一个殖民体制。从此资本主义国家就将自己的文明模式输入到殖民地中，在殖民地建立起与自己相同的文明。

这一过程一方面是对殖民地固有文明的摧残破坏，另一方面却不可避免地把资本主义国家的先进文明带到殖民地人中，促进了殖民地文明的发展。随着资本主义的发展，全世界都被卷进来，一切落后民族和地区，都一一沦为了殖民地，到 19 世纪末，全世界都被几个先进资本主义国家瓜分完了，在全世界普遍以新的殖民地体制文明代替了过去的朝贡册封体制文明。

二、殖民体制文明的特点

殖民体制文明也是一种先进文明带动落后文明的方式，无论如何殖民地从原来的落后状态在先进资本主义国家的先进文明影响下发展起来先进的文明，因此它的产生具有历史的必然性，是文明进步所必需。但这种进步却充满着血腥，是用血的代价换取的。通常殖民地为了吸收资本主义的先进文明，必须先在政治上失去独立自由，被奴役压迫，同时在经济上受到残酷的掠夺剥削。文化上本民族传统文明受到摧残破坏。

这还是轻的，在有些地区代价更惨重，原有的落后文化被先进文明代替了，原有的种族整个被灭绝了。新文明的主人是殖民者，而不再是原有的民族，如美洲消灭了原有土地的主人——印第安人，而建立了从欧洲迁来的白人的文明，在澳洲也同样是消灭当地原有的土著民族，而新建了白人文明。

只有在一些文明比较发达、人民较多的地区，资本主义国家不可能全部消灭固有的人民。当地人民经过长期斗争，才终于获得自由独立。虽然在这过程中部分吸收了先进的资本主义文明，但却是用沉重的代价换取来的。

殖民体制文明的建立是一次世界范围的文明大交流，特别是西方文明和东方文明的大交流。因为资本主义国家大都属于西方文明，而殖民地则大都属于东方文明。这时就形成了一对一对的西方文明和东方文明的交流，过去主要是在相邻地区形成相近文明的交流，这时文明交流的范围扩大了。

殖民体制文明的建立并未像有些人所想的那样，是东方文明普遍为西方文明所代替。事实上殖民地吸收了相当多的西方文明因素，但其主体仍保留了东方文明。随着民族觉醒，殖民地的解放，新建立起的文明通常是以本民族文明为主体的。

三、殖民体制的瓦解

随着殖民地民族的觉醒，民族解放运动的发展，资本主义体制的一些变化，在第二次世界大战后，殖民体制瓦解了，各殖民地首先在政治上获得了独立。虽然目前一些资本主义国家的跨国企业还不同程度上控制着原来的殖民地，新独立的国家也不得不在政治上经济上不同程度地依附一些发达国家，受它们的影响，但终究新独立的国家已开始建立起本国的独立文明，并且日益发展，开始赶上发达国家。

在殖民体制文明的发展过程中，有一些强大的资本主义国家吞并了许多殖民地半殖民地国家，形成了所谓联邦，典型的如英联邦，包括了世界的许多国家，号称“日不落帝国”，但在殖民体制瓦解中，英联邦瓦解了，现在仅剩一个形式，原来英联邦各国各自成了独立国家，并在逐步形成本国的独立文明。之所以如此就因为当时并未能形成统一的联邦文明。应该承认英联邦各国有文明的共性，但文明的个性大于共性，所以随着各国独立文明的发展，联邦瓦解了。

联邦的另一典型是苏联，在沙俄时代俄国曾经吞并了许多国家，十月革命之后又有一些国家加盟，形成了苏联。由于苏联没有很好地实行民族政策，没有在自愿基础上形成统一的苏联文明，所以苏联由于政治体制的瓦解，所属各国独立了，独立后的各主权国家发展起本国的文明。联邦的普遍瓦解，表示世界各国民族解放运动的发展，各国各族建立本国本族的文明，是历史发展的趋势。

四、殖民体制以外的各国联系

殖民体制的主要特点是西方资本主义列强和东方殖民地半殖民地国家的一种联系方式，不管它是如何不平等，却弥补了朝贡册封体制时代主要是各地域内部的联系，没有更多形成东西文明交流的缺点。但殖民体制并不包括全部近代各国的联系，在殖民体制外还存在着西方资本主义国家的联系和东方殖民地半殖民地国家间的联系。

在西方资本主义国家之间不仅存在着为瓜分世界市场的矛盾、斗争和协作，也存在着相互间经济文化的交流、科技的传播。这些关系促使了西方各国文明的发展，也促使了世界文明的发展。而在东方各殖民地半殖民地国家之间，既存在着共同反对殖民统治的协作和斗争，传统的地区之间的经济文化贸易交流也仍然保持，这种交往促使着东方文明的发展，也促使了世界文明的发展。总之，近代由于资本主义的发展，带来东西方各国之间前所未有的广泛交流，也因而带来了世界文明的巨大发展，为人类进入更高的文明创造了条件。

第四节　经济文化圈文明和共同体文明的形成

这里所说的经济文化圈，是指殖民体制文明瓦解后新形成的一种相邻地区有相近文明的国家之间的文明交流形式。它和过去也称为文化圈文化的朝贡册封体制文明有着本质的区别，因此，我们认为应该把过去称为文化圈文明的朝贡册封体制文明另起名称以示区别。共同体文明是文化圈文明的高级形式，其中各国文明的共性逐渐大于个性。将来可能逐渐成为世界的主要形态。

经济文化圈文明、共同体文明应该是未来信息时代的一种国家之间文明交流的新形式。

一、新的经济文化圈文明的形成

在殖民地体制文明瓦解后，原来各殖民地国家人民为了摆脱宗主国文明的影响，开始创造复兴本国家本民族固有的传统文明。同时为了克服本身力量的单薄，为了促进与相邻国家及文明相近国家的交流，开始积极发展一种经济文化圈文明。因此在当今世界逐渐形成了若干以一定地域为基础的经济文化圈文明，如在东北亚正形成东北亚经济文化圈，在东南亚正形成东南亚经济文化圈，这两者最后或许会合成东亚经济文化圈。在南亚正在形成南亚经济文化圈，在西亚形成了西亚经济文化圈，可能会包括中亚。在非洲正形成非洲经济文化圈。在欧洲分别形成了西欧经济文化圈与东欧经济文化圈，目前暂时两者有合流趋势，但终久恐怕还是会分流。此外在美洲形成了北美经济文化圈及拉美经济文化圈。各经济文化圈文明的发展程度各不相同，面临的问题也各不相同。但在 21 世纪都会适应历史发展的趋势，都会逐步发展起来。

这种经济文化圈文明和过去我们称为文化圈的朝贡册封体制文明有着本质的不同。

其一，朝贡册封体制文明基本是适应封建时代的一种相近国家文明的交流形式，而新的经济文化圈文明却是适应未来信息时代和后工业时代的一种各国文明交流形式。

其二，朝贡册封体制文明是以一个帝国为中心而形成的，而经济文化圈文明是无中心的或者是多中心的。

其三，朝贡册封体制文明是建立在国与国不平等关系基础上的。文明相对落后的国家，必须向帝国承担经济上的贡纳和政治上的臣服，受册封；而今天的经济文化圈文明各国之间是建立在平等互利基础上的文明交流关系。

其四，朝贡册封体制文明的前途被殖民地体制文明所替代，而经济文化圈文明却是逐步发展为各国文明共性更大的共同体文明，最后发展为全球文明。

二、文明的冲突不会引起世界的分裂

亨廷顿在其名著《文明的冲突与世界秩序的重建》一书中提出："在这个新世界里，最普遍的、重要的和危险的冲突不是社会阶级之间，富人和穷人之间或其他以经济划分的集团之间的冲突，而是属于不同文化实体的人民之间的冲突。"又说："文明的冲突取代了大国的竞争。"①

亨廷顿把文明的冲突看做当前世界的最主要的冲突，显然是错误的。当今世界的主要矛盾是：全世界爱好和平的人民包括各种文化的各国人民和企图称霸世界的美国之间的矛盾。美国发动伊拉克战争已初步显示了这一矛盾，西方各国人民也参加了反对美国侵略伊拉克的斗争。如果美国胆敢再发动新的侵略战争，必将激起世界不同文化的各国人民的一致反对。

不同文明的冲突虽不是世界的主要矛盾，却是当今世界客观存在的

---

① 〔美〕塞缪尔·亨廷顿著，周洪等译：《文明的冲突与世界秩序的重建》，新华出版社，1998年版，第7页。

一个重要矛盾。不同的文明意味着不同的生活方式、不同的思想观念，它们的接触不可避免地发生矛盾、冲突，而各种阶级矛盾、民族矛盾又往往会以文明冲突的形式表现出来。同一文化的各国各族往往会因其文明的相同而互相靠拢，利用其文明相同作为团结的手段来抵制其他文明的压制。一些共同的经济利益等也往往使同一文化圈的各国各族靠拢，把它们和其他各国的矛盾用文明冲突的形式表现出来。

人类各文明之间本身没有根本的利害冲突，因此世界各文明的冲突并不会引起世界的分裂和毁灭，即使当文明的冲突由于夹杂了其他矛盾而表现得相当尖锐，甚至爆发战争时，人类文明的本性仍会使不同文明的人群通过互相交流而最终趋于和谐统一。这是人类文明的本性，人类文明的发展规律。文明的冲突和碰撞只是走向世界和谐统一的必经之路。

世界各经济文化圈目前正处于各国相互碰撞冲突的时期，这大约要经历将近半个世纪，但这新的冲突碰撞最终必将带来下半世纪的经济文化圈内各国和谐统一。这个进程有可能快些，有可能慢些，但历史的基本进程将不会改变。

不同经济文化圈间的冲突，不仅不会消灭某一文化圈，而且必然是促进各文化圈的发展。东亚经济文化圈正是在和其他经济文化圈的冲突碰撞中加强自己的内聚力，促使其恢复发展。在西亚经济文化圈内也是如此。往往不同国家之间由于各种利害冲突，产生了种种似乎不可调和的矛盾。亨廷顿曾经强调了东亚各国之间的种种矛盾，认为东亚各国不可能走到一起来。他甚至企图利用这些矛盾阻挠东亚文化圈的形成。但是文明的冲突最后必然趋向和谐统一的规律，决定了东亚各国之间的矛盾最后必然在经过相当时期冲突碰撞后趋向和谐统一。

西欧各国之间曾有过尖锐激烈的矛盾，甚至导发了两次世界大战。但是文明发展的规律，决定了它们仍旧走到一起来了，它们目前结合成的西欧共同体，已初步体现了西欧文化圈内的和谐统一。当然各种矛盾仍存在，仍会发生冲突，却改变不了和谐统一的必然趋势。西欧共同体的今天就预示了东亚文化圈的未来。东亚文化圈的各国也将经过一个时期冲突碰撞后走向和谐统一。

三、共同体文明在西欧的出现

经济文化圈文明的进一步发展，应该是共同体文明。这是在一定地域形成的经济文化圈文明经过内部长期互相交流冲突后，各国间经济文化联系日益加强，各国文明的共性逐渐成为主要的，个性逐渐成为次要的，这样逐渐形成了一种新型的文明，即共同体文明。目前属于这一类型的文明还不多，仅有西欧共同体。它们并未形成一个统一的国家，也未形成一个统一的民族，因此也未形成一个统一的文明。在共同体内的各国还各自保持一定的特点。这种新型的共同体文明，将是经济文化圈文明进一步发展的产物，并超过它逐渐过渡为全球文明，这一种文明将是 21 世纪后半期到下一世纪发展的主要方向。

亨廷顿曾经论述过这种新型文明。他指出："西方文明与所有存在过的文明显然是不同的，目前似乎已走出了冲突阶段。西方文明已经成为一个安全区，除了偶然发生的经济战外，西方内部的战争事实上是不可设想的……西方正在发展一个相当于世界帝国的体系，其表现形式为邦联、联邦政权和其他形式的合作机构的复合体系。它在文明的层面上推行民主和多元政治。简而言之，西方已经成为一个成熟的社会，已进入这样的一个时代，当后人回顾以往时，将会按照历史上反复重现的文明演进模式称其为黄金时代。"①

四、共同体文明以区域性经济一体化为基础

共同体文明形成是以区域性的经济一体化为基础，及在其基础上进

① 〔美〕塞缪尔·亨廷顿：《文明的冲突与世界秩序的重建》，新华出版社，2002 年版，第 348、349 页。

一步实现政治一体化的结果。李琮认为:“目前,在世界经济中现实存在并正在发展的,是区域性的经济一体化趋势。”① 王鹤认为:“经济一体化要求参与国之间消除各种贸易壁垒以及阻碍生产要素自由流动的歧视性经济政策,因而在本质上必须涉及参与国将某些经济领域内(如对外贸易、财政、金融、人员劳务等)的国家主权部分或全部地过渡给共同建立起的超国家机构,通过一系列的协议和条约形成具有一定法律约束力和行政管理能力的地区合作经济组织,在成员国之间达成权利和义务的平衡。”② 王鹤还分析了经济一体化的发展阶段:自由贸易区、关税同盟、共同市场、经济联盟、货币联盟、经济货币联盟、完全的经济联盟。前三个阶段是市场一体化、较高阶段是政策一体化。

就目前世界看,地区性经济一体化发展较成熟的还仅有西欧共同体,它们从关税联盟开始已经发展到经济货币联盟阶段。

王鹤分析西欧的这一发展过程的基础时提出:“长期以来,欧洲人一直在寻求着欧洲统一的途径——宗教、文化、军事、政治——就在多少政治家、军事家试图统一欧洲的宏图大业相继失败之后,市场经济的发展却在悄悄地逐步地将欧洲各国的经济融合在一起,推动着欧洲联合的历史脚步迈入 20 世纪下半期的地区经济一体化过程……从而形成经济一体化在与生产力相适应的区域范围内的阶段性发展……通过生产、贸易、投资等经济活动将原来隔绝的地区融合在一起,在经济上客观形成彼此相互依赖的整体,这是一种经济区域化的过程。而在这种基础之上,相关的组织或者政体通过一系列的制度、机构,形成新的或者更高一级的政体。”③《欧洲史》具体记述了这一进程的一系列史实:1948 年 4 月 16 日,欧洲经济合作组织成立,其任务是分配美国援款,欧洲人从此走上了合作之路……1948 年夏,巴黎建议成立欧洲咨询会议,其核

① 李琮:《世界经济百科辞典》,经济科学出版社,1994 年版,第 3 页。
② 王鹤:《欧洲经济货币联盟》,社会科学文献出版社,2002 年版,第 80 页。
③ 同上书,第 1—2 页。

心是布鲁塞尔条约的五个签字国……1949 年诞生的欧洲委员会包括了西欧和北欧的十个国家。他们希望在欧洲共同文化、共同的人类观点和民主原则下进行合作。希腊和土耳其很快便加入了。1951 年德意志联邦共和国也被接纳。1951 年德、比、荷、卢、意成立了欧洲煤钢联营集团。1955 年提出成立共同市场关税同盟，会员国之间取消关税，边界逐步开放，以利于资金和劳动者的流通。还成立欧洲原子能联营集团。1957 年写了合约，1973 年丹麦、爱尔兰和英国加入了关税联盟。1974 年成立了新的共同机构——欧洲理事会，1976 年末采取普选办法产生了欧洲议会。1981 年希腊、1986 年西班牙、葡萄牙相继加入了欧共体①。1993 年欧洲统一市场最终形成。1991 年欧共体组织建立了经济货币联盟，将成员国之间外交事务上的政治合作提升为共同外交与安全政策，建立成员国之间在司法内务方面的合作机制。1999 年欧洲共同货币——欧元正式确立欧元汇率，2002 年欧元纸币和硬币开始流通，这样西欧已经进入了欧洲货币联盟阶段。这是一个正在形成中的共同体文明。

共同体文明的出现不是偶然的，是经济一体化发展的必然结果，是一体化中一个发展的必经阶段。

王鹤认为："市场经济自身发展规律是城市一体化到国家一体化再到地区一体化的阶段性发展的主导因素，市场经济在随着生产力的提高而逐渐扩张的过程中不断地打破越来越大的区域的界限，而不论这些界限是城市、国家、地区，还是民族、社会、文化，其制度化、机构化、法规化的需要促使越来越高程度和层次的政治经济体制的协调和统一，从而形成经济一体化在程度上从低至高，在范围上从小到大的发展过程。欧洲的地区一体化不过是这一发展过程中的一个阶段，其发展基础是该地区的国家一体化和经济区域化，其发展前景是经济全球化，乃至

① 德尼兹·加亚尔、贝尔纳代特·德尚：《欧洲史》，海南出版社，2000 年版，第 571—584 页。

全球经济一体化。西欧国家之所以在战后成为世界经济中地区一体化的先行者，并能够做到起点较高，进展相对顺利，最根本的原因就是因为西欧国家几乎在此一百多年前就已基本完成了国家内部的市场一体化和国家之间的经济区域化。”① 世界各地的文化圈文明都将逐步发展为共同体文明，这是走向全球化文明的必经之路。在共同体文明发展的一定阶段，原有的民族国家将消失，代之以多民族的邦联。但民族暂时还不会消失，只是逐渐过渡为地区性的文化共同体。

经济文化圈文明和共同体文明是伴随着新的信息社会一同到来的，是高于资本主义殖民体制的一种文明。文化圈是共同体的准备阶段，共同体文明是文化圈文明的高度发展，目前文化圈文明在全世界范围内已在形成中，而共同体的文明只是在个别地方先行一步，它的发展将与新社会的发展同步实现。

第五节 全球化文明是人类文明发展的方向

一、全球化文明是历史长期发展的结果

随着资本主义的发展，一些西方国家为了不断寻找新的产品市场、原料供应地和廉价劳动力，开始不断把新征服的地区变成殖民地。对暂时无法征服的地区则形成了或是平等的、或是不平等的外交关系。人类各群体之间的关系进一步扩大了，已跨出了国家，跨出了地区，走向全球化了。

随着资本主义的发展，经济活动在世界范围内逐渐形成相互依赖的关系，特别是形成了世界性的市场。资本超越了民族国家的界限，在全

① 王鹤：《欧洲经济货币联盟》，社会科学文献出版社，2002 年版，第 17 页。

球自由流动，资源在全球范围内配置，促进了经济全球化，也就带动了其他各个领域的全球化。

在政治上新的国际关系也在逐步形成，许多国际组织和联合国，这些人群间新型关系的形成、发展，促使了人类群体的进一步发展扩大，为进一步形成更大的人类群体创造了条件，为文明的全球化、文明的高度发展创造了条件。对人群间关系的新的认识是人群间新型关系形成的反映，又促进了人群间新的关系的形成。

进入近代以来，随着交通信息的发展，各地区文明之间的交流逐渐加强，文明正在进入全球化，一个新的全球文明正在形成。全球化使地球上的人类可以利用先进的信息技术克服自然地理因素的限制而进行信息的自由传播。随着信息交流全球化的发展，人类的语言正在不断通用，将来会逐渐形成几种世界通用语言，一些小的语种会消失，原来说这些语言的人群会逐步改说世界通用语言。

二、全球文明是几大文明互相冲击交流的结果

在全球文明形成的过程中，相当时期内全球将由若干个经济文化圈文明和共同体文明所组成，他们之间的互相碰撞冲突是不可避免的。而这种互相碰撞冲突，促进了这些共同体文明间的互相交流，促进了未来的全球文明的形成。这个全球文明是在现今几大文明的互相冲击、互相交流、取长补短中发展起来的，它既不是单纯的西方文明，也不是单纯的东方文明，而是东西方文明交融的结果，并由若干个带有各自特点的文明类型组合而成。我们应该热烈欢迎这一全球文明的形成，用不着担心什么西方文明的没落或西方文明的泛滥以及东方文明的西方化。全球化不是西方化，而是东西文明的交流融合。波尔穆特认为："全球化是东西方文明冲突的结果，将形成一种全球文明。"① 我们认为未来文明

① H. V. Perlmutter, On the Rocky Road to the First Global Civilization, in A. King ed. , *Cultrure, Globalization and the World System*, London, 1991.

应是多种类型文明并存，全球文明的最终形成可能还要数十年、数百年，但各地区文明的交流会聚，已经为文明的高度发展、文明的全面普及创造了从未有过的良好条件。文明正在全球化。

三、全球文明是人类文明发展的必然趋势

全球化的趋势，终究要席卷全世界一切地区，使各地区文明最后融合为一个全球文明。马克思、恩格斯早在一百多年前就预言："过去那种地方的和民族的自给自足和闭关自守状态，被各民族的各方面的互相往来和各方面的互相依赖所代替了。物质的生产是如此，精神的生产也是如此。各民族的精神产品成了公共的财产。民族的片面性和局限性日益成为不可能，于是由许多种民族的和地方的文学形成了一种世界的文学（科学、艺术、哲学等——编者注）。"[①] 但这一时期还不会迅速到来，没有世界各地区文明的进一步发展，没有人类文明进入更高的共产主义文明，是不可能实现全球文明的到来。因此文化圈文明、共同体文明还必然会有一个相当长的发展时期，至少本世纪不会很快消失。而且即使全球文明到来也不会消除各地文明的个性。埃利亚斯等人也把全球化看做是人类各种文化、文明发展要达到的目标，是未来文明的存在状态。它不仅表明世界是统一的，而且表明这种统一不是简单的单质，而是异质或多样性共存。[②] 有些人担忧文明的全球化会消灭各民族的传统文化，这种担忧是不必要的。全球化主要是就经济交流而言，在文化方面由于各地区、各国家、各民族长期的创造、积累所形成的各地区、各国家、各民族的传统文化将会继续存在。这些各地区、各国家、各民族的文化差异是人类文明发展的特点，也是人类文明不断互相交流互相丰富的源泉。旧的文明差异通过交流而逐步趋同以至消失，不同地区不同

---

① 马克思、恩格斯：《共产党宣言》，《马克思恩格斯选集》第一卷，人民出版社，1972 年版，第 255 页。

② 转引自杨雪冬：《全球化：西方理论前沿》，社会科学文献出版社，2002 年版，第 11 页。

个人的新创造又会产生新的差异。经济的全球化不可能消灭各地区文明的差异，因此，民族暂时也不会马上消灭，而只是逐渐过渡为一种地区性的文化共同体。

资本主义的发展促进了全球化的进程，但是资本主义并不能最终实现全球化。资本主义的内在矛盾，也必然在另一面造成了世界各国各民族之间的矛盾，阻碍世界全球化的实现。只有人类消灭了资本主义，走向未来高度的社会主义文明、共产主义文明，才能真正实现全球化。甚至可以预想即使社会主义在全球获得胜利，也只能实现初步的全球化。真正彻底的全球化，只有随着共产主义的到来才能真正实现。全球化是一个长期的过程，不能看到全球化的开始就认为它已完全实现。

全球化是文明高度发展的必然趋势，它也必将促进文明的高度发展，人类得以在全球范围内充分交流，吸收各地区文明的成果，而促进全球文明总体的巨大发展。但在全球化文明形成后文明的发展绝不会到此而止，在宇宙间绝不会仅是地球有文明。随着宇航的发展，宇宙信息联系的发展，人类总会有一天接触到外星文明。经过不同星体文明的交流、碰撞，会形成新的比地球文明更大的星系文明。这是一种我们目前无法想象的高度文明。如果人类的生存能等到那一天，人类的文明或许能最终逃脱灭亡的厄运。因为人类如果不能走出地球，就逃避不了随地球和太阳系的毁灭而毁灭的命运。

第十四章
人类文明发展的总规律（上）

人类文明的发展规律，是研究人类文明理论中最关键的问题，因为正是人类文明的发展规律，预示着人类文明的发展前景，这一发展前景，正是我们研究文明论的主要目的。对人类文明发展规律的错误认识，会使人对文明前景产生错误认识。例如认为人类文明必然要经过诞生、生长、成熟、衰落诸阶段，就预示人类文明的前途不是什么文明的高度的发展，而是文明走向衰落。只有正确认识人类文明的发展规律，才能正确指示人们遵循人类文明的发展规律去发展人类的文明。

由于人类文明的发展规律具有如此重要意义，因此从古代东西方先哲到近代马克思、恩格斯、斯宾格勒、汤因比、威尔杜兰、岸根卓郎、亨廷顿等，无不对人类文明的发展规律进行过研究，提出了自己对人类文明发展规律的看法。

应该说，他们的论述都对人类文明发展规律的研究作出了各自不同的贡献，提出了许多宝贵的有价值的看法，揭示了人类文明发展规律的这一部分或那一部分，但揭示人类文明发展的全部规律仍是一个任重而道远的任务。

因此，对人类文明发展总规律的研究，虽已取得了许多重大的成就，揭示了人类文明许多重要发展规律，但还需要全世界研究人类文明的学者继续做艰巨的努力。一方面要把既往一切学者，包括马克思和恩格斯对人类文明发展规律研究的一切论述发掘出来，不使其遗漏；另一方面还要认真观察总结人类全部历史，发现以往未为人们所揭示的人类文明发展规律。要做到对人类文明发展的每一规律做正确的完整的论述，而不是切取某一规律的某一部分做不完整的论述，甚至歪曲的论述。还要做到对人类文明发展所有规律，做全面正确的论述，而不是片面地揭示人类文明发展的某一两个规律。这项工作是所有研究人类文明的学者的崇高历史使命。

第一节　人类文明的总规律制约和体现在具体规律中

人类文明的不同时期、不同地区、不同领域都有各自的具体规律，但从人类文明的总体而言，又存在着总的发展规律。人类文明发展的总规律是由文明各个时期、各个地区、各个领域的具体规律组合概括而成，它凌驾于各具体规律之上，体现于各具体规律之中，支配着各种具体规律的发展。因此，认识人类文明的各种规律就具有极为重要的意义。

一、世界具有普遍的规律

我们存在的这部分宇宙是在某一时期的大爆炸中产生的。在刚刚产生时，宇宙万物是无序的，但在其不断发展中，各个事物之间逐渐形成一种相对稳定的关系，虽然这种稳定是相对的、暂时的，因为它仍在不断变化中。但在一定时期内，一定范围内这种关系却是相对稳定的。在这种相对稳定的条件下，事物的发展就具有一定的重复性，并体现为一定的规律性。表现为相同事物在相同条件下会按相同的发展过程，发展为相同的结果。只有时间条件变了，事物本身变了，才会出现另一个过程、另一个结果，但这又表现为另一个新规律的出现。因此，每一个具体规律都是相对的，是随时间条件而转变的，但规律的存在却是普遍的、客观的，没有这一规律就有另一规律，在一定时期、一定条件下，一定事物必然按一定规律发展。这些客观规律是客观存在的，是不以某个人的主观意志而产生。但人们可以去认识这些客观规律，按照规律的发展去实现自己的目的。甚至人们可以在认识这些客观规律的基础上，改变这一过程的某些条件，使旧的客观规律变化形成新的规律，使人们获得不同的结果。这种变化体现了人类在认识世界基础上对客观世界的改造。这就是说客观规律可以改变，但客观规律依旧存在，只是人类用新的客观规律代替了旧的客观规律。人类在任何时候，始终只能依据客观规律的发展来实现自身的愿望，只不过或者是按自然界固有的客观规律，或者是经过人类改造形成的人造世界的新规律。人类违背了客观规律就不可能实现自身的目的，就会受到惩罚。

二、人类文明存在各种发展规律

人类文明作为一个总体而言，它是人类改造客观世界一切积极成果的总和，它有着总的发展规律。这些总规律反映人类文明发展的总过程，它制约着文明的各个时期、各个地区、各个领域发展的具体规律，它体现在不同时期、不同地区、不同领域的各个文明具体发展规律之中，它是各个时期、各个地区、各个领域各个文明具体规律的组合。只有从总体上研究人类文明，才有可能认识到这些总体规律的存在，也只有全面概括总结各个时期、各个地区、各个领域文明的具体规律，才能进一步认识文明发展的总规律。

例如，人类活动的目的必须符合客观规律这一总规律，就是总结各个时期、各个地区、各个领域，人类活动的目的符合客观规律与否所取得的所有成功经验和失败教训而得出来的。又如，人类文明发展的总规律之一是，人类文明是不断从繁荣、衰落、再繁荣不断向更高的繁荣发展，这就只有从总体上观察人类文明发展的全部历史，才能观察到。当只是从某一时期、某一国家文明的发展过程观察时，就会像汤因比那样只看到文明从发展繁荣到衰落的反复重演，而看不到其总的向上发展过程。又如人类文明随着人类群体的不断扩大而发展，这一总规律，也只有从总体上观察人类文明的全部发展历史，才可能认识。它是各个阶段、各个地区、各个文明具体发展阶段的组合，是各个具体规律的联结。岸根卓郎的东西文明两极对立的规律，之所以具有片面性，就因为它只观察了人类文明的一部分地区、一部分时间，因此就不可能正确全面认识人类文明发展的总规律。

只有人类文明经历了长期发展，已有可能提供人们全面观察世界各地区、各个时期、各个领域的全面文明发展史，才有可能在研究全部世界历史基础上，总结出人类文明发展总规律的存在。人们一开始只可能是从某一侧面、某一阶段、某一部分去认识人类文明的总规律，因此一开始所认识到的也只是这些总规律的一些部分、一些侧面、某些阶段。因此，长期以来缺乏对人类文明总规律的认识是不足为奇的。我们今天所以敢于尝试这样做，并非因为我们高人一等，而是因为历史发展已具备了条件，已有可能认识这些总规律，即使不是我们提出，也会有别人提出。我们只是抛砖引玉，促进人类对文明发展总规律认识而已。

对这些人类文明发展总规律的认识，一方面是通过研究整个人类文明史的各个时期、各个地区、各领域的具体历史、具体规律概括而来，另一方面，也是利用宇宙发展的总规律，即辩证唯物主义历史唯物主义总规律研究人类文明总体所得出的，因为人类文明发展的总规律正是这些更高的规律的具体体现。因此脱离了这些更高的规律的指导也就不可能正确认识到人类文明发展的总规律。

三、认识人类文明发展总规律的重要意义

人类文明发展的总规律既然是制约各个时期、各个地区、各个领域

文明发展的总规律，就具有重要意义。它是我们进一步认识和运用人类文明各个时期、各个地区、各个领域文明的各项具体规律的重要手段和依据。不认识这些人类文明发展的总规律就不可能认识纷繁复杂的世界历史。迄今为止，大部分世界史著作只是记述世界历史经历过的一些具体历史史实，而不能科学地阐明世界历史发展的规律。一些马克思主义的世界史学者虽然力图对复杂的世界史作出规律性的解释，但由于许多人类文明发展的总规律至今尚未完全揭示及充分阐明，因此在许多问题上学者们的认识尚不一致，还有待于进一步研究。事实上对世界各个时期、各个地区、各个领域文明具体规律的进一步认识，会帮助我们进一步认识人类文明发展的总规律，而对人类文明发展总规律进一步认识又会促进对各具体规律的认识，这是一个相互促进的过程。现今的关键问题在于认识人类文明发展总规律，因为对世界各个时期、各个地区、各个领域文明具体规律的研究和认识已提出了这样一个历史任务，只有解决了这个历史任务才能更好认识各个具体规律。

认识人类文明发展的总规律，又是帮助我们认识人类文明发展前景的关键。人类认识过去的目的不仅是为了认识过去，更重要的是为了认识未来。既然人类文明是按一些总的规律而形成发展，它也就必然继续按这些规律向前发展。因此人类从这些规律的认识中就能预知未来的结局。但是，迄今为止，人类还未能真正做到这一点，很多人包括许多研究世界历史的学者对人类的未来还缺乏正确认识。甚至像国际著名学者亨廷顿，还会做出未来将有长久的黑暗时代的预测。他之所以得出这种错误悲观的估计，是与他对人类文明发展总规律没有正确认识分不开的。又如著名历史学家汤因比所勾画的世界历史发展的周期性和世界文明衰落的预测，也与他对人类文明发展总规律缺乏正确认识有关，国内外许多人因苏联东欧的剧变而对未来失去了信心，也是与对人类文明发展总规律缺乏正确认识分不开的。马克思、恩格斯曾经揭示了人类文明发展的一部分总规律，并预示了人类的未来，由于受当时历史条件的限制，他们没有可能也来不及揭示所有人类文明发展的总规律。但他们所预示的人类历史的总的前景还是为历史检验所证实了。

今天我们的任务正是用历史发展的新事实进一步认识人类文明发展的规律，并用它去指导我们认识未来文明的发展，今天历史已提供了这一可能，也提出了这一要求。

第二节　文明的发展是实践目的和客观规律统一的过程

文明是人类逐步创造发展的，而人类之所以能创造发展文明，是因为人类在实践中逐渐认识客观世界的规律，并使自己活动的目的逐渐和客观规律相统一，得以更多地实现自己的目的，使自己的劳动成为有效劳动。人类文明的每一次进步都是人类进一步认识客观规律，使自己的目的和客观规律更统一的结果。因此使人类活动的目的和客观规律统一，这本身就是人类文明发展的重要规律之一，人们也正是在认识这一规律的过程中逐步创造发展文明。

一、人类活动目的和客观规律统一是一个逐渐的过程

人类活动目的和客观规律统一是一个逐步实现的过程。人们不可能一开始就认清全部客观规律，因此人们的目的开始时只能部分地符合客观规律，也只能部分地实现自己的目的。在最初，人类所能创造的文明也是有限的，只是在人们不断的实践中，人们才一步一步地认识更多的客观规律，而且认识得越全面越正确，人们才能更多地实现自身的目的，创造和发展更高的文明。

人们由于自己目的部分符合客观规律，因而取得了部分成功的经验，人们由于自己目的部分不符合客观规律，因而取得了部分失败的教训。反复的实践取得越来越多的经验教训，人们就逐渐加深了对客观规

律的认识，使自己的目的更好地符合客观规律。例如，人们在最初改造自然的过程中，根据人们的需要，砍伐森林，开拓农田。人类实现了开拓农田的目的。但当砍伐的森林越来越多，破坏了自然的生态平衡，造成了水土流失，人们才逐渐认识到自己开拓农田的行动并不完全符合客观规律，才注意到在开拓农田中要注意生态平衡。

因此，人们对客观规律的认识是逐渐的，这一过程实际上就是科学的发展过程。科学的发展就是对自然和社会客观规律的认识过程，有很多自然和社会的发展规律在相当时期内未为人们所认识、或未全部认识，而只是随着科学的发展才逐步被认识。这样人们也就逐步使自己的目的得以更好符合客观规律、或改造客观规律更符合自己的目的，更多地实现自己的目的。

整个人类文明的发展过程，就是科学逐步发展、人类一步一步认识更多客观规律的过程，更全面认识各项规律并进而改造规律的过程，也是使自己的目的和客观规律更统一的过程。

二、人类认识一切目的必须符合客观规律这总规律的过程

人类开始时只是从一项一项具体事例中总结经验教训，认识每一具体事物的客观规律。人们还不可能从这些具体实践中得到一个总的理论认识，人的一切目的都必须符合客观规律。人们对这一总规律的认识是极为艰难的。

一方面是由于科学的不发展，人们开始时认识到的客观规律还不多，还不可能一下子产生一种普遍性的理论认识。另一方面是辩证唯物主义的哲学思想还没有充分发展和普及。大部分人还受着唯心论和宗教迷信的影响。还经常认为自己目的未能实现是由于某种不可知原因，甚至认为是受神的力量的支配。他们可以自发地接受一些具体的客观规律，但不可能立即达到对客观世界普遍存在规律的理论认识。因此人们只是在一时一事上使自己的目的符合客观规律，不可能自觉地在任何行

动时都注意使自己的目的符合客观规律。

只有人们不仅依靠个人直接的实践，而且能依靠全人类的实践，依靠科学的发展认识了众多的客观规律，并且使自己的行动的目的由于符合客观规律，因而得到一一实现，才有可能认识到这一总规律，即人的任何目的必须符合有关的客观规律，自觉地运用这一规律。这样，人们就不会再把目的未能实现归之于偶然的因素、不可知的力量、神的力量，而能探索所有影响目的实现的偶然性，找出其背后的客观规律。

这样，人们在接触任何新事物时，就会自觉地去认识新事物的客观规律，而不是盲目地等待自己目的违背客观规律时无法实现甚至受惩罚。

这样，人们就会正确认识世界历史上发生的各种事件的发生原因、发展过程，寻找隐藏在各偶然事件之后的客观规律及其必然性。

这样，人们就可利用规律科学预见未来的发展，使自己的目的向预知的未来去努力。

因此，认识这一总规律具有重要的历史意义和现实意义。

三、人类改造自然、社会、自身的过程实际是人类创造新规律的过程

人们对客观规律不仅是消极地使自己的目的去符合它，实际上也在改变客观规律，创造新的客观规律。人们改造自然、改造社会、改造自身的过程，实际上是一个认识客观规律，改造旧的客观规律，创造新的客观规律的过程，人类对动物的饲养、植物的栽培、工业的制造，都是如此。

这一过程是以认识原有的客观规律为前提，而适当地改变原有客观规律存在的条件，使其成为新的客观规律，人们再依照人造的客观规律办事。

人们根据自己不同的地位在自己能力范围内去改造客观存在的规

律，人们不能超出自己能力去改造客观规律，这样就必然失败并受到惩罚。

人类目的每接近客观规律一步，人类就得以更多实现自己的目的，也就创造了更多的更高的文明。而文明每发展一步，人们也就有可能使自己目的更进一步符合客观规律，这样互相促使，逐步发展。要想使人类的目的和客观规律完全符合是不可能的，客观规律本身是在不断变化中的，人对客观规律的认识也是无穷无尽的。人类只可能是在大体上实现自身的目的，和客观规律取得一致。人类只能在文明的逐步发展过程中，逐步使自己的目的和客观规律一致。而人类目的和规律的统一每前进一步，也就使人类文明向前发展一步。

四、人类创新能力产生的基础

最近各方面都在大谈创新，科技创新、体制创新、理论创新、自主创新等，胡锦涛同志最近又提出要建立创新型国家。但究竟什么是创新？如何才能创新？按我们理解，创新就是创建客观世界没有的新事物，这就是要改变客观世界固有的规律，给予新的它原来没有的条件，然后按新条件形成的新规律产生新事物。人们所以能实现创新，就是因为客观规律可以按条件的变化而变化，任何事物随着条件的变化可以产生多种发展可能，因此人们只要能改变条件就可以产生新的可能。当我们提供了自然界本来没有的条件，而让它在新条件下形成新的规律就能产生新的事物，这时人们就实现了创新。

人们要做到创新就首先要解放思想，使自己不按固定模式思考，当你认为世界只有一种固有的发展可能，而想不到还会有别的可能时，人们也就不可能想到创新。凡是能创新的人，首先思想上有一个认识，就是相信事物发展有多种可能。我们所知道的只是其中一二种，还有许多发展的可能不被我们所知。我们就应大胆地去探索，用改变固有规律的某一两个条件去观察其新的改变，是否能出现一种对人们更有利的新的可能。现在这种探索有不少是在科学实验中进行，但有许多情况不能通过科学实验解决的，只有通过生产实践、生活实践来解决。我们常说创新的源泉来自实践，就是因为在人们的不同实践中，会遇到很多我们事先没有认识的新规律、新事物，这就是因为有些规律存在的条件不断在变化，这种变化就会形成新规律、新结果，这些在过去看来是偶然性，实际上却是新条件下的必然性。人们对这种新的可能认识后，就会受启发，试图给予新的条件、创造新的规律、产生新的可能。这样人们就实现了创新。

为什么有的人能创新，有的人不能创新，这是因为有些人习惯于固定思维，即习惯于固有规律的唯一结果，并把它理解为是必然的，也就想不到事物有别的可能，即使发现了新的可能，也不重视，不承认。当然就不可能有创新。凡是能创新者都是头脑较活，承认事物发展有多种可能者。他们不仅发现了新的事物会去寻找出形成这种新事物的新规律，甚至还会主动去试验改变固有规律存在的条件，观察其产生的新结果。有时一些新的发展过程，开始时会被一些人认为是违背常规、违背所谓必然性而抵制它，也就不可能创新了。

因此，创新来自实践，而实现创新的保证却在于解放思想，敢于探索。

第三节　人类总体的全方位的实践是文明发展的总动力

人类文明的发展是由众多动力作用的结果，不是单一的某个动力的作用。所有这些动力形成一个总体的动力体系，在这个动力体系中，有的动力起主要作用，有的起次要作用，有的是原始动力，有的是后发动力，有的是前进的动力，有的是后退的动力，各种动力的合力构成人类文明发展的动力体系。过去人们讨论历史发展的动力时，往往拿出某一个动力来否定其他动力的作用，因而往往得出片面的结论。我们认为人类总体的全方位的实践是人类文明发展的总动力。这应该是人类文明发展的总规律之一。

一、人类的实践包括各方面的实践

人类作为自然界唯一的智慧动物，从人类产生后就形成一个独特的人类的主观世界，与自然界的客观世界相对立。人类的实践就是连接主客观世界的唯一桥梁，实践也成为主客观这一根本矛盾的体现。实践和矛盾是不可分的。实践的种类多种多样，社会矛盾也多种多样，实际上是每一种实践形成一种社会矛盾，并成为解决这矛盾的手段。矛盾通过实践而产生，并通过实践而解决。正是这方方面面的实践，产生方方面面的社会矛盾，成为推动方方面面文明发展的动力，而总体的实践产生各种矛盾的总和，推动文明总体的发展。

人类的实践包括各方面实践的总和，有众多经济实践，包括生产实践、消费实践等，以生产实践为主。有众多的政治实践，如阶级斗争实践、民族斗争实践等，而以阶级斗争实践为主；有众多的文化实践，如科学实践、艺术实践等，而以科学实践为主。每一种实践形成一种矛盾，成为某一方面文明发展的具体动力。它们在文明总体发展中起着不同的作用，有的起主要作用，有的起次要作用，有的起直接作用，有的起间接作用。各种不同的实践合成人类全方位的实践，推动整个文明的全面发展。因此，作为整个文明发展的总动力或者说动力的体系就是人类全方位的总实践。片面强调某一方面的实践、某一种矛盾起着唯一的动力作用是无法理解文明全方位发展的动力体系的。过去很多学者往往是把某一时期某一方面的主实践和矛盾，看做唯一动力，可以承认它是主要的实践，是主要的动力，但不能说成是唯一的实践，唯一的动力。而在不同的时期不同情况下不同的实践会成为某一时期主要实践，也就是主要动力，但这种主要实践和主要动力不是永远不变的。因此只有把各种实践看做一个总实践，把各种动力看成一个动力的系统，是方方面面实践形成的方方面面动力相互作用，共同推动文明的发展，才能正确阐明文明发展的动力。

二、实践是人类总体的实践，动力是全体人类的合力

实践是人类总体的实践，而不是某几个人的实践。这样由于人们在实践中所处的地位不同，他们在实践中起的作用也不同，有的人起促进作用，有的人起后退作用，有的人起作用大一些，有的人起作用小一些，但对任何一个人或一群人，他或他们都只能起一定作用，而不能起全部作用或决定作用。

因此，人类的文明发展是由人类总体的实践所合力推动的。这种合力对每一个人来说都是一种客观存在的，不以个人意志为转移的客观力量。个人的实践只有在认识人类总体实践的发展方向，并使自己的实践符合这一方向时，才能发挥一定作用。人类中的代表先进生产力的，代表先进文化发展方向的，代表广大人民根本利益的人群，才能对人类文明的发展始终起推动前进的作用。而代表落后生产力，代表落后文化发展方向，代表一小群违背广大人民根本利益者，就成为障碍文明发展的力量。但历史的前进，文明的发展是必然的，因此最终总是代表先进生产力者，代表先进文化发展方向者，代表广大人民根本利益者取得胜利，推动文明继续向前发展。

三、认识人类全方位的总体的实践是文明发展动力的重要意义

人类全方位的总体的实践是文明发展总动力这一规律，对文明发展具有重要意义。

只有认识到这一规律才能够帮助我们克服片面强调某一方面动力的

作用，而时刻注意协调各方面的实践和各方面动力的作用，以保证不断推动文明向前发展。

只有认识这一规律，才能够防止片面强调某些人，甚至某个个别人的作用，才能使自己始终符合文明前进的方向，成为文明的动力，而不是文明的阻力。

也只有如此，才能正确认识纷繁复杂的世界历史，认识其中复杂动力的复杂关系，正确阐明世界历史的发展。

也只有这样，才能对人类的未来有坚定的信心，不会因暂时、某方面、某种力量的强大，而看不到文明的最后发展趋势。

第四节　生产关系适应生产力，上层建筑适应经济基础是人类文明的总规律

生产关系的发展必须适应生产力的发展，上层建筑和意识形态的发展必须适应经济基础，这是人类文明发展的一条总规律，而且是一条根本的规律。这是马克思、恩格斯早就提出的一条重要规律，他们虽没有明确提出这是人类文明发展的总规律，但却一直认为这是人类社会历史发展的一条基本规律。

一、生产关系必须适应生产力的发展，上层建筑必须适应经济基础的发展

人类文明的发展是生产发展的结果，是生产力生产关系上层建筑意识形态共同作用的结果。正是它们的共同作用构成了人类的物质文明和精神文明。

马克思指出："人们在自己生活的社会生产中发生一定的、必然的，不以他们的意志为转移的关系，即同他们的物质生产力的一定发展阶段

相适合的生产关系。这些生产关系的总和构成社会的经济结构，即有法律的和政治的上层建筑竖立其上并有一定的社会意识形态与之相适应的现实基础。物质生活的生产方式制约着整个社会生活、政治生活和精神生活的过程。不是人们的意识决定人们的存在，相反，是人们的社会存在决定人们的意识。社会物质生产力发展到一定阶段，便同它们一直在其中活动的现存生产关系或财产关系（这只是生产关系的法律用语）发生矛盾。于是这些关系便由生产力的发展形式变成生产力的桎梏。那么社会革命的时代就到来了。随着经济基础的变更，全部庞大的上层建筑也或慢或快地发生变革……无论那一个社会形态，在它们所能容纳的全部生产力发挥出来以前，是决不会灭亡的；而新的更高的生产关系，在它存在的物质条件在旧社会的胎胞里成熟以前，是决不会出现的。所以人类始终只提出自己能够解决的任务，因为只要仔细考察就可以发现，任务本身，只有在解决它的物质条件已经存在或者至少是在形成过程中的时候，才会产生。”① 马克思在这里阐述了一个人类社会发展的重要规律，也是人类文明发展的重要规律，揭示了人类文明发展的相互机制。

二、这一规律长期被忽视

这一重要的，可以说是根本的规律却长期被人们所忽视，大多数人虽然理论上承认生产关系必须适应生产力的发展，上层建筑必须适应经济基础的发展，但在实践中都试图突破这一规律。

首先是列宁提出了在俄国这一落后的资本主义国家实现无产阶级革命的可能，但列宁还认识到在革命后适应国内不同的生产力水平，将存在五种所有制形态，并采取了新经济政策。斯大林却过早地宣布了社会主义在苏联的建成，消灭了资本主义及商品经济下的个体经济，实际上

---

① 马克思：《〈政治经济学批判〉序言》，《马克思选集》第二卷，人民出版社，1972 年版，第 82—83 页。

当时它们所容纳的全部生产力还未全部发挥出，而新的更高的生产关系（社会主义）所生存的物质条件还未完全成熟。这样苏联是在落后于发达资本主义的经济基础上建立了超过发达资本主义的先进关系，这结果造成了以后苏联的瓦解。同时由于苏联当时还存在落后的生产力，这些落后的生产力必然自发地形成与之相适应的生产关系和上层建筑，而由于当时认为已建成社会主义，就把这些非社会主义的东西也看做社会主义的。如封建专制的残余和官僚统治等变成了苏联社会主义的一部分，甚至被西方国家许多人曲解为专制统治、官僚统治就是社会主义的特点，实际上真正的社会主义并不存在这些，只是在封建残余没有消除的条件下建设社会主义，才会形成这些本应在资本主义就应消灭，而在社会主义根本不可能存在的东西。

中国是一个半封建半殖民地国家，因此毛泽东最初提出的是在中国这种国情下首先实行新民主主义革命，他把新民主主义作为封建社会和社会主义社会的中间形态，就是说在历史阶段上相当于资本主义时期，但却具有资本主义不同的特点。在革命成功后，毛泽东也还承认中国多种经济并存，但很快他就过早提出了社会主义改造，在原来落后的基础上，经过三年过渡时期，就建成了社会主义，以后甚至提出了向共产主义过渡。他同样也违背了马克思提出的生产关系必须适应生产力发展，上层建筑必须适应经济基础的规律。这种表面上超越生产力，实际上却带有大量封建残余甚至原始残余的生产关系，严重阻碍了我国生产力的发展。直到“文化大革命”后，邓小平才改变了这些做法，提出了中国实行的是具有中国特色的社会主义，承认中国生产力发展的不平衡，很多地区很多部门还处于相当落后的生产力水平。适应这些不同的生产力水平，只能采取与这种生产力相适应的生产关系。再次承认了中国的多种经济并存，在农村实行了包产到户，在城市允许民营经济的发展。

苏联和中国的教训都证明了生产关系必须适应生产力的发展，上层建筑必须适应经济基础这一规律的重要性。人们不能违背这一规律，只能在认识这一规律的基础上，利用这一规律的发展可能性改造这一规律为人们服务。

三、怎样正确利用和改造这一规律

要正确利用改造这一规律，就应总结国际共产主义运动成功的经验及失败的教训。

第一，由于生产力发展的不平衡，在各国已经具备相当发展的现代生产力基础上，可以首先实行社会主义，但必须认识这种生产力还未完全成熟，还未得到充分发挥，因此在这基础上形成的社会主义所有制还是初级形态，是国家所有制，还不是真正的全民所有制和社会所有制。

第二，同样由于生产力发展的不平衡，在很多地区很多部门还不具备建立社会主义所有制的条件，就应该允许这些地区这些部门存在非社会主义的生产关系，就不能采取一刀切的政策，把与这种落后生产力不适应的社会主义生产关系硬加在这种落后的生产力基础上，只能等待它们、帮助它们把生产力发展起来以后，逐步向社会主义过渡。

第三，要承认落后的生产力必然自发地产生落后的生产关系、上层建筑和意识形态。这些成分是非社会主义的，不能把它们当做社会主义的东西去坚持、去维护，而是要在允许它们存在并有一定发展的同时，随时警惕它们对社会主义不利的一面，适当限制它、改造它。

第四，必须把注意的重点放在发展生产力，并以能否发展生产力作为检验我们的生产关系和上层建筑，意识形态是否适应生产的标准，随时准备调整那些阻碍生产力发展的生产关系、上层建筑、意识形态。实际上生产关系超越生产力的情况是不可能存在的，只有适应和不适应，所谓超越实际上会自然变形和蜕化为与生产力相适应的旧生产关系。

第五节 物质文明精神文明互相渗透、转化、促进

物质文明和精神文明互相渗透互相转化互相促进共同发展，这也是人类文明发展的总规律之一。

一、物质文明精神文明互相渗透、互相转化

物质文明、精神文明和物质精神不同，它们都是物质和精神结合的产物，是人类文明的一对双生子。两者产生于同一过程，即人类的改造客观世界和主观世界的同一过程中。因此从一产生之始，两者就都既含有物质又含有精神。物质文明的任何一种产品都包含有一定的精神文明成分，这就是其中渗透的科技含量和艺术含量。作为物质文明的生产力，包含着物化为生产力的科学技术，而精神文明的一切产品，也都具有一定的物质形式，产生于物质生产过程之中。因此——两个文明存在的形态，既是物质的也是精神的。没有纯物质的物质文明，也没有纯精神的精神文明。两者的差别只在于物质文明以物质形态为主，精神文明以精神形态为主。

两个文明同时满足人类的物质需求和精神需求，没有单纯满足物质需求的物质文明产品，也没有单纯满足精神需求的精神文明产品。

物质文明和精神文明可以互相转化。物质文明通过产生精神文明者的衣食住行及生产精神文明的工具，转化为精神文明；而精神文明也是通过科学技术和艺术的物化在生产力和物质文明产品中，转化为物质文明。

正因为两个文明互相渗透、互相转化，才形成两者互相促进、共同发展的密切关系。

二、物质文明在两个文明的发展中起着前导作用

两个文明虽然互相渗透，互相转化、互相促进、共同发展。但在通常情况下，物质文明在发展中总是起着前导作用。一般总是物质文明的发展，带动精神文明的发展，精神文明发展起来后，又反过来推动物质文明的发展。

这就是马克思主义所说的：生产力是生产中最活跃的因素，生产力发展了，生产关系必然随之而变革，然后带动建筑在生产方式基础的上层建筑，意识形态等相应的变革。而上层建筑、意识形态又反过来推动生产力生产关系的变革。这正体现了作为物质文明的生产力、生产关系在两个文明发展中的前导作用。

这种关系不是机械的、形而上学的，如作为精神文明一部分的科学技术，就能物化为生产力，并成为第一生产力，这就是两个文明互相转化的体现。

正确认识两个文明的辩证关系，自觉地首先推动生产力的发展以带动生产关系、上层建筑、意识形态的变革，并利用这种变革，促进生产力生产关系的变革，就能更好地促进人类文明的发展。

三、人类对这一总规律的认识是个逐步的过程

人们认识这一总规律经历了一个长期的艰苦的过程。在相当长时期内，人们连文明的发展存在规律都不知道。即使在马克思、恩格斯揭示了人类文明发展的基本规律后，人们在相当时期内还拒不接受这一规律。或者机械地、教条地曲解这一规律。而在实际应用中，人们更不能充分利用两个文明这种辩证关系，往往把两个文明的发展割裂开来，而不能自觉地运用两个文明的互相渗透互相转化的辩证关系，以保证两个文明的互相促进，共同发展。

在某些人的实际做法中，往往把两个文明两手抓，理解为一手抓物质文明、一手抓精神文明，而不懂得：抓物质文明的一手要抓

物质文明转化为精神文明及精神文明转化为物质文明；抓精神文明的一手也要抓精神文明转化为物质文明及物质文明转化为精神文明。即在抓两个文明的互相转化中，发挥它们互相促进共同发展的关系。

因此，明确这一规律是人类文明发展的总规律，对两个文明的发展就有着重要意义，就能认识世界历史中两个文明发展的复杂辩证关系，就能自觉利用两个文明互相渗透，互相转化的关系来促进两个文明共同发展，而不会一手硬一手软。要认识到随着人类文明的发展，两个文明进一步互相渗透、互相转化。而正是这种互相渗透、互相转化，促使人类文明更迅速地向前发展。

例如，科学技术在人类文明形成之初就已物化为生产力起着促进生产力发展的作用。但只有到人类文明高度发展，科学技术才更多物化为生产力并日益发挥更大作用，成为第一生产力。而当这一关系为人们所认识，并提出来以后，就更自觉地推动科学技术物化为生产力，并进一步发挥第一生产力的作用。

要全面认识这一规律的巨大意义，自觉全面地应用这一规律，还要有一个过程，一个逐渐在实践中自觉运用这种规律，不断总结经验，深化认识的过程。

第六节　正确处理个人和公共必要劳动是发展文明的保证

正确处理个人必要劳动和公共必要劳动的比例是文明发展的保证，这一条也应列为人类文明发展的总规律。

一、人类文明存在发展的基础是个人必要劳动和公共必要劳动

文明之所以能存在，是因为劳动者从事的个人必要劳动能再生产人类的劳动力，能再生产人类的文明。没有了个人的必要劳动，人类文明就失去了存在的基础。

人类如果只从事个人必要劳动，劳动成果完全为劳动者个人所消费掉，就不可能扩大再生产，也就不可能使生产日益发展，发展更高的文明。因此，文明的存在依靠个人必要劳动，而文明的发展则依靠劳动者个人必要劳动之外从事的公共必要劳动。过去把这部分公共必要劳动看做个人必要劳动之外的剩余劳动，似乎都被剥削阶级所挥霍了，这是不正确的。劳动者从事的个人必要劳动之外的剩余劳动，相当大部分转化为公共必要劳动，成为扩大再生产的基础。只不过在一定历史时期，这部分扩大再生产的费用，由社会委托这些剥削阶级代管而已。如果这一剥削阶级能把“剥削”所得大部分用来发展生产，他就能继续保有这批财产，如果他不能完成社会交给他的使命，他就会被剥夺对财产的管理权。新的能够更多地把“剥削”所得转化为公共必要劳动的阶级将代替他们来管理这些公共必要劳动创造的价值。

人类从事的公共必要劳动在整个劳动中所占比例越大，代社会管理这批劳动价值的统治者用以投入扩大再生产的比例越大，产生的公共必要劳动的果实越多，人类文明就发展越快，反之则慢，甚至停止发展。以前一切社会中，社会发展速度缓慢，文明得不到迅速发展，就是因为当时劳动者在从事个人必要劳动之外所能从事的公务必要劳动不多，就没有可能迅速扩大再生产。

因此，公共必要劳动是在任何社会中都存在的，过去把公共必要劳动仅看做剩余劳动，认为这部分剩余劳动都为剥削阶级所挥霍掉，这是一个认识上的误区。一切统治阶级都被赋有一定历史使命，即更多地获取个人必要劳动以外的公共必要劳动，更多地把公共必要劳动转化为扩

大再生产之用。能完成这一历史使命才能继续成为统治阶级。

这有两个必要条件：一是必须把获取的公共必要劳动更多地转化为扩大再生产费用，做不到这点，获取的公共必要劳动真被他们穷奢极欲消费掉了，就违背了历史赋予的使用，达不到发展文明的要求。这就或者是他们下台，或者是这一国家文明的发展受到阻挠，发展迟缓，甚至衰落。

另一个条件是，努力扩大公共必要劳动是可以的，却不能侵占个人必要劳动，因为侵占个人必要劳动就意味着劳动力的无法再生产，文明就无法存在。历史上有很多国家的文明就因为这一原因就走上了没落、衰退。

二、强制劳动是一定历史发展阶段所必需

当人们从事的个人必要劳动已经能满足个人消费的需要时，有相当数量的劳动者就不会再自觉自愿地去从事更多的公共必要劳动。而没有这种公共必要劳动，文明就不可能进一步发展。因此，在一定历史时期就必须通过一定的强制手段来逼迫劳动者从事个人必要劳动以外的公共必要劳动。强制就是顺应历史的发展要求而产生的。

人类最初只是强制本族的劳动者从事更多的公共必要劳动。这就体现为强制广大公社成员承担更多的劳动和实物。以后开始更多地强制奴隶、农奴、工人来从事更多的公共必要劳动。这种强制最初表现为超经济强制，以后逐渐转化为经济强制，又过渡为道德强制，最后才能成为劳动者自觉自愿。

人类文明发展中所经历的几种剥削形态正是这种强制在一定历史时期的表现。

强制是文明发展所必需，但强制的最初形式却是超经济强制。最初的文明社会不用这种方式就不可能使劳动者从事更多的劳动。因此最初出现的剥削阶级社会由于当时的生产力低下，必然是最残酷的奴隶制

度。因为只有如此才能逼迫他们从事大量个人必要劳动以外的公共必要劳动。现在看来这种强制是不人道的、最不文明的强制。但人类最初的文明却正是建筑在这一基础之上的。

当时受强制者不得不从事更多的劳动，这不仅有奴隶还有广大公社成员，虽然后者名义上是自由的，但却同样受着新建的国家的超经济强制。

以后随着生产力的发展，为提高生产者的劳动积极性，强制开始逐步从对人身的完全占有发展为对人身的部分占有，超经济强制逐步转变为经济强制，因为生产资料掌握在统治者手中，劳动者就必须用额外的劳动来换取对生产资料的使用。劳动者也有了扩大再生产的可能和积极性，哪怕最初仅是为了满足个人的消费。强制的方式缓和了，但实际上劳动者所从事的公共必要劳动，由于生产的发展更多了。

随着生产的进一步发展，农奴制被雇佣制所代替。超经济强制转变为经济强制，但实际上由于生产的发展，工人所提供的公共必要劳动比以前任何时候更多，文明也得到了比以前任何时期更迅猛的发展。

在向未来社会过渡时，经济强制还不会马上取消，不劳动者不得食，按劳取酬，就是一种经济强制。但和以前的强制有本质不同，以前一切社会都表现为强制是使一部分人为另一部分人劳动，而这时却是全体人民为全体人民从事更多的劳动。经济强制逐渐过渡为道德强制，最后到共产主义社会劳动成为人的第一需要，就不需要再用强制来让人们从事更多的公共必要劳动了，人们也已自觉意识到公共必要劳动是为文明发展所必需的了。

三、正确处理个人必要劳动和公共必要劳动关系的重要意义

一个劳动者从事的公共必要劳动越多，相对的个人必要劳动所占的比例就要削减，劳动者的生活就要降低，这曾使强制之所以成为必需。

实际上公共必要劳动所占比例加大，只要真正能用在扩大再生产上，进一步发展文明，逐渐随着生产和文明的发展，个人必要劳动所能获得的也随之而增加，因此暂时的个人必要劳动所占比例小一些对长远来说是有好处的。但又不能无限制地扩大公共必要劳动在整个劳动中的比例，而不保证个人必要劳动的基本需要，更不能假借公共必要劳动的需要之名，侵占个人必要劳动。过多的侵占个人必要劳动就会破坏劳动力的再生产，无法维持文明的存在。

这就必须保持个人必要劳动和公共必要劳动的适当比例，保持一个适当的度。不论何种原因，从哪一方面破坏这一度都会阻挠文明的发展，因此认识这一规律，自觉运用这一规律对认识人类文明发展史，促进人类文明发展具有重要意义。

第七节　文明发展是人类劳动复杂化的过程

文明的发展过程是人类劳动从简单劳动日益发展为复杂劳动，人类劳动中科技含量日益加大的过程。这也是人类文明发展的一个重要规律。

一、复杂劳动创造更多价值和使用价值是客观规律

马克思说过："复杂劳动是倍加的简单劳动。"他充分肯定了复杂劳动的作用。长期以来人们却不重视这一论点，甚至有意无意贬低复杂劳动创造的价值，认为从事复杂劳动的脑力劳动者是"脱离实际的劳动者"，不从事生产的劳动者。例如在新中国成立初期，一度特别强调从事简单劳动的体力劳动者，轻视从事复杂劳动的脑力劳动者。从事复杂劳动的脑力劳动者的报酬并不比从事简单劳动者的劳动报酬高多少，在根本上否认了复杂劳动比简单劳动能创造更高的价值。但实际上，复杂

劳动同样一小时劳动，显见比简单劳动创造的价值要高许多倍。因为复杂劳动者为取得从事复杂劳动的本领，投入的成本也高。

人类文明的发展过程，就是人类劳动从简单劳动发展为复杂劳动的过程。人类从开始制造简单的生产工具到制造复杂的生产工具，从仅掌握简单的技术，发展到掌握复杂的科学技术，劳动生产率获得了巨大的提高，同样一小时劳动今天人们能创造的使用价值是过去人们的百倍、千倍。过去有一种误识，认为采用先进的生产工具，同一劳动时间生产的价值不变，每件产品的价值反而降低了，但实际上采用先进技术后，劳动的复杂程度高了，因此，同一劳动时间创造的价值也提高了，如果人类不能从简单劳动发展为复杂劳动，人类就不可能发展自己的文明，使文明逐步向更高级发展。人类文明的发展过程就是简单的体力劳动逐步发展为复杂的脑力劳动的过程。

所以一度出现的轻视从事复杂劳动的脑力劳动者，重视从事简单劳动的体力劳动者，是一种从事简单劳动者对从事复杂劳动者的偏见，是历史的倒退。这将使文明停止向前发展，也是对马克思主义学说缺乏全面正确理解的结果。

二、复杂劳动的实质是劳动中科技含量的提高

何谓复杂劳动？从其实质而言，就是其劳动中包含的科技含量加大了。邓小平曾提出："历史上的生产资料都是同一定的科学技术相结合的。同样，历史上的劳动力也都是掌握了一定科学技术的劳动力……石器时代、青铜时代、铁器时代、十七世纪、十八世纪、十九世纪，人们使用的生产工具、掌握的科学知识、生产经验和劳动技能大不相同。"①这就是说，随着时代的前进，人们所掌握的科学技术越来越先进，人类的劳动也越来越复杂了，这标志着文明的进步。

---

① 邓小平：《在全国科学大会开幕式上的讲话》，《邓小平文选》第二卷，人民出版社，1989年版，第88页。

同时，在同一时代中，不同人们劳动的复杂程度也不同。而劳动复杂程度高的人显然比劳动复杂程度低的人掌握更多的科学技术，因此能创造更高的价值。因此，也就代表着时代的先进力量。邓小平所说的“科学技术是第一生产力”，就是要求人们掌握更多的先进科学技术，使自己的简单劳动成为复杂劳动，以创造更多的价值，创造更高的文明。

三、自觉认识劳动复杂化是文明发展的保证这一总规律

自觉认识劳动复杂化是含有越来越多的科技含量，是人类文明发展的保证这一文明发展的总规律具有重要意义。

既然复杂劳动能创造更高的价值，就要使简单劳动更多发展为复杂劳动。而做到这一点的关键在于提高劳动的科技含量，使劳动者和劳动工具中日益增加科学技术含量。这就要求我们重视这一规律，自觉用这一客观规律，来使劳动从简单向复杂发展，创造更高的文明。

这样，我们就必须更加在教育中传播先进的科学技术，用先进科学技术使我们的劳动者成为更复杂的劳动者，以创造更高的价值。这样，我们就必须加大教育的发展，使更多的劳动者学会更多的知识和科学技术，使更多的劳动者从仅能从事简单劳动的体力劳动者，发展为从事复杂劳动的脑力劳动者。

作为前提，就是必须为复杂劳动、脑力劳动正名，承认他们既是实际劳动者，也是生产劳动者，也创造价值和使用价值，而且创造了比简单劳动更多更高的价值。给予他们应得的更高的劳动报酬，充分发挥复杂劳动在文明发展中的作用。

第十五章 人类文明发展的总规律（下）

第一节 文明通过创造、积累、吸收加速向前发展

人类文明发展的另一个规律是：人类文明通过创造、积累、吸收，不断向更高文明发展。

一、人类文明通过创造、积累、吸收而不断发展

人类文明是人类征服自然的能力和成果。人类在劳动实践中，不断认识世界、改造世界，并在认识世界和改造世界中，不断改造自身，增强自己改造世界的能力。这一过程正是人类创造文明并不断积累发展文明的过程。

人从创造工具开始，以后又发明了火，积累了大量的文明萌芽和要素，最终创造了人类文明。人类文明所有成果无一不是人类劳动所创造出来的。人类的劳动不仅能创造人类得以生存的各种产品，而且能够把活劳动物化为物质产品而保存下来。人的劳动是每日每时在产生，但如果不能物化为物质产品，则无法保存下来，也无法积累，以保证人类文明不断向前发展。人类文明之所以能不断发展，就因为人类能把自己劳

动创造的成果用物质产品的形式保存下来。人类剩余的活劳动通过物化为物质产品就越积越多，保证了文明不断向前发展。

人类劳动还具有第二个特点，它能凝聚总结劳动经验而转化为科学技术、艺术等，又能随时物化到生产过程中去，成为生产力的一部分，并转化到物质产品之中去。托夫勒认为：人类社会进步的历史就是不断创造和利用科学技术的历史。

这些科学技术、艺术又能通过教育而传授给下一代，使人类认识世界、改造世界的能力通过不断创造、不断积累而不断向更高的文明发展。这种人类文明的不断创造积累是人类文明发展的客观规律，只要是人类文明就具有这种发展规律。

人类文明发展的第三个特点，是能够通过不同人群文明的互相交流，而吸收其他人群所创造的文明，不断丰富发展自身的文明，任何一个人群所创造的文明都是有限的。人类文明的创造需要不断吸收新的文明因素，来丰富发展每一人群所创造的有限文明，而这些吸收来的新文明又刺激促进了各人群的创造力，在吸收不同文明的基础上，创造新的更高级的文明。人类文明就是在不断创造、继承、吸收、再创造的过程中向前发展的。因此，随着人类的群体的不断扩大，人们吸收的不同文明就越来越多，创造能力就越来越强，人类文明的发展也就越来越迅速，文明的发展也就越来越高。

二、先进文明必然战胜落后文明

在有些情况下，一些具体国家民族的文明由于本身内部矛盾的发展，文明会产生危机，会出现衰退。但通常他们都能通过内部的调节克服矛盾，战胜文明的衰退，使文明继续向前发展。因此文明的危机、衰退是暂时的、局部的，人类文明的总体是不断向前发展的。

有时某一个国家、民族的文明由于本身内部的尖锐矛盾，而出现文明的危机和衰退，这时一些落后民族趁机入侵。入侵的落后民族可能暂时摧毁、破坏了原有民族的文明，但通常经过一段时间，入侵的落后民族必然会吸收先进民族的文明，并加入本民族所创造的文明，而促使文明向更高发展。

马克思曾指出："相继征服过印度的阿拉伯人、土耳其人、鞑靼人和莫卧儿人，不久就被当地居民同化了。野蛮的征服者总是被那些他们所征服的民族的较高文明所征服，这是一条永恒的历史规律。"① 埃及、巴比伦、罗马、中国许多先进的文明国家都相继被落后民族征服过。但最终这些落后民族都为先进文明所同化了，人类文明并没有衰落，而是更向前发展了。

因此，有一些研究人类文明发展的学者，看到了许多国家、民族的文明，由于危机而衰落，被落后民族入侵，文明暂时被破坏，而总结出了文明从发展到衰落的规律。从以上看来，他们并没有认识到人类文明总体向前发展的规律，先进文明必然战胜落后文明的规律。

三、人类文明不断加速发展

人类文明的发展不仅是不断向前发展，而且是不断向前加速发展。马克思和恩格斯指出："资产阶级在它的不到一百年阶级统治中所创造的生产力，比过去一切世代创造的全部生产力还要多，还要大。自然力的征服，机器的采用，化学在工业和农业中的应用，轮船的行驶，铁路的通行，电报的使用，整个大陆的开垦，河川的通航，仿佛用法术从地下呼唤出来的大量人口，——过去哪一个世纪能够料想到有这样的生产力潜伏在社会劳动里呢?"② 诚然，文明在资本主义时期的高度发展有资本主义的特殊规律在起作用，正如马克思、恩格斯所说："资产阶级除非使生产工

① 马克思：《不列颠在印度统治的未来结果》，《马克思恩格斯选集》第二卷，人民出版社，1972年版，第70页。

② 马克思、恩格斯：《共产党宣言》，《马克思恩格斯选集》第一卷，人民出版社，1972年版，第265页。

具，从而使生产关系，从而使全部社会关系不断地革命化，否则就不能生存下去。”① 但在这里起作用的还有人类文明必然由于不断创造、继承、吸收，再创造而不断加速向前的规律。这一规律在资本主义时期表现得更明显更突出。实际上在奴隶制时代、封建制时代也同样起作用。

在古代，许多文明古国的产生，是这一文明发展的规律在起作用。在所谓黑暗的中世纪这一文明发展规律也同样发挥着作用。正是在封建时代，世界上有多少落后民族被卷入了文明发展的行列中。日耳曼人正是在罗马文明的废墟上进入了文明时期，发展了自身的文明。中国黄河流域的文明也一次再次地推动了周边许多民族走上文明。实际上总是先进民族用牺牲自己的代价换取了更多落后的民族走向文明。正是奴隶制时代、封建时代文明的逐步加速发展，为资本主义时期文明的更快速度发展准备了条件。

人类文明总体的由于不断创造、继承、吸收再创造而不断向前加速发展，这是人类文明发展的总规律，它制约着其他文明发展规律，同时它也由许多小的规律所组成。这些小的规律有：劳动创造文明的规律，人类劳动产品劳动技能不断积累的规律，人类文明通过交流吸收不断丰富的规律，先进文明必然战胜落后文明的规律，文明必然加速发展的规律等。这些小的规律作用会聚成文明的这一总规律。因此，一切对人类文明发展持悲观论者都是站不住脚的，应该相信人类文明按照自身的规律必然向前发展，并发展为更高的文明。

第二节　人类文明的发展必然消灭野蛮残余

人类文明发展的总规律还有：人类文明的发展是最终消灭野蛮残余

① 马克思、恩格斯：《共产党宣言》，《马克思恩格斯选集》第一卷，人民出版社，1972 年版，第 254 页。

的过程。

一、人类文明的发展将消灭野蛮残余

人类虽然从野蛮时期进入文明时期，但一些野蛮时期的残余被带入了文明时期。要在文明时期中不断消除这种残留下来的野蛮行动。同时在文明发展过程中，随着文明的发展，一些行动在新的文明发展要求看来变得不文明了，因此文明的发展过程是不文明被文明不断代替的过程，而文明时期的初级阶段正是文明消灭野蛮残余的时期。

孙进己在 1994 年就提出："人类在进入文明时代后在相当时期内还必须进一步消灭旧时代的残余。我们决不能认为人类一进入文明时代后一切就都是文明的了。事实上，在进入文明时代后一直到现在还有大量不文明的制度，不文明的行为存在。这些不文明的制度、不文明的行为都是野蛮时代的残余。没有物质文明和精神文明的进一步发展，是不可能消灭这些不文明制度、不文明行为，达到完全文明的。可以说，我们以前所提到的作为文明产生的标志的神坛和城市、国家都是文明不发展的产物。宗教本身是蒙昧无知的产物，如果文明真正发展了，就必然会消灭一切宗教。国家从本质上说是一种人压迫人的野蛮制度，文明的发展必然以人与人的平等关系，全体人民参加管理来代替旧的国家制度。脑力劳动和体力劳动的分工，城市和乡村的分工，也必然要随着文明的发展而消失。决不能把人类刚进入文明时代所出现的一些现象都看作是文明，它们都只是文明发展一定阶段的产物，既是文明发展的产物，又是文明不够发展的产物。只要文明进一步发展，这些蒙昧、野蛮的东西就必然被一一抛进垃圾堆或送进博物馆。"① 刘建军也曾提出："私有制社会的文明是片面的文明，是与野蛮相伴随的文明。"②

---

① 孙进己：《东北亚各族文明形成发展理论的研究》，《东北亚民族史论研究》，中州古籍出版社，1994 年版，第 314 页。

② 参见许启贤：《世界文明论研究》，山东人民出版社，2001 年版，第 20 页。

这种残留下的蒙昧野蛮，是文明不发展的产物，只有随着文明的进一步发展才能消失。实际上，迄今为止的文明时期正是文明进一步发展，最终消灭残余的蒙昧和野蛮的过程，既然人类文明在创造、积累、吸收中，不断丰富发展，必然走向更高级文明，这样人类也就必然会逐渐消除残留到文明时期的一切蒙昧和野蛮。但孙进己过去所说“这些不文明行为，不文明制度都是野蛮时代的残余”，是不确切的，有些确是野蛮的残余有些却是在文明的进一步发展中变成不文明了，并非都是野蛮的残余。

二、历史证明人类在不断战胜野蛮

迄今为止人类文明发展的历史，首先就是人类在野蛮的奴役下逐步解放的过程。在进入文明社会之初，人类还只懂得把俘虏的异族人，变为奴隶以剥削他们的剩余劳动，为自己创造更多的文明成果，这种对人身的完全占有，是一种极野蛮的制度。但比起把俘虏的异族人全部杀掉，已是一种进步，是从野蛮向文明前进了一步。以后在奴隶的不断生产和斗争下，奴隶主发现让奴隶有自己的小家庭在小块土地上耕种，再承担劳役，交纳地租，对奴隶主更有利。奴隶就转变为农奴，完全的人身占有变为不完全的人身占有。虽然这种不完全的人身占有，仍反映人与人关系中的不平等和奴役，具有野蛮因素，但比奴隶已前进了一步。最后进入了资本主义时期，资本家发现雇佣人身自由的工人为他工作，对他更为有利。这样人身被不完全占有的农奴变成了名义上完全自由的工人。对人身的超经济强制完全转为经济强制。这是在人与人关系上的又一进步，人类进一步摆脱了野蛮的奴役。但资本主义时期还存在着实质上的强制，工人由于生产资料全部控制在资本家手中，不得不受雇，为资本家劳动。这虽然已仅是经济强制，但仍是一种不平等关系，仍含有野蛮的残余。这种残余将在人类文明的进一步发展中最后消除。

与此同时，在道德观念上也不断发展，形成了真正的人道主义。在最初奴隶制文明下也讲究人道观念，但它的范围仅是对本族人，只包括奴隶主和自由民。因此对贫困的本族人要实行救济，沦为奴隶者要设法为其赎回自由，对因债务沦为奴隶者，要定期免除。奴隶主和平民在政治上享有民主权利等。但这里的人道观念是不包括奴隶在内的，奴隶不是人，是会说话的工具。

到了封建社会中，已经承认农奴也是人了，但只是低等人，是不能和高等人同等对待的。在资本主义初期也把这种观念移植于一切殖民地的人们。在当时的资本主义世界的人看来，殖民地的人民是野蛮人，对他们是不讲人道主义的，可以屠杀，可以奴役。即使在本国，资本家和一些上层人士对工人也认为属于低等人，人道主义对他们只是部分地适用。但是随着几百年来资本主义文明的发展，现在理论上已承认不论肤色、种族、阶级、职业，一切人都是平等的人。这时的人道主义和奴隶文明时的人道主义，封建文明的人道主义已根本不同，就和资本主义初期的人道主义相比也有很大进步。这一切表明，随着人类文明的发展，人类必然会战胜自身残留的野蛮残余，而向更高的文明，更完全的文明发展。

未来社会文明的发展仍会有矛盾，但更多的是以文明和不文明间的非对抗矛盾而出现。随着新的文明发展人们产生了新的认识，原来人们以为文明的行为被认为不文明了，需要向更高的文明推进，就会改变这些不文明的做法。例如，随地吐痰在奴隶文明、封建文明时期并不被认为不文明，但随着文明的发展，今天已被看做不文明了。这种新的不文明的发现和改革，只有在新的文明的发展中才能发现，才能不断改革。人类将不断改变而形成新的文明。文明总的发展将是无止境的，绝不能把阶级社会中某一个具体国家、地区的暂时文明危机和文明衰落，看做人类文明总的发展趋势。

三、当前的道德败坏是即将消灭的野蛮残余的垂死挣扎

亨廷顿说："总体说来，现代化在全世界提高了文明的物质水平，但

是，它是否也提高了文明的道德和文化水平呢？在某些方面似乎是如此。在当代世界，奴役、酷刑和对个人的恶意侮辱越来越不为人们所接受。然而，这是否仅是西方文明对其他文明道德的回复？20 世纪 90 年代，在世界事务中存在着众多可以说明大混乱现象的相关证据，在世界的许多地方，法律和秩序崩溃，国家管理不力，无政府状态日益蔓延；在许多社会中，出现了全球性犯罪浪潮；跨国犯罪集团和贩毒集团猖獗，吸毒现象泛滥；在许多国家中家庭普遍削弱，信任感和社会团结下降；在世界很大一部分地区，民族、宗教和文明间的暴力活动以及武力统治盛行。在一座又一座城市里——莫斯科、里约热内卢、曼谷、上海、伦敦、罗马、华沙、东京、约翰内斯堡、德里、卡拉奇、开罗、波哥大和华盛顿，犯罪现象几乎直线上升，文明的一些基本因素正在消失。人们在谈论全球性的政府危机。跨国犯罪组织、贩毒集团以及暴力打击文明的恐怖主义组织的兴起，越来越可与跨国公司的经济产品的增长相比。法律和秩序是文明首要先决条件，然而在世界的许多地区——非洲、拉丁美洲、苏联、南亚和中东，它似乎正在消失，而它在中国、日本和西方也遭到严重破坏。在世界范围内，文明似乎在许多方面都正在让位于野蛮状态，它导致了一个前所未有的现象，一个全球的黑暗时代也许正在降临人类。”①

我们不能不提出：亨廷顿在此是片面对待了当今世界中文明的进步和文明的衰退，过多总结了现今道德的沦丧。如果要真正客观地对待，亨廷顿应该可能用更多的篇幅来列举人类文明中的进步和野蛮正在消失的现象。这次国际公众对海啸灾民的同情和救援就充分表明了国际人道主义精神的发展。这样的例子举不胜举。其次，亨廷顿把奴役、酷刑在当代世界越来越不为人们所接受，说成仅仅是西方文明对其他文明影响的结果，也是错误的。这些可喜现象的出现是人类文明进一步发展的结果，当然西方文明作为一种进步的文明，在其中起了积极的影响，但这

① 〔美〕塞缪尔·亨廷顿：《文明的冲突与世界秩序的重建》，新华出版社，2002 年版，第 371—372 页。

不仅是西方文明的影响，而是人类所有文明的进步的必然结果。绝不会因为西方资本主义文明的危机和衰落，而出现所谓道德的回复。最后，亨廷顿是看到了当今世界法律和秩序的崩溃，道德的败坏。但这只说明资本主义文明的危机和衰落，目前正处于新旧交替时期，旧的法律、秩序、道德已越来越无法维持了，而新的秩序、道德都还有待于建立，在这时世界是会出现所谓“大混乱”的现象。这不仅在今天出现过，在历史上也屡见不鲜。在资本主义文明代替封建文明时期，就曾出现过这种旧秩序、旧道德无法维持的情况，许多人宣告世界末日即将来临，宣告过一个黑暗时代即将到来。但结果到来的并非世界末日，而是全世界文明的巨大发展。在历史上许多国家、民族当他们的文明进入危机时，也出现过种种悲观论调，但当渡过文明的危机和衰落，进入一个新的文明兴盛时期时，又出现一番欣欣向荣景象，新的秩序、新的道德已发挥了它的力量。当前已是人类文明一次新的巨大发展时期，是新旧文明交替之际，是人类文明最后清除一切野蛮现象的时期。在这时出现所谓“大混乱”现象是不足为奇的。按照人类文明发展规律，“大混乱”之后，降临人类的决不能是一个全球的黑暗时代，而必然是一个全球的光明时代，人类文明向更高阶段发展的时代。

这个新时代不仅会彻底结束人与人关系中的野蛮奴役，而且同时将结束人对自然的野蛮掠夺和破坏，人类的环境保护意识正在巨大发展，将会出现一个真正天人合一，人与自然和谐的新世界。

我们应该对人类有充分信心，因为几千年来的文明史充分证明，人类已一次又一次地战胜野蛮，取得人类文明一次又一次的进步。也必然有能力随着人类文明的进步，最后战胜野蛮的残余。

第三节　阶级社会各国文明的危机、衰落、再繁荣

人类文明发展的规律还有：人类文明的初级阶段——阶级社会阶

段，各国文明由于本身的内在矛盾、生产力与生产关系的矛盾、生产与消费的矛盾、阶级矛盾等，出现该国文明的危机，造成文明的衰落，但一般经过一定阶段，又必然出现文明的再繁荣，它不会改变人类文明总的不断向前发展的趋势。

一、阶级社会中文明从繁荣、危机、衰落到再繁荣

长期以来，斯宾格勒和汤因比等人都提出文明的发展有所谓生长到衰落的周期。他们的看法不能说全无根据。在人类文明发展史中确可以看到许多国家和民族的文明，从生长到兴盛，最后走向衰落的事实。因此，这被他们总结而提出认为似乎是人类文明发展的一种普遍规律。但是他们有几点都错了。

第一，这只是个别国家、民族在阶级社会时期文明发展的部分规律，而不是文明发展的总规律。它并不意味着整个人类文明也要经过繁荣走向衰落。人类文明总的发展规律是不断向前向更高级发展。

第二，他们提出的这种现象只限于阶级社会这一特定的历史时期，是由阶级社会文明的内在的矛盾所决定，在消灭了阶级社会及其固有的矛盾后，虽然生产力和生产关系仍会存在矛盾，但不会再出现文明的危机和衰落。

第三，他们只看到文明的危机和衰落，却没有看到每一次文明危机、衰落后，新的繁荣和文明更高的发展。他们把这些文明的新的繁荣发展和以前文明的发展衰落割开来了，看做是另一文明的历史，而没有认识到后一文明和前一文明的承继关系，它体现着人类文明总的发展的连续性。

第四，他们没有认识到这些危机和衰落会通过阶级对抗而进步。马克思曾说："没有对抗就没有进步，这是文明直到今天所遵循的规律。"文明危机和衰落促进对抗，对抗促进进步，这就是阶级社会文明发展的规律。

文明的不断繁荣、危机、衰落、再繁荣这一人类文明发展的客观规律是存在的，我们必须正确阐明。

二、阶级社会中文明危机形成的原因

人类文明是在生产力与生产关系的矛盾中，经济基础与上层建筑、意识形态的矛盾中不断向前发展的，生产力发展了，生产关系必然随之而向前发展；经济基础向前发展了，上层建筑、意识形态也必须随之而改变。但在阶级社会中统治阶级由于本身的切身利益，都是千方百计维护有利于己的旧的生产关系，旧的上层建筑和意识形态，这就必然阻碍了生产的发展，形成了文明的危机和衰落。阶级社会中的文明危机的具体表现形式在奴隶社会、封建社会和资本主义社会又有所不同。

在奴隶社会和封建社会中，矛盾的主要表现形式是奴隶主和封建主的残酷剥削掠夺奴隶和农奴的劳动，往往不仅掠夺了奴隶和农奴的剩余劳动也掠夺了他们的必要劳动，使得奴隶和农奴的生活无法维持，就连简单再生产也难维持，这就必然导致了文明的危机和衰落。同时奴隶社会和封建社会的重要统治支柱是自由民和农民。他们是奴隶社会、封建社会军队的来源、赋税的来源。但是奴隶主国家和封建主国家对自由民和农民的压迫剥削，最后使他们日益破产沦为奴隶和农奴，就使统治者失去了自己统治的支柱，也使得文明必然产生危机和衰落。

奴隶社会和封建社会文明的危机，通常是一二百年发生一次。每次危机或是由人民的起义和改朝换代而告终。新的朝代在阶级斗争的教训下，减轻了对生产者的剥削，使生产得以恢复发展，文明开始了新的繁荣。或者在该民族内部尖锐阶级矛盾状况下，失去了对外族的抵抗能力。就由其他落后民族的入侵而告终。但新入侵的民族由于先进文明必然战胜落后文明的规律，他们很快会吸收原来民族的先进文明，在其基础上发展出新的文明繁荣。

这一文明发展的规律和周期，不论在西方还是在东方的文明发展史中都普遍出现过，是一个阶级社会文明发展的普遍规律。而在中国文明的发展史上这一规律和周期表现得尤为典型。

资本主义时期的文明危机具有另一特点。资本主义时期劳动者收入的增长跟不上生产的发展，出现了生产过剩，广大劳动人民由于资本主义对一切生产资料、消费资料的占有，而无法获得这些生产越来越多的产品，就出现了生产越来越多的产品无法销售出去，这种生产过剩是由资本主义的固有矛盾所产生的。由于产品销售不出去，引起许多工厂、商店的倒闭，就产生了经济危机。这种经济危机也表现为资本主义文明的危机。这种危机经过一段时间后会由萧条而重新走向繁荣。资本主义文明危机的周期比奴隶制文明和封建制文明时的危机周期大大缩短了，大约每十年就会发生一次危机。每次危机过后会有文明新的发展，直到资本主义所能达到的文明的最高发展为止。这时资本主义文明将被新的文明所代替。

资本主义文明的危机，由于资本主义时代经济的全球化，就和奴隶制时代、封建制时代，文明的危机仅在一国一族发生不同，它往往会席卷许多国家、民族，往往是一个很大的地区，甚至影响全世界。

这种文明的危机，往往不仅体现在物质文明方面，而且也体现在精神文明方面。会出现科学、艺术、教育的衰退，出现传统道德的败坏，作为愚昧产物的宗教却与文明的衰退相反得到流行。

三、新的更高的文明繁荣必然代替文明的衰落

不论是奴隶制文明、封建制文明，还是资本主义文明的危机如何严重，经过一段文明的暂时衰退停滞后，文明又必然会重新繁荣起来，而且每一次文明新的发展必然超过原来文明发展的高度，这表明阶级社会的这种文明周期危机和衰落，并未改变文明总体不断向更高发展的规律。而人类文明不断向前发展的规律，在阶级社会文明中正通过这种文明的周期危机而向前发展的，阶级社会中的这种文明周期危机，必将

随着阶级社会的消灭而随之消灭。如果说在这种文明危机后，有时会带来一段黑暗时期，这种黑暗时期也将会越来越暂短，而不可能越来越漫长。人类会最终消灭文明社会中的野蛮残余，而阶级社会及其矛盾正是这种残留在文明社会的野蛮残余的主要体现。私有制和阶级社会是人类文明最初发展的结果，最后又将以文明的进一步发展而消灭。

第四节 对抗促使进步是阶级社会文明的规律

对抗是阶级社会文明所必然形成的，而在阶级社会中对抗可以促进人类文明的进步，因此，这是人类文明发展的一条总规律。

一、没有对抗就没有进步是人类文明发展的重要规律

马克思曾提出："当文明一开始的时候，生产就开始建立在级别、等级和阶级的对抗上，最后建立在积累的劳动和直接的劳动对抗上。没有对抗就没有进步。这是文明直到今天所遵循的规律。"①

马、恩在《共产党宣言》中说："压迫者和被压迫者始终处于相互对立（抗）的地位，进行不断的，有时隐蔽有时公开的斗争，而每一次斗争的结局都是整个社会受到革命改造或者斗争的各阶级同归于尽。"②

马克思又说："大体说来，亚细亚的、古代的、封建的和现代资产阶级的生产方式可以看做是社会经济形态演进的几个时代。资产阶级的生产关系是社会生产过程的最后一个对抗形式，这里所说的对抗，不是指个人

① 马克思：《哲学的贫困》，《马克思恩格斯全集》第4卷，人民出版社，1975年版，第104页。

② 马克思、恩格斯：《共产党宣言》，《马克思恩格斯选集》第一卷，人民出版社，1972年版，第251页。

的对抗，而是指从个人的社会生活条件中生长出来的对抗……”①

马克思在这些地方都把对抗看做在所有阶级社会中贯穿始终的。并认为“没有对抗就没有进步，这是文明直到今天所遵循的规律”。

这是因生产关系的发展必须适应生产力的发展，而被压迫者的对抗是促使旧生产关系改革，以适应生产力的重要力量，特别是在旧的生产关系已成为新的生产力发展的桎梏时，阶级对抗更是使旧的生产关系改革的重要动力。

因此马克思说“没有对抗就没有进步”，这确实是文明发展的一条重要规律。

二、不是所有矛盾都是对抗性的

毛泽东在《矛盾论》中指出：“对抗是矛盾斗争的一种形式，而不是矛盾斗争的一切形式。在人类历史中，存在着阶级对抗，这是矛盾斗争的一种特殊的表现。剥削阶级和被剥削阶级之间的矛盾，无论在奴隶社会也好，封建社会也好，资本主义社会也好，互相矛盾着的两阶级，长期地并存于一个社会中，它们互相斗争着，但要等两阶级的矛盾发展到了一定的阶段的时候，双方才取外部对抗的形式，发展为革命。”②

在这里毛泽东指出了剥削阶级和被剥削阶级的矛盾虽属于对抗性的矛盾，但并不是一直处于对抗形式中，只有发展到了一定阶段时才会采取对抗的形式。

这就是当一个新的生产方式产生，新的剥削阶级和被剥削阶级虽有矛盾，但当时这一新形成的剥削阶级还比以前的剥削阶级进步，它还能促进生产力的发展，它和被剥削阶级的矛盾就暂时不会发展成对抗的形式。也就是说当时矛盾的双方尚能统一，它们就不会采取对抗的形式。

---

① 马克思：《〈政治经济学批判〉序言》，《马克思恩格斯选集》第二卷，人民出版社，1972年版，第83页。

② 毛泽东：《矛盾论》，《毛泽东选集》第一卷，人民出版社，1991年版，第334页。

当一个新形成的生产方式虽属于阶级矛盾性质，但在其还处于量变阶段时就不会立即采取对抗形式，而只有发展到质变阶段时，才不能不采取对抗的形式。这是说对抗性矛盾也必须发展到一定阶段才会形成对抗。而另一种情况是并非所有阶级社会中的一切矛盾的性质都属于对抗性的。

毛泽东提出："但是我们必须具体地研究各种矛盾斗争的情况，不应当将上面所说的公式不适当地套在一切事物的身上。矛盾和斗争是普遍的，绝对的，但是解决矛盾的方法，即斗争的形式，则因矛盾的性质不同而不相同。有些矛盾具有公开的对抗性，有些矛盾则不是这样。"①

这就是说在阶级社会中并非仅剥削阶级和被剥削阶级一种矛盾，还有许多其他矛盾，剥削阶级和被剥削阶级之间的矛盾按其性质是对抗性的，而其他矛盾如人民之间的矛盾就是非对抗性的，各文明之间的矛盾也是非对抗性的，这是因为它们之间并无根本利益冲突，虽有矛盾但通过其他方式，如协商等也可以解决。

三、对抗和非对抗的互相转化

何种矛盾为对抗性矛盾，何种矛盾为非对抗性矛盾，这是由各种矛盾的不同性质决定的，对抗矛盾在何种阶段暂时表现为非对抗性，发展到何种阶段会表现为对抗，这是由这种对抗性的矛盾发展的程度决定的。

这些都不是一成不变的，对抗性矛盾可以转化为非对抗性矛盾，非对抗性矛盾可以转化为对抗性矛盾，如无产阶级和资产阶级的矛盾是对抗性的矛盾，但在新民主主义时期，中国的无产阶级和民族资产阶级的矛盾却可以转化为非对抗性矛盾；民族矛盾属非对抗性矛盾，但处理不好民族矛盾会成为阶级矛盾，即阶级压迫用民族压迫的形式出现，民族

① 毛泽东：《矛盾论》，《毛泽东选集》第一卷，人民出版社，1991年版，第334—335页。

矛盾就转化为对抗性矛盾了。各文明之间的矛盾也是非对抗性矛盾，但如果处理不好，把阶级矛盾及一些有根本利益冲突的矛盾掺入到文明的矛盾之中，文明间的矛盾也就成为了对抗性矛盾。

对抗性的矛盾有时表现为隐蔽的局部的矛盾，有时表现为公开的对抗，但两者也不是固定不变的，两者也可互相转化，如历史上的许多农民起义，实际上当时还不到封建社会崩溃之时，但由于封建统治阶级残暴的剥削，使农民无法生活下去，就激起了农民的起义，迫使封建统治阶级采取一些让步措施，又使封建秩序暂时稳定下去。在资本主义社会也是如此，在资本主义还未到结束时，它会发生周期性的危机激起工人总罢工或起义。也提前出现了对抗性斗争。但有时也可看做为每次都是一个小的质变时期。各个社会都是通过这些小的质变而向前发展，而在这种小的质变的时期，矛盾也会暂时采取对抗形式。随着这种对抗，促使了各社会做一定调整而继续发展下去。

一些阶级矛盾已发展到质变阶段，必须通过对抗以改变旧社会。但有时在不同条件下，采取不同形式，也可以暂时使对抗形式转为非对抗形式。

这些一方面要看矛盾发展的具体条件，一方面要看矛盾双方处理的不同态度，处理得好可以使对抗斗争转化为非对抗性，处理不好则可以激化矛盾，使非对抗形式转化为对抗形式。

因此，正确认识各种矛盾的性质及发展状况，采取正确方法处理是运用对抗促进社会进步的重要手段。

第五节　文明发展不平衡，先进带动落后，落后赶上先进

人类文明发展的规律还有：人类文明发展的不平衡，有的先进，有

的落后；先进的文明就带动落后的文明向前发展，在落后的文明赶上先进文明后，往往形成文明中心的转移。人类文明就这样此起彼伏互相推动而得到发展。

一、文明发展的不平衡

文明发展的道路是由文明的本质决定的，但文明在不同地区、不同国家、不同民族的不同发展速度，却受地理环境的影响很大，在优越的环境下，这一地区、这一国家、这一民族的文明就会比其他地区、其他国家、其他民族的文明发展迅速，而地理条件较差，文明的发展就相对缓慢。

汤因比是继马克思、恩格斯、斯宾格勒等人之后，世界著名的研究文明论的大师。他认为：人类文明起源和生长的规律是：人类对环境的适量挑战给以成功的应战，使不平衡转为平衡，不断的挑战引起不断的新的应战，不断使新的不平衡转为平衡。①

孙进己在 1994 年曾提出："在原始社会中，民族共同体都是一个人数不多的部落，这些部落生活在不同历史地理条件下，个别部落由于条件优越，发展比较快，这就形成了一个先进的中心和四周落后部落间发展的不平衡，多种经济形态的同时并存。这种社会发展的不平衡，是迄今为止人类社会发展的普遍规律，人类社会的发展，只是不断消灭旧的不平衡，同时又产生了新的不平衡。因为，有些地区各族的地理条件相差悬殊，有的气候温和、地处平原、土地肥沃，有利于农业和畜牧业的发展；有的气候寒冷，地处山林，土地贫瘠，不利于农业和畜牧业的发展，迫使这些民族长期停留在采集、渔猎阶段。有的民族处于交通要道，有利于和周围各族进行频繁的经济文化交流，发展就较快，有的民族偏处一隅，和其他各族的经济文化交流极为困难，就比较落后。通

① 〔英〕汤因比：《历史研究》上卷，上海人民出版社，1976 年版，第 174 页。

常，每一个先进中心总是处于一个经济条件优越、交通比较发达的地区。由于各族在此频繁的交流，就形成了一个先进的经济文化中心，它又自然形成了一个旋涡，凡是接近这个旋涡的民族，就必然很快地卷入这个旋涡，迅速发展。距离中心较远的各族，发展就比较慢。”①

类似的思想在许多世界文明史的著作中早已提出过，但是似乎还没有人把这作为人类文明普遍的发展规律来正式提出。我们认为应该肯定，人类文明发展的不平衡是人类文明发展的一个普遍规律。

二、先进文明必然带动落后文明发展

人类文明发展既然不平衡，有先进有落后，这样先进地区和落后地区的文明就必然互相影响，通常就会出现先进带动落后，落后赶上先进。

这种先进带动落后，落后赶上先进的发展，在阶级社会中并不都是和平友好平等互利的。诚然不同民族之间和平友好平等互利的交流是存在的，但先进民族先进国家奴役压迫剥削落后民族也是阶级社会中极为普遍的现象。通常先进民族先进国家总会逼迫落后民族落后国家向其称臣纳贡，以作为向落后国家民族输入先进文明的代价。而征服这些落后民族和国家，作为自己直接的臣民，掠夺这些国家和民族的人民作为本国本族的奴隶，也是阶级社会先进民族先进国家对待落后国家、落后民族经常采取的做法。近代西方文明首先步入工业时代后，它们在扩展自己先进文明的影响时，也曾把一个又一个民族、国家、地区变成殖民地半殖民地，剥削奴役他们。

三、落后文明赶上先进文明的两种不同方式

一些落后民族、落后国家、落后地区，面对先进民族的剥削、奴

① 孙进己：《东北古代各族社会发展的不平衡性》，《东北亚民族史论研究》，中州古籍出版社，1994 年版，第 263 页。

役，就只有一个出路，迎头赶上先进国家、先进民族。落后民族、落后国家赶上先进民族、先进国家的途径，通常有两个：一是吸收先进国家、先进民族的先进文明，发展本国本族的文明，使本身的文明从落后转为先进。这时先进民族先进国家由于内在的矛盾，文明产生危机、衰落时，就会出现文明中心的转移，原来比较落后的国家民族地区却成为了新时期的先进的经济文化中心。新的文明中心代替了旧的文明中心。如西方罗马的兴起代替了原来欧洲、非洲的先进文明中心希腊、埃及。如东方近代日本的兴起，代替中国成为了先进的文明中心。在一个国家内部也同样会出现这种现象。如在中国政治经济文化中心由西安、洛阳转向北京等。在更大的地区文明相互间也会出现这种现象，如东方文明和西方文明的交互兴起也是这一规律的体现。

另一条途径，是落后的民族、国家利用先进国家民族的内在矛盾、文明的危机衰落，侵入这些地区。落后的民族统治了先进的民族。因此有些人，把落后就要挨打认为是人类文明发展的普遍规律，但却并非永恒如此。在近代确是存在落后就挨打的情况，但在古代却经常出现落后民族征服先进民族、统治先进民族的状况。这些入侵的落后的民族，按照落后文明必然最后被先进文明征服的规律，必然在吸收原先先进民族的文明后被同化，而且在原有文明的基础上创建新的文明。古代两河流域就曾多次被落后民族入侵，一个又一个新的文明代替了原有的文明，古代欧洲也是如此，日耳曼人也并非欧洲最早文明的创造者，也是后来入侵，并在希腊、罗马废墟上，建立了自己的新文明。中国也一再有周边民族的入侵，然后接受汉族的先进文明建立起新的文明。

文明是从低级向高级发展的。在不同文明的交流中，总是较高级的文明取得胜利。马克思说："野蛮的征服者，按照一条永恒的历史规律，本身被他们所征服的臣民的较高文明所征服。"①

---

① 马克思：《不列颠在印度统治的未来结果》，《马克思恩格斯全集》第12卷，人民出版社，1998年第2版，第246页。

这就是人类文明发展的规律，先进文明带动落后文明，落后文明赶上先进文明。它可以是采取和平友好平等互助的互相交流，互相促进共同发展，也可以是采取剥削、压迫、奴役的方式。它可以是采取落后民族发展本族文明赶上先进民族文明的方式，也可以是采取入侵先进民族先进国家，在先进民族文明基础上建立新的文明。也可能是先进民族征服落后民族，吞并落后民族，强制落后民族接受其先进文明。总之，方式不同，但趋势是相同的，落后必须赶上先进。

日本的著名文明研究学者岸根卓郎认为：宇宙的二极对立是支配人类文明发展的熵定律。他认为："现在正在不断被证实的西方文明的衰落和在东方文明的复兴，以及由此而来的东西方文明的交替，都无非是作为定律的宇宙绝对原理的一种表现形态。"① 他并总结出东、西方文明交替的周期为每 800 年一次，每次交替的时间约 100 年，反复进行，形成了一个 1600 年为一周期的螺旋结构的文明。

不能不承认岸根卓郎是观察到了人类文明发展规律的部分现象。人类各地区的文明是发展不平衡的，是此起彼伏的，但他却没有认识到人类文明不仅是东西方二大类，实际上他所说的西方文明就包括欧洲古典文明、欧洲现代文明和西亚古代文明、西亚伊斯兰文明，而他所谓的东方文明也包括以中国文明为主体形成的东亚文明及以印度文明为主体形成的南亚文明，此外在所谓东方文明、西方文明之外还有非洲文明及美洲文明。实际上并非什么两极对立互相交替，而是不同地区的文明此起彼伏互相交替，这种交替，可能在近期符合 800 年一交替，但他无法推论远古也是如此。因此，很难说他是真正揭示了人类文明的发展规律，而只是把某些地区某些时期的文明此起彼伏，作为人类文明发展的总体规律，而得出所谓两极对立 1600 年一周期的规律，这是难于成立的。

人类文明发展的不平衡，先进文明带动落后文明，落后文明赶上先进文明，应该是人类文明发展的普遍规律。即使是在人类文明发展的更

---

① 〔日〕岸根卓郎：《文明论——文明兴衰的法则》，北京大学出版社，1992 年版，第 9 页。

高阶段，也同样存在。只不过随着人类文明的发展，世界各国各族各地区文明交流的频繁、速度的加快，人类文明发展的不平衡会日益缩小，先进带动落后，落后赶上先进的速度会加快，方式会改变，会越来越多地采取和平友好平等交流的方式，但不同地区先进与落后的矛盾仍将存在，仍将成为推动人类文明发展的一种动力。旧的对抗性的不平衡会消失，但新的不平衡仍会不断出现。

第六节　不同人群间文明的差异是文明丰富发展的源泉

人类文明发展的又一条规律是：人类不同人群间文明的差异，表现为人类文明的多样性。这种文明的差异和多样性是人类各群体间文明互相交流，互相丰富的源泉。这些文明的差异，有些会通过相互交流而趋同；有些会通过相互交流而互相吸收、补充，丰富各自不同的文明；有些则会继续保持差异，使人类文明呈现五彩缤纷。同时旧的文明差异通过交流趋同或互相吸收补充。各人群之间的文明还会产生新的差异，人类文明就在这种差异中间不断得到丰富发展。

在阶级社会中，一些人群间文明的差异由于掺入其他对抗性矛盾会表现为文明的冲突。但这种文明的冲突，在今后发展中不可能导致一个文明毁灭另一个文明，或不同文明的同归于尽，而只能是在文明冲突中逐渐趋同、吸收、融合。

一、不同人群文明的差异

人类的不同群体，在长期独自发展中，由于地理环境的差异、人种的差异、语言的差异、经济发展的差异、生活习俗的差异（衣食住行的差异更为明显）、精神生活的差异、宗教的差异等，因而形成了文明的种种差异。虽然人类文明有其共同本质，表现了一定的共性，但其个性表现却更为多样化，形成了五彩缤纷的人类文明。这些差异是自然产生的，是不以人们意志为转移的，其中有些差异是不同人群，在生产生活的不同实践中，各自创造出来的。只要没有见过同一东西，让不同人们为同一目的创造同一件东西，所创造出来的东西必然是五花八门的。这种丰富多彩的创造，正是人类文明互相交流、互相吸收补充，而丰富发展的源泉。人类正是不断从这些不同的创造发明中不断得到启发，互相吸收丰富原有的创造，使之创造出更新更美的事物。人们失去了这种不同文明的启发，就会因循守旧难以实现新的创造。

二、文明差异的不同表现形式

人类文明的这种差异，有些是属于人类文明本质在发展程度、速度上的差异，如人类文明生产力和社会形态发展程度上的差异，这些差异会通过不同文明之间的交流，先进带动落后，落后赶上先进，而逐渐趋同。但在趋同之后又会出现落后赶上先进，先进变为落后的新差异。有些是在生产生活中发明创造的差异，在相互交流中会取长补短，互相吸收、互相丰富而更为完备，这也是一个趋同过程。但在趋同过程中互相吸收丰富的过程中，又会各自出现一些新的创造，使趋同的产品和做法又出现差异。这样循环往复，不断出现差异，不断互相吸收丰富而趋同，又不断出现新的差异，这是一个促进人类文明日益丰富发展的过程。这种差异永远不会消灭，也不应该消灭。

在人类文明发展中还由于不同地理环境、不同生活方式，产生了生活习俗上的各种差异。这是人们长期在不同环境不同生活方式的积淀，有些习俗的形成有其必然根源，有些习俗的产生完全带有偶然性，但已经过长期传承已成为某一人群特定生活的一部分。这些文明上的差异，即使通过不同文明的互相交流也不会消灭。当前有些人为很多中国年轻人喜欢吃“麦当劳”、“肯德基”而感叹中国生活方式的西化。实际上这只表现为一些中国人对异国品味的好奇，很少人真正把这些饮食习惯引入自己家庭日常生活之中。支配人们日常生活的仍是中国传统的饮食习俗。家庭生活在不同程度上西化是存在的，但完全西化是极少数。即使在未来的文明社会中，真正实现了经济的全球化，人类的生活方式也不会一律化，全世界人穿同一服装，吃同一种食品，住完全同样的房屋，世界文明也就失去了其丰富多样性，人类的生活也就索然无味了。人的本性就喜欢不断接触新事物，体会新生活，即使有人要把全球军营化，最终也会被冲坍塌的。

人类在文明发展的一定阶段，产生了宗教，由于环境的不同，起源的不同，产生不同的宗教。不同人群之间由于宗教的不同而加深了文明的差异。而相同的宗教信仰，又促使了同一宗教信仰的人群聚合，有时也促使了不同文明差异的集团化和矛盾的深化。但宗教是人类愚昧的产物，随着人类文明的发展，所有宗教都将被人类送进博物馆，一切宗教建筑物都将仅成为人类文明遗迹而为人们所瞻仰，而剥掉了其神秘的外衣。宗教不可能长期成为文明冲突的根源。

三、文明的差异一般不会发展为对抗性矛盾

许启贤在《世界文明论研究》一书中提出："纵观人类文明发展的趋势及其规律，并不是以文化、文明冲突为主导，相反则是以相互吸收和融合为主导，不同文化、文明的交流是促进人类文明发展的重要原因。"① 这显然是人类文明发展规律的一个很好的论证。

亨廷顿则认为："随着冷战的结束，政治冲突、经济冲突和军事冲突的可能性下降了，文化冲突上升了，成为国际关系的新焦点，决定未来世界格局的是文明的冲突。是中国儒教文明、伊斯兰文明结盟来向西方文明挑战。下一次世界大战（如果发生的话）将是文明之间的战争。"② 他是

---

① 许启贤：《世界文明论研究》，山东人民出版社，2001 年版，第 15 页。

② 〔美〕塞缪尔·亨廷顿：《文明的冲突与世界秩序的重建》，新华出版社，2002 年版，第 5—7 页。

抓住了文明冲突这一客观存在，但他却未能揭示文明冲突的实质是什么？未能正确阐明文明冲突的交流融合，取长补短，共同发展。文明的冲突在某些时候表现为对抗性激烈化是因为一些阶级矛盾、民族矛盾卷入了文明的冲突之中。如近代以来帝国主义列强对殖民地半殖民地国家的侵略压迫，就曾以文化的冲突形式出现。但这不是先进的西方文明和落后的东方文明间的固有矛盾，而是帝国主义和殖民地的矛盾以文化冲突的形式来表现。当今的文明的冲突，则是正在复兴发展中的东方诸国文明和企图统治压制东方文明发展的西方霸主之间矛盾的体现。

不同文明的差异从其本质上是非对抗性的矛盾。只有通过不同文明的互相交流，来互相吸收补充，共同发展。根本不可能发生所谓“文明的冲突”。但在阶级社会，一切事物都打上阶级的烙印，不同阶级间的对抗性矛盾会掺入不同文明的矛盾中，使“文明的冲突”具有了对抗性。例如，西方资本主义国家在征服掠夺殖民地的过程中，就以西方先进文化的代表者、基督教的传授者而出现。这时西方的文明和东方的文明之间的冲突就具有了对抗性。又如随着资本主义文明的发展，东方落后国家文明赶上来了，要求独立发展自己本国、本民族、本地区的文明，这就威胁到西方文明对世界的统治。有些人就开始叫喊西方文明的没落，东方文明的发展威胁了西方文明，而且把“文明的冲突”说成是当今世界的根本矛盾。当然如果西方资本主义国家的统治者，总想打着西方文明的卫道者的旗号来阻挠东方及其他发展中国家发展自己的文明，这种“文明的冲突”是不可避免的，并且必然具有对抗性质。但是西方国家的多数人不会长期受一小撮人欺骗。他们会认识到这不是什么不同文明的冲突，一小撮人捍卫的并非什么西方文明，而只是一小撮人的特权。他们就不会甘心情愿地去充当什么西方文明的卫道者。文明的冲突就会被剥去外衣而成为赤裸裸的阶级矛盾。伊拉克战争中广大西方人民和一些西方国家公开反对美国对伊拉克的侵略，就表现他们已不再认为美国发动的侵略是什么两大文明间冲突的爆发。只要美国继续横行下去，最终会有它彻底孤立的一天，不同文明的人会抛弃文明的差异，联合起来反对发动战争的战争狂。

因此，人类文明的未来不会是什么文明的冲突及其战争，而是不同文明间的和平交流、互相吸收、互相融合。人类文明的差异多样性将继续存在，但文明的冲突却只是暂时的。

第七节　人类群体的不断扩大促进文明的发展

人类群体的不断扩大和加强联系，促进人类文明的不断发展是文明的另一总规律。上一节论述了不同文明的差异是文明丰富发展的源泉，而正是该规律导致了本规律的形成，两者是互相关联的。

一、人类群体的不断扩大和加强联系促进文明不断发展

人类群体是由小到大不断发展的过程，最初人类只有存在几十个人组成原始的游群，各原始群之间还没有形成一定的联系，以后原始游群转化为组成部落的氏族。人类群体扩大了一步，文明开始形成。以后部落合成部落联盟，部落联盟转化为部族和城邦，文明最终逐渐形成了。文明的到来是与城邦结合为王国分不开的，没有这样大的群体，不可能积聚发展形成真正的文明。

人类群体的进一步扩大，是王国发展为庞大的帝国并将原来松散的王国间的分封朝贡关系结成的整体。人类文明由此进一步得到发展。同时在帝国周边形成了一个册封朝贡体制，把帝国周边的许多民族和国家结合成一个以帝国为中心的地域文明，促进了各国各族间文明的相互交流和进一步发展。

朝贡册封体制文明向两个不同方向发展，一种是逐步受帝国文明的同化，最后加入到帝国文明体系之中；一种是在帝国文明影响下，一些国家、民族逐步发展了本族文明，成为一个独立文明国家。

朝贡册封体制文明，在资本主义形成时期被资本主义的殖民体制文明所代替，原来的相邻地域的各国文明交流关系被新的关系打破了。资本主义把一切落后国家变成了它们的殖民地半殖民地，把自己的资本主义文明输入到这些殖民地半殖民地国家，摧毁它们固有的本国文明，逼使它们接受新的文明。这在当时曾是促进资本主义文明推广的一种不可避免的手段。

随着各殖民地、半殖民地文明的发展，激起了这些国家的民族觉醒，第二次世界大战后殖民体制文明解体了，开始在各地域形成了一种新的经济文化圈文明，这种文明和过去的册封朝贡体制文明在形式上有相近之处，都是以地域相近、文化相近为基础，但性质上不同，它是建立在各国完全平等交往的基础上的一种新型的关系，这使各地域的国家民族之间文明得到进一步交流，促进了各国文明的发展。在经过相当时期发展后，经济文化圈文明发展成更高的共同体文明，目前世界上还仅有西欧共同体进入到这一阶段。但将来各经济文化圈文明都会逐步发展为共同体文明。

各共同体文明的进一步发展，将是全球文明。在相当时期中各共同体文明，会成为全球文明的基础和组成部分。

二、从群体的合并逐步转为国际关系的发展

在文明的发展初期，文明群体的扩大都是从群体间的交往和结成联盟开始，但往往其进一步发展的趋势是合并。即若干文明群体合成一个国家，一个民族。随着文明在各国的最后形成，各国都建立起来本国的独立文明，人类群体间文明联系的方式开始从合并转化为国际交往。因此，朝贡册封体制、殖民体制、经济文化圈，共同体文明虽是王国文明和帝国文明这种群体扩大趋势的继续，但却采取了不同方式，不同性质。因此，准确地说册封朝贡体制文明，应该是以前城邦联盟、王国联盟（如我国春秋战国时期的各国关系）的进一步发展。从此这一种方式成为国际关系的主流。王国、帝国的合并方式还在发展，但却受到这种国际关系发展主流的抵制，或者说是受到各国人民维护本国独立文明力

量的抵制。许多野心者企图建立大帝国来代替国际交往的妄想都失败了。朝贡册封体制虽然保留了一定形式的不平等，但并未能实现真正的天下一统，殖民体制虽然在一定时期，把一些落后国家变成了保护国的附属国，甚至成为资本主义国家的一部分，但最终还是为世界各国民族解放运动所粉碎了，各国文明还是走上了独立发展的道路。

只有经济文化圈、共同体完成了多少年来许多统治者梦想而未能完成的事业，这是世界各国文明经济文化交流的必然结果，在现今世界发展中，也只有走这一道路才能实现各国文明的进一步交流合作。

因此，这是世界各国国际关系史发展的规律和趋势，也是人类文明发展的规律和趋势。

三、认识这一规律的重要意义

迄今为止，各国学者都对世界历史上国际关系的演变做过不少论述，也在许多方面论证和揭示了国际关系演变的规律，但都没有从人类文明发展的整体上去观察国际关系演变的规律。因此也未能从整体上揭示国际关系演变的规律及体系。我们试图把这些联结起来，提高到人类文明发展的总规律来认识来论述，这只是一种尝试，还有很多提法不够成熟，有待订正和补充。但我们认为阐明这一人类文明发展的总规律，对正确认识世界国际关系发展史会有所帮助，可以进一步正确认识世界国际关系史的发展规律、分期及前途。帮助我们更自觉地推动国际关系按照规律所决定的趋势向前发展，并通过这进一步促进人类文明的相互交流和发展。

今天人类已到了这一天，已认识到国际关系的发展是有规律，它将按人类文明发展的总规律而向前发展，不是少数的政治家、外交官和皇帝将军们可以任意摆弄的。过去认为外交是说变就变，今天是朋友，明天就会成为敌人，事实上这些变化也是有规律的，而且只有一切符合客观规律的外交才能最终达到自己的目的，而违反客观规律的外交，即使暂时成功，最终也将失败。

第十六章 文明的起源和萌芽

文明的起源和形成是人类文明史中的重要课题，长期引起世界各国学者的关注，发表出版了许多论著。但长期以来各种观点互相分歧，迄今没有统一认识，我们认为其根源主要有以下几个问题：

其一，对文明的起源和形成两个不同的问题混淆不清，或是把文明的起源当做文明的形成，或是把文明的形成当做文明的起源。

其二，对文明的形成有一个漫长的过程，有一个文明要素从萌芽到逐渐产生、成熟、完备的过程，缺乏明确的认识，把个别文明要素的出现与文明的最终形成相混，把一些文明要素的雏形与成熟阶段相混。

其三，对文明有哪些要素缺乏统一认识，不少人从不同阶段的古代文明中总结出了不同的文明要素，因此无法形成一个进入文明时期的统一标准。

其四，未能很好继承总结前人成果，形成一个完整科学的文明理论体系。

为促进本问题的研究，我们想分别就以上诸问题提出自己的看法，并对各家之说略抒己见。

第一节　文明起源和萌芽形成的关系

要讨论文明的起源，首先必须弄清文明的起源和文明萌芽形成的关系。

一、文明起源和萌芽形成的关系

长期以来，对文明的起源有多种不同的看法，一是认为文明起源于阶级社会形成之时，这似乎是我国学术界多数的意见；二是认为文明与人类同时形成，并把这种最初形成的所谓文明称为原始文明、史前文明、早期文明；三是认为文明起源于人工取火或新石器时代的农业革命。

我们认为这种分歧产生的根源，在于把文明的起源和文明的萌芽形成两个不同的问题相混淆了。文明形成回答的是何时进入文明时代，即文明最终形成之时间，回答具备哪些条件能进入文明时代；文明起源回答的是文明最早萌芽产生的起点，从何而来，最早的文明要素及其萌芽何时产生，如何产生。两者中间隔一个漫长的历史过程。以往持文明起源于阶级社会形成时之说者，实际上是把文明的起源当做了文明的形成，他们提出的虽是文明的起源，回答的却是文明的形成。而持文明起源于人类产生之始或人工制火、农业革命者，又误将文明起源时的萌芽看做文明已形成，而提出了原始时代已存在原始文明之说。

持第一说者，如夏鼐、李学勤、安志敏、陈剩勇、严文明等，他们都著文讨论了文明的起源，但实际探讨的都是文明的形成，即探讨具备哪些文明要素可以认为进入文明时期①。张学海更明确提出："文明起

---

① 夏鼐：《中国文明的起源》，《文物》1985 年第 8 期；李学勤：《考古学与古代文明》，《北方文物》1986 年第 3 期；安志敏：《试论文明的起源》，《考古》1987 年第 5 期；陈剩勇：《中华文明起源研究随想》，《浙江社会科学》1993 年第 6 期；严文明：《文明起源研究的回顾与思考》，《文物》1999 年第 10 期。

源是指文明社会即阶级社会产生和文明时代的开端。”①

很有意思的是，刘庆柱提出了：“在中国古代文明研究中，要明确起源与形成学术概念的区别，对二者的界定要从‘量变’和‘质变’的角度去认识。前者研究的是过程，后者探讨的是结果。”这表明他对二者的区别已有觉察。但遗憾的是，他又提出了：“在人类历史上有两个分界最为重要。第一，人类的起源，即人与动物的分界；第二，文明社会与野蛮社会的分界，即国家的形成。中国古代文明起源与形成的考古学研究就是第二个分界。”② 这里他还是把文明的起源与形成都与文明和野蛮的分界相联系了。显然这个分界只能是文明形成的分界，而不是文明起源的分界。

王冠英同样也提出了：“文明的缘起和文明的形成是文明发展的不同阶段，文明的形成是文明因素的积累和质变，文明发展的不同阶段都有其重要的标识和特点，这里既有连续性，也有阶段性。”他不仅指出了两者属不同阶段，更提出了两个阶段应有不同的标识和特点。遗憾的是他也认为：“关于文明的起源，许多专家都主张以城市、青铜器、文字和大型的礼仪建筑作为文明起源的重要标志，这从方法论上说是可以遵循的。”③ 这里他所承认的四个标志，实际上都是文明形成的标志而不是文明起源的标志。两位先生都已经提出了起源和形成有别，遗憾的是都没有进一步去探索文明起源和形成的不同标志。应该说文明的起源不仅要回答所有文明要素最早出现的时间，包括其雏形阶段出现的时间，还要探索文明的萌芽。正是这些文明的萌芽，以后孕育形成了诸文明要素，最后由于文明要素的成熟和完备，才进入到文明时代。

二、文明的萌芽时期和文明的形成时期

文明的萌芽早于文明的形成是可以肯定的，但究竟文明的萌芽始于

① 张学海：《对推进文明起源研究的几点意见》，《中国文物报》1999年9月1日。

② 《中国文明起源和早期国家形态研讨会发言摘要》，《考古》2001年第2期。

③ 同上。

何时却各说纷纭。这就涉及有的学者把火的发现和应用，作为最早出现的文明因素问题。如翁其银提出："人工制火的成功，便是人类文明的起点。"又说："文明发端于新石器时代。""原始文明是人类文明的雏形。"① 李政道认为："大家知道火的发现和应用开始了人类的文明。"② 陈淳认为："有了人就有人类文明，从工具和用火、艺术的起源、埋葬习俗形成了人类的早期（史前）文明，这是人类全部文明史的一个组成部分。"③ 马文也认为："自有人以来的历史是一部文明史。""尽管人类历史可以划分为蒙昧时代、野蛮时代及文明时代等，但是无论是共产制还是私有制，无论是氏族社会还是产生了国家，由于它们都是人类符合规律的活动结果，所以它们都标志着各自时代的文明。文明时代只是漫长的人类社会中的一个阶段，如果认为人类文明仅仅是起源于文明时代，那就是对人类历史的否定。"④

马文反对人类文明仅仅是起源于文明时代说，显然是正确的。但他认为蒙昧、野蛮、文明时代都有"各自时代的文明"则显然混淆了文明时代和蒙昧时代、野蛮时代的根本区别。应该说蒙昧时代只有文明的萌芽，野蛮时代只有文明要素的逐步形成，但不能说它们都有各自时代的文明。他说"自有人以来的历史是一部文明史"是可以的，但应该说明蒙昧时代、野蛮时代只是文明萌芽和形成的历史，而文明时代才是文明的发展史。笼统地说，有人以来的历史是一部文明史，容易混淆文明萌芽、形成、发展不同阶段的区别。而且他认为"它们都是人类符合规律的活动结果"也不能成立。因为在蒙昧和野蛮时代，人类的行动还不可能使自己的目的完全符合客观规律，甚至大体符合客观规律也做不到。这正是文明和蒙昧、野蛮的重要区别。只有文明时代才逐步使人类的目的和客观规律统一，文明就是人类目的和客观规律统一的产物。

---

① 翁其银：《论文明的起源》，《内蒙古社会科学》1984 年第 4 期。
② 李政道：《物理的挑战》，《科技日报》2001 年 10 月 31 日。
③ 陈淳：《从考古学谈人类早期文明》，《上海大学学报》创刊号，1984 年。
④ 马文：《自有人以来的历史是一部文明史》，《中州学刊》1984 年第 6 期。

陈淳认为工具、用火、艺术起源等是人类早期文明史组成的提法，有其正确的成分，因为这些都是文明的萌芽。但把这些说成为早期文明、史前文明，却也同样混淆了文明和蒙昧、野蛮的区别。蒙昧时代虽有了文明的萌芽，野蛮时代又陆续出现了一些文明要素，但它们本质上还是非文明时期，不能把当时说成已是文明时期。文明的萌芽时期相当于蒙昧时期，文明形成时期相当于野蛮时期，都不等于已进入文明时期，三者有本质的区别。不能把文明的萌芽和文明要素的出现说成是原始文明、早期文明、史前文明，而只能称为原始文化、早期文化、史前文化。这也正意味着文明与文化的区别。

至于翁其银、李政道等把人工制火作为文明的开始，也不合适。火无疑在人类发展史上具有重要的意义，是火的发现和应用，为农业的形成发展，金属工具的制造，人类体质的最后形成创造了条件，准备了一些文明要素的形成。但它还不能算做文明的要素，而只能是文明的萌芽。而且火并非人类的第一个发明，应该说工具的创造和使用才是人类的第一个发明，才使人类从动物中分离出来。正是原始工具的产生和火的应用，两者的结合产生了一个重要的文明要素，即金属工具。作为文明萌芽的另一个人类的重要发明，是语言的产生。恩格斯指出："分节语的产生是这一时期的主要成就。"① 正是由于语言的产生和原始图画、符号的出现，二者结合才产生了另一个文明要素——文字。可以说，工具的发明，语言的发明，火的发明，是人类文明萌芽的三大标志。

探讨文明的起源，首先要探讨文明要素的形成，要探讨这些文明的要素是从何转化而来，其原始的萌芽状态是什么。而工具的制造、语言的产生、火的发现和应用等正是文明要素产生的前提和萌芽，探讨文明的起源不能不从此开始。因此说，把文明的起源追溯到工具的产生、语言的发明、火的应用，不仅是可以的，也是应该的，但这并不意味着把

① 恩格斯：《家庭、私有制和国家的起源》，《马克思恩格斯选集》第四卷，人民出版社，1972 年版，第 18 页。

文明的形成也上推到此时。但文明的起源往往还有另一重意思，即具体研究某一文明起源于本土还是外来，所谓中国文明的起源有时更多地是指后一层意思。因此，为避免混淆，我们建议在讨论人类文明总的起源时，可以把文明的起源、文明的萌芽和开始形成合用，而注意它的阶段性。而在探讨中国文明的起源时，是否可以将起源局限于后一层意思，而与中国文明的萌芽和形成分开来讨论。

我们认为，分清文明起源和文明形成两个不同概念，既可以帮助我们更好地研究文明形成，不至于把文明起源当做文明形成，而到遥远的古代去探索文明的形成；又可以帮助我们更好地研究文明的起源，将文明起源的时间不局限于文明的最后形成之时，而能更远地探索文明的最初萌芽到最早文明要素的出现。

三、文明的形成过程及形成时期

文明的形成过程是诸文明要素逐步产生完备的过程，也是诸文明要素从雏形到逐步成熟的过程，因此是一个漫长的过程，这已为很多专家所指出。摩尔根认为："人类必须先获得文明的一切要素，然后才能进入文明状态。"① 徐苹芳认为："我们要分清文明要素的起源和文明社会的产生，这是两个不同的概念，单个要素如文字、城市、青铜器的起源是一回事，诸要素同时存在而形成了文明社会又是一回事，两者决不能混淆。"② 严文明也正确指出："但走向文明有一个过程，不是一个早上就能够从野蛮跨入文明，更不是一下子就能够达到一般意义上的文明的发展水平。"③ 许宏也赞同上说，认为"文明与国家的起源是一个过程"④。

① 摩尔根：《古代社会》上册，商务印书馆，1977年版，第28页。

② 《中国文明起源座谈纪要》，《考古》1989年第12期。

③ 严文明：《文明起源研究的回顾与思想》，《文物》1999年第10期。

④ 许宏：《连续中的断裂——关于中国文明与早期国家形成过程的思考》，《文物》2001年第2期。

按照几位先生的提法，文明的形成既然有一个过程，那么文明形成过程之始及文明形成过程之末，就应具有不同的发展状况，不同的标志。徐苹芳认为单个要素的出现和诸要素的同时存在是两回事，表明他认为文明要素不是同时出现的，只有到诸文明要素同时存在才最终形成了文明社会。但遗憾的是他未能进一步论述各单个文明要素的起源是怎么一回事？它们分别是在什么时间出现？如何产生的，单个文明要素又如何发展到同时存在的。严文明也并未具体论述文明形成过程究竟有多长，是如何逐步达到一般意义上的文明发展水平的。他还笼统地说："但是无论如何，城址的出现应该视为走向文明的一种最显著的标志。"这使人无法明白他说的城址的出现是文明形成之始的标志，还是文明形成之末的标志。许宏把仰韶文化、龙山文化笼统地称为"应都处于文明化或曰国家化的进程之中"，而回避了明确回答"究竟处于何种社会发展阶段"，也就影响了我们区别文明形成过程不同阶段的认识。

实际上，文明要素的相继出现有一个过程，但要弄清这一过程，必须首先弄清究竟有哪些文明要素，各文明要素是在什么情况下，在何时逐步产生的，必须有多少文明要素同时存在才能进入文明社会。同时，各文明要素都有本身的发展过程。从其萌芽到雏形的出现和最终成熟，也经历了漫长的过程。如金属工具的形成发展，就经历了从黄铜的出现到青铜器的使用、铁器的使用这一漫长过程。文字的产生，从结绳、符号等文字萌芽的出现，到象形文字的产生，最后正式形成文字，也是一个漫长的过程。国家的形成，从酋邦的出现到国家正式形成，也经历了漫长的过程。如果不具体确定其形成各阶段分别处于文明形成的哪一阶段，任意取某一文明要素的萌芽状态或雏形的出现，就宣告该时已进入文明社会，这就会把文明形成的时间搞乱了。

文明要素有一个逐渐完备的过程，一个逐渐成熟的过程，这就是文明社会形成的过程。这个过程可以分成若干阶段，各个阶段都有不同的标志，不能混淆。近年许多学者都以青铜器、文字、城市、大型礼仪中心、国家作为文明形成的标志。但这些标志其实是很不完备的，而且出现时间并不一致，有些标志是出现在文明时期形成以前的，如城址。同时，这些要素都有自己不同的发展阶段，许多雏形都是在文明时代到来之前就已存在。把这些不同阶段形成的文明要素并列在一起来讨论文明的形成，显然不仅无法认清文明形成的过程和时间，而且只有越说越糊涂。

总的来说，我们认为文明要素是进入文明时代后必须具备的要素，因此只有这些要素成熟及完备时，才能进入文明社会。而这些要素成熟和完备的时期就是文明的形成时期。而当这些要素尚未正式出现，仅表现为萌芽状态时，就是文明的萌芽时期，文明的萌芽时期还不是文明时期，这时连文明的要素也还未出现，工具的制造、语言的形成、火的发现都还不是文明要素，即使都具备也构不成文明社会，因此它们只说明了文明的萌芽。

第二节　创建完整的科学的文明萌芽形成理论

一、对恩格斯创立的文明形成理论的评价

我们感到很奇怪的是，早在19世纪，恩格斯就在摩尔根和马克思研究的基础上，全面探讨了文明形成的理论：从生产力方面，工具的变革、铁器的制造和使用、分工的发展；生产关系方面，私有制的确立，城乡、体脑分工和阶级的形成；上层建筑方面，国家和城市的形成；文化方面，文字的创制和应用，文学、艺术、科学、宗教的产生等。恩格斯所提出的文明形成的各项标志，形成一个完整的理论体系。而且恩格斯还科学地论述了文明的各方面要素在文明形成过程各阶段中的发展变化，严格划分了文明形成各阶段的不同特征，特别是文明形成前后的最

后阶段的基本特征。一百多年来科学的发展，不是否定了恩格斯的文明形成理论，而是基本证实了他的理论，只是在一些具体问题上需要依据新的材料进行补充修改。

我国的许多学者不知因何摈弃了恩格斯的理论，而接受了西方学者塞维斯、克拉克洪、丹尼尔等支离破碎的混乱理论，稍加修补，即奉为圭臬。对他们的新成果我们当然要认真吸收以弥补恩格斯文明形成理论的不足之处，以实现马克思主义的与时俱进；但我们却看不到一些研究文明起源形成的学者全面认真地批评修订恩格斯的理论之作。我们认为这样对待恩格斯和西方学者的理论是不公正的。任何一种理论都必须认真对待，我们可以否定它，否定不了就应继承它，也可以补充修订。这不是否定而是继承发展，但不能置之不理，束之高阁。

二、发展恩格斯的文明形成理论

为了更好继承发展恩格斯等关于文明形成的理论，我们试将恩格斯的有关论述整理摘编于下，对某些方面需要修订发展的，我们也尽可能依据百余年来的新成果加以补充修订，有些一时难于定论的，则提出我们的初步看法，以供讨论。

从后面恩格斯的论述看来，他确实是对文明形成理论做了全面科学的论述。一百多年的科学发展，虽然在很多方面已可以有所补充和修改，但从总体框架而言，还没有任何一家学说能超过他的学说。因此，我们认为不应摈弃它，而应是继承它，并参考其他各家成果丰富发展它。

文明的起源和形成是人类历史发展中的重要问题。无数学者为此付出了辛勤劳动，包括从个别文明的形成发展，到人类文明总体的形成发展，从具体的考古调查、发掘、人类学民族学的调查资料积累，到理论上的宏观研究。我们认为，在进入新世纪的今天，已完全可以在总结前人丰硕成果基础上，创建一个科学的完整的文明形成理论。在这里，不能有半点偏见和虚假，必须全面继承各家之说，全面继承所有有关的成果，不仅不能有心地作伪，也不能有无意的误差，而应该实事求是，在逐个检验每项具体论据基础上，建立起科学的大厦。本书未敢妄想完成这一任务，只是先提出一些问题和看法，希望为科学大厦的建成略尽微薄之力。

三、关键在于认真研究总结世界各国文明形成的历史

理论从何而来？理论是从历史史实中总结出来的，文明形成的理论也只能从世界各国文明形成的历史中去总结出来。但世界各国是在不同时期，不同情况下进入文明时期的，我们千万不能用某一国家的历史，片面确定文明形成的时期及标准，再用此去硬套在其他国家的历史上。必须从多数国家的一般过程中，剔除一些偶然的特殊的因素去总结一般的规律。我们不能不提出：恩格斯关于文明形成的理论，更多的是以希腊、罗马为典型总结出来的，对东方各国文明形成的历史总结得不够，因此不可避免地把它们的一些特殊性看做一般性。但我们有些中国学者也仅从中国（实际上仅是汉族）的文明形成过程中总结出他们的文明形成理论，这就往往把中国文明形成的一些特点当做普遍理论。要解决这一问题只有多研究几国的历史或多研究某一国（如中国）许多民族文明形成的历史，做综合比较，这样才能找到文明形成的普遍规律。遗憾的是目前很少人从事这一工作。这样要想形成一个完整科学的文明形成理论就比较困难。同时一个理论的产生，往往是从多种学说的争论中，集众说之长而形成的，要形成一个完整科学的文明形成理论就必须集众说之长。因此我们汇集了国内各家之说进行归纳总结。可惜由于资料的限制，我们未能广泛汇集国外各家之言，但经过比较，我们认为恩格斯之说比较完整，比较科学。因此我们是以恩格斯之说为主，而补以其他各说之长，我们自己也从历史中归纳补充了一部分观点。

第三节　文明萌芽的生产力标志

文明的萌芽是指文明的要素尚未真正形成，却已形成了一些为日后文明要素形成的条件，准备了文明的形成。因此，把文明的萌芽，说成是人类文明的“开始”、“起点”、“发端”都是可以的，但不能把文明的萌芽说成当时已有原始文明，因为当时还没有正式形成文明，甚至连文明的要素（即未来能构成文明的成分）也不具备。也不能把文明的萌芽，说成是“文明的雏形”，文明的雏形只有到文明形成时期才能出现，文明的萌芽还够不上文明的雏形。我们认为构成文明萌芽的生产力标志主要有工具的发明、火的应用与制作、弓箭的发明。总的来说，文明的萌芽表现在人类还“是以采集现成的天然产物为主的时期，人类的制造品主要是用作这种采集的辅助工具”①。文明的萌芽时期相当于摩尔根和恩格斯所说的蒙昧时期。

一、人类制作工具是文明萌芽的起点

能否制造工具是人和动物的根本区别，人类会制造工具就使人最终和动物分离了。由于人能制造工具，人就没有再以改变自身的器官去适应自然，而能获工具之助，逐步改造自然，创造了人类的文化。最早的文化就是这样，从人类改造自然中产生的。

但是人类最初制造的工具，还仅是原始的石器，恩格斯说：“石器时代早期的粗制的、未加磨制的石器，即所谓旧石器时代的石器（这些石器完全属于或大部分都属于这一阶段）遍布于一切大陆上……”② 要依靠这样原始的工具，创造人类的文明是不可能的。它还不可能独立用

① 恩格斯：《家庭、私有制和国家的起源》，《马克思恩格斯选集》第四卷，人民出版社，1972 年版，第 23 页。

② 同上。

来增加天然产物的生产，而只能是用作采集现成的天然产品的辅助工具。这时人类还只能以采集现成的天然物作为主要食物的来源，因此它只可能形成文明的萌芽。

不管这种原始的石器如何粗制，却是以后效率更高的新石器及金属工具产生的源头。正是在这种粗制的打制石器基础上，逐步形成了磨制精细能有多种用途的新石器，并逐步进化为制造和使用金属工具，促进了文明的形成。因此把文明萌芽之始定在工具的制造上是可以的。有些人把文明的发端、开始，定在火的应用和制作上则晚了一些，低估了制造工具在文明的萌芽中的地位和作用。

二、火的应用和人工取火是人类文明萌芽的重大进步

在人类进入蒙昧中期，即距今大约一百多万年前，人类已学会了应用火，并逐渐学会了人工取火。所有一切动物都畏惧火，最初的人类也是如此。但是人类在实践中逐渐认识了火的作用及如何使火服务于人类而不致危害人类，并进一步学会了人工取火。这是人类向文明迈进的一个重大胜利。

因为火的使用，使人类增加了食物的种类。恩格斯说：蒙昧时代中期“从采用鱼类（虾类、贝壳类及其他水栖动物都包括在内）作为食物和使用火开始。这两者是互相联系着的，因为鱼类食物，只有用火才能做成完全可吃的东西”①。同时不仅是鱼类因用火成为完全可以食用的食品，其他动物和植物也由于火的应用而增加了食用的方便。人类所采集现成的天然物的种类大大增加了，并且有了最原始的加工，即用火来烤制食物。

同时，火的使用增强了人防寒能力及防御野兽的能力。人类最终从树上移居到了地上，并且逐渐移居到广阔的地域。恩格斯说：“只有用

① 恩格斯：《家庭、私有制和国家的起源》，《马克思恩格斯选集》第四卷，人民出版社，1972年版，第18页。

火，才能做成完全可吃的东西。而自从有了这种新的食物以后，人们便不受气候和地域的限制了，他们沿着河流和海岸，甚至在蒙昧状态中也可以散布在大部分地面上了……旧石器时代的石器……遍布于一切大陆上，就是这一移居的证明。”①

火的使用还为日后金属工具的制造准备了条件。而金属工具正是未来文明的要素，它就是从工具的发展和火的应用中产生出来的。

三、弓箭的发明又使狩猎发展起来

人类从其诞生时就开始有了狩猎，但当时依靠人类原始的工具要赶上迅速奔跑的野兽，战胜凶猛的野兽，是非常困难的，因此狩猎只能成为人类采集天然食物的补充。自从有了弓箭的发明，人类就可以猎取各种迅跑的凶猛的动物。人类的食物种类增加了，狩猎也成为了人类的一个重要经济部门。

恩格斯说：蒙昧高级阶段“从弓箭的发明开始，由于有了弓箭，猎物便成了日常的食物，而打猎也成了普通的劳动部门之一。弓、弦、箭已经是很复杂的工具，发明这些工具需要有长期积累的经验和较发达的智力，因而也要同时熟悉其他许多发明……弓箭对于蒙昧时代，正如铁剑对于野蛮时代和火器对于文明时代一样，乃是决定性的武器”②。

四、定居村落的萌芽

由于各种食物种类的增加，人类已经不再需要经常为追逐新的食物来源而游动了，开始有了村落定居的萌芽。而定居村落的萌芽，就为畜牧业和农业的发生创造了条件，也为未来城市的形成创造了条件。但是这种定居村落的萌芽和未来文明的要素之一——城市的形成还有很大差

---

① 恩格斯：《家庭、私有制和国家的起源》，《马克思恩格斯选集》第四卷，人民出版社，1972 年版，第 18 页。

② 同上书，第 18—19 页。

距，因此同样它只能视做文明的萌芽，而不能视做文明要素已经形成。

定居村落的萌芽，也为血缘家庭转化为普那路亚制家庭及氏族的形成创造了条件。

总之，正是蒙昧时期这些人类生产力的巨大发展，体现了人类文明的萌芽为人类文明的形成创造了条件。

第四节　文明萌芽的生产关系标志

文明萌芽在生产关系上的标志，是人类从血缘家庭经由普那路亚家族发展形成为氏族。这三个发展阶段中，所有制始终是以公有制为基础的，这种公有制是适应当时极为低下的生产力的，因此当时不存在阶级剥削，因为当时还谈不到真正的剩余劳动和剩余产品，也就不可能存在产生文明的基础。但随着原始群的发展为氏族，提供了人类群体逐渐扩大的可能，就也为文明的产生准备了条件，因此可以说已经产生了文明的萌芽。

一、血缘家族时的生产关系

人类最初产生时，是由若干有血缘联系的人组成的原始群。原始群的最初形式是没有任何限制的血缘杂交，并由血缘杂交形成了最初的血缘杂交家族。恩格斯指出："血缘家族（原译家庭为误）——这是家族的第一个阶段。在这里，婚姻集团是按照辈数来划分的；在家族范围以内的所有祖父和祖母，都互为夫妻；他们的子女，即父亲和母亲，也是如此；同样，后者的子女，构成第三个共同夫妻圈子……这样，这一家族形式中，仅仅排斥了祖先和子孙之间，双亲和子女之间互为夫妻的权利和义务（用现代的说法）。同胞兄弟姊妹，从（表）兄弟姊妹，再从

（表）兄弟姊妹……都互为兄弟姐妹。正因为如此，也一概互为夫妻。”① 这种血缘家族的形成是在生产中形成年龄分工的基础上自然形成的。

在这种血缘家族中，一切都是公有的，因为当时低下的生产力要求人们必须共同劳动，而共同劳动的产品也必然为集体所共同消费，简陋的生产工具也没有必要和可能据为某个个人所有，制造同样一个简陋工具是极为容易的。在这种情况下，剩余产品是很少的，顶多是留作为下一顿集体消费所用，不大可能积累下来，因此这种生产关系也不可能产生文明。

二、普那路亚家族时的生产关系

恩格斯说：“如果说家庭组织上的第一个进步在于排除了父母和子女之间相互的性交关系，那末，第二个进步就在于对于姊妹和兄弟也排除了这种关系。这一进步，由于当事者的年龄比较接近，所以比第一个进步重要得多，但也困难得多。这一进步是逐渐实现的，大概先从排除同胞的（即母方的）兄弟姊妹之间的性交关系开始，起初是在个别场合，以后逐渐成为惯例（……），最后甚至禁止旁系兄弟姊妹之间的结婚……按照摩尔根的看法，这一进步可以作为‘自然选择原则是在怎样发生作用的最好例证’。”②

我们认为这种变革与其用摩尔根的自然的选择来解释，不如用群体间协作的必要来解释更为合理。

在生产发展中，有时两个血缘家庭为了协作劳动的需要。产生了联合行动，在庆祝劳动的胜利时，就产生了两个群体间男女的自然性交，开始并不排除本群体内兄弟姐妹的性交。但在以后由于协作得更多，为

① 恩格斯：《家庭、私有制和国家的起源》，《马克思恩格斯选集》第四卷，人民出版社，1972 年版，第 32 页。

② 同上书，第 33 页。

了巩固这种协作的必要，就转为两个群体间男女的互为婚姻，而排除了本群体内的互为婚姻。而这只有两个群体的经常协作才能提供这种可能。不用这一解释，而想象为群体内的逐渐自行排除兄弟姐妹间的性交是很困难的，因为要排除就必须有另一群体的一群男女存在提供这种可能。这种用通婚以加强不同群体间联系的办法，在以后历史发展中还经常应用。

在普那路亚群婚制下，开始形成的只是两个群体间的互为婚姻，并不形成两个群体成员上的互换和财产的重组。两个群体的男女性交完毕后都各归自己的群体。即每个普那路亚家族是由一群姐妹和她们的兄弟及姐妹和他人所生的子女组成。这在家族组成上并不改变过去的血缘家族的组成。

三、氏族制时的生产关系

两个群体在进一步发展中，其成员进行了互换，即甲族的男性转到乙族中去居住和劳动了，与这相同的是乙族的男子也转到甲族中去居住了，这样就形成了氏族和部落。

氏族是由一群姐妹和他们的丈夫及他们的子女组成，部落是由两个互为婚姻的氏族所组成，两个独立的群体如今结合成一个不可分割的统一群体。群体扩大了，这无疑促进了两个群体的交流合作，增强了新的更大群体的力量，带来了文化的发展，这就为文明的形成创造了条件，因此氏族、部落的产生可以视做生产关系上文明萌芽的重要标志，以后部落联盟、部族以至国家的形成都是这一发展的必然结果。

同时原始群（包括血缘家族、普那路晋家族）的公有制也扩大为部落的公有制，氏族已不再是公有制的最高单位，而只是部落公有制下的一部分。

随着男子到女方居住，男子也把他使用的工具和一部分生活用品变成了他们的私有财产，并逐步改变母系氏族，让女方到男方居住，由男方的子女来继承自己的财产，这是随着男子在生产中地位的提高必然产生的结果，这时文明就开始形成了，这已属下一时期的事了。

第五节　文明萌芽在社会文化领域的标志

文明萌芽在上层建筑和意识形态方面出现得较晚，它必须在生产力、生产关系有了一定发展的基础上才能出现。因此这方面的萌芽大都直到蒙昧时代高级阶段才出现，而在野蛮时代才发展起来。现分述于下。

一、氏族权力机构的形成和文明萌芽

文明在上层建筑方面的最早萌芽，是表现在氏族社会出现后，开始形成的最初的氏族首长和生产首长。

在人类最初形成的漫长时期中，在原始群中，还没有必要和可能产生固定的生产指挥长和群体的首长。通常由年老的母系长亲承担起指挥子女们劳动的责任。这与其说是一种权力，不如说是一种义务。

只是在蒙昧时代晚期，开始形成了氏族组织和部落组织，才产生了氏族首长和生产首长，这通常是由全氏族民主选举产生的，也可随时罢免，他们和普通成员一样，不享有任何特权，也谈不到世袭制，连世选制的习惯也未形成。当时除了氏族首长和生产首长之外，还没有其他机构，以后形成的军事首长，部落议事会，这一套氏族机构都是在野蛮时期氏族制度发达中逐渐建立起来的。最初的氏族，除了由全体成员参加的氏族大会之外，还不需要更多的机构。由于当时军事还不是经常的事，因此也不需要产生军事首长，而只有临时指挥劳动的首长。但是这已是社会机构的最初萌芽，以后的完整的氏族部落管理机构就是在这萌芽基础上逐渐形成的。对于未来形成的国家而言，连以后形成的整个氏

族机构，都只能算做文明的萌芽。文明的形成是从部落联盟转化为城邦、部族，原始的氏族机构开始具有国家的雏形时，才开始形成文明。

二、技术和艺术的萌芽

在人类最初形成的相当长时期内，人类还没有可能形成技术和艺术。甚至它们的萌芽也不可能产生。只是当进入蒙昧时期高级阶段，由于弓箭的发明，旧石器时代向新石器时代过渡，人们开始有了定居房屋的萌芽，这时才形成了最早的技术的萌芽，但还谈不上科学，因为技术还没有可能上升为科学。

最早萌芽的技术是人们生产经验初步积累的结果。它包括石器、骨器等工具的制造术、缝纫术、采集、狩猎的技术等。[①] 当时还不可能形成农业和畜牧业的技术，农业和畜牧业的形成是在以上技术基础上形成的，已开始了文明的形成。

关于艺术的萌芽，过去有说始于野蛮时代的，但近百年的发现证明了艺术的萌芽要早得多，至少可以上推到蒙昧时期高级阶段。

朱狄说："旧石器时代的艺术通常是指公元前四万年到前一万年之间的欧洲地区所发现的造型艺术。其主要形式是雕塑和岩画。它是目前所发现的人类最早的艺术遗迹。"[②] 他列举了法国布鲁尼柯地区发现的驯鹿角上雕刻的跃马形象，拉·马德伦遗址发现的骨雕残片，玛丽亚发现的野牛形象，阿尔塔米拉洞穴的"大壁画"等。这大概是人类艺术的最早萌芽，正是在这基础上逐渐形成了人类文明的重要组成部分——艺术。

三、道德和宗教的萌芽

随着生产的发展和社会组织的发展，人与人之间关系复杂化了，不

---

① 参见张维罴：《原始社会史》，兰州大学出版社，1994年版，第221页。

② 朱狄：《原始文化研究》，三联书店，1988年版，第229页。

仅有长幼之分，还有各种血亲、姻亲关系的形成，随着这些关系的形成，反映人与人之间一定关系的道德观念也开始萌芽了，这也体现了文明的萌芽。

同时随着生产的发展，思维的发展，原始宗教也开始萌芽，形成了最初的万物有灵及灵魂不灭论等观念，正是在这基础上，以后发展形成了原始宗教，并最终形成宗教。

这一切都说明文明是怎样在人类产生后，在文化的发展中逐渐开始萌芽，没有这些文明的萌芽，也不可能有以后人类文明的形成。但萌芽终究是萌芽，不能称之为原始文明。

第六节 文明起源的多源

这里所说的文明起源是指每一个地区、民族的文明从何处而来，与其他地方所说的起源是文明何时开始形成不同。

一、文明起源的多源

人类文明的形成是多源还是单源是一个必须弄清的重大问题。关于世界文明的起源是单源还是多源，经过长期间的争论，现在已基本趋向于多源。但迄今为止，人们对何谓多源的认识还很不一致。目前大多数承认文明起源为多源者，还只承认全世界有几大文明地区或几大文明发源地。似乎只要一个国家一个民族在文明形成过程中受到过其他国家和民族文明的影响，它的文明就不能算独立形成，就不成为一个独立文明。但只要认真考察，就可知道：世界上没有一个民族的文明是完全接受他族的。任何一个民族的文明都只有其中一部分要素是在其他民族影响下形成，而其他相当部分文明要素还都是本民族所独立形成的。

通常一个民族进入文明时代的过程，也就是这个民族创建本民族文明的过程。因为随着每个民族的形成，每个民族也就形成了自己本民族独特的文明。每个民族都有自己独特的文明，这一文明是由本民族创造的文明和接受外民族的文明影响融合而成。只是由于不同的条件，有些民族接受外来文明的影响多一些，有些民族接受外来文明的影响少一些。

从世界文明发展的过程看，各民族文明的形成有早有晚，发展有快有慢，但文明发展早的、发展快的，并非由于这一民族有什么特殊的素质，而往往是由于它所处的位置优越，便于接触其他的文明。而文明发展慢、发展晚的民族，也通常是由于这一民族所处位置闭塞，不利于吸收其他民族的文明。文明只有在交流碰撞中才能得到迅速发展，孤立、闭塞必然落后。任何一个文明发源较早的地区往往正是多种文明交流碰撞的地区。

我们认为要承认文明起源的多源论，就必须承认每个能够进入文明时代的民族，都有它自身创造的文明。有多少个民族就有多少个文明，绝不仅是几个古代文明发祥地才是创造了本身的文明，而其他民族却仅是模仿而已，这才是彻底的文明起源多源论。同时，彻底的文明起源多源论也要肯定任何一个民族文明的起源都不是单源的，都是既有本民族创造的文明，也有接受外民族传来的文明，所差别处只在于有些民族独创的多一些，有些民族接受外族影响多一些，即使一些最古老的文明发祥地的文明也不是单一民族创造的，因为民族本身就是融合许多集团而形成，文明也正是在民族融合过程中由多源汇合而成的。

二、东亚地区文明的多源

中国是东亚地区一个具有本身文明特色的国家，也是世界最早文明发源地之一。但中国文明的起源也并非是单源的。首先，它由中国许多个民族的文明长期互相交流碰撞而成，同时它也在不同时期或多或少地接受了南亚、西亚各族文明的一些影响，中国文明在后期发展缓慢是与它后期的闭关自守分不开的。

东亚地区很早就形成了几大种族系统的许多民族，如匈奴—突厥系、东胡—鲜卑系、东夷系、涉貊系、室韦系、肃慎—女真系、古亚细亚系、韩系、日本系等。各个族系还各自包括了许多个民族，即使认为同一族系的各族有同一起源，因此也起源于同一文化，但在其以后分化为许多族体时，各个族体都早已在共同文化起源的基础上，分别创造了自己本族的新文化。以后虽然各族间互相交流影响，但一般也是简单接受得少，经过改造融入本族文化的多。

虽然在东亚地区中国汉族是最先进入文明时代的，汉族的文明在古代也对东亚各族影响最大，却不能因此就认为：东亚就只有一个文明发祥地，就只有一种文明，其他各族的文明都是在其影响下发展起来的。汉族的文明也是经过许多部落、部族文明会聚的结果，在其发展过程中也是不断吸收他族文明而得到发展的。在东亚地区各族进入文明时代时都有一个共同点：就是在它们长期闭塞、很少和各族尤其是未和先进的汉族文明交流时，它们文明的发展长期停滞，一直停留在野蛮时代；但当它们迁徙到有利于和各族交流的地区，接受了先进汉族文明的影响后，它们就很快进入了文明时代，这一共同点是存在的，但却不能因此说，这些民族的文明都是在汉族文明影响下才形成的。它们还是各自有各自的文化传统，只是在吸收汉族文明后，加速发展了本民族的文明而已。

就以文字的创制而言，东北亚许多民族的文字都无疑受到汉族文字的强烈影响，然而只要这一民族没有融入汉族，就会在接受汉族文字影响后，将其改造并创制出具有本民族特点的民族文字。其他如各国各族国家制度的确立、宗教的传播、艺术的发展也无不如此，都是在接受外族影响下，发展了具有本民族特点的文化。

因此，东亚各族文明的形成过程，不仅是汉族文明不断传播的过程，也是东亚各族文明互相交流、互相碰撞的过程，也是东亚各国创造本族文明的过程。在古代，汉族文明和东亚各族文明的交流最为频繁，因此它的发展也最快、最丰富。到近代日本成为了东亚地区文明和西方文明交流的门户，形势就变了，日本文明就发展得最快、最先进了。

三、欧洲及西亚、北非文明的多源

欧亚非邻接地区的许多文明，虽然自远古时代就有一定联系，但是就目前所有的资料来看，埃及、巴比伦、爱琴海的三大文明都是独立发生的。其他国家的文明的形成，虽然都受到这三大文明的影响，但也都有本身各自的特点，是本民族在其自身条件下发展起来的。即使进入两河流域的几个后来民族如亚述、巴比伦等，它们也并非完全继承苏美尔人原有的文明，也有它们自己的创造，也带入它们的原有文明。

罗马文明受到希腊文明的巨大影响，但罗马文明有它自身的源，有它自身的文明。西方文明虽是在古典文明基础上发展起来的，但也有日耳曼人的创造，有他们从本乡带来的自身文化因素。拉丁美洲的文明更是在与旧大陆文明没有联系的状况下独自发生的。

因此，可以肯定人类文明是多源的。只要是人类，在具备一定条件后，经过一定的发展，就必然会进入文明时期。

第十七章
人类文明的形成过程

第一节　对国内外所说文明要素的讨论

近年来，在探讨文明形成时，学者们对文明形成的要素，提出了三要素说、四要素说、五要素说、单一要素说等，意见不一，试分别评述于下。

一、三要素说

这是美国学者克拉克洪、英国学者丹尼尔等提出的。克拉克洪认为："不论任何文化只要具备了下列三项因素中的两项，就是一个古代文明。这三项标准是：1. 有城墙围绕的城市，城市居民不少于5000人；2. 文字；3. 复杂的礼仪中心。"① 丹尼尔认为："文明有三个标志。1. 要有文字；2. 要有城市（人口要有五千人以上）；3. 要有复杂的礼仪中心，就是一种为礼仪而造的建筑物。这三点如果具备两点，就可以认为是古代文明社会遗址。"② 国内不少学者都接受了这一说法，有的则

---

① C. Kluckholn. *Tne Moral Order in the Expanding Society in Kraeling*, *City Invisible*, *on Oriental Institute Symposium*, 1960.

② 〔英〕格林·丹尼尔：《考古学简史》(Glyn Danier, *A Short History of Archaelogy*, Thames and Hudon, 1981)。

补充一项、二项，如金属工具和国家等，构成所谓四要素说、五要素说。但这三个要素中，除礼仪中心外，文字和城市都不是他们首先提出的。

关于文字的创制使用与文明形成的关系，摩尔根、马克思、恩格斯早在19世纪就提出过。他们都已把文字的发明及应用作为文明形成的重要标志，这并非克拉克洪和丹尼尔的新发明。而且摩尔根等明确提出："文字的应用，是指标音字母的发明使用、石刻的象形文字和应用于文献记录。"而克拉克洪等却把这一要素简单化为"文字的使用"，就使得有些人把一些原始的符号也算做文字，而把文明形成的时间大大提前。关于城市的产生与文明的关系，也不是克拉克洪和丹尼尔首先提出的。摩尔根、马克思、恩格斯也早就提出过。他们都一致把城市的产生放在文明形成前的野蛮时期高级阶段，和克拉克洪、丹尼尔认为城市是文明形成的标志不同。摩尔根、马克思等更认为在野蛮时代中级阶段，已出现堡垒型的共同住宅，因此不能依据城市的出现就确定已进入文明时期，只能说已向文明时期过渡。而城堡的出现则标志着更早的阶段。刘庆柱也提出："要把具有国家政治中心性质的'城'与军事性质的'城堡'、大型居民点的'村寨'等区分开来。"① 我们也早就提出："只有在分工进一步发展，形成了手工业和商业，才有可能产生真正的城市，这时军事性的城堡已变成了商业性的城市。这才真正进入文明时代。"② 因此，绝不能以发现城墙与否作为文明形成的标志。

关于复杂的礼仪中心和文明形成的关系，这在摩尔根、恩格斯的著作中并未提到，是克拉克洪、丹尼尔等新提出来的。它作为文明要素之一，是出现于文明形成过程的哪一阶段，却还有待探讨。《世界上古史纲》一书认为："文明的中心往往有神庙建筑，所谓社稷类的宗教集中地点，但这类神庙建筑物作为文明现象之一，与其说是宗教的活动地

---

① 《中国文明起源和早期国家形态研讨会发言摘要》，《考古》2001年第2期。

② 孙进己、干志耿：《东北亚各族文明形成发展理论的研究》，《东北亚文化研究》，中州古籍出版社，1994年版，第25—35页。

点，毋宁说是政治经济的活动所在地。小亚南部的沙塔尔、休于，早已有相当规模的神庙建筑和宗教活动中心，但那里还不是城市，还未出现文明，那里还是农村，而且狩猎生活在居民中大概还占相当重要的地位。”① 这指出了礼仪中心作为文明现象之一，并非出现于文明时期，而是早在进入文明时期以前就已出现，而且比城市出现还早。确实我们可以看到古代许多地区，在野蛮时期中级阶段就已经有了神庙等礼仪中心。因此，不能用礼仪中心的出现来确定文明时期的到来，而只能用之来确定该地区已进入文明形成时期。有人把牛河梁女神庙的出现，说成是“文明的曙光”② 是可以的，但不应称为“原始文明”。因为，文明的曙光当然并不表明已进入文明时期，而只表明文明的开始形成。

从上看来，克拉克洪、丹尼尔等提出的三项标志，虽都是文明形成过程中的标志，但却并不都是进入文明时期的标志。礼仪中心是早在野蛮中期就已出现，城市是野蛮时期高级阶段的产物，只有文字才是文明时期的产物，但也并非所有原始符号的出现都能算做文字的出现。因此，用这三个要素来观察文明形成的过程是可以的，但要把这三个要素，甚至说只要具备其中两点，就可以认为是古代文明社会遗址，恐怕是难以成立的。

二、四要素说、五要素说

国内有些学者在克拉克洪、丹尼尔等人的三项标志上加上了一条金属器的使用，这就形成了四要素说；有的又加上国家的形成，构成了五要素说。

如夏鼐提出：“现今史家一般把‘文明’一词用来指一个社会已由氏族制度解体而进入有了国家组织的阶级社会的阶段。这种社会中，除了政治组织上的国家以外，已有城市作为政治（宫殿和官署）、经济

① 世界上古史纲编写组：《世界上古史纲》上册，人民出版社，1979 年版，第 10 页。

② 孙守道、郭大顺：《论辽河流域的原始文明与龙的起源》，《文物》1984 年第 6 期。

（手工业以外，又有商业）、文化（包括宗教）各方面活动的中心。它们一般都已经发明文字和能够利用文字作记载（秘鲁似为例外，仅有结绳记事），并且都已知道冶炼金属。文明的这些标志中，以文字最为主要。欧洲的远古文化只有爱琴—米诺文化，因为它有了文字，可以称为文明。此外欧洲各地的各种史前文化，虽然都已进入青铜时代，甚至进入铁器时代，但都不称为'文明'。"① 他也是以国家、城市、文字、冶炼金属作为文明形成的标志，而以文字为主，又把礼仪中心归入城市之中。

李学勤也在接受丹尼尔三个文明标志基础上提出："但从我国的考古学来看，文明社会的标志至少还有一个，就是金属的使用。这样看来，就应该有四个。"②

安志敏提出："目前在考古学、历史学、人类学和民族学等一系列著作中，大抵以城市、文字、金属器和礼仪建筑等要素的出现，作为文明的具体标志……但是文明的诞生就是国家和阶级社会的出现，象征着社会进化史上的一个突破性的质变，这在学术界几乎是没有任何异议的。"③ 他又在以上四要素基础上增加了国家和阶级社会的出现。

邹衡认为："文字应该是文明最重要的标志，对金属的进一步加工也是进入文明时代的必要条件，城市的形成与发展应该是文明的主要内容之一，文明的产生和国家的出现应该是同步的。"④ 他把文字、城市、金属器、国家作为文明四要素。

徐苹芳提出："一般认为文明要素有文字、城市、复杂的礼仪中心、青铜器铸造以及国家的出现等。"⑤ 他同样以五要素为基础，只是把金属器改成了青铜器铸造。

刘庆柱认为："文明起源与形成涉及对文明因素构成的研究。目前

① 夏鼐：《中国文明的起源》，《文物》1985 年第 8 期。
② 李学勤：《考古学与古代文明》，《北方文物》1986 年第 3 期。
③ 安志敏：《试论文明的起源》，《考古》1987 年第 12 期。
④ 邹衡：《中国文明的诞生》，《考古》1987 年第 12 期。
⑤ 《中国文明起源座谈会纪要》，《考古》1989 年第 12 期。

大多认为，它们应包括城市、金属器、礼仪器物等。”王冠英认为：“关于文明的起源，许多专家都主张以城市、青铜器、文字和大型的礼仪建筑作为文明起源的重要标志，这从方法论上说是可以遵循的。”白云翔认为：“学术界之所以把诸如城市、文字、冶金术等作为文明要素进行国家起源和形成的探究，其意义并不在于它们本身，而在于它们是国家要素的物化形式。”①

他们都是以克拉克洪、丹尼尔等的三要素为基础，仅加上金属器（或称为“青铜器”）及国家。关于丹尼尔等的三要素的不科学，不足引为进入文明时期的标准已在前面讨论了。而金属器及国家在文明形成中的作用虽很重要，但在具体掌握上却有很多问题。

首先，就金属器的使用而言，实际上是个模糊概念。因为，金属器包括黄铜、青铜、铁器，这实际上分别代表了文明形成过程中的三个不同阶段。黄铜是野蛮中级阶段向高级阶段过渡的产物，青铜是野蛮高级阶段向文明时代过渡的产物，铁器则是文明时代进一步发展的标志。用模糊的金属器的使用作标志，就无法确定当时是处在文明形成的哪一阶段。用青铜器代替模糊的金属器当然比较明确，但问题是青铜器的出现是否标志着该时已进入文明时期。在很多地区的民族中，青铜器的出现并非在文明时期到来之时，而是在到来之前。夏鼐曾说：“有人认为青铜器是文明的各种重要因素中最重要的一项，这种说法似乎并不正确。古今中外许多已掌握冶炼青铜甚至于炼铁技术的民族，仍是野蛮民族，不算是文明民族。”② 虽然中国不少学者都认为中国在青铜时代已进入文明时期，并有一些学者认为在世界各国文明形成中，也不乏在青铜时代已进入文明时期的，但我们认为他们在立论之前，还缺乏对青铜时代各民族的全面状况认真进行分析，究竟当时是已进入文明时期，还是刚进入向文明过渡的时期，甚至还未开始向文明过渡，必须认真区别。因

① 以上三说均见《中国文明起源和早期国家形态研讨会发言摘要》，《考古》2001 年第 2 期。

② 夏鼐：《中国文明的起源》，《文物》1985 年第 8 期。

此，青铜器的出现是否能作为已进入文明时期的普遍标志，尚有待讨论。而有的学者更把一些仅有少量青铜器出现，实际上还处于金石并用时代的文化，称为“青铜文化”，并进而把这些文化列为已进入文明时期，就更差之毫厘，谬以千里了。

关于国家和文明形成的关系，无疑是非常密切的。恩格斯甚至说过：“国家是文明社会的概括。”① 但要准确使用国家的出现作为文明形成的标志，就必须确定国家在文明形成过程中不同阶段的特点，即区别作为文明时期的正式国家和文明尚在形成过程中的国家雏形。这种雏形有人称之为“原始共和制城邦”和“酋邦”，但不能称之为早期国家。只有城邦的高级阶段——原始君主制城邦，才勉强具备早期国家的特征，也不能把国家雏形的特征看做正式国家的特征。有人提出了国家的新标准。如张学海：“提出了两项新标准：（一）典型史前聚落群‘都邑聚’金字塔形等级结构；（二）原始城市的产生和城乡分离的形成。两者居其一就是国家。”② 这两条作为国家早期雏形的标准是可以的，但不能作为晚期国家雏形和正式国家建立的标准。若真认为以上“两者居其一就是国家”，并据此确定已进入文明时期，就错了。因为“史前聚落群”等级结构和原始城市都在国家正式形成以前早已存在。晁福林提出：“中国早期国家的形成既有阶级分化亦有社会管理职能强化，并非按地域划分国家的结果（社会的基础依然是氏族）；既表现出镇压和统治的性质，又具有浓厚的仁慈性质；及以占卜祭祀为主要内容的神教占有重要位置。礼是十分重要的内容。”这些所谓国家的特征显然只能作为雏形国家的特征。他正确指出：“由国家的萌芽到早期国家的出现，由早期国家至完善的国家形态，都有较长的历史时期。”他还认为：“中国早期国家的历史发展阶段，按照学术界比较一致的意见，应当相当于

① 恩格斯：《家庭、私有制和国家的起源》，《马克思恩格斯选集》第四卷，人民出版社，1972年版，第172页。

② 张学海：《对推进文明起源研究的几点意见》，《中国文物报》1999年9月1日。

新石器时代后期和传说时代的五帝时期。”[①] 这种观点却是无法成立的。事实上新石器时代连国家的雏形都尚未出现，更何况早期国家。

在这里关键是怎样看待“城邦”（或称“酋邦”）在国家形成过程中的地位。酋邦或称城邦，无疑是国家形成过程中的雏形，但不能把它和正式国家相混。它还保持了血缘联系的氏族、部落，还保留了原始社会的一些机构：军事酋长、议事会、人民大会等，还保留了土地公有制。因此，它只是国家雏形，是从非国家向国家的过渡。特别是早期城邦，更具有较多的原始特征。日知认为：“城邦的诞生，这是从血缘团体、氏族关系向宗教关系、政治关系为基础的新社会开始转变的时刻。”[②] 塞维斯也说：“如果社会性的社会和政治性的社会是两个主要的社会类型，那么我们在这里称之为酋邦的社会属于哪一种呢？酋邦是家庭式的，但却不平等；它们具有中央管理和权威，但却没有政府；它们对物质生产不平等地控制，但却没有私有财产、企业家或市场；它们标志出社会分层和等级，却没有真正的社会经济阶级。它们是不是部分地属于原始社会和部分地不属于原始社会呢？它们是否在一定意义上是介于社会性的社会与政治性的社会之间的过渡呢？”[③] 谢维扬则肯定地说：“酋邦作为一个向国家社会过渡的阶段，这从许多人类学个案中可以得到证明。”[④] 日知曾对城邦的发展阶段做过区分。他说：“古代城邦政治形式的发展，如果舍异求同，大体可以划分为以下四个阶段：第一，神话传说时代（禅让传说时代）与原始民主制城邦；第二，史诗时代（英雄时代）与原始君主制城邦；第三，春秋（编年史）时代（列国争霸时代）与公卿执政制城邦；第四，战国时代（群雄并争时代）向帝国时代过渡，古代城邦制走向解体。”[⑤] 按此，城邦发展的第一阶段是在原始社

---

① 晁福林：《中国早期国家问题论纲》，《光明日报》2000 年 12 月 1 日。

② 日知：《古代城邦史研究》，人民出版社，1988 年版，第 4 页。

③ E. R. Service：“Profites in Ethnology” p. 498.

④ 转引自谢维扬：《中国早期国家》，浙江人民出版社，1995 年版，第 226 页。

⑤ 日知等：《古代城邦史研究》，人民出版社，1988 年版，第 61 页。

会中的，相当于野蛮时期高级阶段，第二阶段是向文明时期过渡阶段。后两阶段才正式属文明时期，因此，如果将城邦的最初出现就看做国家形成，把该时期列入已进入文明时期，显然是不妥当的。而晁福林所说的“中国早期国家的历史发展阶段，按照学术界比较一致的意见，应相当于新石器时代后期和传说时代的五帝时期”① 则把城邦发展的第一阶段看做早期国家，而把城邦发展的第二阶段看做完善国家，这显然是把国家和文明的形成提前了。应该说城邦是国家的雏形，是向国家的过渡，它出现在正式国家形成之前。城邦的第二阶段作为国家雏形的晚期，才勉强可列入文明时期，早期国家已是城邦发展的第三阶段。

谢维扬认为：“按塞尔维斯的看法，早期国家与酋邦的主要不同，是在于：一、早期国家‘是依靠包括武力垄断在内的一种特别的机制来整合的’；二、在早期国家中‘社会分割为一些——经济阶级’。这实际上是说：早期国家比起酋邦来，一方面政治统治更正规化、形式化、专业化，并更多地以武力的垄断为基础，另一方面社会分层现象已发展成为明确的阶级划分。在这里似乎还应补充一点，那就是生产力的提高。伦斯基说：‘当酋邦向国家转化时，经济上的剩余产品的数量已足够大，以至可支持必要的军事机构和政治机构。’”② 在这里也明确提出了早期国家与酋邦的区别。

三、以国家为文明形成的单一标志说

主张以国家为文明形成的单一标志者，如陈剩勇认为：“纵观人类文明史，由于世界各民族所处的自然地理环境不同，种族的、社会的、经济的、文化的、历史的背景各异，古代各大文明的内涵也大不一样。就以国内学者视为文明必备的四大要素——文字、城市、青铜器和宗教性建筑来说吧，城市是两河流域苏美尔文明崛起的象征，但玛雅文明、

① 晁福林：《中国早期国家问题论纲》，《光明日报》2000 年 12 月 1 日。
② 谢维扬：《中国早期国家》，浙江人民出版社，1995 年版，第 226 页。

麦锡尼文明以及十八王朝以前的埃及古代文明却都是‘没有城市的文明’。文字被许多学者认为是文明的最主要因素，但在古代南美洲的印加文明，尽管社会已经进化发展出相当发达的国家组织，但却未见印加文明存在文字系统，其用来记事和传播信息的是结绳文字；在中美洲的玛雅文明，也仅有一种历法的图形文字。而被国内学者视为中国文明之起源的最重要指示物的青铜冶铸一项，更不具备普遍意义。例如在欧洲，青铜器是在公元之前四千纪已经出现，而爱琴文明的克里特岛直到公元前二千纪才建立国家；在中美洲，玛雅文明的基础也是建立在石器同非金属器之上的。至于宗教礼仪性建筑，由于各民族的宗教信仰体系不同，各大文明的礼仪性建筑的规模悬殊极大，在某些文明中大型神庙是其重要特征，在另一些文明中则从无大型神庙或金字塔一类的宗教建筑存在。因此，国际上那些主张以某项经济、文化因素作为评判文明诞生标尺的学者们，往往各持一端，分歧极大。有鉴于此，最近一些年来，国际上已经有越来越多的学者在研究探讨文明起源时，有意绕开‘文明’这一意义含混的概念，不再把注意力专注于文明本身的经济、文化因素，而把审视的焦点对准作为文明的主要伴随物‘国家’上。”①

王震中也认为：“目前，国内外较为流行的观点是把铜器、文字、城市等作为文明的标志或要素来探讨文明的起源。这种文明观明显的存在两个方面的缺陷。其一，是这类标志物具有很大的局限性，很难适应世界各地文明起源的多样性和区域性；其二，是它将文明看成是单项因素的凑合，形成所谓‘博物馆清单’式的文明观，这既难以对文明社会的出现作出结构特征性的说明，更难以对文明社会的形成过程作出应有的解释。”“古代不同类型的文明在其演进过程中所呈现的物化形式是有差别的。我们可以分别归纳总结出各地各民族各自的一系列物化的标志物，但很难将它作为统一性的共同标志来放之四海而皆准。”他和陈剩勇同样列举了许多文明不具备这种或那种文明要素，来否定存在放之四

① 陈剩勇：《中华文明起源研究随想》，《浙江社会科学》1993 年第 6 期。

海而皆准的普遍标准。最后他得出结论说："既然用具体的文化形式难以对各地文明社会作出共同标志的概括，那么能否在这些具体文化形式之外的抽象层次上确立一个既能反映文明社会结构的共同标志，而又允许这种统一的共同标志在不同的生态地理和社会环境中有着不尽相同的文化表现或物化形式？笔者的回答是肯定的。全面考察史前与文明社会的形态区别，笔者以为能担当此任者只能是国家。"①

张学海认为："文字、城市、礼仪性建筑和青铜冶铸等文明诸要素的产生，并不整齐划一。况且已知的世界古文明，并不都具备三要素，更不用说四要素了。因而文明三要素或四要素都很难成为确认世界各地区各民族进入文明的普遍标准……既然文明起源是指文明社会即阶级社会的产生和文明时代的开端，而'国家是文明社会的概括'，因而应把国家的诞生作为文明起源的根本标志。"②

他们所说的诸文明要素并非各地文明都具备，因而不可能有普遍性标准之说，本身就是缺乏根据不能成立的。如以城市为例，所说的有些地区没有城市就根本不符合事实。日知提出："在城市发生问题讨论过程中，一些著名埃及学者（德之 W. 赫尔克，美之 J. A. 威尔姆）曾说埃及文明为'没有城市的文明'。其实埃及自前王朝起就有城市（希拉康坡里、涅加达），后来城市发展很快。1977 年，英国的埃及学者 B. J. 肯普撰文以驳前说，在题为《城镇在埃及之早期发展》一文中指出：'无疑的，古代埃及是一种合于常规的城市化的社会'，他认为……如将古埃及之阿卑多斯、厄勒番廷、希拉康坡里、爱得福、卡宏诸城排列在美索不达尼亚的地亚那许多城市之中，前者（埃及诸城）比之后者（西亚诸城）将毫无逊色。"③ 而据许多世界文明史的介绍，玛雅文明和迈锡尼文明也都是有城市的。而有些地区之所以没有城市就是因为它们没

① 王震中：《中国文明起源的比较研究》，陕西人民出版社，1994 年版，第 1 页。
② 张学海：《对推进文明起源研究的几点意见》，《中国文物报》1999 年 9 月 1 日。
③ 日知：《古代城邦史研究》，人民出版社，1989 年版，第 4 页。

有发展到产生城市的阶段。其他要素也都是如此，必须到一定阶段才产生。他们的根本问题是在不区别文明形成不同阶段的地区文化的基础上，将它们进行比较，只是依据一些没有发展到某一阶段的地区不具备某一文明要素，就武断地认为这个文明要素没有普遍意义。事实是，各个文明要素都有它自己产生的条件和时间，各地区各民族发展到了某一阶段时，就会产生某一要素，当它未进入这一阶段时，当然就不会产生这一文明要素。因此，要进行综合比较，必须先把各地的文明形成过程划分阶段，把进入同一阶段的地区进行比较，才能确定它们是否有共同特征。

同时，他们仅以国家作为文明形成的标志，显然行不通的。正如陈剩勇自己所说的："文明时代的人类社会，无论从社会组织、经济结构和科学文化等方面看，都是一个巨大的、具有整体性、革命性的突破变化。因此，随意地抽取文明的某一项因素，或把诸如文字、城市、金属器和礼仪性建筑等凑合在一起作为标尺来评估衡量某个社会进入文明之年代的做法，都难免以偏概全，失之偏颇。"① 这是正确的，确实不应随意地抽取某一项因素作为标尺。因此同样，即使国家是最重要的标志，仅抽取国家作为文明形成的标志，显然也"难免以偏概全，失之偏颇"。

虽然我们认为不能用国家形成作为文明形成的单一标志，无疑以国家形成作为重要标志还是可以的。问题是陈剩勇在如何以国家形成来确定文明形成上，也未把握住关键。他说："但由于西方社会科学家们对国家这一概念的定义、职能的认识极不一致，学者们对于国家到底处于人类文明演进的哪个阶段上的评估，也存在深刻的、难以调和的分歧。"② 然而事实上学者们的分歧并非在"对于国家到底处于人类文明演进的哪个阶段上"。对国家是进入文明时期的产物并不存在分歧，分歧在于国家形成的那个阶段和文明演进的一定阶段相适应。在这里陈剩勇自己的认识就相当混乱。一方面说："文明时代前期的中国社会，就

① 陈剩勇：《中华文明起源研究随想》，《浙江社会科学》1993 年第 6 期。
② 同上。

依然是一个基于血缘制度的个人关系和地位的社会，而不是如希腊雅典国家那样的基于地域财产关系的契约关系的社会。”一方面又说：“在中华文明的纵轴上，母系制实际上盛行于从石器时代向铜器时代转变，从酋邦社会向国家社会的转型阶段。”[①] 按他所说，他把酋邦社会与石器时代对应，而把国家社会与铜器时代（他甚至未明指是青铜时代）对应，他又认为母系制盛行于两者的过渡时期，还认为“文明时代前期的中国社会，就依然是一个基于血缘制度的个人关系和地位的社会”。但按世界一般发展状况而言，酋邦社会已脱离石器时代和母系制，正好是进入铜器时代和父系制以后的产物；而国家社会则是脱离血缘制度和青铜时代的产物，只有这时才能进入文明时代。他的混乱正好反映了他对国家形成过程各阶段和文明形成各阶段的对应关系没有正确认识，当然也就无从正确应用国家的形成来作为标志去正确认识文明的形成了。

综上各种说法看来，当前我国学术界对文明形成标志的认识相当混乱。第一，是对文明形成需有哪些要素没有统一认识。第二，是对这些要素分别形成于什么时期没有统一认识。第三，是对一些基本概念的认识也很混乱，例如几乎就很少有人能正确阐明国家是什么，要在这种混乱认识的基础上去探讨文明形成的理论和确定中国文明的形成时期是非常困难的。因此只有创建一个完整的科学的文明形成理论，才能正确解决这一问题。

第二节　文明形成的生产力标志

一、分工的发展，畜牧业、农业、手工业、商业的产生

恩格斯指出：“文明时代是社会发展的一个阶段，在这个阶段上，

---

① 陈剩勇：《中华文明起源研究随想》，《浙江社会科学》1993 年第 6 期。

分工，由分工而产生的个人之间的交换，以及把这两个过程结合起来的商品生产，得到了充分的发展，完全改变了先前的整个社会。”① 又说：“这样，我们就走到文明时代的门槛了。它是由分工方面的一个新的进步开始的。在野蛮时代低级阶段，人们只是直接为了自身的消费而生产；间或发生的交换行为也是个别的，只限于偶然留下的剩余物。在野蛮时代中级阶段，我们看到游牧民族已有牲畜作为财产，这种财产，到了成为相当数量的畜群的时候，就可以经常提供超出自身消费的若干剩余；同时，我们也看到了游牧民族和没有畜群的落后部落之间的分工，从而看到了两个并列的不同的生产阶段，也就是看到了进行经常交换的条件。在野蛮时代高级阶段，农业和手工业之间发生了进一步的分工，从而发生了直接为了交换的、日益增加的一部分劳动产品的生产，这就使单个生产者之间的交换变成了社会的迫切需要。文明时代巩固并加强了所有这些在它以前发生的各次分工，特别是通过加剧城市和乡村的对立……而使之巩固和加强，此外它又加上了一个第三次的、它所特有的、有决定意义的重要分工：它创造了一个不从事生产而只从事产品交换的阶级——商人。”②

在这里，恩格斯充分强调了“分工”在文明形成过程中的作用，这是迄今为止这方面研究者很少涉及的。其他学者还没有把此列为文明要素之一。

把分工作为文明形成的标志，就是要把农业、畜牧业的分工和农业、手工业之间的进一步分工作为重要标志。文明时代应该有较为发展的独立的手工业。而更为重要的则是要重视文明时代所特有的即商业的出现。因此城市的产生，不仅要看有没有围墙，重要的是要看它有没有形成市场。只有形成市场，单纯的军事城堡才转化为真正的城市。

---

① 恩格斯：《家庭、私有制和国家的起源》，《马克思恩格斯选集》第四卷，人民出版社，1972年版，第170页。

② 同上书，第161—162页。

在这方面需要补充的是，似乎恩格斯过分强调了畜牧业的发生发展在分工和文明形成中的地位，而对农业发生发展的作用论述不够。虽然他也曾提到“野蛮时代的特有的标志，是动物的驯养、繁殖和植物的种植”①，但也只强调了植物的种植在西大陆文明形成中的作用，而没有强调农业在东大陆文明形成中的同等重要作用。日知指出：“发生于新石器时代的农业生产，即农耕和畜牧以人工增加天然产物的生产，在生产力发展史中是划时代的，在历史上是起革命作用的，这种作用集中表现为通过生产力的发展，导致文明的产生。由新石器时代农业发生到文明起源，中经由生产力之继续发展而出现的革命，由部落、农村结合为国家、城市。文明起源毫无例外地必须以农业革命为基础。”② 他充分强调了农业的产生在人类文明史上的重要地位，这是对恩格斯文明形成理论的重要补充。

大致来说，牲畜的驯养比农业的发生可能要早些，大约在野蛮低级阶段已出现，而在野蛮中级阶段过渡到真正的畜牧业。恩格斯曾认为：野蛮时代中级阶段“在东大陆是从驯养家畜开始；在西大陆，是从靠灌溉之助栽培食用植物……”③恩格斯又说：“园圃种植业大概是野蛮低级阶段的亚洲人所不知道的，但它在那里作为农田耕作的先驱而出现不迟于中级阶段。”④ 可见在东大陆中级阶段也已有了农田。如果畜牧业比农业较早发生，则畜牧的驯养可能开始于野蛮时期低级阶段。

如果把畜牧业、农业的产生作为文明形成的起点，则文明形成是从野蛮中级阶段初开始，而随着农业的发生，又得到进一步发展，又随着手工业的发生而进一步形成，商业出现已是文明时期了。有人认为文明

---

① 恩格斯：《家庭、私有制和国家的起源》，《马克思恩格斯选集》第四卷，人民出版社，1972年版，第19页。

② 日知：《农业起源与文明起源》，《史前研究》1983年第2期。

③ 恩格斯：《家庭、私有制和国家的起源》，《马克思恩格斯选集》第四卷，人民出版社，1972年版，第20页。

④ 同上书，第156页。

形成的开始仅是从农业革命开始，这又完全否定了畜牧业的产生对文明形成的作用。因此，还应把野蛮中级阶段畜牧业的形成也作为文明形成的起点。

恩格斯又指出："现在我们可以把摩尔根的分期法则概括如下：蒙昧时代是以采集现成的天然产物为主的时期；人类的制造品主要是用作这种采集的辅助工具。野蛮时代是学会经营畜牧业和农业的时期，是学会靠人类的活动来增加天然产物生产的方法的时期。文明时代是学会对天然产物的进一步加工的时期，是真正的工业和艺术产生的时期。"① 要按此来理解，手工业虽产生于野蛮时期高级阶段，但它真正发挥作用，使人类学会对天然产物的进一步加工却是在文明时代。在文明形成以前，手工业还不能起到这样的作用。事实上在文明时期的资本主义以前时期，生产长期处于自然经济状况，家庭手工业和农业结合的产品主要满足于自身需要，当时虽有了手工业和商业，在经济中并不占主要地位。因此不能夸大手工业商业在文明形成中的作用。

二、生产工具的改进，石器到黄铜、青铜器的产生

文明形成的第二个生产力标志是生产工具的改进，先由打制石器过渡到磨制石器，使得石器种类增加，然后过渡到金属工具出现。先是黄铜的使用，以后又出现了铜锡的合金——青铜。在野蛮时代低级阶段，人们已过渡到磨制石器时代，石器的制作已比以前精致了，石器的种类也大大增加，有了为各种专门用途制作的各种石器，如石斧、石刀、石凿、石锄、石镞等。这促使了生产力的提高，这时应该说已有了创造文明的可能，也就开始了文明的形成过程。

文明的逐步形成是与金属工具的产生分不开的，人类有了金属工具才有可能真正形成文明。世界上最早出现的一些文明古国，都是从使用

① 恩格斯：《家庭、私有制和国家的起源》，《马克思恩格斯选集》第四卷，人民出版社，1972 年版，第 21 页。

青铜器开始进入向文明时代的过渡。如巴比伦、埃及、中国、印度，甚至希腊也是在青铜时代已形成了克里特和迈锡尼文明。

但是摩尔根和恩格斯却都强调只有发明了铁器才能进入文明时代。

如摩尔根认为："当野蛮人一步一步前进而发现了天然金属，并学会了将金属放在坩埚里熔化和放在模型里铸造的时候，当他们把天然铜和锡熔合而产生了青铜的时候，他们争取文明的战争便已十成赢得九成了。人类具备了既能有锋刃又能有锋尖的铁器以后，进入文明自无问题……总之，我们可以说，文明的基础就是建立在铁这种金属之上。没有铁器，人类的进步便停滞在野蛮阶段。"又说："高级野蛮社会始于铁器的制作。"摩尔根肯定了青铜器在文明形成中的作用，但也误认为只有铁器才使人类从野蛮时代进入文明时代；误认为铁器的制造并非始于文明时期，而是始于野蛮高级阶段。

恩格斯则认为：野蛮高级阶段"从铁矿的冶炼开始……野蛮时代高级阶段的全盛时期，我们在荷马的诗中，特别是在《伊利亚特》中可以看到。完美的铁器……"① 又说："下一步把我们引向野蛮时代高级阶段，一切文化民族都在这个时期经历了自己的英雄时代：铁剑时代，但同时也是铁犁和铁斧的时代。"② 而我国多数学者却把青铜时代作为进入文明时代的生产力标志。这三种观点显然相差很大。

应该指出：摩尔根和恩格斯之所以认为只有使用铁器才进入文明时代，恩格斯甚至认为在野蛮时代高级阶段已经进入铁器时代，他们这些提法的形成是由于以下原因：

第一，他们所依据的史料，主要是希腊、罗马、日耳曼，但这三个民族进入文明时代，都不是自己独立形成的，而是在以前民族生产力发展的基础上进入文明时期的。如雅典进入文明是在克里特、迈锡尼、腓

---

① 恩格斯：《家庭、私有制和国家的起源》，《马克思恩格斯选集》第四卷，人民出版社，1972年版，第21—22页。

② 同上书，第159页。

尼基等人类文明基础上，而罗马则受希腊文明的影响，日耳曼文明受罗马文明的影响等。因此它们就会在较高的生产力水平基础上进入文明时代，而一些自己独立进入文明时代的民族却不可能有如此高的生产力。

第二，恩格斯过分夸大了铁器在荷马时代和塔西佗时代中的比例。事实上当时他们还没有真正进入铁器时代。

第三，也是最主要的一点，摩尔根和恩格斯都把野蛮时代高级阶段和野蛮向文明的过渡阶段合为一个时期了。事实上从野蛮向文明的过渡并非在野蛮时代高级阶段就全部完成，有一些是在野蛮向文明的过渡时期才最后完成的。恩格斯把许多文明要素的形成过程全放在野蛮时代高级阶段中了，实际上有些发展是一步一步完成的，它不可能在一个阶段全部完成，同时也不需要文明要素完全完备，完全成熟才能进入文明时期，有一些文明要素的完备和成熟是在文明形成以后的野蛮进一步向文明过渡的时期才最后完成的。

我们认为应把野蛮到文明的过渡时期与野蛮时代高级阶段分开来，过渡时期是文明的完备和成熟过程，可以认为文明已经形成，而野蛮时代高级阶段，则文明尚未形成，这一问题将在本章第六节中专门讨论。

三、从集体生产过渡到个体生产

文明形成的第三个生产力标志是从集体生产过渡到个体生产。这一过程，是随着生产力的发展逐步实现的，畜牧业、农业、手工业的相继形成，金属工具的产生，使个体生产成为必要和可能，生产逐渐由氏族集体劳动先转为大家族集体劳动，大家族逐渐由百余人缩为数十人，即一般不超过三四代，最后转化为一夫一妻制小家庭单独耕作。畜群的放牧和农田的管理，已不需要大群人来从事，由家族或小家庭管理已完全能胜任，这可以节省劳动力，提高生产效率。这样个体生产就变为必须如此了。

大概在野蛮时期中级阶段，氏族的集体生产已过渡为大家族的集体生产，这表明文明形成的开始，而到大家族集体生产再过渡为小家庭个体生产，则表明文明已形成了。

第三节 文明形成的生产关系标志

文明形成在生产关系方面也具有一些重要的标志，但一些学者在讨论文明形成的标准时，却一条也未涉及。显然这是不应忽视的，现试讨论于下。

一、公有制向私有制的转变

恩格斯指出："畜群……从部落或氏族的共同占有变为各个家庭（族）家长的财产……这一过渡一定是在这个阶段（野蛮时期中级阶段——本书作者注）上发生的。"又说："耕地仍然是部落的财产，最初是交给氏族使用，后来由氏族交给家族公社使用，最后便交给个人使用。""各个家族首长之间的财产差别，炸毁了各地仍然保存着的旧的共产制家庭（族）公社；同时也炸毁了在这种公社范围内进行的共同耕作制。耕地起初是暂时地、后来便永久地分配给各个家庭使用，它向完全的私有财产的过渡，是逐渐完成的，是与对偶婚向一夫一妻制的过渡平行地完成的。个体家庭开始成为社会的经济单位了。""一夫一妻制家庭……它是在野蛮时代的中级阶段和高级阶段交替的时期从对偶家庭中产生的。"① "当新的土地占有者彻底摆脱了氏族和部落的最高所有权这一桎梏的时候，他也就挣断了迄今把他同土地不可分割地连在一起的纽带……随着贸易的扩大，随着货币和货币高利贷、土地所有权和抵押制

---

① 恩格斯：《家庭、私有制和国家的起源》，《马克思恩格斯选集》第四卷，人民出版社，1972年版，第157、160、57页。

的产生，财富便迅速地积聚和集中到一个人数很少的阶级手中……”① 恩格斯在这里论述了从野蛮时期中级阶段起部落氏族的财产已转为家族的财产，到野蛮时期高级阶段逐渐转变为小家庭的私有财产，最后在文明时期财产集中到一个人数很少的阶级手中。

因此，可以说真正的土地私有制度的确立，是与小家庭的形成及占有财产联系在一起的。这反映在考古中，可以从住宅的缩小来区别。在野蛮初级阶段时人们的住宅较大，因为当时整个氏族居住在一起，而到野蛮中级阶段，住宅就较小了，因为当时已以父系大家族为居住单位；到野蛮高级阶段，住宅规模更小了，仅十平方米左右，因为这时已以小家庭为居住单位。小私有制在初形成时，还不可能完全摆脱公有制，因此就表现为公有制向私有制的过渡形态。私有制的出现、贫富的分化、奴隶的产生就成为文明形成的三大标志。

二、部落所有制向公社所有制和国有制的转变

部落所有制是人类最初形成的所有制，虽然在部落形成以前曾存在过血缘家庭和普那路亚家庭，但当时既不存在大量的积累的消费资料，更不存在成型的生产资料，土地的私有更无必要和可能。因此不可能形成真正的所有制，只有所有制的萌芽。

马克思、恩格斯在《德意志意识形态》中也把部落所有制作为第一种所有制。但马克思、恩格斯所说的部落所有制已是晚期的部落所有制。“父权制的酋长，他们所管辖的部落成员以及奴隶。”② 在此以前，已有早期的母权制时的部落所有制，尚无奴隶，一切为部落公有。但这种最早的部落所有制的形成可以说文明的形成尚未开始。

① 恩格斯：《家庭、私有制和国家的起源》，《马克思恩格斯选集》第四卷，人民出版社，1972年版，第163—164页。

② 马克思、恩格斯：《费尔巴哈》，《马克思恩格斯选集》第一卷，人民出版社，1972年版，第26页。

部落所有制的进一步发展是公社所有制及国有制。马、恩把这种所有制列为第二种所有制，它实际上不是真正的第二种所有制，而是介于第一种部落所有制和第二种奴隶所有制间的过渡形态。马、恩论述这种形态时说："这种所有制是由于几个部落通过契约或征服联合为一个城市而产生的。在这种所有制下仍然保存着奴隶制。除公社所有制以外，动产的私有制以及后来不动产的私有制已经开始发展起来，但它们是作为一种反常的，从属于公社所有制的形式发展起来的。公民仅仅共同占有自己的那些做工的奴隶，因此就被公社所有制的形式联系在一起。这是积极公民的一种共同所有制……因此，建筑在这个基础上的整个社会结构，以及与之相联系的人民权力，随着不动产私有制的发展而逐渐趋向衰落。"① 马恩在这里所说的公社所有制实际上是最早的一种公社所有制：大家族公社所有制，这是一种不动产（土地）和奴隶尚是公有的一种公社所有制，它主要存在于野蛮时代高级阶段及以后的过渡时期。随着小家庭的出现，这种家族公社所有制过渡为家庭公社所有制。这时土地（不动产）名义上是公有，但已定期分配给小家庭耕种，动产包括奴隶已归小家庭所私有，这种家庭公社还保持着血缘联系。

家庭公社所有制的进一步发展是公社所有制的最后一种形式，农村公社所有制。土地已不再重新分配，血缘联系已被地域联系所代替。家族公社是存在于野蛮高级阶段，家庭公社是存在于野蛮向文明的过渡时期，农村公社是存在于文明时期。文明的形成从部落所有制的发展开始，经过家族公社所有制，到家庭公社所有制，文明已经基本形成，农村公社已是公社所有制在文明时期的残留了。

与部落所有制逐步分化为家族公社所有制及家庭公社所有制的同时，部落又经过部落联盟过渡为城市——城邦国家，并产生了最初的国家所有制。土地是整个城邦国家所有并逐级分配给部落——氏族，家

① 马克思、恩格斯：《费尔巴哈》，《马克思恩格斯选集》第一卷，人民出版社，1972 年版，第 26 页。

族、家庭所耕种。因此家庭公社所有制和国家所有制是联系在一起的，家庭公社所有制是国家所有制存在的基础。正是在部落所有制经过部落联盟所有制，最后发展成城邦国家所有制时，文明也基本完成了自己的形成过程。

过去，马克思曾认为东方长期存在土地国有制，但实际上在文明时期东方存在的国家所有制，已经徒具形式，它在实质上已是王有制。土地国有制和王有制的区别在于：在国有制下土地主要是分配给城邦国家所组成的各部落和各家族家庭公社，虽有王和贵族多占的现象，但不是主要的，而在文明时期的土地王有制下，王已把国家公有的土地大量分配给自己的子女亲属及功臣。这已是一种实质上的私有制。这已属于文明时期下徒具形式的土地国有制了。

三、奴隶的产生并为小家庭所有

恩格斯论证了在野蛮时期中级阶段奴隶的产生："一切部门——畜牧业、农业、家庭手工业——中生产的增加，使人的劳动力能够生产出超过维持劳动力所必要的产品。同时，这也增加氏族、家庭公社或个体家庭的每个成员所担负的每日的劳动量。吸收新的劳动力成为人们向往的事情了。战争提供了新的劳动力：俘虏变成了奴隶。第一次社会大分工在使劳动生产率提高，从而使财富增加并且使生产场所扩大的同时，在既定的总的历史条件下，必然地带来了奴隶制。从第一次社会大分工中，也就产生了第一次社会大分裂，即分裂为两个阶级：主人和奴隶、剥削者和被剥削者。"①

恩格斯又指出："野蛮时代高级阶段……于是发生了第二次大分工，手工业和农业分离了。生产的不断增长以及随之而来的劳动生产率的不断增长，提高了人的劳动力的价值；在前一阶段（野蛮中期——本书作

① 恩格斯：《家庭、私有制和国家的起源》，《马克思恩格斯选集》第四卷，人民出版社，1972年版，第157页。

者注）上刚刚产生并且是零散现象的奴隶制，现在成为社会制度的一个本质的组成部分；奴隶们不再是简单的助手了；他们被成批地赶到田野和工场去劳动。”①

恩格斯认为在野蛮时代中级阶段刚零散地产生奴隶，而到高级阶段已被成批地赶到田野和工场去劳动。这与史实是有出入的。奴隶被成批地赶到田野和工场劳动是奴隶制发达阶段的事，在野蛮高级阶段，奴隶只是成为小家庭的“简单的助手”，即成为家内奴隶。这种家内奴隶制在野蛮向文明的过渡时期，才逐渐普遍发展起来。而只有在家内奴隶制充分发展的基础上，才进入了发达的奴隶制阶段，才有奴隶成批地赶往田野和工场去劳动的现象。

奴隶在刚产生时，是归大家族所公共所有，后来实际上成为大家族的家长所有。只有当大家族分化为小家族以后，奴隶才转变为小家庭所有。

因此奴隶的出现可以作为文明形成开始的标志之一，而奴隶成为各个小家庭所有，则成为文明形成的标志。

四、贫富的分化

作为文明形成的另一种标志是贫富的分化。

随着部落的发展，不同部落由于所处地理条件的差异，已经出现了部落间贫富的差异，随着以后一些部落对其他部落的征服，收取贡纳，部落间更有了贫富的差异。同时随着氏族、家族的发展也出现了一些富贵氏族、家族和一般氏族、家族之间的贫富分化。在父系大家族内部，父家长也逐渐把财产集中到自己手中，形成了家族中家长和一般成员的贫富分化。文明已在这些贫富分化中开始形成。

真正的贫富分化是从野蛮时期晚期出现的，恩格斯指出：“除了自

① 恩格斯：《家庭、私有制和国家的起源》，《马克思恩格斯选集》第四卷，人民出版社，1972年版，第159页。

由人和奴隶之间的差别以外，又出现了富人和穷人间的差别，——随着新的分工，社会又有了新的阶级划分。各个家庭首长之间的财产差别，炸毁了各地仍然保存着的旧的共产制家庭公社。同时也炸毁了这种公社范围内进行的共同耕作制。”①

在这里必须研究穷富差别的出现是先于奴隶制还是随着奴隶主和自由民之间的差别而出现，在上文中似乎是后者。但恩格斯在《反杜林论》中却说：“为了能使用奴隶，必须掌握两种东西：第一，奴隶劳动所需的工具和对象；第二，维持奴隶困苦生活所需的资料。因此，先要在生产上达到一定的阶段，并在分配的不平等上达到一定的程度，奴隶制才会成为可能。要使奴隶劳动成为整个社会中占统治地位的生产方式，那就还需要生产、贸易和财富积聚有更大的增长。”②

这说明了贫富的分化，财产的集中是奴隶制发生的条件。因此，标志着文明最后形成的贫富分化，是个体小家庭之间的贫富分化，是随着商人的产生、财富的集中而形成的贫富分化，是随着土地的私有而产生的兼并所造成的贫富分化，这大致从野蛮向文明过渡时期已形成这类贫富分化。

因此贫富的分化，应在较早阶段上发生，实际上在野蛮中级阶段的大家族公社中，少数大家长已开始把财富集中在自己手中，成为富人，而家族其他成员则沦为穷人。而各大家族公社中间也早已出现了贫富差距。因此贫富差别的出现不是在野蛮的高级阶段，而应在野蛮时期中级阶段。

第四节 文明形成的上层建筑标志

文明的形成过程，是部落的公共权力转化为城邦统治者的统治权力

---

① 恩格斯：《家庭、私有制和国家的起源》，《马克思恩格斯选集》第四卷，人民出版社，1972年版，第160页。

② 恩格斯：《反杜林论》，《马克思恩格斯选集》第三卷，人民出版社，1972年版，第200页。

的过程，是部落发展形成部族（Volk）的过程，也是城市和公社发展形成的过程，这些体现了文明形成时期上层建筑的变化过程。

一、部落的公共权力转变为城邦的统治权力

在蒙昧高级阶段到野蛮低级阶段，已形成了最初的部落，并开始形成了最初的公共权力。由各氏族选出的氏族酋长，并由氏族酋长组成了部落议事会，这些构成了最初的独立于人民之外的公共权力。这时已开始了文明的形成过程。

在野蛮时代低级阶段，开始形成了亲属部落组成的部落联盟。恩格斯说："住得日益稠密的居民对内和对外都不得不更紧密地团结起来，亲属部落的联盟到处成为必要的了。"[①] 大约在野蛮中级阶段已经普遍形成了亲属部落的联盟。部落联盟也建立了由各部落氏族酋长组成的联盟议事会，来处理部落联盟的公共事务。在初期，各部落、氏族还都是平等的，但逐渐部落联盟中出现了显贵部落，部落中出现了显贵氏族，氏族中出现了显贵家族。到野蛮高级阶段，氏族的公共机构中已产生了不平等的因素。

在野蛮高级阶段："几个部落通过契约或征服联合为一个城市。"[②] 这种城市也就是后来所说的城邦。城邦和部落联盟的区别，在于部落联盟是一个部落的联合体，而城邦是部落已经结合为一个整体。同时部落联盟中主要是平等关系，城邦则已在内部形成统治与奴役的关系。因此它已是国家的雏形，但它还不是真正的国家，它还保持了血缘联系，它还以氏族、胞族、部落作为其基础，它和国家已经形成一真正的公共权力机构（统治机构）不同，它还保留了氏族机构的形式。恩格斯说：

---

① 恩格斯：《家庭、私有制和国家的起源》，《马克思恩格斯选集》第四卷，人民出版社，1972年版，第160页。

② 马克思、恩格斯：《费尔巴哈》，《马克思恩格斯选集》第一卷，人民出版社，1972年版，第26页。

"军事首长、议事会和人民大会构成了发展为军事民主制的氏族社会的各机关。"① 又说:"掠夺战争加强了最高军事首长以及下级军事首长的权力;习惯地由同一家族选出他们后继者的办法,特别是从父权制确立以来,就逐渐转变为世袭制,人们最初是容忍,后来是要求,最后便僭取这种世袭制了;世袭王权和世袭贵族的基础奠定下来了。于是,氏族制度的机关就逐渐脱离了自己的人民、氏族、胞族和部落中的根子,整个氏族制度就转化为自己的对立物:它从一个自由处理自己事务的部落组织转变为……旨在反对自己人民的一个独立的统治和压迫机关了。"② 原始民主制的城邦(禅让传说时代的城邦)转变为原始君主制的城邦(英雄时代)的城邦。③

最后恩格斯指出:新的国家和旧的氏族组织不同的地方在于:"第一点就是它按地区来划分它的国民……第二个不同点,是公共权力的设立……构成这种权力的,不仅有武装的人,而且还有物质的附属物,如监狱和各种强制机关,这些东西都是以前氏族社会所没有的。"④ 这已是正式的国家,但具有国家雏形的城邦也已标志了向文明的过渡,文明的形成。大体上,部落形成于蒙昧时期高级阶段,到野蛮时期低级阶段发展到鼎盛。部落联盟最早出现于野蛮时期低级阶段,到野蛮时期中级阶段,已成为普遍的,并且已出现了不平等。最初的原始民主制城邦产生于野蛮时代高级阶段,在野蛮向文明的过渡时期转变为原始君主制城邦,已具有了国家的雏形。而到文明时期,则正式形成了国家。

二、从部落向部族、民族的过渡

部落是最早形成的民族共同体。摩尔根认为:"印第安人的许多部

① 恩格斯:《家庭、私有制和国家的起源》,《马克思恩格斯选集》第四卷,人民出版社,1972 年版,第 160 页。

② 同上书,第 160—161 页。

③ 日知等:《古代城邦史研究》,人民出版社,1988 年版,第 4 页。

④ 恩格斯:《家庭、私有制和国家的起源》,《马克思恩格斯选集》第四卷,人民出版社,1972 年版,第 166—167 页。

落，虽然人数都有限，但因各有其专用的方言，各有其分据的领土，所以人们曾以民族（Nation）一词称之。”① 但部落还不是真正的民族。摩尔根也说：“然而严格地说来，部落和民族（Nation）并不等同，在氏族组织下，民族并未兴起，要等到同一个政府所联合的各部落已经合并为一体，就像阿提卡的雅典人四个部落的合并、斯巴达的多利安人三个部落的合并、罗马的拉丁人和萨宾人三个部落的合并那样，才有民族（Nation）兴起。”②“部落它还是原生的血缘共同体，它还在相当程度上具有种族共同体的性质。部落是种族共同体向民族共同体的过渡。”③

在野蛮时期低级阶段已经形成了亲属部落的最初联盟，而到野蛮时期中级阶段，一些亲属部落已普遍形成了部落联盟。恩格斯说：“最初本是亲属部落的一些部落从分散状态中又重新团结为永久的联盟，这样就朝民族（Nation）的形成跨出了第一步。”④ 但部落联盟真正形成为民族，还必须经过部族（Volk）这一阶段。恩格斯说：“不久，各亲属部落的融合，从而各部落领土融合为一个部族（Volk）的共同领土，也成为必要的了。”⑤ 又说：“在荷马的诗中，我们可以看到希腊的各部落在大多数场合已联合成为一些小部族（Kleine Völkerschaften）。在这种小部族内部，氏族、胞族和部落仍然完全保持着它们的独立性。”⑥

恩格斯又说：“在联合为部族（Volk）的德意志各部落中，也有过像英雄时代的希腊人和所谓王政时代的罗马人那样的制度。”⑦

以上在原译本中都把 Volk 译为民族，但应与 Nation 也译为民族有所区别，就都改译为部族。

---

① 摩尔根：《古代社会》上册，商务印书馆，1989 年版，第 102 页。
② 同上。
③ 孙进己：《东北亚民族史论研究》，中州古籍出版社，1994 年版，第 44 页。
④ 恩格斯：《家庭、私有制和国家的起源》，《马克思恩格斯选集》第四卷，人民出版社，1972 年版，第 89 页。
⑤ 同上书，第 160 页。
⑥ 同上书，第 100 页。
⑦ 同上书，第 141 页。

这种部族和部落联盟的区别，就在于它已不是部落的联合体，而是部落已经融合为一个整体。部族和民族的区别，则在于部族（Volk）还是以血缘联系为基础，保留了氏族、胞族、部落的原有组织，而民族则已以地域联系为基础，打破了原有的氏族组织，而以新的农村公社为基础了。

这样在部落的进一步发展中，由部落联盟并行地分别形成为两种组织：城邦和部族。城邦是一种与国家属同一类型的政治组织，部族是同民族属同一类型的民族共同体，两者基本上仍是同一群人，只不过城邦内增加了一些非原有部落、氏族的成员。

部族和城邦都出现在野蛮向文明过渡时期，都表明文明形成的终点，文明的形成始于部落联盟的形成，终于部族的形成。民族已和国家一样是文明时期的产物了。

三、城市的产生

从部落的聚居地，逐步发展为城市，这正是文明形成的过程，对这一过程，摩尔根和恩格斯都有一些重要的论述。

恩格斯指出：（野蛮时期高级阶段）“用石墙、城楼、雉堞围绕着石造或砖造房屋的城市，已经成为部落或部落联盟的中心”。又说：“在新的设防城市的周围屹立着高峻的墙壁并非无故：它们的壕沟深陷为氏族制度的墓穴，而它们的城楼已经耸入文明时代了。”①

马克思、恩格斯又说：“几个部落通过契约或征服联合为一个城市。”② 这里表明了城市正是在部落的联合中产生，在野蛮低级阶段部落的最初聚居地仅是用栅栏围造起的村落，而中级野蛮社会已经有坯和

① 恩格斯：《家庭、私有制和国家的起源》，《马克思恩格斯选集》第四卷，人民出版社，1972年版，第159—160页。

② 马克思、恩格斯：《费尔巴哈》，《马克思恩格斯选集》第一卷，人民出版社，1972年版，第26页。

石头盖造的房屋，类似于一个碉堡。而野蛮社会高级阶段，出现了以环形垣类如整齐垒砌的石块的部落联盟的中心。到向文明的过渡时期已屹立着高峻的墙壁及城楼、深陷的壕沟。至文明时期则由于商业的形成，城中出现了定期的市场，城市正式形成了。文明的形成过程也已完成。

四、公社的发展

文明的形成与公社组织的发展是分不开的，但不能把公社与公社所有制相混，公社所有制是一种生产关系，但建基于这种生产关系的公社组织却是一种上层建筑，是国家及其雏形形成的基础。

人类最初出现的是氏族公社，这是由一群有血缘联系的共同母系祖先的妇女及其兄弟及妇女的子女，但不包括其兄弟的子女所组成，他们是共同生产，集体占有一切生产资料和消费资料的。他们在氏族内部民主选举自己的酋长，他们中不存在贫富及贵贱，也没有奴隶。这时还不可能有文明的形成。

这种氏族公社的进一步发展，在野蛮时期中级阶段，形成了父系家族公社，这种家族公社“包括一个父亲所生的数代子孙和他们的妻子。他们住在一起，共同耕种自己的田地，衣食都出自共同的储存，共同占有剩余产品”①。即使有了零星的奴隶也是由公社公有的。但逐渐出现了父家长和普通成员的不平等，一切公社财产包括奴隶，开始为父家长个人所有。这种家族公社大约存在于野蛮时期中级阶段，在它的进一步发展中，就出现了小家庭已先成为消费单位，逐步又转为生产单位。

文明随着家族公社的发展而开始形成，而“各个家族首长之间的财产差别，炸毁了各地仍然保存着的旧的共产制家庭公社；同时也炸毁了在这种公社范围内进行的共同耕作制”②。

---

① 恩格斯：《家庭、私有制和国家的起源》，《马克思恩格斯选集》第四卷，人民出版社，1972年版，第160页。

② 同上书，第54页。

这样家庭公社代替了家族公社，家庭公社是由若干具有共同血缘的一夫一妻制小家庭组成，他们单独耕作由氏族家族定期分配给他们耕种的土地，由于他们的软弱还不能完全脱离集体，有一些劳动还由集体共同来完成，土地也还是部落、氏族、家族共有的财产。动产和消费资料已为小家庭所有，奴隶也成为小家庭的私有财产。这种家庭公社的酋长已从习惯地由同一家族选举而转为世袭。以后的以地域为基础的、土地已归小家庭私有的，不再定期分配的农村公社正是由这种家庭公社所产生。

这种家庭公社从野蛮时期高级阶段开始形成到野蛮向文明的过渡时期全面代替了父系制家族公社，这种家庭公社的出现并成为普遍状态，标志着文明形成时期的结束。农村公社的产生已是文明时期出现的公有制向私有制过渡的最后形态。

第五节　文明形成的意识形态标志

文明的形成过程，在意识形态方面的标志，是文字的逐步形成，文学和艺术的产生，技术的形成等。

一、文字的产生及应用

关于文字在文明形成中的地位早在一百多年前，摩尔根和恩格斯、马克思都已对此进行了论证。摩尔根认为："文明社会始于标音字母的发明和文字的使用。"又说："文字的使用是文明伊始的一个最准确的标志，刻在石头上的象形文字也具有同等的意义。"并在该书注中说："拼音字母之出现，也和其他伟大的发明一样，是连续不断努力的结果，迟钝的埃及人改进他们的象形文字，经过若干形式，才形成一个由音符文字构成的方案，而他们所尽的力气也就到此阶段为止。他们能把定型的文字写在石头上了……腓尼基人创造了由十六个符号构成的新奇的字母，及时地给人类带来了一种书面语言。人类由此有了写作和记载历史的工具。”① 恩格斯也指出：野蛮高级阶段“由于文字的发明及其应用于文献记录而过渡到文明时代”②。对于文字在文明形成中的地位，这是学者们一致肯定的，但问题是文字有一个萌芽及形成发展过程。究竟把文明形成的始终和文字发展的哪一阶段相对应呢？这在摩尔根和恩格斯当时不很明确。恩格斯只简单地说文字的发明及应用于文献是向文明的过渡，但他没有具体说是文字发展的哪一阶段。摩尔根说了拼音文字，但又说刻在石头上的象形文字也具有同等意义。但象形文字有较原始的和较发展的各种形式，这就不明确了。他在注文中又说是音符文字而不是一般的象形文字。

文字在形成过程中，最初是结绳记事和原始符号，进一步发展是象形文字，再进一步发展是表意文字和音节文字，最后才是拼音文字及成熟的规范的表意表音文字。大体上文明的形成可以和文字的萌芽同时开始，这大约是在野蛮时期中级阶段。到了野蛮高级阶段出现了象形文字，而进一步发展才是表意文字和音节文字。这时已进入了野蛮向文明的过渡时期，文明形成过程基本完成。而拼音文字及成熟的音意文字如中国的文字、埃及的音符文字，苏美尔的楔形文字，其初期阶段可能属野蛮向文明的过渡时期，成熟阶段则进入了文明时期。

二、文学的产生

在原始社会中，还没有出现文字，还不可能出现真正的文学。但在野蛮中期口头传承的诗歌、记事已是文学形成的准备。在野蛮时代高级阶段，各族都已经产生了自己伟大的史诗，但真正代表史诗的时代是在

① 摩尔根：《古代社会》上册，商务印书馆，1989年版，第12、30、40页。

② 恩格斯：《家庭、私有制和国家的起源》，《马克思恩格斯选集》第四卷，人民出版社，1972年版，第21页。

野蛮向文明的过渡时期，在许多进入过渡时期的部族中都出现了自己的史诗。

史诗的产生与英雄的产生是分不开的，没有发展到这一阶段就不可能出现这种歌颂个人的史诗，因此史诗的形成只能开始于野蛮时代高级阶段，而它的成熟发展则只能是在向文明的过渡时期。但文学的产生可以上推到传说时代，也就是野蛮中级阶段。这也标志了文明的形成之始。

马克思说过："为什么历史上的人类童年时代，在它发展得最完美的地方，不该作为永不复返的阶段而显示出永远的魅力呢？……希腊的艺术对我们所产生的魅力同这种艺术在其中生长的那个不发达的社会阶段并不矛盾。这种艺术倒是这个社会阶段的结果，并且是同这种艺术在其中产生而且只能在其中产生的那些未成熟的社会条件永远不能复返这一点分不开的。"①

三、艺术的产生

恩格斯指出："文明时代是……艺术产生的时期。"认为野蛮时代高级阶段有了作为艺术建筑的形成，他说："用石墙、城楼、雉堞围绕着石造或砖造的房屋的城市……这是建筑艺术上的巨大进步。"②

张维罴曾对艺术的形成在《原始社会史》一书中有过综述，摘介如下：

"原始艺术萌芽于旧石器时代晚期，开始出现于雕刻、岩画、装饰品，形成于新石器时代。

1. 雕刻的形成：新石器时代初期有：棒形石雕、鸟形木雕、雕刻类似符号和锯齿的骨器，中期有用骨、牙、石、玉雕刻的人头像、动物

① 《马克思恩格斯全集》第46卷上册，人民出版社，1979年版，第49—50页。

② 恩格斯：《家庭、私有制和国家的起源》，《马克思恩格斯选集》第四卷，人民出版社，1972年版，第23、159页。

形象和器物，晚期有玉雕人像和动物形象。

2. 陶塑的形成：陶塑萌芽于新石器时代早期，形成于中、晚期。早期有陶人头像和动物头像，中期有人体像和动物像，人体比例适当，晚期人和动物头像有写实风格。

3. 绘画的形成：绘画新石器时代早期有彩绘符号和纹饰，中期绘成人面、动物形象和各种繁丽图案，形象生动、协调，晚期在陶器上绘有鸟纹、卷云纹、网萦纹图案。绘画符号和彩陶关系密切。

4. 原始舞蹈的形成：它的形成可能是新石器时代中、晚期，中期如马家窑文化彩陶盆上绘的集体舞蹈场面，是个生动的例证。舞者头饰发辫，臀部拖有假尾，五人一组，共有三组，手拉手翩翩起舞，步调一致，姿态生动，动作娴熟，显示了舞蹈的成熟状态。

5. 原始音乐的形成：新石器时代已发现有关遗物、遗迹。早期有骨笛，中期有陶哨（陶埙）、骨哨、陶号、陶铃和陶壁皮鼓，晚期有鼓、石磬、陶埙、陶响球和铜铃。陶埙呈卵形，上端有一个吹孔，腹部有两个音孔，可奏出三个音调。”①

这些充分证明了在原始时代后期，艺术的开始形成，证明了恩格斯关于文明时期艺术产生时期的论断。

四、技术知识的形成

在原始社会生产的发展中，逐渐积累形成了一些生产技术，但还没有发展成独立的科学。如在畜牧业、农业、手工业的形成中，所积累的这些方面的生产技术和在生产工具的发展中，形成的金属冶炼的技术、工业制造的技术等，纺织的发展、织布技术的进步，天文历法知识的积累、数学知识的进步等，一切都已为文明的形成创造了成熟的条件。

---

① 张维罴：《原始社会史》，兰州大学出版社，1994年版，第625—626页。

第六节 野蛮到文明的过渡时期

野蛮到文明的过渡时期，也就是原始社会向阶级社会的过渡时期。这是一个质变的时期，从野蛮的旧质演变为文明的新质的时期。早在野蛮时代就生产了文明的新质，开始了量变的过程，最后引起了质变。在野蛮质变为文明后，在文明时代中还有一个相当长的野蛮残余的消亡过程，但这两种量变都不属于这一质变过程，即不属于过渡时期。

在过渡时期中，既有旧的野蛮时代的特征，也出现了文明的一些特征。在过渡时期占主要的是各种过渡形态，这些过渡形态既有野蛮的特征，又有文明的特征。

这一过渡时期，有人列之于野蛮晚期，即野蛮时代高级阶段中；有人则列于文明时代早期。我们同意后一种处理。下面我们先依据世界各国历史的变展，总结这一过渡时期的基本特征，然后再依据这些特征，讨论其分期的归属。

一、野蛮向文明过渡时期的生产力特点

野蛮向文明过渡时期，在生产力方面具有下列标志：

1. 青铜器的使用

石器还不可能创造经常的必需的剩余产品，及创造新的文明要素。世界各国普遍都是在青铜时代进入了野蛮到文明的过渡，在古代东方的埃及、巴比伦、印度、中国是如此，在西方的古典文明以前在克里特、迈锡尼，也是在青铜时代开始了向文明的过渡。因此，这是人类文明形成的普遍规律。摩尔根、恩格斯所以认为野蛮时代高级阶段已有了铁器，一方面是由于他们主要依据希腊、罗马、日耳曼的资料，这些民族都是在接受过去民族的先进生产力基础上进入文明的，因此就可能在铁器时代进入文明。中国辽代的女真、明代的满族也由于接受了辽和明的

先进生产力，因而在铁器时代进入文明。这是特殊情况产生的特殊规律。一方面也与他们把野蛮向文明的过渡时期列入于野蛮时期之中，这点下面还将讨论。

2. 分工的发展，手工业的产生和商业的开始形成

文明的开始形成是从畜牧业、农业的产生，第一次大分工的出现而开始，随着手工业的产生，第二次分工而进入了向文明的过渡时期。商业的产生，第三次分工的出现是完成了野蛮向文明的过渡后出现的，但在过渡时期中商业及商人已开始出现。

3. 个体生产的发展

整个原始社会的野蛮时期都是建筑在集体生产基础上的集体共同所有，而正是由于生产的发展、工具的改进，个体生产有了可能，才过渡为文明。随着个体生产的发展形成了一夫一妻制及个体家庭的私有制。因此个体生产的出现是一夫一妻制的形成的原因，小私有制形成的原因，而不是结果。恩格斯认为一夫一妻制形成于野蛮中期到高级阶段的过渡时期，这样个体的生产应在野蛮中期已开始出现，而正是随着个体生产的发展，一夫一妻制小家庭才随之发展起来，逐步替代与脱离了大家族，由而保证了个体生产在全社会成为基本劳动方式，但最初的个体生产由于当时生产力的低下，还不能完全摆脱集体劳动，必须采取自耕公助，因此也就保留了公有制的残余。这种以个体生产力为主，保留一定集体劳动的时期正是过渡时期的特点。

二、从野蛮到文明的过渡时期的生产关系特征

过渡时期生产关系的特征是充满了各种过渡形态，这些过渡形态是公有制向私有制的过渡，也是无剥削向剥削的过渡。如土地公社所有制和土地国有制、贡纳制、家内奴隶制等。

1. 土地公社所有制

在原始社会的野蛮时代，土地是部落集体所有，分给各氏族使用。

以后又进一步分给各父系大家族使用，最后分给个体小家庭使用。但在最初个体家庭还必须依赖集体的帮助，还不能立即完全摆脱集体。因此土地在名义上仍是部落氏族公共所有，只是定期分给各小家庭单独耕种。未分配的土地仍归部落公有。这就形成了公社所有制。这种公社既不是野蛮时代的父系宗族公社，那种公社还是以大家族为基本单位，产品为大家族集体所有，小家庭仅是其中的消费单位，也不是长期残留在阶级社会中的农村公社，农村公社是由土地的定期分配逐步过渡到耕地永久分配给小家庭使用，实际上已私有，同时也从血缘联系转变为地域联系。过渡时期的主要形态是土地还属集体公有，还要定期重新分配，还保持氏族血缘联系的家庭公社。

2. 土地国有制

土地在野蛮时代是归部落所有，以后是为部落联盟及由部落联盟转化而成的城邦、部族（Volk）所共有，定期分配给氏族、家族、家庭耕种。因此就形成了土地国有制。最初的国就是国家的雏形——城邦。这种土地国有和过去的部落公有的不同在于，土地的最后所有权集中在更大的集体手中，而同时又往往逐渐成为这一共同体的代表——统治者所有。但它与文明时代的土地王有还有所不同，过去有人认为古代东方长期存在土地国有制，而没有私有制，是把土地的王有和国有相混了。土地国有是指在名义上为最高君主所有，由他分配，但大都分配给各部落，由部落再分给名氏族、家族、家庭，土地王有则土地已不仅分配给部落的代表，还大量分给王的功臣亲属。土地已作为王的私有物，可以任意赏赐给个人了。如西周的土地分封，成吉思汗的分封土地给诸弟、诸子。这种王有和国有之间有本质的区别，土地王有具有阶级社会的文明时代的特征，土地国有是过渡时期的特征，土地国有不存在于野蛮时代，因为当时还不存在国家，也不存在于文明时代，因为这时土地已成为专制君主个人所有了。因此，土地国有制是野蛮向文明、原始社会向阶级社会过渡时期的特有形态。

3. 贡纳制

贡纳制是在征服者和被征服者还保留原始公有制的状况下，被征服者不改变原有的生产方式，而将自己产品的一部分，贡纳给征服者。贡纳制产生于野蛮时代晚期，但它的充分发展是在野蛮向文明的过渡时期。当时被征服的各部落，都要向征服者纳贡，就连城邦内部人民也向城邦统治者纳贡。贡纳制成为当时的主要剥削形态。但贡纳制只是一种从无剥削社会向剥削社会过渡的一种形态。它与奴隶制、农奴制、雇佣制等典型剥削形态不同，它不是建筑在私有制基础上的，它不能形成真正的对立的阶级。

随着生产的发展，私有制的确立，在文明时期，贡纳制大部分转化为国家的赋税和奴隶、农奴为奴隶主、农奴主从事的剩余劳动和交纳的剩余产品。只有在国家的边缘地区的民族和周边国家还保留着这种贡纳制。

4. 家内奴隶制

奴隶在野蛮时期中级阶段已零星出现，到野蛮高级阶段有了进一步发展。但最初的奴隶是父系大家族所公有的，随着一夫一妻制家庭的出现，大家族过渡为小家庭、奴隶也逐渐由大家族公有的财产，逐渐转变为小家庭所有。这种作为小家庭成员的辅助劳动者的奴隶，在野蛮向文明的过渡时期巨大发展起来，成为过渡时期主要的剥削形态。由于它混杂在家庭成员之中，不单独劳动，他们甚至分地也和家族成员一样分地，因此一般不易为人们注意，因此很多人往往只看见这时期的土地公社所有制，土地国有制，而看不见这种较为隐蔽的家内奴隶制。

在正式进入文明时期以后，这种家内奴隶制还存在相当长时期，但以后在有些地区已成为劳动奴隶制的一种补充形式。奴隶已被成批地赶到农场、工场去劳动。

5. 贫富的分化

在野蛮晚期的父家长制大家族中，由于一些家族在氏族部落中的特殊地位，和父家长在大家族中的特殊地位，已经出现了不同家族间和宗族内部的贫富分化。但在当时小家庭还没独立，土地和奴隶还没成为小家庭的私有财产，因此还不可能形成真正的贫富分化。而随着小家庭经济的独立，土地及奴隶为小家庭所有，贫富分化才巨大发展起来，最后炸毁了氏族的公有制。贫富分化成为野蛮向文明过渡时期的主要特征之一。但真正的贫富分化，必须到土地最后摆脱公有制的束缚，完全成为私有，才能迅速集中到少数人手中。同时随着奴隶制的发展，自由劳动者也逐渐沦为奴隶；同时商人阶级的发展及把财富集中在自己手中，这样才形成了完全的贫富分化。这是正式进入文明时期才出现的情形。

三、野蛮向文明过渡时期的上层建筑标志

野蛮向文明过渡时期的上层建筑标志是城邦和部族（Volk）的产生及作为它们基础的城市及家庭公社的形成。

在野蛮中级阶段，部落已普遍结合为永久的部落联盟。在野蛮高级阶段，部落联盟一方面融合为一个统一的部族（Volk），一方面又转化为一个城邦。部族和部落联盟的区别在于它已不仅是部落的联合体，而是一个整体，是向民族（Nation）的形成前进了一步。但它还不是民族，它还保持了血缘联系，还保留了部落、胞族、氏族等血缘组织。同时部落联盟的一套原始的氏族机构虽已转化为城邦的国家雏形，城邦最初还保留了氏族机构的一套形式，仍存在军事首长、议事会、人民大会，但逐渐世袭的军事首长篡夺了权力，成为了君主，议事会和公民大会已仅具形式，而没有实际权力。因此城邦已是国家的雏形，是氏族机关向国家机关的过渡。但城邦还不是真正的国家，它还没有完全摆脱氏族的血缘联系，还没有完全抛弃氏族以军事民主制的机构形式，建立起以地域联系为基础的完全脱离人民的公共权力，还没有监狱、军队等。

同时在这一时期过去的单纯的军事城堡逐渐随着人口的聚居，商品生产的发展，商人的产生正在转变为真正的城市。一个庞大的人口众多

的城市没有商业是无法生活的。

在城市周围普遍形成了由若干个有血缘联系的小家庭组成的家庭公社。土地已交给小家庭独立耕种，但还定期分配。这表现小家庭还未完全脱离集体生产和公有制。

这一切都已具有文明的特点，但还未完全转化为文明时期的农村公社、城市、民族、国家。

四、野蛮向文明过渡时期的意识形态特点

这时文字经过长期的发展，已从象形文字发展为音意文字，正在形成为真正的文字。虽然还没形成真正的文字记载的文学作品，但各个部族都在此时产生了以口头传说为基础的本族的传说和史诗。艺术也已产生并有了一定发展，建筑艺术有相当的发展，从生产中也已积累了相当的技术。

这一切都表明了文明尚未最后形成，但基本已成形。

五、野蛮向文明过渡时期的历史地位

野蛮时期向文明时期的过渡时期，无疑应属两个时期的中间阶段，但它大体上是归属于野蛮时期范畴，作为其最后阶段呢？还是属于文明时期范畴，作为文明时期的最初阶段呢？在这一处理上存在不同做法。

恩格斯在《家庭、私有制和国家的起源》一书中，继承了摩尔根的分期方法，把这一过渡时期放在野蛮时期高级阶段之中。他一方面指出："而荷马时代的希腊人，已经准备由这个文化阶段过渡到更高的阶段了。"[①] 他所说的这个文化阶段是指野蛮时期高级阶段，他说的更高阶段是指文明时期。因此他认为荷马时代属这两者间的过渡时期。但恩

① 恩格斯：《家庭、私有制和国家的起源》，《马克思恩格斯选集》第四卷，人民出版社，1972年版，第22页。

格斯又说："英雄时代的希腊人、罗马建立前不久的各意大利部落、塔西佗时代的德意志人、海盗时代的诺曼人，都属于这个阶段。"① 我们上面所论述到的所有野蛮向文明过渡时期的诸特征，恩格斯也都归之于野蛮时代高级阶段中，但他又认为："随着家长制家庭的出现，我们便进入成文历史的领域。"② 他这里所说的家长制家庭可能是一夫一妻制家庭，因为家长制家族在野蛮中级阶段已经出现，显然那时不可能进入成文历史的领域，而一夫一妻制家庭却可能进入成文历史的领域。恩格斯也说："一夫一妻制家庭……它是在野蛮时代的中级阶段和高级阶段交替的时期从对偶家庭中产生的；它的最后胜利乃是文明时代开始的标志之一。"③

但恩格斯把野蛮向文明的过渡时期并入野蛮时代高级阶段之中，就显得在野蛮时代高级阶段中，发生的事情太多了些，有些是需要经历一个过程的，不可能在短短一个时期中完成这些过程，似乎还是分开为宜。同时由于他把野蛮向文明的过渡放入野蛮时期高级阶段，也就使得这一时期的标志有些偏高。有很多是已进入文明时期才有的特点，都被列入于野蛮时代高级阶段。如果要按这一划分，古代东方的早期文明史及希腊雅典时代前的克里特、迈锡尼文明也都要划入野蛮时期高级阶段，这显然不合适。我们认为还是应从野蛮时期高级阶段中，把野蛮向文明的过渡时期分出作为一个独立阶段，划入文明时期早期为宜。

马克思在《〈政治经济学批判〉序言》中就是这样划分的。他在"古代的"时代前面另划出一个"亚细亚的"。马克思说，"大体说来，亚细亚的、古代的、封建的和现代资产阶级的生产方式可以看做是社会经济形态演进的几个时代。资产阶级的生产关系是社会生产过程的最后

① 恩格斯：《家庭、私有制和国家的起源》，《马克思恩格斯选集》第四卷，人民出版社，1972年版，第22页。

② 同上书，第53页。

③ 同上书，第57页。

一个对抗形式……”[1] 对亚细亚生产方式曾引起长期的争论，有所谓原始社会说、奴隶社会说、封建社会说、混合阶段说等。但是马克思既然在这里明确指出，“可以看做社会经济形态演进的几个时代”，显然他认为“亚细亚的”是在“古代的”以前存在的，因此，奴隶社会说、封建社会说都无法成立，它们都不是在“古代的”之前。但有些人据此认为“亚细亚的”既然在“古代的”以前，就一定是原始社会，却忽视了马克思在这里还指出“资产阶级的生产关系是社会生产过程的最后一个对抗形式”。显然“亚细亚的”也是对抗形式中之一，而且是最后的一个对抗形式。因此从这两点来考虑，只能认为“亚细亚的”是从野蛮到文明的过渡时期。而综合马克思关于“亚细亚的”全部论述，也和我们上面所总结的野蛮向文明的过渡时期的基本特征一致。这就是说：马克思是把从野蛮到文明的过渡时期作为一个独立时期列入于文明时期的最早一个时期“古代的”之前。

在此之前，马克思和恩格斯在《德意志意识形态》中则把这一过渡时期过渡形态放在第二种所有制中。他们指出：“第一种所有制形式是部落所有制……父权制的酋长、他们所管辖的部落成员以及奴隶。”[2] 这种部落所有制已包括有父权制的野蛮高级阶段。他们说：“第二种所有制形式是古代公社所有制和国家所有制。这种所有制是由于几个部落通过契约或征服联合为一个城市而产生的。在这种所有制下仍然保存着奴隶制。除公社所有制以外，动产的私有制以及后来不动产的私有制已经开始发展起来，但它们是作为一种反常的、从属于公社所有制的形式发展起来的。公民仅仅共同占有自己的那些做工的奴隶……因此，建筑在这个基础上的整个社会结构，以及与之相联系的人民权力，随着不动产私有制的发展而逐渐趋向衰落。分工已经比较发达。城乡之间的对立

① 马克思：《〈政治经济学批判〉序言》，《马克思恩格斯选集》第二卷，人民出版社，1972年版，第83页。

② 马克思、恩格斯：《费尔巴哈》，《马克思恩格斯选集》第一卷，人民出版社，1972年版，第26页。

已经产生，国家之间的对立也相继出现……公民和奴隶之间阶级关系已经充分发展。”又在此后说：“奴隶制仍然是整个生产的基础”。①

很明显，马、恩在此所说的第二种所有制的前期古代公社所有制和国家所有制，正是这一过渡时期的特点，而且随着私有制的发展，奴隶制才发展成为整个生产的基础。可见马克思在早期也是把野蛮向文明的过渡时期及过渡形态列入于文明时期之初。

这样可以定论：野蛮时期向文明时期的过渡时期，可以作为一个独立的过渡时期而存在，即称之为“亚细亚的”，但它一般是属于文明时期的范畴。

这样可以把文明形成时期中的这一阶段列入文明时期中，但并非把文明形成时期全过程都列入于文明时期，当文明还在野蛮时期内部开始形成、新质还未占主导地位时，不能列入文明时期，文明的形成大致始于野蛮时代中级阶段，但能列入文明时期的，只是文明形成时期的最后阶段，文明时期的质已占主导地位的阶段。

这不是古代东方的特殊规律，是整个世界的普遍规律，古代希腊的克里特、迈锡尼、荷马时代，罗马的王政时代，日耳曼的塔西佗时代都应列入这一时期。

① 马克思、恩格斯：《费尔巴哈》，《马克思恩格斯选集》第一卷，人民出版社，1972年版，第26页。

第十八章
人类文明的发展和分期

人类文明几千年来经过了复杂的发展过程，研究清楚这一过程，并科学地分期，对于我们认识文明的发展及前途具有重要意义。

第一节　人类文明的发展过程

人类文明的发展道路从总体来说，是不断从低级向高级发展，但这发展过程不是直线的，而是迂回曲折的，有倒退，有重复，但总体是前进的、上升的。人类文明的发展道路是多模式的，但这多模式又绝不是完全不同的，而只是相同形态的不同组合而已。人类文明发展的道路是文明总体的发展，它包括文明的各个方面的发展。这种发展是互相联系和同步前进的，但又各自有自己的独立发展过程。由于上述这些特点，人类文明发展的道路就表现为非常复杂多变，既不能简单化去认识这一复杂过程，又不能因为其复杂多变而看不到它的统一的规律性。

一、人类文明的发展过程是从低级到高级的过程

长期以来对人类文明的发展道路有几种不同的看法：第一种认为人

类文明发展的道路是不断循环往复的，文明的繁荣过后必然带来文明的衰落，然后新的文明又开始新的繁荣。汤因比等人对人类文明发展道路持这种看法。他们看不到新的繁荣是更高的繁荣，每一次衰落，只是文明发展过程中的暂时倒退和迂回曲折。第二种认为人类文明的发展是倒退的，在古代曾有不少人高喊今不如昔，认为人类文明不是向前发展，而且越发展越倒退，今天美国的亨廷顿就是主张这种观点，他给我们预示的未来，是一个漫长的黑暗时代，人类的道德沦丧。也有不少所谓科学家强调人类文明发展中的一些问题如核战争、环境污染等，预示人类必然要毁灭自身及其创造的文明。第三种认为人类文明的发展道路从总体来说是不断向前发展的，一些人所说的一些国家民族文明的衰落，和文明发展中某些方面存在的严重问题，只是文明发展中的局部的暂时的倒退，和文明发展的迂回曲折，谁都阻挡不了文明的向前发展。整个世界的历史发展，反复证明了人类文明过了一个又一个的坎坷，继续向前发展着。这一向前发展的过程是由人类文明发展的规律所决定的，并把这一文明的向前发展过程，划分为递进的若干阶段，论证了未来将是文明发展的更高阶段，这是马克思和恩格斯所提出的文明发展观。

不同学者对人类文明发展道路的不同看法反映了他们的不同阶级地位和不同的世界观。但要否定这些观点，又不能用简单地论述他们属于那一种世界观代表那一个阶级就能解决，这只有依靠认真总结世界的全部历史，用历史史实来证明人类的发展道路是不断向前发展的。对尚未到来的时代，则也必须从总结人类文明发展的规律，从过去文明的发展指出文明发展的趋势来证明人类文明必将向更高文明发展。因此，这既需要丰富的史实也需要科学的理论，这将是一个复杂艰巨的课题。只有人类认清了人类文明发展的道路，人类才能摆脱各种悲观迷茫的情绪，大踏步地、自觉地向未来前进。

二、文明发展的多模式和在根本上的同一性

近年以来对人类发展道路提出了单线或多线式的讨论。人类文明的发展道路究竟是按单一的发展道路，还是存在许多条不同发展的道路？对此不能简单地回答，应该说人类文明发展的道路既是多模式的，但又不是几条完全不同的道路。实际上是几种基本生产方式的不同组合和不同表现形式，在本质上是一致的，因此也按共同规律向同一方向发展的。

凡是人类都是在基本相同的条件下发展的，因此不论人们相隔多远，彼此很少往来，但其发展却基本相同。

过去由于斯大林把五种生产方式简单化，只列举几种单一模式，再加上应用者的教条化，到处简单套用，非要把复杂多样的历史，塞进简单化的模式中，这显然是行不通的。

近年否定这五种生产方式者，所提出的许多新说，其实并未发现什么新的生产方式，他们所认为的一些新生产方式，仔细加以解剖，实际上还是那五种生产方式的某种变形。就像有些人宣告他发现了一种新元素，但最后细加分析，实际上并非一种新元素，而只是若干已知元素的不同组合而已。五种基本生产方式，只是举其要而已，实际上它们在不同阶段上，在不同地区有多种不同的表现形式，它们相互间又组成多种过渡形态，实际上所谓多线，只是这多种不同表现形式，不同过渡形态的不同组合。因此它并不能证明人类文明的发展存在不同道路，不同前途。不管文明发展道路如何复杂多样，但基本上是按照相同的规律，走基本一致的道路，达到相同的前途。并非像有些人所认为的东西方文明按照不同的道路发展，将来前途也不同。但又不能因为，人类文明发展的道路在全世界基本相同，就忽视它的多样性和不同的模式。在具体发展进程中、方式上有区别，忽视这种区别简单化处理也不行。

三、人类文明发展道路是文明总体的发展

文明各部分的发展是互相依存共同发展的，但又有各自的独立发展过程。

人类文明表现为多个方面，有物质文明也有精神文明。物质文明和精神文明，又各自包括许多部分。人类文明的发展是所有这些文明的各个方面共同发展的过程，不可能仅是物质文明发展了，精神文明却停滞不前甚至倒退。就像亨廷顿所描绘的那样，当代物质文明高度发展了，却出现道德败坏，会带来一个黑暗时代。马克思早就论证过，生产力发展了，建筑在这种生产力基础上的生产关系也必然随之而发展，建筑在这一经济基础上的上层建筑和意识形态也必然随之而变化。因此，亨廷顿所说的当代社会的道德沦丧，正是旧的道德不适应新生产力，必须改变的前兆，只要随着生产力生产关系的变革，建立起适应新生产方式的新道德，情况就会改变。

必须承认文明的各个方面的发展有自己独自的发展道路，新道德必须在旧道德基础上按照自身的发展规律向前发展。在一定时期一定地区，它可以表现为落后于生产力、生产关系的发展，而有时却又表现出某种程度的超前性。

马克思曾指出："关于艺术，大家知道，它的一定的繁盛时期决不是同社会的一般发展成比例的，因而也决不是同仿佛是社会组织的骨骼的物质基础的一般发展成比例的。例如，拿希腊人或莎士比亚同现代人相比。就某些艺术形式，例如史诗来说，甚至谁都承认：当艺术生产一旦作为艺术生产出现，它就再不能以那种在世界史上划时代的、古典的形式创造出来；因此，在艺术本身的领域内，某些有重大意义的艺术形式只有在艺术发展的不发达阶段上才是可能的。如果说在艺术本身的领域内部的不同艺术种类的关系中有这种情形，那么，在整个艺术领域同社会一般发展的关系上有这种情形，就不足为奇了。困难只在于对这些

矛盾作一般的表述。一旦它们的特殊性被确定了，它们也就被解释明白了。”①

马克思在这里辩证地论证了各种文明同社会发展既一致又独立的发展状况，这就告诉我们人类文明总体的发展是一致的，但又各自有独立性，人类文明的发展道路就是由这种既一致又独立构成了它的丰富多彩。

第二节　马克思、恩格斯关于文明发展史的理论

现在不少人都把对文明研究之始，归之斯宾格勒与汤因比，其实，马克思、恩格斯早在斯宾格勒、汤因比等人提出自己的文明观之前，就已系统研究了文明历史发展的理论，并提出了自己一套完整的文明发展分期标准和分期方法，在全世界历史学界有重大影响。虽不断有人对此学说进行挑战，但至今还没有更科学的理论可以代替马克思主义的文明分期理论。因此，在这里我们准备专节介绍马克思主义的文明分期理论。

一、马克思主义的文明发展理论

马克思等对根据什么原则什么标准来研究文明的发展，曾有一系列阐述。他们首先回答历史的发展有没有规律性？指出历史不是完全随意发展的，不是一些偶然发生的事件形成的。在马克思之前，人类历史或是被看做是按照神的意志发展的，或是被看做是一些英雄人物和帝王将相的行动决定的，或认为是由一些偶然性的历史事件组成的。因此，历

① 马克思：《〈经济学手稿〉导言》，《马克思恩格斯全集》第46卷上，人民出版社，1979年版，第48页。

史学家对历史只能是“描叙性的”，即根据已经发展过的各种历史事件加以描叙，作出大致的分期。一些史学家大都是按这种方式来研究文明史的。只有马克思、恩格斯才第一次用历史唯物主义观点对待历史，把历史发展看做是按一定历史规律进行的，是可以科学地分期，并确定其每一阶段的特征的。这种特征应该带有普遍的规律性，但这种普遍规律并非任何人给定的或命令式规定的，而是从客观历史中归纳总结出来的。马克思、恩格斯在他们的一生中，耗费了巨大精力去研究全人类的历史，归纳总结出一些基本规律，百余年的历史研究基本上证实了这些总结出来的规律及模式是科学的。当然有一些问题随着历史的发展和世界各国新史料的增加，也在不断修订补充中。过去有些人把马克思、恩格斯的这些研究结论，看做“绝对不可更改的”，这种教条主义的、僵化的做法，当然是不行的。但要进一步创造、发展，也必须确定是抛弃马克思主义的历史唯物主义观点方法，用另一套历史唯心主义的观点方法研究呢，还是仍坚持历史唯物主义的观点方法来研究呢？

马克思主义关于历史唯物主义观点方法的论述相当多，我们只准备在这里引出一段他们的主要论述。

马克思在《〈政治经济学批判〉序言》中说：“人们在自己生活的社会生产中发生一定的、必然的、不以他们的意志为转移的关系，即同他们的物质生产力的一定发展阶段相适合的生产关系，即同他们的物质生产力的一定发展阶段相适合的生产关系。这些生产关系的总和构成社会的经济结构，即有法律的和政治的上层建筑竖立其上并有一定的社会意识形态与之相适应的现实基础……社会的物质生产力发展到一定阶段，便同它们一直在其中活动的现存生产关系或财产关系（这只是生产关系的法律用语）发生矛盾。于是这些关系便由生产力的发展形式变成生产力的桎梏。那时社会革命的时代就到来了。随着经济基础的变更，全部庞大的上层建筑也或慢或快地发生变革。在考察这些变革时，必须时刻把下面两者区别开来：一种是生产的经济条件方面所发生的物质的、可以用自然科学的精确性指明的变革；另一种是人们借以意识到这个冲突并力求把它克服的那些法律的、政治的、宗教的、艺术的或哲学的，简言之，意识形态的形式。我们判断一个人不能以他对自己的看法为根据，同样，我们判断这样一个变革时代也不能以它的意识为根据；相反，这个意识必须从物质生活的矛盾中，从社会生产力和生产关系之间的现存冲突中去解释。无论哪一个社会形态，在它们所能容纳的全部生产力发挥出来以前，是决不会灭亡的；而新的更高的生产关系，在它存在的物质条件在旧社会的胎胞里成熟以前，是决不会出现的……大体说来，亚细亚的、古代的、封建的和现代资产阶级的生产方式可以看做是社会经济形态演进的几个时代。”①

在这里，马克思提出了一套科学的历史发展的理论，即必须全面考察一个时代的生产力、生产关系、上层建筑、意识形态，以及它们相应的变化，来确定不同的时代。而其中又以生产力与生产关系相结合形成的生产方式作为确定历史发展的主要依据，并初步确定了人类文明历史大体上经历了亚细亚的、古代的、封建的、资产阶级的四个历史时期。

有人对马克思主义的历史发展理论提出了不同看法，认为：“马克思的这一提法只是对西方历史发展历程的一番描述性说明，并无意以此作为一种所谓不以人的意志为转移，亦即非如此不可的普遍必然的规律。”②

以上所介绍马、恩的研究证明，第一，这一提法并不只是对西方历史发展历程的一番描述性说明，马、恩不仅研究了西方，也研究了东方，还研究了美洲，怎能说只是对西方历史的描述呢？第二，说马、恩是“并无意以此作为一种所谓不以人的意志为转移……必然规律”。马克思、恩格斯在《德意志意识形态》中明确地指出：“人们在自己生活

① 马克思：《〈政治经济学批判〉序言》，《马克思恩格斯选集》第二卷，人民出版社，1972年版，第82—83页。

② 何兆武：《社会形态与历史规律》，《社会形态与历史规律再认识笔谈》，《历史研究》2002年第2期。

的社会生产中发生一定的、必然的、不以他们意志为转移的关系，即同他们的物质生产力的一定发展阶段相适应的生产关系。”说得很明确。如果这种历史分期不具有规律性，而如某些人所说的是“人的思想和意志所创造的”，还有什么科学性可言呢？诚然，人的思想和意志在历史发展中起着重大作用，但人的意志并不能完全违反客观规律而起作用，人的思想意志只有在认识规律顺应规律时才能发挥作用，不能用肯定人的思想意志的作用来否定客观规律的存在。第三，有人认为：“任何理论过了头之后就会走向僵化的教条主义。”但这不是马克思、恩格斯的错误，这是运用者没有正确对待他们的理论，将此奉为一成不变的模式硬套的结果。一百多年历史学的发展，提供了丰富的史实让我们验证和丰富发展马克思主义的历史学说，对一些当初阐述不清的问题应该更新认识，补充发展，但创新并不意味着对过去的全盘否定，并不意味着倒退，而是在充分继承前人正确成果基础上，依据新的史实加以修正和补充发展。当然如果真的全盘错了，也应全盘否定。但仅以有人所举的一个例子，认为：“它断言一切民族都必然会自发地产生出资本主义，中国当然也不例外，但这一点并没有史实的根据，因为在全世界历史上，只有西欧自发地步入资本主义社会，孤证不足为例。”① 其实，西欧并非一个民族，怎能说它是孤证呢？同时，凭什么说“中国宋明没有资本主义萌芽”呢？史实证明我国明朝是确有资本主义萌芽的。

历史的发展观不是马克思、恩格斯或其他任何人给定的，也不是什么命令式的规定，而是依据历史唯物主义观点方法归纳总结出来的。我们如果认为马克思的这一历史唯物主义观点方法正确，我们就只能按这一观点方法去分析具体历史，去用历史史实验证这一分期，去修改补充这一分期。如果认为历史并非如此发展，而是人的思想和意志自由创造的，那当然得出的历史分期模式会与此完全不同。

---

① 何兆武：《社会形态与历史规律》，《历史研究》2002 年第 2 期。

二、马克思主义历史发展理论的形成

既然马克思主义的历史发展理论不是凭空而来的，而是用历史唯物主义观点方法研究具体历史的结果，他们的认识就有一个发展过程。

他们最初是1845年在《德意志意识形态》中提出了自己对历史分期的看法。首先提出了“分工发展的各个不同阶段，同时也就是所有制的各种不同形式”，然后列举了五种所有制及其相应的五个时期。

“第一种所有制是部落所有制。它是与生产的不发达的阶段适应的，当时人们是靠狩猎、捕鱼、牧畜，或者最多是靠耕作生活的……社会结构只局限于家庭的扩大：父权制的酋长、他们所管辖的部落成员以及奴隶。”

“第二种所有制形式是古代公社所有制和国家所有制……在这种所有制下仍然保存着奴隶制。除公社所有制以外，动产的私有制以及后来不动产的私有制已经开始发展起来，但它们是作为一种反常的、从属于公社所有制的形式发展起来的……奴隶制仍然是整个生产的基础。”

“第三种形式是封建的或等级的所有制……封建时代的所有制的主要形式，一方面是地产和束缚于地产上的农奴劳动，另一方面是拥有少量资本并支配着帮工劳动的自身劳动。这两种所有制的结构都是由狭隘的生产关系——粗陋原始的土地耕作和手工业式的工业所决定的。”①

同时，他们提到了资产阶级社会关系：“最后随着一切现有财产被变为工业资本或商业资本，它吞并了在它以前存在过的一切有产阶级（同时资产阶级把原先没有财产的阶级的大部分和原先有财产的阶级的一部分变为新的阶级——无产阶级）……随着工场手工业的出现，工人和雇主的关系也发生了变化。在行会中，帮工和师傅之间存在一种宗法

① 马克思、恩格斯：《费尔巴哈》，《马克思恩格斯选集》第一卷，人民出版社，1972年版，第26—28页。

关系，而在工场手工业中，这种关系由工人和资本家之间的金钱关系代替了。”①

他们又提到了“共产主义和所有过去的运动不同的地方在于：它推翻了一切旧的生产关系和交往关系的基础，并且破天荒第一次自觉地把一切自发产生的前提看做是先前世世代代的创造，消除这些前提的自然性，使它们受联合起来的个人的支配”②。

他们提出的这五种所有制和五个时期是对人类文明历史的一个总的分期，诚然，他们提出这一分期依据的资料，主要还是从西方的史料总结而来。他们的提法还不够准确，如他们所说的部落所有制还主要指原始社会晚期父系氏族社会时期，因此已有奴隶，而不包括母系氏族时期。他们虽然已认识到在古代奴隶制是生产的基础，但仍然因公社所有制及国家所有制存在的普遍性而列为第二种所有制的代表，他们对共产主义的描绘还是粗糙的，不完备的，是有空想的，但终究是他们提出了对人类文明的总的分期。

1859 年马克思在《〈政治经济学批判〉序言》中，又进一步提出：“大体说来，亚细亚的、古代的、封建的和现代资产阶级的生产方式可以看做是社会经济形态演进的几个时代。”③ 在这里，马克思进一步论述了社会经济形态经过的几个时代。这时他已经注意了东方的材料，因此引进了“亚细亚的”。

最后，1884 年恩格斯的《家庭、私有制和国家的起源》一书，在继承摩尔根研究的基础上，又吸收了美洲印第安人的一些资料，终于完成了他们对历史的科学分期。他首先继承了摩尔根对蒙昧、野蛮、文明三大时期总的划分。恩格斯说：“现在我们可以把摩尔根的分期法概括

---

① 马克思、恩格斯：《费尔巴哈》，《马克思恩格斯选集》第一卷，人民出版社，1972 年版，第 60—63 页。

② 同上书，第 77 页。

③ 马克思：《〈政治经济学批判〉序言》，《马克思恩格斯选集》第二卷，人民出版社，1972 年版，第 83 页。

如下：蒙昧时代是以采集现成的天然产物为主的时期，人类的制造品主要是用作这种采集的辅助工具。野蛮时代是学会经营畜牧业和农业的时期，是学会靠人类的活动来增加天然产物生产的方法的时期。文明时代是学会对天然产物进一步加工的时期，是真正的工业和艺术产生的时期。”① 恩格斯又依据摩尔根提供的易洛魁人的材料对母系氏族的部落所有制作了论证，指出：“家庭经济都是由若干个家庭按照共产制共同经营的，土地乃是全部落的财产，仅有小小的园圃归家庭经济暂时使用。”② 这补充了他们在《德意志意识形态》中提到的部落所有制仅指父系氏族时期的部落所有制的不足，并在《希腊人的氏族》一节中进一步补充论证了父系氏族时期的部落所有制，又依据柯瓦列夫斯基的研究，论证了：“家长制家庭（应为族——本书作者注）公社乃是母权制共产制家庭（族——本书作者注）和现代的孤立的家庭之间的中间阶段……只是过了很久，由于人口增加，农村公社才从这种家庭公社中发展起来。”③ 恩格斯接受了摩尔根把蒙昧时期、野蛮时期各分为早中晚期的做法，并加以进一步论述，指出野蛮高级阶段“从铁矿的冶炼开始，并由于文字的发展及其应用于文献记录而过渡到文明时代”④。他还指出：“随着在文明时代获得最充分发展的奴隶制的出现，就发生了社会分成剥削阶级和被剥削阶级的第一次大分裂。这种分裂继续存在于整个文明期。奴隶制是古代世界所固有的第一个剥削形式，继之而来的是中世纪的农奴制和近代的雇佣劳动制。这就是文明时代的三大时期所特有的三大奴役形式。”⑤ 这里，恩格斯又把文明时期分为三个时期，并以三种所有制分别代表。

---

① 恩格斯：《家庭、私有制和国家的起源》，《马克思恩格斯选集》第四卷，人民出版社，1972年版，第23页。

② 同上书，第92页。

③ 同上书，第137—138页。

④ 同上书，第23页。

⑤ 同上书，第173页。

这样，恩格斯就全面解决了人类文明的历史分期问题。最后形成了科学的文明发展史。斯大林只是继承了马克思、恩格斯的观点，简单综述了五种生产方式。他把原始社会、共产主义社会和三种剥削形态并列，形成了今天的五种生产方式的说法。

三、历史时期和社会形态

马克思、恩格斯在研究人类历史分期时是一直把历史时期和社会形态紧密联系在一起研究的，这是因为他们始终认为一定的社会形态是确定一定历史时期的主要特征，这就是恩格斯所说的："文明时代的三大时期所特有的三大奴役形式。"① 每一个历史时期有它特有的社会形态，确定了哪一种社会形态是一定历史时期所特有的，也就确定了这一历史时期。但在具体历史中，事情并非如此简单，因为一种社会形态往往并不仅存在于一个历史时期之中，它通常在前一历史时期已经产生，而在其后的历史时期中又会以残余的形式保留，因此只有确定了某一社会形态在某一历史时期占主要地位，才能把这一特定历史时期和前一时期刚有萌芽或少量产生及后一时期仅是残留区分开来。同时前后两种社会形态往往又会结合在一起构成一些过渡形态，呈现在各历史时期，既不能把这种过渡形态当做另一种独立的形态来划定历史阶段，又必须把每种过渡形态中所包含的不同形态的所有制所占的成分加以确定，以确定这种过渡形态存在于哪一历史时期。而事实上人类历史中往往充满大量过渡形态，更容易使人迷惑。

马克思、恩格斯在开始时也曾为这种过渡形态的大量存在所影响，因此他们在《德意志意识形态》一书中，把第二种所有制形式定为公社所有制和国家所有制。虽然他们当时已认识到奴隶所有制是第二个阶段的基础，但公社所有制和国家所有制确实是那一时期初期的普遍形态。

① 恩格斯：《家庭、私有制和国家的起源》，《马克思恩格斯选集》第四卷，人民出版社，1972 年版，第 173 页。

因此，马克思和恩格斯是在《前资本主义生产形态》中研究了亚细亚的、古典的、日耳曼的三种过渡形态之后及在《玛尔克》和《给查苏里奇的信》中更进一步研究了农村公社后，才确定了这种公社所有制、国家所有制是从原始公有制到私有制的过渡形态，它不能作为这一历史时期的具有代表性的社会形态，而改以奴隶制为古代世界的主要形态，同时也把其他时期存在的公开的隐藏的奴隶制与当时的主要奴役形式区别开来，马克思并把亚细亚的这种过渡形态放在古代的形态之前。

长期以来中国有许多史学家对商周时期的历史分期产生各种分歧意见，或说是奴隶制时代，或说是封建时代。这里最主要的问题是把当时普遍存在的公社所有制、国家所有制不是看做过渡形态，而是看做主要形态，有的则认定这种形态为奴隶所有制，并从而确定当时属奴隶时代[①]。有的则认为这种形态是封建制，就认为当时是封建社会[②]。有的则提出了所谓两种农奴制之说，把商周之际的公社所有制、国家所有制说成是奴隶制范畴的古典农奴制[③]。有很多人也就因为只看到商周之时普遍存在的是公社所有制、国家所有制这种形态，而看不到或看到也不认为是当时主要形态的家内奴隶制，从而否认中国有奴隶社会[④]。

其实，从马克思、恩格斯最初认为古代世界是以公社所有制、国家所有制为主要特征而转变为以奴隶制为主要特征的过程，及马、恩对公社所有制的解剖认为这是一种从原始公有制到私有制过渡形态的论述，就可知道他们并不认为这种过渡形态代表古代历史时期的主要形态，而认为它只是原始形态向阶级社会中的过渡，就可以认识到这种形态的本质既不是奴隶制也不是农奴制，而认为它就是公社所有制和国家所有制，同时马、恩也认为这种过渡形态在原始社会向奴隶社会、封建社会过渡中都曾经存在。

---

① 金景芳：《中国奴隶社会史》，上海人民出版社，1993 年版。

② 侯外庐：《中国封建社会土地所有制形成问题》，《历史研究》1954 年第 1 期。

③ 田昌五：《中国古代社会发展史》，齐鲁书社 1992 年版，第 41—54 页。

④ 沈长云：《认清中国古代西方历史发展道路的特色》，《历史研究》2002 年第 2 期。

事实上，在任何历史时期都存在过各种过渡形态。这些过渡形态一般是由前一种旧的形态和后一种新的形态相混杂或结合而成，并且会因新旧比例的不同而形成不同的过渡形态。如从公有制向私有制过渡中形成的家族公社（即以父系大家族为基础组成的公社）、家庭公社（一夫一妻制小家庭以血缘关系组成，土地定期分配）、农村公社（一夫一妻小家庭以地域关系组成，土地不再定期分配）等。又如土地的部落所有制发展为部族城邦所有制及土地国家所有制。土地国有制和公社所有制两种过渡形态又有机结合在一起，成为阶级社会早期的一种普遍形态。又如从平等关系向阶级剥削过渡中形成的各种贡纳制，从象征性的贡纳直到沉重经济负担的贡纳，如希洛人对斯巴达人的贡纳已是变相的奴隶制。又如从自由人到奴隶的各种过渡形态，从收养到家内奴隶到生产奴隶，从定期为奴、到期释放，发展为终身为奴、世代为奴，因奴役程度方式不同，而形成的各种过渡形态。又如从奴隶制向封建制过渡中也形成许多过渡形态，从家居奴隶到别居奴隶，从奴隶到隶农。农奴制实际上也是奴隶制到租佃制的过渡形态，而租佃制则可看做农奴制向资本主义制的过渡形态。列宁在《俄国资本主义的发展》中说工役制也是封建制度向资本主义制度的过渡。又如官僚资本是封建制向资本主义制度的过渡，毛泽东也指出国家资本主义是向社会主义的过渡，并认为从个体私有制向公有制过渡中，会形成各种不同层次的合作社，同时，在低下落后的生产力状况下，有些国家资本主义会自发蜕变为官僚资本主义，各种合作社也会在落后的生产力下自发蜕变为各种封建性质、资本主义性质的隶属关系。

总之，在历史中，随着地区的差别、发展阶段的差别，往往会呈现形形色色的过渡形态，真正以典型的纯粹的理论形态出现的情况反而较少，而以过渡形态出现却较普遍。同时一个时期总会或多或少保留一点旧的残余，或产生一点新的萌芽。

我们通常都把新旧交替时期称为过渡时期，并认为过渡形态主要存在于过渡时期。其实不然，过渡时期通常是指新旧形态剧烈矛盾变革的时期，诚然这种过渡时期会充斥过渡形态，但实际上在整个历史发展中都存在着新旧交替，存在着各种过渡形态。例如文明的形成始于野蛮时期之中，以后的野蛮时期就是文明逐步形成的时期，至于野蛮向文明过渡的时期，已是在野蛮时期高级阶段后，在进入文明时期以后，野蛮也并未完全消灭。可以说迄今为止的文明时代初期，实际上是逐步消灭野蛮残余的时期，各种阶级奴役，实际上就是野蛮在文明时期的残余，一种过渡。

同样在奴隶制早期有原始公有制的残余，奴隶制的晚期有封建制的萌芽；在封建制的早期有奴隶制的残余，甚至还有原始公有制的残余。在封建制晚期则有资本主义制度萌芽和形成，在资本主义早期则有大量封建制的残余，甚至有奴隶制的残余，晚期则有社会主义制的产生及形成。因此，新旧交替和过渡是充满整个历史时期的，区别点只在于新旧的不同比例，当旧的形态占主体时我们称之为旧形态时期，当新形态占主导时我们称之为新形态时期，当新旧相持不下时，我们称之为过渡时期而已。

过渡时期当然主要是充斥各种形态，有旧形态的保留，有新形态的产生；旧形态为主的时期以旧形态为主，但也有新形态的萌芽形成及新旧交替的过渡形态；新形态为主的时期以新形态为主，但也有旧形态的保留残余及新旧交替所形成的各种过渡形态。同时所谓为主通常也只是指代表了历史发展方向，并不表明在当时一定在数量上占优势。

过去有些学者总认为过渡形态只存在于过渡时期，这是错误的。农村公社这种过渡形态就主要长期存在于阶级社会中，而存在于过渡时期的却是另一种过渡形态——家庭公社。

因此，在研究历史分期时必须首先揭示在当时历史中是以哪种典型形态为主，并确定各种过渡形态中新旧成分的比例，确定何者占主导，何者属残余，何者仅是萌芽，找出其中占主导的代表历史发展方向的成分，这样才有可能正确确定历史分期。

第三节 马克思的另一种分期

一、马克思的另一种分期

马克思在《1857—1858年经济学手稿》中还提出了一种分期方法。他提出："人的依赖关系（起初完全是自然发生的），是最初的社会形态，在这种形态下，人的生产能力只是在狭窄的范围内和孤立的地点上发展着。以物的依赖性为基础的人的独立性，是第二个形态，在这种形态下，才形成普遍的物质变换，全面的关系，多方面的需求以及全面的能力的体系。建立在个人全面发展和他们共同的社会生产能力成为他们的社会财富这一基础上的自由个性是第三个阶段。第二个阶段为第三个阶段创造条件。"①

这是马克思从人的发展来划分人类文明的历史，他把资本主义以前的时期划为第一阶段，资本主义社会划为第二阶段，未来社会划为第三阶段。应该说这更符合人类文明的分期要求。但由于他提出的三个阶段中第三个阶段尚未到来，第二阶段又刚开始不久，而把整个以前的人类历史全包括在第一阶段之中，又失去对以往历史分期的具体意义，所以并未为大家所广泛应用。但是随着时代的发展，很多事实日益证明了马克思这一分期思想的高度预见性，它将日益成为未来社会人类对以往文明分期的指导。

二、历史的验证

1959年在马克思提出这一科学论断后一百年，美国学者丹尼尔·贝尔提出了"后工业社会"，他在1973年正式出版的《后工业社会的来

---

① 马克思：《1857—1858年经济学手稿》，《马克思恩格斯全集》第46卷上，人民出版社，1979年版，第104页。

临》一书中，系统研究了工业社会的未来。他把社会发展分为互有联系的三个不同阶段：前工业社会、工业社会、后工业社会。前工业社会是指以农业、矿业、渔业、林业为产业的社会，这些经济部门以消耗自然资源为主，可将其归类为第一类产业。第一类产业受自然环境的影响较大。前工业社会的主要劳动者是农民、矿工、渔民和手工业者。工业社会是指以加工业、制造业、建筑业等部门构成社会的经济结构，依靠机器大批量生产产品的社会。与前工业社会主要利用原料技术相比，该社会主要利用能源技术来生产社会财富，强调资本重要性。工业社会的劳动者是半熟练的产业工人和工程师。后工业社会是一个信息社会，人们的活动都与信息的搜集、传递、过滤、使用有关联。在这个时代，信息技术不仅对经济结构和劳动力构成带来了变化，而且正在越来越深入地影响到社会、政治、经济、文化等日常生活的一切领域，从而使得社会的劳动者的绝大多数从事创造、处理和分配信息的工作。新社会的战略资源是信息，知识正在成为社会经济发展的动力。在后工业社会，人们所从事的工作就是使知识的生产系统化，并且不断开发智力。贝尔的社会发展三阶段理论可以用表一来形象地说明。

表一　社会发展阶段的变迁及其特征

社会发展阶段	前工业社会	工业社会	后工业社会
典型地区	亚洲、非洲和拉丁美洲	西欧、日本、苏联	美国
主导经济部门	第一产业的农业、渔业、林业、矿业和手工业	第二产业的制造业、采矿业和交通运输业	第三产业的商业、金融和服务业，以及第三产业的信息产业
主要职业	农民、渔民、矿工和非技术工人	半技术工人、工程师	专业人员与技术人员、科学家

续表

社会发展阶段	前工业社会	工业社会	后工业社会
主要生产要素 主要生产关系 社会轴心	原料 同自然界的竞争，传统经验主义，土地和资源	能源 同经过加工的自然界的竞争，强调对投资决策的控制，经济增长	信息 人与人之间的竞争理论，知识的集中和应用

与之同时稍后，1980年美国的阿尔温·托夫勒《第三次浪潮》一书出版，他提出了大致相同的分期。

托夫勒在《第三次浪潮》中将社会进化的不同阶段用不同浪潮来表征：社会进化的第一阶段是农业浪潮，大约开始于一万年前；第二阶段是工业化浪潮，开始于19世纪中叶；目前正在形成的是第三次浪潮。

托夫勒认为，人类社会进步的历史就是不断创造和利用科学技术的历史。科学技术革命对人类的生产和生活方式、文化和政治都产生了重大的影响。他认为对自然利用的有效程度就是社会进化的程度。一个社会对自然利用的有效程度越高，这个社会就越进步，而社会对自然的利用程度则由科学技术的水平来决定。

从科技发展的角度出发，托夫勒对第二次浪潮和第三次浪潮作了详细的分析。他认为在第二次浪潮——工业化浪潮中，工业以电机和电器原理为基础，具有生产周期长、技术要求低、作业重复化、产品标准化、能耗多和污染多等特点。他指出，工业浪潮是导致生产和消费分裂的经济。在工业浪潮时代，人们信奉“工业现实观”，即强调把社会进化建立在征服自然基础上的进步原则。在社会生活中，工业浪潮具有标准化、专业化、同步化、集中化、大型化和集权化六大基本特点。标准化是指用标准的方法、标准的工具、标准的时间进行工业生产，并且使人们在一定的标准下工作和生活；标准化又使生产分工越来越细，专门技能的生产工人代替多面手的农民，这便是专业化；同步化是指生产过程的同步，亦指人们生活的同步。生产流水线要求工人同步劳动，从而形成了起床、吃饭、睡觉等生活规律的同步；集中化原则是说能源、生产资料、人口、资本、劳动和产品的集中，工厂、城市、学校、商店乃至煤、石油等能源都是集中化的表现；大型化表现在一味追求企业规模、利润、效率和产量，而把包括生态在内的社会效益置之度外；集权化主要指中央集权，生产高度集中，组织管理高度集中，要求权力集中，形成经济和政治的中央集权制度。托夫勒认为这六个特点相互补充、相互强化，且随着工业化进程的加速而表现得更强烈。然而，工业化进程在给人们带来巨大物质财富的同时，也带来许多问题，其中根本问题有两个："第一，我们在征服自然的战役中，已经到达了一个转折点。生物圈已经不容许工业化再继续侵袭了。第二，我们不能再无限地依赖不可再生的能源，而它至今还是工业发展的主要补贴。"

托夫勒认为，从 20 世纪 50 年代中期开始，在发达的工业化国家，第二次浪潮的传统工业已开始衰退，逐渐出现了一些新兴工业，如微电子工业、计算机工业、航天工业、海洋工业、遗传工程和可再生能源工业等，这些新兴工业是形成第三次浪潮的基础。托夫勒把脑力劳动和服务业劳动者人数首次超过工业和农业劳动者人数（在美国是 1956 年）作为新的第三次浪潮经济诞生的早期标志。第三次浪潮将使传统的生产者和消费者的区别慢慢消失而出现产销合一的综合经济，传统的工作时间和休息时间的界限也将慢慢消失并导致新的生活方式出现，工作时间大大缩短，学习和休闲时间日益增长。第三次浪潮还将导致工业浪潮时期的基本特点逐渐淡化，家庭将成为社会的中心，从而导致新社会规范的出现。在涉及政治民主问题上，托夫勒则认为第三次浪潮技术提供了通向第三次浪潮民主的途径，将充分体现少数派意愿，实现半直接民主，即从依赖代表转为依靠人们自己①。

---

① 托夫勒：《第三次浪潮》，上海三联书店，1984 年版，第 177 页。参见游五洋、陶青：《信息化与未来中国》，中国社会科学出版社，2003 年版，第 9 页。

表二 人类社会发展的三个阶段

	农业社会	工业社会	信息社会
大致时间	公元前4000—公元1763年	1763—1970年	1946—约2100年
主要推动力	农业革命	工业革命	信息革命
主要生产要素	物质	能源	信息知识
主要经济形态	农业经济	工业经济	知识经济

他所说的“人类社会发展呈现明显周期性，每一社会形态的发展都包括起步期、发展期、成熟期和过渡期四个阶段。例如，原始社会包括旧石器的早期、中期、晚期和新石器时期等四个阶段，农业社会包括古代文明、古典文明、东方文明繁荣期（欧洲中世纪黑暗时代）和欧洲文明崛起期（欧洲文艺复兴以后，东方文明停滞不前）等四个阶段；工业社会包括第一次工业革命、第二次工业革命、工业文明进入家庭（两次世界大战之间）和第三次产业革命等四个阶段；信息社会包括第一次信息浪潮（个人计算机时代）、第二次信息浪潮（网络时代），以及未来的智能化时代等三个阶段。每一个社会形态的后期发展都孕育了未来社会的发展模式，为人类进入下一阶段做好准备”①。

表三 人类社会发展的周期性和加速性

社会形态	时期	大致时间	时间跨度	主要特征
原始社会	起步期	250万—20万年前	230万年	旧石器早期
	发展期	20万—4万年前	16万年	旧石器中期
	成熟期	4万—1万年前	3万年	旧石器晚期
	过渡期	1万—0.6万年前	4000年	新石器时期、作物栽培
农业社会	起步期	公元前40000—500年	3500年	古代文明
	发展期	公元前500—618年	1100年	古典文明
	成熟期	公元618—1500年	900年	东方文明繁荣、欧洲中世纪
	过渡期	公元1500—1763年	260年	欧洲文明崛起、文艺复兴传播

① 托夫勒：《第三次浪潮》，上海三联书店，1984年版，第177页。参见游五洋、陶青：《信息化与未来中国》，中国社会科学出版社，2003年版，第2页。

续表

社会形态	时期	大致时间	时间跨度	主要特征
工业社会	起步期 发展期 成熟期	1763—1870 年 1871—1913 年 1914—1945 年	110 年 40 年 30 年	第一次工业革命、机械化 第二次工业革命、电气化 家庭机械电器化
信息社会	起步期 发展期 成熟期	1945—1992 年 1993 迄今	47 年	个人计算机和通信技术 “信息高速公路”和网络 智能工具的出现和大规模应用

* 资料来源：何传启：《第二次现代化——人类文明进程的启示》，高等教育出版社，1999 年版，第 111 页，转引自《信息化与未来中国》①。

游五洋、陶青认为：“可以看出，人类社会文明发展呈现加速性。原始社会大致经历 250 万年，农业社会大致经历 5800 年，工业社会大致经历 200 多年，而信息社会迄今只有 50 多年。从 20 世纪 40 年代末期开始，以计算机发明为开端的信息革命促进了人类文明从工业社会向信息社会的转变。如果说 20 世纪是工业时代全盛时期，那么在 21 世纪人类将会全面进入信息社会。21 世纪不仅是人类文明发展新阶段，而且是人类文明的新起点。人类今后在理想的征途中将迈出决定性的一步。”②

三、这一分期在未来的运用

这些论断和马克思论证的三个形态何其相近，表明了马克思的三个形态说已得到了历史发展的验证，人类社会正通过第三次浪潮进入后工业社会——信息社会，也就达到了马克思所说的第三个阶段“建立在个人全面发展和他们共同的社会生产能力成为他们的社会财富这一基础上

① 游五洋：《信息化与中国》，中国社会科学出版社，2003 年版，第 6、20 页。

② 游五洋、陶青：《信息化与未来中国》，中国社会科学出版社，2003 年版，第 20—21 页。

的自由个性”。

这一分期理论，在到达未来社会后回顾人类文明总的进程时，将会更多地采用。实际上，那时就只有两个阶段：第一阶段和第三阶段；第二阶段只是第一阶段的尾声，第一阶段向第三阶段的过渡，正如马克思所说的“第二个阶段为第三个阶段创造条件”而已。

第四节　斯大林的五种生产方式理论

从20世纪30年代斯大林在《联共（布）党简明教程》中总结了人类历史基本经历了五种生产方式以来，在相当长时期中五种生产方式就成为划分一切历史的唯一依据，对人类文明史的划分也不例外。

一、近年来对斯大林的五种生产方式的批判

从20世纪80年代以来，我国掀起一阵批判斯大林及五种生产方式之风。有人认为斯大林的五种形态理论“背离了马克思主义唯物的科学的发展理论，是对马克思主义的附加和庸俗化”，“五种社会形态理论既不是马克思的社会发展理论，也没有揭示社会发展的客观逻辑”。① 有人则认为：“从概念划分角度看，五种社会形态说有两个缺陷：一、违反了概念划分中的每一次划分应当使用同一划分标准，各子项必须穷尽母项的规则，误将各社会形态间的对立关系视为矛盾关系，忽视了它们之间中间类型或过渡时期的存在。”② 有人认为：“五阶段单向演进图式之于中国历史正如一张普罗克拉提斯的铁床，活生生的历史被斩头去尾

① 刘佑成：《用马克思的社会发展理论重新划分社会形态》，《史学理论》1988年第3期。

② 袁林：《五种社会形态说的逻辑缺点及马克思，恩格斯的社会形态演化思想》，《史学理论》1988年第4期。

地填入这一主张假定的模式之中，长期以来学术界面临的哲学贫困、史学危机、经济学僵化的局面，在某种程度上都与这张普罗克拉斯提斯铁床有关。”“五阶段图式在唯物观的旗号下，把马克思主义简单化，公式化的同时，又把一些非马克思主义的东西硬塞入马克思主义体系中去，这就势必导致了这套理论架构向主观唯心主义的蜕变，最终向唯心史观复归。”① 在这些先生看来，五种生产方式成为极端错误的理论，斯大林成为罪魁祸首。诚然，斯大林犯了许多不可饶恕的错误，但是否因为他说过五种生产方式，因此五种生产方式也就全错了呢?

二、斯大林五种生产方式再认识

五种生产方式实际上是马克思、恩格斯在社会形态理论中早就提出的。马克思在《〈政治经济学批判〉序言》中曾说过：“大体说来，亚细亚的，古代的，封建的和现代资产阶级的生产方式可以看做是社会经济形态演进的几个时代。”② 斯大林的五种生产方式理论，不过是把马克思的“亚细亚的”换为“原始社会”，把“古代的”换成“奴隶制”，在后面加上一个“社会主义”，其发展脉络是很清楚的，看不出斯大林硬加了什么非马克思主义的东西。而且，斯大林在《联共（布）党史简明教程》中明确说到五种形态的生产力时说：“下面就是古代到今天的生产力发展的一般情景。”说到五种生产关系时说：“历史上有五种基本类型的生产关系”，这就是人类史上人们生产关系发展的情景。斯大林在这里并未绝对地说五种生产关系是唯一的五种类型，而只说是五种基本类型，就是说他还承认五种基本类型之外还有别的非基本类型，他说到生产力时也只是认为是一般情景，并未说除此之外不可能有特殊情景。

---

① 陈剩勇：《社会五阶段演进图式向唯心史观的复归——世界各文明圈社会经济结构之透视》，《史学理论》1988 年第 4 期。

② 马克思：《〈政治经济学批判〉序言》，《马克思恩格斯选集》第二卷，人民出版社，1972 年版，第 82 页。

而前几十年史学界把五种生产方式绝对化，看成唯一的仅此五种方式，把一般的说成绝对的，把五种生产关系从发展的情景说成是必然相继的唯一模式，这都不能归之于斯大林，都是教条主义对待斯大林理论的一些学者自身的责任。不能斯大林一犯错误，就墙倒众人推，把别人的责任都归于斯大林，更不能借此将五种生产方式完全否定。斯大林提出的五种生产方式诚然有简单化缺点。他既然说这是五种基本类型，他就应该简单地提一下除五种基本类型之外还有哪些非基本类型，或者说中间类型、过渡类型。他说到“生产力发展的一般情景”后，应简单提几句除一般情景外还有些什么特殊情景。这就多少可以防止教条主义者应用时的绝对化。斯大林这种简单化的缺点我们将在下一章加以具体论证。

斯大林把五种生产方式并列，在逻辑上是不科学的，概念划分得也不严密，我们也有同样看法，但其仅一般性地叙述历史过程也并非不可以。问题是我们过去不应该把斯大林的几句话，视为神圣的经典和绝对真理，使其僵化，而应结合历史实际具体应用，具体发展，并在应用中根据历史实际丰富发展这些理论。

三、目前的两种倾向

在批判斯大林的错误和否定五种生产方式的过程中，许多学者提出了一些新说，主要是两大方面。

一是认为奴隶制不是世界各国普遍存在的，有很多国家并未经过奴隶制，直接进入封建制。其实这并非什么新理论。恩格斯早就论述过日耳曼人在罗马帝国的废墟上，因为继承了较高的生产力，没有发展奴隶制，直接向封建制过渡了。但这有一个前提，即必须已经达到可以进入封建制的生产力基础，而不是在进入奴隶制的同一生产力水平，甚至低于奴隶制的生产力水平也可以越过奴隶制，直接进入封建制。这就违背了一定的生产关系必须适应一定生产力的规律。而许多学者所谓中国及很多国家直接进入封建制的依据，实际上是错将原始社会向阶级社会过渡时的一些过渡形态如土地国有制和公社所有制看做封建所有制，同时又往往忽视了在奴隶社会早期主要存在的是一种隐蔽在家庭成员内部的家内奴隶制。往往把奴隶制是奴隶制生产方式的基础，扩大理解为奴隶制是奴隶制时代所有众多生产方式的基础，一定要到处都找到大量奴隶的存在才承认当时是奴隶制时代。但实际上经典作家谁也没有肯定奴隶一定在奴隶制时代占多数。因此，此说的提出实际上并不能否定五种生产方式。

另一说，是提出了好多新的生产方式，以否定人类历史仅五种生产方式。实际上斯大林既然承认这五种生产方式仅是五种基本类型，就是承认还有其他多种非基本类型，问题是其他多种非基本类型是由五种基本类型派生的呢？还是在五种生产方式以外存在的完全不同于五种生产方式的新生产方式呢？少数学者提出了所谓氏族封建、[①] 宗法封建制、亚细亚生产方式，田昌五更提出中国历史所经三大时代，洪荒时代、族邦时代、封建帝制时代[②]。其实所谓氏族封建制，只是指一种氏族社会向封建社会的过渡形态，是指原始公社向阶级社会的过渡形态，在奴隶制初期也普遍存在过。而洪荒时代、族邦时代，实际上是原始社会早期和晚期。如果还承认每个时代有一定生产方式，还是离不开五种生产方式，因此，所谓把五种生产方式说成是单线说，而主张多线式的学者，实际上并未在五种生产方式之外，在历史中找出全新的另一些生产方式。而马克思主义的理论从来也不否定历史发展多种模式，马克思主义经典作家们就一再比较，亚细亚的、古典的、日耳曼诸模式之区别。但他们也始终认为各种模式只是几种基本生产方式的不同组合形成的不同模式，并不认为世界历史存在完全不同的两条道路。

因此，我们认为斯大林的错误应当批判，五种生产方式的理论应该

---

① 《社会形态与历史规律再认识》，《历史研究》2000 年第 2 期。

② 同上。

放在世界历史中进一步检验、丰富、修订、发展，但不能轻易否定，更不能借否定五种生产方式，否定历史发展的客观规律性。

第五节　近年学者对文明发展史及分期的研究

人类文明的发展史及分期，是文明论中的一个重要理论问题，涉及中外古今的历史，因此近年中外有过无数学者研究过人类文明发展史及分期，提出了各种各样的分期观点。这里选择一些代表性的观点，分别加以评述。

一、斯宾格勒、汤因比等人的文明发展观

马克思、恩格斯曾提出了对人类历史分期的一系列观点、方法。但这些观点、方法并未为西方近期一些研究文明论学者所认同，他们提出了一套唯心主义的文明发展史分期观点，斯宾格勒及汤因比就是其中的代表人物。

斯宾格勒在《西方的没落》一书中提出了文化是文明的前奏、文明是文化发展的结束阶段，然后把文化发生发展的历史，划分为四个阶段：文化的春季是文化诞生的时期，文化的夏季是文化生长的时期，文化的秋季是文化走向成熟的时期，文化的冬季是文化走向衰退的时期。文化经过这几个阶段而归入原始洪流之中。文明是文化发展的结束阶段，文明的初期是战国时期，是连绵不断的战争时期；文明的发展时期，则是帝国时期，世界为各大帝国所统治；文明的后期是大都市的扩展，人类文明的没落①。

① 〔德〕奥斯瓦尔德·斯宾格勒：《西方的没落》，商务印书馆，1963 年版；刘建军：《斯宾格勒的文明理论》，《世界文明论研究》，山东人民出版社，2001 年版，第 62—66 页。

斯宾格勒对文明的分期，是从观察人类古代文明史中一些国家的文明从兴起到衰退的过程，结合西方资本主义文明正在走向没落而总结出来的。但他没有能够全面观察人类文明发展的总过程及总趋势，历史上虽然有许多国家民族的文明史确实经历了从生长、成熟到衰退的过程，但以后在原有文明基础上却不断复兴，出现了新的文明，有了更高的发展。因此人类文明总趋势是不断发展，而不是走向衰退，斯宾格勒是孤立地割取某个国家的一段历史作出了他的分期。这是由于他正处于西方资本主义走向没落，产生了对人类未来悲观失望，而形成了他的文明分期观。这种历史分期观显然是不科学的，它没能正确反映人类文明不断成长，经过暂时的衰落而又重新繁荣，向更高发展的完整历史过程。

而且斯宾格勒认为文化的生长、成熟到衰退的原因，是人类创造力的增长和衰退，却又无法解释这种创造力增长和消失的原因，因此他的文明分期历史是建筑在唯心史观基础上的，是违背历史规律的。

正如刘建军所评论的："斯宾格勒的文明理论否认人类历史的统一性和连续性，否认历史的客观规律，否认历史的进步，总的说来，他的文明分期观是非科学的。"①

此后，汤因比也提出了自己的文明分期观，他认为文明的发展史可分为文明的起源时期、文明的生长时期、文明的衰落时期、文明的解体时期。

他认为文明起源于原始社会是因为："在原始社会里，模仿的对象是老一辈、是已经死了的祖宗，在文明社会里模仿的对象是富有创造精神的人物。""文明的起源原来是通过内部无产者脱离现有文明社会以前那个已经失去创造能力的少数统治者的行为而产生的。""第一代文明的起源在于对自然环境、物质环境提出的各种挑战作出了成功的应战。""第二代第三代文明的起源在于对社会环境——母体文明的衰落、解体

① 刘建军：《斯宾格勒的文明理论》，《世界文明论研究》，山东人民出版社，2001年版，第71页。

所造成的混乱的挑战的应战。”

他认为：“文明的生长的活力就是对一系列挑战作出了一系列成功的应战。文明的生长是挑战、应战、平衡、新挑战、新应战这样一个发展过程。文明生长的途径包括外部环境的占有性生长及靠自身内部的稳定和成熟而生长。一切生长的动力都是来源于富有创造性的个人或一小群个人。”

他认为：“生长的衰落的实质可以归结为三点：少数人创造能力的衰退，多数人相应的撤退了模仿的行为，以及继之而来的全社会的社会团结的瓦解。”他认为：“文明衰退的原因不是外在的、物质的和经济的，而是内在的、精神的和文化的。具体有七个：1. 模仿的机械。2. 旧的制度和组织对变化了的新挑战不能作出新的成功的应战。3. 对领袖的崇拜使领袖无法迎接新的挑战。4. 组织和制度崇拜堵塞了对挑战作出成功应战的道路。5. 技能崇拜使人们过分依赖一种曾经行之有效的技能而使文明停滞不前。6. 军事行为的自杀性，它将严重杀害文明的机体。7. 胜利的陶醉导致居功自傲并丧失公允的判断能力和强劲的创造能力。”①

他认为：“文明的解体表现为无法应付反复出现的挑战。原来富有创造力的少数人是退化为企图用强力来维持群众对自己效忠的少数统治者，广大群众离心离德开始退出社会，那些生活在这种文明周围并曾与这个文明和平共存过的民族与之采取了对立的态度，社会的灵魂分裂，人们没有了精神信仰，自暴自弃。教会是文明解体过程中的产物，但不是文明的毁灭者，而是一种濒死文明与另一种新文明之间的桥梁。”②

汤因比的文明分期理论和斯宾格勒不同，他看到了旧的文明衰落后，第二代、第三代文明的兴起，但他是历史循环论者，认为文明是在

① 汤因比：《历史研究》，上海人民出版社，1986 年版，第 139 页；参见向阳：《评汤因比的历史研究》，《世界文明论研究》，山东人民出版社，2001 年版，第 92—95 页。

② 同上书，第 96 页。

不断形成、生长、衰落、解体，而不是在衰落、兴盛中前进，同时他和斯宾格勒一样是历史唯心主义者，如把文明衰落的原因归之于内在的、精神的和文化的。他并认为：教会是濒死文明与新文明之间的桥梁。

汤因比也把文明的起源、生长、衰落、解体归之于少数人创造能力的增长与衰退。因此，他只是从现象上划分历史，而无法揭示人类历史分期所包含的规律性和必然性。

二、雅斯贝尔斯、岸根卓郎对文明的分期

德国的卡尔·雅斯贝尔斯在所写的《历史的起源与目标》一书中提出了他对人类文明的分期。他认为：人类文明可分为史前时代、历史时代，历史时代又可分为古代文明和轴心期文明两个阶段，世界历史时代也即所谓科技文明时代，最后是未来文明时代。

他的古代文明时代，是史前时代以后历史时代的第一期，这是从公元前 5000 年到公元前 2000 年，这一时期出现了几个最早的古代文明，这就是苏美尔—巴比伦、埃及和爱琴海文明，雅利安印度河文明，中国黄河文明。他和许多人一样把文明形成时期和文明时期不加区分，他所说的许多古代文明，实际上是包括文明形成时期，而不仅是文明时期。

他所划分的历史时期第二时期轴心期文明，从公元前 800 年至公元前 200 年间，以公元前 500 年为中心。不知什么原因，雅斯贝尔斯在他的历史时代中的两期古代文明和轴心期文明中间空白了 1200 年，他的古代文明到公元前 2000 年，而轴心期文明却从公元前 800 年开始，不知道他把从公元前 2000 年到公元前 800 年定为什么时期。

他的第三时期是科技文明时代，又称为世界历史时期，它在 15 世纪发端于欧洲，经过 17—18 世纪的准备和发展，在 19 世纪末、20 世纪初全面展开。不知什么原因，在他的第三期和第二期之中又中断了 2000 年，他也未给中间的空白时期命名。

因此，他的分期是极不完整的，同时他的所谓古代文明、轴心期文

明、科技文明的划分也没有什么明确的标准和划分的必然性，他只是摘取人类文明史的一些现象作了主观的分期而已。但他对人类未来文明的认识却是乐观的，他相信人类文明是有出路的。他提出："有三种倾向在今天已在世界发展，这就是社会主义、世界统一以及信仰。"① 但他却又认为：我们永不可能清楚地把握未来，因此，他并未能科学地认识人类文明史的分期。

岸根卓郎认为宇宙的基本法则是一个以二极对立型周期交替的状态决定人类文明，有东西方文明交替的周期为每800年一次，每次交替的时间约100年，东西方文明交替按照高谐波和低谐波频率，反复进行对称旋转形成了一个以1600年为一周期的双螺旋结构的文明波，光辉灿烂的西方文明将迎来夕阳西照之日②。

也有人把文明史分为四期：公元前的一千年之内是人类几大古典文明形成的"轴心期"（雅斯贝尔斯语）。公元第一个一千年是东方文明繁荣昌盛时期，是西方文化从属东方世界的历史阶段。公元第二个一千年的前半部分（1500年之前）是东方文明由盛而衰，西方近代文明孕育形成时期，后半部分则是西方文明逐步强大，主宰整个世界时期；而19世纪下半叶至20世纪上半叶是西方文明统治人类的顶峰期，战后的下半叶则是其迅速走下坡路的时代。公元第三个一千年预示着人类几大文明由撞击融合，形成全人类性的新文明，它们相互制约，相互纠缠，相互反对又奇特共生③。

这基本上是岸根卓郎观点的适当调整，也是以东西方两大文明的此起彼落作为划分世界历史的规律。其实，历史上并不存在以1600年为周期的永恒交替周期，公元前后的一千年也并不存在西方文化从属东方

① 〔德〕卡尔·雅斯贝尔斯：《历史的起源与目标》，华夏出版社，1989年版，第174页。

② 〔日〕岸根卓郎：《文明论——文明兴衰的法则》，北京大学出版社，1992年版，转引自张雷声：《宇宙法则基础上的文明理论——岸根卓郎的〈文明论——文明兴衰的法则〉》，《世界文明论研究》，山东人民出版社，2001年版，第330页。

③ 刘怀生：《论21世纪中国哲学的历史使命》，《天津社会科学》1996年第2期。

世界，这时期的希腊文明正是西方文明鼎盛时期，公元第二个一千年前半部分（1500 年前后）也不是东方文明盛极而衰之时，东方文明的衰退还要较后，20 世纪下半叶西方文明也并未走下坡路，因此这些历史分期是先形成某种看法，然后不顾史实去硬套。

三、伊东俊太郎、麦克高希对文明发展的看法

此外必须提到伊东俊太郎的五次革命论及威廉·麦克高希的五种文明说。日本学者伊东俊太郎 1985 年出版的《比较文明》一书提出了他的五次革命论，这也是一种对人类文明发展的分期方法。他认为人类经过五次革命，即人类革命、农业革命、都市革命、哲学革命、科学革命。

他认为：人类革命“是指广义上人类由猿到人的转变”，我们认为：这不应该列入文明的分期之中，但也可算人类文明的萌芽。

他认为：农业革命是指人们发现农耕、栽培野生植物、驯化野生动物，这应该包括了文明的形成部分。

他认为：都市革命是指都市规模的形成，其特征是强大的王权和国家机构产生，阶级职业的分化，金属物品的使用，商业的骤然兴起和文字的发明等。我们认为：实际上，这才是真正进入了文明时期。哲学革命或称“精神革命”，是指从公元前 8 世纪到公元前中世纪在希腊、印度、中国、以色列大体上平等地产生优秀而深刻的思想体系的伟大精神变革时期。

他认为：科学革命是指西方近代科学的产生及由科学的发展而发生了产业革命，造就了今天的工业文明，这次革命以后，人类在物质上日益丰富，但在精神上却日渐贫乏，并产生了一系列社会问题。[1]

① 〔日〕伊东俊太郎：《比较文明》，日本东京大学出版社，1985 年版，参见孙智昌：《伊东俊太郎的比较文明论》，《世界文明论研究》，山东人民出版社，2001 年版，第 286、287 页。

伊东俊太郎的前二次革命是属于人类文明的萌芽和形成，后三次革命是指人类的文明时期，但城市革命和精神文明都发生在奴隶制文明时期，科学革命相当于资本主义文明时期，而从公元前 4 世纪到公元 15 世纪，中间两千年却处于空白。因此，这五次革命作为概括人类历史上五次重大变革未尝不可，但要作为人类文明的五个时期却难以概括，恐怕作者也并无此意，但他的五次革命的提法无疑可以作为人类文明分期的参考。

威廉·麦克高希在其所著《世界文明史——观察世界的新视角》一书中提出了他的文明五阶段的观点①，这应当认为是他对人类文明史分期的一种尝试。他认为：我们所知道的文明始于公元前 4 千年间在埃及和美索不达米亚出现的早期的城邦。在头 3 千年，社会发展的主题是权力日益集中在控制着一定领土的政治统治者的手中，这些统治者通过军事征伐获得权力，他们将城邦发展为王国，将王国发展为帝国，第一种文明的结果是在公元 2 世纪统治旧世界的四大帝国的形成：罗马帝国、帕提亚帝国、贵霜帝国以及汉帝国（在新世界玛雅文化同时也准备进入它的繁荣期）。接下来，野蛮人侵占了文明的帝国，这一时代走到了尽头。第二个文明阶段始于公元前 1 千年中期，那是非同寻常的一批哲学家、先知和宗教思想家生活的年代。从他们那里发展出了哲学流派以及充满哲思、有着教义的宗教。这一阶段主要是三个世界宗教的兴起，佛教、基督教与伊斯兰教，还有与三宗教相互作用的其他宗教。最后，世界宗教像政治帝国一样，不但在意识形态上而且也在军事上互相斗争。在公元 2 千年中期，这一时代宣告结束，当时宗教的战争和压迫激起了公众对它的反感。

第三个阶段开始于与文艺复兴有着密切联系的欧洲文明领土的扩张和文化上的迸发。在 14 和 15 世纪，现代商业制度建立起来，早期的越

① 〔美〕威廉·麦克高希：《世界文明史——观察世界的新视角》，新华出版社，2003 年版，第 1—3 页。

洋航海发现导致了欧洲沿大西洋国家在政治上和商业上的竞争，导致了对欧洲以外的人民的殖民和奴役，导致科学的工业以及民主的革命，还导致了使用先进技术的武器装备的战争……

第四个阶段的文明转向了大众娱乐，这是为了从非世俗性的目的中得到解放。

第五个阶段，人类已经站在由计算机技术所导致的第五种文明的边缘。

还有第二条线贯穿本书，这就是每一种文明都是以一种新的占主导地位的文化技术的引入为开端的：文明一，始于原始的表意文字；文明二，始于字母；文明三，始于欧洲印刷术；文明四，始于电子通讯技术；文明五，始于计算机技术。①

麦克高希的第一个文明包括了从原始社会文明的形成到奴隶社会，跨越两个历史时代；第二个文明既包括奴隶制时代又包括封建时代，只是以哲学及宗教的发展来作为这时期的特点；而第三、第四时期都属于资本主义时期。这些划分或长或短，没有一定规律，仅以世界历史中一些精神文明发展的重大事件作分期的依据，而且主要是依据西方的历史，因此并非真正科学的分期。

四、钱学森等人对文明的看法

钱学森把科技革命、产业革命、社会革命综合成统一的发展史分为七个次序："一、大约发生在一万年以前的石器时代，火的发现与使用；社会生产体系的变革，人类从狩猎、采集野果为生，发展到开始从事农业、畜牧业、渔业等（形成第一产业）；社会制度的转变，原始社会向奴隶社会转变。二、大约公元前二百年至一千年的青铜时代以及铁的发现与使用；农、林、畜牧、手工业、采矿、冶金业得到发展，产品有了

① 〔美〕威廉·麦克高希：《世界文明史——观察世界的新视角》，新华出版社，2003 年版。

剩余，出现了商品和商品交换；奴隶社会向封建社会转变。三、18世纪初开始于英国的蒸汽机技术革命；以机器为基础的近代工业兴起，如机器制造、纺织工业、建筑业等（形成第二产业）；封建社会向资本主义社会转变。四、世纪初，物理学革命电磁理论的建立、电动机的发明；促进电机制造、电讯、交通航海、运输业、国际贸易、金融等的发展（形成第三产业）；资本主义从自由竞争向垄断资本主义发展，生产日趋社会化，与私有制矛盾尖锐。五、二战以后至今，以相对论、量子力学等科学革命为先导，一大批以高新技术（核、激光、航运、生物工程等）为动力的信息技术革命；科技业、咨询业、信息业迅速发展，出现世界一体化的生产体系，体力、脑力劳动差别逐渐缩小（形成第四产业）；开始形成包括各种不同国家政体、不同经济发展状况、不同意识形态为主导，打破地区界限的各国联合体——世界社会形态。六、即将到来的以微生物、酶、细胞基因等科学成果为代表的生物科学与生物工程技术的飞速发展；以太阳为能源，信息成为第一生产要素，利用生物、水、大气，通过农、林、草、畜、禽、菌、药、渔、沙、海业加上工贸科技于一体的生产体系形成，城乡差别逐渐消失（第一产业逐渐变为第二产业，第二、三、四产业相互促进）；形成从资本主义向（社会主义）共产主义过渡的世界社会形态。七、21世纪相继到来，以人体科学（包括医学、生命科学、智能科学等）为主导带动各种科学技术飞速发展；人的功能、智能大大提高，加之先进的科学技术与设备，促成组织管理革命，必将引起新的产业革命，工业、农业无差别（多种产业互相促进）；叩响共产主义大门，开创世界大同的人类新纪元。”①

他的分期基本上参考了斯大林的五种生产方式，但却在二、三之间漏了封建社会的千余年和资本主义时期的最初几百年。从三到五基本属于资本主义时期的几个阶段，作为对科学发展史的一个大体概括是可以，但作为人类文明史的分期却不够严密。

① 钱学敏：《试论钱学森的科学观点方法》四，《中国科学报》1996年3月4日。

其他还有众多中国学者，试图主要依据科技的发展划分人类文明史，缺乏对人类文明各方面的完整的分析和分期，因此作为科技发展史的分期则可，作为人类文明的发展史则显得不够全面了。

总的来讲，研究人类文明历史发展及分期的人非常之多，我们所举的只是极小一部分代表性的观点，但我们认为这些分期观点都缺乏科学性和严密性。因此，我们还是主张采用马克思、恩格斯的历史分期观，这将在下节予以论述。

第六节　人类文明总的分期

要对人类文明时期作总的历史分期，首先必须确定人类文明时期历史的起点和终点，才能具体分期。

一、人类文明时期之始和人类文明史之始的区别

长期以来，学者都对人类文明时期之始和人类文明史之始不严格区别，实际上这是两个含义不同的概念。人类的文明史通常包括人类文明的起源和形成过程，而人类文明时期的历史则只能从人类文明形成，进入向文明时期过渡开始，而不包括人类文明形成时期的历史，更不包括文明的萌芽史。人类文明从蒙昧时期开始萌芽，至野蛮时期就逐渐形成了诸文明要素，逐步形成了文明社会的雏形。而野蛮时期高级阶段有了金属工具，有了分工，出现了私有制，有了国家的雏形——城邦。开始向文明过渡才算进入文明时期。这时诸文明要素基本具备和基本成熟，人类才脱离野蛮时期，进入文明时期，才正式开始了文明时期的历史。在此前还只能算文明形成的历史，是人类文明史的一部分，但不是文明时期历史的一部分。

在以往一些世界史的著作中，通常说埃及有 6000 年的文明史，美

索不达米亚也有将近6000年的文明史，它们的头一千年实际上是属于野蛮向文明的过渡时期，而它们的文明时期至少要比这晚将近一千年。又如中国文明时期的历史一般都说有五千年，但实际上中国文明的正式进入文明时期，最多只有四千多年，至少夏以前尚不能说已进入文明时期。所以，中国虽可以说有五千年文明史，但却必须说包括了向文明的过渡时期，而不能把全部文明形成时期都纳入文明时期。因此，必须把这些国家的文明史中减去它们开始形成文明的历史，如果要把文明形成的全部过程加进去，则将近一万年，而从文明基本形成算起它们真正进入文明时期的历史，不过五六千年。要进行文明时期的分期，就不能把文明形成时期的历史也算进去，也不能把过渡时期算进去，只有在进行整个人类文明史总的分期时，才能把文明的萌芽时期（蒙昧时期）、文明的形成时期（野蛮时期）和向文明的过渡时期、文明时期放在一起进行总的分期。

这就是人类文明史和人类文明时期历史的区别。这样我们就可以确定人类文明时期的历史和人类文明史的区别。这样也就可以确定人类文明时期的历史只是人类文明史中的一个时期，它们的历史只有四五千年。

过去有些人把人类文明形成的历史和文明已经形成并已从野蛮向文明过渡的时期混为一谈是不行的，只有后者才能算文明的开始，放在文明时期的历史中进行分期，显然是不恰当的。

二、人类文明时期之终

在《世界文明理论研究》一书中，由刘建军执笔的第一章《马克思恩格斯的文明论》中，他提出了两个命题：其一，资本主义是“文明时代的最高和最终阶段”，并进一步阐明说：“文明时代不是一个永恒的时期，只是一个特定阶段。在资本主义时期，文明时代达到自己的最高也是最后的阶段。随着资本主义社会的灭亡，文明时代就将告终。但人类文明并非一同灭亡，因为文明时代并不是人类历史和人类文明的全部，而不过是一个特定的时代和阶段。”其二，“共产主义文明是崭新的文明”。[①] 这两个提法就出现一个逻辑上的混乱，即共产主义文明不属文明时期，是属于一种崭新的文明。但无论共产主义文明如何崭新，它仍是文明，只不过是文明的一个新阶段。除非有人能对共产主义文明提出一个新的概念，说共产主义文明不是文明，是另一种事物，这一个新概念可以和野蛮时期、文明时期相并列，是一个新的历史时期；如果提不出新的概念，仍要说共产主义文明是一种新的文明，那就只能说共产主义文明是文明时期的一个新阶段，而不是文明时期以外的一个新时期。这样，迄今为止的文明时期将只是文明时期的初级阶段，而未来进入的共产主义文明时期，可能是文明时期的一个新阶段，但也未必就是文明的最高阶段。因为人类文明的发展还很漫长，我们还无法预测未来文明的发展还要经历多少发展阶段。或许社会主义文明和共产主义文明并非一个阶段的早期、晚期，而是文明时期初级阶段之后的两个阶段。总之，现在不宜封顶，不能把目前所能设想的某一种文明定为人类文明的最高阶段。

由于同样理由，我们也不赞成刘建军把文明时期的特征概括为：“文明时代是阶级对抗的时代，文明时代是私有制的时代，文明时代是城乡对立和片面的一夫一妻制的时代等。”[②] 我们认为这些特征都只是文明时代初级阶段的特征，而不是全部文明时期的特征。

诚然，恩格斯曾说过：“奴隶制是古代世界所固有的第一个剥削形式；继之而来的是中世纪的农奴制和近代的雇佣劳动制。这就是文明时代的三大时期所特有的三大奴役形式。”又说：“文明时代还有如下的特征：一方面，是把城市和乡村的对立作为整个社会分工的基础固定下来；另一方面，是实行所有者甚至死后也能够据以处理自己财产的遗嘱

① 许启贤主编：《世界文明论研究》山东出版社，2000年版，第19—21页。
② 同上书，第12—14页。

制度。”“文明时代的基础是一个阶级对另一个阶级的剥削。”①

恩格斯在这些地方都把文明时代的特征解释成是阶级社会的特征，但这是他当时的用法，他从没有说过文明时代不包括未来的共产主义文明，也没说过未来的共产主义文明同样有以上特征，他只是总结迄今为止的文明时代的特征。

因此，问题的关键还在于未来的时代是不是文明时代？即使是崭新的文明也还是文明时代，除非不是文明时代的一部分。因此，如果将来还是文明时代，我们现在再论述这特征时，就必须说明这些是迄今为止的文明时代的特征，或者说是文明时代初级阶段的特征，而不能像以前恩格斯那种使用方法。

三、不能把社会主义文明和三种私有制文明并列分期

斯大林对辩证唯物主义和历史唯物主义作了概述，其中提到：历史上有五种基本类型的生产关系；原始公社制的、奴隶占有制的、封建制的、资本主义的、社会主义的②。自其说提出后，五种生产方式就成为一种固定的模式，一切历史分期都依据这五种生产方式划为五个历史时期，甚至对人类文明的发展也按这五种方式来划分。

但历史上曾经出现过五种生产方式是一回事，要用五种生产方式把人类文明史划分为五个历史时期却不妥当。因为，五种生产方式并非同一档次的，所以不能混在一起划分为五个历史时期。实际上人类文明历史的发展过程是经历了三大时期，即原始公有制、阶级社会的私有制、共产主义公有制。这是一个从公有制到私有制又到公有制的发展过程，是否定到否定之否定的发展过程，而奴隶制、封建制、资本主义制只是

① 恩格斯：《家庭、私有制和国家的起源》，《马克思恩格斯选集》第四卷，人民出版社，1972 年版，第 173—175 页。

② 斯大林：《辩证唯物主义和历史唯物主义》，《斯大林选集》下卷，人民出版社，1978 年版，第 446—449 页。

私有制的三种形态。

恩格斯就曾经说过："随着在文明时代获得最充分发展的奴隶制的出现，就发生了社会分成剥削阶级和被剥削阶级的第一次大分裂。这种分裂继续存在于整个文明期。奴隶制是古代世界所固有第一个剥削形式；继之而来的是中世纪的农奴制和近代的雇佣劳动制。这就是文明时代的三大时期所特有的三大奴役形式……"①

恩格斯在这里是把三大奴役形式归为一类，而把原始公有制时代划入文明时代以前，将未来出现的新社会，借用摩尔根的话说：这将是古代氏族的自由、平等和博爱的复活，但却是在更高级形式上的复活②。马克思、恩格斯始终将共产主义及社会主义与以上三种私有制文明相区别，列为文明的更高阶段。孙进己依据马克思、恩格斯历史的基本划分提出："在人类社会的历史发展中，共有三种基本的所有制，并由此而形成三个基本阶段，即公有制的原始社会、私有制的阶级社会和公有制的共产主义社会。这是一个否定之否定的过程。私有制否定了原始的公有制，最后又被共产主义的公有制所否定；共产主义的公有制和原始的公有制同是公有制，但所反映的生产力水平不同，所有制的性质也迥然不同。三种基本的所有制及其所形成的三个基本阶段，又各自形成几种不同的形态和阶段。如原始公有制分成母系氏族公社所有制和父系氏族公社所有制等，共产主义公有制分成社会主义和共产主义等。私有制的阶级社会分成"文明时代（阶级社会）的三大时期所特有的三种奴役形式（即古代的奴隶制、中世纪的农奴制和近代的雇佣劳动制）。"③

这样，我们可以把人类文明的历史从总体上分为文明萌芽时期（相当于蒙昧时期）、文明的形成时期（相当于野蛮时期），文明时期也可以

① 恩格斯：《家庭、私有制和国家的起源》，《马克思恩格斯选集》第四卷，人民出版社，1972年版，第173页。

② 摩尔根：《古代社会》下册，商务印书馆，1987年版，第556页。

③ 孙进己：《小私有制发展诸阶段》，《社会科学战线》1991年第2期。后收入《东北亚民族史论研究》，中州古籍出版社，1994年版，第235—241页。

分作低级、中级、高级阶段。迄今为止的文明时期初级阶段可能还要经历一个相当时期，才能进入文明时期的中级阶段。奴隶文明、封建文明及资本主义文明都是文明时期初级阶段的一些具体阶段，文明时期中级阶段可能是即将到来的社会主义文明。比其更高的文明时期的新阶段，是一个为时尚早目前还很难具体描述其特征的新文明。过去认为社会主义仅是共产主义的初级阶段，认为社会主义仅是一个短暂时期的想法，恐怕未必如此。社会主义很可能也要经历一个相当长的历史时期才会过渡为一种更高级的文明。即使到那时，也未必是人类文明时期的最高阶段，应该还有更高的阶段。

关于人类文明史诸时期的具体特征，因为文明的萌芽时期、形成时期的具体特征，我们已在本书《文明的起源和形成》中作了具体论述，文明时期初级阶段的具体特征将在下一章具体论证，文明时期中级阶段的具体特征将在本书《文明的前景》一章中论述，所以本节就不重复论述了。

第十九章
人类文明初期各阶段的标志

从人类正式进入文明时期至今都属于文明时期的初级阶段，文明时期的初级阶段是对天然物进行加工的时代，是商品生产和交换发展的时代，是私有制的时代，是阶级对抗的时代，是国家发展的时代，是城乡对立的时代，是片面的一夫一妻制的时代，也是科学、艺术等精神文明巨大发展的时代。

恩格斯指出：“奴隶制是古代世界所固有的第一个剥削形式；继之而来的是中世纪的农奴制和近代的雇佣劳动制。这就是文明时代的三大时期所特有的三大奴役形式。”① 用这“三大时期所特有的三大奴役形式”来具体划分文明时期初级阶段，显然是比较科学的，也已为多数人所接受，但这并非意味着在这一分期中所有问题都已经解决，长期以来也确实存在这样那样的问题和不同看法，因此下面拟分别予以讨论。

第一节　文明初期分期的生产力标志

既然文明时期初级阶段可以进一步划分为三个时期，这三个时期的

① 恩格斯：《家庭、私有制和国家的起源》，《马克思恩格斯选集》第四卷，人民出版社，1972年版，第172页。

生产力显然是不同的。马克思、恩格斯已经探讨过这一问题，斯大林在他们研究的基础上，作了归纳总结，但还是存在不少问题有待研究。

一、三个阶段生产力的水平不同

斯大林分别描述了各时期的生产力状况："在奴隶占有制度下……这时人们拥有的已经不是石器，而是金属工具；这时，不知道畜牧业、也不知道农业的那种贫乏原始的狩猎经济，已经被畜牧业、农业、手工业以及这些生产部门之间的分工所代替；这时已经有可能在各个人之间和各部落之间交换产品，有可能把财富积累在少数人手中，而生产资料确实积累在少数人手中，这时已经有可能迫使大多数人服从少数人并且把大多数人变为奴隶。"

"在封建制度下……铁的冶炼和加工更进一步的改善，铁犁和织布机的推广，农业、种菜业、酿酒业和榨油业的继续发展，除手工业作坊以外工场手工业企业的出现，——这就是当时生产力状况的特征。"

"在资本主义制度下……手工业作坊和工场手工业企业被用机器装备起来的大工厂所代替。用农民简陋的生产工具耕作的贵族庄园，被根据农艺学经营的、使用农业机器的资本主义大农场所代替。新的生产力要求生产工作者比闭塞无知的农奴更有文化、更加伶俐，能够懂得机器和正确地使用机器……因此，资本家宁愿利用摆脱农奴制羁绊、有相当文化程度来正确使用机器的雇佣工人。"①

斯大林对各时期生产力的描述是极简单的，很难据此精确区分各社会生产力的差别，而迄今为止也无人认真进行深入研究，以作为界定各社会阶段生产力差异的依据。因此长期以来很多人就往往只依据生产关系上的不同来区别不同时期，而带来了历史分期上的众说纷纭。根本点就在于很多人都忽视了马克思的教导：一定的生产关系适应一定的生产

① 斯大林：《辩证唯物主义和历史唯物主义》，《斯大林选集》下卷，人民出版社，1979年版，第448页。

力，不能区分各时期的生产力就不能正确区分各时期的生产关系。实际上不仅不同时期的生产力不同，同一时期前后的生产力也不同。而相反前一时期最后阶段的生产力水平却又和后一时期最初阶段的生产力相近。这些问题都应分别做专门研究。这里只能初步提出一些问题以供思考。

二、每个阶段前后生产力水平不同

这里有一些问题必须加以探讨，即以上三个时期都曾经历了漫长的过程，而资本主义是其中经历时间最短的，但资本主义形成初期的生产力和现今资本主义已经达到的生产力，已经相差极为悬殊，而且还可能向前发展。这样，我们研究应以哪种生产力作为资本主义时期生产力的代表？是以资本主义初期的生产力为代表，还是以它最后达到的生产力为代表？这两者显然是不同的，却又都是资本主义时期的生产力。封建时代和奴隶制时代也同样存在这一问题，它们刚形成时的生产力和它们最后被别的社会代替时的生产力水平也不相同。

如斯大林是将工场手工业的出现放在封建社会晚期，而马克思却说："随着工场手工业的出现，工人和雇主的关系也发生了变化。在行会中，帮工和师傅之间存在着一种宗法关系，而在工场手工业中，这种关系由工人和资本家之间的金钱关系代替了。"①

这就是说资本主义的生产关系已经在封建社会内部产生。按照马克思在《〈政治经济学批判〉序言》中所说："而新的更高的生产关系，在它存在的物质条件在旧社会的胎胞里成熟以前，是决不会出现的。"②既然工场手工业这种资本主义关系已在封建社会内部产生，就说明它产

① 马克思、恩格斯：《费尔巴哈》，《马克思恩格斯选集》第一卷，人民出版社，1972年版，第63页。

② 马克思：《〈政治经济学批判〉序言》，《马克思恩格斯选集》第二卷，人民出版社，1972年版，第83页。

生的物质条件已经成熟。

同样，奴隶在原始社会时期已经产生，农奴的前身隶农也在奴隶社会后期出现，这样是否也可说它们产生的物质条件已经具备了呢？这样是否可以进一步推论：原始社会末期达到的生产力水平已是奴隶制产生的生产力，奴隶社会末期所达到的生产力水平则是封建农奴制产生的生产力，封建社会末期所达到的生产力水平是资本主义雇佣制产生的条件，而资本主义最后所达到的生产力水平也是新的更高的社会产生的生产力？

这样又出现了新的问题，斯大林把机器大工业作为资本主义生产力的代表，我们通常也把资本主义和机器大工业画等号。工场手工业也是资本主义生产关系，那时还没有机器，怎样解释这一矛盾呢？是否说每一种社会形态，有三个生产力指标，第一个是它产生时的生产力，第二个是它得到发展后的生产力，第三个是它最后能达到的生产力，即马克思所说的“它们所能容纳的全部生产力发挥出来”？这样是否应以第二个生产力指标作为该一历史时期的生产力指标呢？这些问题以前都没有很好地讨论过，以上斯大林所说的各个历史时期的生产力指标也未明确指出是指第几种。看来在今后要科学地分期，必须认真解决这一问题。我们初步的意见是，代表各时期的生产力指标，应该是第二个，即这种社会形态确立了它在该历史时期的主导地位之初达到的生产力水平。前一种生产力水平和后一种生产力水平都是出现在新旧社会交替之时，因此能同时出现在上一时期末和后一时期初，用它做指标会混淆前后两个不同的历史时期。

关于这些生产力在不同阶段的不同发展水平问题是斯大林在当时未能阐明的。这就带来一个问题，把一个社会得到初步发展后的生产力水平作为代表，去衡量这个社会的初期和晚期，就全都对不上号，就会或因早期尚不具备这种生产力而认为早期还不是这社会，或认为晚期已经存在较高的生产力而误划入新时期。

三、各阶段生产力标志的一些具体问题

各阶段生产力标志涉及如下具体问题需要讨论。

第一个具体问题是：奴隶社会的生产力究竟以青铜器为代表呢，还是以铁器为代表呢？恩格斯在《家庭、私有制和国家的起源》一书中明确提出野蛮时期中级阶段“知道了金属的加工——唯有铁除外”；又指出野蛮高级阶段是从“铁矿的冶炼开始”，“一切文化民族都在这个时期经历了自己的英雄时代：铁剑时代，但同时也是铁犁和铁斧的时代”①。而我国有些学者却主张：铁的冶炼和铁器的大量使用是奴隶社会过渡到封建社会的标志②，或认为：“铁的作用既不决定原始社会与奴隶制的交替，也不决定奴隶制与封建制的交替，而封建社会经济的发展，则必须依靠铁技术的进步。”③ 此外多数中国学者都认为青铜器是奴隶社会的标志。这些不同的观点如何对待呢？是世界各国原始社会、奴隶社会、封建社会有自己不同的生产力标准呢，还是仍应有统一标准？

在这里必须重新检验各家包括恩格斯、郭沫若、范文澜等人的论点论据和论证过程是否确切无误。

孙进已曾对此进行过验证，他提出：“从现在所知的材料看，认为铁器时代相当于野蛮高级阶段是值得商榷的。因为恩格斯所举的主要例证，希腊的英雄时代和日耳曼的塔西佗时代都没有进入真正的铁器时代，都没能自己冶铁……‘在荷马史诗《伊利亚特》中，提到铜的武器比铁多14倍。铁固然已为人所知道，但还是很稀罕的，那是铜及青铜的时代。较晚的史诗《奥德赛》中提到的铁比《伊利亚特》多一倍，但铜和青铜仍比铁多4倍。’这表明希腊的荷马时代即英雄时代仍是以青

① 恩格斯：《家庭、私有制和国家的起源》，《马克思恩格斯选集》第四卷，人民出版社，1972年版，第20、21、159页。

② 郭沫若：《奴隶制时代》，《郭沫若全集》第三卷，人民出版社，1982年版，第202、32、6页。

③ 范文澜：《范文澜历史论文集》，中国社会科学出版社，1979年版，第55页。

铜为主，并未进入真正的铁器时代……考古的发掘虽发现希腊在公元前11世纪至10世纪已有不少铁器随葬，但并没有冶铁遗址发现。在荷马史诗中，没有任何关于希腊开采铁矿和铜矿的报道，必需的金属块基本上是从腓尼基人那里换来的，在公元前8—6世纪，希腊本土才开采铜矿和铁矿……因此，希腊的冶铁和铁器时代的真正开始，是在公元前8—6世纪，这已是希腊国家形成时期。恩格斯认为铁器时期开始于野蛮时期高级阶段的另一例证，是恺撒和塔西佗时期的日耳曼人。但恩格斯在同书中，自己就提到：'当时铁是很少见的，至少在莱茵河和多瑙河诸部落中间似乎主要靠输入，而不是自行开采的。'因此，塔西佗时代的日耳曼人虽处在野蛮时代高级阶段，同样是不会冶铁，而主要靠输入铁，也不能证明冶铁是在野蛮时代高级阶段开始就有。既然例证不能成立，结果也就不能成立。可以认为，根据新的史料和研究，冶铁从野蛮时代高级阶段开始就有，但却是在步入文明时代才进一步发展起来。必须指出的是：笼统地把一切使用铁器的时代都称为铁器时代是不妥当的。铁器的使用和任何其他事物一样，有个发展过程。当少量铁器出现时（有些是从外输入的，有些是用陨铁—天然铁打制的），这还不是真正的铁器时代，只有开始冶铁及铁器的大量使用，才是真正的铁器时代。有些著作把铁器时代划分为早期铁器时代、晚期铁器时代，这种划分如果是在铁器时代的内部划分是可以考虑的。但如果把铁石并用时代、铁铜并用时代看做早期铁器时代，那么由于当时具有代表性的生产工具还是石器或铜器，这种称呼就容易发生混淆，当时仍应称为新石器时代晚期或铜器时代。一个阶段的命名，应是根据当时占主要地位的生产工具，仅是根据已有一定数量的铁器，就把青铜时代称为早期铁器时代，使同一历史阶段有两个不同名称，只能产生混乱。"①

① 孙进己：《铁器时期及东北古代民族使用铁器的历史》，原载《民族学研究》第七辑，民族出版社，1984年版；后收入《东北亚民族史论研究》，中州古籍出版社，1994年版，第251页。

孙进已最后一个提法并不正确，实际上不同生产工具的出现和消失是有一个交替过程的，即在普遍使用青铜器时已出现铁器。这一时期从普遍使用青铜器而言是发达的青铜时期，从已出现铁器而言也可称为“早期铁器时代”。

孙进已在同书中又讨论了郭沫若和范文澜的观点，提出：“试看世界上几个最早独立发展了冶铁业的国家，如赫梯人、印度人等，他们的开始冶铁和大量使用铁器，都不是在奴隶社会和封建社会之交，更不是在封建社会之中，而都是在奴隶社会。除了我国某些史学家认为的中国是在封建社会开始冶铁外，世界上还找不到另一个国家冶铁的开始是和封建社会有关的。这使我们不能不怀疑中国是否如此特殊。事实上中国有些学者是采取了先入为主的做法。首先，肯定当时生产关系上已是封建制，而不是奴隶制，又进一步使理论为观点服务，才得出冶铁开始于封建社会的结论。但如果认真检验一下他们所谓生产关系已进入封建社会的依据，就可发现他们实际上都是把土地国有制下的村社农民看成了封建农奴，因而才得出了铁器时代是奴隶制向封建制过渡的标志的结论。”又说：“应该承认，有些国家和民族是在青铜时代就进入阶级社会。因此，他们冶铁的开始和铁器的大量使用，不是在原始社会进入阶级社会时，而是在奴隶社会之中。但总的说来，把冶铁的存在和奴隶制联系起来是相当的……这和斯大林的提法是一致的。斯大林认为原始社会是使用石器，奴隶社会是使用金属工具，封建社会是以铁的冶炼加工进一步的改善，铁犁和织布机的推广……按照斯大林的观点，奴隶社会早已有铁，但不一定仅是铁，所以统称金属工具。封建社会不是冶铁的开始，而是进一步改善。这也表明冶铁的开始不是在封建社会，而是在奴隶社会。”①

这就是说，应该承认每个历史时期还是有一定的生产力标准，但同一种生产力，按前面讨论过的，都往往横跨前一阶段的末期和后一阶段

① 孙进已：《东北亚民族史研究》，中州古籍出版社，1994年版，第251页。

的初期。这就是说在前一阶段的末期出现了这种生产力，就促成了新生产关系的产生，而新生产关系产生后，还要经过一个相当长的时期才能发挥作用，形成新的生产力。

同时，生产力水平在一定历史时期原则上是如此，但在特殊地理条件下，土地特别肥沃等也可以在较差的工具条件下提前产生新的生产关系，但一般不能相差太悬殊，例如青铜器是野蛮后期的生产力标志，但在某一些国家中，可以在青铜器基础上进入奴隶社会初期，却不能进入奴隶社会中期，更不能进入封建社会。

第二个具体问题是：牧业文明、农业文明是否有先后次序，即把牧业文明、农业文明、工业文明作为依次产生的三个阶段的标志。

四、各时期生产力的基本差别

关于三个时期三种社会形态的划分已有百余年历史，但作为三个社会形态基础的不同生产力却迄今无人明确阐明，只有斯大林做过极为简单的论述。因此至今对三个时期代表三种形态的生产力标志缺乏一致的认识。

首先，奴隶制的生产力标志就有青铜说和铁器说及斯大林的金属工具说。有人认为原始社会晚期就有青铜器，甚至铁器，奴隶制时代已是铁器的广泛应用；有人认为原始社会才有黄铜，晚期刚有青铜器，奴隶社会主要是青铜器。铁器的出现是进入封建制的标志；有的则认为奴隶社会青铜器、铁器两者都有，而铁器的进一步发展是进入封建制的标志。

我们认为要说奴隶制以前各族都已使用铁器，显然缺乏广泛的史实根据。认为原始社会过渡到奴隶制是从青铜器过渡到铁器，也难成立，很多国家和民族都在青铜时代已进入了奴隶制时代。

因此，我们认为青铜器是奴隶制形成的生产力标志。在奴隶社会确立初期，还是青铜器早期，只有随着奴隶制的发展促使生产力发展，才使青铜器广泛使用，进入发达的青铜时代。但奴隶制晚期出现了铁器，它促使奴隶制向农奴制过渡。

其次，关于农奴制的生产力标志，现在也有不同说法，一种认为农奴制的生产力标志是铁器，从青铜器转为铁器是奴隶制转向农奴制的标志。一种认为铁器在奴隶制已出现，奴隶制过渡为农奴制是铁器的广泛使用。但谁也没有明确界定，这种铁器的广泛使用和以前究竟有多大区别。

我们认为：当奴隶制进一步促进其生产力发展后，就使铁器开始代替了青铜器。而铁器的应用就在奴隶制内部形成新的生产关系，成为农奴制产生的基础。农奴制确立后，推动生产力发展，带来了铁器的广泛使用。这广泛使用的具体标志是在农业生产中普遍使用各种铁制工具。

最后，关于资本主义社会的生产力标志。我们认为，资本主义在农奴制内部形成时已有机器，工场手工业中已有各种人力使用的简单机器，这使工场手工业成为资本主义的生产关系。资本主义建立以后促进了生产力的发展，出现了更复杂的使用机械力带动的机器。因此大机器是资本主义生产关系发展的标志，而不是资本主义产生的生产力标志。而电子化、信息化是资本主义所能达到的最高生产力，也是新的社会主义产生的物质基础。

我们认为：畜牧业和农业都是在野蛮时代中级阶段产生的，农业的产生可能略晚于畜牧业，但也不会晚一个历史时期。奴隶社会时期有很多民族的文明是建立在畜牧业基础上的，但在奴隶社会早期很多民族的文明也是建立在农业文明基础上的。因此畜牧业和农业都能产生奴隶社会，但在封建社会中，生产的基础却主要靠农业，畜牧业由于它的生产特点，需要很大的土地面积才能养活少量人。它不能像农业那样供养大量人口，因此畜牧业社会有个特点，当它进入文明时代时，会很快侵入农业民族居住地，接受农业文明，而发展为农业文明。东亚的匈奴人、鲜卑人、突厥人、回纥人、蒙古人都是如此；西亚的阿莫里特人、喀西特人、亚述人、加勒底人都相继作为游牧民族而入居两河流域，过渡为农业文明；日耳曼人在进入罗马帝国以前也是游牧民族，入居罗马故地才转化为农业文明。因此，是否可以这样说：一般来说游牧民族只能进展到奴隶时代，这些民族进入封建时代是在他们改营农业经济之后。真正在原有畜牧业基础上进入封建社会的是个别现象。这样，似乎也可把牧业文明、农业文明、工业文明作为三大时期的三种代表。

文明初期三个阶段生产力标志表

原始社会末期	青铜时代早期	奴隶制产生
奴隶社会时代 早期 中期 晚期	青铜时代早期 青铜时代发达阶段 铁器时代早期	奴隶制确立 奴隶制促进生产力发展 农奴制产生
农 奴 制 时 代 早期 中期 晚期	铁器时代早期 铁器时代发达阶段 机器时代早期	农奴制确立 农奴制促进生产力发展 资本主义制形成
资本主义时代 早期 中期 晚期	机器时代早期 机器时代发达时期 电子时代早期	资本主义制度确立 资本主义促进生产力发展 社会主义形成
社会主义时代 早期 中期 晚期	电子时代早期 电子时代发达时期	社会主义确立 社会主义促进生产力发展

第二节 文明初期生产关系标志之一

——奴隶制时代诸形态

斯大林对奴隶制时代仅提到一种社会形态——奴隶制形态，但实际上在奴隶时代下存在的不仅是一种社会形态，而是有十种之多，仅奴隶制就有两种形态。这九种社会形态中，有旧的残余，有新的萌芽，有新旧组成的过渡形态。如果仅用一种形态去区别这一时代，有人就很容易会得出这不是奴隶制时代的误识。

一、残余到奴隶制时代的诸形态

第一种形态：贡赋制。

最初出现的具有剥削性质的形态是贡赋制，它是由一个部落征服其他一些部落后产生的。由于征服部落和被征服部落都还处于公有制阶段，因此还不可能把这些被征服的部落转化为征服者个人的奴隶或农奴，而只能使被征服部落向征服部落交纳贡赋。这种既具有剥削性质，又保持着公有制的形态，显然是一种过渡形态，而且是公有制尚占统治地位的过渡形态。严格来说，它只是剥削阶级占有形态在公有制形态内部的萌芽。因此，这并不能列为历史上第一种独立的剥削阶级形态。过去曾有人把这种形态称为部落奴隶制或种族奴隶制，即把它列入于奴隶制范畴；这显然是不妥当的，因为它从本质上还应属于原始社会的范畴，被征服者向征服者交纳的贡赋并不改变它本身的公有制性质，征服者所获得的贡赋也是整个部落公共所有的。因此，称之为贡赋制最为合适。

马克思曾提到："在奴隶关系、农奴关系、贡赋关系（指原始共同体时的贡赋关系）下，只有奴隶主、封建主、接受贡物的国家，才是产品的所有者……"① 马克思在这里指的是国家的雏形——城邦所索取的贡赋。

这种形态，过去人们通常只提到斯巴达人和希洛人的关系。但事实上，它在全世界处于原始社会末期和阶级社会初期的各族中都存在过。如美洲的易洛魁人、阿兹忒克人和被其征服各部的关系；中国历史上匈奴征服乌桓后，迫其臣附纳贡；挹娄的臣属于夫余，沃沮的臣属于高句

① 马克思：《资本论》第三卷，人民出版社，1975年版，第364页。

丽，都属于此种形态。《后汉书·沃沮传》载："沃沮遂臣属于句丽，句丽复置其中大人为使者，以相监领。责其租税、貂、布、鱼、盐、海中食物，发美女为婢妾焉。"又《辽史·营卫志》载有：突吕不室韦部、涅剌拏古部、迭剌迭达部、乙室奥隗部、楮持奥隗部、品达鲁虢部。这里每一个部落的名称都由两个部落的名称合成，前面的部名：突吕不、涅剌、迭剌、乙室，楮特、品，是契丹部落名，是统治部落名；后面的部名：室韦、拏古、迭达、奥隗、达鲁虢等名称是被统治部落的名称。两者的连称表明了前者对后者的统治关系。这种形态也应属于贡赋制。

第二种形态：土地国有制和土地王有制。

随着部落征服部落之事日益增多，在征服和剥削的基础上，就逐渐形成了国家。征服部落成为了这个国家的统治阶级，被征服部落成为了被统治阶级。由于征服部落还存在公有制，因此掠夺所得的土地并没有立即转化为贵族的私有地，而是成为整个国家所有，同时也就体现为代表整个共同体的专制君主所有。这种土地国有制并不排除被征服部落原来对土地的公共占有。这些被征服者或者仍然保留原始的家族公社，或过渡为家庭公社，或进入公社的最后形态农村公社，并都保留了不同程度的土地公有。这种土地公有就和土地国有融为一体。正因为土地是国有的，才能成为公社所有；也正因为土地是公社所有的，才能成为国有。所区别处仅在于原来被征服公社的成员为公社公共需要所做的劳动，所提供的剩余产品，已不得不分出相当大一部分交给国家这一共同体。在以后发展中土地国有制转化为土地王有制，所有土地都成为国家的代表——专制君主个人所私有，可以任意赏赐给他们的子女、亲戚、功臣，这种专制君主通常是由征服者的最高首领转化而成，而国家的各级官吏则是由统治民族及被统治民族的各级首领转化而成。

在这种形态下，有时虽然还保留了国有制的形式，但实际上这个国家的统治者已成了这个国家全部土地及臣民的最高所有者，并由此得以占有他们相当大部分的剩余劳动和剩余产品。因此，这种形态在本质上已接近剥削形态的范畴，这种形态既不是奴隶制，也不是农奴制，它是早于奴隶制出现的最初的具有剥削阶级占有性质的形态。但它还不完全属于剥削阶级占有形态的范畴，还保持了一定程度的公有制成分。因此，它们属于公有制向私有制的最后一种过渡形态。它与农村公社这种过渡形态结为一体，而长期存在于奴隶社会及封建社会中，它在不同的历史条件下，不同的生产力水平时，就会分别向小私有制和奴隶制、农奴制过渡。

这种形态有时被称为“亚细亚的”，是因为它在亚洲各国保存时间最长，表现最为典型。但实际上它在世界各国历史上都存在过。不仅在埃及、巴比伦存在过，在希腊、罗马存在过，在欧洲中世纪也同样存在过。就是说一切原始民族在进入阶级社会的初期，都大量存在这种形态，只不过在有些国家、民族中，它们较快地由于公社农民的奴隶化或农奴化，而被奴隶制及农奴制所替代。而在亚细亚的一些国家、民族中，却往往由于一些落后民族的征服，不断将这种较原始的剥削形态一再移植于被统治民族中，和被统治民族残存的农村公社相结合，使这种形态再次恢复起来，一直保存到相当晚的时期。

这种形态从其形成开始，就是和奴隶制共生的，因为当这些国有土地分配给公社成员耕种时，也同样分配给他们的奴隶一份土地。这样，谁的奴隶越多，谁分得的土地也就越多，这就意味着奴隶制在其中的发展了。这种事例在很多民族历史上都出现过。

这种形态同时也已包含有农奴制的因素。公社农民在获得份田的同时，必须向专制君主及其官吏交纳赋税，这种剥削形式已经与后来的农奴剥削相近，区别点在于这时土地名义上还是公共所有的，而不是专制君主及其官吏个人所有。在条件具备时，这种形态也自然会过渡为农奴制度，但还不能说这种形态就是农奴制。它既不是奴隶制也不是农奴制，而是公有制向剥削阶级所有制（奴隶制、农奴制）过渡中出现的形态。①

① 孙进己：《东北亚民族史论研究》，中州古籍出版社，1994年版，第235—240页。

这种形态中又包含着农民的小私有制，在这种形态下农民有权从国家和公社分得一份土地及房地，虽然在土地国有和公社所有的情况下，农民仅有占有权，但这正是土地私有制的形成。这种土地国有制在很多情况下，往往因土地私有制的发展而瓦解。因此，这种形态又是公有制向私有制过渡的形态。

上述形态的存在以统治者和被统治者都还保留一定公有制为前提，因此，随着两者公有制的进一步解体，这种过渡形态也就自然瓦解了。被统治者公有制的进一步瓦解，土地逐渐由定期分配的份地转化为永业田，成为农民私有，而导致土地国有制的瓦解，小私有制的发展，统治者公有制的瓦解，最初，占领的土地由国家及其代表专制君主分赏给贵族、功臣，与此同时，这块土地上的人民也被赏给了这些贵族和功臣。他们又将分得的土地、人民，再分赏给他们的手下。这种形态在日耳曼人占领罗马土地后曾出现过，并由此产生了欧洲的封建制。因此，许多学者就把这种形态看做典型的封建制。当中国学者发现周人灭殷也同样实行分封制后，就认为中国的西周也是封建社会①。苏联的符拉基米佐夫在研究蒙古社会制度史后，就把成吉思汗对亲属功臣的分封看做封建制度，并称之为游牧封建制②。中国习惯使用的封建社会这个概念就是从分封制而得称。但事实上分封制是原始社会向阶级社会过渡时所产生的分配方式，它不但在中世纪的日耳曼出现过，在古代埃及、巴比伦也同样出现过。《世界上古史纲》在提到加喜特巴比伦时说："加喜特人由山地来到两河谷地，他们是侵入者，或者说是殖民者，侵入者把占领来的土地分配了。加喜特人分配土地的对象是'亲族'。很多受封者的名字以及朝臣贵族大多数是加喜特的同族人、或通婚的姻亲、同部落或同盟者，以这些关系为基础而向异地侵入或殖民，从而在这些关系中分配土地，尽管形式多种多样，实质上都是由野蛮到文明，由公有制到私有

① 范文澜：《中国通史简编》第一编，人民出版社，1953 年版。

② 〔苏〕符拉基米佐夫：《蒙古社会制度史》，中国社会科学院民俗所，1978 年版。

制过渡的土地所有制的发展。苏美尔有这种土地分配制度，阿卡德人也有，加喜特人也有，希腊人（斯巴达人尤其明显）、罗马人也有，日耳曼人当然也有。土地分封制度不是什么封建制度所特有的形式。"[①] 因此，由分封制度而得称的封建制实际上是名实不符的。真正封建制所有制的特征应该是农奴制和租佃制，目前封建社会这一名称是由于误解了分封的本质而造成的，约定俗成，已难更改，但在理论上必须分清。

国有的土地和人民在最初分封给各贵族时还不算他们个人所有，但以后这些土地和人民逐渐转为他们私有了，他们并逐渐把这些人民转化为自己的农奴和奴隶。这就从另一方面，即从统治者公有制的进一步瓦解中，发展起大土地所有制[②]。

第三种形态：家庭公社所有制。

迄今为止的很多著作，通常认为家庭公社就是家族公社，是一种公共所有、共同耕作的大家族。但实际上还有另一种形态，即土地已分配给小家庭单独耕作，但仍保持血缘联系的形态。这种形态是前一形态的进一步发展，两者有很大区别。应把公共所有、共同耕作的称为家族公社，土地分配给小家庭单独耕作的称为家庭公社。它们的区别表现在；家族公社是由若干个父系大家族组成的血缘公社。若干父系家族公社又组成一个父系氏族。父系大家族"包括一个父亲所生的数代子孙和他们的妻子，他们住在一起，共同耕种自己的田地，衣食都出自共同的储存，共同占有剩余产品"[③]。每个父系大家族前期人数较多，大约数十人到百余人，后期人数较少，仅二三十人。而家庭公社则是由数十个一夫一妻制的小家庭组成。这些小家庭定期从公社分得一份土地，单独耕种，每个小家庭人数大约是五到七人。因此，父系大家族及由其组成的

① 《世界上古史纲》编写组：《世界上古史纲》上册，人民出版社，1979 年版，第 189 页。

② 孙进己：《从贡纳制到土地国有制》，《东北亚民族史论研究》，中州古籍出版社，1994 年版，第 232—235 页。

③ 恩格斯：《家庭、私有制和国家的起源》，《马克思恩格斯选集》第四卷，人民出版社，1972 年版，第 54 页。

家族公社，基本上还是以公有制为基础的，从生产资料到生活资料都是公有，仅有一些零星用品和小工具归小家庭私有。虽已确立了家长的父权，并包含少量非自由人，但基本上成员间权利收益还是平等的。家庭公社则是公有制向私有制的过渡形态，土地的公共所有和定期分配给小家庭占有使用，形成了土地所有制的两重性。

父系家族公社是由母系家族转化而成。父系大家族是“由群婚中产生并以母权制为基础的家族到现代世界的个体家庭的过渡阶段”①，它的进一步发展就是由小家庭组成的家庭公社。

父系家族公社主要存在于野蛮时期中级及高级阶段——父系氏族社会早期和晚期。当时金属工具还没有大量应用于生产，个体耕作还不可能，因此必然形成公共所有、共同耕作。而随着金属工具的使用，个体耕作代替了集体耕作。这种公共所有、集体耕作的家族公社也就必然要过渡到了土地定期分配给小家庭单独耕作的家庭公社。

恩格斯指出：“各个家庭首长之间的财产差别，炸毁了各地仍然保存着的旧的共产制家族公社，同时也炸毁了在这种公社范围内进行的共同耕作制。耕地起初是暂时地，后来便永久地分配给各个家庭使用。它向完全的私有财产的过渡，是逐渐完成的，是与对偶婚制向一夫一妻制的过渡平行地完成的。个体家庭开始成为社会的经济单位了。”② 这一变革是在野蛮时代高级阶段——父系氏族社会末期完成的。因此恩格斯说：原始共产制的共同的家庭经济，“它毫无例外地一直盛行到野蛮时代中级阶段的后期”③。这就是说野蛮时代高级阶段已经不是原始共产制的共同的家族经济了。

恩格斯又具体介绍了日耳曼人的这一变革。他指出：“从恺撒到塔西佗的一百五十年间，德意志人从恺撒所明确指出的苏维汇人那里有过

---

① 恩格斯：《家庭、私有制和国家的起源》，《马克思恩格斯选集》第四卷，人民出版社，1972 年版，第 54 页。

② 同上书，第 160 页。

③ 同上书，第 34 页。

的共同耕作（他说，他们完全没有被分割的或私有的土地）过渡到了土地每年重新分配的个体耕作。”① 在野蛮时代高级阶段已进行了向小家庭单独耕作的转化。虽然在有些氏族中所有共同耕作的父系大家族残留得很久，但它主要代表的历史阶段，还是父系氏族社会早期——野蛮时代中级阶段。

有些人认为凡是定期分配单独耕作的都是农村公社而不是家庭公社。但恩格斯对此曾指出，用家庭公社来解释日耳曼人的公社，“在许多方面，较之以前流行的把农村公社的存在追溯到塔西佗时代的见解，能更好地诠释资料，更容易解决困难”。当然，这和恩格斯好多地方论证家庭公社是公共所有共同耕作相矛盾。因此恩格斯又说：“这种解释又造成了新的困难和引起了新的需要解决的问题。在这里只有新的研究才能解决。”② 恩格斯把解决新的困难的任务留给了我们，而不是让我们去简单背诵他的个别结论。

第四种形态：农村公社所有制。

这里遇到的新问题，就是在区别家族公社和家庭公社的同时，还要区别农村公社和家庭公社。如果说家庭公社是土地定期分配给小家庭单独耕作，而农村公社则很快。不再定期分配了，同时家庭公社是各小家庭间仍然保持着血缘关系，但农村公社却是打破了血缘关系，代之以地域联系。因此农村公社“是公有制转向私有制，从原生形态转向次生形态的过渡”。而且是“原生的社会形态的最后阶段”③。而家庭公社虽然具有同样的过渡性质，却不是原生形态的最后阶段，它是家族公社向农村公社过渡的中间形态。

家庭公社是伴随一夫一妻制小家庭产生于野蛮时代高级阶段及以后

① 恩格斯：《家庭、私有制和国家的起源》，《马克思恩格斯选集》第四卷，人民出版社，1972 年版，第 137 页。

② 同上书，第 138 页。

③ 马克思：《给查苏里奇的信》，《马克思恩格斯全集》第 19 卷，人民出版社，1975 年版，第 435 页。

的过渡时期而盛行于野蛮向文明的过渡时期。农村公社作为地域组织，则是伴随着国家而形成于文明时代。恩格斯多次论证了在希腊的英雄时代、罗马的王政时代、日耳曼的塔西佗时代都还存在血缘关系。血缘关系的破坏，地域联系的形成，是伴随国家的建立而形成的。因此，农村公社不是存在于原始社会末期，而是作为原始社会的残余存在于阶级社会中，所以它才是原生社会形态的最后阶段。

以往很多人都把农村公社的存在追溯到原始社会末期（如日耳曼人的塔西佗时代），虽然恩格斯早已否定了这一观点，却至今还有不少人奉行这一观点。他们认为农村公社作为过渡形态必定存在于原始社会末期（向阶级社会过渡时期），而没有认识到在阶级社会中，完全可以残存原始社会的形态，特别是原始社会向阶级社会过渡的最后形态正应存于阶级社会之中。农村公社具有地域联系这一特点和血缘联系的原始社会是不兼容的。

农村公社最初和家庭公社同样，土地定期分配给小家庭。但家庭公社却到此为止，不久就转化为地域联系的农村公社。农村公社中私有制继续发展，土地从定期分配过渡到停止分配，长期为小家庭所有。虽然土地还不能自由买卖，身终或嗣绝得交还公社，但已基本上私有了。随着土地最终为小家庭私有，农村公社最终瓦解了。因此，家庭公社过渡到农村公社，而农村公社则直接过渡为小私有制。

从公有制向私有制过渡，从血缘联系向地域联系过渡，是两个既有联系又有区别的过程。从家族公社向家庭公社的过渡，主要是从公有制向私有制的过渡。但小家庭从大家庭中取得经济上的独立自主，也表明了血缘联系开始瓦解。从家庭公社向农村公社的过渡，主要是血缘联系向地域联系的过渡。但只有私有制发展到一定程度，小家庭才能冲破大家族的束缚，地域联系才能代替血缘联系，因此，也表明了公有制向私有制的进一步过渡。而家庭公社和农村公社则是原始社会向阶级社会过渡的两个相继形态，家庭公社主要存在于野蛮时代高级阶段及以后的过渡阶段，农村公社则主要存在于文明时代。

农村公社所有制作为公有制向私有制过渡的最后一种形态，长期存在于阶级社会中，土地国有制正是建筑在农村公社土地所有制的基础上，它也是公有制向私有制的过渡形态。原先为整个部落、部落联盟所有的土地，现在转变为国家所有。它一方面实质上已成为掌握国家机器的奴隶主阶级的代表——国王和贵族所有，一方面却保持公有制残余，不论是奴隶主或封建主都不能将土地完全算做个人私有，而农民却还有权从国有土地中获得一块份地。与此同时，公社成员过去向公社交纳的产品及为公共事业从事的劳动，现在成为向国家交纳的贡赋和为国家从事徭役和兵役。这实际上已具有剥削的实质，但也同样保留了公有制的残余，它不是为个别奴隶主或封建主劳动，而是为最高的统一体——国家及其体现者君主劳动。

这种农村公社所有制和国家土地所有制作为公有制向私有制的过渡形态，在社会发展序列中，是早于奴隶制和封建制的，但它却长期与奴隶制或封建制并存于奴隶社会时代和封建时代的初期之中。它是小私有制在当时的主要表现形式——抛弃公社所有制和国有制形式而出现的纯粹的小私有制，是奴隶社会和封建社会发展时期才出现的产物。

这种村社所有制和国有制，常由于它的小生产和向国家纳租赋服徭役等特点，被误认为封建制度。这种国有土地上的村社农民，也常被看做农奴，但他们之间有一系列根本的区别。在土地国有制的情况下，土地所有者是国家而不是个别封建主。农民是国家的公民、国家份地的占有者，他不隶属于个别封建主。它作为一种过渡形态不构成一个独立的社会历史阶段，而是和奴隶制、封建制共存。它虽然在奴隶社会和封建社会早期在数量上占有优势，却不能决定这一历史阶段的性质；决定当时社会性质的是符合当时生产力水平的、有发展前途的、起主导作用的某种剥削阶级所有制（奴隶制或封建制）。这种国有土地上的村社农民，不可避免地要分化，逐步沦为奴隶或农奴。在未沦为奴隶和农奴前，也已打上了奴隶制和农奴制的烙印，实质上成为“统一体所体现的那个人的奴隶”，或成为“向徭役制过渡的基础”，它之所以能表现为这两种不同的性质，就因为它是属于公有制向私有制的过渡形态。在这里它已不仅是公有制向小私有制过渡的形态，而且是公有制向奴隶制和封建制过渡的形态。

第五种形态：土地国有制及王有制。

村社所有制是由部落所有制蜕变而来，这种蜕变是由生产力的增长、私有制的发展自然形成的，但国家所有制的形成，却必须以若干个部落联合为一个部落联盟并转变成城邦和国家为前提。“这种所有制是由于几个部落通过契约或征服联合为一个城市而产生的”。随着征服范围的扩大，就形成庞大的专制国家的所有制。

由于征服和被征服者所处的不同社会阶段，就使这种公社所有制和国家所有制表现为多种不同的形态。当征服者和被征服者都处于公社所有制阶段时，这种形态表现得最典型，是这类形态中最原始的形态。所有征服的土地人口都属于征服者整个部落或国家所有，被征服的部落集体向征服者交纳贡赋，由征服者派人监督被征服部落的酋长纳贡赋。这就是以上所说的贡纳制。

当被征服者尚保留公社所有制，而征服者的私有制已相当发达时，这时国家就会把整个被征服的部落或公社，作为采邑赏赐给个人，形成非常近似封建的形态，如中国西周的分封制在一定生产力水平下，它也直接过渡为封建制。但它也还不是真正的封建制，食邑者对土地还没有真正的私有权，而只是暂时占有土地。被赏赐给食邑者的部落和公社，还保持他们的公有制。他们的贡纳也仍是以国家税收形式出现，这种形态不仅在封建社会有，在奴隶社会早期也大量存在。这种采邑制下的劳动者并非必然转化为农奴，在奴隶社会中，随着私有制的发展，他们由国有制下的公社农民沦为奴隶。这种国有制要确切地说，应称为“王有制”。

在征服者保留公有制，而被征服者的私有制已相当发展时，征服者将自己的公社移植于被征服的土地上。如日耳曼人在罗马土地上、拓跋人在汉人土地上、女真人在宋人土地上所做的。他们虽一度在这些地区恢复了公社所有制和国家所有制，但很快在当地固有的私有制影响下，迅速向私有制过渡。

二、奴隶制时代本身的几种形态

第六种形态：家内奴隶制。

家内奴隶制，有的称为家长奴隶制，因为它最初出现于家长制大家族之中。但其存在时期实际上超过父家长制阶段，一直保留到阶级社会中。它以主要存在于家族、家庭内部而和以后的典型奴隶制相区别，因此称为家内奴隶制。这些奴隶虽然和统治家族成员在身份上有贵贱之分，但有些地方则和父家长制家族内无权的普通家族人员身份比较接近。他们和家族人员一样从事工农业生产，往往也和家族成员一样有权从部落氏族分得一块土地，但其生产果实并不归他所有，而归大家长所有，因此是奴隶制的早期形态。

在奴隶社会后期还有一些奴婢，他们主要从事家内仆役。虽同样是奴隶，地位却往往较从事农业生产的奴隶要高，有些得到信任，地位甚至高于普通家庭成员。由于他们主要从事家内劳动，因此也列入家内奴隶之中。

这种奴隶在刚从原始社会进入阶级社会时普遍存在，在阶级社会初期的家族家庭之中也大量存在，他们混杂在家庭成员中和家庭成员一起劳动，在公社分土地给各家庭成员时，他们也同样分得一份土地，因此很难把这种奴隶制的存在区别出来。这种事实上普遍存在的奴隶制却往往因为比较隐蔽而不为后人发现，但在中国较晚时期由于一些落后民族入居中原，带来了这种家内奴隶制，而反映了出来。如《魏书·食货志》载："诸男夫十五以上，受露田四十亩，妇人二十亩，奴婢依良……诸民年及课则受田，老弱身死则还田，奴婢、牛随有无以还受。"这表明奴婢也和一般家庭成员一样可分得一块地，但在奴隶主向国家纳税时，奴隶主却得到优待。同书载："其民调一夫一妇帛一匹粟二石，民年十五以上未娶者，四人出一夫一妇之调，奴任耕、婢任绩者，八口当未娶者四”。即奴婢纳税仅为良人的四分之一。金代在中原推行计口授田时，也允许奴婢同样分得一份土地，金世宗一再强调女真人不要出租土地而要自种，这是让各家带着自己的奴隶去耕种。

据何兹全统计：汉代什之二、三家庭，每家平均有两个奴隶，汉代平民以一千万计，私家奴隶有四百万人到六百万人，加上官奴约五十万，汉代奴隶总数约四百五十万到六百五十万①。

第七种形态：劳动奴隶制。

劳动奴隶制或称为生产奴隶制，是奴隶制进一步发展的形态，在希腊、罗马等奴隶制晚期都出现过大量奴隶制大庄园，成批的奴隶在奴隶主及其监工监督下从事生产，这种生产大都是与商品经济相联系，为出售而生产。

恩格斯说：“他们（日耳曼人）还没有达到充分发展的奴隶制，既没有达到古代的劳动奴隶制，也没有达到东方的家庭奴隶制。”②

马克思说：“……真正的奴隶经济（它也要经过各个阶段，从主要为自身需要而从事经营的家长制，一直到为世界市场而从事经营的真正种植园制度）……”③

恩格斯说：“在意大利，从共和制衰亡的时候起就几乎遍布全境的面积巨大的大庄园，是用两种方法加以利用的：或者当做牧场，那里居民就被牛羊所代替，因为看管牛羊只用少数奴隶就行了；或者当做田庄，那里则使用大批奴隶经营大规模的园艺业，——一部分为了满足领主的奢侈生活，一部分为了在城市市场上出售。”④

---

① 何兹全：《中国古代社会》，河南人民出版社，1991年版，第313页。

② 恩格斯：《家庭、私有制和国家的起源》，《马克思恩格斯选集》第四卷，人民出版社，1972年版，第153页。

③ 马克思：《资本论》第三卷，人民出版社，1975年版，第906页。

④ 恩格斯：《家庭、私有制和国家的起源》，《马克思恩格斯选集》第四卷，人民出版社，1972年版，第145页。

第八种形态：小私有制。

马克思对小私有制存在的历史时期和它的历史地位，一再指示过。马克思指出："小农经济和独立的手工业生产，一部分构成封建生产方式的基础，一部分在封建生产方式瓦解以后又和资本主义生产并存。同时，它们在原始的东方公有制解体以后，奴隶制真正支配生产以前，还构成古典社会全盛时期的经济基础。"① 马克思又指出："自耕农的这种自由小块土地所有制形式，作为占统治地位的正常形式，一方面，在古典古代的极盛时期，形成社会的经济基础，另一方面，在现代各国，我们又发现它是封建土地所有制解体所产生的各种形式之一。"② 马克思的这些结论，是概括了世界各国历史总结出来的。它告诉我们：在小农经济和个体手工业基础上形成的小私有制，是原始的东方公有制解体的产物，是古典社会的基础，又是构成封建生产方式的基础，又和资本主义生产并存。马克思明确指出了小私有制在社会发展的三个阶段上是自始至终存在，并不仅是封建社会或奴隶社会所特有的。它不仅自始至终存在于私有制社会的各阶段，而且还构成了奴隶社会或封建社会的基础。

或许有人怀疑，这里是否弄错了，奴隶社会和封建社会的基础应该是奴隶制和封建制，怎么会是小私有制呢？弄清这个问题是认识古代社会性质的关键。在奴隶社会和封建社会，奴隶制和封建制是占主导的统治形态，这和小私有制是奴隶制和封建制的基础并不矛盾。小私有制所以能成为奴隶社会和封建社会的基础，是因为奴隶制和封建制都是在小私有制基础上产生的，作为原始公有制瓦解的直接产物是小私有制，而奴隶制、封建制、资本主义制都是由小私有制分化、瓦解形成的。没有公有制过渡到小私有制，也不会有小私有制过渡到奴隶制和封建制。

在奴隶社会中，小私有者一直是奴隶的来源。由于奴隶主的残酷剥

---

① 马克思：《资本论》第一卷，人民出版社，1975 年版，第 371 页。
② 马克思：《资本论》第三卷，人民出版社，1975 年版，第 909 页。

削，破坏奴隶自身的再生产，它就必须不断从小私有者中得到补充，或是用强力，或是用债务，把一批批的小私有者沦为奴隶。没有这一批奴隶来源，奴隶制就无法存在下去。封建社会中的农奴也同样是由小农破产沦落而成，所谓封建化的过程，实质上就是小私有者沦为农奴的过程，正由于这样，在奴隶社会和封建社会达到极盛以前，小私有者总是占当时人口的多数。

有些人总以为只有在封建社会小私有者才可能占多数，而奴隶社会则应是奴隶占多数。实际上，在世界各国的奴隶社会中，真正奴隶占多数的只是个别现象，如希腊的雅典、罗马帝国的罗马城等。在整个希腊和罗马帝国这些所谓发达的古典奴隶制国家中，奴隶也并不占人口的多数。把奴隶占人口多数作为奴隶社会的特征，小农占人口多数作为封建社会的特征是缺乏根据的。

奴隶制和封建制不仅产生于小私有制，而且又依靠小私有制维持它的统治。只有大量小私有制存在，奴隶制的国家才能有大量士兵作为统治的支柱。因此，当奴隶制发展，大量小私有者沦为奴隶时，奴隶帝国也就失去了它的统治支柱，很快走向崩溃。而封建制更是以小农民的小私有制作为存在前提的，封建制的特点是农奴用自己的工具经营自己的家庭经济，同时向地主提供剩余劳动和剩余产品。农民在自己的份地上经营“自己的”经济，是地主经济存在的条件。广大的自耕农，同样也是封建国家统治的支柱，正是由于这样，小私有制就成为奴隶社会和封建社会的基础。

小私有制虽然在私有制社会中长期成为社会的经济基础，但它却始终不能成为占主导地位的统治形态。这是因为：第一，小私有制由于生产的不稳定性，必然两极分化，形成大私有制。在不同生产力水平之下，小私有制曾分别向奴隶制、封建制、资本主义制度过渡。第二，小私有制由于劳动生产率低，除了必需的生活资料外，只能提供少量的剩余：“生产力的提高、交换的扩大、国家和法律的发展、艺术和科学的创立，都只有通过更大的分工才有可能，这种分工的基础是，从事单纯体力劳动的群众同管理劳动、经营商业和掌管国事以及后来从事艺术和科学的少数特权分子之间的分工。这种分工的最简单的完全自发的形式，正是奴隶制。”① 这种分工当然也包括了以后的封建制、资本主义制。第三，大私有制的存在，又在生产力水平低下的当时，提供可能把每个小私有者的剩余劳动（或剩余产品）集中起来，以刺激商品生产的发展。正如恩格斯所说的：“只有生产不局限于被压迫者的最必需的生活用品，统治阶级的利益就成为生产的推动因素”②。第四，由于小私有制的落后、分散、闭塞及其带有大量原始公有制的残余，就使它长期以来成为专制统治的基础。掌握专制国家的统治阶级——奴隶主和封建主，自然地使自己所代表的生产关系成为当时占主导地位和统治地位的生产关系，并给小私有制打上自己的烙印，使小私有者成为事实上的奴隶和农奴。

虽然小私有制自始至终存在于私有制社会中，但它也并非一成不变的。小私有制随着生产力的发展，本身也在变化，大致经历了三个阶段。

第一阶段，是小私有制带有公有制的残余，表现为公社所有制及国家所有制的阶段。由于小私有制的软弱性，它长期不能彻底摆脱自己所脱胎的原始公有制，因此，小私有制长期间不是以自己的纯粹形态出现，而往往和公有制的残余结合起来，表现为公社所有制和国家所有制。马克思和恩格斯指出，这是继部落所有制而产生的第二种所有制形式。它和奴隶制、封建制不同，不是一种独立的社会经济形态，而是公有制向私有制的过渡形态，包含有公有制及私有制两种成分，因而具有两重性。

第二阶段，是自然经济下的小私有制，这种形态，在奴隶制时代晚期已出现，但主要大量存在于封建制时代，因此放在封建制时代中讨论。

---

① 恩格斯：《反杜林论》，《马克思恩格斯选集》第三卷，人民出版社，1972年版，第221页。

② 恩格斯：《自然辩证法》，《马克思恩格斯选集》第三卷，人民出版社，1972年版，第519页。

第三阶段，是商品经济下的小私有制，这种形态出现于封建社会晚期，主要存在于资本主义时代，因此也放在后面论述。

三、封建制形态在奴隶时代的出现

第九种形态：农奴制的前身——隶农制。

在奴隶制时代晚期，在罗马出现了封建农奴制的前身——隶农制，这是封建农奴制在奴隶制时代的形成。

恩格斯说："田庄一个一个地分成了小块土地，分别租给缴纳一定款项的世袭佃农……但是这种小块土地主要地是租给隶农，他们每年缴纳一定的款项，依附着土地，并且可以跟那块土地一起出售……他们是中世纪农奴的前辈。"①

科斯敏斯基说："这样，既然被束缚在土地上的奴隶在法律上仍然是奴隶，而实际上已变为农奴，在自己的小块土地上经营农业；那么，以前自由的租户也就开始逐渐降落到被束缚在土地上的奴隶的地位了。隶农制度便这样逐渐形成了，它从公元二世纪更获得广泛的传布。仍被保存下来的帝国内部经营自己大土地的农民，也降落到这种地位，依附于大地主的地位。"② 这种隶农既来源于地位上升，有自己独立经济的奴隶，也来源于地位下降，失去自己土地的自耕农，这种形态不仅在罗马晚期出现过，在其奴隶时代晚期的国家也出现过，他们被称为"别居奴隶"，或"占有土地的奴隶"，实际上他们都是农奴的前驱。

第十种形态：雇佣制。

雇佣制按其性质应属资本主义形态，但它最初出现在奴隶制、封建制时代时还不是资本主义性质，而只是剥削形态的一种而已。它在奴隶制时代、封建制时代早已存在，但在当时的生产力水平下，这种形态得

---

① 恩格斯：《家庭、私有制和国家的起源》，《马克思恩格斯选集》第四卷，人民出版社，1972年版，第145—146页。

② 〔苏〕科斯敏斯基、斯卡斯金主编：《中世纪史》第一卷，三联书店，1987年版，第23页。

不到发展的条件，因此在当时并未普遍发展。

四、奴隶制时代的主要形态

奴隶制时代这九种形态此起彼伏地交错发展着，呈现了极为复杂的状况，在其中究竟应以哪种形态作为这一时代的主要形态呢？马克思、恩格斯最初在《德意志意识形态》中命名这个时代，称之为“古代公社所有制和国家所有制”，只是在论述到奴隶时代晚期的罗马时说到“奴隶制仍然是整个生产的基础”①。马克思后来在《〈政治经济学批判〉序言》中，笼统地改称这一时期为“古代的”而与下两个阶段明确称为“封建的和现代的资产阶级的生产方式”有区别，只是到了恩格斯著的《家庭、私有制和国家的起源》一书中，才明确提出：“奴隶制是古代世界所固有的第一个剥削形式；继之而来的是中世纪的农奴制和近代的雇佣劳动制。这就是文明时代的三大时期所特有的三大奴役形式。”②

从此以后才把这个时代定名为奴隶制时代，而不再笼统称为古代的，也不再以古代公社所有制和国家所有制命名这一时代。

我们认为这样定名是正确的，虽然古代公社所有制和国家所有制在奴隶制时代初期曾普遍存在，相对而言当时奴隶制却以家内奴隶制的方式比较隐蔽地存在，但古代公社所有制和国家所有制是一种旧时代的残余形态，是一种已在消亡中的过渡形态，而且它在封建制时代初期同样存在相当长的时期。因此，显然以古代公社所有制和国家所有制命名这个时代并不合适。虽然古代公社所有制和国家所有制包括了这一时代十种形态中的五种形态，在初期数量上占绝对优势，最后却不能以此作为这一时代的主要特征。

① 马克思、恩格斯：《费尔巴哈》，《马克思恩格斯选集》第一卷，人民出版社，1972年版，第27页。

② 恩格斯：《家庭、私有制和国家的起源》，《马克思恩格斯选集》第一卷，人民出版社，1972年版，第172页。

隶农和雇佣制只是新生产关系在这一时代的萌芽，它们的真正发展是在下两个时期，当然不能成为这个时期诸形态中的主要代表。

小私有制虽然马克思也提到“它们在原始的东方公有制解体以后，奴隶制真正支配生产以前，还构成古典社会全盛时期的经济基础”①，但因为它在整个奴隶制时代并非自始至终占有如此地位，而且又在封建时代及资本主义时代同样存在，因此显然不是这一时代的特征。

因此，只有奴隶制反映了这一时代的特征，反映了这一时代的发展方向，奴隶主在这一时代起着主导作用，因此确定以奴隶制为这一时代的主要特征是正确的。

这几种形态在奴隶制时代的早中晚期，有着不同的发展，贡赋制、土地国有制和公社所有制、家内奴隶制主要存在于奴隶制时代早期。依据他们的存在可以判定当时应属奴隶制时代早期。如中国的商周及埃及、巴比伦的初期历史均属这一阶段。小私有制及劳动奴隶制出现于发达的奴隶制时代，如希腊、罗马鼎盛时代。隶农制出现于奴隶制时代晚期，此外这时还有小私有制及生产奴隶制，而其他成分相对已仅少量残余，而不再普遍存在。过去有些人试图以奴隶制时代发达阶段才出现的诸形态去鉴定很多民族的奴隶制时代早期，认为不符合，就否定这些国家民族当时已进入奴隶制时代，是自己没有分清奴隶时代早中晚阶段的不同特征

第三节　文明初期生产关系标志之二

——封建制时代诸形态

对封建制时代，马克思、恩格斯仅提到两种形态。“封建时代的所

① 马克思：《资本论》第一卷，人民出版社，1975年版，第371页。

有制的主要形式，一方面是地产和束缚于地产上的农奴劳动，另一方面是拥有少量资本并支配着帮工劳动的自身劳动。”① 斯大林也沿袭其说，提到了两种形态：“在封建制度下，生产关系的基础是封建主占有生产资料和不完全地占有生产工作者——农奴，封建主已经不能屠杀农奴，但是可以买卖农奴。除了封建所有制以外，还存在农民和手工业者以本身劳动为基础的个体所有制，他们占有生产工具和自己的私有经济。”② 但事实上，封建制时代包括以前残存的过渡形态及新形成的形态，总计存在的社会形态竟有十一种之多。

一、残余的诸形态

第一种形态：贡纳制。

这种以公有制为基础的形态在封建制时代基本上已由国家所有制下的赋税制所代替，但在一些边疆民族地区国家政权还无力实行直接管理和赋税制度的情况下，贡纳制还保存于封建制的时代中相当长时期。同时一些大国也往往把这种贡纳制和分封制强加于依附的邻近小国，使一些国与国的关系也以这种形式出现。

第二种形态：国家所有制。

这种形态在封建制时代仍非常盛行。在这种土地国家所有制情况下，一切土地归国家所有，农民则通过村社获得一块土地耕种。过去为公社公共所贡纳的剩余劳动，现在变成国家收取的赋税。这种形态和封建土地占有形态有其相似之处，区别在于土地所有者是国家而不是封建主个人。它属于一种过渡形态，一般从封建制时代初期一直保持到中期，才由于土地私有制的发展而逐渐瓦解，不过这时的国家所有制和奴

① 马克思、恩格斯：《费尔巴哈》，《马克思恩格斯选集》第一卷，人民出版社，1972年版，第29页。

② 斯大林：《辩证唯物主义和历史唯物主义》，《斯大林选集》下卷，人民出版社，1979年版，第447页。

隶时代不同，一般已由赋税代替贡纳制，由郡县制代替分封制。只是在西欧由于日耳曼人入侵带来大量原始残余，才在初期表现为分封和逐级贡纳制，但后期也有所改变。

第三种形态：家族公社所有制和家庭公社所有制。

这是种具有浓厚原始残余的过渡形态。由于世界各地一些先进农业民族不断受到周边畜牧民族的入侵，而这些畜牧民族大部处在刚从氏族社会向阶级社会过渡时期，因此还大量存在着具有血缘联系的家族公社和家庭公社。所以就把这种形态带到先进民族地区。这些家族、家庭公社在不断迁移中，逐渐转变为以地域联系为基础的农村公社。

恩格斯指出："柯瓦列夫斯基已经证明，家长制家族公社乃是母权制共产家庭（族）和现代的孤立的家庭之间的中间阶段……德意志人在罗马时代在他们所占据的土地上的居住区，以及后来在他们从罗马夺取的土地上的居住区，不是由村落组成，而是由大家族公社组成的，这种大家族公社包括好几代人，耕种着相当的地带，并和邻居一起，像一个共同的马尔克一样使用四周的荒地。"又说："差不多一切民族都实行过土地由氏族后来又由共产制家族公社共同耕作……继而差不多一切民族都实行过把土地分配给单个家庭并定期重新分配；既然已经确定，耕地的这种定期重新分配的办法在德意志本土有些地方还保存到今日……但柯瓦列夫斯基认定，塔西佗所描述的状况，不是以马尔克公社或农村公社为前提，而是以家庭公社为前提的；只是过了很久，由于人口增加，农村公社才从这种家庭公社中发展起来。"① "根据霍伊斯勒《德意志私法制度》的意见，德意志人的经济单位起初也不是现代意义上的个体家庭，而是由几代人或者说几个个体家庭所构成的、并且往往包括许多非自由人的'家庭公社'……在印度，实行共同耕作的家庭公社，在亚历山大大帝时代奈阿尔科斯就已经提到过，它今天也还存在于原来那些地

① 恩格斯：《家庭、私有制和国家的起源》，《马克思恩格斯选集》第四卷，人民出版社，1972年版，第137、138页。

方，即旁遮普和该国的整个西北部。在高加索、柯瓦列夫斯基本人就可以证明这种家庭公社的存在。在阿尔及利亚，它还存在于卡比尔人中间。”① “作为中间阶段的家庭公社，在德国，斯堪的那维亚以及英国很可能也都有过。”②

这里必须说明，在恩格斯的著作中，还没有区别家族公社和家庭公社，但前者还是以大家族为生产单位，后者已以小家庭为生产单位。

第四种形态：农村公社。

马克思曾论述过这种农村公社的特征：“（1）所有其他公社都是建立在自己社员的血缘亲属关系上的……‘农业公社’是最早的没有血缘关系的自由人的社会联合。（2）在农业公社中，房屋及其附属物——园地，是农民私有的。（3）耕地是不准转卖的公社财产，定期在农业公社社员之间进行重分，因此，每一社员用自己的力量来耕种分给他的地，并把产品留为己有。”③

恩格斯说：“如果日耳曼的征服者实行了耕地和草地的私有制，也就是说在第一次分配土地的时候，或者其后不久，就放弃了重新分配的办法（如此而已），那末在另一方面，他们却到处推行他们日耳曼人的马尔克制度，连同森林和牧场的公共占有制，以及马尔克公社对已分土地的最高统治权。这样做的，不仅有法兰西北部的法兰克人和英格兰的盎格鲁撒克逊人，而且还有法兰西东部的勃艮第人、法兰西南部和西班牙的西哥特人和意大利的东哥特人及伦巴德人。”④

孙进已从中国北魏到隋唐均田制的特征论证了农村公社所有制在中国封建时代的存在，提出了：“第一，每个农民不分男女到一定年龄都

---

① 恩格斯：《家庭、私有制和国家的起源》，《马克思恩格斯选集》第四卷，人民出版社，1972 年版，第 55 页。

② 同上书，第 139 页。

③ 马克思：《给查苏里奇的信》，《马克思恩格斯全集》第 19 卷，人民出版社，1963 年版，第 449 页。

④ 恩格斯：《马尔克》，《马克思恩格斯全集》第 19 卷，人民出版社，1963 年版，第 357 页。

有权从国家获得一份相等的土地，包括耕田、宅田、桑田等。在这里耕田还不是农民私有的，农民仅有终身使用权，身终便还，不能自由买卖；只有桑田，由于农民种植树木投入的劳动需要较长时期才能收回，首先作为农民可以继承，并在一定限制下成为可以买卖的私有物。第二，土地是国家所有的，以国家名义授给农民和贵族，一切尚未拨给农民的土地则作为国家所有，国家也开始把这些土地分给为国家（专制君主）服务的官僚贵族。第三，农民向国家交纳赋税，承担徭役，把剩余劳动的一部分交给国家。第四，与均田制的法令相辅而行的党里邻三长制，应是农村公社组织形式的表现。第五，这种村社是建筑在农业和家庭手工业结合的基础上的。”并论证了均田制（即农村公社制）的破坏是由于：“首先，农民的个人所有制进一步发展耕地的逐步私有，促进了农村公社土地所有制的瓦解；其次，封建国家对公社农民的加强剥削，使公有制徒具形式；第三，封建地主将大量公地占为己有，农民为逃避沉重徭役也自愿献地投靠求荫庇。豪强兼并，日益加甚。”①

第五种形态：残存的奴隶制形态。

恩格斯曾指出：“公开的而近来是隐蔽的奴隶制始终伴随着文明时代。”② 封建制时代作为文明时代的一个阶段也不例外，在整个封建制时代作为家内奴隶的奴隶制自始至终存在着。在农业生产和手工业生产中也使用着一定数量的奴隶，但这种奴婢后来也逐渐只可买卖，而不能任意屠杀了，这种奴婢实际上已和农奴处于同一阶级地位，已不再是奴隶了。所以不能在封建制时代看到奴婢就都认为是奴隶，其中有相当部分已属于农奴制性质。

奴隶制在封建制时代的大量残余可以用中国北齐时代及金代的史料作证明。《隋书·食货志》载（北齐时）：“奴婢受田者，亲王止三百人，

① 孙进己：《北魏隋唐的均田制和农村公社》，《东北亚民族史论研究》，中州古籍出版社，1994 年版，第 274—277 页。

② 恩格斯：《家庭、私有制和国家的起源》，《马克思恩格斯选集》第四卷，人民出版社，1975 年版，第 172 页。

嗣王止二百人；第二品嗣王已下及庶姓王止一百五十人，正三品已上及王宗止一百人，七品已上限止八十人，八品已下至庶人限止六十人。奴婢限外不给田者，皆不输。”

《金史·食货志》载：“一谋克内，有奴婢二三百口者，有奴婢一二人者……正隆兴兵时，朕之奴婢万数。”又载：“大定二十年以上京路女真人户规避物力，自卖其奴婢，致耕田者少，遂以贫乏。”这表明女真人在上京地区还大量使用奴婢耕种。

二、封建制时代本身的形态

第六种形态：农奴制。

这是封建所有制的一种早期的形态，在奴隶社会末期，由于奴隶不断反抗和怠工，使用奴隶生产往往得不偿失，因此，有的奴隶主把奴隶释放，给他们一定自由，并分给他们一小块土地，让他们生产自己生存所需的生活资料。他们也被获准有自己的家庭，以保证劳动力的再生产。这种形态在罗马帝国末期称为隶农，有的国家称为农奴。他们已不是奴隶，基本上属于封建制范畴，但他们还保留了奴隶制某些残余，如人身的不完全自由。因此属于奴隶制向封建制的过渡形态。

有些民族则是在地主经济基础上由农民租种地主的土地，形成人身的依附关系，并进一步农奴化。这种关系在中国唐宋时期大量出现过，在欧洲封建时代中期及以后也出现过，这是一种典型的真正意义上的农奴制。

有一些民族的封建制直接从原始社会发展而来。一些统治者瓜分了原来为部落公有的土地，剥削并统治了被征服部落成员，强迫他们无偿地在所谓公地上劳动及交纳贡赋。征服者把分得的土地再分给他们的臣属，他们就转化成为封建领主，对所领人员有身份统属关系。这种形态有时和农奴制很接近，但实际上，两者的形成过程是不同的。这是属于封建社会早期的另一种形态，原始公有制向封建制的过渡形态。

科斯敏斯基论述："法兰克王国时的农民，按其法律地位而论，与庄园内的农民是不一致的，它分成三个基本类别：隶农（Coloniin-genui）、半自由人（Lidi）和农奴（Serui）。大多数依附农民阶级都是隶农，他们在人格上是自由人，所占的份地归他们世袭使用，但在土地上依附于庄主，不能离开自己的份地。隶农的基本成员是丧失了独立的自由农民——公社成员，他们逐渐失去了个人自由，与半自由人和被定居在土地上的奴隶共同汇合成农奴群众。住在庄园中的奴隶（农奴）分成两类：没有份地的家庭仆役和定居在土地上的奴隶。前者在主人家居住和工作，可以买卖、他们所有的和取得的一切都视为领主的财产。分有土地并被束缚在土地上的农奴（奴隶）不能脱离土地转让，论其实际地位已不是奴隶，而是农奴。他们和隶农不同，不仅在土地上，而且在人格上也依附封建主。半自由人处于隶农和农奴之间的中间地位，通常都在某个世俗和教会的大地主保护之下，保有自己的份地，世袭使用的农奴是庄园人口的基本群众，甚至在小寺院的领地上农民份地的总数也有二三百，在大寺院的庄园上，他们的数目有时达到几千。"①

王仲荦也提到："（魏晋南北朝）时期的部曲、佃客不仅在依附关系上束缚性极强，就是在法律地位上亦极低下，仅高于奴婢一等而已，比一般平民要低得多……在南宋时期，有些地主买卖土地，还把这些土地上的佃户姓名载于卖契之上称为'随田佃客'，夹带典卖。南宋末年，峡州一带甚至把佃户计口立契典卖，不立年限。"②

这些实际上已都处于农奴地位，表明中国中世纪还存在农奴制。恩格斯并指出封建时代农民的再度农奴化。他说："日耳曼农民的农奴制，在东普鲁士、波美拉尼亚、勃兰登堡、西里西亚，开始实行于16世纪

① 〔苏〕科斯敏斯基、斯卡斯金主编：《中世纪史》第一卷，三联书店，1957年版，第145—146页。

② 王仲荦：《隋唐五代史》上册，上海人民出版社，1992年版，第336页。

中叶，在什列斯维希——霍尔施坦，开始实行于十六世纪末叶，并且日益普遍地强加到农民身上。”①

第七种形态：封建地主经济下的农民租佃制。

这种形态是封建制的另一形态。地主作为土地所有者出租土地，农民为了租得土地，必须为地主服劳役或付实物、货币。这种封建制形态的主要特征是存在租佃关系。

这种封建制在其发展过程中，由于采用劳役地租、实物地租、货币地租的不同，分为三个阶段的三种形态。劳役地租大多数存在于农奴制及领主经济下，但在地主经济的初期还存在一个时期，它应是农奴制的残余。

由于农民在自己占有的土地上的劳动积极性显然高于他在地主经营的土地上的劳动积极性，两种土地的生产效果显然不一样。这就使地主逐渐认识到把剩余劳动和个人必要劳动严格区分的做法对他们是不利的。因此，劳役地租逐渐过渡为实物地租。土地全部交给农民经营，地主从收成中按一定比例分得一部分实物。按情况不同，有对分的，有四六分、三七分的。实物地租的另一种形式是交纳一定数量的实物，这种实物地租以后又过渡到货币地租。这是由于商品经济的发展破坏了自然经济，农民的生产已不再是仅为本身的需要及地主的需要，而是为了出售。地主所需的各种东西，也往往是农民无法生产的，而要用钱去买，这样，农民逐渐改为向地主交纳一定的货币，而不再按分成交实物。这也有利于农民经济的发展，并使农民的生产和商品经济进一步结合。

科斯敏斯基等指出：“瓦特泰勒尔起义给予了封建制度以决定性的打击，它加速农民阶级从农奴的依附地位中解放出来，英国经济发展的全部进程都已准备了这次解放。大封建主现在害怕向农民要求履行徭役制和提高地租。在 15 世纪差不多所有农民都改用货币纳租，并且赎得

① 恩格斯：《马尔克》，《马克思恩格斯全集》第 19 卷，人民出版社，1963 年版，第 365 页。

了自由。”①

王仲荦说：“唐中叶以后的佃户、庄客，他们受到的剥削，虽然还是很沉重的，可是在法律地位上却是平民身份，比之以前有了一定的提高……但依附的关系也还是存在的，不过轻些罢了。”② 可证这种租佃制在封建制时代的普遍存在，但马克思、恩格斯、斯大林在论述封建所有制的基本形态时，都未提到这种形态。

第八种形态：自然经济下的小私有制。

自然经济下的小私有制随着生产力的发展而发展，在土地国有制和公社所有制内小私有制的成分日益扩大。由于其中公有制和私有制的比例不同，村社所有制又表现为若干不同的形态。最初的形态是土地属于公社及国家所有，定期分配给公社成员（又是国家农民）耕种。第二种形态是土地名义上仍属于公社及国家所有，但农民已可终身占有，只是还不可以自由买卖，农民身亡以后土地要归还。其后代不是以其子孙的资格世袭土地，而首先因为他是公社成员，有权取得一块份地。第三种形态是耕地已成为农民的私有财产，可以自由买卖，而只是森林草地等尚作为公地而存在，这时小土地私有制基本上已形成。

马克思指出：“小农经济和独立的手工业生产，一部分构成封建生产方式的基础，一部分在封建生产方式瓦解以后又和资本主义生产并存。”又说：“自耕农的这种自由小块土地所有制形式……另一方面，在现代各国，我们又发现它是封建土地所有制解体所产生的各种形式之一。”③

恩格斯说：“在中世纪，普遍地存在着以劳动者对他的生产资料的私有为基础的小生产：小农、自由农或依附农的农业和城市的手工业。劳动资料——土地、农具、作坊、手工业工具——都是个人的劳动资

① 〔苏〕科斯敏斯基、斯卡斯金主编：《中世纪史》第一卷，三联书店，1957年版，第433页。

② 王仲荦：《隋唐五代史》上册，上海人民出版社，1992年版，第336—337页。

③ 马克思：《资本论》第一卷，人民出版社，1975年版，第371页；《资本论》第三卷，人民出版社，1975年版，第909页。

料，只供个人使用……”①

第九种形态：行会所有制。

马克思、恩格斯指出：“在城市中和这种封建的土地占有结构相适应的是行会所有制，即手工业的封建组织。这里的财产主要是各个人的劳动……个别手工业者逐渐积蓄起来的少量资本及其与不断增长的人口比较起来是固定的人数，使得帮工和学徒制度发展起来了，而这种制度在城市里产生了一种和农村等级制相似的等级制。”“这样，封建时代的所有制的主要形式，一方面是地产和束缚于地产上的农奴劳动，另一方面是拥有少量资本并支配着帮工劳动的自身劳动。”②

斯大林则提出：“除了封建所有制以外，还存在农民和手工业者以本身劳动为基础的个体所有制。”③ 虽然斯大林和马克思都说到了封建制时代的两种所有制，但并不相同，因为马、恩所说的行会所有制包括两种形态，一种是“财产主要是个人的劳动”，另一种是“拥有少量资本并支配着帮工劳动的自身劳动”，马恩认为后者是封建时代所有制的主要形式，而斯大林所说的是以农业手工业者的本身劳动为基础的个体所有制。这种形态和马、恩所说的行会所有制第一种形态相同，而不包括第二种形态。斯大林所说的这种形态和马、恩所说的行会所有制的第一种形态，是以个人劳动为基础的小手工业者和商贩，应属于小私有制形态范畴。而“拥有少量资本并支配着帮工劳动的自身劳动”则已具有从小私有制向资本主义所有制过渡的形式。但这是以个体所有制为主的过渡形态。马、恩又说：“在行会中，帮工和师傅之间存在着一种宗法关系……”④

① 恩格斯：《反杜林论》，《马克思恩格斯选集》第三卷，人民出版社，1972 年版，第 308—309 页。

② 马克思、恩格斯：《费尔巴哈》，《马克思恩格斯选集》第一卷，人民出版社，1972 年版，第 28—29 页。

③ 斯大林：《辩证唯物主义与历史唯物主义》，《斯大林选集》下卷，人民出版社，1979 年版，第 447 页。

④ 马克思、恩格斯：《费尔巴哈》，《马克思恩格斯选集》第一卷，人民出版社，1972 年版，第 63 页。

因此这种关系又具有一定的封建制成分。

同时，在农村成长起来的中农在农忙季节雇佣一定的人来帮助种地和收割，也应属于这一形态。

三、向资本主义过渡诸形态

第十种形态：工役制。

列宁指出："所谓工役制度就是用附近农民的农具来耕种土地，其偿付形式并不改变这一制度的实质（不管是计件雇佣制下的货币偿付，对分制下的实物偿付，或者是狭义工役制下的土地偿付）。这一制度乃是徭役经济的直接残余，徭役制的上述经济特点几乎完全适合于工役制度（唯一不同的地方，就是徭役制度的一个条件在工役制度的某种形态下已不存在了，例如：在计件雇用时我们看到的劳动报酬已不是实物，而是货币）。"①

农民由于不同的原因而承担了地主的工役，因此工役制的形式也是多种多样的。列宁指出："有时农民为了要用钱，不得不当雇工、用自己的工具给地主耕地。这就是所谓'计件雇佣制'、'按亩制'、'全包制'（即春播作物一亩，秋播作物一亩）等。有时农民借了粮或钱，就必须用工役来抵偿全部债务或利息。在这种形式下，工役制所固有的特征，即雇佣劳动的高利贷盘剥性质就表现得更加突出了。有时农民做工是因为'践踏了庄稼'……或者仅仅是为了表示'敬意'，即不取任何报酬，只吃一顿饭，以免失去地主方面的其他'外水'。此外，以工役换取租地的情形也很普通，这种工役制或采取对分制形式，或者直接采取把土地和农业用地等租给农民而迫使他们工作的形式。"② 这种工役制形式，在我国封建社会晚期也常能见到，通常是在领主经济被地主经济替代以后，超经济强制的力量渐趋衰弱，地主已无法用人身依附关系

① 列宁：《俄国资本主义的发展》，《列宁全集》第3卷，人民出版社，1963年版，第162页。
② 同上书，第166页。

来强制农民为地主劳动，而只能通过经济手段，出租土地以求得农民为其工作并交纳实物、货币，这时才具备了形成工役制的条件。

列宁指出：“出租土地的地主经济中也具有两种截然相反的意义：有时候是为了换取地租把土地租给其他人来耕种；有时候是自行经营的方法，是保证田庄有劳动力的方法。”[①] 可以认为前者是封建地主经济下的普遍现象，后者则是封建租佃关系渐趋瓦解，地主为发展本身的资本主义经营方式时才出现。这已经准备着向资本主义的过渡。

列宁在这里进一步分析了两种不同性质的工役制，一种是农民为了租种土地而从事的服役，包括由此转变成的为土地而支付的实物、货币。这种形态的本质是租佃制，因此是属于封建社会的范畴。另一种形态是农民并非为了租种土地而为地主服役，而是为了获得实物和货币才到地主土地上去劳动。这种形态已与租佃制无关，属于雇佣制，已不属于封建经济的范畴，而属于资本主义的范畴。当然由于在这种形态下农民是用自己的工具到地主的土地上去劳动，这就和农业工人用农业资本家的工具在其土地上劳动不同。只有后者才完全属于资本主义范畴，而前者还不完全属于资本主义范畴，它产生于封建社会瓦解、资本主义形成的时期，发生在封建制向资本主义的过渡阶段，因为其中所包含的新质虽已是资本主义的雇佣关系，但工役制中包含的旧质却不完全是封建所有制，而是农民的个体所有制。表明在这种情况下，小私有者还没有完全丧失自己的私有财产，成为真正的农业无产者，他们还拥有自己的一些工具。

这种形态往往和资本主义形态有机地结合在一起。列宁指出：“在现代的地主经济中，一部分操作是雇佣工人用业主的工具来进行的，另一部分操作则是农民用自己的劳动和工具在别人的土地上来进行的。”[②] 前者属于资本主义范畴，后者则属于向资本主义过渡的形态。这种形态

① 列宁：《俄国资本主义的发展》，《列宁全集》第3卷，人民出版社，1963年版，第168页。
② 同上书，第172页。

的结合不仅出现在农业中，在工业中也存在。列宁指出："在纺织工业中，一部分操作（如整经、染整织物等等）是商人使用自己的工具和雇佣工人来进行的，另一部分操作则是靠农民手工业者的工具来进行的，他们用商人的材料来替商人做工。"①

列宁指出："工役制应分为两种：（1）只有有耕畜和工具的农民业主才能承担的工役制（如'全包'的耕种和耕地等等）；（2）没有任何工具的农村无产者也能承担的工役制（如收割、锄草、脱谷等等）。显然，无论对农民经济或地主经济说来，这两种工役制都起着彼此相反的作用。第二种工役制是向资本主义的直接过渡，它已通过一系列极不显著的转变过程同资本主义溶合起来了。在我国的著作中通常总是不加区别地、一般地来谈工役制。其实，在工役制逐渐被资本主义排挤的过程中，重心从第一种工役制移到第二种工役制是有很大意义的。"②

列宁还指出："商品经济的发展同工役制度是不相容的，因为这一制度是建立在自然经济、停滞的技术以及地主同农民的不可分割的联系上的。因此，完备的工役制度是根本不可能实现的，商品经济和商业性农业的每一步发展都破坏这一制度实现的条件。"③

列宁还指出："农民的分化是工役制度衰落的最主要原因。"④ 因为一些农民的贫穷和失去耕畜、工具，流为农村无产者，使他们只能使用地主的工具去劳动，就最后使工役制衰落，而被资本主义形态所替代。

列宁关于工役制的论述，对我们研究从封建经济向资本主义过渡出现的一些过渡形态有重要意义，有必要据此来分析我国近代的各种工役

① 列宁：《俄国资本主义的发展》，《列宁全集》第3卷，人民出版社，1963年版，第171—172页。
② 同上书，第173页。
③ 同上书，第172—173页。
④ 同上书，第174页。

制类型的过渡形态。

第十一种形态：工场手工业中的资本主义所有制。

斯大林指出："在封建制时代下……除手工业作坊以外工场手工业企业的出现。"但不能不指出在工场手工业中往往还保留相当的封建依附关系，这种封建残余的存在是工场手工业资本主义所有制和机器大工业资本主义所有制的重要区别。此外在农村形成了以雇佣工人为主的地主和富农经济，应属于这一范畴。

第十二种形态：商业资本和手工作坊及家庭手工业结合。

商业资本和手工作坊、农村家庭手工业是封建制时代早已存在的形态，但它们的结合，商业资本通过收购包销逐渐过渡到加工订货，控制了手工作坊和家庭手工业就成为小私有制向资本主义所有制过渡的一种形态。它一般出现在封建制时代后期。

第十三种形态：官僚资本。

这是封建官僚在封建制向资本主义过渡时兴办的一些工业中的所有制形态，它和工场手工业相同，有较细的分工，采取雇佣制甚至引进一些机器，因此，具有资本主义特点。但它的资本掌握在封建官僚手中，就不能不具有封建制的特点：落后、保守、僵化、贪污浪费成风，生产效率低，这也属一种过渡形态。

四、农奴制时代的主要形态

在以上十三种形态中，贡纳制、土地国有制、家庭公社制、农村公社制、奴隶制这五种形态都是以前时代形态的残余，因此并不代表这个时代的基本特征。而工场手工业形态已属于资本主义性质，工役制、商业资本、官僚资本则是封建制向资本主义制的过渡关系。因此代表封建制时代的基本形态，只能是封建的农奴制和租佃制及农民和手工业的小私有制及雇佣少量帮工而以自身劳动为基础的小私有制。因此，马克思及斯大林各用其中两种所有制形态作为封建时代的两种基本形态，也是可以的，但却都不完全。

这几种形态在封建制时代早中晚期有着不同的发展。封建制早期主要存在的是贡纳制、土地国有制、土地公社所有制和奴隶、农奴。封建制中期，则自然经济下的小农经济和家庭手工业这种小私有制逐渐发展起来，农奴制也进一步发展过渡为租佃制。到封建制晚期则土地国有制及公社所有制逐渐消失，仅有少量残余，小私有制和租佃制进一步发展，并出现了工役制，工场手工业及官僚资本等资本主义的形态及过渡形态。有些人否认资本主义在我国封建时代的萌芽、形成，但如试用这些形态去分析宋明的史料，不难看到他们的存在，只是没有成为主要成分而已。

第四节　文明初期生产关系标志之三

——资本主义时代诸形态

资本主义时代同样是多种形态并存，既有奴隶制时代及封建时代的残余，又有新的社会的萌芽，就是资本主义在其发展过程中也表现为多种形态。

斯大林提到了资本主义时代有两种形态："在资本主义制度下，生产关系的基础是生产资料的资本主义所有制……还保存在着摆脱了农奴制依附关系的农民和手工业者以本身劳动为基础的、生产资料的私有制，而且这种私有制在初期是很流行的。"① 但实际上资本主义时代的所有制形态远不止这些，如果细加划分，有以下多种。

① 斯大林：《辩证唯物主义和历史唯物主义》，《斯大林选集》下卷，人民出版社，1979 年版，第 447—448 页。

一、残留诸形态

第一种形态：农村公社形态。

这种形态在资本主义时代一直残存到19世纪。

恩格斯曾说过："这种最古老的制度，直到本世纪（19世纪）初，还保存在巴伐利亚的莱茵普法尔茨的所谓抽签分地制中。此后，它的耕地变成了各个社员的私有财产。农户公社也越来越感到，停止周期分配，变交替的占有为私有，对他们是有利的。因此，在过去40年内，大多数的甚至是全部的农户公社都消失了。"①

马克思又提到了在俄国这种农村公社一直停留到19世纪。他说："俄国农村公社属于这一链条中最新的类型。在这种公社里面，农民已经根据私人所有权占有了他所居住的房屋和作为房屋附属物的菜园……另一方面，较古的类型都是建立在公社各个社员的血统亲属关系上的，而俄国公社所属的类型已经摆脱了这种狭窄的联系。这使它有了广阔的发展余地。"②

第二种形态：奴隶制。

奴隶制在资本主义时代还是残留下来了，一种是作为家内服役的家内奴隶制，一种是从事劳动生产的劳动奴隶制，主要表现为大批贩卖黑奴进行种植生产。

马克思说："当棉纺织工业在英国引起儿童奴隶制的时候，它同时在美国促使过去多少带有家长制性质的奴隶制经济转变为商业性的剥削制度。总之，欧洲的隐蔽的雇佣工人奴隶制，需要以新大陆的赤裸裸的奴隶制作为基础。"③

---

① 恩格斯：《马尔克》，《马克思恩格斯全集》第19卷，人民出版社，1963年版，第355页。

② 马克思：《给查苏里奇的信》，《马克思恩格斯全集》第19卷，人民出版社，1963年版，第444页。

③ 马克思：《资本论》第一卷，人民出版社，1975年版，第828页。

第三种形态：租佃制。

租佃制是封建时代后期比较流行的一种生产关系，到资本主义时期还存在相当时期，随着商业生产的发展，基本上采用货币地租。

马克思指出："这种地租的基础，虽然已日趋解体，还是和在产品地租（那是出发点）的场合一样。直接生产者仍旧是继承的或其他传统的土地占有者，他必须向他的这种最重要的生产条件的所有者即地主，以转化为货币的剩余产品的形式，提供剩余的强制劳动，也就是没有报酬、没有代价的劳动。对那些和土地不同的劳动条件（农具和其他动产）的所有权，在以前的各种形式中就已经首先在事实上，然后又在法律上，转化为直接生产者的所有权；这一点对货币地租形式来说，更是先决条件。最初，只是偶然的，以后或多或少在全国范围内进行的从产品地租到货币地租的转化，要以商业、城市工业、一般商品生产、从而货币流通有了比较显著的发展为前提。这种转化还要以产品有一个市场价格，并或多或少接近自己的价值出售为前提，而在从前的几种形式中，却不一定是这样。在欧洲东部，我们现在也还可以部分地看到这种转化过程。"①

第四种形态：工役制。

工役制是封建制向资本主义过渡的一种形态，主要体现在农民以自己的工具到地主庄园去劳动，获取报酬。这种俄国资本主义时代初期存在过的制度随着农业机器的发展，农民逐渐成为受雇于农业资本家的工具去生产，就和资本主义生产关系没有区别了。

列宁指出："工役制应分为两种：（1）只有有耕畜和农具的农民业主才能承担的工役制（如'全包'的耕种和耕地等等）；（2）没有任何工具的农村无产者也能承担的工役制（如收割、锄草、脱谷等等）。显然，无论对农民经济或地主经济说来，这两种工役制都起着彼此相反的作用。第二种工役制是向资本主义的直接过渡，它已通过一系列

① 马克思：《资本论》第三卷，人民出版社，1975 年版，第 898 页。

极不显著的转变过程同资本主义溶合起来了。在我国的著作中通常总是不加区别地、一般地来谈工役制。其实，在工役制逐渐被资本主义排挤的过程中，重心从第一种工役制移到第二种工役制是有很大意义的。”①

“资本主义制度的排挤工役制”，“农民的分化是工役制度衰落的最主要原因”②，工役制才能被资本主义制度所代替。

二、资本主义诸形态

第五种形态：商品生产下的小私有制。

这就是斯大林所说的“摆脱了农奴制依附关系的农民和手工业者以本身劳动为基础的、生产资料的私有制”③。这一类型包括了农村的自耕农、城市的小商小贩小手工业者，也包括一部分所谓自由职业者，他们的生产资料主要是知识和简单的生产资料。这种形态在资本主义转向知识经济时代后，恐怕还需要流行一个相当时期。

第六种形态：雇有少量帮工而以自身劳动为主的形态。

上述那种形态有时包括以自己劳动为主，雇佣少量助手协助劳动的形态。它们和资本主义的区别，在于它们是以个人劳动为主，但又具有资本主义成分，它是小私有制向资本主义制过渡的产物，实际上应该与上一形态区别开来。

这种形态不仅在欠发达的资本主义国家中普遍存在，在发达的资本主义国家中也仍大量存在，有些农民一般在农忙时会雇佣少量人协助劳动，同时现在很多农民把一些活交给一些公司来承担，这在一定程度上也应列入他有一定雇佣。

---

① 列宁：《俄国资本主义的发展》，《列宁全集》第三卷，人民出版社，1963年版，第173页。

② 同上书，第174—179页。

③ 斯大林：《辩证唯物主义与历史唯物主义》，《斯大林选集》下卷，人民出版社，1979年版，第448页。

马克思说："这种转化（实物地租向货币地租的转化——本书作者注），一方面会在其他方面适合的一般生产关系下，被利用来逐渐剥夺占有土地的旧式农民，而代之以资本主义租地农场主；另一方面，这种转化又使从前的占有者得以赎买交租的义务，转化为一个对他所耕种的土地取得完全所有权的独立农民。此外，不仅在由实物地租转化为货币地租的同时，必然形成一个无产的，为货币的受人雇佣的短工阶级，而且甚至在这种转化之前就形成这个阶级。在这个新阶级刚刚产生，还只是偶然出现的时期，在那些境况较佳的有交租义务的农民中间，必然有那种自己剥削农业雇佣工人的习惯发展起来……因此，他们积累一定的财产并且本人转化为未来资本家的可能性也就逐渐发展起来。从这些旧式的、亲自劳动的土地占有者中间，也就产生了培植资本主义租地农场主的温床，他们的发展，取决于农村以外的资本主义生产的一般发展，如果像在16世纪的英国那样，由于发生了特别有利的情况，对他们起了促进作用……"①

在城市里也还有在大量小商业，特别在服务行业中，他们都雇佣一些助手来协助。

在一些自由职业者中，如独立开业的医生会雇一二个护士来协助他；开业的律师也会雇一定数量的助手。

这些都是以自己劳动为主并有一定资本雇佣少量人来协助工作的。这种状况在未来知识经济的发展中，甚至在一定时期一定程度上会有所发展。

第七种形态：资本主义发展的主要形态。

也就是斯大林所说的"生产资料的资本主义所有制……这里已经没有了私自占有生产工作者的情形，这时的生产工作者，即雇佣工人，是资本家既不能屠杀，也不能出卖的，因为雇佣工人摆脱了人身依附，但是他们没有生产资料，所以为了不致饿死，他们不得不出卖自己的劳动

---

① 马克思：《资本论》第三卷，人民出版社，1975年版，第900页。

力给资本家，套上剥削的枷锁”①。

这种形态是资本主义制度中最典型的、最普遍的形态。

李悰认为这种类型的特点是：“资本是企业主个人的资本，生产规模一般不太大，企业主是资本所有者，又是资本直接管理者……这种企业有顽强的生命力，至今仍大量存在于西方发达国家。”②

第八种形态：股份所有制。

这是股份所有制的早期形态，是资本主义经营的一种典型形态，由若干人共同提供资本合伙经营。

在这种形式下，生产资料的所有者和劳动者是分开的，资本的所有者和经营者开始分化，资本所有者有些不参加经营，但也有些参加经营，同时通常经营者总是主要股东。随着生产规模的扩大，资本的增加，股份制有了进一步发展。股份持有者已不是固定的一小部分人，随着股票的上市，可以有相当大数量的人持有股权，而且人员随时会变更，但往往有少数人（多数是经营者）控制具有决定力量的一定股权来达到控制企业的目的。股份所有制为资本主义所有制的一种普遍形态，就连垄断资本实际上也采用这种股份所有制的形态而出现。

这是资本主义的最适当形式，是众多人合伙经营，所有者和经营者分离的形态。郎名扬提出：早期股份制的特点有：“第一，股份制形式单一，股权结构简单。第二，股份组合或股权结构的主导因素是固定的，以资金或货币形态为股份主导因素。第三，以股本持有者为风险的主要经营风险承担者和利益获得者。”③

第九种形态：垄断资本主义。

这是资本主义进一步发展的产物，股份公司在激烈竞争中联合起来，形成托拉斯等垄断组织。在19世纪末20世纪初，这些垄断公司已

① 斯大林：《辩证唯物主义与历史唯物主义》，《斯大林选集》下卷，人民出版社，1979年版，第447页。

② 李悰：《资本主义的新发展》，经济科学出版社，1998年版，第91页。

③ 郎名扬主编：《资本论与当代》，华文出版社，2001年版，第424—425页。

在资本主义经济中占了统治地位，20世纪80年代以后，跨国公司又加速发展，公司合并之风盛行，出现了一些超级企业集团。列宁曾为此在“帝国主义资本主义发展的最高阶段”专门论述垄断资本主义的发展。

李倧根据列宁等人的论述，归纳了垄断组织的特点为：“（1）他们是股份公司，但又不是一般的股份公司，而是‘股份公司的二次方和三次方’，即比一般的股份公司更加庞大，以致整个工业部门变为一个唯一的庞大的股份公司，竞争让位于大公司的垄断。（2）垄断资本主义是更大规模的社会资本，企业也是更大规模的社会企业。这主要表现在资本主义国家大公司的股权进一步分散化，如美国电话电报公司的股东人数1931年已达64万多人，到1984年则增长到324万人，资本所有权同管理权完全分离。（3）企业内部有着严密的组织和科学的管理……第二次世界大战后，垄断组织规模比最初出现的垄断组织成十倍、百倍地扩大了；它们普遍跨越了原来的部门成为多部门、多行业的超级企业；它们跨越国界，对外直接投资，在国外各地设立分公司、子公司，成了跨国公司。它们实行一定的经营战略，以及财权集中和经营管理权分散相结合的管理方式。这是资本主义企业制度的又一次巨大变化。”①

三、向新社会过渡诸形态

第十种形态：劳动者合作制。

包括由工人自己集资、自己管理的合作企业和联合股份公司，农民自己组织的生产、供销、信贷等合作社，并出现了生产、加工、销售一体化。

据有的学者估计，目前合作工厂的产值已占美国非农业企业的5%左右②。马克思曾说：“工人自己的合作工厂，是在旧形式内对旧形式打开的第一个缺口……资本和劳动之间的对立在这种工厂内已经被扬

① 李倧：《资本主义的新发展》，经济科学出版社，1998年版，第92—93页。

② 李倧：《当代资本主义的旧发展》，经济科学出版社，1998年版，第432页。

弃”。又说：“只不过在前者（股份公司——本书作者注）那里，对立是消极地扬弃的，而在后者（合作工厂——本书作者注）那里，对立是积极地扬弃的。”①

吴廷璆主编的《日本史》介绍：“在生产关系方面，日本农业虽然始终传承着土地的私人占有和分散的个体经营相结合的以自耕农为主的小农经济，但随着生产的发展，（20世纪）70年代以后也出现一些新的变化。农业生产共同化是生产关系方面发生的一个明显变化。日本的农业生产关系共同组织，是个体农民之间在生产手段、生产方式等方面的合作。日本的农业生产组织（集体栽培组织、农业机械共同利用组织和农业受托组织等）出现于60年代中期。1968年以后，政府开始扶植集体生产组织。70年代以后，各种类型的生产组织都有较大发展。其中，共同利用组织、受托组织发展更快，例如1974年水稻作业依靠受托组织的农户中达313万户，占稻农的75%，受托内容主要是脱粒、烘干、装运等收割过程的作业……此外，还有家庭复合经营……及农业协同组织是以流通为主的经济组织……”②

第十一种形态：新型的股份所有制。

随着资本主义的发展，人们逐渐肯定了劳动者在生产中的作用，也承认了管理和技术在生产中的作用，开始出现了一种新型的股份所有制，股金不仅以资金的形态表现，也有用管理、技术、劳动等形态表现。由于劳动者的参股，他们通过股金的分配利息，得以对他们所创造的剩余价值参与再分配，也得以以股金所有者的身份参加生产的管理。这是一种特殊的股份所有制，它体现了从资本主义所有制向社会主义所有制的过渡。

马克思曾指出：“资本主义股份企业也和合作工厂一样，应当被看

---

① 马克思：《资本论》第三卷，人民出版社，1975年版，第497—498页。
② 吴廷璆主编：《日本史》，南开大学出版社，1994年版，第1108页。

作是由资本主义生产方式转化为联合生产方式的过渡形式。"① 但是不能把这种特殊的股份所有制和一般的股份所有制相混，认为所有的股份所有制都是向联合生产的过渡。

第十二种形态：国有制。

资本主义的国有企业，一是国家直接投资建立的国有企业，主要是一些投资额大、资本周转时间长、利润低，但又是社会生产不可缺少的。除此之外，国家还直接兴办具有重大战略意义和经济意义的新兴企业和尖端科技企业，如原子能工业企业、宇航工业企业等。二是对私人企业实行国有化改革，使其成为国有企业，主要包括战争期间需要国家统筹的部门和企业……主要集中于基础设施、公用事业、公共事业、科研部门、间断工业、生态平衡、环境保险等产业和部门。

资本主义的国有企业在国家所占比例不同，法国 1990 年国有企业产值约占国内生产总值的 18%。英国国有企业在国民生产总值中的比例，1979 年为11.1%,1988 年为 6.5%。美国目前国有企业产值占工业总产值的 5%左右②。

资本主义国家的国有企业大都由国家直接分类管理，并引入了私有企业的经营管理机制，大都属国家控股的股份公司，一般国家只控制母公司，不直接面向子公司。一般都由议会加强企业管理的立法工作，并形成国有企业进入和退出的机制。

资本主义的国有资本，在本质上还与社会主义的国有经济有根本区别。只有在实现了国家为人民所有，工人有权参与对生产的管理，才真正具有了社会主义的性质，但资本主义的国有经济无论怎么说也是生产的进一步社会化，它为社会主义所有制的实现做了一定准备。资本主义国有制下的一些管理经验也为社会主义国有制的管理提供了一定的借鉴意义。

---

① 马克思、恩格斯：《资本论通信集》，人民出版社，1974 年版，第 31 页。

② 肖金成：《国有资本运营论》，经济科学出版社，1999 年版，第 32—47 页。

四、资本主义时代的主要形态

资本主义时代这么多所有制形态，形成了错综复杂的局面。但农村公社制、奴隶制、租佃制、工役制等都是以前时代的遗留，它们不代表资本主义时代的特点，代表资本主义时代特点的是私人资本所有制、股份所有制、垄断资本主义等资本主义发展的多种形态。此外，还有与资本主义长期并存的小私有制。而具有向新社会过渡性质的合作企业及国家所有制、新型股份所有制，已经是向新社会的过渡。因此，这个时代是以资本主义所有制为其主要特点的。

在资本主义时代的早中晚期，有不同的所有制形态。通常过去残留下来的诸形态主要存在于资本主义时代初期，在这一时期垄断资本还没有发展起来。在资本主义时代中期一些过去社会的残余形态已基本消失，主要存在的是各种资本主义形态，如资本主义的私营经济，股份所有制经济，垄断资本及商品经济下的小私有制。在资本主义时代晚期开始出现了新社会的萌芽，如股份所有制增加了新的内容，工人和技术人员成为股东，及劳动者合作制的发展，国营企业的发展，实际上也为社会占有生产做准备。

第五节　文明初级阶段三个时代在上层建筑上的区别

文明初级阶段即阶级社会的三个时期在生产力生产关系方面的不同特点已论证于上，那么三个时期在上层建筑上有什么不同特点呢？根据我们的研究，至少有以下三方面区别，试论述于下。

一、三个时期在政权体制上的区别

在文明时代初级阶段先后出现过三种政治体制，即等级分封制、中央集权下的郡县制、民主共和制。这三种政治体制是否和奴隶制时代、农奴制时代、资本主义时代相对应，分别成为三个时代政治体制的特点呢？

民主共和制除在奴隶制时代早期的希腊出现短暂时期以外，主要是存在资本主义时代，因此把民主共和制政体作为资本主义时代政治体制的特征似乎问题不大。但要把等级分封制和中央集权下的郡县制分别作为奴隶制时代、农奴制时代的特征，就有困难了。因为，一方面等级分封制不仅在奴隶制时代出现过，在西欧的农奴制时代也曾长期作为一种主要政治体制，甚至过去不少学者因此把等级分封制看做农奴制时代的主要特征，并因此把农奴制时代称为封建制时代，因此认为中国西周时代既然主要也是等级分封，自然中国的西周时代也是封建社会。但以后史料证明商代也是等级分封制，就开始动摇了这一说法，因为总不能说商代也是封建制吧？但有些人仍坚持这一看法，并宣称中国没有经过奴隶制。

这里就必须探讨这种等级分封制是在什么基础上产生的，是否是在农奴制经济基础上的政治形态。经过探讨，实际上等级分封制是从原始社会过渡到阶级社会后所形成的第一种政治形态。在通常情况下，人类进入文明社会时所经历的第一种社会方式是奴隶制度，所以等级分封制这种政治形态普遍存在于奴隶社会中，因此成为奴隶制时代的主要政治形态。但在西欧则不然，刚迈入文明门槛的日耳曼人，却不是在古代罗马的生产力基础上发展奴隶社会，而是向农奴制过渡了，这就使这种等级分封制的政治制度在西欧与农奴制相共存。

人类社会的群体是从小到大的，人们不可能把一大群分散的城邦国家马上建立成为统一的中央集权制国家，最初只可能是在暂时征服的情况下保持一定的臣服贡纳关系，这种臣服、贡纳关系就会以等级分封的状态维系下来。因此等级分封制是阶级社会初期，统治者还做不到把所有征服的群体融合成一个统一的整体，建立起中央集权之时的必然产物。既然人类群体在极大多数状况下都首先进入奴隶制时代，因此等级分封制就自然成为奴隶制时代的政治形态特点。

中央集权下的郡县制是等级分封制发展的产物，在中国是从秦汉开始的。但中央集权的专制统治并非仅在中国出现，因此不是东方社会的特征，在西方发展到一定阶段也普遍过渡到中央集权制的帝国。在西方和东方差不多同时出现过罗马帝国、波斯帝国、帕提亚帝国，这些都已是中央集权的专制帝国。日耳曼人带着原始制残余进入西欧，一度阻挠了这一进程，又暂时恢复到了等级分封制。但是历史的发展具有必然性，它们最后也同样进入了中央集权专制国家的道路，这是国家发展的必然规律。这种中央集权制的专制国家逐步用郡县制代替了过去的分封制，这种状态在奴隶制时代晚期可能已开始出现。但它的主要存在时期却是在农奴制时代，因为农奴制的半依附关系及广大农民的存在，已经没有必要采取政治经济的完全统一，可以分权管理了，也没有必要再让农奴主、地主成为当地的行政长官，这样郡县制就巩固了下来，中央集权的专制也有了可靠的基础。

因此，大体上可以认为等级分封制、中央集权制、民主共和制是文明时代初级阶段与三大奴役形式——奴隶制、农奴制、资本主义时代相对应的三种政治制度，可以分别作为三种奴役形态基础上的三种政治形态的特点。这一提法是我们的大胆探索，试提出供讨论。

二、三个时期专职官僚的日益扩大

在奴隶制时代，国家刚开始建立，特别是在等级分封下，奴隶主本身就直接有管理其庄园的行政权力，没有必要再分化出另一套行政官僚，王的佐僚也主要用来管理王直接管辖的畿内。因此，奴隶制时代还没有建立庞大的专职的官僚机构，这应该是其国家形态的另一特点。在农奴制时代，国家机构进一步健全，对农民、农奴经济统治和政治统治权力的分离，需要在农奴主以外，形成一大批专职官僚在政治上管理。特别是采邑成为名义上所有，采邑内的农民已不再直接由分得者管理，而由州县代管，也由于经济政治的复杂化，国家机构就日益复杂起来，逐步形成一批专职的官僚队伍。因此，在农奴制时代，庞大的官僚机构成为其政治体制的一个重要特点。

到了资本主义时代，资本家已经不再拥有对工人的人身所有权，对工人的政治管辖权已完全归属国家，同时国家的职能也日益增加了新的内容，因此形成一支庞大的专门的官僚队伍，或者称之为公务员。资本主义时代所实行的民主共和制丝毫不影响这套专职官僚机构的存在，民主共和制只是选出了新的执政决策者，不论谁上台还得依靠原有的官僚机构来统治。这个庞大的官僚机构的独立存在，甚至使新上任的执政者不得不屈服于这套官僚机构的习惯势力，因为谁也没有可能自上而下地彻底更换这批官僚；即使全部换了，这种旧的体制也马上会使新上任者适应固有的体制。

因此，可以把专门的官僚体制的日益扩大看做是文明时代初级阶段三个时代国家制度的共同特点。但是如何从不同时代官僚机构的日益扩大中找出其从量变到质变的规律，由此区别出不同时代官僚机构量和质的特点，目前我们的研究还未做到，但可能这种区别是存在的，各个时代应有它各自的特点。

三、三大时代在人权观念上的不同和反映在法律上的不同规定

在文明时代初级阶段三大时代——奴隶制时代、农奴制时代、资本主义时代在人权观念上是有着明显的不同，并且反映在法律上。

在奴隶制时代，奴隶不是人，仅是会说话的工具，奴隶制时代也有所谓人权，但这仅对奴隶主和自由民而言，这种最初形成的人权观念，

是继承了原始社会的观念，只有本群体（部落、部族）的成员才是同等人，而一切异族都不视为同等的人。因此从异族俘虏来的奴隶也同样不是人，法律上就允许对他们可以买卖，可以杀害。而对本民族沦为奴隶的人，却相应有一些特殊的待遇，如要求定期释放等。也因为本民族人沦为奴隶，逐渐形成了法律上对杀害奴隶的限制。

在农奴制时代，农奴已是人，但属于低级的人，在法律上已不可再任意杀害农奴。农奴只是随土地而买卖。脱离土地而单独买卖农奴的情形是较少见的，实际上这是奴隶买卖的残余，因此在人权观念上和法律上明显表现出和奴隶制时代的区别。

在资本主义时代，人权观念又有了进一步发展，工人逐渐从低级的人成为平等的人，初期资本主义认为殖民地人民是低级野蛮人的观念逐渐改变，承认了不分肤色，不分人种，不分民族，不分职业的人都是平等的人，在法律上也已不再允许对任何人的买卖。

这是人类文明的进步，是在政治观念法律制度上进步的反映，反映出三个时代的不同特点。

第六节　文明初期三个时代在意识形态上的区别

文明时代初级阶段的三个时期在意识形态上也各有其特点。当然，首先是它们产生于不同的经济基础，为不同阶级服务。但仅这样回答显然不够，因为这并未表示出它们的具体特征。我们要想在纷繁的历史中具体区别何种属何时期，必须找出该时期在意识形态上具体表现出的特点。我们查了不少文献，大都只回答它们是产生于不同经济基础，为不同阶级服务，却没有回答既然为不同阶级服务，表现出什么特点？我们没有办法，只能从具体历史中自行归纳，这就不一定准确了，只好姑且论之。

一、教育发展上三个时代的特征

学校教育发祥于奴隶制时代，但当时的学校规模是极小的，只是一个教师带几名弟子，孔子教得多了，也只有72名弟子。在当时不仅奴隶是没有资格受教育的，就连奴隶主、自由民大多数也并未有受教育的机会；而且对多数奴隶主来讲，他们不学也照样当他们的奴隶主。

到农奴制时代，学校教育比奴隶制时代发展了，不仅国家有太学、国子监，州郡有州学，而且逐渐普遍形成了私塾。一些宗族祠堂办起了义学。这时，不仅地主子女可以入学，也大致都要学习一段时间，农民的子女也有一定数量获得了识字教育的机会。这种教学的普及，已是奴隶制时代所不能相比的。

到了资本主义时代，为了使新的劳动者能有一些文化科学知识，能胜任各种机器生产，学校更普遍化了。几乎在发达的资本主义国家里，所有儿童也包括劳动者子女都得到了受教育的机会。

这是时代的进步，是文明发展的必然结果，但也明显表现了三个时代在教育发展上的不同规模和不同广度，应该可以作为区别三个时代的一个标志。

二、文化艺术的普遍化、大众化

在奴隶制时代，奴隶是没有资格来享受文学艺术等精神文明成果的。他们中有极少数人要为奴隶主服务，也有可能学习了音乐舞蹈，但他们没有创作的自由，也没有自己享受的自由。在农奴制时代，初期农奴虽还是半奴役状态，仍然没有参与精神文明创作和享受的机会。但一般到了农奴制时代繁荣时期以后，他们就开始多少有了享受一些文艺生活的机会，在农村流动演出的草班子戏、曲艺、杂耍，就是为农民服务的，演出者大都出自下层人民。在城市随着作坊主、工匠这一市民阶层的产生，出现了市民文学，白话小说也从话本中脱胎而出。这一切表明了农奴制时代农民、手工业者开始参与了文艺的生产和消费。这是农奴制时代的特点。

到了资本主义时代，广大工人、农民大都成了各种精神产品的消费者，他们也积极参与了各种文艺生活。印刷术的发展使各种书籍普及，已经受过一定教育的劳动者可以自由阅读各种文艺书籍了。而电视机的普及，更使广大劳动人民可以自由观赏各种文艺表演。这种文学艺术的普及化大众化、是以前两个时代所根本做不到的。这是科技发展的结果，标志着人类文明的进步，也标志着不同时代的特点。这种区别无疑是客观存在的。

三、科学的不断进步是三个时代的重要区别

马克思、恩格斯在《共产党宣言》中说："资产阶级在它的不到一百年的阶级统治中所创造的生产力，比过去一切世代创造的全部生产力还要多，还要大。自然力的征服，机器的采用，化学在工业和农业中的应用，轮胎的行驶，铁路的通行，电报的使用，整个整个大陆的开垦，河川的通航，仿佛用法术从地下呼唤出来的大量人口，——过去哪一个世纪能够料想到有这样的生产力潜伏在社会劳动里呢？"①

因此，资本主义时代科学技术的巨大发展显然是前两个时代无法相比的，这表明了资本主义时代科技得以巨大发展的特点。

但是奴隶制时代和农奴制时代在科学技术发展上有什么特点，却很难区别，两个时代的科学都还没有从技术中独立出来。究竟区别在哪里？奴隶制时代虽然有希腊罗马文化的高度发展，有中国春秋战国时代的百家争鸣，但据我们所知，这时期真正的科学著作却很少出现，不像农奴制时代，中国出现了《齐民要术》、《农书》、《本草纲目》等重要科学著作，在西方，科学也正是在农奴制时代发展起来的。当然，时代的进步是其主要原因，但奴隶对生产根本不感兴趣，他们毫不关心生产的

---

① 马克思、恩格斯：《共产党宣言》，《马克思恩格斯选集》第二卷，人民出版社，1972年版，第256页。

改进及引进一些先进科学技术，因此没有对科学发展的任何需求。而农奴及以后的佃农却对生产的发展有了一定积极性，改进农业生产技术对他们会带来一定的利益，这就提供了对科学发展的推动力。能否说因此科学技术的一定发展也就成为了农奴制时代和奴隶制时代不同的特点呢？

四、在道德上表现为对人的逐渐尊重

在奴隶制时代，奴隶是会说话的工具而不能算做人，因此，奴隶制时代的道德是不包括奴隶在内的，但农奴制时代的农奴却已是人，虽然还是低等的人。

这里我们引证罗马帝国晚期《论农业》中的一段话："庄园的所有者必须密切关心到庄园的一切其他的项目，特别是在那上面的人们。这些人分成两种：隶农和奴隶（不带镣铐的和戴镣铐的）。对待隶农时他必须宽大，并尽量迎合他们的需要，他对他们的工作比对他们的报酬应当要求得更加严格……但就是主人也不应当过分坚持自己的权利和加到隶农身上的义务。"① 这一段话明显表明对奴隶和隶农的两种不同态度。

到了资本主义时代，虽然工人仍然要受资本家剥削，但在道德规范中，工人已是必须平等对待的，是完全享有人权的人了。

以上仅是粗略地从历史发展中归纳出了一些三个时代在意识形态各方面的差别。由于我们研究得不够，所归纳的不一定正确，而且还有大量特点没有归纳出来，有待于今后继续研究。

① 引自科瓦略夫：《古代罗马史》，三联书店，1957 年版，第 806 页。

第二十章
未来文明的生产力、生产关系

人类文明的前景，是研究人类文明必须回答的主要问题。人们研究人类文明的目的绝不仅仅是为了知道人类文明以往的形成、发展过程，而是希望知道人类文明的前景。之所以要知道人类文明的形成发展，实际上也正是为了从人类文明的形成发展过程中探讨文明发展的规律，以预测人类文明发展的前景。

第一节　研究人类文明前景的意义

一、研究人类文明前景的意义

长期以来，无数学者哲人都对人类文明的前景、未来社会的特点做过各种各样的预测，其中马克思主义对未来社会的预测是最有影响的一种学说，因为它已不仅是一种学说，而是发动了千百万人为实现这一未来的文明而献身，这已是亿万人民的生活实践，应该说有成功的经验，也有失败的教训。实践是检验真理的唯一标准，从马克思主义产生以来，一百多年过去了，当初马克思、恩格斯主要是从研究人类历史发展规律出发，特别是研究资本主义社会发展规律出发，预测了未来将必然走向社会主义、共产主义。这一百多年来西方资本主义的发展和各国建设社会主义的实践，众多学者对未来社会前景的进一步探讨，使我们对未来文明的发展有了更进一步的认识。马克思、恩格斯最初的预测，有一些将被历史所验证，认为仍然是正确的，有一些也将为新的发展所要求而作出修订和补充。

苏联建设社会主义的失败，要求人们回答这是否意味着马克思主义关于共产主义学说的失败，要求人们回答如果苏联走错了那么怎样走是正确的？不仅要回答中国社会向何处走？还必须全面回答世界将向何处去？如果承认人类文明发展有一个总的规律和趋势，那就必须回答世界上许多发达的资本主义国家向何处发展，而发展中国家是否也沿着同样道路同样目标发展，或者道路稍有不同，但最后归宿相同。

我们不准备更多地讨论马克思、恩格斯学说中对未来社会的预测，我们只是试图依据马克思主义的观点方法具体分析当今人类文明的发展状况，以预测未来可能的发展。

二、我们对研究人类文明前景的设想

我们在这里不过多讨论马克思主义对人类文明发展高级阶段——共产主义文明的预测，毕竟这一时期还不会很快就会到来。有些问题让进入新社会之后的人们根据新社会的发展再去预测会更科学些。因此，我们主要想探讨当今人类文明发展的下一时代是怎么样的。我们首先表明，我们不相信即将到来的会是一个黑暗时代。从人类文明发展的过程和规律看，人类文明不可能有这样一个前景。

目前有不少学者断言，下一个时代将是信息文明的时代，是知识经济的时代，是高科技时代，这需要我们研究并弄清它们彼此间的对应关系。但这些预测往往只是探讨生产的发展，经济的发展，而很少进一步回答，信息文明、知识经济、高科技时代的社会生产关系是怎样的？上层建筑和意识形态怎样？这些问题必须有个明确答案。

由于我们知识和资料有限，我们的探讨可能是极其浅薄的，只是一种初步的认识，正如我们一开始研究“文明论”时所想的，这一研究不一定能回答大家，人类文明发展的前景，但必须回答我们自己，我们活了一辈子，奋斗了一辈子，我们对未来的想法究竟错了没有？或者说有些是对的，有些是错了，这样我们才不致死不瞑目。所以我们没有考虑自己已是风烛残年，而决心探讨这些并非我们专业的宏大课题。十余年来的努力，我们自我感觉是值得的，人类文明的未来是乐观的，我们为之奋斗终生的大方向是符合历史发展方向的，只是在许多做法上要改进，走过头要退回来慢慢走，走错了的要改过来重新走。古人云“朝闻道夕死可矣”，我们基本上实现了我们的目的。当然如果我们再能对人类文明的发展和前景，提出一两点可供参考之处，这就更使我们喜出望外了。我们只希望我们的探索能融入人类对未知世界探索的长河中去，我们的探索也就永存了，我们的生命就有了真正的价值。

三、预测人类文明前景必须遵循的原则

要预测人类文明的前景，我们认为必须遵循一些基本原则。

其一，理想性，即我们所预测的未来文明，符合人类极大多数人的理想，是能克服已有文明存在的各种弊病的、更合理更高级的文明。

其二，必然性，即我们所预测的未来文明不是我们空想的，是历史发展的必然趋势，是可以依据文明发展的规律和发展趋势，及现今出现的一些实际状况，证明必然会到来的。

其三，全面性，我们不应单纯预测未来文明发展的某一方面，如生产力的高度发展，而应该全面预测随着生产力的高度发展，未来的生产关系会怎样？上层建筑会怎样？意识形态会怎样？即应给人们一个未来文明的全貌。

其四，近期性，我们不能去过多预测遥远的未来，对几个世纪以后遥远的未来作简单的勾画是必要的，但我们的注意力必须集中在 21 世

纪及一个多世纪人类文明的前景，因为这是我们正在面临和即将面临的。

其五，可行性，即我们所预测的人类文明的前景，是我们能为其实现，可以作出具体努力的，应有相应的可行性措施。我们深知要做到这些是很困难的，不是我们力量所能及的，我们只能是尽力而为，抛砖引玉而已。

第二节　未来文明是生产高度发展的时代

未来文明将进入信息时代、知识经济时代，生产力将高度发展，人们从不同角度论证了未来社会，虽用词不同，但所说各种时代的基本特点却是大体一致的。

一、后工业时代

1973年美国学者丹尼尔·贝尔著的《后工业社会的来临》一书论述了后工业社会的五个基本特征：

第一，从占主导地位的经济部门来看，后工业社会发生了从产品经济向服务性经济的转变。贝尔认为，后工业社会最简单的特点，就是大多数劳动力不再从事农业或制造业等物质生产，而是从事事业服务，如贸易、金融、运输、保健、娱乐、研究、教育和管理。依据贝尔的研究，到20世纪60年代中期，美国已有3/5的人从事服务业，因而美国成为第一个建立服务性经济的国家。在同前工业社会、工业社会的特征进行比较之后，贝尔进一步指出：后工业社会是以服务业为基础的，因此它是人与人之间的竞争，这里要考虑的不是纯粹的体力或者能源，而是信息。

第二，从劳动者的职业分布上看，专业性与技术性阶层处于主导地位。贝尔认为，职业是划分社会与阶层的最重要的决定因素。在后工业社会中，具有支配作用的（并非指从业人员最多的职业）将是接受过高等教育的人从事的专业性和技术性的职业，以知识和技术为基础的科学家和工程师将取代以财产为基础的资产阶级而成为后工业社会的统治集团。

第三，从技术的利用上看，前工业社会的主要技术是农耕和渔业等开发原料的技术，工业社会主要是利用能源的生产技术，而后工业社会主要是利用信息的技术。贝尔指出：由于社会发展更多地依赖于技术进步，而新的发明和创新具有“不确定性”，因此有必要有意识、有计划地推动技术革新，以减少社会发展的不确定性。此外，技术的发展往往带来副作用，因而必须对不同的技术方案进行选择和鉴定。

第四，从社会发展的轴心上看，理论知识将成为后工业社会的轴心。这是后工业社会最突出的特征。虽然知识对任何社会的运转都是必不可少的动力，但是在前工业社会主要任务是对自然的反抗，经验更为重要；工业社会强调经济增长，资本最为重要；而后工业社会是围绕着知识组织起来的。在后工业社会，知识本身的性质已经发生了变化，这种变化主要表现在两个方面：科学与技术更趋于结合，理论与经验相比更加重要。理论知识对于后工业社会显得如此重要，使得贝尔断言，理论知识正日益发展成一个社会的战略资源，而大学研究机构和知识部门等汇集和充实理论知识的场所则成了未来社会的中轴结构。

第五，在未来的决策方面，由于决策过程和环境更加复杂，后工业社会更多地依赖新的“智能技术”，即用计算机程序、系统指令等智能技术来代替人们的直观判断，进行决策选择。智能技术的最大好处在于可以确定解决的最佳途径，通过对风险和不确定性的判断把损失缩小到最小，获得最大限度的收益。①

---

① 〔美〕丹尼尔·贝尔：《后工业社会的来临》，商务印书馆，1984年版。参见游五洋、陶青：《信息化与未来中国》，中国社会科学出版社，2003年版，第6、7页。

游五洋、陶青指出："虽然贝尔没有首先提出'信息社会'的概念，但是他对未来社会的发展趋势和后工业社会形态和特征的描述和今天信息社会的含义基本一致。"①

由此可以得出结论，贝尔"后工业社会"的发展其实就是信息产业兴起和传统产业信息化的过程，信息在后工业社会处于核心地位。贝尔在其以后的著作中也进一步发展了自己的理论，他在1979年发表的题为《信息社会》的文章中明确提出："即将到来的后工业社会，其实就是信息社会。"在这里，贝尔已经意识到，以知识为基础的信息革命正是后工业社会来临的突出标志。此外，后工业社会作为未来社会的发展趋势，是工业社会向未来社会的过渡阶段，因此包含了动态的"信息化"的概念。

二、第三次浪潮

1980年美国学者阿尔温·托夫勒出版了《第三次浪潮》一书。

《第三次浪潮》中所描述的未来社会和贝尔的"后工业社会"极为相似，都是对信息社会形态的早期描述。

托夫勒在那时已经预见到了人类社会正在经历着一场巨大的社会变革，整个社会的经济、政治、文化和思维方式都发生了深刻的变化，正从日渐衰败的工业社会走向新的信息社会。托夫勒认为第三次浪潮给人类社会带来了四个方面的变化：

（1）最大的变化是资本的性质发生了根本的变化。现在发生了第三次浪潮，人类进入信息和知识经济时代，资本的性质发生了根本性的变化。在信息社会里，知识成为最重要的资本，它不但可以创造财富，而且可以创造出更多的知识。知识作为一种资本不再具有专用性，它既可以为你所用，也可以传播给我。在信息社会里，投资者和消费者不再看

① 游五洋、陶青：《信息化与未来中国》，中国社会科学出版社，2003年版，第6、7、8页。

中有形资产，而更加注重无形资产。

(2) 第二个变化是生产方式的变化。第二次浪潮时期是大规模生产时代，生产规模越大越好。而到第三次浪潮时期，这种生产方式已经落后，世界上许多新型的企业正根据市场需求，为不同的客户组织生产。这种生产的特点是高速度、低库存，只满足个别消费者的需要。在前工业社会也出现过这种情况，但是现在的技术基础不一样了。信息社会里管理者通过完善的信息系统了解市场需求，使用最先进的技术进行生产。而现在生产线是可以灵活转变的，利用信息技术可以有效地把遍布各地的分散的生产活动组织起来。不管是制造部门还是服务部门，从事直接生产装配的工人越来越少。在第二次浪潮时出现的垂直一体化由于信息技术的利用正在走向扁平化。

(3) 第三个变化是就业方式的变化。农业社会和工业社会劳动力最看中的是体力，而信息技术大大突出了人脑的作用，这也带来了就业方式的变化。今天，美国有1.641亿台电脑，居世界第一位，平均每两个美国人就有一台电脑，一半以上的人已经上网。而在韩国，现在每两个人中就有一个人使用因特网，全国3/4的人加入了移动通信，几乎每两个人就有一台电脑。在工业社会里，工作场所集中在工厂、办公室里，而在信息社会里，人们借助发达的信息通信系统在家里就可以办公了，甚至可以边在餐馆吃饭、边听报告，甚至在飞机上使用计算机办公。这种工作方式和工业社会完全不一样。

(4) 第四个变化是速度的变化。信息技术的应用大大提高了生产效率，使社会运行的速度加快。速度提高的前提是通信网络的现代化。现代企业既有外部通信网络，也有内部通信系统，这种完善的信息网络使得企业的生产、管理和营销系统高速运转。以前，生产是按照先后顺序进行的，现在是同时进行，以尽量缩短所需时间，以最高的效率争取客户。“时间就是金钱”这句话在第三次浪潮中显得格外重要。时间和效率的重要性已经远远超出了其他管理因素。

托夫勒认为，社会文明是由科学技术革命所推动的，而当代科学技术革命的主要内容是以计算机网络和通信技术为代表的信息革命。和工业革命把人们带入工业社会一样，信息革命也必将把人类带入信息社会中。①

三、信息社会

1982年美国学者约翰·奈斯比特发表了《大趋势——改变我们的新方向》。作者提出：

（1）从工业社会到信息社会的转变；（2）从强迫性技术向高科技与高情感相平衡的转变；（3）从一国经济向世界经济的转变；（4）从短期考虑向长期考虑的转变；（5）从集中向分散的转变；（6）从向组织机构求助向自助的转变；（7）从代议民主制向共同参与民主制的转变；（8）从等级制度向网络组织的转变；（9）美国重心从北向南发展的转变；（10）从非此即彼的选择向多种选择的转变。②

奈斯比特认为信息社会的主要特点是：（1）起决定作用的不是资本而是信息；（2）人们注意和关心的是将来；（3）人与人关系的变化……人类第一次真正超出了时空。③

1983年日本学者松田半津的《信息社会》一书出版。他提出了信息社会具有以下特点：（1）信息社会发展的核心技术是电子计算机，其主要功能是代替和加强人的脑力和智能；（2）信息社会电脑的发展带来信息革命，产生了大量系统化的科学技术和知识、情报信息；（3）信息社会由因特网和数据库组成的情报信息公用事业是以电脑为基础的基本结构，它取代了工厂，成为社会的显著特征；（4）信息社会的主导工业是智力工业，其核心是知识工业；（5）信息社会的目标原则和主要的社

① 〔美〕阿尔温·托夫勒：《第三次浪潮》，上海三联书店，1984年版。转引自游五洋、陶青：《信息化与未来中国》，中国社会科学出版社，2003年版，第11—12页。

② 〔美〕约翰·奈斯比特：《大趋势——改变我们的生活的十个新方面》，转引自游五洋、陶青：《信息化与未来中国》，中国社会科学出版社，2003年版。

③ 同上书，第14页。

会体系是自愿性的社会资本（指人类知识的公有）。①

游五洋、陶春总结以上各家的论述，认为信息社会的特点是："(1) 信息社会是人类社会发展的一个新的阶段，在21世纪，人类将全面进入信息社会，21世纪不仅是文明发展的新阶段，而且是人类文明进步的起点，人类在迈向理想之国的征途中将迈出决定性的一步；(2) 信息和知识成为财富增长的主要源泉；(3) 信息产业成为国民经济的主导产业；(4) 社会就业机构发生根本的改变；(5) 传统生活发生改变；(6) 人们的精神生活和价值观发生根本的改变。"②

四、高科技社会

何顺果论述了当前世界正在面临高科技革命，人类社会发生很大的变化。首先，由于科学成为经济发展的中轴，一个拥有高科技知识资源的专业人员群体正在崛起，这些人以信息能源、材料、生物等新兴产业为基础不断向生产的广度和深度进军，正在取代传统的产业资本家而成为社会的财富的所有者，并逐步控制经济和社会运转的关键岗位。第二，知识产业和服务业的兴起极大地改变了传统的就业和劳动方式，一个拥有一定科技知识和技能，主要从事知识劳动和服务的、新的阶层正在逐步形成和扩大，并取代传统的以体力劳动为主的产业工人阶级而成为主要的劳动阶层。在新兴企业中，这类人员常常占雇佣人数的一半以上；第三，高科技革命不仅为人们提供了获得财富的新手段，而且为人们提供了种类繁多的新型消费品以及完全不同于以往的相互交往工具。人类的消费结构和生活方式都发生了巨大的变化，今天人们不仅享受着电视机、录像机之类的高档商品，而且可以抽出更多的时间从事文化、娱乐、学习、运动、旅游等。卫星通讯可真正使人们体会到"天涯若比

① 〔日〕松田半津：《信息社会》，转引自游五洋、陶春：《信息化与未来中国》，中国社会科学出版社，2003年版，第15页。

② 游五洋、陶青：《信息化与未来社会》中国社会科学出版社，2003年版，第19—24页。

邻”的感觉。第四，更重要的是，高科技的发展对人本身的素质提出了新的要求，即人们必须具有开放的心态，乐于和善于接受新事物，必须既要有自立精神，又要有协作精神；既要学会按程序办事，又要培养自己的创造能力，必须不断提高自己的文化和道德水准，接受终身教育以便使自己的知识更新换代，实现人的现代化。总之，我们可以以高科技为界标，把人类社会生产力即人类获得财富的能力的发展，也可以说是人类文明发展的进程划分为两个阶段：在此之前，人类获得财富的源泉主要靠“直接形式”的劳动，即体力劳动；在此之后，人类获得财富的源泉则主要靠非直接形式的劳动，即知识生产力，正因为如此，发生于二战前后的新的产业革命即高科技革命就不应该再被看做现代工业社会内部的新的第三次或第四次结构性调整，而应该被看作整个人类社会演进中与农业革命并列的第三次产业革命。换言之，人类主要靠体力劳动作为财富的巨大源泉的时代正在缓慢地成为过去，一个新的以“高科技”为伟大动力的时代正在到来。①

五、信息社会等是社会主义文明的经济基础

从以上各家的论述看，不论是称未来社会为“后工业社会”或“第三次浪潮”、“信息社会”、“高科技革命”、“知识经济”，指的都是同一个新的时代，大家从不同角度、不同名称论证这一个即将到来的未来社会而已。他们对未来文明的一些基本特征的描述，大体是一致的，有些地方可以互作补充，但有一点是一致肯定的，即未来社会是以信息、知识为主要资源，生产力高度发展。由这一基本特点引导出许多新的变化，这一个新时代新文明应该正是人类盼望已久的高度文明社会。

迄今为止，论述这一新时代已经到来的著述非常多，但却还没有人把这一新时代和未来的社会主义社会联系起来，明确论定未来的社会，

① 何顺果：《人类文明的历程》，高等教育出版社，2000 年版，第 397 页。

实际上是人们期盼已久的社会主义的经济基础，很多人还以为只不过是资本主义发展的新阶段。但实际上信息时代却宣告着一个新时代的到来，这已经为社会主义在全世界的实现创立了新的坚实的基础。

马克思说过："无论哪一个社会形态，在它们所能容纳的全部生产力发挥出来以前，是决不会灭亡的；而新的更高的生产关系，在它存在的物质条件在旧社会的胎胞里成熟以前，是决不会出现的。"①

当马克思看到资本主义经济危机揭示资本主义社会的基本矛盾时，他就预言了资本主义的灭亡和社会主义的产生。但当时资本主义还没有发挥它所能容纳的全部生产力，虽然资本主义经济危机一次再次地发生，但资本主义经济总的还在向前发展着，一百多年来资本主义经济已发展到一个新的高度。

列宁在20世纪初看到了世界垄断资本主义的发展，他论述了垄断资本主义发展的最高阶段——帝国主义阶段。帝国主义是腐朽没落的资本主义，垂死的资本主义。但当时资本主义还没走到它生命的尽头，还没有发挥出它所能容纳的全部生产力。20世纪资本主义生产还在向前发展，因此，资本主义垂而不死。

但信息社会的到来却宣告了资本主义已发挥出它所能容纳的全部生产力，新的信息社会标志着一个新的时代的到来，它形成的已是未来社会主义的经济基础。

其一，信息社会、知识经济、后工业时代、高科技时代是一个生产力高度发展的社会，它所能达到的生产力已远远超出现代资本主义的生产力水平，这正是马克思主义所预言的生产力高于现代资本主义一个历史时代的新的生产力。这种新生产力的形成，将带来生产关系和上层建筑的一系列变化，这种变化已不是资本主义的生产方式所能适应，这点下一节还要专门讨论。

---

① 马克思：《〈政治经济学批判〉序言》，《马克思恩格斯选集》第二卷，人民出版社，1972年版，第83页。

其二，信息社会将使生产进一步社会化，资本主义社会已通过它的发展使生产高度社会化。但信息社会将通过信息的密切联系使生产进一步社会化，在对信息社会，后工业时代的一些论述中，似乎认为信息社会使生产规模缩小、生产分散、办公地点自由等，但这并不意味着生产从社会化向个体化倒退，它只不过表示生产社会化的方式有了根本变化，由于通过信息使分散的生产在实质上紧密联系在一起，实际上是进一步实现了生产的社会化，比过去靠生产场所的集中和扩大有了更密切的联系。而生产的进一步社会化，必然要求占有的社会化。这种高度社会化的生产方式，只有靠高度社会化的占有方式来管理。

其三，由于知识在生产中占有更重要地位，进一步促进了劳动者的知识化。过去在文明形成初期形成的体脑分离，走到了它的尽头，开始日益发展起来体脑的结合，新的一代劳动者将是体脑结合的劳动者，这就为社会主义的到来奠定了基础。

其四，信息时代知识经济将使生产的管理者和所有者进一步密切结合，资本主义的发展曾一度造成了生产的管理者和生产资料所有者的分离，形成了一批脱离生产的资本拥有者，而信息社会使知识成为最重要的资本，只有真正掌握知识，才有可能在信息社会中掌握财富，这就使得未来社会的生产管理和生产资料的所有者更密切地结合，这就为新的劳动者实现对生产的管理和生产资料的所有的统一奠定了基础。

这一切都表明，正在到来的信息社会知识经济高科技时代正是我们盼望已久的社会主义社会的经济基础，21 世纪是信息社会在全世界发展的历史时期，因此，21 世纪也将是社会主义在全世界代替资本主义的历史时期，新的生产关系产生的物质条件已在资本主义社会的胚胎里成熟。它将必然地从旧的胚胎里生产出来，谁也阻挡不了这历史发展的必然，未来社会将形成知识劳动者的股份所有制。

有些人因苏联东欧的剧变对马克思主义所描绘的未来社会失去了信心，有些人甚至叫喊什么长期的黑暗时代的到来，但世界经济的发展正预告一个新的更高的社会已经到来了。

第三节　后紧缺社会的到来必须以社会主义为前提

以上学者对信息社会的论述指出了未来社会将是一个生产高度发展的社会，有的学者因此称之为是“后紧缺社会”，并提出了后紧缺社会的主要问题已不是生产，而是分配，因而对未来的社会发展，社会改革提出了许多设想。美国学者奥托·纽曼和理查德·德·德佐萨在他们所著的《信息时代的美国梦》一书中大量介绍了他们的论点，现摘要介绍如下。

一、后紧缺社会的即将到来

两位作者依据一些学者的分析认为后紧缺社会即将到来。

布洛克（在其最近出版的名为《吸血鬼国家》一书中）展示了业已出现的发展状况。他提醒我们，根据官方数据，1.8%的美国农民生产的粮食就可满足国内外粮食消费的需要。劳动力中的生产制造业工人早已下降到10%以下。布洛克指出，另有2%—3%的劳动力会从事紧急救护、垃圾收集或其他临时工作。“当前15%的劳动力全年平均工作1900—2000小时，这使我们的社会在工作安排上享有前所未有的极大自由。既然只需要极少的劳动力来生产和分配我们生活必需的产品和服务，其他人就可以从事烹调美食、销售贺卡、撰写小说、提供社会服务、拍摄电影、担任主题公园雇员等工作。我们还可以发明新的服务项目。”奥托·纽曼等认为：“他提出的15%的劳动力没有计入管理、教育、安全、银行、保险、交通、建筑等行业的人员。这部分人应再占10%。还有部分劳动力从事与进口货物与劳务相关的行业。这样，应该工作的已占总数的35%。此外，为了防止低估，还应再增加15%。这样，我们又回到了肖尔戈兹以前的统计水平。很显然，在当今的美国，半数的劳动力就足以为社会提供正常的物质需求。”①

两位作者接着说：“但是，目前的社会不平等和财富分配，从长远看与稳定的多元化社会不相符。80%的美国低层职员，从事生产性、非管理性工作，其收入低于公司内各类高级职员的收入，在过去20年中又降下了18%。另一方面，美国各公司首席执行官的税后收入同期上升了66%。甚至保守的美联储主席格林斯潘也警告国会说：‘美国人收入的日益不平等正成为对我们社会的一大威胁。’麻省理工学院的罗伯特·索罗（曾获得诺贝尔经济学奖）同样警告说：‘不平等的状况可能会使无能为力的最普通的老百姓对未来感到担忧。’这些情况严重阻碍了美国迈向无紧缺社会。现在已经有太多的现象足以警示人们了，过度拥挤的监狱、不满的少数民族、都市的腐朽、发展的不平衡、政治冷漠的增长，以及领导层丑陋行为都证明我们已经放过了太多要处理的问题。人们只要睁开眼睛面对现实，即便是为了自身利益也应该促进变革，使机器的智能化所带来的巨大利益有更大的发展空间。”②

奥托·纽曼等说：“美国人的生活在很多方面都让全世界眼红。但美国也有严重的不平等情况（在收入、生活、机遇、居住条件等方面）。这就提出了一个问题：自由市场经济是否是惟一的道路。如果机器智能化把物质短缺变成历史，一定还存在着与它相适合的，更好的社会改革方案。肯定有与之吻合的社会安排，能在保持人的自由的同时，更平等地实现集体的需要以及个人的兴趣。为此目的，人们似乎应该实施适度的计划和干预。同时，只要全球化被视为一股难以控制和抵抗的力量，只要仍存在可被殖民化的第三世界，这种现象将会继续下去。美国消费者因进口舶来品和服务而获得实惠，同时，美国企业自由地在世界上寻找比国内更廉价和易管理的劳动力。”③

① 〔美〕奥托·纽曼：《信息时代的美国梦》，社会科学文献出版社，2002年版，第221页。

② 同上。

③ 同上。

20世纪60年代曾有人提出7：84等式，说明当时7%的世界人口拥有84%的世界财富，但这一等式在今天已不能成立。从全球情况看，由于信息革命，许多不发达国家在创纪录的时间内，就进入了接近后工业化阶段，这使人们有了一些新的希望。在东南亚、中国、南美部分国家和非洲，制造业和服务业的技术进步速度极快，几十年就跨越了几个世纪。上升的势头虽不会涉及所有国家，但以上地区的变化很快将不再是仅有的例子。随着信息革命的推进，人工智能的好处（当然也有坏处）可能多年后被各国平均分享。我们现在提出的预测，可能比预计更快的速度成为各国的现实。①

两位作者认为："无论如何，后紧缺社会的到来还需要一定时日。即使人们今天就开始起步真正实现它也需要相当长的时间。首先，为了它的实现，要克服各种障碍：如既得利益者的多重反抗；全职就业者的自然惯性思维；人们本能地不愿将希望寄托于含糊的乌托邦：人们无法理解'免费午餐'的到来以及对政府的过度规范及控制的担心。其他问题包括何人决定每个人干什么工作，何时何地去干；怎么对待逃避工作的人和超额工作的人等；在没有制裁和激励力量的情况下，如何发扬创新和事业的进取精神？价格和报酬由市场力量决定，还是回到中世纪的公正价格概念？对当权者权力的赋予和剥夺将如何进行？遇到不公正的决定应向何处求助？是公民法庭还是上诉法庭？谁来监督人民的保卫者，使其不能追求个人利益而非法致富，以及过度揽权和明显腐败？以上都是正当、适当的问题，有三点是最重要的：一是经济再分配；二是授权与参与；三是重视建立欢乐满足的社会，而抑制过度的社会分化和物质贪婪。"②

二、各学者提出的不同模式

两位作者介绍了一些西方学者所提出的不同模式：③ 戈兹提出的未

① 〔美〕奥托·纽曼：《信息时代的美国梦》，社会科学文献出版社，2002年版，第221页。
② 同上。
③ 同上，第225页。

来模式是，工作平均分给大家，每个人的工作时间都减少一半。这不仅可行，而且在美国，略做适当规范之后，可使大家都受益。有人拟用姑息疗法——工作同享、兼职或短工等来解决此事，但不够有效。只有所有人都确信完成每日工作就能得到足够收入，社会的发展才会行得通。在发放终生工作证时，应同时对工作狂——他们干了该由别人干的活——及逃避工作的人进行制裁。应制定一个防止工作证效用过分波动的制度。另外，还应有一个打分的程序，以确保低下的、肮脏的或非社会性的工作都有人干。以上这一切可在公众普遍参与、大家意见一致、没有强迫的情况下进行。摩擦和不同意见是人类社会的固有部分，即便到了十分富足的时期也不会在一夜之间消失。但我们在指令经济中看到的强制和压迫，不会再现去阻止实现确保人人平等的新的社会安排。戈兹提出了后紧缺社会的机制，但他仍坚信社会主义的解决办法。他提出这一结构时苏联体制尚未倒台。按他的一生只工作 2 万小时的设想，每个人的工作模式由自己定，每个人可自由发挥才干，而且人人平等自由。他的设想显然排斥资本主义模式。他认为在资本主义模式下，贫富差别必将日益走向极端。他认为，“资本主义的出路”就是终止市场关系，取消为工资工作，使一切个人和社会集团的生活机会均等。只有实行集团控制，才能造成新的社会条件，让每个人都生活幸福，享受自己公平的一份。

哈维尔学派主要依靠的是，尊重规则、公正和正派精神、廉洁政府、公共责任以及能源保护。他鼓吹的文化是：稳定的人际关系、互惠互利和对工作的献身。但这种文化近似于已经流产的社会民主体制。它主要依赖规劝和道德劝说，是一种柔和的公有社会方案。瑟罗提出：要把民心聚在一起，就应有一个乌托邦式的构想，强调某些共同目标，使社会所有成员都为之共同奋斗。良好的物质基础结构（道路、机场、水、污水处理、电力等）和良好的社会基础结构（公共安全、教育机会、研究与发展）均是经济发展的必要条件。达到这一构想的关键，是在各社会领域推动人工智能的应用。而为了做到这一点，就应有不排斥任何人的公共技术战略。

哈克指出："美国的不平等情况，入狱人数、流浪人数和无人照管的儿童占人口比例均高于其他国家，不仅引起严重的经济、社会问题，而且可能破坏作为进步和社会团结基石的道德文化。在过去 20 年中，虽然家庭平均实际收入增长了 20.3%，但最富的五分之一美国人的收入，比最穷的五分之一的美国人高出 24 倍。不平等指数是 5.9，比德国、荷兰等国高了一倍。在这种情况下，精英财阀统治集团与日益穷困的下层社会发生冲突，而培养未来'知识工人'骨干的工作已大受影响。要恢复道德社会，就需采取果断行动，而这种行动只能来自建立在民主基础上的中央政府。"

布洛克认为"现实的乌托邦"避开了难以达到的救世主式的目标，而专注于能达到什么以及应该达到什么。他的主要目标是建立劳资合作，各级决策的民主化，建立入股体制，社会全体成员都在社区有实际股份。他鼓吹"发挥全民企业家精神"，发挥迄今尚未开发的所有人的才干，并在生产过程的各阶段强调参与的主动性和合作。这种精神将比目前的精英主义模式更为有效。但技术进步已使美国只利用 15%的劳动力即可满足社会需要，这就开辟了新的，人们尚未得知的远景。现在应少依赖掠夺成性的大公司，转而大力发展小企业、雇主合作社和各类非营利组织，以便动员全社会的力量。目前的问题已不再是生产，而主要是分配，少部分劳动力搞生产就够了。工作重点已有很大变化。作为社会，既应确保足够的购买力去消费机器生产的产品，又应确保恢复社会聚合力及和谐。这样才会发展得最好。主要的办法是引入普通的收入补助制度，不论工作好坏，一律给予补助，使大家均达到足够的生活水准。正如许多发明证明的，激励力量有它的内在回报。当物质标准不再重要时，社会承认和自我实现就成了重要的激励力量，足以确保人们继续向前进步。可对脏活苦活干得好的人给以大奖，这样只会使人加快进步。那样，雇主就有了大搞自动化的动力——自动化能使我们更快地实现后紧缺目标。如果富人占有大量利润，穷人只能干苦活累活，那么很显然这一进程就将中止。自动化是达到后紧缺目标的绝对必要条件，社会安排越能更有效地促进达成自动化这一目标，后紧缺社会就能更快地实现。只有在人人都能确保稳定的生活之后，人们才会有充分的余地去自我提高，学习多种技能，在各种可能的领域里发挥创造性，重振社区生活的水准和志愿工作。

海尔伯纳主要强调中央政府公共投资，规范的会计制度和建立的社会契约，劳、资和政府是契约的平等伙伴。工人将进入公司董事会，并有共同决策的权力。这样一来，容易导致通货膨胀的过高工资要求就会降下来。管理层将不再保密，也不再攻击工会。而政府也将推行广泛的再培训和失业保险计划，并实施有效的投资和出口支持。

阿尔贝特认为：当人们从人力向机器智能全面过渡时，就会走向一个全新的民主社会：没有森严的等级、人人平等、人人共享、社会正义、人们自由签订合同。到那时，“各尽所能，按劳分配”将带来新远景，“各尽所能，按需分配”也会最终实现。市民委员将会与消费者协会和工人联合会讨论长期生产计划。

琼斯认为，“社会正义，不仅仅在书本上而且在实际实施中，是实现理想社会的先决条件”，“理想社会”是改造社会关系的顶点。在他看来，从劳动的人向生活的人的过渡是自我实现和达到社会融合的最根本条件。一旦人类从匮乏和沉重的工作中解脱出来，为穷人设置的城市卫生、社区服务、教育管理的自愿奉献会逐步增强而变得规范。创造力、自我完善、娱乐、体育和艺术同时也会蓬勃发展。

奥托·纽曼等认为：“主导的发展重点是：向机器化智能化方向快速发展并克服物质短缺；工作保障系统形成，减少工作时间，给所有劳工成员一份现有的工作；普遍发放收入补助，以提高购买力和减轻贫困；以团体原则而进行的经济再分配和社会平等化；向‘欢乐社会’过渡，物质追求根据自我实现和增加自由支配时间而获得满足。作者还提出了：要求富裕的人交纳更多的税金的税收政策至关重要。我们明显受到四个主要因素的局限，它们是：既得利益集团；强制；贫穷与富裕；

无法流动的商品和自我幻想。”①

三、后紧缺社会的到来必须以社会主义为前提

我们认为上述国外学者对未来社会的发展提出了很多值得人们考虑的问题，正确指出了未来社会重要问题不在于生产，而在于分配，在于如何使生产的丰富物资，真正为全体人民享受，而不致由于贫富不均，少数富有者奢侈浪费，而广大人民无法享受生产出来的丰富物资。他们提出的方案，如减少工作时间，发给生活补贴，征收高额所得税等，都是值得参考的，但他们却没有解决如何保证劳动积极性的问题，如果未来社会不能认真实行“按劳取酬”，采用平均发放高额生活补贴的办法，实际上现在许多福利国家已经这样做了，这就必然使许多劳动者丧失了劳动积极性，不仅是脏活、苦活没人干，甚至谁也不干活了，这显然是行不通的，只能实行“多劳多得”才能解决这一问题。

同时他们有一个共同点，就是不想在根本上改动现行的社会制度，但正如作者所说：“当富强者的财富和特权要被夺走的时候，他们不会无所谓的。”因此，未来理想社会的实现绝不是轻易地用和平改革就能实现，当然不排除尽可能少触动既得利益者，使改革较容易进行，一些温和的渐进的办法也不是不可采用。但有些事可能是不以人们意志为转移的，必要的斗争还是不能没有的。

关于依靠谁？本节所引学者们的观点大部都指望于政府的干预，但这关键在于政府掌握在什么人手中。同时如何防止新形成的社会不致由于上层管理者的蜕化变质，而回到老路上去，是最重要的问题。这里的关键也在于民众的觉悟程度，和运用民主控制政府的能力，而不能指望某个个人的明智。

---

① 〔美〕奥托·纽曼：《信息时代的美国梦》，社会科学文献出版社，2002年版，第227页。

因此，后紧缺社会的到来是资本主义生产高度发展的必然结果，而要真正实现后紧缺社会的到来，又必须以广大人民真正掌握国家权力，消灭贫富不均，实现按劳取酬为前提，因此后紧缺社会必然和马克思主义所说的社会主义联系在一起。甚至很可能是未来共产主义文明的经济基础。

第四节　未来文明以公有制及知识劳动的股份所有制为主体

一、未来社会是以公有制为主体

从资本主义目前的发展趋势看，由于垄断资本的巨大发展，大企业集团的不断合并，跨国企业的形成，生产的社会化有了高度发展。在资本主义初期，分散的小规模的企业很多，甚至个体经营在当时仍占主要地位。经过资本主义生产几百年的发展，资本主义已完成了自己的历史使命，基本上实现了生产的社会化。资本主义的固有矛盾，生产的社会性和占有的私人性之间的矛盾，日益凸显出来，成为生产进一步发展的障碍。资本主义本身不可能解决这一矛盾，但它已为解决这一矛盾准备了条件，这一矛盾在新的社会中，必然以社会对生产资料公有来解决。所有权意味着管理权，而由全社会创造出来的巨大财富，由少数人秉承少数人的意志来管理显然是不合理的，它不可能使这庞大的社会化生产真正为全体社会服务。同时所有权意味着分配权，整个社会创造的巨大财富为少数人所有、为满足他们的利益而分配，一方面造成少数人的穷奢极欲，一方面广大劳动者得不到自己创造的丰富财富，甚至定期出现生产过剩。这都决定了资本主义的占有必须结束，代之以社会对生产资料的共同占有。

二、实现生产资料公有制的条件

要实现全部财富的社会化，必须具备以下条件：

第一，是生产社会化的成熟。资本主义虽然基本完成了生产社会化的使命，但至今并未全部完成，还存在大量的小规模的私人企业和相当大数量的个体经营。当然这并非说一定要到全部生产社会化后才能实现所有制的社会化，但是在所有制社会化过程中，不能脱离这部分还未实现生产社会化的经济基础，不能对它们用强制手段来实现社会化，应该让它们在逐步实现生产社会化后才实行所有制的社会化。生产社会化是历史发展的必然趋势，所有制的社会化也是一定历史发展的必然结果。

第二，必须在资本主义发展中逐渐形成一个完整的社会调控的体制和能力。资本主义生产社会化的过程，也是逐步形成这种社会调控的机制和能力的过程。这种机制和能力是建立在科学高度发展基础上的，这一条件不成熟，社会的管理调控胜任不了对全社会生产的管理，就必然要产生失误及生产的严重损失。我们设想要实行计划经济，而计划经济所依据的统计数字还不是科学统计而得的，还带有很大的主观随意性，建筑在这种数字上的计划，怎能不产生失误？因此，未来社会要接管全社会的生产，就必须认真总结继承资本主义长期发展中形成的大规模社会生产的管理体制、管理能力。

第三，实行生产资料为社会所有，还必须形成一种保证代表社会执行管理人员真正能为全体社会来管理的机制。这里不决定于管理者的个人品质、而是决定于这种机制，有了这种机制才能保证管理者不会因为权力、财富的影响而蜕化变质，或走上独裁专制的道路。这种机制要求基本消灭体脑差别，使得劳动者有能力参加社会管理，能够很好地行使自己的权力。专制独裁蜕化变质的产生，是民主不成熟的产物，只要多数人还不能真正行使自己的民主权力，就无法制服这些弊病。有些国家、有些企业社会公有制的蜕化变质就是民主不成熟的反映。社会化必须以民主为基础，否则就不可能实现真正的社会化。

这三者可以由人们主观努力来促使其早日实现，但在根本上，这代表着历史发展的一种必然进程，只有社会生产发展到一定阶段，这些条件才能真正成熟，提供所有制社会化的可能。而信息时代的到来，正日益使经济出现一体化，管理大企业和跨国企业的能力日益成熟，资本和权力正日益集中到一些高知识的人群手中，这些都表明生产资料为社会所有的条件已经成熟，由社会来接管全部的生产的时间已经到来。

三、实现公有化的途径

社会将采取不同的手段，将所有生产资料（未来将主要是知识）集中在劳动者手中。

第一，是将垄断资本的所有权转化为社会所有，从根本上消灭生产的社会性与占有私人性的矛盾。因为在垄断资本企业中，企业的经营和资产的所有已经完全分离。如果说在以前资本的经营和所有合一是当时历史发展的必需，也是历史发展的必然，因为资本在当时只能由善于经营者来掌握，而一些不善经营者必然被历史所淘汰，失去对资本的所有权，而善于经营者也自然地利用手中的职权把资本集中到自己手中。因此在过去经营资本家的占有资本是历史的必然，它曾成为促进资本主义发展的重要推动力。但是随着垄断资本的发展，经营者和所有者的分离，企业经营的好坏已不在于资本所有者而在于资本的经营者，因此，资本再归属于与经营者无关的私人占有，已全无必要，同时资本的高度社会化仅为极少数人所垄断，也使得剥夺一小撮人成为比较容易的事。这可以采取强制剥夺来解决，也可以采取赎买的方式，或用高额遗产税来逐步剥夺，如一些福利国家的做法，这就看各国的具体发展道路而定了。收归社会所有的垄断资本和原有的国有企业就成为未来社会公有制的主体。

但是建立企业内部的自下而上的群众监督机制是保证经营正常化和不产生贪污腐化的关键，这也是占有社会性的重要标志。不要以为企业归国家所有就是归社会所有、全民所有。如果企业经营者永远只对上面少数人负责，就永远杜绝不了这些弊病，永远谈不到真正的社会化。

第二，随着知识经济的发展，知识成为了最主要的资本，过去的其他资本在生产中逐渐成次要的。未来的知识资本将集中在知识劳动者手中，过去在普通劳动者仅作为人力资本而存在的状况，将成为历史。所有劳动者都或多或少地掌握了知识，过去的以体力劳动为主者将成为体脑劳动结合者，他们同样也成为知识劳动者，只是所掌握的知识多少有差异而已。

这样，未来的知识资本将为所有知识劳动者共同所有，并以所掌握知识的多少及其运用于生产的效果来决定股份的多少。这是符合未来社会的分配原则"多劳多得"的。这也是一种新型的集体所有制。马克思早就说过劳动者合作制是向社会主义的过渡。而这种知识劳动者的股份所有制显然是一种新型的股份所有制。它和剥削阶级通过掌握资本占有劳动者剩余劳动的所有制有本质不同。因为在这种合股经营中将没有剥削者，都是劳动者。可能在最初还会允许一些资本家保留一部分股份，获得一部分利润，但随着知识经济的发展，这部分人会逐步消灭。

第三，原有的国有经济也将改造，让知识资本所有者享有股权，对掌握科技知识、管理知识的劳动者，要实行多劳多得，这并不影响国有经济的公有制性质，而且将使它进一步符合新社会公有制的特点。国有经济采取国家的自上而下指挥和企业由职工自下而上的监督相结合。

要明确国营所有制还不是全民所有制，企业由知识劳动者入股的形式，不会影响它将来向全民所有制过渡。有些有关国计民生、国防的垄断资本的企业将会采取国有化的形式。

国有经济在过去缺乏灵活性、低效率的状况将会通过国有经济的改造、管理的改进而得到解决。

第四，股份所有制和私人所有制企业将会改造为新的知识劳动者的集体所有制企业。对股份所有制会像目前正在实行中的一些企业做法那样，让职工参股，使职工（知识劳动者）的利益和企业的利益结合起来，使职工可以监督经营者的经营。经营者原来是企业的主要股东或所有者的，仍旧保留他们的一部分股份，允许经营管理者占有比普通职工较多的股份，是承认管理者创造的价值在企业发展中的作用。使他们作为经营者与所有权结合，使他们仍旧把企业当做自身的企业来很好经营。但是建立起自下而上的职工对经营者的监督，这是保证企业经营好的关键。在科学技术日益发展的情况下，技术在企业发展中起着重要作用，因此在西方国家采用了技术股的办法来促进技术人员对企业的所有和管理并分配给更高的收益，这种体制在新社会将会进一步发展，他们会比知识少的职工获得更多的股份和收入。

第五，对劳动者合作经营的企业会保留，而且会进一步健全其规章制度并逐步把个体经营吸引到合作化的道路上来。合作化将不是用行政命令来实现，而是靠经济利益来引导。将会用事实证明合作化以后，经济效益会提高，使个体劳动者自然走上合作化的道路。合作企业享有企业经营的自主权、分配的自主权。应该允许经营好的企业获得比经营差的企业有较多收入，这是合作化企业发展的根本保证。在这种企业中，也要改变平均享股、平均分配的办法，让有知识较多的、因而创造价值较高的人拥有较多的股份和较高的收入。

第六，在新社会刚建立起来的相当时期内，仍会允许个体工商业、个体服务业、个体农业和个体知识劳动者的存在，甚至也会允许以个人劳动为主，雇一定助手的个体经济存在。对这种个体工商业和自由职业者，不应采取强制手段使他们集体化。这种个体工商业主、个体农业劳动者和自由职业者的存在是生产发展一定阶段的产物。在整个资本主义发展过程中，虽然生产日益社会化，但始终未能消灭个体工商业、个体农业和自由职业者。在新社会建立后相当时期内也不可能消灭。尤其随着知识经济的发展，劳动的知识化，在相当时期内还会促进经营的个体化、自由化，这种个体经营往往会和一些创造性劳动结合起来，成为超常规价值的创造者。新社会应该允许他们获得高额收入，这也是按劳取酬的体现。对他们高额收入的限制，会扼杀一些创造性劳动创造超常价值。这种个体经济的多劳多得，在新社会中会成为公有制经济的很好辅助。总体来说，生产资料必然会以公有为主，但消费资料仍会以个人所有为主，除去必要的公共消费品由社会公有外，其他所有的个人生活资料必须归个人所有。要允许个人兴趣爱好的差异，允许个人占有消费资料多少的差别，这是按劳取酬，多劳多得，而不是私人占有的发展。

四、未来社会在相当时期内还存在多种形态

资本主义发展几百年来，基本上实现了生产的社会化。但就连资本主义最发达的国家——美国而言，它至今也未能消灭个体生产和小私有制，这只能由生产力的逐步发展来解决。因此，指望刚从资本主义脱胎而来的社会主义文明就立即采取手段消灭个体生产和小私有制，是不可能的，也是没有必要的。因为个体生产和小私有制在社会主义条件下，它们能起到对公有制经济的补充和辅助作用。

至于劳动者合作经济和股份制经济，本身就有集体经济性质，前者基本上就属于社会主义性质，后者经过改造也可以成为社会主义经济为主的成分。在社会主义初级阶段保留它们的存在是有意义的。

这样，在未来的社会主义经济中实行以公有制为主体的多种经济并存是必然的，也是最适合的。

第五节　未来文明是“各尽所能，按劳分配”的社会

未来社会是生产高度发展的社会，生产已不成为主要问题，分配却成为主要问题。未来社会的分配原则应该是“各尽所能，按劳取酬”，这正是社会主义的分配原则。

一、各尽所能

要实行“按劳取酬”，首先在于“各尽所能”。在历史上，劳动者往往受分工的局限，很难尽展所能。只有真正“按劳取酬”才能充分调动劳动者的积极性，真正做到各尽其能。

从人类社会进入文明时代以来，分工就日益发展起来，分工是人类社会的进步，也是文明发展的基础，但是随着分工的发展，人类也成为了分工的奴隶。

在人类进入文明时代的初期，分工对劳动者存在着巨大的束缚力，由于要求承担不同职业的劳动者对所分工的工作专业化、熟练化，自然形成了个人固定于某种职业，形成了职业终身制并且甚至形成了世袭制，即在分工基础上形成的所谓种姓制。在阶级形成后，奴隶是没有自由的，他必须按照奴隶主的意志从事劳动，而且这种劳动大体是固定不变的，改变劳动工种和改变劳动者地位的情况是极难实现的，更谈不到劳动者的自愿选择。劳动成为劳动者的桎梏，很难做到充分发展个人所长和个人所好。

在农奴制条件下，农奴是不完全自由的，他是被束缚在土地上终身从事农业劳动的，只有极少数农奴逃亡到城市参加手工业劳动。到了封建制晚期，农奴逐渐取得了人身自由，但在多数情况下，只是从这个地主跑到另一地主那里，他仍从事同样的农业劳动。

在资本主义社会，形式上劳动者是完全自由的，他可以随时随地从一个企业转到另一个企业，从一个工种换到另一个工种。但这有一个前提，必须有资本家愿意雇用他，而这取决于他有能力适应新的工作，为资本家创造价值和剩余价值，而且能获得自己能够接受的工资，也就是他的个人的必要劳动的价值。这样，实际上一个劳动者活动的自由就受到了限制，只有使自己掌握专业技术并成为熟练工人，才能随时被资本家雇用。在这种情况下劳动自由，只不过是从这一企业转到另一企业，大体上仍是同一工种。更换工种，他就成为不具备专业技术的人，非熟练工人，即使有人肯雇用他，工资报酬也绝对不会使他满意。至于一个工人想有机会从事一些更体面的工作，虽非绝不可能，但却是极不容易的。

在我国计划经济体制下，劳动者是归部门所有的，一般没有任意调动工作岗位的可能。而服从组织分配又可以不考虑个人的愿望和特长而被任意调动工作。至于城乡户口的分别管理，更使农民要改变职业，改变环境，难如登天。改革开放后，情况有了改变，但要实现劳动者的全面发展和自由择业仍需要一个过程。另外由于教育不发达，致使劳动者知识单一化，从而不具备任意更换工作的能力，也给自由择业带来了极大的困难。

那么，这种状况在未来社会将会发生什么变化？是否劳动者会有全面发展和自由择业的可能呢？恩格斯曾说："根据共产主义原则组织起来的社会，将使自己的成员能够全面地发挥他们多方面的才能。"① 马克思也提出："（共产主义是）在保证社会劳动生产力极高度发展的同时，又保证人类最全面的发展这样一种经济形态。"②

这种每个人的全面发展是以生产力的高度发展为基础的，只有在共产主义社会才能实现，而在即将到来的社会能否提供这种可能呢？如果不能提供这种可能应该是怎样一种状况呢？我们认为：随着科学的发展，分工将越趋专业化复杂化，任何一个人要想实现本身的全面发展，在复杂的知识面前，将是极为困难的。但未来社会显然不再有体面工作及不体面工作的分别，也没有了高级工作和低级工作的绝对限制。脑力劳动和体力劳动的差距也日益缩小。当然不会是脑力劳动者降为从事更多的体力劳动，而必然是体力劳动者的劳动中具有越来越多的脑力劳动成分。不能想象随着生产的自动化，劳动会越来越简单，而应该是随着

① 恩格斯：《共产主义原理》，《马克思恩格斯选集》第一卷，人民出版社，1972 年版，第 223 页。

② 马克思：《给〈祖国纪事〉杂志编辑部的信》，《马克思恩格斯全集》第 19 卷，人民出版社，1975 年版，第 130 页。

生产的高科技化，更为复杂，要求劳动者有更多的知识才能胜任。

在这样一种状况下，一方面是劳动有了较大的选择自由，可以说不会再有任何限制来阻止劳动者发展自己的才能和选择自己的职业。但一方面劳动的复杂化，要求每个劳动者必须有更高的专门知识和技术才能胜任一项工作，这就要求，任何个人不能完全自由选择任何一项工作，因为他暂时还做不到全面发展。我们不认为未来科学的发展，会立刻保证每个人的全面发展，这样每个劳动者就只能根据个人的条件和社会的需求，选择一门或数门最能发挥自身才能的职业，使自己成为一专多能的人，在未来社会这应该是能够实现的。

有人说想真正的自由应该允许劳动者既能从事发挥自己优势的工作，也能从事非自己所长的工作，这是对社会不负责任的说法。社会生产的计划性，要求每一工种有其一定数量合适的劳动者，没有理由仅为了满足个人的兴趣，为了发展个人的全面能力，就任意让一个非其所长的不熟练的劳动者去代替一个有专门技术的熟练劳动者。因此，在未来社会中劳动者的自由只能在未来科学发展所允许的条件下，实现一专多能，并在一专多能范围内有选择的自由。这才是对个人和社会最有利的选择。

马克思、恩格斯曾说："在共产主义社会里，任何人都没有特定的活动范围，每个人都可以在任何部门内发展，社会调节着整个生产，因而使我有可能随我自己的心愿今天干这事，明天干那事，上午打猎，下午捕鱼，傍晚从事畜牧，晚饭后从事批判，但并不因此就使我成为一个猎人、渔夫、牧人或者批判者。"①

我们认为在未来社会中做这种调节恐怕极其困难。在高度计划性的社会中，要调动一个人，总要事前打个招呼，他所要去的岗位有没有空余，或者正好也有一个人要离开这个岗位。因此要保证每个人这种随意

① 马克思、恩格斯：《费尔巴哈》，《马克思恩格斯选集》第一卷，人民出版社，1972 年版，第 37—38 页。

性，是极困难的。我们可以想象在未来社会中，每个人的劳动时间会更加缩短，如美国学者所提出的一生仅工作2万小时，他就有充分的业余时间去任意从事各种工作。但每个人法定的必须为社会所作的劳动应该是相对稳定的，对他个人来说是他能最大限度发展其才能的工作，对社会来说他将是从事这一工作最合适的人。我们想要违背这两方面要求的自由，对个人和社会都是不利的。当然随着社会的发展，科学的发展，将会提倡每个劳动者从一专多能，发展为多专多能，即更加全面发展，这样也就有了更大的选择范围。但是我们认为真要使劳动成为每个人生活的第一需要，没有对某一劳动的真正热爱，像一些科学家把整个身心投入于自己的科学专业中一样，是不可能实现的。而今天干这，明天干那，能形成这种热爱吗？能保证每个人在任何劳动岗位都能充分施展自己的才能，都能变一般的重复劳动为创造劳动吗？实践证明只有创造性的劳动才能吸引住一个劳动者的全部身心，而创造性的劳动往往是长期从事一项专门工作的结果。

这当然不排除像马克思那样在从事紧张地对资本的研究后，业余研究点数学，也不排除在紧张地完成一项任务后，转而从事其他劳动以调节身心，但这绝不是每天调动工作。当然，我们在这里只是根据今天社会的发展来预测即将到来的未来社会，更遥远的事是我们在目前所无法预测的。或许会有一天真正做到人的全面发展，及完全的自由选择劳动。

不过，无论如何，未来社会虽不能马上做到每个人的全面发展但基本上已能实现各尽所能。

二、未来社会的分配原则是“按劳取酬”

历史上形成的分配原则和未来社会可能出现的分配原则，大体有四种：第一种是平均分配，第二种是按生产要素分配，第三种是按劳动分配，第四种是按需分配。

第一种分配中，是不管劳动者干多干少，都一律平均分配。这样就有可能因为干少和干多的分配同等的产品，而实际上干少的就侵占了干多的劳动成果，这种分配方法在原始社会实行过，在中国前些时所搞的吃大锅饭也是这种方法。西方有人提出不分劳动好坏，每人给补贴也属此类。所谓福利国家也是不按劳动者贡献的大小，每人都享受同等的福利。但实践证明，这种做法挫伤了企业的经营者、技术工作者和劳动者的生产积极性，是行不通的。

第二种分配中，土地、资本、技术、管理都参与分配。技术和管理是劳动的特殊形态，它理所应当同其他劳动一样参与分配。但土地和资本虽也是劳动的物化，但却并不掌握在当初开垦土地和积累资本者手中，而是掌握在地主、资本家手中，是他们用来获取别人劳动成果的手段，是包括着剥削成分在内的。

第三种方式，按各人所贡献劳动的多少来分配，这就有一个多劳多得，少劳少得，不劳不得的问题，有人或许会怀疑是否公平合理。

第四种方式是在物质高度丰富之时，可以充分满足每个人的需要，不再需斤斤计较谁分配多谁分配少。但也有一个问题，这需要由谁来决定，如何决定谁需要谁不需要。

我们认为按生产要素分配，实际上是给资本家分去一大块。如果本身是管理者、技术人员、劳动者，在按劳分配之外，再按资（即在他们都是股东的情况下）作一种补充分配未尝不可。这种新的分配方式已在目前资本主义社会中发展起来。管理者、技术人员和劳动者因占有股份而再次补充分配，基本上仍是按劳分配的另一种补充形式。而个体劳动者的所得基本上只是劳动所得。在相当时期内一些旧的思想残余还会继续影响分配，如原始平均主义思想的残余还存在，有些人要求分配时不论干多干少都获得同样一份，在资本主义社会中，贫富不均成为严重的社会问题，因此有些人试图提出一些改革方案，如“福利国家”就是其中的方案之一。他们用征高额税的办法筹得一些资金，对全体国民实行劳动保障，这种劳动保障不与劳动者的劳动价值多少挂钩，一切平均分配。虽然在一定程度上缓和了资本主义社会生产和分配的矛盾，但由于没有贯彻“按劳取酬”的原则，在一定程度上取消了经营者、技术工作者、劳动者的劳动积极性，致使生产力发展停滞，这显然不是一个好办法。现在美国还有人提出将来对全体劳动者不分劳动好坏每人平均发放一笔津贴，使他们有钱购买生活消费品。这显然也是行不通的，在共产主义没有到来以前，一切违反“按劳取酬”的做法，都会降低劳动者的劳动积极性，阻碍生产力的发展。

因此，要解决贫富不均，绝不能用压富济贫的办法来解决，而只有用“多劳多得”的办法来解决。要让未来的知识（包括科技和管理）劳动者多劳多得，甚至让他们的创新劳动获得超额报酬，而另一面促使广大劳动者普遍提高其知识，使其劳动复杂化，创造更高的价值，摆脱贫困的局面。

贫困是由多种原因造成的，一是由于劳动者缺乏知识创造的价值低，这只有通过提高他们的知识来解决。二是由于受剥削，这在未来社会将消除这种可能，不会使有些人再用掌握生产资料而占取别人的劳动。三是有些人自然条件差，因而不可能获得更多的收入。这个问题下面还要专门讨论。四是因疾病或其他原因丧失劳动能力，造成经济困难，这只有通过劳动保障制度来解决。五是有些人不劳动或不努力劳动，不尽其所能。社会保障制度对这些人不应保证其收入，不能让他们不劳而获。至于在资本主义社会中，有些人由于社会造成的原因，暂时失业造成了没有收入，这不是他们不愿劳动，而是无法劳动，未来社会主义的首要任务应该消灭这种失业，不再有人因失业而贫困。

在资本主义及以前的社会中由于剥削的存在使得在劳动中不能真正实现按劳取酬，而只能是多劳者少得，因为有一部分劳动果实被剥削者拿去了。此外，有些人凭借地位和亲戚关系；或凭借学历、资历少劳多得，而使其他人多劳少得。还有一些人借着吃大锅饭的旗号少干多得，实际上是原始社会绝对平均主义思想的残余。

关于因各人天赋不同的差距造成收入的不同，这是一个复杂的问题。

有人会举出马克思曾说过："一个人在体力或智力上胜过另一个人，因此在同一时间内提供较多的劳动，或者能够劳动较长的时间；而劳动，为了要使它能够成为一种尺度，就必须按照它的时间或强度来确定，不然它就不成其为尺度了。这种平等的权利，对不同等的劳动来说是不平等的权利。它不承认任何阶级差别，因为每个人都像其他人一样只是劳动者；但是它默认不同等的个人天赋，因而也就默认不同等的工作能力是天然特权。所以就它的内容来讲，它像一切权利一样是一种不平等的权利。"①

但既然未来社会会逐渐缩短劳动时间，就绝不会允许能够劳动较长的时间的人，"用更长时间的劳动来获得更多的报酬"。而一个人的体力或智力胜过另一个人，因此在同时间内提供较多的劳动，这种情形在"各尽所能"的情况下，是可以得到补偿的。不能从事体力较重的工作，就干体力较轻的工作；不能干智力较高的工作，就干智力要求较低的工作。人有不同的特长，只要给予充分发挥个人特长的机会，就有可能在不同的岗位上创造出同等的劳动价值。一般来说：人的天赋是可以用后天的教育和努力来补偿的。一个残疾人只要安排好，尽自己所能，有时创造的价值并不比健康人差。在这方面不行，或许在别的方面行。经过补偿后还有一些人天赋欠缺，也会有社会救济金来补助。有些人天赋较高，能有巨大创造，多得到点报酬也是应该的，应该鼓励有能力的人多做贡献，对作出较大贡献的人付出较高的报酬，这绝不是什么资产阶级法权。

至于马克思说："一个劳动者已经结婚，另一个则没有；一个劳动者的子女较多，另一个的子女较少，如此等等。在劳动成果相同，从而社会消费品中分得的价额相同的条件下。某一个人事实上所得到的比另

① 马克思：《哥达纲领批判》，《马克思恩格斯选集》第三卷，人民出版社，1972 年版，第 11—12 页。

一个人多些，也就比另一个人富些，如此等等。要避免所有这些弊病，权利就不应当是平等的，而应当是不平等的。”①

一个人结婚早晚，生子女多少，是各人的自由选择。没有理由要社会对他们的同等劳动付出更高报酬。如果因多子女造成生活困难，低于未来社会的最低生活标准，可由社会福利来解决，不能把付出相同劳动获得相同报酬，仅因为未婚或无子女而个人享受较多些，就认为是资产阶级法权。

因此，未来社会必须是“各尽所能，按劳取酬”。“多劳多得”，这个问题之所以必须反复强调，就因为在未来社会中必然会有一定数量的人，要求多干少干一样获得同等的报酬。而这种多干少干主要由于劳动态度不同，是没有各尽所能，与马克思所说的由于天赋不同已经各尽所能有本质的区别。但既然要按劳取酬就只能让一些天赋较差，在享受平等的教育权利后，自由择业后，充分发展其所长，用自身后天的努力来补偿。

我们认为在未来社会，每个人的劳动时间是规定的，不可能随意延长劳动时间，而在相同的劳动时间，即使人们的体力和智力有差异，产生的价值不会有太大差异。决定人们劳动价值不同的因素：其一，是不同的劳动生产率，这是由于各个部门各个企业的劳动生产力所决定，也由于各个劳动者的劳动复杂程度，即不同劳动的科技含量高低决定；其二，是由不同劳动者劳动的创造性决定，不同的劳动者或从事创造性劳动，或从事重复性劳动，其创造的价值是相差极大的。一个人能否使自己的劳动成为创造性劳动既决定于先天的禀赋，更重要的是取决于他的劳动态度，只有自觉的劳动态度才能使人充分发挥他先天的禀赋，及后天所受的教育，吸收前人的成果而做出创造性的劳动。对以上这些原因所产生的更高的劳动价值，社会理当给以合理的回报，所以按劳取酬、

① 马克思：《哥达纲领批判》，《马克思恩格斯选集》第三卷，人民出版社，1972 年版，第 12 页。

多劳多得是必需的。

三、“各取所需”不是未来社会马上能实现的

在未来社会如果真能实行“各尽所能，各取所需”当然更好。但正如马克思所说，这必须在“劳动已经不仅仅是谋生的手段，而且本身成了生活的第一需要之后；而集体财富的一切源泉都是充分涌流之后。只有在那个时候，才能完全超出资产阶级法权的狭隘眼界，社会才能在自己的旗帜上写上各尽所能，按需分配”①。

美国学者赫思克认为：“各取所需”是根本做不到的，即使是理想社会，也不能满足人的一切需要。总有些东西是紧缺的，社会再繁荣也无法随意向每个人提供物品，他指出的例子是：“乡村别墅、头排座位等最佳地点或观景处、伟大的艺术品及荣誉、名声等外在性的东西，不管技术多先进、全球化多普及、生产力多充足、分配多平等，总不可能满足所有人的愿望，不可能每个人家中都有伦勃朗的名画，公路也不可能绝对的四通八达，景点和国家公园也不会到处都有，想去就能马上到。也不会有无数的荣誉让每个人都得到一个。总之，人类即使近乎奇迹般地克服了短缺之后，也不会出现无穷的幸福、和谐和满足一切欲望，不管那时的社会福利安排如何周到，人类总会还有妒忌、迷信或偶尔的冲突。”②

用这些来否定“各取所需”实现可能是无意义的，“各取所需”有一个前提是现实提供了可能，将来人们不会愚蠢到要求现实所不可能满足的东西。对这些将来总会有办法，如共享的乡村别墅，艺术珍品藏于博物馆，而各家都有复制品，第一排座位轮流坐等。同时如果未来社会

---

① 马克思：《哥达纲领批判》，《马克思恩格斯选集》第三卷，人民出版社，1972 年版，第 12 页。

② 〔美〕奥托·纽曼等：《信息时代的美国梦》，社会科学文献出版社，2000 年版，第 227—228 页。

人们还不能克服旧的道德、感情的残余，当然也就表明实现各取所需的条件还不成熟。显然我们所说的即将到来的未来社会不可能马上具备这些条件，而且在相当时间内都没有这种可能。而在不具备这些条件时要实行“按需分配”，这就不仅不能促进生产，反而将破坏未来的社会的生产。因此，何时实行“各取所需”让未来的人去决定吧！

第六节　未来文明仍然是商品经济的社会

一、未来社会仍是商品经济社会

未来社会根据我们的推测，仍应是商品经济的社会，其所以如此，理由是：

第一，未来社会不但不会消灭社会分工，而且社会分工会进一步发展，在存在社会分工的情况下，商品经济是唯一最恰当的交换形式。

社会生产的发展，分工将不是消失，而是越来越精细、越专业化。城乡差别会缩小，但工农业的差别仍将存在，因为它们承担着不同产品的生产，其生产也各有特点。体脑差别会缩小，体力劳动中的脑力劳动成分会增加，但随着知识经济的发展，脑力劳动特别是脑力劳动中的创造性劳动会发挥更大作用。因此，体脑的差别分工仍将在相当程度上存在，只要社会分工继续存在，商品经济将仍然是一种不同分工之间最好的劳动交换方式，卓炯认为：“既然社会分工是不可能消灭的，商品经济也就不可能消灭。”①

第二，未来社会既然还将保留国家所有制、集体所有制和个人所有制多种形态，这样在多种所有制之间的交换方式只能是商品经济。

---

① 卓炯：《资本论体系与社会经济——扩大商品经济论》，中国财政经济出版社，1990年版，第21页。

邓小平说："计划和市场都是方法嘛。只要对发展生产力有好处，就可以利用。它为社会主义服务，就是社会主义的；为资本主义服务，就是资本主义的。"①

第三，未来社会群众需要的多样化也只有通过商品经济才能解决。有人说在未来社会可以按计划经济，调查全社会人对各种产品需求数量制定计划后分配下去生产，产品出来后按人一分配就行了，不需要通过商品经济。但事情并非如此简单，人们的需求是具体而复杂的，就以穿鞋而言，不是仅统计全国十三亿人，平均每年穿一双鞋，就生产十三亿双鞋，再一分配就可。人们的要求是具体的，要穿什么鞋？什么式样？什么质地？这种鞋的质量如何？这些具体复杂的要求，绝不是简单的计划分配能解决的。要真正满足广大人民对各种物品的多种多样需求，就只有通过市场经济，让人民在市场上根据自己的爱好，自己的经济条件选择符合自己要求和条件的产品。

同时各个生产产品企业的设计水平不同、生产质量不同，也要通过市场让群众来检验，哪个企业的产品更符合群众的要求，这都不能用简单的计划分配所能解决。因此，《中央关于完善社会主义市场经济体制若干问题的决定》指出：要"更大限度地发挥市场在资源配置中的另一套基础性作用，增强企业活力和竞争力"②。

商品经济不仅在中国这样的社会主义阶段是必需的，就是到未来的社会主义高级阶段，商品经济也仍是必需的。只要存在社会分工，只要个人消费具有选择性，商品经济就是最好的分配方式。计划经济不可能全部取代商品经济，计划经济只能指导商品经济，通过商品经济来调节供需。

过去苏联曾经在商品经济没有充分发展的情况下强调计划经济，抑

① 邓小平：《计划和市场都是发展生产力的方法》，《邓小平文选》第三卷，人民出版社，1993年版，第203页。

② 《保持共产党员先进性教育读本》，党建读物出版社，2005年版，第33页。

制商品经济，严重破坏了生产、交换、分配，这是苏联社会主义失败的重要原因。

二、商品经济调节生产的途径

商品经济长期的发展，已经通过价值法则大致形成了各种产品的价值，这是在不断交换中，在价值法则支配下，自然形成的，我们没有理由抛弃这长期间形成的商品价值价格体系，而代之以另一套。要另建一套各种产品的价值体系，这是一种极其复杂艰巨的工作，而且往往还很难真正符合实际。我们为什么放着客观经济规律长期作用形成的科学的价值价格体系不用，而要用主观制定的产品价值价格体系来代替呢？我们认为充分利用客观形成的产品价值价格体系，来组织生产，是一项比较合理的措施。

同时，商品经济中通过供求法则来调节生产仍有利用价值，应该承认供求法则不仅简单反映对某一产品的总需求量和总生产量的关系，供求法则体现了广大人民对每一产品各种类型的具体需求。某一企业的产品设计好，质量好，受到群众的欢迎，它就会供不应求，就会提高商品价格，促进这一企业的生产；某一企业的产品设计差，式样质量不为人们欢迎，就会供大于求，商品必然贬值，生产就得减产或改进设计、质量。这种对生产的调节作用，是广大群众的需求通过供求法则的具体作用，这不是用少数专业计划部门的计划所能做到的。

这好像意味着未来社会仍存在着企业间的竞争、生产者间的竞争。但我们认为未来社会没有必要消灭竞争，竞争是一种推动社会各个企业更好为社会作贡献的手段。从有人类以来竞争就是推动人类文明发展的重要手段。只不过在资本主义社会竞争是以对抗矛盾的形式出现，有时是你死我活的竞争；而在新社会竞争是在根本利益一致基础上互相促进，你追我赶的一种手段。因此通过商品经济来调节生产，促进产品质量差的企业改进生产并不是件坏事。上级部门也应该利用商品经济来检验监督每个企业的生产，不能再像过去计划经济的办法，不管这一企业产品质量如何，既然是按计划指标生产的，都得包下来，硬塞给群众，群众不需要，推销不了就堆在仓库里，还可以照样生产。通过商品经济用群众实践来检验每个企业生产的好坏，作为指导企业改进生产的依据，是一个好的手段。

因此，在未来社会中相当长时期内还要保留商品经济，特别是要有国家宏观调控下的商品经济，什么时候不需要商品经济，只能让未来社会的人们在实践中去确定吧。

三、国家干预商品经济的必要性

"商品经济它有天然性的弊端——本位性、盲目性和自然性。趋利避害，疏而导之，这就是政府干预经济生活的客观要求和社会责任。世界经济发展史证明，市场经济越是发达，越要政府的宏观调控。"① 奥托·纽曼等更认为："自由自在的市场体系有它自己的缺陷。从它的主要表现看，它显示了极度的不平等，社会的不和谐及公共道德的恶化，而且一切还将进一步恶化。"② 我们认为不能把资本主义制度产生的不平等不和谐，完全归之于市场体制，市场体制基本上应是公平交换。商品经济是有一定的盲目性和无计划性，但实际上商品经济中的价值规律、供求规律正是通过它的一定盲目性、无计划性来逐步实现它的作用。如果我们正确认识了价值规律和供求规律在商品经济中的支配作用，正确利用这些规律来指导商品经济的发展，就能更好防止商品经济的自发性和盲目性。因此，国家对市场的宏观调控是必需的，它可以在相当程度上克服商品经济的弊病。

目前世界各国都在重视国家对市场的宏观调控，这在未来社会将进一步健全和发挥更大作用。

---

① 冯玉忠：《市场·体制与文化》，辽宁大学出版社，1999 年版，第 113 页。

② 〔美〕奥托·纽曼等：《信息时代的美国梦》，社会科学文献出版社，2002 年版，第 226 页。

第二十一章
未来文明的上层建筑和意识形态

第一节　未来社会将是和谐的社会

一、和谐社会目标的提出

2005 年 2 月 19 日胡锦涛在中共中央举办的省部级主要领导干部提高构建社会主义和谐社会能力研讨会的报告中指出："实现社会和谐，始终是人类孜孜以求的一个社会理想，也是包括中国共产党在内的马克思主义政党不懈追求的一个社会理想。根据马克思主义基本原理和我国社会主义建设的实践经验，根据新世纪新阶段我国经济社会发展的新要求和我国社会出现的新趋势新特点，我们所要建设的社会主义和谐社会，应该是民主法制，公平正义，诚信友爱，充满活力，安定有序，人与自然和谐相处的社会。民主法制就是社会主义民主得到充分发扬，依法治国基本方略得到切实落实，各方面积极因素得到广泛调动；公平正义，就是社会各方面的利益关系得到妥善协调，人民内部矛盾和其他社会矛盾得到正确处理，社会公平和正义得到切实维护和实现；诚信友爱，就是全社会互帮互助，诚实守信，全体人民平等友爱，融洽相处；充满活力，就是能够使一切有利于社会进步的创造愿望得到尊重，创造活动得到支持，创造才能得到发挥，创造成果得到肯定；安定有序，就是社会组织机制健全，社会管理完善，社会秩序良好，人民群众安居乐业，社会保持安定团结；人与自然和谐相处，就是生产发展，生活富裕，生态良好。这些基本特征是相互联系相互作用的，需要在全面建设小康社会的进程中全面把握和实现。”胡锦涛强调，“构建社会主义和谐社会，同建设社会主义物质文明、政治文明、精神文明是有机统一的。要通过发展社会主义社会的生产力来不断增强和谐社会建设的物质基础，通过发展社会主义政治来不断加强和谐社会建设的政治保障，通过发展社会主义先进文化来不断巩固和谐社会建设的精神支撑，同时又通过和谐社会建设来为社会主义物质文明、政治文明、精神文明建设创造有利的社会条件。”①

二、实现和谐社会是人类的理想

胡锦涛同志在报告中指出“实现社会和谐始终是人类孜孜以求的一个社会理想”。“我们所要建设的社会主义和谐社会应该是民主法制，公平正义，诚信友爱，充满活力，安定有序，人与自然和谐相处的社会。”要完全做到这些，只有真正消灭阶级，消灭贫富不均，民主法制完全健全才能实现，未来社会应该能够实现这一理想。

马克思曾提出过：“当文明一开始的时候，生产就开始建立在级别、等级和阶级对抗上，最后建立在积累的劳动和直接的劳动的对抗上。没有对抗就没有进步。这是文明直到今天所遵循的规律。”② 因此，迄今为止马克思主义者都是信奉斗争哲学的，但斗争、对抗不是马克思主义的目的，而只是一种手段。斗争的目的是为了最终消灭阶级，消灭对抗，实现无阶级的社会，这样也同时消灭了对抗存在的基础，在未来的社会主义社会依然会存在各种各样的矛盾，但已不再存在对抗性矛盾。

---

① 《人民日报》2005年2月20日。

② 马克思：《哲学的贫困》，《马克思恩格斯全集》第4卷，人民出版社，1975年版，第104页。

这就使未来社会成为和谐社会具有了可能，未来的社会主义社会不是消灭一切矛盾的社会，而只是消灭一切对抗性矛盾的社会。

历史上各个社会都曾在一定时期采取过一些手段，来维护当时的社会和谐发展，而受当时社会矛盾基本属于对抗性的限制，只能暂时实现，而未来社会不再以阶级对抗为基础，因此即使有个别矛盾仍会以对抗性出现，但总体上实现和谐社会的目标已完全可能，也是必需的了。这种状况在刚摆脱阶级社会的对抗进入社会主义社会的初期是不可能完全避免的，但基本上已经开始向和谐社会迈进。和谐社会的实现是一个艰苦漫长的过程，是逐步实现的，人类最终一定会实现和谐社会这一理想。同时，也应该在达到最后完全和谐前部分地或基本上实现和谐社会。

三、实现和谐社会的途径

实现和谐社会是人类的理想，但却不是立即就能完全实现的，要经过人类不断努力才能逐步实现。

目前，我国和世界还存在大量矛盾，如工农矛盾、城乡矛盾、贫富矛盾、体脑矛盾，民族矛盾，国际矛盾，其中有些矛盾是属于非对抗性的，有些矛盾是属于对抗性的。

毛泽东在《矛盾论》中曾指出："对抗是矛盾斗争的一种形式，而不是矛盾斗争的一切形式。在人类历史中，存在着阶级的对抗，这是矛盾斗争的一种特殊的表现。"又指出："矛盾和斗争是普遍的、绝对的，但是解决矛盾的方法，即斗争的形式，则因矛盾的性质不同而不相同。有些矛盾具有公开的对抗性，有些矛盾则不是这样。根据事物的具体发展，有些矛盾是由原来还非对抗性的，而发展成为对抗性的；也有些矛盾则由原来是对抗性的，而发展成为非对抗性的。"①

---

① 毛泽东：《矛盾论》，《毛泽东选集》第一卷，人民出版社，1991年版，第334—335页。

因此，要逐步构建和谐社会，不仅要让对抗性的矛盾转化为非对抗性的矛盾，更不能让原来非对抗性的矛盾转化成对抗性的矛盾。这就必须提高“构建社会主义和谐社会的能力”，协调好当今社会的种种矛盾。

贫富分化是当今中国和世界的根本矛盾，一个国家内贫富分化，整个世界也贫富分化，如何解决这个问题是保证未来社会实现和谐的关键，这只有让过分富的人少富一点，让贫困的人也逐步富起来，不逐步缩短贫富差距是不可能全部实现和谐的。

公平正义是人们几千年来的普遍愿望，但普遍的公平正义是非常难于做到的，有些事确实是违背公平正义的，有些事只是在某些人看来是不公平正义，但实际上是公平正义的。要实现公平正义，关键在于人们对不公平正义的事有地方去讲，有人给解决，就能使本来可能发展为对抗性的矛盾转化为非对抗性矛盾。有时往往基层好好解释，妥善解决就能消除不和谐，却非拖着不解决，甚至让人民有理无处可诉，就会激化矛盾。

总之，在目前种种复杂矛盾存在的情况下，要马上完全实现和谐社会是极困难的，但妥善处理各种矛盾，逐步地、尽可能地实现更多的和谐是可能的，这就要看所有执政者构建社会主义和谐社会的决心和能力。

胡锦涛同志正是根据马克思主义基本原理和我国社会主义实践经验，根据新世纪新阶段我国经济社会发展的新要求和当前社会出现的新趋势特点，提出了我们所要建设的社会是“和谐社会”。

目前，我国还存在大量矛盾，如工农矛盾，城乡矛盾，贫富矛盾，官民矛盾，体脑矛盾，民族矛盾，国际矛盾等。这就必须“提高构建社会主义和谐社会能力”，来协调好当今社会的种种矛盾。

同时要看到，只要在世界范围内还存在阶级，存在对抗，在一个国家内单独实现完全和谐的社会目标，困难是巨大的。

随着社会主义在世界范围内的实现，在全世界实现和谐社会的理想是可能实现的。在这过程中，必须妥善处理各种国际间的矛盾，使其尽可能以非对抗性的形式发展，以避免战争，争取和平，减少实现和谐社会的阻力。

第二节　未来文明是民主的法制社会

未来社会暂时还不可能立即消灭国家，但这个国家将是全体人民的国家，是有充分民主、健全法制的社会。

一、未来文明的国家是全体人民的国家

未来文明的国家是全体人民的国家，而不是资产阶级专政的国家。资产阶级虽已被消灭，未来社会还会在相当时期内存在工农差别，存在体脑差别，还会有工人阶层农民阶层和知识分子阶层，因此未来社会应该是全体人民的政权，它包括工、农、知识分子，也包括正在转变为经营者（企业家）的私人资本家，至于对一小部分垄断资本家、地主，将被改造为自食其力的劳动者。如果他们接受改造，成为劳动者，就将成为人民的一部分；如果他们不接受改造，违反法制，就会由法律来制裁他们。既然都是劳动者，就都是国家的主人，只有犯法者，被剥夺了政治权利，就不再是国家的主人。

马克思说："无产阶级只有解放全人类，才能最后解放自己。"对一切原来的剥削者不是消灭他们个人肉体，而只是消灭这一剥削阶级。对他们是要改造为自食其力的劳动者。

二、未来社会是真正民主的社会

民主是在历史上逐步形成的。历史上有过少数贵族的民主，有过全体自由民但不包括奴隶的民主，最后还有资产阶级的民主，名义上是全

体人民的民主，实际上是少数有钱者的民主。未来社会既然消灭了剥削阶级，就应该是全体人民的民主。

民主意味着人民有选举国家官员的权利，有罢免国家官员的权利，有制定法律的权利，有参政议政的权利。任何官员都有接受人民监督、建议、咨询的义务，人民有意见必须有地方说，有人回答，有人解决。那种利用职权为非作歹、贪赃枉法的官员会立即被法办，主宰官员命运的不应是上级，而应是人民，这才是真正的民主。

民主不可能要求全体一致，民主就是少数人服从多数人，当真理在少数人手中时，可以说服多数人，但多数人通过了，少数人就必须执行。不能搞"一言堂"，首长说了算，这就谈不到真正的民主。

民主是有基础的，民主的基础就是社会物质生产的巨大丰富，人民政治文化水平的大大提高，使广大人民有参加民主管理的可能和能力。资产阶级民主是有其虚假性的，但广大人民正是在资产阶级民主中学习了民主的本领，得以在未来社会中真正实施自己的民主权利。直接从封建社会过来，社会物质生产还不够发展，人民还缺乏资产阶级民主的锻炼，在一定时期内所实行的民主就会和未来社会的民主有一定差距。不经过一个时期生产的发展，民主的锻炼，就很难实现完全的民主。不要以为我们主张人民民主就等于马上做到了真正的人民民主。

胡锦涛同志指出："民主法治就是社会主义民主得到充分发扬，依法治国基本方略得到切实落实，各方面积极因素得到广泛调动。"他把各方面积极因素能否得到广泛调动，看做民主法制是否真正实现的一个标志。

三、未来社会是法制社会

既然未来社会是一个刚消灭剥削阶级的社会，有的剥削阶级分子还会不接受改造，抗拒破坏改造；人民内部还有一些受剥削阶级思想侵蚀较重的人和损人利己、违法乱纪的人。因此未来社会在相当时期应保留法制，对一切违反社会公共利益者采取惩罚。

钱津认为："未来社会不存在法律，不需要法律规范，即完善的人不用法律约束，法律这一社会性产物将消失。"①

在这里有一个前提是"完善的人不用法律"，但未来社会刚脱胎于旧社会，不可能马上人人都完善，哪怕有部分人不够完善，这就需要法律，而法律正是帮助这些不完善的人成为完善的人。只有社会全是完善的人，这时法律才能自动消灭，道德强制将代替法律强制。因此，未来社会将不是取消法律，而是进一步健全法律，将用代表广大人民利益的法律来代替只代表少数剥削者利益的法律；将由广大人民及其代表来制定法律，而不再是由少数人来制定法律。在法律面前将人人平等，不是一部分人守法，另一部分可以任意违法。

邓小平曾指出："为了保障人民民主，必须加强法制。必须使民主制度化、法律化，使这种制度和法律不因领导人的改变而改变，不因领导人的看法和注意力的改变而改变。"②

必须真正做到："有法可依，有法必依，执法必严，违法必究。"③

资本主义社会法律存在阶级性、虚伪性，但不能不承认，在长期过程中法制比较健全，这就为未来社会成为法制社会打下了基础。

我们所说的专政应该是对犯法的人用法律对他们专政。不能再出现那种"先定罪，后调查"，人人有权定罪，不必经过法律程序，群众团体可以有审讯权、调查权，甚至严刑逼供权的时代应该一去不复返了。这些都属于违反法制，侵犯人权。如果领导人可以带头不执行法制，还有什么法制可言？这些都是封建专制的残余。过去有些人把专政理解为群众专政，不必依据法律程序是对专政的错误理解，专政就是依法处理。过去有些人把专政理解为对一些人不必考虑他们是否违法，就可管

---

① 钱津：《生存的选择》，中国社会科学出版社，2001年版，第223页。

② 邓小平：《解放思想，实事求是，团结一致向前看》，《邓小平文选》第二卷，人民出版社，1983年版，第146页。

③ 《中国共产党十一届三中全会公报》。

制、剥夺人权，这是对专政的滥用。不管什么人只有犯了法才能专政。

第三节 未来文明各共同体的普遍发展及和谐相处

随着全世界经济文化的巨大发展，交通通讯手段的不断改进，世界经济的一体化、全球化必然成为未来的发展方向。但要真正实现全球化还不是21世纪就能实现的，它可能要和共产主义一起到来。而即将来到的社会，将是一个普遍从各地的经济文化圈过渡为地域共同体的时代。那时全世界将不仅是一个西欧共同体，将有若干个共同体，而各共同体内的文明共性将超过现在的西欧共同体，各共同体之间也会形成一些共性，并和谐共处。

一、全球化不会马上到来

从20世纪以来，由于交通通讯手段的巨大发展，全世界各国间的经济、文化交流日益加强，因此全球化的问题成为世界人民普遍关注的问题。毫无疑问，从现今的发展趋势看，全球化是人类文明发展的必然趋势，它将冲破一切障碍，把全世界的经济、文化、政治逐步联结成一个整体。这个趋势是任何人不能不面对的事实。

但是有些人却把全球化的到来估计得太快，有人认为："我们的研究表明，从20世纪中叶开始，人类全球交通的广度、深度和速度几乎同时达到了一个临界点，在经过半个世纪的快速发展以后，人类社会于20世纪末，进入一个全新的时代，即全球化时代。"① 我们认为20世纪末世界经济文化所表明的只是世界全球化趋势已经露头，而真正世界全

① 李志斌：《全球化：中国道路》，社会科学文献出版社，2003年版，第3页。

球化的时代还远未来临。世界各国只是一些发达国家及部分发达地区出现了全球化的趋势，但世界上还有许多欠发达国家欠发达地区，他们生产还相当落后，远远落后于世界经济文化趋势后面，还有多少亿人，不仅从未出过国门，而且还没有把自己的经济、文化和全世界联系起来。世界许多地区许多国家还由于种种矛盾的影响，而未能建立密切的交流关系，连各地的经济文化圈都尚未完全形成，而共同体目前尚仅西欧一个。因此全球化的趋势是肯定的，但真正在全世界实现全球化，却不是马上就能实现的，即使经济一体化实现，政治、文化各个领域的一体化也要相当长的时期，这绝不是轻而易举的事。全球化真正成为现实，至少不是21世纪就能实现的，实际上它很可能和共产主义一样是一个距我们为时尚远的历史发展趋势。

二、当前世界各经济文化圈的发展为全球化做准备

全球化的发展，首先是从各地域内部各国经济文化交流的发展开始，形成一些地域性的经济文化圈。目前只有西欧已经形成了经济文化圈并过渡为西欧共同体，而其他地区的经济文化圈，有的已初步形成，有的尚待形成，至少在非洲、拉丁美洲及东北亚都尚未真正形成为一个统一的经济文化圈。关于东北亚经济文化圈的形成在学者中议论了好多年，东北亚经济文化的发展和各国经济文化联系的日益加强也已准备了条件。但由于各种矛盾的影响，至今东北亚经济文化圈尚未形成，而一些经济欠发达地区，连形成一个经济文化圈的条件也尚未具备，亨廷顿虽叫嚣世界文明的冲突，但全世界究竟有多少地区已经初步形成一种文明的联合体？有很多地区文明的联合尚仅是一个趋势。

但我们也不必过于悲观，世界各个地区经济文化的发展和联系的加强必将使各地区、各国冲破重重障碍，逐步形成各地区的经济文化圈。这不会是很遥远的事，21世纪的上半叶，各地区的经济文化圈必然都会逐步形成，而且会在21世纪后半叶逐步向地域共同体发展。

三、未来社会各共同体普遍形成及和谐相处

目前西欧各国已经由于各国经济一体化的发展，从经济文化圈阶段过渡到共同体阶段。共同体的出现是以区域经济一体化为基础，及在其基础上，政治、文化一体化的结果。

首先是通过生产、贸易、投资等经济活动的一体化，将一个地区的各国经济融合在一起，并逐步在对外贸易、财政、金融、人员劳务等方面建立起超国家机构。西欧就经过了自由贸易区、关税同盟、共同市场、经济联盟、货币联盟、经济货币联盟等阶段，正向完全的经济联盟发展。在经济一体化发展基础上，政治一体化，文化一体化也都相应地变化才能逐渐形成一个文明共性大于个性的地域共同体。

我们认为西欧共同体将是我们未来社会所能达到的历史阶段，和未来社会主义相适应的全球化发展阶段。真正的全球化将是在这一基础上进一步发展的结果，将会和共产主义共同到来。在即将到来的新社会还不可能实现真正的全球一体化，而只是地域一体化，及各地域间的和谐共处。亨廷顿所说的文明的冲突是暂时的个别的现象，在未来形成的地域共同体文明之间也将随着全球一体化的趋势而加强彼此的经济、政治、文化联系，彼此将和谐相处向全球化迈进，而不会出现什么文明的冲突和世界战争。

第四节　未来文明的道德将过渡为集体主义道德

一、历史上的道德

道德是在一定经济基础上产生的意识形态，从人类进入文明以来，就进入以个体生产和私有制为经济基础的时代，建筑在这一经济基础上的道德就不能不是以个人主义为核心的道德观念，一方面产生了只顾个

人不顾他人的道德观念，即所谓“各人自扫门前雪，莫顾他人瓦上霜”，这种建筑在个人经济基础上的道德观；一方面又形成了损人利己的剥削阶级道德观，即所谓“人不为己，天诛地灭”及等级分明的统治阶级道德观。进入资本主义社会后，一切为个人、不惜损人利己的资产阶级道德观又得到进一步发展。

在奴隶社会、封建社会时代还残留着大量原始公有制经济的残余，这也反映在道德上，表现为某种“仁爱”的道德。同时也存在一些人类社会的公德。在资本主义时代，随着生产社会化，不可避免地也使人们意识到个人利益和集体利益的一致性，因而产生了一种合理利己主义的道德学说。他们认为个人道德的出发点仍是个人利益，但个人利益不应损害社会利益，在个人利益和社会利益一致的情况下，也应该为集体利益努力，甚至作出牺牲。这反映资本主义向新社会的过渡，一方面生产社会化要求逐步实现个人利益与社会利益的一致性，一方面占有的私人性，一切占有仍以私人占有为基础，这就反映为一种具有过渡性的道德观念。这种道德观念比资本主义的损人利己的道德而言具有进步性，但它还没有过渡到未来社会的一切以集体为前提的真正集体主义道德。奥托·纽曼说：“如果希望所有的人都高风亮节，利他人、有同情心或愿意将他人利益置于个人之上，那是很天真的。但是，有理由期望人们能够比现在有更强烈的公民意识，更高层次的社会参与意识，更高的可信程度，以及更多选择余地来使用人们更多可支配的时间，甚至仅此而已。”① 这也表明了西方学者对西方道德向较好方面发展的一种估计。

同时，无论如何在过去的一切社会中，个人总是组成为阶级，组成为民族、组成为国家，特别是在阶级对立尖锐化，民族矛盾尖锐化，国家处于存亡关头时，国家利益、民族利益、阶级利益就会超出个人利益。因此反映在道德上也就会出现爱国家、爱民族等道德观念。虽然由于这些道德观念是在阶级社会中形成的，不能不打上阶级的烙印，例如

① 〔美〕奥托·纽曼：《信息时代的美国梦》，社会科学文献出版社，2002 年版，第 222 页。

把爱国忠君联系一起，但无疑这在当时是一种进步的道德观念，曾经鼓舞许多人为国家为民族而献身。

在资产阶级形成时期，为动员全体人民随从它反封建，它曾标榜自己是全体人民的代表者，因此喊出了“博爱，平等、自由”。虽然这些“博爱、平等、自由”的口号不能不打上资产阶级的烙印，但无疑也是代表人类文明进步的道德，是人类未来高度道德的萌芽，这些进步的道德因素曾鼓舞人们为人类文明的进步作出贡献。

二、旧道德的虚假性

上面提到的这种进步道德在阶级社会中会发生异化，蜕化为虚假的道德。因为资产阶级在本质上是自私的，而这些具有一定进步性的道德是要求牺牲自我为集体作贡献的，这就使资产阶级及其影响下的人不可能真正实行这种进步的道德，他们就表现为道德的虚假化。口头上拥护这些进步的道德，实际上从不按此行动，对人可冠冕堂皇，要求人按此行动；对自己却是仍按损人利己的道德观念行动，甚至用欺骗来使广大人民为集体、为他们的社会服务，作出牺牲，而实际上是为了自己更好地剥削别人。

在我国社会主义社会中也存在这种情况，即言行不一，人我不一的态度。有些道德超越时代论者，认为道德可以超越经济基础，试图在现今推行将来才可能形成的共产主义道德，就是说在没有形成共产主义社会的情况下，要推行脱离现行经济基础的共产主义道德。这种道德超越在实践中是很难行得通的。

当然大多数人民还不是采用虚假道德的态度来对付，而是主观愿望想做到，但由于经济基础的客观影响，旧道德的强大力量，他们无法做到，这与已经沦为道德虚无主义者完全用虚假道德来做表面文章不同。

道德的主要力量在于榜样，在于以身作则身体力行，当在上者有人采取虚假道德时，道德说教就完全失效，使人们丧失了对新道德的信念，有些人就会演变为道德虚无主义，否认一切进步道德的存在。

这在我国如此，在西方资本主义国家也是如此，所以近年会出现大量道德败坏的情形，如亨廷顿所描述的那样，这就是资产阶级的虚假道德的破产，人们再也不相信任何道德了。

这种状况，只有随着经济基础的改变才能真正解决，只有当社会基本消灭了剥削阶级私有制以后，才能真正具有了消灭虚假道德的物质基础。当然，在刚从阶级社会中成长出来的未来社会，虽然基本消灭了剥削阶级，但剥削阶级道德残余影响仍然会存在，而且有些人会更好地伪装自己，但这种人是早晚要被揭露的，必须防止这种虚假道德者（实际是道德虚无主义者）钻到未来社会上层领导中去。

三、未来社会的道德

未来社会虽然已经是以公有制为基础，但要形成完全建筑在公有制基础上的集体主义道德还需要相当长一个时期，因为几千年来在私有制经济基础上形成的利己主义道德观念，还有相当大的影响。因此，在未来社会初期，占主导的道德观念，只能是合理的利己主义，人们可以从个人利益出发，但个人利益必须符合集体利益，不能损害集体利益，这种道德观念将成为未来社会初期多数人信奉的道德观念。

而随着生产的社会化，集体主义的道德观念日益发展起来。当人们认识到集体利益和个人利益的高度一致性，就会逐渐从以个人为出发点转为以集体为出发点，合理利己主义转变为集体主义。

在这过程中，会有一部分先知先觉者先行一步，首先确立起集体主义的道德观念。但不能认为少数人能做到，多数人也应做到；未来能做到，现在也应做到。要认识到这是一个长期艰巨的过程，要随着经济基础社会化的日益巩固逐步实现。当前少数先进者的榜样作用也对这一过渡的完成起着重要作用，但如果有一定数量的虚伪道德者混入这一先进队伍中，就必然会破坏先进道德的形象，使进步道德观念的推广受到严重的破坏。

在这里所说的还只是过渡到集体主义的道德，集体主义道德和共产主义道德还不同，集体有大小不同层次，集体主义道德也有不同层次，共产主义道德是集体主义道德的最高表现形式，而集体主义道德在全民中上升为共产主义道德，只有到社会已过渡到共产主义之后。这将是遥远将来之事，个别理想主义者可以用共产主义道德标准来要求自己，却不能用这一道德标准来要求全体人民。过高的要求或是由于无法实现而挫伤了广大群众向进步道德的过渡，或是会转变为虚假道德和道德虚无主义，其危害是极为严重的。

第五节　未来文明中科学、教育的发展

未来文明社会将是一个物质生产高度发展、物质生活相当富裕的社会，相应的未来社会也必将是一个精神文明高度发展的社会。未来社会的科学和教育将高度发展，体脑差别逐步消灭。

一、未来社会科学的高度发展

从 20 世纪中叶开始了世界的高科技革命，这标志着一个新的文明时代即将到来，何顺果总结这次高科技革命有如下特点："（1）它以微观世界研究的突破为起点；（2）在几乎所有尖端科技领域都取得了突破性进展；（3）革命呈现出连锁化和群落化；（4）技术的科学化导致科学、技术、生产一体化。总之，这是人类历史上规模最大、时间最长、影响最大的一场革命，迄今为止，它已进行了半个世纪，但从它初步展示的潜力来看，只不过才刚刚开始。"①

---

① 何顺果：《人类文明的历程》，高等教育出版社，2000 年版，第 393 页。

这一高科技革命无疑为未来文明创造了科技高度发展的基础，而且正如他所说“从它初步展示的潜力来看，只不过刚刚开始”，到最后进入未来文明时代时显然还会有更巨大的发展。

科技的发展有一个特点，也是它发展的规律，就是它不断随着科技的巨大发展而加速发展。这就是说科技越是发展，它的发展速度越快。这是由于科技发展的连锁反应所带来的。而物质生产的高度发展，知识经济的发展，教育的普及也都为未来文明社会科技的高度发展创造了条件。

而科技的高度发展又为生产的高度发展，物质财富精神财富的巨大增长创造了条件，这就使未来社会成为一个文明高度发展的社会，全体人民都能充分享受科技发展所创造的财富。

二、未来社会人人都有享受教育的权利

未来社会既然是物质生产高度发展的社会，又是全部劳动创造归于整个社会，归于全体劳动人民的社会，这样社会就有可能提供所有人民免费受教育的机会，未来社会将实行普遍的全程的义务教育，不再是九年义务教育，也不再有各种各样的教育费用压在各家父母头上，也不再有贫困失学现象，人人都有受教育的权利和机会。

未来的教育也将提高效率，用较短的时间向学生传授人类最基本的文化科学知识及进一步学习知识运用知识的本领。未来社会虽然文化科学知识内容将大大增加，但将不会要求所有学生学习时间超过 16 年以上。将由于先进的教育设备、先进的教育方法，而获得较好的效果。那种学习环境将是生动活泼的，而不再是枯燥无味的，而使学生视为畏途，学习不再是强制而是一种自愿。自觉自愿的学习将是学生智慧巨大发展的重要力量。未来的教育将是德、智、体全面发展的，未来社会的教师必须是社会最高尚的人、表里如一能够以身作则的人，不再会因教师的言行不一而破坏了学生道德成长。

未来社会将不需要过早地对学生进行劳动职业教育，未来社会将不会要求未成年人参加生产劳动，未来社会也不应对不同的人进行不同的教育，一些人准备做科学家、政治家，一部分人准备做普通的劳动者，未来社会受教育的权利和机会是平等的，这样每一个人就有可能最大限度地发挥自己的全部才能。

未来社会将鼓励一切成人参加再教育，以更新充实自己的知识，并发展自己新的能力，社会将保证其学习的充分时间和生活上的需要。因此，即将到来的未来社会虽然不能保证每个人的全面发展，但一专多能是很容易实现的，这样就可保证任何人的才能不会受到扼杀，而能充分发展。

三、未来文明将消灭体脑差别

体脑差别的形成是在文明形成之初，由于当时物质生产力的低下还不可能使人人都主要从事脑力劳动，因此在当时就化出一部分人专门从事脑力劳动，以保证当时精神文明的生产及社会公共管理。

未来社会由于物质生产的高度发展已有可能使所有劳动者都在从事体力劳动的同时从事脑力劳动，同时也不再有体力劳动和脑力劳动的分离状况，一切劳动基本上都是体脑结合的。科学的发展、教育的普及也已使体脑结合成为可能，知识经济的发展更要求体力劳动者日益成为体脑劳动结合者，因此未来社会将是消灭体脑差别的时代。

实际上现在生产的发展已逐步向这一趋势发展，1956 年美国第一次出现从事技术管理和事务工作的白领工人数字超过了蓝领工人。这表示着体脑差别正在消失。但美国还有将近一半的蓝领工人，在全世界范围内以体力劳动为主者更多。要使所有的蓝领工人都成为白领工人，从根本上消灭体脑差别，显然还需要一个相当长的时期，但这是人类文明发展的必然趋势。随着物质生产的巨大发展，知识经济的巨大发展，这种趋势在不久的将来必将成为现实。

体脑差别的消失，也从根本上消灭了人类分为剥削阶级与被剥削阶级、统治阶段与被统治阶级的物质基础。没有可能再让少数从事公共管理者，利用手中的权力获得更多的利益。

人人都能从事体脑结合的劳动，人人都能从事创造性劳动，这将使文明得以更高的发展，因此文明的发展，物质的丰富，科学的发展，教育的普及促使了体脑差别的消灭，而体脑的差别又促使了未来文明的更高发展。

第六节　未来文明精神生活的丰富多彩

未来文明将由于各地区各民族文明的充分交流，呈现一种“百花齐放”的丰富多彩的精神生活。

一、未来社会文化全面发展，人类文化生活极为丰富

人类进入文明时代之初，是一部分人享受全部的精神文明，有创造文学艺术的机会；另一部分人却完全被剥夺了精神生活。受到高度赞赏的古代希腊文明和古代中国文明都是建筑在这一基础之上的。封建社会晚期才有了为普通农民、市民服务的民间戏曲，白话文学及一些杂耍。到了资本主义社会，由于生产的巨大发展，科学技术的高度发展，特别是印刷术的发展，电视机的诞生及普及，电脑的出现及普及，广大人民才有了享受精神生活的可能，才有了参与文学艺术创作的可能。

预计未来社会，人民将有更大的可能全面享受各种文学艺术产品，并有可能全面参与文学艺术创作。未来的文学艺术作品将是高尚情操的、高度艺术水平的，富有生活情趣的健康的作品。

钱津说：“未来社会的文学艺术发展特点是最有广泛的人文基础。几乎社会中的所有的人都可参与到文学艺术创作中来，这一文化领域在

未来社会既是高雅的又是民众性的……到未来社会，有出色文学艺术创造的人将会更多，这是因为社会生存环境改善将更有利于有才智有个性的人成长。”①

未来社会的文学艺术由于逐步消灭了极端自私卑劣的个人动机，由于广大人民文化水平的普遍提高，欣赏能力的提高，人类精神生活的健康发展，一切庸俗的、低级趣味的、不健康的文学艺术作品将会消失，但未来的文学艺术永远不会单一化，人类的特点就是以个性为基础，未来社会将是人类个性的进一步解放，进一步全面发展。

未来文明将形成一种世界的文学（科学、艺术、哲学等）。马克思、恩格斯指出：“过去那种地方的和民族的自给自足和闭关自守状态，被各民族的各方面的互相往来和各方面的互相依赖所代替了。物质的生产是如此，精神的生产也是如此。各民族的精神产品成了公共的财产。民族的片面性和局限性日益成为不可能，于是由许多种民族的地方的文学形成了一种世界的文学（科学、艺术、哲学等——本书作者注）。”②

二、未来社会人们的衣、食、住、行习俗会更丰富多彩

人类社会物质生活的多样化是长期以来不同地区的人们在不同地理环境上自然形成的，有人担心随着全球化的发展，会形成一种普世文化，各民族的传统文化将消失，人类会接受完全同样的生活方式。这种担忧是没有必要的。

因为，未来社会的衣、食、住、行将会在传统习俗基础上更加丰富多样，人们绝不会忍受那种单调的一律化的生活方式。随着每个人的不同爱好，会创造更多更丰富的衣食住行，真正实现百花齐放。人们不仅会享受各种菜系，如京菜、杭菜、川菜……而且会享受肯德基、麦当

① 钱津：《生存的选择》，中国社会科学出版社，2001年版，第246页。

② 马克思、恩格斯：《共产党宣言》，《马克思恩格斯选集》第一卷，人民出版社，1972年版，第255页。

劳，甚至世界各地的各种特色的饮食。人们不仅会穿中装、西服，也会穿各种民族服装。住宅也更为多样化。

这种丰富多彩的生活方式，不仅不会泯灭民族特点、地区特点，不会出现什么传统文化的消失，而是各民族传统文化的巨大发展，这种文化上的差异，不仅不会出现什么“文明的冲突”，而且会促进各种文明之间的进一步交流，促进各地区各民族文明的共同发展。

三、未来社会旅游的发展

未来社会人们的劳动时间将日益缩短，提供人们有更多时间从事各种个人喜爱的活动，也会不断提高人们收入，因此就提供了人们经常旅游的可能。旅游的意义不仅在娱乐人们的身心，更主要的在于它促进了不同地区人类的交往，彼此间的互相了解，也使得人们更好接触认识丰富多彩的客观世界和人类文明。

这在奴隶社会、封建社会不仅是奴隶、农奴无法想象的，就连奴隶主和封建地主也不是人人都能实现的，但在资本主义社会已经日益普遍化，成为大部分劳动人民生活内容的一部分。没有理由不相信在未来社会人们会有更大的活动空间，未来交通工具的发展会缩短距离，提供方便，到更遥远的地方去旅游，甚至会有更多的人到宇宙空间去旅游。

好奇心是人类旅游发展的重要动力，人们会越来越有兴趣去了解未见过的地区和民族居民的各种丰富生活。

总之，未来社会将是一个精神文明高度发展、精神生活极其丰富的社会，这不是我们的幻想，也不是我们的理想，而是现实生活提供给我们可以预见的必然前景。

第二十二章
走向未来文明的不同道路和模式

走向未来文明的过程中，由于不同国家的不同状况形成了各自发展道路的不同特点，而构成了若干不同模式。研究这些模式对人类走向未来文明具有重要意义。

我们认为：世界所有地区的国家、民族按照历史的必然都必然向社会主义过渡，但它们过渡的条件和方式，却会因各国具体情况 而有所不同，形成不同模式。有的在生产力上发展快些，有些在生产技术的改革上先达一步。

第一节　走向未来文明的不同道路和模式

一、道路、模式和前景的关系

人类文明的前景是由人类文明发展的总规律决定的，即按照人类文明发展的规律，人类文明的未来必然发展成这样。但各国走向未来文明的道路和模式，却往往由于各国不同的生产发展状况，阶级关系和政治文化特点，而有所不同。可以说每一国都有它自己的特点，没有一个国家的发展道路是完全相同的。当然，有些国家的发展道路往往在个性之外会存在一些共性，或者是基本情况相同，基本属于走同一条道路，或者虽然发展程度不同，但走的都是同一条道路，只是发展的快慢不同而已，最终还是按同一道路前进。这些道路的共性就形成了一些模式。即同一模式的国家基本上按同一道路发展，而与其他模式的国家的发展道路不同，不同模式即表示这些国家有不同的发展道路。

不同模式、不同道路，只表示它们的具体走法不同，最终的方向还是一致的，即具有同一个人类文明发展的前景，并不意味着不同的模式，不同的道路就会发展为不同的前景。

过去有一种片面的观点，认为既然未来的前景是一个，走向未来的道路也就只有一条，模式也只有一种；认为各国虽然发展状况不同，发展程度不同，并各有自己的特点，却必须按同一模式走同一道路，否则就目之为异端，而不理解各国可以按照各国的特点，按不同的模式，经过不同的道路，达到同一目的。因而违反国情，违背实际，死搬书本，硬搬外国的模式，使自己的发展由于脱离本国实际而受到挫折。因此研究国情，确定自己本国的特殊模式，特殊道路对一国的发展具有重要意义。

模式、道路不同，却可以互相借鉴，取长补短，不能认为模式、道路不同，就不能吸收别人之长以补自己之短。在世界全球化的今天，各国之间已形成了密切联系及相互影响，不是中世纪以前的时代，各国可以按照封闭式的自身道路独立发展。每种模式和道路，只是反映它具有一定的自身特点，并不表示它和其他模式、道路完全不同，各种模式道路之间没有相互的吸收。因此研究各国发展的不同道路和模式，既是为了确定自己道路和模式发展的特点，更好走自己的路，也是为了更好吸取其他道路模式的优点来帮助本国前进。

二、确定模式的标准

模式是从一些国家的共同特点总结出来的，用不同的标准从不同的角度去总结，就可以形成多种不同的模式。

陈峰君在《东亚与印度》一书的绪言中讨论了现代化的几种模式的分类方法：第一种是从现代化动力的渊源是内部还是外力而划分模式。第二种是从社会形态制度的不同划分模式。① 当然如果从其他角度、用不同标准来划分，还可以有不同的模式。例如顾俊礼等从社会保障角度把世界各国分成四种模式。② 桑切斯根据各国发展社会主义的不同道路分成中国式、古巴式等。③ 划分模式的方法很多，因此模式也很多，如按生产发展不同程度划分为发达国家、中等发达国家、欠发达国家等。但本书所讨论的是走向未来文明的不同道路和模式，我们就只是从这一角度，以此为标准，选择几种不同的模式。有些国家虽然发展程度不同，但走的是同一道路，我们就归为一种模式了。有些国家虽各有自己的特点，但基本上属于同一类型，我们也就不另分了。

因此，我们只分了四种基本模式，即资本主义市场经济型、资本主义福利国家型、社会主义计划经济型、社会主义市场经济型，其他就不细列了。

三、走向未来文明的基本类型

我们依据世界各国走向未来文明的不同特点，不同道路把它们大致分为四类，先简述于下，然后再分节加以讨论。

第一类，资本主义市场经济型。

这一类基本上都是通过市场经济自由发展资本主义的国家，其中包括一些发达的资本主义国家，如美国等，也包括一些中等发达的资本主义国家，如韩国、巴西等，也包括一些欠发达国家，他们虽发展程度不同，但却是按同一道路在前进着。这一类型的国家，我们认为可能会从

① 陈峰君：《东亚与印度》，经济科学出版社，2000 年版，第 8 页。

② 顾俊礼主编：《福利国家论析》，经济管理出版社，2002 年版，第 19 页。

③ 弗朗西斯科·翁彼得·桑切斯：《21 世纪社会主义模式》，《参考消息》2006 年 1 月 5 日。

知识经济的发展，知识的集中到知识资本家（知识劳动者）手中，而逐步过渡到社会主义。

第二类，资本主义的福利国家。

这包括北欧及西欧的一些国家。它们通过高税收、高就业、高工资、高福利的措施来调节资本主义的生产和分配的矛盾，来实现消灭贫穷，共同富裕，这也是一种特殊的资本主义发展模式。

第三类，社会主义计划经济型。

这包括苏联、东欧各国等，这些国家主要是通过发展公有制，依靠计划经济。有些国家虽已失败，但他们的经验教训有待总结，同时目前还有一些国家如古巴等仍在坚持这条道路。这是社会主义国家发展的一种模式。

第四类，社会主义的市场经济型。

这类国家如中国等，他们仍然坚持社会主义的发展方向，保持了社会主义经济在国民经济中的主导地位。它吸收了资本主义经济发展的一些优点，结合自己的实际国情，允许私营经济和个体经济的发展，并发展市场经济，主要代表是中国特色的社会主义。

这四条道路或许都能走通，都能从不同角度走向未来文明，或许有些道路走不通，会改变采取其他模式，或许在发展中会创造出一些新的模式，这就要看将来的发展而定了。

第二节　美国等资本主义市场经济模式

资本主义是从市场经济中发展起来的，因此资本主义离不开市场经济。而这种一切通过市场调节的方法，体现在各个方面，如劳动保障制度，它也尽可能通过市场来实现。这类国家在发达国家中占相当大数量，欠发达国家也大都依照这一模式前进。甚至像印度等过去标榜要走社会主义道路的国家，现在也改变主张，发展私营经济，发展市场经济。似乎在一些人心目中，这种资本主义经济将永远存在下去。但人们却没看到在这种模式中，也已不知不觉地通过信息经济（知识经济）的发展，在向新的社会过渡。大约再过几十年在一些最发达的国家中就会明显地表现出来。因为对这样一些国家来说，生产已不成为问题，而成为经济发展的主要问题是在于分配。不解决生产和分配的矛盾，不解决这些国家的贫富两极分化，就很难再使经济继续向前发展。而这些国家由于它的经济特别优越，很难发展工人的武装斗争，而它们又不愿走高税收逐步消灭资本家的办法，这就只有让经济的发展自己来解决这一问题吧。

一、资本主义市场经济模式的形成

这些国家大都属于资本主义发达国家，它们生产力高度发展，创造了巨额财富。但由于资本主义发展的必然性，在市场经济中，在自由竞争中，逐渐产生了垄断资本。到 20 世纪初，这些国家的垄断资本已发展到在全国经济中占主要地位。20 世纪后期更进一步发展起跨国的垄断资本集团。

由于这些国家跨国资本的发展、高科技的发展，它们从一些欠发达国家获得大量财富，使它们人民的生活高于许多欠发达国家。因此虽然它们也存在严重的贫富两极分化，但它们中贫穷的也与一些欠发达国家的穷苦者不同。这些都使它们的发展具有不同的特点。但最根本的矛盾仍是它们生产的高额财富必须通过市场售给广大劳动者，但劳动者收入的提高跟不上生产的提高，就阻碍了生产进一步发展。这个问题不解决，它们的产品销售出路、生产就无法前进。它们目前面临要解决的问题也是许多欠发达国家走这条道路者所必将面临的问题。

这一类型的国家目前发展的基本状况有以下特点：

第一，生产高度发达，它们的人均收入，都占世界前列。

第二，是财富高度集中，一小部分资本家占有全国财富的大部分。

第三，是它们大都通过资本输出，技术输出，从欠发达国家获取大量财富。

第四，由于生产发达，人均收入高，商品丰富，这些国家的人民普遍的生活水平比欠发达国家好得多。

二、资本主义发达国家市场经济型的发展前景

这些国家在向未来的信息社会、知识经济社会过渡时必须要解决贫富不均这一社会问题。让新时代带来的巨大财富，为全体人民所有。

要消灭贫富矛盾，实现资产公有化是一条途径，但这些发达国家在发展国有资产这点上都走过曲折的道路，似乎国有化并不成功，弊病不少。其原因究竟在体制问题还是在管理经验不足，也并无最后结论。我们认为应该说两者兼而有之，但体制是根本问题。如何解决贫富不均及其生产和分配消费的矛盾，如何保证按劳取酬将是发达国家向信息社会、高科技社会前进中无法超越的两大关键。不解决这两个问题，这些发达国家就很难继续前进。看来那种激进的手段用暴力剥夺富有者，由国家来控制一切，分配劳动，分配财富的道路，似乎在这些国家目前没有多少人感兴趣。目前这些国家多数人还是指望通过民主化的手段，利用高额税的办法，温和地逐步地剥夺少数富有者。但问题是将这批财产交到谁手，能否代表社会管理好这批财产，真正为广大群众服务，及如何避免新的贫富分化，又不影响多劳多得。而且要用征收高额税来逐步剥夺垄断资本家财产的办法，必将受这些既得利益者的抵制也并不容易行得通。但正如卡尼尔·贝尔在《后工业社会》一书中所指出的："后工业社会（即信息社会）具有支配作用的（并非指从业人员最多的职业）将是受过高等教育的人，从事专业性的技术性的职业，而以知识和技术为基础的科学家和工程师将取代财产为基础的资产阶级，而成为后工业社会的统治集团。"这或许会引起财产的改组，一些如比尔·盖茨

类型的资本家会代替旧的资本家集团。

这一类型的国家或许会通过这种手段达到财富逐渐转移的目的，这样将会形成一批以知识劳动者为主体的股份所有制，在这里知识劳动者又是知识资本家，知识多的贡献大的，占较多的股份，获较高的收入，知识较少的，贡献较小的，获得较少的股份和较少的收入。基本上也实现了多劳多得，少劳少得。

而原来的资本家，随着知识成为主要财富、主要资本，他们所占有的财富和资本越来越丧失了在经济中的作用。

这一类型国家或许能通过这一道路逐步走向社会主义。这种社会主义道路或许会经过一个以知识劳动者合股经营的公有制为主体的过渡时期，原有的各种股份所有制都逐渐改变为这种股份所有制，最后向社会主义公有制过渡。这是一种根据现有这些国家发展所进行的一种推论，还要通过几十年才能逐渐看清其发展道路。

三、发展中国家的发展模式

发展中国家，主要指那些相对比较落后的地区和国家，如亚洲、非洲、拉丁美洲的国家，它们过去不少是发达国家的殖民地半殖民地。现在虽已在政治上获得独立，不少在经济上还受发达国家的控制和掠夺。

由于信息革命，许多不发达国家在创纪录的时间内，就进入了接近后工业阶段。在东南亚、南美洲部分国家和非洲，制造业和服务业的技术进步速度极快，几十年就跨越了几个世纪。

根据第三次浪潮的理论，托夫勒提出了第三浪潮的赶超战略。他认为，第二次浪潮虽然把发达国家带入了工业社会，但同时也存在许多弊端，比如环境污染、资源短缺、能源危机及一系列经济社会问题。落后的穷国没有必要再走工业化的老路。托夫勒提出发展国家可以不经过第二次浪潮发展阶段而追赶第三次浪潮的设想。他说："今天的许多第一次浪潮国家，可以不搞全套照搬，不完全牺牲他们文化或者首先通过第二次浪潮的发展阶段，就带有第三次浪潮的某些特点”，“传统的工业化不是通往进步的唯一途径。当工业文明本身陷入最后痛苦时刻，去模仿它的工业模式又有什么意义呢?”① 他相信第三次浪潮给世界上最穷的国家和最富的国家都提供了全新的机会。

托夫勒虽提出了这一赶超战略却未提出具体方案，一些国家虽已赶上来并取得一些经验，但也未能形成一个完整的模式，这个具体模式还有待于总结世界各发展中国家的成功经验来逐步形成。

因为走工业化的道路，有发达国家取得的现成模式可取法，但要同时完成工业化和信息化的任务，甚至要同时完成社会化、民主化、自主化的任务却没有现成的模式可取法。

首先，发展中国家，必须继续发展本国的工业化，实现经济的现代化，但又要防止工业化所产生的各种弊病，如环境污染、资源短缺，能源危机等。同时还要提前发展信息经济、知识经济、高科技经济，虽然也有一些发达国家的现成经验，但他们是在经济发达的基础上，和已经完成工业革命的基础上走向信息社会，这和一些尚未完成工业革命的发展中国家要实现信息社会不同。难于照搬。

其次，工业化的道路实际上同时是生产社会化的道路，是通过工业化，把分散的小企业，包括大量个体的小商品生产转化成大型企业，实行社会化生产。发达国家进入信息社会是以生产的高度社会化为基础的，但它也有自身的弊病，即生产的社会化使得财富集中到少数人手中，造成贫富悬殊，已形成的垄断资本家成为向未来社会前进的阻力。发展中国家既要完成自己的生产社会化历程，而又要避免出现贫富的两极分化、财产集中到少数人手中，这条路该如何走?

第三，发达国家人民在第二次浪潮中得到了民主生活的锻炼，而发展中国家人民却是在封建专制制度下刚发展起来，没有经过充分的民主生活的锻炼，要在民主化的同时进入未来社会也有它的具体困难。

---

① 〔美〕托夫勒：《第三次浪潮》，上海三联书店，1984年版，第411—422页。

第四，发展中国家虽初步获得政治上的独立，但在经济上还在不同程度上受到发达国家的控制，不同程度依附一些发达国家。因此既要大量引进发达国家的先进技术和资本，又要发展本国的自主化，这也是相当艰巨的任务。

目前各发展中国家都在探索自己前进的道路，如何在各国的成功经验中，总结出来一个发展中国家赶上发达国家，迅速进入未来社会的模式，这还不是已完成的任务，而是有待积极努力完成的任务。

第三节　瑞典等资本主义福利国家的模式

在资本主义发展中，形成了一种特殊的类型，主要是瑞典等北欧国家，它们试图通过劳资合作国家调控的手段，采取高税收、高就业、高工资、高福利等措施来解决资本主义国家的生产与分配的矛盾，实现公正，消灭贫穷。这在一定程度上也起了一些作用，但也存在一些问题，目前尚在不断改革中。这条道路能否走通，也有待实践证明。

一、福利国家的形成

这些福利国家都是经济发达国家，它们已经完成了工业化，工业在经济中地位已超过农业，它们人均国民生产总值都比较高，在世界各国排列中都名列前茅，它们的经济以国有经济和私人资本为主，国家资本主义相当发达，在城乡还保留一定数量的个体经济。

随着生产的发展和其他资本主义国家一样，这些国家也发生了生产和分配、消费的矛盾，经历了多次经济危机。

工人阶级为争取改善自己的生活、保证就业、提高工资，不断进行斗争，并且形成了强大的全国性工会组织，社会民主工党在这些国家力量强大，多次执政。

这样在社会民主工党倡导下，工会与企业主通过劳资协商，逐渐达成了一些协议，并促使政府出台了一系列政策，以实现全体人民的社会保障。由于它们的高福利政策，因此被称为福利国家，瑞典被称为“福利国家的橱窗”。

福利国家的形成起始于19世纪，在20世纪中叶后得到巨大发展，但到20世纪下半叶暴露出一些问题，正在改革中。①

二、瑞典等福利国家的特点

瑞典等资本主义福利国家的主要特点是通过劳资合作，政府调控，采取高税收来实现高就业、高工资、高福利。

瑞典等国家的社会保障体制，与美国等大量放手市场由私人经营不同，而是政府承担。政府资金的来源主要是通过高税收。瑞典国家占有的国民经济生产总值达到全部的百分之六十以上。就是说除了个人必需劳动直接分配给劳动者和企业主外，只给资本家保留了少量的利润，大部分公共必要劳动都由国家掌握，由国家来实现对全体国民的社会保障。

瑞典政府通过大力发展公用事业，吸收劳动力，降低失业，又让失业人员参加政府举办的再就业中心的培训，领取失业补助者必须参加培训，以此降低瑞典的失业率，一度瑞典曾基本上消灭失业。

瑞典的工资通过劳资协商的办法来统一商定，瑞典的工人都组织在全国总工会中，雇主都组织在全国雇主协会中。组织起来的两个阶级，通过协商议定有关工资等事。瑞典的工资普遍高于一般资本主义国家，同时不同工种的工资差别不大。这也是体现瑞典所谓的公正。瑞典的福利待遇是面对全体国民的，所谓“从摇篮到坟墓”无一不有福利。瑞典的福利待遇包括养老金、失业金、医疗保障、产假、儿童津贴等很多

① 黄范章：《瑞典福利国家的实践与理论——瑞典病研究》，上海人民出版社，1987年版。

项，一个瑞典公民即使不劳动也可享受优裕的生活。

这一套措施，社会民主工党称为“福利社会主义”，我们过去认为是社会改良主义。但不能否认在相当程度上改善了工人的生活，消除了贫富差距，调节了这些国家的生产与分配、消费间的矛盾，也在一定程度上缓和了阶级矛盾，稳定了社会秩序，犯罪率也较低。应该说是在资本主义条件下实现了最大限度的公正，因此在一定时期内也促进了经济的稳定发展。

三、瑞典等福利国家的问题和前景

瑞典等福利国家在其发展中也暴露出了一系列问题。

首先，由于高税收，国家基本上拿走了极大部分公共必要劳动，留给私人资本家扩大再生产的资金就相对不足，同时由于高税收资本家利润不高，因此资本家投资的积极性也不高。瑞典长期间投资率一直是资本主义国家中偏低的国家。投资率低，扩大再生产就无法加快，经济的增长就缓慢。目前瑞典已注意到这问题，逐步降低税收以促进投资，保证扩大再生产，促使经济的发展。

其次，随着知识经济的发展，一些具有高知识的劳动者，尤其是创新劳动者，要求获得高额的回报。而瑞典那种工资差别不大，再加上对高工资的累加税，就使得这些高知劳动者得不到应有的回报，降低了劳动积极性。目前瑞典已适当拉大工资差距，降低对高工资者的高税收，以提高他们的劳动积极性。

第三，瑞典的工资与世界其他国家比普遍偏高，就使它们的产品价格昂贵，失去在国际市场上的竞争力，目前瑞典已通过劳资协议适当限制高工资。

第四，瑞典的高福利已产生一些弊病，使劳动者缺勤率高于其他资本主义国家。既然有福利待遇保证，上班不上班一样，因此请病假事假的特别多，缺勤也成为常事。失业后不愿上班的也有很多，这是因为没有认真贯彻按劳取酬的弊病。目前瑞典已采取一系列措施来纠正这些弊病。领取失业金者必须证明已尽力从事工作，并参加失业培训，并要求雇主对无故请病假者进行监督等。

第五，瑞典逐渐把劳动保障的重点从老年人转向儿童和青壮年，特别是加强青壮年的终身再教育等。

第六，由于福利待遇偏高，支出已超过收入，瑞典政府出现了严重的财政赤字，瑞典已采取措施压缩开支，逐步减少赤字。

瑞典通过一系列改革措施，可能会在相当程度上减少过去的弊病。是否能解决资本主义的固有矛盾，还要看以后的发展。但显然这也是人们在向未来过渡中创造出来的一种模式，一种试图把发展生产和提高人民生活、消灭贫困，实现社会真正统一起来的一种尝试。

第四节　苏联等社会主义计划经济的模式

苏联的社会主义计划经济模式一度曾成为世界各国发展社会主义的唯一模式，虽然目前苏联瓦解、东欧剧变，都已放弃了这一模式，但目前世界上还有一些国家坚持这一模式，如古巴等。因此仍作为一种建设社会主义的模式列入。

一、苏联社会主义计划经济模式的形成

苏联十月革命胜利后，列宁认为在苏俄这样一个落后的资本主义国家中，小农经济的汪洋大海包围中，不可能立即实现社会主义，只有通过新经济政策，允许多种经济形态并存，来逐步过渡到社会主义。但斯大林执政后不久，就废弃了新经济政策，并开始消灭私有经济，实现社会主义。1936 年斯大林宣布苏联已消灭私有经济，苏联已只有全民所有制（即国家所有制）和集体所有制两种公有制。市场经济只存在于个

人消费品的领域，而生产资料的交换，完全由计划经济支配。并提出了苏联已建成了社会主义，以后更提出苏联已进入了发达的社会主义向共产主义前进。苏联实行的这一模式有以下特点：

第一，消灭私有经济、个体经济，全面实行公有制经济即国家所有制（或称全民所有制）及集体农民所有制。

第二，实行社会主义计划经济，限制市场经济在个人生活消费品范围内。

第三，优先发展重工业。

第四，在政治上实行高度的集权及一党专政。

第五，各民族组成联邦，权力集中于联邦中央政府。

这一模式在一定时期促进了苏联工业化的发展，为苏联赢得反法西斯战争的胜利创造了物质基础。在第二次世界大战后，这种模式扩大到东欧，这种模式得到进一步推广，苏联也成为超级强国。因此说这一模式也有它成功的经验，值得总结。

二、苏联等社会主义计划经济模式的失败

在以后的发展中，苏联的这一模式逐渐暴露出它的弱点。

第一，过早地消灭私有经济、个体经济，脱离了生产力基础，抑制了苏联经济的发展。

第二，限制市场经济的发展，影响了产品的交流。计划经济体制僵化、官僚化阻碍了经济的发展。

第三，片面发展重工业、军事工业，忽视了轻工业和日用工业，严重影响了人民生活。

第四，政治的高度集权，产生了专制和官僚统治，破坏了人民的民主生活。

第五，民族政策的错误，压制了各民族经济、文化的发展，促使了民族矛盾的尖锐化。对东欧的压制干涉引起东欧人民的不满。

在这些缺点错误的共同作用下，造成了苏联的瓦解，东欧的剧变，这一模式基本上失败了。但这究竟意味着这一模式从根本上就是错误的，还是这一模式还有其可取之处，只是苏联等在执行中犯了一些错误，造成他们的失败，还没有能认真总结及分辨。

由于苏联是在一个落后的基础上建立社会主义，它把一些封建的东西带到了社会主义中，如专制主义等，实际上这并非社会主义模式中应有之物，但是西方学者在总结苏联模式时却往往把这些归之于社会主义的特点，这也应该加以区别。究竟苏联是坚持了社会主义而失败呢？还是坚持了很多非社会主义的旧残余而导致社会主义失败呢？总之，我们认为不能因为苏联的失败，全部否定这一模式。①

三、目前少数国家仍在坚持这一模式

苏联的失败，似乎基本上已宣布了这一模式的失败，但目前世界上仍有个别国家如古巴仍坚持这一模式。有人介绍说："古巴不承认资本主义和社会主义之间存在过渡，仍把金钱等同资本，把市场等同于资本主义，仍把计划经济作为社会主义的本质特征，古巴仍处在格瓦拉的理想主义影响之下。"卡斯特罗不久之前发表讲话指出："古巴将成为一个认知性社会，而非消费型社会。他把认知与消费，精神财富与物质财富，禁欲主义生活方式与物质丰富的生活方式对立起来……古巴是一个社会主义，却是贫困的社会主义。"②

还有一些国家，一方面保留了相当多的苏联模式的特点，一方面又多多少少实现了一些改革开放措施，处于两者的中间型、过渡型。

---

① 参见曹普澄、张素云主编：《科学的社会主义的理论体系》，辽宁大学出版社，1994年版；华东师大当代中国马克思主义研究中心：《社会主义发展的历史进程研究》，上海人民出版社，2001年版；刘怀玉、张锐、王友洛等：《走出历史哲学乌托邦——马克思主义发展观的当代沉思》，河南人民出版社，2001年版。

② 弗朗西斯科·翁彼得·桑切斯：《二十一世纪社会主义模式》，《参考消息》2006年1月3日。

我们不能断定这些国家一定选择了错误的模式，各国有各国不同的国情，各国有权作出自己选择。究竟这种模式会不会引导这些国家走向未来的科学社会主义，让这些国家今后的实践来证明吧。

第五节　中国等社会主义市场经济模式

中国按其经济发展程度，应属于发展中国家之列，发展中国家面临的许多问题，也是中国所面临的，但中国却提出了要走中国特色的社会主义道路，这就使中国在众多发展中国家中形成一种特殊的模式。

一、中国模式形成的过程

中国提出这一道路的过程也是迂回曲折的。最初提出的是新民主主义，即承认当时中国基本发展阶段和任务仍属民主革命性质的，只是和旧的资产阶级民主革命有区别，是新民主主义革命。但新中国成立后不久即提出了要实现社会主义，似乎已经完成了新民主主义革命的任务，应该迈向下一步了，以后又提出实现共产主义。这一切似乎都可凭人们的主观愿望而定，但走了一些年，终于认识了刮共产风的冒进。邓小平提出了改革开放，把中国现阶段定为社会主义初期阶段，并提出了中国特色的社会主义。这在历史上是没有先例的，历史上有好多民族没有经过发达的奴隶制度直接走向封建社会，但这种社会飞跃是在接受先进生产力的基础上，已达到封建社会生产力才能越过奴隶制达到封建社会。而我们却要在接受资本主义的生产力基础上达到他们未达到的更先进的社会。这在理论上如何来解释？能否建设超越生产力基础的生产关系？

但是也可以认为我们并没有超越生产力的基础。因为中国社会主义是在中国已经有现代化的大工业基础上产生的。我国生产发展极不平衡，我们虽然总体上生产力比较落后，但我们也有先进部分，在一些地区、一些部门我们已形成了现代化的大工业，也就是说已经有了建设社会主义的生产力基础，我们正是首先在这些有了现代工业的地区和部门中发展社会主义的国有经济。这在理论上是说得通的，也就为我国是以公有制为主体，多种经济形态并存的提法找到了理论根据。这就是说在我国已经达到现代化大工业的部分，发展社会主义的公有经济，而在其他较落后的部门和地区实行与较落后的生产力相适应的其他经济形态。也就是说在其他相对落后的工业企业中发展非公有制经济，或者说资本主义经济；在更为落后的农业中允许个体的小农生产的存在，并在多种经济的不同发展道路中保证社会主义的主导地位。

李铁映指出："邓小平同志曾反复强调：贫穷不是社会主义，发展太慢不是社会主义；平均主义不是社会主义，两极分化也不是社会主义；僵化封闭不能发展社会主义，照搬外国也不能发展社会主义；没有民主就没有社会主义，没有法制也没有社会主义；不重视物质文明搞不好社会主义，不重视精神文明也搞不好社会主义……社会主义经济的基本属性和根本目的，即逐步消灭剥削，最终达到共同富裕。……即必须坚持以公有制和按劳分配为主体，"又指出："社会主义初级阶段包括两层含义。第一，我国社会已经是社会主义社会，我们必须坚持而不能离开社会主义。第二，总的来说，中国人多、底子薄、地区发展不平衡、生产力不发达的状况没有根本改变；社会主义制度还不完善，社会主义市场经济体制和社会主义民主法制还不够成熟和健全，封建主义、资本主义腐朽思想和小生产习惯势力在社会上还有广泛影响。因此，这就决定了必须在社会主义条件下经历一个相当长的初级阶段，去实现工业化和经济的社会化、市场化、现代化。这是不可逾越的历史阶段。"①

这就是说，一方面要大力发展生产力，为社会主义的巩固和发展奠

① 李铁映：《实事求是，积极探索、坚持和发展科学社会主义》，李慎明主编，《社会主义：理论与实践》，社会科学文献出版社，2001年版。

定物质基础，一方面要在新的现代生产力基础上逐步改革现有的生产关系。

二、发展生产力是中国特色社会主义的根本任务

正由于我国总的生产力还相对落后，在各地区发展还极不平衡，这就提出了发展生产力是建设中国特色社会主义的根本任务，只有发展生产力才能使我国的社会主义经济成分有巩固的物质基础，立于不败之地；只有发展生产力，才能提供我们逐步改造非社会主义成分的物质条件；也只有发展生产力才能最终消灭剥削，消灭贫穷，实现共同富裕。

因此，我国从改革开放以来一直把经济建设作为中心任务，把主要力量放在发展我国的生产力上。

胡锦涛同志最近指出："我们也必须清醒地看到，我国正处于社会主义初级阶段，经济社会发展水平不高，人均资源相对不足，进一步发展还面临着一些突出的问题和矛盾。从我国发展的战略全局看，走新型工业化道路，调整经济结构，转变经济增长方式，缓解能源资源和环境的瓶颈制约，加快产业优化升级，促进人口健康和保障公共安全，维护国家安全和战略利益，我们比以往任何时候都更加迫切地需要坚实的科学基础和有力的技术支撑。"并提出："我们必须下更大的气力、做更大的努力，进一步深化科技改革，大力推进科技进步和创新，带动生产力质的飞跃，推动我国经济增长从资源依赖型转向创新驱动型，推动经济社会发展切实转入科学发展的轨道。这是摆在我们面前的一项刻不容缓的重大使命。"①

胡锦涛同志为我们指出了在中国特色社会主义条件下，发展生产力的重要性及具体途径，这将为我国社会主义的发展创造坚实的物质基础。

---

① 胡锦涛：《坚持走中国特色自主创新道路　为建设创新型国家而努力奋斗》，科学技术大会上的讲话《人民日报》2006 年 1 月 10 日。

三、以公有制为主导多种经济共同发展

中国特色的社会主义在生产关系上则实行以公有制为主导，多种经济共同发展，逐步实现消灭剥削，消灭贫穷，共同富裕。

这些年社会主义的国有经济，经过整顿改造，得到了健全和发展，但是还存在一些问题。一是我国的国有经济在一定程度上保留了旧的官僚资本经济的影响，管理体制不够健全，还未充分实现工人自下而上的监督机制。一些企业负责人的贪污腐化，使他所控制的部分企业背离了社会主义道路，这些现象目前一时还无法杜绝。因此如何保证我国社会主义主体的国有经济的健康发展，充分显现社会主义制度的优越性，在各种经济中率先发展，还是一项艰巨的任务。

目前发展起来的民营企业，实际上属于资本主义性质，它们大都存在先天性的弱点：技术落后，资金不足，基本处于原始积累阶段。国家还未形成一套有力的措施，来帮助它们改造落后技术，用先进科学技术使企业迅速赶上发达的资本主义国家。这些企业由于生产的落后，管理体制也落后，还保存了资本原始积累时期的管理方式：工资低下，工时过长，缺乏劳动保护，社会保障制度不健全，环境污染，资源浪费等。都有待于在国家帮助下逐步改造。这些企业中的工会组织也还未得到健全发展，不能体现社会主义制度下工人的作用和对工人利益的保障。同时资本主义是和社会主义对立的一种体制，它必然带来贫富的两极分化。目前政府似乎尚未完全形成一套限制它们，不致影响社会主义发展的有效措施。

在农村从过去刮共产风中清醒过来后，实行了包产到户，实际上恢复了农村以个体生产为基础的小农经济，这在相当程度上适应农村现有生产力基础，因此一度促进了农业生产的恢复发展，也解放了农村的剩余劳动力，为城市提供了大量劳动力。但是小农经济在历史上长期成为封建地主专制统治的基础，它曾自然形成了建筑其上的封建专制统治制度的基础。这使我国农村中有些基层干部有着蜕化变质的经济基础，少

数农村的基层干部已经蜕化变质，成为骑在农民头上的新统治者。要保证社会主义在农村的发展，就必须时刻警惕农村封建势力的复辟。

同时进入商品经济的小农经济必然自发地产生资本主义，现在农村的贫富分化，少数农业大户从自己劳动发展为雇工劳动，这表明了农村资本主义的发展。这种发展在一定时期起着促进生产发展的作用。但这种农村资本主义经济和农村恢复起来的封建力量相勾结，就会威胁到我国的社会主义新农村建设。但是目前政府还没有形成一套在农村发展社会主义成分和防止资本主义势力占有农村的措施。过去的合作化现在已被一风吹了。但事实上农村个体经济的合作化仍旧是一条行之有效的道路，在日本，在美国等发达国家都在农村发展起来各种各样的合作经济。问题不是合作化错了，而是过去的强迫农民超越农村实际的合作化错了。政府仍应鼓励和帮助个体农民在自愿基础上逐步实现合作化。农民是现实的，只要合作能促进经济发展，能提高他们收入，他们就会支持。政府绝不能再让有些基层干部把农村的经济基础和发展方向完全寄托在发展资本主义性质的农业大户身上，他们可能多产粮，多交税，在农业技术上先进，但只可以允许其发展却不能以之为基础。这样只能造成农村的日益两极分化，使社会主义的和谐社会在农村失去了存在的基础。

中国的知识分子在新中国成立以来经历了一段曲折崎岖的道路，在过去一度知识分子受到歧视打击，无法充分发挥其在社会主义建设中的作用。改革开放以来，随着"科学技术是第一生产力"的提出，知识分子日益受到重视。但要真正保证技术创新、自主创新，还要进一步改善知识分子的政治地位和经济待遇。只有知识分子能真正得到创新劳动的超常性价值，才能真正调动起知识分子创新劳动的积极性。随着中国知识经济的发展，知识分子越来越在经济中发挥重要的作用，要有相应的政策来促进其发展。

中国这一模式在发展中国家中有它的特殊性，因此走起来更为艰难，要不断摸索，但不能左一下，右一下，从一个极端走向另一个极端，没有明确的发展道路和稳定的发展政策、体制。面对不同的生产力水水平采取不同的形态、不同的政策稳步前进，赶上发达国家，而又能防止其社会弊病。

要在一个生产力水平发展不够，生产社会化的程度不够的中国，建立起未来社会才能实现的社会体制，是一件极其艰难复杂的事，必须全国人民共同艰苦奋斗，一方面积极发展生产力，为新社会奠定可靠的物质基础，一方面要时刻警惕防止公有制度蜕化变质。一些企业领导者的腐化，只有充分依靠广大群众自下而上的监督作用。

四、构建公平公正的收入分配制度

要走向社会主义，消灭贫富差距，是一条根本要求。中国在建设社会主义过程中，不可能立即消灭贫富差距，因为贫富关距是由多种原因造成的，有生产力发展的不够，有文化教育上的差距，也有生产关系中对各科生产要素占有的差距，而这一切都不是短时间立即能解决，但不消灭贫富差距，就不可能真正实现社会主义，所以中国采取了逐步构建公平公正的收入分配制度的道路。

不久前，中央宣布了首先解决中国人民中收入最低的农民及城市低收入者，宣布取消了数百亿农业税，以减轻农民负担，提高农民收入。又实施了对城市贫困者的最低生活保证，及其他一些措施。

2006 年 5 月 26 日，中共中央政治局又在胡锦涛主席主持下开会研究改革收入分配制度问题，强调构建公平公正的收入分配制度。

会议强调："改革收入分配制度，规范收入分配秩序，构建科学合理、公平公正的社会收入分配体系，关系到最广大人民的根本利益，关系到广大干部群众积极性、主动性、创造性的充分发挥，关系到全面建设小康社会、开创中国特色社会主义事业的全局，必须高度重视并切实抓好。要坚持和完善按劳分配为主体、多种分配方式并存的分配制度，坚持各种生产要素按贡献参与分配，在经济发展的基础上，更加注重社会公平，合理调整国民收入分配格局，加大收入分配调节力度，使全体人民都能享受到改革开放和社会主义现代化建设的成果。要积极推进收入分配制度改革，进一步理顺分配关系，完善分配制度，着力提高低收入者收入水平，扩大中等收入者比重，有效调节过度收入，取缔非法收入，努力缓解地区之间和部分社会成员收入分配差距扩大的趋势。"

会议提出："要按照《中华人民共和国公务员法》规定实行国家统一的职务与级别相结合的公务员工资制度和要求，深化公务员工资制度改革，建立科学完善的公务员薪酬制度，努力解决当前公务员收入分配领域存在的突出问题，逐步缩小地区间收入差距，适当向基层倾斜，以促进公务员队伍建设，促进党风廉政建设。要完善地区津贴制度特别是艰苦边远地区津贴制度。改革和完善事业单位工作人员收入分配制度，合理调整机关事业单位离退休人员待遇。完善机关工人工资制度。要随着经济发展，适当提高离退休人员基本养老金标准、各类优抚对象抚恤补助标准、城市低保对象补助标准，并注意提高其他低收入人员待遇水平。"

会议强调："理顺收入分配关系，是一项长期而艰巨的任务。要坚持从我国实际出发，把解决好收入分配问题放在重要的位置，进行广泛深入的调查研究，找准解决问题的切入点，拿出切实可行的方案。各地区各部门要把思想统一到中央精神上来，坚决贯彻中央的决策部署，周密安排，精心组织，扎实工作，把各项政策落实到位，促进人民生活水平的提高，促进社会主义和谐社会建设。"①

这次会议对中国建设社会主义和谐社会具有重要意义，会议后将逐步提出一系列政策措施为中国构建公平公正的收入分配体系作出努力，也将要进一步向全世界显示出中国这一模式的巨大优越性。

总的来说，"中国经济这些年的飞跃发展已向全世界证实了这一模式的成功，从1990年至今，我国国内生产总值年平均增长率保持在7%

① 新华社2006年5月26日电，《人民日报》2006年5月27日。

以上。2001 年国内生产总值达到 93933.3 亿元，比改革开放初期的 1978 年增长 6.9 倍。人均国内生产总值的年均增长率也保持在 6%以上的水平。2001 年人均国内生产总值达到 7543 元，增长 6.6%。在 20 世纪的后 20 年里，中国经济以年平均 9%以上的增长率遥遥领先于全球其他经济体……1990 年中国经济总量排名世界第十位。到 2001 年则跃居世界第六位，在发展中国家排名第一。这标志着中国已经名副其实地跨入世界经济大国的行列。"① 这一模式的成功，正吸引世界其他发展中国家学习。

① 杨春贵主编：《竞争与安危：世界大变动中的中国发展战略》，中共中央党校出版社，2003 年版。

附录 1
宇宙的发展、进化

孙进己　干志耿

宇宙的发展，是人类最关注和最重视的问题之一。近期各书刊连续发表了许多文章对宇宙的发展提出了各种看法。① 其中最为流行的是宇宙大爆炸的理论，提出了宇宙生于大爆炸，也毁于大爆炸，宇宙已存在了 140—200 亿年，将在 100 亿年后毁灭。认为这就是世界末日，人类文明毁灭之时，对人类前途的悲观情绪弥漫世界。我们认为这些学说虽然有相当的实际观测和研究作依据，但在理论上是有不少漏洞的。因此，依据我们的认识，想对这些说法做一些商讨。

一、大爆炸不是宇宙的整体而只是部分

宇宙有生有死吗？这是当前许多学者们所纷纷讨论的热点。但实际上这一问题恩格斯和许多前辈学者早已讨论过。他们曾经论证过：宇宙

---

① 霍金：《时间简史》，湖南科学技术出版社，1995 年版；陶同：《进化中的宇宙》，经济日报出版社，2002 年版；《宇宙生于爆炸；毁于爆炸》，《参考消息》2002 年 9 月 23 日；《100 亿年后，宇宙大爆炸》，《科学发现报》2002 年 9 月 23 日；《宇宙的起源》，上海科技出版社，1995 年版；得尔・戴维斯：《宇宙的最后三分钟》，上海科技出版社，1995 年版。

是无限的、永恒的、不断循环发展的，恩格斯说："无限时间内宇宙的永远重复的连续更替，不过是无限空间内无数宇宙同时并存的逻辑的补充。"① 宇宙大爆炸之说是和以前这些论证相对立的，按他们的学说宇宙就应是有限的。但实际上，所谓宇宙大爆炸的理论所说的宇宙，所指的仅是宇宙中的一部分，即人们所观察到的一部分宇宙，甚至还不是人们所观察到的宇宙的所有部分，而只是其中的一部分宇宙。美国的艾伦·古思就认为："天文学家习惯把他们看到的宇宙——一个从类星体到类星体的星系和星球的天体，直径大概是 100 亿光年——视为人们生存的宇宙。而这只是更大更广阔的整体中一个小小的端点，有时称为元宇宙。"② 最近我国学者陶富源也著文认为这是把我们的宇宙当成了哲学上的普遍宇宙。③ 美国普林斯顿大学的保罗·斯坦哈特和英国剑桥大学的尼尔·图罗克则指出："宇宙是处于不断循环的过程，大爆炸并非空间和时间的起点，而只是宇宙的两个不同阶段中的过程。"④

在这里，人们所观测到的宇宙和宇宙的整体完全是两个不同的概念。随着科学的发展，人们所观测到的宇宙在时间空间上不断地扩大，人们所认识到的宇宙的空间，从地球扩大至太阳系、银河系、河外星系。人们所认识的宇宙的时间从数千年、数万年、数百万年，以至数百亿年。实际上这些认识并未到尽头，宇宙还有更大的空间和更长时间是我们今天未能观测到的，随着科学的发展，人们所能认识到的宇宙还会不断扩大，当前人们所说的产生于大爆炸、毁灭于大爆炸的宇宙，所指的只是人们目前观察到的一部分宇宙，而不是宇宙的整体。因此，我们不能把宇宙的这一部分的产生和毁灭看做整个宇宙的产生和毁灭。

但这里同样不能把人所生活着的这部分宇宙和人们所观察认识到的

---

① 恩格斯：《〈自然辩证法〉导言》，《马克思恩格斯选集》第三卷，人民出版社，1972 年版，第 461 页。

② 艾伦·古思：《"暴涨"宇宙：宇宙起源新探》，艾迪生·韦斯利出版社，1997 年版。

③ 陶富源：《物质世界无限性与大爆炸宇宙学》，《东岳论丛》第 23 卷第 2 期，2002 年 3 月。

④ 转引自《现代物理知识》第 14 卷第 4 期，2002 年。

这部分宇宙称之为“我们的宇宙”，按这种说法就似乎在“我们的宇宙”之外还有别的宇宙。有些人并在这一基础上提出了所谓多宇宙的学说。提出所谓母宇宙、婴宇宙、大宇宙、元宇宙、本宇宙、超宇宙等概念。① 这实际上也是混淆了两个不同的概念。如果我们把宇宙视做物质存在的空间和时间的整体，我们就没有理由再把宇宙的一部分也称做“宇宙”，即使它的范围已超过我们已认识的星系、星系团、超星系团等宇宙中的不同层次，具有更大的范围，我们也只能创造另一概念来称呼它，而不能用宇宙这一总体的概念来称呼其中的一部分。这必然会混淆整体和部分在概念上的区别。我们可以猜测在我们已认识的宇宙这一部分之外，还存在宇宙的其他部分，并去探索它的存在，但我们不能把这些其他部分称做“另一个宇宙”的其他部分。它们应该是宇宙中的另一些天体、另一些宇宙岛，而不是另一个宇宙。同样，我们目前所生活着的宇宙也只是宇宙长期发展过程中的某一阶段，没有理由把宇宙发展过程中的某一阶段称做“母宇宙”、“子宇宙”。因为宇宙之中的这种母子关系，实际上是往复无穷的。这阶段对下阶段是母，而对上阶段则是子，子对下阶段又是母，无法区分何者为母宇宙，何者为子宇宙。而且不论宇宙发展的哪一阶段，也只是永恒宇宙的一部分，而不能称之为“宇宙”，造成概念上的混乱。

二、宇宙的发展规律

人们把目前认识到的宇宙看做宇宙的整体，这一方面是概念上的混乱，另一方面也是由于在研究中的错误所导致。

例如有人说宇宙是产生于 140—200 亿年前的大爆炸。但“据恒星

① 韩民青：《宇宙的结构演化与人类的作用新探——元宇宙、本宇宙、超宇宙与人类》，《东岳论丛》2002 年第 1 期；《宇宙的层次与宇宙》，《哲学研究》2002 年第 2 期；《大自然重写宇宙法则，物理学量找新的爱因斯坦》，《星期日泰晤士报》2001 年 9 月 9 日，转引自《参考消息》2001 年 9 月 11 日。

演化专家（其中包括桑德奇）所言，球状星团内最古老的恒星年龄在1980年已达170亿年。根据福勒等人的说法，星系的年龄在80至250亿年之间”。1995年温迪·弗里德曼也宣布：“用空间望远镜测量哈勃常数这一重大项目得出了初步结果，显示宇宙年龄只有80亿到120亿年，然而最古老的星体年龄却高达150亿年。”① 数字虽可能略有出入，但都指出了在所谓“宇宙大爆炸”之前就有星体存在。宇宙大爆炸并非宇宙的真正起点。

即使认为这些数据有问题。宇宙的年龄可以上推到200亿年，似乎超过了150亿年和170亿年的数据，可以认为这些最古老的星体也是在大爆炸后产生的。但如果我们设想这些古老的星体是产生于所谓的大爆炸之中。按照大爆炸的理论，最初是一个不大的质量极密的火球，爆炸后扩散出去的物质形成各星系。这些星体是从大爆炸中抛射出去的物质所形成，它抛射出去时，走了若干亿光年，它的光反射回来又经过了若干亿年。抛射最远的星球其距离不能超过我们所存在的宇宙年龄的一半。因为他要抛射出去，再把光返回来，两者相加不应大于大爆炸至今的时间。因此，凡距离我们超过我们所在的宇宙现今寿命200亿年一半的星球，就不可能是我们宇宙的一部分。这样无论如何所观察到的距我们170亿年的星球绝不是我们所在的宇宙的一部分，因为我们看到的它已是170亿年前的它，而大爆炸后它还需要抛射这么远，显然它的存在已经超过此次大爆炸的时间，不可能是我们所说的宇宙大爆炸所产生的，而只能是存在于大爆炸的这部分宇宙之外的。可以得出一个结论，凡是距离超过人们所存在这部分宇宙年龄一半的星体就都不是我们所存在的这部分宇宙的星体，而应属于宇宙的另一部分，另一个宇宙岛。

因此，我们所说的大爆炸所产生的宇宙，不仅不是全部宇宙，而且也不是我们观测到的全部宇宙，而只是其中一部分。人们所观测到的宇

① 丹尼斯·奥弗比：《环宇孤心——探索宇宙奥秘的故事》，中信出版社，2002年版，第522页；李新洲：《振朴斯理海的时空观》，《科学》2002年第5期。

宙已超出大爆炸的这部分宇宙的范围。这部分宇宙应该是一个比超星系团（其尺度约为 3 亿光年）更大的宇宙岛，我们姑且称之为“超超星系团”。据艾伦·古思的估计直径大概是 100 亿光年。如果按我们上面的推论，其最大半径绝不可能超过大爆炸的这部分宇宙年龄的一半即 100 亿年，其直径就是 200 亿光年。

此外，依据哈勃定律认为：一个星体离开我们的速度和我们的距离成正比，即距离我们越远，离开我们越快。但哈勃只说明了这一现象的存在，却未能解释这一现象产生的原因。按照物理学的常识，从大爆炸抛出去的星体，不论远近，它的速度应该是相等或递减，没有理由加速。如果产生加速度，我们只能理解为有别的力量增加进来。这最大的可能是距离我们越远的星系接受我们的吸引力越小，甚至有一部分接受了另一超超星系团的引力，这样才能产生加速度。因为，离我们越远，就是离另一宇宙岛越近，所受它的引力也越大，因此离去的速度也越快。这也说明了所谓大爆炸的宇宙只是宇宙总体的一部分。

与此相联系，许多宇宙学者都预言宇宙膨胀到一定时间，就会反过来收缩。但为什么会从膨胀转为收缩，何时会转为收缩，却未看到有明确回答。我们设想所谓宇宙的膨胀是由于大爆炸所产生的抛射，当抛射的力量大于引力时，它当然会继续远去，但当引力逐渐抵消抛射力，而大于抛射力时，星体应该停止远去，而开始返回，进入凝聚的过程。如果按宇宙学家的预言，我们存在的宇宙这部分存在的时间还有 100 亿年，到时所有星体会收缩、凝聚而走向新的大爆炸。则只要属于我们这一宇宙岛（超超星系团）的星体就应都返回凝聚而参加大爆炸，否则就不是我们这一宇宙岛的一部分。但返回需要时间，如果距我们 100 亿光年的星体现在返回还来得及参与大爆炸的过程，超过 100 亿光年距离的星体如果继续向外膨胀，显然就来不及返回了。因此似乎可以得出这样一个公式。我们的宇宙岛尚能存在的年龄减去某一星体离我们的距离，剩下的它还能再走的里程，应属往返必须再除以二（它的单位是光年，但折算为时间则是多少年），例如我们的宇宙尚有 100 亿年大爆炸，而一个星球距我们就不应超过100亿光年，超过100亿光年距离的星球就不属我们的宇宙。因此，我们的宇宙的未来的寿命就是这一星体是否属于我们这一宇宙岛的极限。我们观测到的星体从膨胀转为收缩的时间必须在这一范围内。超过这一极限，也说明该星体不是我们这一宇宙岛的组成部分。而距离我们在100亿光年以上的星体如继续红移也就证明它不是属于我们这一宇宙岛的星体。

这里还应考虑到，是否有从我们这一宇宙岛抛射出去的星体，超出了我们这一宇宙岛的引力范围，被别的宇宙岛吸引去了。这不是不可能的。这样就必然存在另一个可能，另一些宇宙岛也会在它的大爆炸中抛射一些物质到我们的宇宙岛，参与我们这一宇宙岛的凝聚与大爆炸，但如果两个超超星系团大爆炸的时间相近，它们抛弃的物质就应在中途相遇，而目前的宇宙观测似乎并未观察到这种现象。那样就只能假说，各超超星系团的大爆炸并非同时，而且更有可能是这一超超星系团的大爆炸抛射出去的物质进入了另一超超星系团的范围，促使了它的大爆炸，此起彼伏，相互促进。但这就要求两个超超星系团的距离不超过每个超超星系团两次大爆炸相隔的时间，因为从前一次大爆炸抛射到另一超超星系团的物质，要及时返回参加再一次大爆炸。这样如果我们预测我们这一超超星系团两次大爆炸相隔时间是240亿—300亿年。这样两个超超星系团之间的距离就不应超过这一数字。而各个超超星系团的半径就应在120—150亿光年左右。因此，我们观测到的超出这一距离的星体就应属于另一超超星系团。目前我们已观测到的距我们150亿—170亿光年的星体，显然已超出60—75亿光年的数字。说明绝非我们这一超超星系团的成员。这样可以推论，这些星体并非从我们这一超超星系团的大爆炸所抛射出去的。因为如果是，它应该早就进入该超超星系团的核心，早已爆炸了。所以它只能是原属另一超超星系团的星体。

宇宙由于收缩、坍塌形成了黑洞、奇点，物质的高度凝聚、挤压造成了大爆炸。大爆炸把物质抛出去，经过演变成为各种星体。到一定阶段又由于引力促使星体由膨胀转为收缩、坍塌，形成新的大爆炸，这就是宇宙各星体的演变过程，在这过程中各星体有自身演变的动力，也受星体间相互力量的影响。

三、进化只是宇宙发展形式中最少的一种

最近有好些人都大谈宇宙的进化，甚至提出宇宙进化有多少代①，有多少层次②。他们的这些论点都建筑在一个基础上，宇宙是有限的，是始于150亿—200亿年前的大爆炸。他们论证的就是这150亿—200亿年中这部分宇宙中的一些发展。但实际上，他们都是把我们存在的这一部分宇宙、这一时段宇宙看做了宇宙的整体，来论证宇宙的进化。如果我们证明了宇宙整体在时间上是永恒的，空间上是无限的，证明了所谓产生于大爆炸、毁灭于大爆炸的宇宙，仅只是宇宙中的一部分、一个时段，论证了宇宙中的各个部分各个时段都是从大爆炸到大爆炸的循环无穷的发展。这样，他们所论证的宇宙的进化就只能是宇宙的某一部分中局部的进化，只能是某一时段中暂时的进化。这种进化不管有多高、多大的发展，最终都以大爆炸而毁灭。一切又将从头开始。从宇宙总体来讲，只是无穷的循环往复。这就根本谈不到什么宇宙总体的进化。

宇宙是个无生命的自然体，它也不可能"具有崇高的奉献之美"。陶同认为："宇宙作为自组织系统之祖，她的美更在于为其子孙们创造着不断进化的大环境，确立了进化的大方向，赋予子孙们进化的基因——进化的对象性，总是无限地为其子孙们奉献着自己。"又说："物进的含意是宇宙的子孙们都具有进化的基因——进化的对象性，主动地去寻找、识别组合对象而进化。"③ 这是对宇宙及其进化的拟人化，这种拟人化的论述只能混淆人们的认识，使人们误把宇宙的进化看做有目的的发展。但正如陶同自己所说的"在宇宙第四代（指人类）诞生前的

① 陶同：《进化中的宇宙》，经济日报出版社，2002年版。

② 徐光宪：《宇宙进化的8个层次结构》，《科技导报》2002年第9期。

③ 陶同：《进化中的宇宙》，经济日报出版社，2002年版，第88页。

创造都是非自知的创造”。而且，陶同所说的宇宙第四代——人类，至今也未真正进入自知创造，至今人类对自然的认识和改造，仍是不断在摸索中前进。所以把迄今为止的宇宙的一些进化现象视做宇宙有目的、主动进化的结果，是违反事实的。

实际上，宇宙中的一些所谓进化，从简单到复杂，从低级到高级的发展，只是事物发展的多种可能中的一种可能，而且是最小的一种可能。其他多种发展形式、多种发展可能都同时存在。并非所有事物都按进化的道路发展。有的事物在发展中中途停滞了，有些事物退化了，有的事物则是不断循环发展。真正按照进化方式发展的，只是宇宙中的一小部分在短暂时期中的发展方式。

这不仅是在陶同所说的宇宙进化的前三代是如此，即使到了他所说的宇宙进化的第四代人类文明产生以后仍是如此。在人类文明史上有多少地区文明的发展中途停滞了、衰退了、夭折了，并非所有地区的文明都按着进化的道路向前发展。真正继续发展到今天的文明，也只是许多文明中的一小部分。而在生物发展过程中更不知有多少生物走上了歧途停止向前发展了，真正继续进化发展成智慧动物的也只是其中极小的一支。因此，不能只看见发展中进化的一部分，而看不到更多的停滞、衰退的部分。据阿西莫夫推算，我们银河中行星的数量是 280000000000 个，可能有生命的行星为 433000000 颗。可能存有技术文明世界的行星可能有 530000 颗[①]。而我们至今实际观测到的除地球却一个也没有。这表明从行星的产生到可能产生生命，可能产生技术文明，已是每级成千倍地递降。这说明并非所有的星系星球都能进化到产生生命和智能，能进化到这一阶段的，只能是极少数具备条件的星球。极大多数不具备条件的星球，就未能进化到产生生命和智能。这也就说明它们并未按进化的方式继续发展，它们只是发展到一定阶段就不再进化了。这样，我们怎么能以宇宙中极小一部分的进化来推论整个宇宙是进化的呢？这里也

① I. 阿西莫夫：《地球以外的文明世界》，知识出版社，1983 年版，第 98、151、174 页。

谈不上什么宇宙中的奉献，所有停止进化的星体绝不是为了对继续发展的星体作奉献。这完全是一种自然的淘汰、自然的选择。

而且，即使现有的地球文明究竟能不能不断进化下去，也是一个未知数。有很多原因、很多可能会促使它退化、夭折。这些退化、夭折的可能性目前已显示在我们面前。即使能一直进化下去，但面临所谓一百亿年后的宇宙大爆炸，它岂不同样要重归于零，一切又将从头开始。因此，夸大宇宙中的进化现象，把它看做宇宙普遍性、必然性、目的性的发展，显然是与宇宙的实际发展不符的。

四、进化的可能和必然

我们无论如何只能把进化看做宇宙发展中的偶然现象、暂时现象。当然偶然中寓有必然，即只要具备一定条件，进化就必然会出现，而在无数个偶然形成的星体中，也必然会出现具备一定条件的这种可能。暂时中也寓有永恒，即只要具备一定条件，进化就会不断出现。在永恒时间中各个时段也都会有可能出现具备一定条件之时，进化的形式也会不断再现。

可能性是多种的，宇宙的发展并不排除有摆脱循环发展的可能，如果一旦这种可能成为现实，宇宙的发展就会出现另一种情况。但宇宙的这种进化可能是极其微小的，是极其渺茫的。

附录 2
人在宇宙中的地位和作用

干志耿　孙进己

一、人类是宇宙进化的产物

先进的生产力与生产关系，先进的经济基础与上层建筑，先进的社会制度与先进的科学技术和文化，是文明发生、发展的动力和源泉，是建设高度文明的保证。这些，是推动文明发展的根本性、基础性的动力学体系。

将这一文明发展的动力学体系，集中提炼升华到理性高度进行考察，可以归结为宇宙与人类，物质与精神，客观与主观的矛盾与统一。宇宙洪荒的演变，物质形态的进化，客观事物的发展，都是无穷无尽的。在漫长的演化、孕育过程中，自然界——宇宙出现了新的事物，出现了具有智慧的生物——人类，发生了精神的东西、意识的东西，主观的东西。人类的精神、意识与主观又作用于宇宙、物质与客观，推动事物的发展与前进。人类是物质形态进化过程中必然要出现的一种高级的物质形态，也是宇宙进化现阶段物质形态的顶峰。人类是这一进化阶段最高级的形态。“人类在宇宙中的终极价值就是宇宙的传承和创造新宇宙。”① 而且，人

① 韩民青：《宇宙的结构·演化与人类作用》，《东岳论丛》2000 年第 6 期。

类也不会停止这种进化，必定会遵循物质形态进化的规律，向着更复杂、更高级的方向发展和转化，产生出更高级的事物来。人类正是经过长期的群体劳动和生产实践，必然地完成了从猿到人的转变，从原始人类到现代人类的进化和发展。

宇宙洪荒的物质世界、客观实在无穷无尽地进化，到劳动创造了人，产生出复杂高级的事物——人脑，通过人脑达到了它们的自我意识、自我精神。这种意识、这种精神，正是对客观实在的主观反映。反映作为工具，就是一面“镜子”。马克思把处于等价形式的商品使用价值（自然形式）看做反映其他处于相对价值形式的商品价值（社会形式）的“价值镜”。[①] 运用马克思关于“价值镜”的提法，将其推广运用到人与宇宙（自然界）的关系中，便是人是宇宙的“本质镜”[②]。“控制着宇宙的自然法则支配着人脑，而人脑又以自身表现整个宇宙的能力。”脑是宇宙的反映在人脑内，储存着整个宇宙的信息。要达到这一点，宇宙、地球、生命，人类正是经过了漫长的岁月。从宇宙起源的大爆炸开始，到银河系、太阳系、地球产生，再到地球上最初的生命出现，然后出现细菌、蓝绿藻和真核细胞繁盛的时代，之后，在新生代和寒武纪（无脊椎动物兴盛），奥陶纪（第一条鱼，第一个脊椎动物出现了），志留纪（原始维管植物，植物开始登陆），泥盆纪（原始昆虫出现，动物开始登陆，第一个两栖动物和原始飞行昆虫出现了），石炭纪（原始树林、原始爬行类出现），二叠纪（原始恐龙出现），三叠纪（原始哺乳动物出现），侏罗纪（始祖鸟出现），白垩纪（原始无花植物，恐龙灭种），中生代，新生代和第三纪（原始鲸目动物，原始灵长目动物，灵长类动物大脑额叶的早期进化，原始类人猿，高级哺乳动物繁盛），第四纪（原始人出现），通过不断进化和改造自身，最终到了现在的情

① 马克思：《资本论》第 1 卷，人民出版社 1975 年版，第 67、73、78 页。

② 程广云：《人：宇宙的“本质镜”》，《江汉论坛》1987 年第 10 期。

况。[1] 科学证明不稳定性造成的“对称破裂”是物种形成过程的原因。“从最初的动物中，主要由于进一步的分化而发展出无数的纲、目、科、属、种的动物，最后发展出神经系统获得最充分发展的那种形态，即脊椎动物的形态，而最后在这些脊椎动物中，又发展出这样一种脊椎动物，在它身上自然界达到了自我意识，这就是人。”[2] 人类本身是自然的产物，属于自然的一部分，通过人类群体劳动——实践，在人类身上，自然界、人类达到了觉醒，即自然界也在人类身上达到了觉醒。实践只属于人类，实践决定了人之为人的内在成因。实践是人类的本体，是人类存在及发展的基本方式，使人类具有反映宇宙的本质的能力。

二、人类是宇宙的本质镜

人类生命源于宇宙大生命而为宇宙进化过程中的最高产物。天高地厚，造就了生命，生命的进化造就了人类，而只有人类才有灵明知觉。人的生命来自宇宙，人的生命是宇宙进化形成的人赖以认识宇宙的器官，人的思想有宇宙进化所形成的人赖以认识宇宙的功能。宇宙运动是有规律的、有秩序的运动，如果没有人，宇宙就没有它的“本质镜”，这种规律、这种秩序就不能被认识，不能被阐明，不能被运用。只有有了人，宇宙的运动，乃至其存在本身才有了认识者。人是宇宙进化的推行者，宇宙“意志”的执行者。自然界的长期的、无穷无尽的发展进化，从人类身上达到了她的自我意识。正是“人：宇宙的‘本质镜’”。人类只是自然界极其渺小的一部分。韦斯科夫说：“正是在这里，开始了宇宙中最伟大的长征——自然界以人类的形式开始认识自己。”[3] 科学的发展，到了生物技术时代的来临，地球生命的起源和进化划分为心

---

① 刘东峰：《生命、地球、宇宙》，《科学时报》2001年8月21日。

② 恩格斯：《自然辩证法》，《马克思恩格斯选集》第三卷，人民出版社，1972年版，第456页。

③ 韦斯科夫：《二十世纪物理学》，科学出版社，1979年版，第22页。

智时代（石器时代，烟火时代，而至于核能的开发和利用，使人类达到烟火时代的顶峰）和生物技术时代。生物信息技术是推进新时代的发动机和最重要的特征。生物不断预见未来，然后选择如何反应。这是心智在活动，而心智正是多种神经性功能的产物，这当是大脑中神经网络的涌现特性即经过物质变精神的多次飞跃的产物。“生物技术革命将迫使我们每一个人审视我们所深信的价值观，使我们考虑最终的存在目的和存在意义。”①

“人的大脑中有1千亿个神经元，每个神经又分别有1千个到1万个神经键，都是一个信息加工系统。几百万年来，人类的大脑就是这样来对信息进行选择淘汰的，人脑的长处就是创造智慧。宇宙的‘本质镜’，作为一种观念，是积极反映了宇宙本质的观念。观念不是静止的镜子，而是有用的武器，有一套观念就有一套武器来应付对象，这些都是心理的功能。”② 人作为宇宙的“本质镜”，承担着反映宇宙本质的功能，人的这种功能，确切些说，人的大脑的这种功能，只有通过劳动和社会实践，才能完成反映物质世界本质的任务，同时，又以其劳动和实践活动才能创造出人为的世界。人们的生产实践、社会实践和科学实践是认识世界、改造世界、创造人为的世界的革命运动。正是劳动和实践不仅创造了人，而且是文明形成的基础和发展的动力。③

三、好奇心促使人们认识宇宙

宇宙是一个整体不断进行着物质、能量与信息交换并按照一定的互动原理运行着的总系统。在宇宙纷纭复杂的现象中，隐藏着深刻的同一

① 金鑫：《生物技术时代的到来》，《科学时报》2001年9月28日。

② 理查·罗蒂著，李幼蒸译：《哲学和自然之镜》中译本序，生活·读书·新知三联书店，1987年版，第3页。

③ 刘召峰：《正确对待好奇》，《人民日报》2000年10月12日；孙进己、干志耿：《实践是文明发展的动力》，《社会科学战线》2002年第4期。

性，这也就是宇宙万物的结构的全息性。[1] 人类的精神和任务是不断揭开大自然的层层面纱。人类精神的天性是怀疑和好奇，总在思索着自身的来历和周边自然界，不断深入了解自身在时空和人文环境中的定位问题，事实上，这正是客观世界发展要求达到“自我意识”在人的主观愿望上的反映。所谓鼓励科学家在好奇心驱动下研究工作，是因为科学家的这种好奇心是为了追究新的发现。好奇之心人皆有之，认识新事物，了解新事物，创造新事物，是人类独具的本领。正如爱因斯坦所说：我没有别的天赋，我只有强烈的好奇心；我没有什么别的才能，不过喜欢寻根究底地追问罢了。丁肇中说：“基础研究的原始动力是好奇心。”[2]“最重要的是要有好奇心。”“世界上没有人类不可以认识的事物，人类对世界的认识永远也不会终结。正是这种对自然王国的憧憬，推动着人类在认识自然、改造自然的斗争中走向文明与进步。从某种意义上说，没有好奇就没有新的发现、发明与创造，也没有人类社会的文明与进步。”“好奇心的本质是求知欲，是人类认识自然、改造自然的一种追求。它既有异想天开的特征，又是开启能力的钥匙，激发成功的动力。”[3] 好奇心的本质是变未知为知之。好奇心在人们的实践过程中发生，又通过实践来解决。宇宙的发展要求人们逐步认识宇宙，科学家的好奇心正是这种要求的体现。人们在社会中的不同地位形成了人们不同目的的好奇心，多种多样的好奇心构成了对宇宙总的探索的自然分工。为了人类的根本利益，要求人们主要致力于关心与人类的根本利益相关的根本问题。当人类的好奇心符合各种根本要求时，就能发挥出最大的作用，当人仍随着好奇心任意探索时，有时则会陷入对一些细枝末节的探索。但无论如何，人类的好奇心总体仍然是自然地形成对宇宙的总的探索，从而促进人类对宇宙的认识和文明的发展，人类的好奇心是科学

---

① 刘召峰：《正确对待好奇》，《人民日报》2000 年 10 月 12 日。

② 丁肇中：《探索物质和宇宙奥秘》，《科技日报》2001 年 7 月 20 日。

③ 刘召峰：《正确对待好奇》，《人民日报》2000 年 10 月 12 日。

发展的动力之一，同样也应是文明发展的动力之一。

文明的发展，就是人与自然，人与人，主观与客观的矛盾形成的众多因素共同作用的结果，是众多的动力相互作用的结果。

在人类文明发展的路途上，人们已经看到中华民族的一个古老而又新鲜的哲学命题“天人合一”观，经过漫长的历史性的探索与自然选择，将螺旋式升华为现代哲学命题，这一命题，即是人类与自然（宇宙、地球、生命），人与社会（如和平与发展、资源，环境，人口，科技创新……）在矛盾中统一，多元交融，和谐共存，从而迈入高级形态的“天人合一”的理想境界，达到更高的文明程度，使人类文明不断发扬光大。

“文明是实践的事情，是一种社会品质。”① 文明首先是人类实践活动创造的成果。实践的基本形式是劳动。劳动创造世界，创造了人类，创造了文明。如果没有劳动，没有实践，就不会有人类，也不会有人类的文明。劳动和实践只有属于人类，它不仅使人类创造了文明，也推动着人类文明不断向前发展。

让我们为加强物质文明、政治文明、精神文明建设而努力奋斗吧！

---

① 《马克思恩格斯全集》第 1 卷，人民出版社，1975 年版，第 166 页。

附录3
宇宙的三个圈及理智圈的形成

千志耿　孙进己

人类创造的文明，就是自然界自发衍化所不能生成的客体，即是人造的物质世界和精神文明世界，或者说是人造的客观世界。为了在对自身生活有用的形式上占有自然物质，人就使他身上的推动力——臂和腿，头和手运动起来，当他通过这种活动作用于他身外的自然，并改变自然体时，也就同时改变了他自身的自然。实际地创造一个对象世界，改造无机界的自然界，这是人作为有意识的类的存在物的自我确证。这一人造的客观世界，是物质的存在和精神的存在的综合体。在客观层次上，这种综合性的实在的客体，称之为“理智圈”。这个名词的概念，是早年旅居中国的法国学者德日进所造出来的。最初的含义是生物圈以外的思想意识圈层。后来俄国学者维尔纳德斯基重新定义为：人类按其意志、兴趣和利益而重新塑造的生物圈，即人类影响和控制的特殊的生态系统。这个理智圈，实际上就是人类所创造的文明圈。至今，能为人类实践所能感知的客观实在，如果以“圈”的概念来划分，概括为三个圈层，或三个大的系统、层次，即“宇宙圈”、“生物圈”和“理智圈”。

一、宇宙的三个圈

宇宙圈，就是广袤无边的、变化时间大尺度的或瞬时的、永远只发生物理作用而演变着的客体，包括大部分宏观、宇观、胀观和微观、渺观的五观[①]客体，即非生命物质及其运动。有的学者称其为“死物”。[②]自然界的物质在恒动中产生太阳辐射波、光能、雷电等宇宙生命效应，人类的生物物质在恒动中产生语言、思维等生命效应，宇宙间一切生物体都有新陈代谢与异化分解的特征，构成生物体生长消亡、质能守恒的相对规律；并认为天体恒动控制人类的“无意识”系统，此系统又控制人的生物节律。

生物圈，在浩瀚无际的宇宙空间，人类迄今认识的生物圈只限于太阳系中地球上的生命活动，即存在生命现象、生态系统，所以，“生物圈”存在的空间范围很微小，存在的温度范围很狭窄，地球上出现生命后的历史也很有限。生命发展的基本特征是进化，而生命进化过程相对而言是极其漫长的。在浩瀚无际的宇宙中，有可能存在着类似地球这样的有生命现象，有理智现象的星球，但至今除地球外，还没有发现。生物圈以宇宙圈为母体，又是它的特例。理智圈，是人类的最伟大的创造。人类是自然界亿万年进化已臻完美的结晶。在人类出现和发展过程中，特别是人类社会进入文明时代以来，在生物圈内部，逐渐构筑起了决定人类命运的理智圈，使人类社会构成独立系统，按社会发展规律运动着。

“理智圈”是人类社会的文明发展到一定阶段才出现的。它的出现，使人类成为生物圈内部的一个超常力量，一个迅速增强的影响和控制因

---

① 钱学森：《科学的艺术与艺术的科学·我们要展望二十一世纪》，人民文学出版社，1994年版，第139—140页。李国栋在《当代物理学与宏微介宇生观世界》一文中提出的“五观世界”是宏观、微观、介观、宇观、生观（《现代物理知识》第8卷第4期）。把胀观包括在宇观之内，把渺观包括在微观之内，在宏观与微观之间分出介观，再把生命现象列为生观。

② 郝柏林：《关于理论物理与理论生命科学的一些思考》，《科技导报》1996年第4期。

素"，"持续不断地影响和改造生物圈和地球环境。随着文明的发展，人类对自然界的影响和控制力愈来愈大。虽则如此，理智圈必须谋求与生物圈的协调发展，共生共荣。理智圈，以宇宙圈、生物圈为母体，又是它们的特例，即是人类影响和控制的特殊生态系统。人类是湿地生态系统的极其重要的成分。理智圈，与卡尔·R·波普尔的"世界3"是完全相通的。"世界1"是物质的，"世界2"是精神的，"世界3"是人类自己创造出来的世界，即是"作为人造物的第三世界"。"第三世界"、"理智圈"和"文明圈"实际是从不同的研究角度出发而作出科学命名的名称。"世界3"是从哲学或者科学学的角度出发而命名的。"理智圈"是从文化学的角度定名的。"文明圈"则是哲学、社会学和历史学相综合而形成的概念和名称，或人文社会科学给出的名称。

二、划分三个圈的意义

"宇宙圈"，或宇宙演化圈；"生物圈"，或生物进化圈、生态系统进化圈；"理智圈"，或人文理智圈、"世界3"、"文明圈"，这种用"圈"的概念来表述这三个层次就叫做"圈层"。这三个圈层，是根据物质的稳定性原理和存在学、对象学的规定性，即依照事物根本不同的性质（本质）和运动的根本不同的形态，以及客观世界由低级运动形态向高级运动形态发展和高级运动规律不违反低级运动规律的客观事实，或者说，按照事物不同层次的不同时间跨度和不同空间范围的不同的自组织系统的存在物所组成的情况，来划分出演化的宇宙自组织系统，进化的生物自组织系统，进步和发展的人类社会的理智自组织系统。上面所说的"圈"或"圈层"，犹之乎是一个界，或者是一个大的领域、大的系统。这种圈是开圈而不是闭圈，即是开放的圈，而不是闭合的圈，三个圈之间存在着密不可分的联系。没有宇宙就没有地球，没有地球就没有生命，没有生命就没有人类，没有人类也就无所谓理智、文明。从哲学上考虑，没有宇宙也一定会有别的什么。总之，"没有这便必然会有那”。回过头来说，人类对地球环境和生物圈的影响和作用也是明显的，并且正在愈益增强，人类为了自身的发展和繁荣必须做到人类和自然的和谐发展。在130年前，马克思就指出：文明如果是自发的发展，则留给自己的是荒漠。这是他对世界上若干古老文明之所以衰落的教训的总结。对于整个宇宙来说，人类尚难对之有明显的影响。但没有人类，宇宙也就没有了它自己的“本质镜”。[①] 或者宇宙在别的什么地方还有它的人类尚未知晓的“本质镜”。恩格斯说过：“在它身上自然界达到了自我意识，这就是人。”[②] 随着时间的流逝，人类自身素质的不断提高，科学技术的飞速发展，社会的持续发展和进步，人类为着自身的发展而施加于星际空间的影响也必然会愈益明显，如人类向宇宙进军的时代到来的时候。穷根究底，是人类文明构造和发展着“理智圈”。这是人类灵悟巧思的创造物。对人类的进步和发展而言，它更是自然所不能自发衍化生成的客体而是“人造物”的世界。理智圈，作为人类文明的生动体现，这正是主观和客观相统一的存在物，是人与自然关系的合自然规律性和合人类目的性的统一，或简括为合规律性和合目的性统一，即求真与需要的统一。所谓合目的性，就是“人则把自己的生活活动本身变为自己的意志和意识的对象”[③]。所以这正是主观和客观相统一的存在物。对理智圈作出定性、定位、定向，就是对文明作定性、定位、定向，概括地说，这是一种具有主观与客观相统一的特点的实体。这是只有人类才能做得到的事情。本来，人类的创造总是人的主观活动（能动）的表现，但这种主观的活动要获得成功，又不是以人们的意志为转移的，而必须是符合事物发展的客观规律的。人类在不断实践的过程中，反复总结经验和教训，才认识到这种客观规律，才创造出人为的客

① 程广云：《人：宇宙的“本质镜”》，《江海学刊》1994年第4期；千志耿、孙进己：《文明论笔记》（正），《东北亚文化研究》，中州古籍出版社，1995年版，第15页。

② 恩格斯：《自然辩证法》，《马克思恩格斯选集》第三卷，人民出版社，1972年版，第456页。

③ 马克思：《1844年经济学哲学手稿》，人民出版社，1979年版，第50页。

观世界——人造的物质世界，创造出人类文明，创造出理智圈。由此，可以解释明白何谓“理智圈”？“理”即道理，可以解释为客观规律性；“智”即智慧，是灵悟巧思的认识；“圈”即是层次、界域、领域、系统之意。合之，即谓“规律与认识相统一的系统”。理智圈，也就是文明圈。在中国历史上，曾有过与“理智圈”相近的提法。《周易》中有“智周乎万物，而道济天下”。孔子认为“智者不惑”。《淮南子·主术训》中有“智圆者无不知也，行方者有不为也”。这里的“智周”、“智圆”有周全、圆全的意思，即圆周、圆圈。① 应该说，这是理智圈思想的萌芽。

三、宇宙五代自组织系统

还有一种分法，从对象学的角度考察，提出宇宙发展至今出现的不同的自组织系统，分为“宇宙五代自组织系统”。宇宙第一代自组织系统，是宇宙自身，即胀观世界，称自足自组织系统，是从宇宙中获取物质、能量、信息的自控自调系统，不断进行周期性的大爆炸和大坍塌。② 宇宙第二代自组织系统，有恒星、太子、原子等，是胀观、宇观、宏观和微观、渺观世界，这是宇宙大爆炸后经 1 秒和 3 分钟后形成的自组织系统，称“物能自组织系统”，它们通过与外界进行物能的交流，作演进、变化。宇宙的第三代自组织系统，是生物界，生物靠着本能与外界作物质、能量、信息交换，自调自控，衍生后代，生存、发展、演进，称“非知自组织系统”。宇宙第四代自组织系统，是智慧生物，即如地球上的人类，人具有内对象和外对象，能够利用对象，又能认识、改造、创造对象，人能自知地作为对象，但还有大量非知对象，称“半非知或半自知自组织系统”。宇宙第五代自组织系统，是人类创造的比人类更聪明的自知自组织系统，即群体：社会、国家等，人类正

① 郑一奇：《史学——智慧之学》，《光明日报》1996 年 7 月 2 日。

② 〔英〕《自然》，1996 年 9 月 19 日。

在创造一个人类地球系统，一个能将现代人类系统作为对象为新人类，人球系统的建成，将是宇宙史的革命性事件。[①] 这宇宙五代自组织系统与宇宙三圈层自组织系统的关系是宇宙的第一、第二代自组织系统属于宇宙圈的范畴；第三代自组织系统和第四代自组织系统的一半非知系统属于生物圈的范围；第四代的另一半自知自组织系统和第五代自知自组织系统属理智圈范围。“代”是一个时间秩序的概念，“圈”是一个空间分布的概念。“三圈”、“五代”在客观上是能够统一起来的。这三圈五代以“自主的自生的内源的发展形态”和“外迁的后发的依附的发展形态”相互交叉的过程、方式而发展着。从方法论上看，已可算得是“形式化终极抽象”。《宇宙五代自组织与对象》一文的作者认为“哲学要研究一切自组织系统的对象，但重点是研究第四代自组织系统人类的对象”。其实，人类作为自我对象学的对象，也正从哲学中分离出来，“人学”与哲学并不是同一个学科，而是以哲学的对象学科而存在、发展着。

① 陶同：《宇宙五代自组织系统与对象》，《百科知识》1996 年第 3 期。

附录 4
对人类形成时间及过程的不同看法

孙进己　干志耿

关于劳动创造了人这一命题是人类历史中的重要论题，从恩格斯于19世纪晚期提出以来，100多年考古发展的历史已经充分证明了这点。但其中提法至今尚有不同认识，因此特著文探讨于下。

一、恩格斯提出的劳动创造人的理论

关于劳动创造了人和人类社会这一命题是由恩格斯首先提出来的。恩格斯把劳动创造人的过程，划分为两个大阶段，正在形成中的人和完全形成的人。每个阶段又分别各经过三个主要步骤。

恩格斯在论证“正在形成中的人”的三个主要发展步骤时提出：直立行走和手的自由、语言的产生、人的脑髓形成思维能力的发展，是人在形成中三个重要发展步骤。

第一步，从猿转变到人的具有决定意义的一步是直立行走和手的自由。

恩格斯指出：“这些猿类，大概首先由于它们的生活方式的影响，使手在攀援时从事和脚不同的活动，因而在平地上行走时就开始摆脱用手帮助的习惯，渐渐直立行走。这就完成了从猿转变到人的具有决定意义的一步。”①

又说：“如果说我们遍体长毛的祖先的直立行走，一定是首先成为惯例，而后来才渐渐成为必然，那么必须有这样的前提：手在这个时期已经愈来愈多地从事于其他活动了……我们的祖先在从猿转变到人的好几十万年的过程中逐渐学会了使自己的手适应于一些动作，这些动作在开始时只能是非常简单的……但是具有决定意义的一步完成了：手变得自由了，能够不断地获得新的技巧，而这样获得的较大的灵活性便遗传下来，一代一代地增加着。所以手不仅是劳动的器官，它还是劳动的产物。”②

恩格斯并指出手的自由和脚的直立对整个人体带来影响，他说：“人手的逐渐灵巧以及与此同时发生的脚适应于直立行走的发展，由于这种相关律，无疑地也要反过来作用于机体的其他部分。”③

第二步，是语言的产生，和劳动一起成为人类形成的两个主要推动力。

恩格斯指出：“劳动的发展必然促使社会成员更紧密地互相结合起来，因为它使互相帮助和共同协作的场合增多了，并且使每个人都清楚地意识到这种共同协作的好处。一句话，这些正在形成中的人，已经到了彼此间有些什么非说不可的地步了。需要产生了自己的器官：猿类不发达的喉头，由于音调的抑扬顿挫的不断加多，缓慢地然而肯定地得到改造，而口部的器官也逐渐学会了发出一个个清晰的音节。语言是从劳动中并和劳动一起产生出来的……”④

第三步，人的脑髓的形成和思维的发展，这是正在形成中的人成为完全形成的人所必须经过的最后一步。恩格斯指出：“首先是劳动，然

---

① 恩格斯：《劳动在从猿到人转变过程中的作用》，《马克思恩格斯选集》第三卷，人民出版社，1972 年版，第 508—509 页。

② 同上书，第 509 页。

③ 同上书，第 510 页。

④ 同上书，第 511 页。

后是语言和劳动一起，成了两个最主要的推动力，在它们的影响下，猿的脑髓就逐渐变成人的脑髓……在脑髓进一步发展的同时，它的最密切的工具，即感觉器官，也进一步发展起来了。”① 又说：“脑髓和为它服务的感官、愈来愈清楚的意识以及抽象能力和推理能力的发展，又反过来对劳动和语言起作用，为二者的进一步发展提供愈来愈新的推动力。”②

这样正在形成中的人走到了最终与猿分离的时刻——“正在形成中的人”成为了人。恩格斯认为正在形成中的人转变为人后，“这种进一步的发展，并不是在人最终同猿分离时就停止了，而是整个说来仍然大踏步地前进……”③ 这种前进表现在人类社会的产生，能够制造工具，转变为有目的地劳动。

第一步，新的因素——社会的产生。有了社会这一劳动集体，人类才有了分工协作，使劳动专门化，有了产生工具的可能。工具的产生才得以传播和继承成为社会生产力。

恩格斯说：“由于随着完全形成的人的出现而产生了新的因素——社会。”④ 恩格斯把社会的出现放在制造工具之前，作为制造工具所以有可能的条件。这是因为只有有了人类社会，才有了分工协作，分工协作使人类劳动专门化，使人们的经验得以积累，才有了制造工具的可能。也只有人类社会的存在才使人们制造的工具得以传播和继承成为社会生产力，而不是仅成为偶然的发明，而自然消失。

第二步，制造工具。

恩格斯说：“人类社会区别于猿群的特征又是什么呢？是劳动……劳动是从制造工具开始的。”又说：“最古老的工具……是打猎的工具和

① 恩格斯：《劳动在从猿到人转变过程中的作用》，《马克思恩格斯选集》第三卷，人民出版社，1972年版，第512页。

② 同上。

③ 同上。

④ 同上。

捕鱼的工具，而前者同时又是武器。”①

由于工具的制造，人们日益获得了更多的肉食，脑髓因此得到了比过去多得多的为本身营养和发展所必需的材料。肉类食物引起了两种新的有决定意义的进步：火的使用和动物的驯养。

第三步，人的劳动转变为有目的的劳动。人会制作工具后，逐渐还懂得依靠工具可以有目的有计划地改造自然。人的劳动转变为有目的。

恩格斯指出：“……人离开动物愈远，他们对自然界的作用就愈带有经过思考的、有计划的、向着一定和事先知道的目标前进的特征。”②又说：“动物仅仅利用外部自然界，单纯地以自己的存在来使自然界改变；而人则通过他所做出的改变来使自然界为自己的目的服务，来支配自然界。”③

这样恩格斯认为完全形成的人最终形成了，完成了从猿到人的过程。

恩格斯提出的这些理论，经过一百多年的学术发展证明了是基本正确的，但有些提法却不够明确，需要进一步阐明。

首先，恩格斯一方面说：“由于随着完全形成的人的出现而产生了新的因素——社会。”④ 但在后文他却又说：“动物仅仅利用外部自然界，单纯地以自己的存在来使自然界改变，而人则通过他所做出的改变来使自然界为自己的目的服务，来支配自然界。这便是人同其他动物最后的本质的区别……”⑤ 这里就存在矛盾，既然前面已是“完全形成的人”，后面却又说以后才形成“人同其他动物最后的本质区别”。

同时恩格斯还指出：“如果我们需要经过几千年的劳动才稍微学会

---

① 恩格斯：《劳动在从猿到人转变过程中的作用》，《马克思恩格斯选集》第三卷，人民出版社，1972 年版，第 513 页。
② 同上书，第 516 页。
③ 同上书，第 517 页。
④ 同上书，第 512 页。
⑤ 同上书，第 517 页。

估计我们生产行动的比较远的自然影响，那末我们想学会预见这些行动的比较远的社会影响就困难得多了。”① 这里表明达到“人同其他动物的最后的本质区别”还要经过一个漫长过程。

因此，我们认为恩格斯前面一个提法“完全形成的人”应该修正。不能说当时已是“完全形成的人”，而只能说是“已经形成的人”，只有到第三步出现了最后的本质区别，才成为“完全形成的人”。这就是说：在从猿到人的过程中，经历的第一个阶段、人的特征逐渐占了主导地位，这就不是“正在形成的人”，而是“已经形成的人”了。但还必须再经历第二个阶段，进一步消除人身上的猿的残余，继续大踏步的前进，才能最终成为“完全形成的人”。恩格斯这一提法的模糊，也影响了苏联一些学者产生认识混乱，把最后“完全形成的人”和“已经形成的人”相混淆。

其次，有一个问题必须提出讨论，即恩格斯一方面明确说：“劳动是从制造工具开始的。”② 而另一方面却又一再说：“手不仅是劳动的器官，它还是劳动的产物。”“语言是从劳动中并和劳动一起产生出来的。”“首先是劳动，然后是语言和劳动一起，成了两个最主要的推动力，在它们的影响下，猿的脑髓就逐渐地变成人的脑髓。”③ 这些后面说的“劳动”，按其次序都是产生在制造工具之前的。那么前面所称的“劳动”和后面所说的“劳动”有什么区别呢？

对此林耀华主编的《原始社会史》有一个解释，他认为：“南猿采用天然木石作为工具，只是一般的劳动，广义的劳动。人类特有的真正的劳动，是从学会制造工具开始的，这也可以说是狭义的劳动。我们认为，广义的劳动应该包括从猿到人过渡阶段的劳动，否则，恩格斯所精辟论述的《劳动在从猿到人转变过程中的作用》，其中的劳动一词就无

---

① 恩格斯：《劳动在从猿到人转变过程中的作用》，《马克思恩格斯选集》第三卷，人民出版社，1972 年版，第 518 页。

② 同上书，第 513 页。

③ 同上书，第 509、511、512 页。

法理解。从猿到人过渡期间的生物，正在形成中的人，是由于长期使用天然的木棍和石块，一代又一代地从事广义的劳动，才获得动力，逐步转变为完全形成的，即真正人类的。"①

我们认为这一说法基本上是可以的，但与其用广义的劳动和狭义的劳动来区别，不如用"正在形成中的劳动"和"真正的劳动"来区别。应该理解为劳动是和人一起形成的。与正在形成中的人相适应的是"正在形成中的劳动"。是这种正在形成中的劳动，促使了正在形成中的人成为"已经形成的人"。与此同时正在形成中的劳动，就转变为真正的劳动。

第三，苏联科学院民族研究所编《原始社会史——一般问题，人类社会起源问题》认为："按照马克思的意见，在劳动作为有目的的、有意识的活动出现之前，还有一个人类劳动尚未摆脱最初的本能形式的状态的时期。"并认为："在谈到原初劳动的本能性质时，马克思指的是这种活动不为意志和意识所左右，不带有目的性，按其自身机制是动物性的活动。"②

在这里，他们是没有理解马克思的真正意思。马克思指的是这种人类劳动尚未摆脱最初本能形成的状态，但并未认为这种劳动完全属于最初本能形式状态。马克思明确指出这种劳动的二重性和过渡性，并已经称之为"人类劳动"，因此不能片面解释为"按其自身机制是动物性的活动"。

二、对"正在形成中的人"认识上的分歧

自从恩格斯于 1886 年提出"劳动在从猿到人转变过程中的作用"这一理论以来，一百多年人类学发现了大量资料，充分证实了这一光辉的论断。从 1300 万年前的腊玛古猿，到 500 万年前的南方古猿，200 万

---

① 林耀华主编：《原始社会史》，中华书局，1984 年版，第 28 页。

② 苏联科学院民族研究所：《原始社会史——一般问题，人类社会起源问题》，浙江人民出版社，1988 年版，第 255 页。

年前的能人，30 万年前的直立人，经过 20 万年前的古人，最后到 5 万年前的智人。大体从猿到人的过程已能连贯排列出来。只是对他们的分期却有着相当分歧，大致主要存在两种不同意见。

一种以中国学者吴汝康、林耀华为代表的观点，① 将腊玛古猿和南方古猿称为“正在形成中的人”，而将能人、直立人就看做“完全形成的人”。

另一种是以苏联学者 Б. П. 阿列克谢耶夫，Ю. Й. 谢苗诺夫及 А. И. 别尔什茨为代表的观点。他们把南方古猿和能人称为“初期前人”和“晚期前人”，而把直立人和古人称为“正在形成中的人”，只把智人才作为“完全形成的人”。② 两者的区别显然是很大的。

林耀华说：“国际学术界一般认为人猿的最初分化是从大约 1400 万年到 800 万年以前的腊玛古猿开始的，腊玛古猿已处于从猿到人的过渡时期，是人类最初的祖先。”“……腊玛古猿的化石在亚、非、欧都有发现，但只发现了上、下颌骨和牙齿，学术界根据这些材料对腊玛古猿的系统地位及其生态环境进行了研究，推测他们生活在开阔的森林草原地带，已经能够直立行走，在生物学上可以归入人科。”③

苏联学者们则认为“腊玛古猿属灵长目森林古猿科。也承认他们的形态学性质特征有许多清楚地证明了人科综合形成的标志，以致使许多研究者认为从中看到了蕴涵着人科形成的最初的科或亚科。遗憾的是这些形态可能有的形态受到了它们那残缺不全的遗存情况的限制只找到了一些下颌骨的残片”④。

---

① 吴汝康：《人类发展史》，科学出版社，1978 年版，第 347—350 页；林耀华主编：《原始社会史》，中华书局，1984 年版，第 21—25 页。

② 苏联科学院民族研究所：《原始社会史——一般问题，人类社会起源问题》，莫斯科 1986 年版；蔡俊生等译，浙江人民出版社，1988 年版；〔俄〕А. И. 别尔什茨主编：《原始社会》，中央民族出版社，1987 年版。

③ 林耀华主编：《原始社会史》，中华书局，1984 年版，第 27—32 页。

④ 苏联科学院民族研究所：《原始社会史——一般问题，人类起源问题》，浙江人民出版社，1988 年版。

但 1980 年，在我国云南省禄丰县新生代上新世地层中发现了一具约 800 万年以前的腊玛古猿头骨化石。“……颅骨内面保存有较完整的颅内膜，还有颌骨和牙齿，特别是保存着枕骨大孔的结构。这不但能测定其脑量，而且能够根据枕骨大孔的位置和结构直接而可靠地判断腊玛古猿是否能直立行走。这对确定腊玛古猿在从猿到人进化系统中的地位，研究人类起源和进化提供了极为珍贵的原始科学资料。”①

如果依据这个新资料，确实能把腊玛古猿定为可以直立行走，是可以考虑把它列入人科之中，作为从猿到人最早的起点。此外林耀华介绍了李基的研究。李基研究了特南堡发现腊玛古猿（肯尼亚古猿威氏种）的地层的情况。那里的中新世晚期地层中有成千成百已经灭绝的哺乳动物群化石骨骼。他找出好几百件这类被砸破了的化石头骨，有的鹿角连着一块脑袋破片，有的小腿骨也被打破。附近一道发现的就是石块。因此，李基说：“这里呈现出一个有效的证据，因而有力地提出上中新世的人科肯尼亚古猿威氏种已经用石块砸开动物的头盖骨，为了取得脑髓和骨髓。”② 林耀华因而得出结论：“看来，腊玛古猿不仅吃植物，而且也吃肉，吃脑髓。他们还是天然工具的使用者，能够利用木石做工具进行劳动。”③ 并说：“有的研究者根据腊玛古猿的犬齿缩小似人，而且还有较小较浅的牙根，认为这是他们经常使用工具的标记。”④

依据这些资料，似乎确定腊玛古猿已能直立行走，手已经常使用工具，说明他们已具备正在形成中人的特点，把从猿到人的起头从此开始是完全可以的。而南方古猿的情况，比起腊玛古猿更有了巨大的进步。

林耀华认为：“从南猿发现的所有证据都说明他能够使用各种工具，能够进行劳动。从腕骨和拇指的掌骨看，南猿拇指很明显像现代人的，

---

① 林耀华主编：《原始社会史》，中华书局，1984 年版，第 29 页。

② 李基：《被中新世晚期人科成员砸破的骨头》，《自然界》第 218 卷第 5141 号（1968），第 528、530 页。

③ 林耀华主编：《原始社会史》，中华书局，1984 年版，第 31 页。

④ 同上书，第 31 页。

可以与其他四指对握，拇指和食指之间有精确的握力。从南猿的大小腿骨遗体可以看出他已具有近似现代人的直立行走姿势，足骨基本上是人的结构，同猿类的似手的足显然不同，枕骨大孔的位置同现代人很接近，直接朝向下方，不像猿类朝向后方，这表示颈部是垂直的。整个骨盆状态，也近似人。南猿躯干和手足，近于人，远于猿，表示他经过劳动，手足已分工，能够直立行走，利用双手掌握天然的木石做工具，进行各种劳动了。由于长期的劳动，手足越分工，身体越来越直立，影响到头部的发展，从而面部向后缩，头颅向上涨，脑量也逐步增长起来，这正符合于劳动创造人的发展规律。如果从头骨及其脑量大小和面骨连着下颌骨大小二者的比例来看，猿类头部约占三分之一，而面部却占三分之二，现代人则相反，头部约占三分之二，而面部只占三分之一；南猿的头部和面部比例各占一半，正在现代人和猿类的中间状态。因此，从外貌看来，南猿好像是又似人又似猿的形象。”①

苏联民族研究所编的《原始社会史》虽认为：“南方古猿与类人猿有很大差别，它们用后肢移动，具有自由的上肢，而且为了御敌和狩猎系统地使用着石块，木棍和其他自然物。但是，它们不生产，而且是借助于天然工具来适应环境。它们的体质形态纯粹是动物的。因此，关于他们的性质问题在专家们中间没有引起很大的争论。它们无疑地还不是人，而是动物，虽然很特别，与现今存在的一切动物都不一样。更确切地说，它们似乎可以被称作前人。”② 又说：“没有任何根据说它们在制作工具，但是，它们那里在某些骨头上面带有当作工具使用过的痕迹则是未可怀疑的。”③

从他们的论述看来，南猿用后肢移动，具有自由的上肢，会使用工具。已完全符合恩格斯所说的“正在形成中的人”的特点。绝不能强调

---

① 林耀华主编：《原始社会史》，中华书局，1984 年版，第 38—39 页。

② 苏联科学院民族研究所：《原始社会史——一般问题，人类社会起源问题》，浙江人民出版社，1988 年版，第 253 页。

③ 同上书，第 273 页。

因他们的体态中还存在动物的性质，他们还不会制造工具，就说他们“纯粹是动物”。应该说他们还不是人，但也不是纯粹的动物，而是处于从动物向人的过渡。把南方古猿列为正在形成的人显然是恰当的。

这里必须指出一点，即苏联学者在概念上的不明确。他们对“前人”和“正在形成的人”两个概念的界定是不明确的。所谓“正在形成的人”显然是说他们还未形成为人，而只是逐渐在形成一些人的特征。而所谓“前人”所说也是他们还不是人，但显然也具有某些人的特征。因此实际上两个概念所指是同一阶段，无法严格区分。苏联学者由于他们过分强调早期猿人的原始性把人的形成的起点过分延迟显然是错误的。

三、对“已经形成的人”和“完全形成的人”认识的不同

苏联学者和中国学者对“已经形成的人”和“完全形成的人”在认识上也有分歧。这表现在关于再下一阶段的是在二三百万年前的能人的认识。各方面的资料都证明能人已能制造原始的工具，并建造简单的居住地。无疑能人既已能制造工具，他们已应算做已经形成的人。因为人和动物的根本区别就在于能否制造工具，但苏联学者们过分强调“最古老石制工具的全部特征都证明，它们不是有意志有意识活动的结果，而是条件反射活动的结果”①。因而把能人仍视为前人称为“晚期前人”。但无论如何在那些最古老的工具中，也已看到原始人的一定意志的因素，何况最初工具的产生不一定需要有意志有意识活动。这种有目的的活动是我们人在制造工具使用工具并获得生产成果后逐渐形成的。因此把能人看做前人是不应该的。它无疑已属于“已形成的人”。

由于一般学者把能人称为“早期直立人”，因此往往把以后出现的直立人称为“晚期直立人”。晚期直立人大约生存在 150 万年到 20—30

① 苏联科学院民族研究所：《原始社会史——一般问题，人类社会起源问题》，浙江人民出版社，1988 年版，第 298 页。

万年以前。北京人就是其中的一种。

晚期直立人的脑容量平均为 1059 立方厘米，大约等于现代人平均数的 80%，和猿相比已大了一倍，已有了人工制造的各类工具和一整套技艺，已会使用火。这些充分表明他们已是“已经形成的人”，而不能像苏联学者他们所说的还是“正在形成的人”。正在形成中的人显然还不是人，还未形成人。但晚期直立人明显已是人。但这还不属于“完全形成的人”，林耀华等中国学者称这为“完全形成的人”也不当。

苏联学者还有一种看法，似乎只有到了智人，人的体质的发展已基本完成了，才称做“人”，这是没有真正理解从猿到人的过程。从猿到人应该包括两个基本阶段，正在形成中的人和已经成为人后的发展，不能认为一旦人制造了工具，猿已成为人了，就再不发展了。猿成为人以后为去除猿的残余特征，人还要经过相当长时期的进化。因此，从能人、直立人到智人的发展正是“已经形成的人”到“完全形成的人”的发展。

苏联学者还否定一种观点：即“认为直立人尤其是尼安德特人已经是真正的‘成熟的’人们，而他们的联合体也是真正的人类社会。因此，‘原始人群’这一术语对于该社会还不适用”。这种观点的拥护者实际上否认了存在着人类社会的形成时期，在他们看来，人的动物祖先群体转变为人类社会是在一瞬间发生的。①

他们的责难是不能成立的。如果承认古人已是真正的人和成熟的人同时，承认从猿到人的转变过程从腊玛古猿、南方古猿、能人、直立人已经历了漫长的时期，就不存在一瞬间发生之说。

苏联学者认为“古人时代是人类社会形成的结束阶段”。“由远古人类向古人阶段的转变发生在大约 20—30 万年前。人的机体类型的改变，为生产活动的发展，因而也为正在形成中的人的一切其他经济形式的发

① 苏联科学院民族研究所：《原始社会史——一般问题，人类社会起源问题》，浙江人民出版社，1988 年版，第 248 页。

展创造了新的条件。”① 这个提法基本是正确的，确实古人时代已进入人类社会形成的结束阶段。此时形成的已是“完全形成的人”。但在此之前的直立人就不能还是“正在形成中的人”，而是“已经形成的人”，而能人、直立人已是“已经形成的人”，而不是“正在形成的人”，这样古人才能进入人类社会形成的结束阶段，成为完全形成的人。

但林耀华等把能人、直立人称为“完全形成的人”也是不妥当的，无疑是受了恩格斯用语不确切的影响，应该改称能人、直立人为“已经形成的人”就比较确切了，也能解释这种“已经形成的人”存在许多原始残余的问题。

① 苏联科学院民族研究所：《原始社会史——一般问题，人类社会起源问题》，浙江人民出版社，1988 年版，第 407 页。

附录 5
理智圈的三个层次

干志耿　孙进己

理智圈，作为人类进入文明阶段以后的社会系统，仍然是按生产方式、经济基础与上层建筑之间的矛盾运动和发展的。它们之间的关系，概括起来是一个概念，两个方面，三个层次。① 一个概念，即理智圈或文明圈；两个方面，即物质文明、精神文明；三个层次，即生产力、生产关系（经济基础——生产关系的总和）、上层建筑。在这里，新的生产力与生产力相适应的生产关系；新的经济基础，与经济基础相适应的上层建筑在这几组矛盾相适应的情况下，整个社会就会获得发展的爆发力，能够以跃进式的发展进入现代社会行列，这就象征着理智圈的发展、文明的发展和升华。理智圈就是人类社会系统，再把理智圈划分为若干小圈，即是生产力、生产关系——作为生产关系总和的经济基础、上层建筑等，这也是三个圈层。以下按三个圈层再作阐述。

① 孙鼎国：《文明的三重区分与中国现代化的三重任务》，《当代哲学前沿问题探索》，中共中央党校出版社，1996 年版，第 227 页。

一、生产力

在生产方式中，生产力是起决定作用的因素。“历史中的决定因素，归根结底是直接生活的生产和再生产。”① “人类的生产活动是最基本的实践活动，是决定其他一切活动的东西。”② 而生产活动中起决定作用的则是生产力。“马克思主义的基本原则就是要发展生产力。”③ “在生产力圈层内，从微观的角度来看，生产力有三要素即具有一定素质的劳动者、生产工具、劳动对象。从宏观角度来看，生产力包括科学技术、产业构成、生产力组织这几个要素。”所谓解放和发展生产力，首先就是解放生产力中人这个最活跃的因素，优化和发展人的生命存在，“赋予在生产力中的中心位置和新的含义”，即使人“自由自觉”地开拓新的生产力，这正是建设物质文明的实际内容。在生产力系统中，各种因素的关系并不是平衡的，只有“科学技术是第一生产力”④。科学技术是产生和规定直接作用于自然界的物质力量的能力，是产生新的技术、新的生产力的第一源头活水，是唯一具有决定意义的生产力。有人称其为“原生产力”，也有人称其为“母生产力，是推动生产力发展的原动力”⑤。开拓先进的科学技术，也就是建设高度物质文明的首要之义，建立真正的人类理智圈首选之举。“科学是一种在历史上起推动作用的、革命的力量。”⑥ 每一次科学技术的突破都在改变着人类自身的命运。

① 恩格斯：《家庭、私有制和国家的起源》，第一版序，《马克思恩格斯选集》第四卷，人民出版社，1972年版，第2页。

② 毛泽东：《实践论》，《毛泽东选集》第一卷，人民出版社，1991年版，第282页。

③ 邓小平：《政治上发展民主，经济上实行改革》，《邓小平文选》第三卷，人民出版社，1993年版，第116页。

④ 邓小平：《科学技术是第一生产力》，《邓小平文选》第三卷，人民出版社，1993年版，第274—276页。

⑤ 苗乐升：《试论科学是原生产力》，《光明日报》；朱相远：《科技——新生产力之母》，《科技日报》。

⑥ 恩格斯：《在马克思墓前的讲话》，《马克思恩格斯选集》第三卷，人民出版社，1972年版，第575页。

技术“会揭示出人对自然的能动关系，人的生活的直接生产过程，以及人的社会生活条件和由此产生的精神观念的直接生产过程”[①]。科学技术是推动现代经济发展的最重要的动力，创造新文明的强大杠杆。[②] 邓小平对当代生产—技术—科学转变为科学—技术—生产的发展机制，概括为：“现代科学为生产技术的进步开辟道路，决定它的发展方向。许多新的生产工具，新的工艺，首先在科学实验室里被创造出来……理论研究一旦获得重大突破，迟早会给生产和技术带来极其巨大的进步。当代自然科学正以空前的规模和速度，应用于生产，使社会物质生产的各个领域面貌一新。”[③] “人类智力的最根本的发明是：语言、逻辑和科学。”“语言是几十万年前发明的”，“逻辑是几千年前发明的”，“真正意义的科学至今仅仅存在几百年”。[④] 语言文字、逻辑和科学，都不属于上层建筑范畴，都是没有阶级性的。“科学是人的智力发展中的最后一步，并且可以被看成是人类文化最高最独特的成就。它是一种只有在特殊条件下才可能得到发展的非常晚而又非常精致的成果。”“在我们现代世界中，再没有第二种力量可以与科学思想的力量相匹敌。它被看成是我们全部人类活动的顶点和极致，被看成是人类历史的最后篇章和人的哲学的最重要主题。”[⑤] 总之，清醒的文明大体上与科学是同义语。科学的世界观、价值观和科学精神是人类文明的重要标志，加快和加紧高新科学技术的发展，就是发展先进生产力，这也就是构筑人类的文明理智圈的真实基础。同时，要实施可持续发展战略。“环保之母”雷切尔·卡森1962年的《寂静的春天》，提出了20世纪人类生活中的一个重要问题，就是地球自身的极限影响人类进化的认识。这是20世纪最

① 马克思：《资本论》第一卷，人民出版社，1975年版，第409页。

② 张锡杰：《科学技术是创造新文明的强大杠杆》，《科学日报》1996年6月10日。

③ 邓小平：《在全国科学大会开幕式上的讲话》，《邓小平文选》第二卷，人民出版社，1994年版，第87页。

④ 李醒民：《论科学的精神价值》，《福建论坛》1991年第2期。

⑤ E. 卡西尔著，甘阳译：《人论》，上海译文出版社，1985年版，第263页。

重要的发现。“人类不能在忽视自然界，忽视地球的情况下发展，人类社会发展应当纳入到地球表层大系统之中，让人类社会、自然界的生物和地球环境在相互作用中协调进化。”① 实施科技和经济社会可持续发展战略，开展大规模的污染防治和生态环境保护，必须有完善的法律体系与环境保护的绿色工程。② 中国在“九五”期间，环保投资将达4500亿元。这是建立真正的文明理智圈的保证。只要采取正确的发展战略，世界必定走向光明。以上，主要讲人类理智圈中的生产力的圈层，包括对自然环境与自然资源的保护，实质上是对人类自身的保护；对人造自然、人造物质世界和先进生产力的创造，即符合客观规律的创造。在一次学术讨论中，把生产力的发展划分为“自然和谐的生产力”，“市场冲突的生产力”和“自由和谐的生产力”三个阶段，是接受了生态文明的观点并将之渗透到生产力问题研究过程为依据的。

类似的这种人与自然的关系的三段论式或三部曲式的连环套，即有：人类的古代是一个以探索和处理人类与自然的关系为主的时代，近代是一个以探索和改造人类与社会的关系为主的时代，现代是一个以探索和改造人类与自身性质关系为主的时代。与这三个时代相适应，人类改造自然的方式经历了“利用（远古）和增加（近古）自然物——改造自然物（近代）——制造自然物（现代）三个阶段；人类认识世界的方式经历了直观认识（古代）——反省认识（近代）——自觉认识（现代）三个阶段”；人类自身进化经历了“以（体力主要是）四肢进化为主（古代）——以（感觉主要是）五官进化为主（近代）——以（意识为主要是）智力为主（现代）三个阶段”等。以及“古代是一个解决人类与自然的矛盾为主的时代，近代是一个解决人类与社会的矛盾为主的

① 王长沛等编：《人怎样跨入新世纪——21世纪的教育》，科技文献出版社；宏音：《雷切尔·卡森——“环保之母”》，《生活与健康》1996年7月5日。

② 《中国的环境保护》，《人民日报》1996年6月5日。

时代，现代是一个以探究人类自身性质为主的时代”等。[①] 还有，生产力的历史是人与自然关系史，划为三阶段：一、适应利用自然；二、改造——征服和利用自然；三、协调人与自然之关系与利用自然。这里有一个人与自然关系和合自然规律性、合人类目的性问题。合人类目的性是永恒的。合自然规律性差别在于人对自然实践水平的差别，反映在上述三个阶段。[②]

有人认为：任何实体的本质是能量。而能（量）是人类活动的基础。人们物质生活质量的高低是由人们消费能（量）的水平决定的。因此，从根本上说一个文明所能掌握的能量，自然也是这个文明层次的很好的标志，人类发展的历史，就是人类追求能量的历史。科学技术发展至今，证明人类对能量的追求，已不仅仅只是原来意义上的物质能量的追求，而是转化为对智力能量的追求，特别是高智力能量的追求。掌握新知识，发挥高智力成为最根本的目标。

现在可以说，能基本上分为两类：物质的能量和智慧的能量，即能量与智能。“智能革命论”者认为：应以两种革命——能量革命和智能革命——来划分人类文明史，能量革命属文明前期史，智能革命为文明后期史。人类经历了四次能量革命，即摩擦取火，蒸汽机，电动机，核能利用。智能革命，是决定社会发展的新知识、高智力和智能机，高度信息化的智能化与高度自动化的智能化汇合，智能技术、灵境技术与生物技术相结合，电子仿生学与化学仿生学相结合，使智能机具有自组织能力，从“自动”进入“自为”，能自己修复、制造和改进。智能机是高智力的物质化所形成的高智力生产力，高智力是未来的第一生产力。从原始工具、简单机器、复杂机器，发展到智能机，它便是第四代生产力的代表。高智力和智能机是新一代生产力的两个基本要素。高智

① 章韶华：《需要—创造论》，中国广播电视出版社，1992年版，第3—4页。
② 尚东清：《论生产力概念的流变》，《洛阳师范学院学报》1996年第1期。

力——高生产力，是时代的标志，智能社会发展的关键。[①] 所以，智力开发是一个教育问题、文化素质问题，同时与饮食、营养、保健和脑科学等关系至为密切，应找到提高人类大脑皮层 pH 值等的人工方法。同时智慧来自对知识的终生不懈的追求，而想象力是知识进化的源泉。

智能革命将改变生产形式，即变直接劳动为间接劳动，人只需站在生产过程的旁边从事智力劳动，为消灭脑体和城乡差别创造条件，以发展竞争代替生存竞争，使人类进入智能社会。高智力便是智能社会的支柱，高智力劳动者成为社会劳动的主力军。

二、生产关系

生产关系——生产关系总和的经济基础，即人们在生产体系中的地位以及相互关系和人们在生产体系中对生产资料的关系两项及其结合。这是理智圈的又一个层面。人们的生产关系，只有到了文明时代才是构成理智圈的因素。原始人类社会中一个人所消耗的能量和物质与一个同体积的动物差不多。人对自然界的影响力也和普通动物差不多。随着人类文明的发展，人类对自然界的影响的控制力愈来愈大。所以，理智圈是随着人类社会文化发展到一定阶段才出现的，即与文明的出现是同步的，而且随着人类文明发展愈来愈大。从生产和经济的角度看，这个理智圈就是人类控制的生态系统，维尔德斯基所谓的“工艺圈”和“农艺圈”。从生产和生产关系的角度看，理智圈作为文明的表现，这就是一

① 张保生：《高智力是社会发展的关键——评董天湘著〈智能革命论〉》，《自然辩证法研究》1996 年第 7 期。高智力及其开发又是智能社会发展的关键之关键。智力与人脑是密不可分的。例如标记人类智力水平的智商（IQ 值）与大脑皮层的酸碱度（pH 值）存在某种联系。pH 值与 IQ 值成正比，大脑皮层的 pH 值越高，人的智力水平就越高。这是首次把人类智力水平用生物化学值进行标记。如果 pH 值在 6.99 到 7.09 之间，IQ 值就会在 63 到 128 之间。据研究，“大脑中专司某种行为活动的皮层厚度及其相关的支撑结构”，是“创造天才的物质基础”。阮晓毅：《人类智力与大脑的酸碱度有关》，《科技日报》1996 年 9 月 16 日；《天才与常人的大脑有何区别》，《星火》〔俄〕1996 年 7 月 5 日第一期，《参考消息》1996 年 10 月 18 日。

个分工的问题，即工业与农业的分工。文明是以社会分工为基础而出现的。“社会分工是一切生产、事务、工作的主体、枢纽和中轴，它与社会多方面有着普遍的、内在的联系。”① “它在作用于物质生产过程的时候，属于生产力的范畴。同时，社会分工的合理实现和发展，还是推动社会进步和提高生产力的强大杠杆”②；社会分工本身同时是生产的基本形式；社会分工在作用于人们在生产体系中的相互关系方面，属于生产关系的一项内容。人们在社会分工中的地位，是人们在生产中的地位和相互关系的基础。生产中的地位与关系是社会的客观存在，是物质的关系。在历史上有几次大的社会分工：第一次大分工是农业与畜牧业的分工；第二次大分工是农业与手工业的分工；第三次大分工是手工业与商业的分工；由此而产生城市与乡村分工和商品经济。而形成生产所有制关系变化的是生产专业的分工、脑力劳动者与体力劳动者及领导者与执行者的分工。

“在这些分工的基础上，产生了私有制及历史上经历的奴隶制、农奴制、雇佣劳动制等生产关系，文明就是在这种对抗性矛盾的社会基础上发生、发展的，只有在共产主义制度下，社会化大生产——有市场导向的、高新科技装备的、集约化的生产高度、充分发展”。③ 阶级的对抗消灭，社会和国家的对抗消灭以后，人们之间有了完全平等的关系，文明才能在非对抗性矛盾的基础上发展，才能建立起普遍的、真正的、新型的、高度的文明。生产关系促进生产力的发展，生产关系就是一种物质文明的表现形态。生产关系阻碍生产力的发展，它就不仅是物质文明的表现形态。这是理智圈在人类自身的社会关系处于发展过程中的反映。社会的文明和人类理智圈的发展，是不能违背自然和人类社会发展

① 曾弘：《私有制理论研究的一些新突破——读〈驱拨谬雾究真谛……〉一书》，《东方论坛》1995 年第 3 期。

② 李永采、李长林：《驱拨谬雾究真谛——恩格斯著〈家庭、私有制和国家的起源〉新辨释》，东南大学出版社，1993 年版，第 214 页。

③ 曾弘：《私有制理论研究的一些新突破》，《东方论坛》1995 年第 3 期。

的客观规律的。即使人类社会发展到高智力社会，全面实现智能化，以直接劳动为基础的社会变为以间接劳动为基础的社会，也只能是理智圈和高度文明的发展。

三、上层建筑

上层建筑，这是理智圈的又一大层面。国家是上层建筑的核心。“国家是文明社会的概括。”① 国家是阶级矛盾不可调和的产物，是阶级压迫的工具。在出现这种性质的国家之前，先已有了阶级；在出现阶级以前，也先已有了人群。处在出现阶级、国家之前的人群是散居的、混沌的社会群体，走过了从氏族、部落和部落联盟的路程，到历史进入国家阶段时，人群逐步成为了有组织、有秩序的社会群体，在固定的地域上聚集起一定的民众这一群人在一起繁衍生息，并通过权力的授受关系，形成相互间的权利、义务及友爱关系，过着有保障、有组织、有秩序的生活，并逐渐形成一种归属感、认同感和凝聚力。爱国主义是人们在国家生活时共生的一种自然情感。国家的产生把一群人聚集起来，使之摆脱共居野处的野性，过上文明生活，这就要通过外力强加的或国民内部约定俗成的方式形成多种道德、习俗、礼仪、纲常、法律等，作为共同的信条。国家的存在可以协调国民内部的各种矛盾和失衡现象。国家的存在，组织和推动着一个国家的社会经济、文化的进步与发展。

在历史上，国家形态已几经变化，有从奴隶制国家、封建制国家、资本主义国家到社会主义国家的发展过程，有专制制度到民主制度的从低级到高级的发展过程。这不同类型的国家形态，是对不同时期文明社会的概括。只是其文明的性质、层面、程度都是不相同的。上层建筑的内容是极其丰富的，有政治、法律，法制建设是经济建设、文化建设和

① 恩格斯：《家庭、私有制和国家的起源》，《马克思恩格斯选集》第四卷，人民出版社，1972年版，第172页。

社会安定的保证。“依法治国”是“人类文明进步的重要标志”[①]。政治上的领导权，又是对前两者的保证。

四、小结

人类理智圈，是人类社会历史发展到一定阶段才可能出现的一种人文现象，把人类理智圈再划分为三个圈，把人类文明划为物质文明与精神文明，是进行科学研究和理论阐述的必要抽象，而在实际生活中，它们是互相联系、互相依存、互融互补、成为一体的。这里所讲的理智圈，已不止是“影响和改造生物圈和地球环境”，也不止是“工艺圈”和“农艺圈”，而是影响和改造人类自身的人际关系、人类自身的自我改造问题，人类是在改造客观世界的过程中改造自己的，所以，先进的生产力与先进的生产力相适应的生产关系，以及与先进的经济基础相适应的上层建筑，都是构成理智圈的要素。同时，它们也都是文明圈的要素，是人类文明的支柱。科学技术是第一生产力，也是理智圈、文明圈中的首要因素，自然科学和工程技术是解决人与自然关系问题乃至人类自身问题的知识体系，那么是解决这个关系和自身的什么问题呢？解决人与自然的关系问题，是按照物质不灭的思想和定律与走“多节制”的道路来彻底地解决“地球资源的有限性与人类繁衍和需求的无限性，这对最大的人类生存矛盾”[②] 关系问题。航天技术是人类认识宇宙的新基点和新条件。“航天技术和空间资源开发利用的进一步发展，必将使人们对地球的认识，对宇宙的认识，升华到一个崭新的阶段。”[③] 这是人与自然关系矛盾的新的开展，向月球、火星、金星进发，走出太阳系，走向银河系……人类“是一面镜子”，同时，是一把斧头，创造着自己

---

① 王家福等：《论依法治国》，《法学研究》1996年第2期。

② 颜孟坚：《21世纪人类需走“多节制”的发展道路》，《中国环境报》1996年2月17日。

③ 《在第十四届国际宇航联大会开幕式上江泽民主席的讲话》（1996年10月7日），《人民日报》1996年10月8日。

的生活。要解决人类自身问题，则是人类生命延长、素质增强和质量提高的问题。社会科学及其工程技术是解决人与人之间的关系问题的知识体系，那么是解决这个关系的什么问题呢？是从物质的方面和精神的方面来解决人与人之间的依附关系问题和人对物的依赖关系问题，使人成为觉悟的智者。这些都是理智圈和文明圈中最基本的东西。

附录 6
人类文明的最终前途

孙进己　干志耿

一、人类最终的前途是毁灭吗？

前些时，《参考消息》转载了《西班牙世界报》的一篇文章《假如人类灭绝》。[①] 该文列举了人类灭绝的十种可能：小行星对地球的撞击、伽马射线的爆炸、飘移黑洞的吞噬、太阳大爆炸、超大规模的火山爆发、世界性的疾病、地球变暖、世界核战争、机器人代替人类主宰世界、太阳变成超新星。实际上，这里列举得并不全，真要列举毁灭人类的可能，当然远不止这些。至少还要加上一条宇宙大爆炸。

与此同时，各报刊还刊登了不少关于人类进化已经停止的看法。如英《观察报》刊登了《人类进化结束了吗》的文章。文中介绍了爱丁堡皇家学会举行的题为"进化是否已终结"的辩论。伦敦大学学院的史蒂夫·琼斯教授提出了"人类的进化已经停止"的说法。有些科学家认为人类智力正在下降，而且变得越来越神经。有些科学家则认为人类的智力将越来越高，但是健壮程度越来越差。美国《波士顿环球报》专栏作家切特·雷默则著文《人类会被进化过程抛弃?》，提出：人脑已落伍于

① 露易·西：《假如人类灭绝》，《西班牙世界报》，《参考消息》2002 年 10 月 14 日转载。

计算机，人类将被进化过程超越，人类只是昙花一现，注定将被新形式的复杂取代。①

我国北京林业大学教授武觐文所著《生命过程》一书也提出："当今世界生物的物种正在加速灭绝，生态环境正在急速衰退恶化，出现了水源匮乏、森林骤减、土地荒漠化等问题。依据现实演化的事实，不能不考虑生命的进程是否已经进入了衰退恶化的阶段。进化与衰退是相互渗透、相互包容的演化过程，演化的终点是衰亡。"②

总之，这些观点似乎反映目前世界上已有不少人对人类的前途感到悲观。

恩格斯早在《自然辩证法》中指出："但是，'一切产生出来的东西，都一定要灭亡'。也许会经过多少亿年，也许会有多少万代生了又死；但是无情地会逐渐到来这样的时期，那时日益衰竭的太阳热将不再能融解从两极逼近的冰，那时人们愈来愈多地聚集在赤道周围，但是最后就是在那里也不再能找到足以维持生存的热，那时有机生命的最后痕迹也将逐渐消失；而地球，一个像月球一样的死寂的冻结了的球体，将在深深的黑暗里沿着愈来愈狭小的轨道围绕着同样死寂的太阳旋转，最后就落到它上面。其他的行星也将遭到同样的命运，有的比地球早些，有的比地球迟些，代替安排得和谐的、光明的、温暖的太阳系的，只是一个冷的、死了的球体在宇宙空间里循着自己的孤寂的道路行走着。我们的太阳系所遭遇的命运，我们的宇宙岛的其他一切星系或早或迟地都要遭遇到，其他一切无数的宇宙岛的星系都要遭遇到；还有这样的星系，它们发出来的光，即使地球上还有人的眼睛去接受它，也永远达不到地球，连这样的星系也都要遭遇到这种命运。""但是，不论这个循环在时间和空间中如何经常地和如何无情地完成着，不论有多少百万个太

① 切特·雷默：《人类会被进化过程抛弃?》，美国《波士顿环球报》，转载于《国际先驱导报》2002年9月27日。

② 《武觐文质疑达尔文进化论》，《科技日报》2002年4月15日。

阳和地球产生和灭亡，不论要经历多长时间才能在一个太阳系内而且只在一个行星上造成有机生命的条件，不论有无数的有机物一定产生和灭亡，然后具有能思维的脑子的动物才从它们中间发展出来，在一个短时间内找到适于生活的条件，然后又残酷地被消灭。我们还是确信：物质在它的一切变化中永远是同一的，它的任何一个属性都永远不会丧失，因此，它虽然在某个时候一定以铁的必然性毁灭自己在地球上的最美的花朵——思维着的精神，而在另外的某个地方和某个时候一定又以同样的铁的必然性把它重新产生出来。"①

人类文明有自己的发展规律，但人类是自然界的一部分。有一些自然规律也要对人类起作用。如地球要毁灭，人类只要当时还生活在地球上，人类就必然会随地球一同毁灭。即使人类跑到太阳系其他行星上居住，但太阳系也有毁灭的一天，到时人类如果仍旧生活在太阳系中，人类文明也必然随之而毁灭。同时，我们所居住的这部分宇宙到一百亿年后也要通过大爆炸而毁灭，人类文明只要仍生活在这宇宙中，也就必然要随大爆炸而毁灭。这些都不是人类文明自身的规律，而是自然的规律，但这些自然规律决定着人类文明的前途，就又不能不是与人类文明密切相关的客观规律。

威尔·杜兰在其巨著中批判了威吉尔在《第四田园诗》中提出的文明发展规律的认识，但事实上威吉尔的认识也是揭示了宇宙法则对人类文明的制约作用："总有一天，这整个宇宙会变成和那些已被人遗忘的古代文明一样的情况，因为天灾和人祸会把人们变革的才能消耗殆尽，而且那些过去发生过的情况，将来也会一再重演，使我们在每一方面都难逃毁灭的定数。"地球的寿命是四十七亿年，到时地球要毁灭，人类到时能逃避这毁灭吗？太阳系也有一定寿命，到时也要毁灭，我们存在的宇宙一百亿年将发生大爆炸，这些客观存在的自然规律制约着人类文

① 恩格斯：《自然辩证法》，《马克思恩格斯选集》第三卷，人民出版社，1972 年版，第 458、462 页。

明的前途。人类要逃避跟随地球一起毁灭的命运，就要在地球毁灭前冲出地球去，人类文明要避免随太阳系一起毁灭，就要冲出太阳系去，人类文明要避免和我们宇宙的大爆炸一起毁灭，就要冲出我们的宇宙去。即使现在我们开始向外冲，是否来得及在大爆炸前跑到宇宙的另一部分。在永恒的宇宙中，多少智慧生命曾被宇宙的自然法则毁灭过，这是应该想象到的。这样重大的问题绝不是威尔·杜兰轻易说，“未来要重复过去，并非是必然的，每一年都有所进展”，就能解决得了的。

因此，有些人说人类文明迟早要毁灭，有些人则斥之为悲观论，但人类有能力使地球不毁灭吗？有能力使太阳系不毁灭吗？有能力使我们存在的宇宙不发生大爆炸吗？都不可能，人类即使发展到将来，科学再发展，也没有可能改变自然的这些规律。

二、人类逃避灭亡的可能是存在的

人类的前途也并非只有这一可能，因为如果人类能带着自己创造的文明在地球毁灭前离开地球，居住到别的星球上，人类的文明就有可能不和地球一同毁灭。同样，如果人类能在太阳系毁灭前离开太阳系，在我们的宇宙大爆炸前离开我们的宇宙，人类文明就不至于同时毁灭。按照今天我们宇航发展的速度，加上未来科技的巨大发展，人类带着自己创造的文明离开地球，离开太阳系，大概是人类在未来能够做得到的。至于要逃离我们所在的宇宙，避免因宇宙大爆炸而同归于尽，这就很难说了。我们所在的宇宙太大了，即使现在以光速离开我们所在的这部分宇宙，到大爆炸来临之时，我们是否来得及离开我们所在的这部分宇宙，已很难说。何况我们还不知道到何时能具有这种能力。因此说得悲观些，是人类文明必然灭亡；说得乐观些，则是前途未卜，尚有一线希望。

我们认为按照事物发展具有多种可能而言，应该是进化与衰退的可能同时存在，生存与毁灭的可能同时存在。我们既不能过分乐观，幻想

50000年后人类的后代将遍及1250亿个星系[①]（这是即使现在用超光速出发也达不到的），或空谈什么“明天总是比今天更美好，未来总是更加灿烂”[②]。但也不能过分悲观，认定人类的前途只能是衰退和毁灭。应该说，人类继续进化和走向毁灭的可能都是存在的。因为人类具备了继续进化、避免毁灭的条件。这就是：

其一，人类在过去的岁月中已获得了巨大的进步。人类经历过了一次次的劫难，终于保存发展下来，创造伟大的生产力和灿烂的文明。特别是近世以来，在短短几百年中人类征服自然能力的发展超过了以前几百万年所取得的成就。人类逐步在自己的实践中，越来越理智了。逐渐在克服固有的野蛮本性，发展了人道主义，促进了人类联合，避免人类自相残杀而消灭人类本身的可能越来越大。人类已逐渐懂得对自然环境的保护，已逐步克服以往对自然环境的破坏行为。这一切都增加了人类继续生存和进化的可能。

其二，人类还有时间，不管有多少预言世界末日将到来，但似乎都不是在近期立即到来。人类还有时间发展自己征服自然的能力，发展改造自身的能力，发展抗拒人类衰退的能力，发展抗拒毁灭人类的能力。按照目前人类文明发展的速度而言，绝不是停顿或减速，总的还是一种加速发展的趋势。

其三，只要宇宙不会整体毁灭，而只是各部分此起彼伏的毁灭和新生，人类就有可能从毁灭处趋向新生处，继续生存和发展。这一切就使人类有可能继续进化，以至避免最终的自我衰亡或被毁灭。

但终究，这只是可能，这种可能要真正转化为现实是极为艰难的，可以说是史无前例的，至少迄今为止我们还没有发现哪一种智慧生物能够躲避毁灭的命运生存下来。如果这种可能很大，具有某种必然性的话，我们一定能遇到这种高度发展的文明。

---

① 陶同：《进化中的宇宙》，经济日报出版社，2002年版，第354页。

② 同上。

三、人类逃避灭亡的途径

人类要逃避灭亡确实是危难重重，不仅有《假如人类灭绝》一文中列举的人类灭绝的十种可能，还有许多种。人类在每一劫难面前，稍一疏忽，就会终于被毁灭，一切前功尽弃。人类要不断战胜这些劫难，争取这一极为渺茫的可能，创造宇宙前所未有的奇迹。这该是多么艰巨、多么伟大的事业。

在这艰巨伟大的历史使命面前，人类真不能再斤斤计较于一些个人的小利，人类真不能再去相互伤害残杀。应该说即使从现在起联合全人类的力量，全力以赴，去认识将要到来的一切劫难，克服将要到来的一切劫难，还恐怕来不及。这是一场和时间的长距离赛跑。如果人类在每一个能够毁灭人类的劫难时间到来之前，发展了自己克服这一劫难的能力，人类就有可能继续生存下去，多增加了克服未来的劫难和逃避免毁灭的可能性。现在一切取决于人类何时能真正认识到这一点，真正联合起来全力以赴。早认识一日，战胜劫难的可能性就增加一分，晚认识一日，最终毁灭的可能性就增加一分。

因此，真正的科学家既不能用盲目的乐观去安慰人类，松懈人类的努力，也不能用无奈的悲观去涣散人心，放弃人类的努力，更不能用宗教去麻醉人类，不去依靠人类自身的努力，把一切寄托于不可知的力量，而是应该实事求是地阐明人类前途发展的多种可能，促使人们联合起来全力以赴去争取美好的可能，而避免毁灭的可能。摆在人类面前的一个严峻问题是：人类最终被自然所征服，文明最后还是要走向毁灭呢？还是人类最终能够战胜自然，逃避毁灭而继续发展自己的文明呢？这个问题似乎对今天的人类看来还很遥远，地球不会马上毁灭，还有几十亿年，太阳系更不会马上毁灭，而我们的宇宙的大爆炸，距离我们更遥远了。有些人说我们目前想几十年，几百年就够远的了，谁有心思去想那些极为遥远的事呢？但问题是人类文明要想通过这些严峻的考验，任务是太艰巨了，我们有没有时间来达到这种高度？这是要争分夺秒地发展我们的科技才有可能夺得未来的希望。

主要参考书目

一、经典著作

1.《马克思恩格斯全集》，人民出版社，1975 年版。

2.《马克思恩格斯选集》，人民出版社，1972 年版。

3.《列宁全集》，人民出版社，1963 年版。

4.《毛泽东选集》，人民出版社，1991 年版。

5.《邓小平文选》（一、二、三），人民出版社。

6. 邓小平：《关于建设有中国特色社会主义的论述专题稿编》，中央文献出版社，1992 年版。

7. 江泽民：《江泽民文选》（一、二、三），人民出版社，2006 年版。

8. 马恩列斯《论社会主义文明》，中共中央党校出版社，1982 年版。

9.《联共（布）党史简明教程》，人民出版社，1975 年版。

二、国内著作

1. 艾国昌：《中非关系史文选》，华东师范大学出版社，1989 年版。

2. 艾国昌主编：《非洲黑人文明》，中国社会科学出版社，1999

年版。

3. 白寿彝：《中国通史纲要续编》（1919—1949），上海人民出版社，1987年版。

4. 白祖诗：《中国文明透析》，云南大学出版社，2000年版。

5. 北京大学哲学教育研究所编：《马克思主义哲学原理》，北京大学出版社，1984年版。

6. 北野：《中国文明论——中国古代文明的本质与原理》，中国社会科学出版社，2001年版。

7. 孛尔只斤·吉尔格勒：《游牧文明史论》，内蒙古出版社，2002年版。

8. 蔡凤林：《中国农村文化结合与中华民族的形成》，中国财政经济出版社，2000年版。

9. 蔡继明、李仁君：《广义价值论》，经济科学出版社，2001年版。

10. 蔡建国主编：《21世纪的东亚、机遇、挑战与创新》，上海社会科学院出版社，2004年版。

11. 曹普澄、张素云主编：《科学社会主义的理论与实践》，辽宁大学出版社，1994年版。

12. 陈峰君著：《东亚与印度——亚洲两种现代化模式》，经济科学出版社，2000年版。

13. 岑仲勉：《隋唐史》，高等教育出版社，1957年版。

14. 陈筠泉、刘奔主编：《哲学与文化》，中国社会科学出版社，1996年版。

15. 陈钦庄等：《世界文明史简编》，浙江大学出版社，2000年版。

16. 崔丕：《近代东北亚国际关系史研究》，东北师范大学出版社，1992年版。

17. 崔卫国：《教育的经济分析》，经济科学出版社，2003年版。

18. 戴康生、彭耀主编：《宗教社会学》，社会科学文献出版社，2000年版。

19. 戴述雨：《马克思主义概述》，山东人民出版社，1983 年版。

20. 董书城：《价值的源泉——对象化劳动》，中国经济出版社，2000 年版。

21. 段亚兵：《文明纵横谈》，社会科学文献出版社，2006 年版。

22. 丁季化、谢宝耿主编《从蒙昧走向文明——历史必由之路》，上海人民出版社，1991 年版。

23. 范文澜：《历史论文选集》，中国社会科学出版社，1979 年版。

24. 冯建伟：《信息论》，新华出版社，2001 年版。

25. 冯建伟：《信息新论》，科学出版社，2001 年版。

26. 冯举、王文承主编：《社会主义政治文明》，西南财经大学出版社，1990 年版。

27. 冯玉忠：《市场、体制与文化》，辽宁大学出版社，1999 年版。

28. 傅衣凌：《明清封建土地所有制论纲》，上海人民出版社，1992 年版。

29. 傅筑夫：《中国封建社会经济史》（一、二），人民出版社，1984 年版。

30. 傅筑夫：《中国古代经济史概论》，中国社会科学出版社，1981 年版。

31. 傅筑夫：《中国经济史资料》先秦编，中国社会科学文献出版社，1990 年版。

32. 高福洪：《西方文化史论》，上海交通大学出版社，2001 年版。

33. 高军编：《中国社会性质问题论战》（上、下），人民出版社，1984 年版。

34. 高清海主编：《马克思主义哲学基础》，人民出版社，1985 年版。

35. 郭京龙、李翠珍主编：《聚焦劳动价值论在中国理论界》，中国经济出版社，2003 年版。

36. 郭沫若：《奴隶制时代》，《郭沫若全集》（第 3 卷），人民出版社，1982 年版。

37. 郭沫若：《青铜时代》，《郭沫若全集》（第 1 卷），人民出版社，1982 年版。

38. 郭沫若：《十批判书》，《郭沫若全集》（第 2 卷），人民出版社，1982 年版。

39. 郭沫若：《史学论集》，《郭沫若全集》（第 3 卷），人民出版社，1982 年版。

40. 郭沫若：《中国古代社会研究》，《郭沫若全集》（第 1 卷），人民出版社，1982 年版。

41. 郭守田：《世界通史资料选辑・中古部分》，商务印书馆，1964 年版。

42. 顾俊礼：《福利国家论析——以欧洲为背景的比较研究》，经济管理出版社，2002 年版。

43. 关士续等编：《自然辩证法概论》，高等教育出版社，1989 年版。

44. 《关于社会历史发展动力问题》（论文选辑），求实出版社，1984 年版。

45. 郝名玮、徐世澄：《拉丁美洲文明》，中国社会科学出版社，1999 年版。

46. 韩大成等：《明清社会经济形态研究》，上海人民出版社，1957 年版。

47. 何仅等编著：《社会主义精神文明建设手册》，中国新闻出版社，1988 年版。

48. 何芳川等：《非洲通史・古代卷》，华东师范大学出版社，1995 年版。

49. 何炼成：《深化对劳动和劳动价值论的研究和认识》，经济科学出版社，2002 年版。

50. 何顺果：《人类文明的历程》，高等教育出版社，2000 年版。

51. 何兹全:《秦汉史略》,上海人民出版社,1955年版。

52. 何兹全:《中国古代社会》,河南人民出版社,1991年版。

53. 侯绍庄:《中国古代土地关系史》,贵州人民出版社,1997年版。

54. 华东师范大学当代中国马克思主义研究中心:《社会主义发展的历史进程研究》,上海人民出版社,2001年版。

55. 华觉明等编译:《世界冶金发展史》,科学技术出版社,1985年版。

56. 胡春明:《玛雅文化》,复旦大学出版社,1997年版。

57. 胡钧、樊建新主编:《深化认识劳动价值论过程中的一些问题》,经济科学出版社,2002年版。

58. 黄淳、何伟:《信息经济学》,经济科学出版社,1998年版。

59. 黄范章:《瑞典福利国家的实践与理论——瑞典病研究》,上海人民出版社,1987年版。

60. 黄凤岐等:《东北亚文化研究》,中州古籍出版社,1994年版。

61. 黄力之:《先进文化论》,上海三联书店,2002年版。

62. 黄约瑟:《港台学者隋唐史论文》,三秦出版社,1990年版。

63. 翦伯赞:《秦汉史》,北京大学出版社,1983年版。

64. 翦伯赞:《中国史纲要》(上、下),人民出版社,1995年版。

65. 翦伯赞:《中国通史参考资料·古代部分》(第一、二、三册,上、下),中华书局,1965年版。

66. 解放军总政宣:《社会发展史常识》,1982年版。

67. 金景芳:《中国奴隶社会史》,上海人民出版社,1983年版。

68. 金涛、孙运来主编:《世界民族关系概论》,中央民族大学出版社,1996年版。

69. 劳动和社会保障部劳动工资研究所:《劳动价值与分配新论》,中国劳动社会保障出版社,2002年版。

70. 李琮:《当代资本主义的新发展》,经济科学出版社,1998

年版。

71. 李春辉等：《拉丁美洲史稿》（上、下册），商务印书馆，1983年版。

72. 李春辉等：《拉丁美洲史稿》（第三卷），商务印书馆，1993年版。

73. 李桂芝：《教育学》，科学技术文献出版社，1988年版。

74. 李惠斌主编：《全球化·中国道路》，社会科学文献出版社，2003年版。

75. 李季：《千秋索隐百年寻觅——中国文明的起源》，四川教育出版社，1998年版。

76. 李景治等：《当代资本主义的演变与矛盾》，中国人民大学出版社，2001年版。

77. 李庆山编著：《文明的毁灭与孕育》，中国青年出版社，1990年版。

78. 李慎明主编：《马克思主义中国化与全面建设小康社会》，社会科学文献出版社，2005年版。

79. 李慎明主编：《社会主义理论与实践》，社会科学文献出版社，2001年版。

80. 李向前等：《教育资本》，中国时代经济出版社，2002年版。

81. 李秀林、王干、李淮春：《辩证唯物主义和历史唯物主义原理》，中国人民大学出版社，1990年版。

82. 李学勤：《中国古代文明与国家形成研究》，云南人民出版社，1997年版。

83. 李延明：《在历史的序列中》，中国人民大学出版社，1999年版。

84. 李毅夫、赵锦元主编：《世界民族概论》，中央民族学院出版社，1993年版。

85. 厉以宁：《简明西方经济学》，经济科学出版社，1985年版。

86. 李浴:《中国美术史纲》，辽宁美术出版社，1994年版。

87. 李宗桂:《中国文化概论》，中山大学出版社，1988年版。

88. 梁漱溟:《中西文化及其哲学》，商务印书馆，1999年版。

89. 梁小民:《西方经济学导论》，北京大学出版社，1984年版。

90. 林大雄:《玛雅的智慧——浪深神奇的文化隐喻》，浙江人民出版社，1994年版。

91. 林甘泉:《中国封建土地制度史》第一卷，中国社会科学出版社，1990年版。

92. 林甘泉等:《从文明起源到现代化——中国历史二十五讲》，中共中央出版社，2002年版。

93. 林耀华主编:《原始社会史》，中华书局，1989年版。

94. 凌谟介:《新编世界古代史》，甘肃人民出版社，1991年版。

95. 刘炳诺等:《知识资本论》，中共中央党校出版社，2001年版。

96. 刘大椿主编:《科学哲学通论》，中国人民大学出版社，1998年版。

97. 刘怀玉、张锐、王友洛:《走出历史哲学乌托邦——马克思主义发展观的当代构思》，河南人民出版社，2001年版。

98. 刘李胜:《制度文明论》，中共中央党校出版社，1993年版。

99. 刘明翰:《世界史·中世纪史》，人民出版社，1986年版。

100. 刘涛等:《文明史演化的逻辑》，上海社会科学院出版社，2002年版。

101. 刘文龙:《拉丁美洲文化概论》，复旦大学出版社，1956年版。

102. 刘文龙:《墨西哥文化碰撞的悲喜剧》，浙江人民出版社，1996年版。

103. 刘行淼:《马克思主义新课题研究与动态》，重庆大学出版社，1989年版。

104. 刘尧汉:《中国文明源头新探》，云南人民出版社，1985年版。

105. 刘永佶:《劳动价值与社会主义——关于当前重大经济理论问

题的对话》，中国经济出版社，2002年版。

106. 刘祖熙：《斯拉夫文化》，浙江人民出版社，1994年版。

107. 陆庭恩、艾国昌：《非洲史教程》，华东师范大学出版社，1990年版。

108. 卢希悦：《劳动价值整合论》，经济科学出版社，2002年版。

109. 卢希悦：《科学技术是创造新价值的巨大源泉——企业对于兴衰的深层奥秘探悉》，经济科学出版社，2002年版。

110. 陆伟芳、余大庆：《莫吉利的智慧——始终在经济中求实》，浙江人民出版社，1994年版。

111. 吕振羽：《殷周时代的中国社会》，三联书店，1962年版。

112. 吕振羽：《中国社会史纲》（一、二卷），耕耘出版社，1950年版。

113. 摩尔根：《古代社会》（上、下），商务印书馆，1977年版。

114. 马费成：《信息管理学基础》，武汉大学出版社，2002年版。

115. 马洪等：《马克思列宁主义哲学原理》（上、下），三联书店，1960年版。

116. 马可垚：《西欧封建经济形态研究》，人民出版社，2001年版。

117. 纳忠等著：《传承与交融：阿拉伯文化》，浙江人民出版社，1994年版。

118. 那日苏：《现代科学技术与社会发展概论》，经济科学出版社，2000年版。

119. 宁骚：《民族与国家》，北京大学出版社，1995年版。

120. 宁骚主编：《非洲黑人文化》，浙江人民出版社，1994年版。

121. 毛磊、石光荣、郝侠君主编：《中西500年比较》，中国工人出版社，1990年版。

122. 彭英明、徐杰舜：《从原始群到民族——人们共同体通论》，广西人民出版社，1991年版。

123. 彭雨新：《中国封建社会经济史》，武汉大学出版社，1994

年版。

124. 启良：《中国文明史》（上、下），花城出版社，2001 年版。

125. 钱津：《劳动价值论》，社会科学文献出版社，2001 年版。

126. 钱津：《生存的选择》，中国社会科学出版社，2001 年版。

127. 乔成果：《协调智慧论》，辽海出版社，1997 年版。

128. 乔成果：《协调与竞争——协调学概论》，辽宁教育出版社，2006 年版。

129. 乔志强：《中国近代社会史》，人民出版社，1992 年版。

130. 日知等：《世界上古史纲》（上、下），人民出版社，1979 年版。

131. 荣新江：《中古中国与外来文明》，三联书店，2001 年版。

132. 阮炜：《文明的表现——对 5000 年人类文明的评估》，北京大学出版社，2001 年版。

133. 尚钺：《中国历史纲要》，人民出版社，1954 年版。

134. 尚钺：《中国资本主义关系发生及演变的初步研究》，三联书店，1950 年版。

135. 尚钺编：《封建社会历史译文集》，三联书店，1995 年版。

136. 盛邦和、井上聪主编：《新亚洲文明与现代化》，学林出版社，2003 年版。

137. 史仲文：《中西文明的历史对话》（上、下），内蒙古人民出版社，2000 年版。

138. 苏秉琦：《中国文明起源新探》，三联书店，1999 年版。

139. 孙进己：《东北亚民族史论研究》，中州古籍出版社，1994 年版。

140. 孙美兰主编：《艺术概论》，高等教育出版社，1989 年版。

141. 孙壮志：《中亚新格局与地区安全》，中国社会科学出版社，2001 年版。

142. 宋健主编：《现代科学技术基础知识》，科学出版社，1994

年版。

143. 陶同：《进化中的宇宙》，经济日报出版社，2002 年版。

144. 田昌五：《中国古代社会发展史论》，齐鲁书社，1992 年版。

145. 童书业：《春秋史》，开明书店，1946 年版。

146. 滕藤主编：《世界各国商务指南》（拉美卷、中东非洲卷、北美卷），中国社会科学出版社，1996 年版。

147. 万绳楠：《魏晋南北朝史论稿》，安徽教育出版社，1983 年版。

148. 王葆珍、徐运和编：《中华文明观》，东方出版社，1998 年版。

149. 王鹤：《欧洲经济货币联盟》，社会科学文献出版社，2002 年版。

150. 王剑峰：《多视野中的族群冲突》，民族出版社，2005 年版。

151. 王利华：《走向市场走向成熟》，经济科学出版社，2003 年版。

152. 王洛林、余永定主编：《2000—2001 年：世界经济形式分析与预测》，社会科学文献出版社，2001 年版。

153. 王斯德主编：《前工业革命与地域性历史——500 年以前的世界》，华东师范大学出版社，2001 年版。

154. 王文行、雷冬梅：《中国特色社会主义经济理论与西部实践》，中国社会科学出版社，2004 年版。

155. 王晓秋：《近代中国文化交流史》，中华书局，1992 年版。

156. 王珏：《必要劳动价值论》，人民出版社，1996 年版。

157. 王珏：《走向新世纪的中国经济改革》，中国财政经济出版社，2001 年版。

158. 王震中：《中国文明起源的比较研究》，陕西人民出版社，1994 年版。

159. 王仲荦：《隋唐五代史》（上、下），上海人民出版社，1988 年版。

160. 武安隆：《文化的抉择与发展》，天津人民出版社，1993 年版。

161. 吴德明：《拉丁美洲民族问题研究》，世界知识出版社，2004

年版。

162. 吴鸿诚：《劳动价值的动态定量研究》，重庆出版社，1990年版。

163. 邬名扬：《资本论与当代》，华文出版社，2001年版。

164. 吴鹏森、房列曙主编：《人文社会科学基础》，上海人民出版社，2000年版。

165. 吴廷：《日本史》，南开大学出版社，1994年版。

166. 吴汝康：《人类发展史》，科学出版社，1978年版。

167. 吴泽：《东方社会经济形态史论》，上海人民出版社，1993年版。

168. 夏丽仙：《拉丁美洲的印第安民族》，中国社会科学出版社，1997年版。

169. 夏鼐：《中国文明的起源》，文物出版社，1985年版。

170. 项英杰：《中亚：马背上的文化》，浙江人民出版社，1994年版。

171. 肖金成：《国有资本运营论》，经济科学出版社，1999年版。

172. 萧前、李秀林：《辩证唯物主义原理》，人民出版社，1987年版。

173. 谢维扬：《中国早期国家》，浙江人民出版社，1995年版。

174. 辛敬良主编：《马克思主义哲学导论》，复旦大学出版社，1991年版。

175. 徐禾等：《资本主义前的各社会经济形态》，人民出版社，1980年版。

176. 徐黎丽：《论民族关系与民族关系问题》，民族出版社，2005年版。

177. 许启贤主编：《世界文明论研究》，山东人民出版社，2001年版。

178. 许倬云：《西周史》，三联书店，1994年版。

179. 许苏民：《比较文化研究》，云南人民出版社，1992 年版。

180. 薛暮桥：《中国社会主义经济问题研究》，人民出版社，1979 年版。

181. 徐亦让等：《人类财产发展史》，社会科学文献出版社，1999 年版。

182. 晏良剑：《软劳动与智能文明——知识经济时代财富论》，中国经济出版社，2000 年版。

183. 阎学通、金德湘主编：《东亚和平与安全》，时事出版社，2005 年版。

184. 晏智杰：《劳动价值新探》，北京大学出版社，2007 年版。

185. 杨春时：《艺术文化学》，长春出版社，1990 年版。

186. 杨建华：《两河流域史前时代》，吉林大学出版社，1993 年版。

187. 杨宽：《西周史》，上海人民出版社，1999 年版。

188. 杨启光编著：《文化哲学导论》，暨南大学出版社，1999 年版。

189. 杨荣国：《中国古代思想史》，人民出版社，1974 年版。

190. 杨霞：《历史进步与人的解放》，中国社会科学出版社，1996 年版。

191. 杨晓升：《中国教育还等什么?》，经济日报出版社，2001 年版。

192. 杨耀坤：《科学发现理性论》，湖南人民出版社，2001 年版。

193. 杨翼骧：《秦汉史纲要》，新知识出版社，1956 年版。

194. 杨志玖：《隋唐五代史纲要》，新知识出版社，1995 年版。

195. 姚海：《俄罗斯文化》，浙江人民出版社，1994 年版。

196. 叶坦、赵光远主编：《文明的运势》，人民出版社，1992 年版。

197. 衣俊卿等：《20 世纪的新马克思主义》，中央编译出版社，2001 年版。

198. 阴法鲁、许志安主编：《中国古代文化史》（上、下），北京出版社，1991 年版。

199. 游五洋、陶青：《信息化与未来中国》，中国社会科学出版社，2003年版。

200. 于光远主编：《马恩列斯论资本主义经济危机》，人民出版社，1978年版。

201. 于明、田丽娜主编：《礼仪全书》，国际文化出版公司，1993年版。

202. 于文秀：《文化研究思潮导论》，人民出版社，2000年版。

203. 岳琛：《中国农业经济史》，中国人民大学出版社，1989年版。

204. 张光照、张力士编著：《西方马克思主义经济学》，经济科学出版社，2001年版。

205. 张广志：《中国古史分期讨论的回顾与反思》，陕西师范大学出版社，2003年版。

206. 张华全：《文明与社会进步》上海社科出版社，2000年版。

207. 张敬秀、田建平：《东亚文明系统论》，内蒙古大学出版社，1996年版。

208. 张树栋、刘广明主编：《古代文明的起源与演进》，南京大学出版社，1991年版。

209. 张维罴：《原始社会史》，兰州大学出版社，1994年版。

210. 张晓林、郝怀明：《关于精神文明建设的理论探讨》，光明日报出版社，1986年版。

211. 张蕴岭主编：《欧洲剧变与世界格局》，社会科学文献出版社，1999年版。

212. 赵凌云：《劳动价值论新探》，湖北人民出版社，2002年版。

213. 赵克武：《历史唯物主义原理》，北京大学出版社，1982年版。

214. 赵培兴：《论创新劳动及其价值定位》，中央文献出版社，2002年版。

215. 赵曙光：《对劳动价值学说理论的重新论证和研究》，《经济体制改革》95专辑。

216. 赵振华:《劳动价值新论》，上海三联书店，2002 年版。

217. 郑大华主编:《文化与社会的进程》，中国青年出版社，1991 年版。

218. 郑志国:《价值增值规律研究——献给新世纪》，经济科学出版社，2000 年版。

219. 郑志国:《劳动价值论坚持和发展研究》，人民出版社，2002 年版。

220. 中共中央保先活动领导小组办公室:《保持共产党员先进性教育读本》，党建读物出版社，2004 年版。

221. 中国古代社会研究编委会:《中国古代社会研究》，厦门大学出版社，1998 年版。

222. 中国社会科学院哲学研究所伦理学研究室编:《道德与精神文明》，上海人民出版社，1983 年版。

223. 中国社会科学院历史研究所:《祖国古代社会经济史诸问题》，福建人民出版社，1989 年版。

224. 钟敬文等:《民俗学概论》，上海文艺出版社，1998 年版。

225. 周安伯等:《传统文化与精神文明》，民族出版社，1999 年版。

226. 周弘主编:《共性与差异——中欧伙伴关系评析》，中国社会科学出版社，2004 年版。

227. 周一良、吴于廑主编:《世界通史》（4 册），人民出版社，1972 年版。

228. 朱伯雄主编:《世界美术史》第一卷，《原始美术》，山东美术出版社，1987 年版。

229. 朱狄:《原始文化研究——对审美发生问题的思考》，三联书店，1988 年版。

230. 朱龙华:《罗马文化与古典传说》，浙江人民出版社，1994 年版。

231. 朱绍侯:《秦汉土地制度与阶级关系》，中州古籍出版社，

1985 年版。

232. 朱维之主编：《希伯来文化》，浙江人民出版社，1994 年版。

233. 朱晓中：《中东欧与欧洲一体化》，社会科学文献出版社，2002 年版。

234. 庄孔韶主编：《人类学通论》，山西教育出版社，2003 年版。

235. 卓炯：《资本论体系与社会主义经济——扩大商品经济论》，中国财政经济出版社，1990 年版。

三、国外译著

1. 〔奥〕弗洛伊德：《图腾与禁忌》，中国民间文艺出版社，1980 年版。

2. 〔奥〕西格蒙德·弗洛伊德：《论文明》，国际文化出版公司，2000 年版。

3. 〔奥〕西格蒙德·弗洛伊德：《文明及其缺憾》，安徽文艺出版社，1997 年版。

4. 〔德〕奥斯瓦尔德·斯宾格勒：《西方的没落》（上、下），商务印书馆，1991 年版。

5. 〔德〕迪特·森格哈斯：《文明内部的冲突与世界秩序》，新华出版社，2004 年版。

6. 〔德〕弗希特：《论学者的使命》，商务印书馆，1997 年版。

7. 〔德〕格罗·詹纳：《资本主义的未来》，社会科学文献出版社，2004 年版。

8. 〔德〕哈拉尔德·米勒：《文明的共存——对塞缪尔·亨廷顿“文明冲突论”的批判》，新华出版社，2002 年版。

9. 〔德〕卡尔·雅斯贝尔斯：《历史的起源与目标》，华夏出版社，1989 年版。

10. 〔德〕诺贝尔·埃利亚斯：《文明的进程——文明的社会起源和

心理起源的研究》(第一、二卷)，三联书店，1998年版。

11. 〔俄〕别尔嘉耶夫:《论人的使命》，学林出版社，2000年版。

12. 〔法〕保罗·罗维特:《美洲人类地起源》，中国社会科学出版社，1989年版。

13. 〔法〕德尼兹·加西尔、贝尔纳代特·德尚、J. 阿尔特伯特等:《欧洲史》，湖南出版社，2000年版。

14. 〔法〕费尔南·布罗代尔:《文明史纲》，广西师范大学出版社，2003年版。

15. 〔古罗马〕阿庇安:《罗马史》(上、下)，商务印书馆，1995年版。

16. 〔古罗马〕塔西佗:《编年史》(上、下)，商务印书馆，1997年版。

17. 〔古希腊〕希罗多德:《历史》，商务印书馆，1959年版。

18. 〔韩〕韩升助:《人类历史和世界文明》，集文堂1998年版。

19. 〔韩〕李亨求:《朝鲜古代文化の起源》，雄山阁1995年版。

20. 〔荷〕E. 舒尔曼:《科技文明与人类未来》，东方出版社，1995年版。

21. 联合国科教文组织:《非洲通史》(第1—4卷)，中国对外翻译出版公司，1985年版。

22. 刘俊文主编:《日本学者研究中国史论著选译》第一卷通论，中华书局，1992年版。

23. 〔美〕艾·巴·托马斯:《拉丁美洲史》(1—4册)，商务印书馆，1973年版。

24. 〔美〕爱德华·麦克诺尔、伯恩斯、菲利普·李、拉尔夫:《世界文明史》(第一、二、三、四卷)，商务印书馆，1990年版。

25. 〔美〕奥托纽曼:《信息时代的美国梦》，社会科学文献出版社，2002年版。

26. 〔美〕B. 内贝尔:《环境科学——世界存在与发展的途径》，科学出版社，1987 年版。

27.〔美〕保罗·斯威齐、哈里·马格多夫：《美国资本主义的动向》，商务印书馆，1975 年版。

28.〔美〕伯纳德·巴伯：《科学与社会秩序》，三联书店，1991 年版。

29.〔美〕丹尼尔·贝尔：《后工业社会的来临》，商务印书馆，1984 年版。

30.〔美〕费雷德里克·杰姆逊：《全球化的文明化》，南京大学出版社，2002 年版。

31.〔美〕菲利克斯·格罗斯：《公民与国家——民族部落和族属身份》，新华出版社，2003 年版。

32.〔美〕菲利普·巴格比：《文化、历史的投影》，上海人民出版社，1987 年版。

33.〔美〕费正清：《东亚文明传统与变革》，天津人民出版社，1992 年版。

34.〔美〕G. 威尔士：《文明的源流》，江苏人民出版社，1998 年版。

35.〔美〕赫伯特·马尔库塞：《爱欲与文明——对弗洛伊德思想的哲学探讨》，上海译文出版社，1987 年版。

36.〔美〕赫·乔·韦尔斯：《世界史纲——生物和人类的文明史》（上、下），广东师范大学出版社，2000 年版。

37.〔美〕杰姆逊、〔日〕三好将夫：《全球化的文化》，南京大学出版社，2002 年版。

38.〔美〕卡尔·A. 魏特夫：《东方专制主义》，中国社会科学出版社，1989 年版。

39.〔美〕克里斯多佛·威尔斯：《人类演化的未来》，社会科学文献出版社，2002 年版。

40.〔美〕露丝·本尼迪克特：《文化模式》，三联书店，1988 年版。

41. 〔美〕路易斯·亨利·摩尔根：《美洲土著的房屋和家庭生活》，中国社会科学出版社，1985 年版。

42. 〔美〕罗伯特·路威：《文明与野蛮》，三联书店，2004 年版。

43. 〔美〕罗兹墨菲：《亚洲史》，海南出版社，2004 年版。

44. 〔美〕M. 罗斯托夫采夫：《罗马帝国社会经济史》（上、下），商务印书馆，1986 年版。

45. 〔美〕马文·哈里斯：《文化的起源》，华夏出版社，1983 年版。

46. 〔美〕乔治·C. 瓦伦特：《阿兹特克文明》，商务印书馆，1999 年版。

47. 〔美〕塞缪尔·亨廷顿：《文明的冲突与世界秩序的重建》，新华出版社，1998 年版。

48. 〔美〕汤普逊：《中世纪经济社会史》（上、下），商务印书馆，1997 年版。

49. 〔美〕托夫勒：《第三次浪潮》，上海三联书店，1984 年版。

50. 〔美〕W. E. 哈拉尔：《新资本主义》，社会科学文献出版社，1999 年版。

51. 〔美〕威尔·杜兰：《世界文明史》，台湾幼狮文化公司，1972 年版。

52. 〔美〕威尔·杜伦：《东方的文明》（上、下），青海人民出版社，1998 年版。

53. 〔美〕威廉·哈迪·麦克尼尔：《西方文明史纲》，新华出版社，1992 年版。

54. 〔美〕威廉·麦克高希：《世界文明史——观察世界的新视角》，新华出版社，2003 年版。

55. 〔美〕伊思·斯蒂德曼、保罗·斯威齐：《价值问题的论战》，商务印书馆，1990 年版。

56. 〔日〕岸根卓郎：《文明论——文明兴衰的法则》，北京大学出版社，1992 年版。

57. 〔日〕福泽谕吉：《文明论概略》，商务印书馆，1959 年版。

58. 〔日〕梅棹忠夫：《文明的生态史观》，三联书店，1988 年版。

59. 〔日〕松前重义：《现代文明论》，东海大学出版会，1975 年版。

60. 〔日〕神川彦松：《近代国际政治史》，原书房出版社，1959 年版。

61. 〔日〕伊东俊太郎：《比较文明》，东京大学出版社，1985 年版。

62. 〔日〕中村哲著：《奴隶制与农奴制的理论——马克思恩格斯历史理论的重构》，武汉大学出版社，1994 年版。

63. 〔苏〕阿甫基耶夫：《古代东方史》，三联书店，1956 年版。

64. 〔苏〕阿西莫夫：《地球以外的文明世界》，知识出版社，1982 年版。

65. 〔苏〕A. E. 别尔代茨：《原始社会》，中央民族学院出版社，1987 年版。

66. 〔苏〕B. C. 塞尔格川夫：《古希腊史》，高等教育出版社，1955 年版。

67. 〔苏〕布坚科：《作为世界体系的社会主义》，东方出版社，1987 年版。

68. 〔苏〕狄雅可夫・尼可夫斯基：《古代世界史》，高等教育出版社，1957 年版。

69. 〔苏〕费多谢耶夫：《唯物辩证法理论概要》，北京大学出版社，1983 年版。

70. 〔苏〕费・瓦・康斯坦丁诺夫主编：《马克思列宁主义原理》，人民出版社，1985 年版。

71. 〔苏〕符拉基米佐夫：《蒙古社会制度史》，中国社会科学院民族所，1986 年版。

72. 〔苏〕康斯坦丁诺夫主编：《马克思列宁主义的历史过程理论》，上海人民出版社，1986 年版。

73. 〔苏〕科斯敏斯基・斯卡斯金主编：《中世纪史》（第一卷），三联书店，1957 年版。

74. 〔苏〕科瓦略夫：《古代罗马史》，三联书店，1957 年版。

75. 〔苏〕尼·比·杜比宁：《人究竟是什么?》，东方出版社，2000 年版。

76. 〔苏〕苏联科学院经济所编：《世界社会主义经济体系》，三联书店，1960 年版。

77. 〔苏〕苏联科学院编：《世界通史》，三联书店，1978 年版。

78. 〔苏〕苏联科学院民族研究所：《原始社会史——一般问题人类起源问题》，浙江人民出版社，1990 年版。

79. 〔苏〕苏共中央马克思列宁主义研究所科学研究部：《发达社会主义》，中国人民大学出版社，1982 年版。

80. 〔苏〕兹拉特科夫斯卡雅：《欧洲文化的起源》，三联书店，1984 年版。

81. 〔新〕新加坡联合早报编：《李光耀 40 年政论选》，现在出版社，1994 年版。

82. 〔英〕阿诺德·汤因比与池田大作：《展望 21 世纪》，国际文化出版公司，1985 年版。

83. 〔英〕阿诺德·汤因比：《历史研究》修订插图本，上海人民出版社，2000 年版。

84. 〔英〕安东尼·吉登斯：《民族—国家暴力》，三联书店，1998 年版。

85. 〔英〕柴尔德：《远古文化史》，上海文艺出版社，1990 年版。

86. 〔英〕戴维·费尔津：《霍金的宇宙》，湖南出版社，2000 年版。

87. 〔英〕D. G. E. 霍尔：《东南亚史》（上、下），商务印书馆，1982 年版。

88. 〔英〕弗格森：《文明社会史论》，辽宁教育出版社，1999 年版。

89. 〔英〕弗朗西斯·鲁滨孙主编：《剑桥插图伊斯兰世界史》，世界知识出版社，2005 年版。

90.〔英〕G. 埃利奥特·史密斯：《人类史》，社会科学文献出版社，2002年版。

91.〔英〕J. D. 贝尔纳：《科学的社会功能》，商务印书馆，1995年版。

92.〔英〕《剑桥拉丁美洲史》（第四卷），中国社会科学出版社，1991年版。

93.〔英〕杰弗·霍奇森：《资本主义，价值和剥削》，商务印书馆，1990年版。

94.〔英〕莱斯利·贝瑟尔：《剑桥拉丁美洲史》（第三卷），社会科学文献出版社，1994年版。

95.〔英〕马林诺夫斯基：《巫术科学宗教与神话》，上海文艺出版社，1987年版。

96.〔意〕安东尼奥·阿马萨里：《中国古代文明》，社会科学文献出版社，1997年版。

97.〔英〕约翰·斯道雷：《文化理论与通俗文化导论》，南京大学出版社，2001年版。

98.〔智〕亚历克斯·E. 费尔南德斯·希尔贝尔托、〔比〕安德烈主编：《发展中国家的自由化》，经济科学出版社，2000年版。

后　记

《文明论——人类文明的形成发展与前景》一书终于完成了，没想到这样一本书竟用了十五年的时间。

这本书的发起，应该归功于志耿，他从20世纪90年代初就开始了文明论的研究，并一再动员我和他共同研究。他1992年写成的《文明论笔记正续》虽然我没有尽什么力，也署上了我的名字。在他的推动下，我写了一篇《东北亚各族文明形成发展理论的研究》，这三篇以我俩名义收入《东北亚文化研究》一书中，由中州古籍出版社1994年出版。以后志耿又陆续写了《文明论笔记》三和四，共十万字左右，但由于字数太长找不到地方发表，2004年《北国论丛》择要发表了数千字，这次有几万字收入本书第一章及附录中，另外几万字涉及本书各章节的许多方面，但都是提纲式的，我在撰写各章节时，都吸收融合进各章节中了，只有小部分未能吸收进来。

当时志耿一再动员我写，我因正忙于撰写《东北民族史研究》及《北方民族史研究》二本各80万字的巨著，实在抽不出时间，多次婉拒，但志耿仍坚持要我合作。我当时主要是感到这题目太大，我们的知识结构驾驭不了，写不出水平来，但志耿的一句话打动了我的心——“不为别人，就为了自己，弄清这些问题也是必要的”。确实，我们活了一辈子，奋斗了一辈子，对人类文明的一些基本问题没有弄明白，真是死也不能瞑目。因此，我决心承诺下来。但我提出这题目太大，我们要做长期积累才能动手。于是志耿天天跑图书馆，查阅各种报刊，每筛选出一些有用的资料就复印寄给我，每二三天就寄一包。经过志耿认真筛选过的资料，我再不好好读，就太不好意思了。当时我们虽一个在沈阳，一个在哈尔滨，我们几乎每天都通电话，一讨论就是半个来小时。我们对人类文明逐渐有了进一步认识。同时，我又利用到各地开会之便，遇到有关的书就买回来，几年间也搜集了数百本书，我都大体上作了研究，有些也给志耿寄去。2000 年，我们感到积累差不多了，应该可以动笔了。当时志耿写了一篇《人类在宇宙中的地位和作用》，其中大量涉及了人类文明的发展动力，在他启发推动下，我写了一篇《实践是人类文明发展的动力》。志耿看后稍加修改，决定即以此稿发表，2002 年第 4 期《社会科学战线》刊登了此文，但全文三万字，发表时仅摘选了八千字。

2001 年，志耿又寄来了一大批当时学术界对人类文明形成理论的研究文章，他说你应该在以前《东北亚民族文明形成理论研究》基础上再写一篇。在他的鼓励下，经过几个月的努力，总算完成了《文明的起源和形成的理论》一文，志耿略加修改后，就亲自送到《学习与探索》。总编看后表示，此文虽长，我们连载也一定发表。此文于 2002 年第 5、6 期发表后反响强烈，各书刊相继转载，并评为一等奖，这更鼓舞了我们的斗志。因为此文撰写时正是在我爱妻李彦新病重之际，她生前还关怀过此文的完成。因此，她去世后，我征得志耿同意即以此文献给我们的战友——彦新同志。但发表时此句被删去了，特在这里补上，同时此书完成之日，正是我妻彦新去世三周年，也一并在此表示纪念。

2002 年 2 月我妻去世后，我到北京大女儿孙梅处暂住，她是学经济的，对劳动价值论的研究正感兴趣。我就和她一起看了许多书，对《资本论》通读了几遍。我俩一老一小日夜辩论，常争得面红耳赤。2003 年我在此基础上将我俩的一些共识写了《劳动是文明发展的基础》，全文三万字，送给很多刊物都嫌太长，无法刊登，后来有一个刊物已经同意发表了，最后审阅时又感到提法太新抽了下来。

这时，志耿又提出要研究《宇宙发展的规律和人类的前途》，给我寄来他搜集的全部材料，我看后也有一些想法。经过一段研究写成了《宇宙的发展和人类的前途》一文，见本书附录一、六。

这时志耿因脑供血不足经常头晕，又忙于完成黑龙江文物地图的编纂，就对我说："文明论的研究只有依靠你来完成了，我尽全力协助你；你年轻时就兴趣广泛，文、史、哲、经无所不及，又最喜欢从事理论研究，这个题目最能发挥你的所长。"我无法推辞，接受了下来。

2003 年我又完成了《文明的形成发展是人类群体不断巩固扩大的过程》，发表于《辽宁文史》2004 年第 1 期。

2003 年 6 月我心脏大面积梗死被送到省医院抢救，幸得文史馆特意向省领导汇报，省领导指示卫生厅和省医院要全力抢救。在医生和子女的精心医治护理下，我总算活了过来，因为我三根心血管没一根不堵塞，心脏手术竟做了七个支架，创了医院的记录。

这时我感到文明论的研究不能再拖延了，再拖要完不成了，因此在病后刚恢复些，就开始了研究。我在 2004 年年初完成了《从文明发展规律看东亚文化圈的复兴》一文，后来并入了本书的第十三章，下半年又完成了《人类文明的分类》一文。

这时已到最后冲刺阶段，必须全力以赴完成此书。从 2004 年 12 月到 2005 年 2 月，我在不到三个月中昼夜苦干，差不多每天写三五千字，每天要看十几本书，要思考十几个小时，终于完成了本书的后几章等，并对全书作了补充修改。又重写了第二章，因为此章大部分是志耿多年前写的，必须用新的材料修改补充。

此书从开始酝酿到最终完成，凡经十五年，所涉及的资料书籍之多是我有生以来研究任何课题都没有遇到的。志耿历年寄来的资料堆在桌上有三尺来高，这是他从数千篇论文中筛选出来的精华，我列参考书目时发现参考书籍竟达数百本，而这也是已经筛选后认为有用的，认为用处不大，未再留下的是现有书目的近十倍。这也不足为奇，因为这一课题是人类文明的总论，因此几乎无所不及。

在这里我们不能不感谢许启贤等同志编写的《世界文明论研究》一书，当孙梅给我们买到此书后，我们如获至宝，我反复阅读十余遍，并且在它指引下逐步查找到世界各大家研究文明论的著作，使我们的研究得以更上一层楼，并和国际接轨。

坦白地说，在研究之初，由于受马克思主义过时论的影响，我曾想跳出马克思主义的框框，客观地评价百余年来的一切新学说新成果。但是经过反复比较研究，我们不能不承认还是马克思主义的文明论最科学。我们走了一个否定之否定的过程，这并非我们怕违背官方的正统思想，而是我们只能服从真理。

但是我们也不能不承认，马克思、恩格斯并没有来得及专门研究文明，形成一个完整的文明理论，而散在全部著作中的一些科学论断，其中有一些随着一百余年人类文明的发展及众多学者的研究也需要补充修订，因此，我们是想把我们的书作为马克思主义的一部文明论著作与各种资产阶级唯心主义的文明论相讨论。

我们知道要使我们的书达到这一目的，我们必须做到以下几点：

第一，全面整理发掘马克思主义经典作家关于文明理论的著述，加以整理阐明。

第二，对马克思主义经典作家未曾论述到的文明的各方面问题，用马克思主义观点方法加以一一补充阐明。

第三，对马克思主义经典作家已经过时的一些论断，加以修正更新。

第四，要全面继承以往学者对文明论述中科学的成分，用马克思主义观点加以整理发扬。

第五，要用马克思主义的观点方法批判那些唯心的形而上学的文明论观点，特别是一些在当前影响较大的错误观点。

要达到这一要求，目前看来此书还有相当大的距离。我们虽然已研究了数千本著作、数千篇论文，但我们看的论著，距离要求还差得很远。因此有些看得较少、研究得较差的章节，就显得有些单薄，或者没有充分展开，或者论述不够精确，不够详细，不够全面。我们还没有做到全面掌握马克思主义经典作家关于文明的全部论述，我们所作的补充还不敢说全部符合马克思主义的观点方法，对前人论述的吸收批判也只做了一部分。尤其是要概括总结全世界从古到今的历史，我们的差距更大。但这些目前要我们加以修改和补充，已力所不能及。我们计划在今后几年中，还将继续更广泛地搜集阅读各有关论著，力图吸收全人类研究的精华，来进一步完善此书。

我还想在近期写一本《人类文明发展的历程》。我不想写各国的具体历史，而想以论带史，史论结合，综合论述。对这一题目，我实际上是从20世纪50年代已感兴趣，当时是从中国史及世界史上主要国家的历史来研究。后来我主要从事东北民族史和东北亚各国民族史研究，又以东北各族和东北亚各国的历史来归纳验证总结出的理论。因此，应该有可能完成，想在完成该书的基础上，再来重新修订本书，会有所提高。

这本书是我和志耿五十多年友谊的结晶，也是我们虽在不同岗位，为共同目标奋斗的结果，它将为我们的友谊留下一个永恒的纪念。

本书于2005年2月完稿，于3、4月印出征求意见稿后，得到各方面朋友的关怀，对本书提出很多宝贵意见，也发现本书由于校对疏漏，有很多错漏之处。因此2005年5月作了第一次修改。经过此番修订，改写补写了近三十节，对原论证不够明确，不够全面的地方分别作了修改和补充，但修订后此书仍有不少缺点，于2005年9月又陆续作了三次修改，希望朋友们再多提意见，以便正式出版再作修订。

第三次修订重写了第一章的二、四、五节，新增了第十章，2005年4月把原第九章增了一节、四节，把八章改为八、九两章，原六、七章作了较大修改，又补写了导言，其他各章又作了不同程度的修改补充，如原第二章、第十章都各增两节。共计改补写十万字。在此对各位给本书提出宝贵意见的朋友们表示衷心的感谢，对为全书作了认真的编辑加工的河南大学王芸同志表示衷心感谢。

这次修改的近两个月时间里，我竭尽全力不分日夜努力进行修改。我感到我的生命随着修改的逐步完成，一步步地注入书中，改写完毕，我的生命也似乎耗尽了，我感到全身的生命将通过此书而得到永生。我发现似乎我的生命就是为了完成此书而存在的。我毕生积累的知识，古今中外文、史、哲、经，在此书中得到充分的应用。我一生所受的磨难，让我得以更接近人民，接近生活，更能客观地认识一切。因此，似乎写作此书才真正体现了我人生的价值。

我终于在大家帮助下，完成了第三次修改任务，我知道或许还要一次再次地继续修改，但我已下决心，要尽我的力量把此书修改得更好，直到我生命的最后一刻。

真理本来就是相对的，因为一切事物都在变化发展中，而我们对真理的认识更是相对的，有待于逐步深化。但愿我们的一切努力不是白费，而是逐渐地更接近真理，也就可自慰了。

孙进己

2005年9月第三次修改

此书第三次修改稿出来后，寄给一些出版社，黑龙江人民出版社张晔明同志不久即来电，表示愿出版此书。我又于2005年11月开始第四次修改，2006年1月完成补充了不少内容，使全书体例较统一，内容较完整，全书从12章增加为20章，即把原第2、3、4、5、6、9、12章都增补为上下两章，又增加了第20章，2月份又改写了第10、11两章。

孙进己

2006年2月

在和志耿讨论中，发现此书在科技方面的论述太单薄，又于2006

年3、4月补写了两章，全书成为22章60万字。

孙进己

2006年4月

张晔明同志花了四个月时间，认真编辑校对了第五次修改稿，对其中引用的经典著作，竟逐一作了认真查对，我们衷心感谢张晔明同志在编校本书时所作的巨大努力。我们在张晔明同志编校基础上又对本书作了第六次修订，一年当中先后作了六次较大的修订。

孙进己

2006年8月

2007年9月看到了张晔明同志寄来的最后清样。真要衷心感谢张晔明同志在一年内为本书所作的巨大努力。看后，感到本书还有不少缺欠，对革命、改良、战争、和平在文明中的作用还应各补一章，对改造自然、改造社会、改造自身的各方面成果，还应作全面研究、论述，对文明发展规律还应作全面系统的研究，有很多问题应提到哲学总序来探讨，应该写一部二百余万字的大文明论，不知时间来得及否？

孙进己

2007年9月

图书在版编目（CIP）数据

文明论：人类文明的形成发展与前景/孙进己，干志耿著.
—北京：人民出版社，2011
（人民·联盟文库）
ISBN 978－7－01－009840－1

Ⅰ.①文…　Ⅱ.①孙…②干　Ⅲ.①世界史－研究
Ⅳ.①K107

中国版本图书馆 CIP 数据核字（2011）第 068923 号

文明论——人类文明的形成发展与前景
WENMING LUN——RENLEI WENMING DE XINGCHENG FAZHAN
YU QIANJING
孙进己　干志耿　著

责任编辑：张晔明　佘　娟
封扉设计：曹　春
出版发行：人民出版社
　　　　　北京朝阳门内大街 166 号　　邮　编：100706
网　　址：http://www.peoplepress.net
邮购电话：（010）65250042/65289539
经　　销：新华书店
印　　刷：北京京都六环印刷厂
版　　次：2011 年 5 月第 1 版　2011 年 5 月北京第 1 次印刷
开　　本：710 毫米×1000 毫米　1/16
印　　张：43
字　　数：595 千字
书　　号：ISBN 978－7－01－009840－1
定　　价：81.00 元

《人民·联盟文库》第一辑书目

分　类	书　名	作　者
政治类	中共重大历史事件亲历记(2卷)	李海文主编
	中国工农红军长征亲历记	李海文主编
哲学类	中国哲学史(1—4)	任继愈主编
	哲学通论(上下卷)	孙正聿著
	中国经学史	吴雁南、秦学颀、李禹阶主编
	季羡林谈义理	季羡林著,梁志刚选编
历史类	中亚通史(3卷)	王治来、丁笃本著
	吐蕃史稿	才让著
	中国古代北方民族通论	林幹著
	匈奴史	林幹著
	毛泽东评说中国历史	赵以武主编
文化类	中国文化史(4卷)	张维青、高毅清著
	中国古代文学通论(7卷)	傅璇琮、蒋寅主编
	中国地名学源流	华林甫著
	中国古代巫术	胡新生著
	徽商研究	张海鹏、王廷元主编
	诗词曲格律纲要	涂宗涛著
译著类	中国密码	[德]弗郎克·泽林著,强朝晖译
	领袖们	[美]理查德·尼克松著,施燕华等译
	伟人与大国	[德]赫尔穆特·施密特著,梅兆荣等译
	大外交	[美]亨利·基辛格著,顾淑馨、林添贵译
	欧洲史	[法]德尼兹·加亚尔等著,蔡鸿滨等译
	亚洲史	[美]罗兹·墨菲著,黄磷译
	西方政治思想史	[美]约翰·麦克里兰著,彭维栋译
	西方艺术史	[法]德比奇等著,徐庆平译
	纳粹德国的兴亡	[德]托尔斯腾·克尔讷著,李工真译
	资本主义文化矛盾	[美]丹尼尔·贝尔著,严蓓雯译
	中国社会史	[法]谢和耐著,黄建华、黄迅余译
	儒家传统与文明对话	[美]杜维明著,彭国翔译
	中国人的精神	辜鸿铭著,黄兴涛、宋小庆译
	毛泽东传	[美]罗斯·特里尔著,刘路新等译
人物传记类	蒋介石全传	张宪文、方庆秋主编
	百年宋美龄	杨树标、杨菁著
	世纪情怀——张学良全传(上下)	王海晨、胡玉海著

《人民·联盟文库》第二辑书目

分　类	书　名	作　者
政治类	民族问题概论(第三版)	吴仕民主编、王平副主编
	宗教问题概论(第三版)	龚学增主编
	中国宪法史	张晋藩著
历史类	乾嘉学派研究	陈祖武、朱彤窗著
	宋学的发展和演变	漆侠著
	台湾通史	连横著
	卫拉特蒙古史纲	马大正、成崇德主编
	文明论——人类文明的形成发展与前景	孙进己、干志耿著
哲学类	西方哲学史(8卷)	叶秀山、王树人总主编
	康德《纯粹理性批判》句读	邓晓芒著
	比较伦理学	黄建中著
	中国美学史话	李翔德、郑钦镛著
	中华人文精神	张岂之著
	人文精神论	许苏民著
	论死生	吴兴勇著
	幸福与优雅	江畅、周鸿雁著
文化类	唐诗学史稿	陈伯海主编
	中国古代神秘文化	李冬生著
	中国家训史	徐少锦、陈延斌
	中国设计艺术史论	李立新著
	西藏风土志	赤烈曲扎著
	藏传佛教密宗与曼荼罗艺术	昂巴著
	民谣里的中国	田涛著
	黄土地的变迁——以西北边陲种田乡为例	张畯、刘晓乾著
	中外文化交流史	王介南著
	纵论出版产业的科学发展	齐峰著
译著类	赫鲁晓夫下台内幕	[俄]谢·赫鲁晓夫著,述弢译
	治国策	[波斯]尼扎姆·莫尔克著,[英]胡伯特·达克(由波斯文转译成英文),蓝琪、许序雅译,蓝琪校
	西域的历史与文明	[法]鲁保罗著,耿昇译
	16～18世纪中亚历史地理文献	[乌]Б. А. 艾哈迈多夫著,陈远光译
	亲历晚清四十五年——李提摩太在华回忆录	[英]李提摩太著,李宪堂、侯林莉译
	伯希和西域探险记	[法]伯希和等著,耿昇译
	观念的冒险	[美]A. N. 怀特海著,周邦宪译
人物传记类	溥仪的后半生	王庆祥著
	胡乔木——中共中央一支笔	叶永烈著
	林彪的这一生	少华、游胡著
	左宗棠在甘肃	马啸著